Andreas Gräf

Reform der Wegzugsbesteuerung

Bonner Schriften zum Steuer-, Finanz- und Unternehmensrecht

herausgegeben von

Prof. Dr. Rainer Hüttemann
Prof. Dr. Andreas Herlinghaus
Prof. Dr. Stephan Schauhoff

Band 36

LIT

Andreas Gräf

Reform der Wegzugsbesteuerung

Neugestaltung des § 6 AStG durch das Gesetz zur Umsetzung der Anti-Steuervermeidungsrichtlinie (ATAD-Umsetzungsgesetz) – Eine Untersuchung im Lichte des nationalen und europäischen Rechts

LIT

∞

Gedruckt auf alterungsbeständigem Werkdruckpapier entsprechend
ANSI Z3948 DIN ISO 9706

Bibliografische Information der Deutschen Nationalbibliothek
Die Deutsche Nationalbibliothek verzeichnet diese Publikation in der Deutschen Nationalbibliografie; detaillierte bibliografische Daten sind im Internet über https://dnb.dnb.de abrufbar.

ISBN 978-3-643-15655-6 (br.)
ISBN 978-3-643-35655-0 (PDF)
Zugl.: Bonn, Univ., Diss., 2024

Verlagskontakt:
Fresnostr. 2 D-48159 Münster
Tel. +49 (0) 2 51-62 03 20
E-Mail: lit@lit-verlag.de https://www.lit-verlag.de

Auslieferung:
Deutschland: LIT Verlag, Fresnostr. 2, D-48159 Münster
Tel. +49 (0) 2 51-620 32 22, E-Mail: vertrieb@lit-verlag.de

Meiner Familie

Vorwort

Die vorliegende Arbeit wurde im Sommersemester 2024 von der Rechts- und Staatswissenschaftlichen Fakultät der Rheinischen Friedrich-Wilhelms-Universität Bonn als Dissertation angenommen. Die mündliche Prüfung fand am 20. September 2024 statt. Die Arbeit berücksichtigt Gesetzgebung, Rechtsprechung und Literatur bis April 2024.

Mein herzlichster Dank gilt meinem Doktorvater, Herrn Prof. Dr. Andreas Herlinghaus. Es war mir eine große Freude, erneut mit Ihnen zusammenzuarbeiten und dieses spannende Thema, das unser beider besonderes Interesse findet, zu untersuchen. Ich danke Ihnen für die großartige Unterstützung und die stetige Hilfsbereitschaft während der gesamten Bearbeitungszeit.

Gleichzeitig danke ich Herrn Prof. Dr. Rainer Hüttemann für die Erstellung des Zweitgutachtens und die hilfreichen Anregungen, die ihren Eingang in die Druckfassung des Manuskripts gefunden haben.

Der größte Dank, den auch Worte nicht beschreiben könnten, gilt meinen Eltern und meiner gesamten (großen) Familie, der ich diese Arbeit widme. Nicht nur der unerschütterliche Glaube an mich und meine Ziele, sondern auch die stetige Unterstützung in jeglicher Hinsicht haben diese Arbeit erst ermöglicht.

Zuletzt danke ich auch besonders Sabine und Walter für ihre vielen Lesestunden.

Berlin, im Oktober 2024 *Andreas Gräf*

Inhaltsübersicht

Inhaltsverzeichnis

Abbildungsverzeichnis

Abkürzungsverzeichnis

a.A.	anderer Ansicht
Abs.	Absatz
a.E.	am Ende
a.F.	alte Fassung
AK	Anschaffungskosten
Alt.	Alternative
AO	Abgabenordnung
Art.	Artikel
AEASTG	Anwendungserlass zum Außensteuergesetz
AStG	Außensteuergesetz
ATAD	Anti Tax Avoidance Directive
ATAD-UmsG	ATAD-Umsetzungsgesetz
Beschl.	Beschluss
BFH	Bundesfinanzhof
BGB	Bürgerliches Gesetzbuch
BGBl	Bundesgesetzblatt
BGH	Bundesgerichtshof
Bl.	Blatt
BMF	Bundesministerium der Finanzen
bspw.	beispielsweise
BStBl	Bundessteuerblatt
BT-Drucks.	Bundestagsdrucksache
Buchst.	Buchstabe
BVerfG	Bundesverfassungsgericht
bzw.	beziehungsweise
DBA	Doppelbesteuerungsabkommen
ders.	derselbe
d.h.	das heißt
ErbStG	Erbschaftsteuergesetz
EStG	Einkommensteuergesetz
etc.	et cetera
EU	Europäische Union
EuGH	Europäischer Gerichtshof
EUBeitrG	EU-Beitreibungsgesetz
EUBeitrRL	EU-Beitreibungsrichtlinie
e.V.	eingetragener Verein
EWR	Europäischer Wirtschaftsraum

f.	folgende
ff.	fortfolgende
FA	Finanzamt
FG	Finanzgericht
FGO	Finanzgerichtsordnung
Fn.	Fußnote
FZA	Freizügigkeitsabkommen
GA	Generalanwalt/ Generalanwältin
GewStG	Gewerbesteuergesetz
GG	Grundgesetz
ggf.	gegebenenfalls
GmbH	Gesellschaft mit beschränkter Haftung
grds.	grundsätzlich
HGB	Handelsgesetzbuch
h.L.	herrschende Lehre
h.M.	herrschende Meinung
HS	Halbsatz
i.d.F.	in der Fassung
i.d.R.	in der Regel
i.e.S.	im engeren Sinne
i.S.d.	im Sinne des
i.S.v.	im Sinne von
i.V.m.	in Verbindung mit
JStG	Jahressteuergesetz
KG	Kommanditgesellschaft
KöMoG	Gesetz zur Modernisierung des Körperschaftsteuerrechts
KStG	Körperschaftsteuergesetz
KStR	Körperschaftsteuer-Richtlinien
MA	Musterabkommen
m.E.	meines Erachtens
m.w.N.	mit weiteren Nachweisen
n.F.	neue Fassung
Nr.	Nummer
OECD	Organization for Economic Cooperation and Development

RefE	Referentenentwurf
RegE	Regierungsentwurf
RL	Richtlinie
Rn.	Randnummer
Rs.	Rechtssache
Rspr.	Rechtsprechung
S.	Seite
SEStEG	Gesetz über steuerliche Begleitmaßnahmen zur Einführung der Europäischen Gesellschaft und zur Änderung weiterer steuerrechtlicher Vorschriften
s.o.	siehe oben
sog.	so genannt
st. Rspr.	ständige Rechtsprechung
Tz.	Textziffer
u.a.	unter anderem
UG	Unternehmergesellschaft
UmwStG	Umwandlungssteuergesetz
Urt.	Urteil
u.s.w.	und so weiter
v.	vom
Var.	Variante
vgl.	vergleiche
VO	Verordnung
vs.	versus
z.B.	zum Beispiel
ZollkodexAnpG	Gesetz zur Anpassung der Abgabenordnung an den Zollkodex der Union und zur Änderung weiterer steuerlicher Vorschriften
zutr.	zutreffend

A. Einleitung und Ziel der Arbeit

In einem Interview mit dem Spiegel unter dem Titel „Ich habe einen Verdacht“ soll Fürst Hans-Adam II. von Liechtenstein einmal gesagt haben:

> *„Steueroasen kann es nur geben, wo es Steuerwüsten gibt.“*[1]

Diese Aussage beschreibt sehr bildhaft das Problem einer Oase: Der Weg dorthin führt i.d.R. durch eine Wüste. Wenn es in dieser Arbeit um das Thema „Wegzugsteuer“ geht, eine Steuer, die schon dem Begriff nach[2] in irgendeiner Art und Weise mit dem Wegzug eines Steuerpflichtigen zu tun haben muss, so lässt sich diesem Zitat zugleich entnehmen, dass sich dem „Auswanderungswilligen“ auf dem Weg zur vermeintlichen Oase im Ausland einige Risiken und Hürden des deutschen und internationalen Steuerrechts begegnen können und ihm ggf. die vorhandenen Illusionen zu nehmen vermögen, womit sich so manche Steueroase – um im Bild zu bleiben – oftmals als eine Fata Morgana entpuppt.[3]

Die zunehmende Globalisierung und transnationale Migrationsprozesse führten in der Vergangenheit und führen nach wie vor zu wachsenden Möglichkeiten für Steuerpflichtige, ihren Wohnsitz (vorübergehend oder dauerhaft) ins Ausland zu verlegen; die Mobilität der Bürger wächst ebenso wie die Möglichkeit, Vermögenswerte ins Ausland zu transferieren bei gleichzeitiger Abnahme der persönlichen oder sachlichen Ortsgebundenheit.[4] Laut Angaben des Statistischen Bundesamtes zu den Wanderungen zwischen Deutschland und dem Ausland[5] gab es im Jahr 2023 rd. 1,27 Millionen „Fortgezogene“ (seien es deutsche oder ausländische Staatsbürger), die potenziell zuvor in Deutschland der unbeschränkten Einkommensteuerpflicht unterlegen haben. Insbesondere den wohlhabenden und vermögenden Privatpersonen bieten sich scheinbar unbegrenzte Möglichkeiten einer Wohnsitzverlagerung, stellen ihr Vermögen und die finanziellen Mittel doch den Grundstein dafür dar, zum einen den Wegzug überhaupt erst in die Tat umzusetzen und zum anderen den Wegzug als solchen aus (steuer-)rechtlicher Sicht umfassend beraten und von Experten analysieren zu lassen.[6]

---

[1] https://www.spiegel.de/spiegel/a-61715.html.

[2] Auch wenn das Gesetz selbst diesen Begriff nicht verwendet, so hat er sich doch zwischenzeitlich im allgemeinen Sprachgebrauch etabliert, *Wilke*, in: AStG – eKommentar, Stand: 03/2019, § 6 Rn. 1; *Schütz*, SteuK 2013, 331 (331).

[3] *Pohl*, IStR 2001, 460 (460).

[4] Vgl. *Haase,* in Haase, AStG, Einleitung, Rn. 21, *Häck,* in: F/W/B/S, AStG, Stand: 07/2021, § 6 Rn. 18.

[5] https://www.destatis.de/DE/Themen/Gesellschaft-Umwelt/Bevoelkerung/Wanderungen/Tabellen/wanderungen-zwischen-deutschland-und-dem-ausland_Jahr-02.html (Stand Juni 2024).

[6] Vgl. auch *Vogt,* in: Ettinger, Wegzugsbesteuerung, S. 2.

Gleichzeitig versprechen Rechtssysteme wie das der Europäischen Union mit seinen Grundfreiheiten[7] dem Bürger eine scheinbar freie Wahl seines Wohnsitzes innerhalb des Gemeinschaftsgebietes. Ob diese Wahl tatsächlich so „frei" ist und welche Auswirkungen eine Wegzugsteuer auf diese Freiheit hat, soll ebenso wie die Frage, welche Schlüsse und Konsequenzen sich aus diesen europarechtlich verankerten Freiheiten für eine nationale Wegzugsbesteuerungsregelung ergeben, in dieser Arbeit untersucht werden.

Zwar sind die wenigsten Wegzüge aus Deutschland rein vom steuerlichen Gedanken geprägt. Die Wahl des Lebensmittelpunktes, persönliche, kulturelle und geographische Interessen und Vorlieben, Klima, Wirtschaftslage und Realisierung von Vorstellungen über die Gestaltung des Lebensabends spielen ebenso eine wichtige Rolle bei der Entscheidung über einen Wegzug aus Deutschland und die Wahl des Zielstaats. Gleichzeitig üben politische und wirtschaftliche Entwicklungen in Deutschland einen starken Einfluss auf den Entscheidungsprozess über einen möglichen Wegzug aus. Die aktuell hohen Inflationsraten, die mögliche Einführung einer Vermögensteuer oder die Erhöhung des Spitzensteuersatzes etc. werden immer wieder eng mit Abwanderungsplänen verknüpft.[8]

Und auch wenn steuerliche Gründe für einen Wegzug aus Deutschland im Einzelfall sprechen mögen, ist gleichzeitig auch die Kehrseite der Medaille zu betrachten und genauestens zu untersuchen, was dieser Weg ins Ausland aus deutscher Sicht an steuerlichen Belastungen mit sich bringt. Die Wegzugsteuer ist eines dieser steuerlichen Phänomene, die dem Steuerpflichtigen auf dem Weg zur „Oase" begegnen kann, sodass er und seine Berater sich immer die Frage stellen sollten, ob sich der Weg durch die Wüste auch tatsächlich lohnt. Denn was bei einem Wegzug droht, ist nichts „Geringeres" als die Besteuerung sämtlicher Wertzuwächse von im Privatvermögen gehaltenen Kapitalgesellschaftsanteilen ohne korrespondierenden Liquiditätszufluss beim Steuerpflichtigen.[9]

In dieser Arbeit soll zunächst eine Gegenüberstellung der alten und neuen Fassung des § 6 des Außensteuergesetzes erfolgen und dabei ausgewählte Problemfelder untersucht werden, die teils im neuen Recht weiterbestehen und teils durch die Neufassung gelöst werden. Sodann erfolgt eine Bewertung der Wegzugsbesteuerung aus Sicht des Verfassungsrechts sowie des Unionsrechts unter Einbezug relevanter Entscheidungen des Europäischen Gerichtshofs (EuGH). Schließlich soll auch ein Blick auf die Entstrickung im Betriebsvermögen erfolgen sowie ein Überblick über ausgewählte Gestaltungsmöglichkeiten im Hinblick auf die Vermeidung der Wegzugsbesteuerung gegeben werden.

Am Ende der Untersuchung soll ein eigener Alternativ-Entwurf als Beispiel für eine systemgerechte Entstrickungsbesteuerung vorgestellt werden, der den Anforderungen des Verfassungsrechts und des Unionsrechts aus Sicht des Verfassers gerecht wird.

---

[7] Insbesondere die Niederlassungsfreiheit (Art. 49 ff. AEUV) und allgemeine Freizügigkeit (Art. 21 AEUV).

[8] Vgl. auch *Vogt,* in: Ettinger, Wegzugsbesteuerung, S. 2.

[9] Vgl. *Häck,* in: F/W/B/S, AStG, Stand: 07/2021, § 6 Rn. 18.

Um diese einleitenden Worte mit einem weiteren Zitat zu beenden, soll folgender Satz das Spannungsverhältnis des internationalen Steuerrechts umschreiben und die Wirkung einer Wegzugsbesteuerung in der Sicherung von Steuersubstrat für den Wegzugsstaat auf den Punkt bringen:

„Taxpayers go global, taxes stay local.“[10]

[10] *Pohl*, IStR 2002, 541 (541).

B. Wegzugsbesteuerung nach § 6 AStG

I. Historie

1. Einführung des AStG und Ziel der Wegzugsbesteuerung

Die gesetzliche Normierung der Wegzugsbesteuerung wurde erstmals mit dem Gesetz über die Besteuerung bei Auslandsbeziehungen (Außensteuergesetz, AStG)[11] eingeführt.

Der Gesetzgeber sah, dass im Inland ansässige natürliche Personen Gewinne aus der Veräußerung von wesentlichen Beteiligungen an Kapitalgesellschaften gemäß § 17 des Einkommensteuergesetzes (EStG) der deutschen Steuer zu unterwerfen haben, diese Besteuerung aber mit dem Wegzug des Steuerpflichtigen ins Ausland entfallen könnte.[12]

Ein Verlust des deutschen Besteuerungsrechts in Bezug auf die Gewinne aus der Veräußerung der Kapitalgesellschaftsanteile drohte in zweierlei Hinsicht: Zwar sah § 49 Abs. 1 Nr. 2 Buchst. e) EStG[13] schon vor der Einführung des AStG vor, dass Einkünfte aus der Veräußerung von Anteilen an inländischen Kapitalgesellschaften i.S.d. § 17 EStG unter die beschränkte Steuerpflicht fielen, womit dem deutschen Fiskus nach einem Wohnsitzwechsel des zuvor unbeschränkt Steuerpflichtigen auch weiterhin dem Grunde nach ein Besteuerungsrecht verblieb. Praktisch gesehen lief ein solches Besteuerungsrecht jedoch in vielen Fällen ins Leere, nämlich dann, wenn Deutschland innerhalb vieler damals bereits bestehender Doppelbesteuerungsabkommen (DBA) auf die Besteuerung in Bezug auf die Veräußerung der Kapitalgesellschaftsanteile verzichtet hat, bspw. wenn der Steuerpflichtige zum Zeitpunkt der (späteren) Veräußerung in dem anderen Vertragsstaat ansässig ist.[14]

Zudem galt das Besteuerungsrecht innerhalb der beschränkten Steuerpflicht wegen § 49 Abs. 1 Nr. 2 Buchst. e) EstG auch nur für Anteile an inländischen Kapitalgesellschaften. Stille Reserven innerhalb von Anteilen an ausländischen Gesellschaften, die während der unbeschränkten Steuerpflicht des Anteilseigners in Deutschland entstanden sind, waren nach dessen Wegzug von der beschränkten Steuerpflicht nicht umfasst.[15]

---

[11] Art. 1 des Gesetzes zur Wahrung der steuerlichen Gleichmäßigkeit bei Auslandsbeziehungen und zur Verbesserung der steuerlichen Wettbewerbslage bei Auslandsinvestitionen vom 08.09.1972, BGBl. I 1972, 1713.

[12] Siehe BT-Drucks. VI/2883, S. 18 Rn. 24.

[13] Zuvor bis 1985: § 49 Abs. 1 Nr. 2 Buchst. c) EStG.

[14] Siehe hierzu stellvertretend Art. 13 Abs. 5 OECD-MA, Art. 13 Abs. 5 DBA Österreich, Art. 13 Abs. 4 DBA Schweiz.

[15] Dennoch wurde eine Wegzugsbesteuerung auch in Bezug auf Anteile an ausländischen Kapitalgesellschaften erst später mit Inkrafttreten des SEStEG eingeführt; zuvor sprach auch § 6 AStG lediglich Anteile an inländischen Kapitalgesellschaften an, obwohl die „Bezugsnorm“ des § 17 EStG auch ausländische Kaitalgesellschaftsanteile umfasst. Dies wurde vom Gesetzgeber bei Einführung des AStG bewusst in Kauf genommen, siehe BT-Drucks. VI/2883, S. 18 Rn. 26.

Als Anlass für den Gesetzgeber, überhaupt erst im Bereich der Verlagerung von deutschem Steuersubstrat durch Wegzug tätig zu werden, wird innerhalb der Literatur oftmals der Fall des Wegzugs von Helmut Horten[16] gekennzeichnet, der unter Berufung auf das DBA Schweiz den Besteuerungsfolgen des § 17 EStG in Deutschland entgehen wollte; nach diesem Fall erhielt § 6 AStG auch die Bezeichnung „lex horten".[17]

Mit der Einführung des AStG wurde in § 6 AStG auch als Reaktion auf die Forderungen der Steuerreformkommission des Bundesministeriums für Finanzen (BMF)[18] eine Norm geschaffen, die die Folgen des § 17 EStG (nämlich die Besteuerung der in den Anteilen enthaltenen stillen Reserven) schon dann auslöste, wenn der Steuerpflichtige ins Ausland verzog bzw. einen der gleichgestellten Tatbestände erfüllte, ohne dass zuvor eine tatsächliche Veräußerung stattfand. Der Gesetzgeber hat mit § 6 AStG somit einen sog. Entstrickungstatbestand geschaffen, der auf einer Veräußerungs*fiktion* aufbaut und nicht an die tatsächliche Veräußerung der Anteile anknüpft, sondern an den vorgelagerten Zeitpunkt des Wegzugs des Steuerpflichtigen, in dem der deutsche Staat das Besteuerungsrecht noch innehat und er auf die in den Kapitalgesellschaftsanteilen entstandenen stillen Reserven noch zugreifen kann.[19] Ziel der Einführung des § 6 AStG war demnach, einer Verlagerung von Steuersubstrat ins Ausland entgegenzuwirken und Umgehungsmöglichkeiten auszuschließen, die es dem Steuerpflichtigen unter Ausnutzung des internationalen Steuergefälles ermöglichen, ungerechtfertigte Steuervorteile zu erlangen.[20] Die Vorschrift dient der Sicherung des deutschen Besteuerungsrechts, indem es den vorgelagerten Steuerzugriff ermöglicht und schon im Zeitpunkt des Wegzugs und der dadurch potenziell herbeigeführten Beschränkung oder gar den Ausschluss des deutschen Besteuerungsrechts die Rechtsfolge einer Veräußerung nach § 17 EStG herbeiführt.[21]

Auch wenn der Gesetzgeber bei der Einführung des § 6 AStG darin eine reine „Klarstellung" der „schon nach geltendem Recht bestehenden Steuerpflicht für stille Reserven in den Fällen der sogenannten Steuerentstrickung"[22] sah, stellte der BFH in seinem Urteil vom 26.01.1977[23] fest, dass es ohne eine Vorschrift wie § 6 AStG keinen allgemeinen

---

16 Dem liegt wohl BFH, Urt. v. 26.01.1977 – VIII R 109/75, BStBl II 1977, 283 zugrunde.

17 Vgl. zur Begrifflichkeit etwa *Häck,* in: F/W/B/S, AStG, Stand: 07/2021, § 6 Rn. 2; *Kraft,* in: Kraft, AStG, § 6 Rn. 1; *Werner*, Systemgerechte Entstrickung im Steuerrecht, S. 36.

18 BMF, Bericht der Steuerreformkommission zum Außensteuerrecht, S. 22f.

19 Vgl. bspw. *Werner*, Systemgerechte Entstrickung im Steuerrecht, S. 37; *Häck,* in: F/W/B/S, AStG, Stand: 07/2021, § 6 Rn. 1.

20 *Kraft*, in: Kraft, AStG, § 6 Rn. 2; vgl. auch BT-Drucks. VI/2883, S. 18 Rn. 25.

21 Vgl. *Häck,* in: F/W/B/S, AStG, Stand: 07/2021, § 6 Rn. 15; *Pohl,* IStR 2001, 460 (462), *Lampert,* in: Musil/Weber-Grellet, Europäisches Steuerrecht, § 6 AStG, Rn. 1; *Hecht,* in: Fuhrmann, AStG, § 6 Rn. 2.

22 BT-Drucks VI/2883, S. 26, Rn. 75.

23 BFH, Urt. v. 26.01.1977 – VIII R 109/75, BStBl. II 1977, 283, Rn. 37.

Entstrickungsgrundsatz gäbe, durch den die stillen Reserven nach der Zeit der unbeschränkten Steuerpflicht des Anteilseigners automatisch aufgeteilt würden.[24]

2. Notwendige Änderung durch das SEStEG

Als Folge der Rechtsprechung des EuGH in der Rs. Lasteyrie du Saillant[25] war der deutsche Gesetzgeber erstmals gezwungen, die Vorschrift des § 6 AStG grundlegend zu reformieren.[26] In seinem Urteil vom 11.03.2004 stellte der EuGH fest, dass ein steuerlicher Zugriff auf die stillen Reserven erst im Zeitpunkt ihrer tatsächlichen Realisierung (bspw. durch Veräußerung der Anteile) erfolgen dürfe. Zwar könne eine Wegzugsbesteuerung als solche zulässig sein, nicht jedoch deren sofortige Erhebung.[27]

Auch wenn das konkrete Urteil die französische Wegzugsbesteuerung betraf,[28] wurde gegen die Bundesrepublik Deutschland ein Vertragsverletzungsverfahren gem. Art. 258[29] des Vertrags über die Arbeitsweise der Europäischen Union (AEUV) eingeleitet, in dem von Seiten der Kommission an der deutschen Wegzugsbesteuerung kritisiert wurde, dass § 6 AStG auf ein Steuersubstrat zugreife, das nicht real vorhanden war, und Deutschland dazu aufgefordert wurde, seine Wegzugsbesteuerung aufzuheben.[30]

Der deutsche Gesetzgeber folgerte daraus, dass Deutschland in Übereinstimmung mit der Kommission zwar nach wie vor das Recht besitze, den Wertzuwachs wesentlicher Beteiligungen beim Wegzug von Steuerpflichtigen zu besteuern. Die Steuer solle aber erst erhoben werden, wenn der Steuerpflichtige tatsächlich einen Veräußerungsgewinn erzielt.[31] Mit der Änderung des § 6 AStG im Rahmen des SEStEG[32] wurde demnach im Verhältnis zu Mitgliedstaaten der Europäischen Union und – unter gewissen zusätzlichen Voraussetzungen – des Europäischen Wirtschaftsraums die Steuer nach wie vor im

---

[24] Vgl. *Häck,* in: F/W/B/S, AStG, Stand: 07/2021, § 6, Rn. 16; der meist für die Beschränkung des deutschen Besteuerungsrechts verantwortliche Art. 13 Abs. 5 OECD-MA (oder vergleichbare Regelungen) sehen nämlich gerade keine Aufteilung des Besteuerungsrechts vor, sondern umfassen nur punktuell den zu einem bestimmten Zeitpunkt entstehenden Veräußerungsgewinn und weisen dieses Besteuerungsrecht nur einem der beiden Vertragsstaaten vollumfänglich zu.

[25] EuGH, Urt. v. 11.03.2004 – C-9/02 (de Lasteyrie du Saillant), ECLI:EU:C:2004:138, siehe zu dieser Entscheidung ausführlich unter E.III.1.

[26] Vgl. *Pohl,* in: Brandis/Heuermann, AStG, Stand: 08/2021, § 6 Rn. 3 zum „Auslöser" der Neufassung.

[27] EuGH, Urt. v. 11.03.2004 – C-9/02 (de Lasteyrie du Saillant), ECLI:EU:C:2004:138 Rn. 58, vgl. auch *Werner*, Systemgerechte Entstrickung im Steuerrecht, S. 38.

[28] Die in der damaligen Fassung im Vergleich zur deutschen Fassung als noch" milder" galt.

[29] Damals: Art. 266 EG.

[30] Vgl. IStR-Länderbericht 13/2004, 2, siehe auch *Häck,* in: F/W/B/S, AStG, Stand: 07/2021, § 6 Rn. 5.

[31] BT-Drucks. 16/2710, S. 52.

[32] Gesetz über steuerliche Begleitmaßnahmen zur Einführung der Europäischen Gesellschaft und zur Änderung weiterer steuerrechtlicher Vorschriften vom 13.12.2006, BGBl. I 2006, S. 2782 ff.

Veranlagungszeitraum des Wegzugs zunächst einmal festgesetzt, die auf den Veräußerungsgewinn entfallende Einkommensteuer wird dann aber – ohne Sicherheitsleistung – bis zur Realisierung eines Veräußerungsgewinns oder eines gleichgestellten Sachverhalts zinslos gestundet.[33]

3. Änderung durch das ATAD-UmsG

In der weiteren Entwicklungsgeschichte des § 6 AStG war es erneut ein Urteil des EuGH, das die Entscheidung des deutschen Gesetzgebers zu einer weiteren Reform der Wegzugsbesteuerung beeinflusste.

Spätestens seit 2018 hatte sich angekündigt, dass das BMF eine Reform der Wegzugsbesteuerung nach § 6 AStG a.F. vorbereitete.[34] Die Entstehungsgeschichte zur Neufassung des § 6 AStG zwischen dem am 10.12.2019 vorgelegten ersten Referentenentwurf und dem Inkrafttreten des ATAD-UmsG[35] am 01.07.2021 war wechselhaft und langwierig und – v.a. was die Änderungen bei § 6 AStG betraf – von politisch kontroversen Debatten und teils harscher Kritik bereits im Vorfeld des Inkrafttretens der Änderung geprägt, was zum Teil die lange Dauer des Gesetzgebungsverfahrens begründen könnte.

Dem ersten Referentenentwurf ging das Urteil des EuGH vom 26.02.2019 in der Rs. Wächtler[36] voraus, in dem der Gerichtshof über die Stundungsmodalitäten bei einem Wegzug in die Schweiz zu entscheiden hatte. Sah das Gesetz in der damals geltenden Fassung noch eine Unterscheidung zwischen EU-/EWR-Sachverhalten und Sachverhalten mit Drittlandsbezug vor, insbesondere in Bezug auf die Gewährung und die Modalitäten einer Stundung festgesetzten Wegzugsteuer, sah sich der Gesetzgeber unter dem Deckmantel der „Vereinheitlichung der Stundungsregeln“[37] dazu veranlasst, die bislang für Wegzüge in den EU-/EWR-Raum mögliche dauerhafte und zinslose Stundung zugunsten einer einheitlich für alle Wegzüge geltenden ratierlichen Stundung über bis zu sieben Jahre aufzugeben. Gegenüber der bisherigen Regelung (§ 6 AStG a.F.) sieht § 6 AStG n.F. – aus Sicht des Steuerpflichtigen – neben gewissen Erleichterungen und Vergünstigungen im Wegfall der dauerhaften und zinslosen Stundung eine erhebliche Verschärfung vor.

Nach der Begründung des Referentenentwurfs soll es sich bei der Neufassung des § 6 AStG um eine „zeitgemäße“ Ausgestaltung handeln, die „die Anforderungen an die erhöhte Mobilität der Steuerpflichtigen in einer globalisierten Zeit, die fiskalischen

[33] Vgl. auch Gesetzesbegründung, BT-Drucks. 16/2710, S. 52.
[34] Vgl. *Häck,* in: F/W/B/S, AStG, Stand: 07/2021, § 6 Rn. 10.
[35] Gesetz zur Umsetzung der Anti-Steuervermeidungsrichtlinie (ATAD-Umsetzungsgesetz – ATAD-UmsG) Vom 25.06.2021, BGBl I 2021, S. 2035.
[36] EuGH, Urt. v. 26.02.2019 – C-581/17 (Wächtler), ECLI:EU:C:2019:138; siehe hierzu auch ausführlich unter E.III.7.
[37] Vgl. *Häck,* in: F/W/B/S, AStG, Stand: 07/2021, § 6 Rn. 10.

Interessen sowie auch Fragen der Administrierbarkeit angemessen ausbalanciert.“[38] Trotz Wegfalls der dauerhaften Stundung geht der Gesetzgeber davon aus, die Neuregelung „beseitig[e] bzw. minder[e] die finanziellen Wirkungen der Wegzugsbesteuerung und erhöh[e] die Mobilität der Steuerpflichtigen“.[39]

Auch bestätigte der Gesetzgeber, das Urteil in der Rs. Wächtler berücksichtigt zu haben. Im Referentenentwurf heißt es hierzu, dass dieses Urteil zwar zur Streichung der dauerhaften Stundung im Widerspruch zu stehen scheine, man jedoch bei der einheitlich nur ratierlichen Stundung über maximal sieben Jahre ebenso noch von einer unionsrechtskonformen Ausgestaltung des Gesetzes ausgehe.[40] Ob dem Gesetzgeber damit eine vollkommene Fehlinterpretation des Urteils in der Rs. Wächtler und eine Fehleinschätzung der Wirkungsweise der Neuregelung widerfahren ist, wird im Verlauf dieser Arbeit analysiert werden.[41]

Wie sich diese Neuregelung im Vergleich zur bisherigen Fassung[42] im Einzelnen darstellt und wie sie verfassungs- und unionsrechtlich zu bewerten ist, soll im Folgenden dargestellt werden.

II. Grundaufbau des § 6 AStG

Innerhalb des Gesamtgefüges der Entstrickungsvorschriften sieht § 6 AStG eine (vorgelagerte) Besteuerung zum Zeitpunkt des Wegzugs einer natürlichen Person vor, die Anteile an einer Kapitalgesellschaft i.S.d. § 17 EStG hält.
Auch wenn der Dritte Teil des AStG (der lediglich den § 6 AStG umfasst) betitelt ist mit: „Behandlung einer Beteiligung im Sinne des § 17 des Einkommensteuergesetzes bei Wohnsitzwechsel ins Ausland“ und § 6 AStG im allgemeinen Sprachgebrauch auch als „Wegzugsteuer“ bezeichnet wird,[43] beschränkt sich der Tatbestand des § 6 AStG nicht nur auf den physischen Wohnsitzwechsel eines Steuerpflichtigen.
Die Norm ist entgegen dem ursprünglichen Entwurf im Gesetzgebungsverfahren zum SEStEG nicht als Generalklausel aufgebaut, wie es andere Entstrickungsvorschriften im

---

[38] Referentenentwurf des Bundesministeriums der Finanzen, Entwurf eines Gesetzes zur Umsetzung der Anti-Steuervermeidungsrichtlinie vom 24.03.2020, S. 81 (nachfolgend „RefE ATAD“, abrufbar unter: https://www.bundesfinanzministerium.de/Content/DE/Gesetzestexte/Gesetze_Gesetzesvorhaben/Abteilungen/Abteilung_IV/19_Legislaturperiode/Gesetze_Verordnungen/2021-06-30-ATAD-UmsG/1-Referentenentwurf_2.pdf?__blob=publicationFile&v=2).

[39] RefE ATAD, S. 81.

[40] RefE ATAD, S. 81 f.

[41] Vgl. hierzu ausführlich unter E.IV.2.a)aa).

[42] Soweit in dieser Arbeit die Bezeichnung „a.F.“ verwendet wird, so ist damit die Fassung vom 13.12.2006 mit der Einführung des SEStEG gemeint; die Bezeichnung n.F. bezieht sich auf die Fassung vom 01.07.2021 mit Einführung des ATAD-UmsG.

[43] *Wilke*, in: AStG – eKommentar, Stand: 03/2019, § 6 Rn. 1; *Schütz*, SteuK 2013, 331.

deutschen Recht sind (bspw. § 4 Abs. 1 Satz 3 EStG, § 21 Abs. 2 Satz 1 Nr. 2 UmwStG).[44] Vielmehr ist sie in der alten Fassung unterteilt in einen Haupttatbestand (physischer Wegzug, § 6 Abs. 1 Satz 1 AStG a.F.) und mehrere Ergänzungstatbestände (§ 6 Abs. 1 Satz 2 Nr. 1 bis 4 AStG a.F.), die dem Haupttatbestand gleichstehen. Auch wenn die Neufassung mit Wirkung zum 01.01.2022 eine solche Unterscheidung in Haupt- und Ergänzungstatbestände nicht mehr vornimmt und die unterschiedlichen Ausgestaltungen der Wegzugsbesteuerung in drei nebeneinanderstehenden Tatbeständen in § 6 Abs. 1 Satz 1 Nr. 1 bis 3 AStG formuliert, so hat der Gesetzgeber es jedoch weiterhin unterlassen, generalklauselartig darauf abzustellen, ob durch eine bestimmte Handlung oder ein bestimmtes Ereignis das deutsche Besteuerungssystem im Einzelfall ausgeschlossen oder beschränkt wird, worin der eigentliche Sinn und Zweck der Vorschrift liegen.[45] Sowohl in der alten als auch in der neuen Fassung birgt dies die Gefahr, dass zum einen Tatbestände mit sog. überschießenden Tendenzen auftreten (in Fällen, in denen es tatbestandsmäßig zur Wegzugsbesteuerung kommt, obwohl das deutsche Besteuerungsrecht weder ausgeschlossen noch beschränkt wird), zum anderen aber auch solche, in denen trotz eines Verlustes oder einer Einschränkung des deutschen Besteuerungsrechts in Bezug auf die entstandenen stillen Reserven § 6 AStG tatbestandsmäßig nicht einschlägig ist.

III. Tatbestandsmerkmale

1. Physischer Wegzug

a) Alte Fassung, § 6 Abs. 1 Satz 1 AStG a.F.

Den Grund- bzw. Haupttatbestand stellt der physische Wegzug des Steuerpflichtigen ins Ausland unter Aufgabe des Wohnsitzes (§ 8 AO) oder des gewöhnlichen Aufenthaltes (§ 9 AO) dar, wodurch die unbeschränkte Steuerpflicht in Deutschland endet. Die Definition des Wohnsitzes, des gewöhnlichen Aufenthaltes sowie auch des Begriffes der „Aufgabe“ bestimmt sich nach den §§ 8 und 9 AO.[46] Verlangt wird, dass gerade „durch“ diese Aufgabe von Wohnsitz oder gewöhnlichem Aufenthalt die unbeschränkte Steuerpflicht beendet wird, wodurch ein gewisses Kausalverhältnis bestehen muss.[47] Auffallend ist hierbei, dass § 6 Abs. 1 Satz 1 AStG a.F. dem Wortlaut nach für das Auslösen der Wegzugsteuer auf die „Beendigung der unbeschränkten Steuerpflicht“ abstellt, ohne dabei explizit – wie im selben Satz bezogen auf die Mindestzeit[48] der in Deutschland bestehenden unbeschränkten Steuerpflicht – auf die unbeschränkte Steuerpflicht *im Sinne des § 1 Abs. 1 EStG* abzustellen. Das bedeutet, dass zwar eine unbeschränkte Steuerpflicht i.S.d. § 1 Abs.1 EStG (über mindestens zehn Jahre) notwendig ist, um als natürliche Person überhaupt in den persönlichen Anwendungsbereich der Norm zu fallen, die Beendigung der

---

[44] *Häck,* in: F/W/B/S, AStG, Stand: 07/2021, § 6 Rn. 23.
[45] Siehe zum Zweck bereits unter B.I.1.
[46] *Häck,* in: F/W/B/S, AStG, Stand: 07/2021, § 6 Rn. 261.
[47] *Häck,* in: F/W/B/S, AStG, Stand: 07/2021, § 6 Rn. 262.
[48] Siehe hierzu unter B.III.7.a).

Steuerpflicht durch Aufgabe des Wohnsitzes (oder gewöhnlichen Aufenthaltes) sich jedoch nach Ansicht eines Teils der Literatur auf *jegliche* unbeschränkte Steuerpflicht beziehen muss.[49] Dieser Auffassung nach genügt es daher für die Auslösung der Wegzugsbesteuerung nicht, wenn zwar eine unbeschränkte Steuerpflicht nach § 1 Abs. 1 EStG beendet wird, gleichzeitig aber in der Sekunde der Aufgabe des Wohnsitzes bzw. gewöhnlichen Aufenthaltes eine unbeschränkte Steuerpflicht nach § 1 Abs. 2 (Diplomaten), § 1 Abs. 3 (Grenzpendler) oder § 1a EstG (fiktive Steuerpflicht) bestehen bleibt oder begründet wird.[50]
Sofern es sich um einen sog. Diplomaten-Fall des § 1 Abs. 2 EStG handelt, bestehen die Voraussetzungen *dieser* unbeschränkten Steuerpflicht ggf. schon, während die unbeschränkte Steuerpflicht nach § 1 Abs. 1 EStG (noch) besteht. Verlegt nun dieser Steuerpflichtige seinen Wohnsitz/gewöhnlichen Aufenthalt ins Ausland, bleibt eine unbeschränkte Steuerpflicht i.S.d. Abs. 2 unter den dort genannten Voraussetzungen aber noch erhalten. Aus dem Sinn und Zweck des § 6 AStG ist nach Ansicht der Literatur nicht herauslesbar, dass jeder Wegzug aufgrund einer dienstlichen Versetzung i.S.d. § 1 Abs. 2 EStG ins Ausland die Eignung haben sollte, die Wegzugsbesteuerung auszulösen, was dafür spricht, eben diese Fälle aus der Wegzugsbesteuerung herauszulösen.[51] Wird die unbeschränkte Steuerpflicht nach § 1 Abs. 2 EStG dieses Steuerpflichtigen zu einem späteren Zeitpunkt beendet, bspw. dadurch, dass das Dienstverhältnis zu der inländischen juristischen Person des öffentlichen Rechts beendet wird, würde dies ebenfalls nicht den Tatbestand des § 6 Abs. 1 Satz 1 AStG a.F. auslösen, da diese Beendigung der unbeschränkten Steuerpflicht dann nicht mehr *durch* den Wegzug ausgelöst wurde.[52] Es käme für solche Fälle dann darauf an, ob der Auffangtatbestand des § 6 Abs. 1 Satz 2 Nr. 4 AStG a.F. greifen würde.[53]

b) Neue Fassung, § 6 Abs. 1 Satz 1 Nr. 1 AStG n.F.

Auch in der neuen Fassung ist die Beendigung der unbeschränkten Steuerpflicht durch Wegzug (Aufgabe Wohnsitz oder gewöhnlicher Aufenthalt) weiterhin eine Tatbestandsvariante der Wegzugsbesteuerung. Eine systematische Anpassung erfolgte dahingegen, dass keine Unterteilung mehr in Haupt- und Nebentatbestände[54] bzw. Ersatztatbestände[55] vorgenommen wurde, sondern eine Aufzählung aller Tatbestandsvarianten in Satz 1 Nr. 1–3 enthalten ist, womit § 6 Abs. 1 *Satz 1* AStG a.F. faktisch aufgeteilt wurde in die (i)

---

[49] *Häck,* in: F/W/B/S, AStG, Stand: 07/2021, § 6 Rn. 262; *Vogt,* in: Ettinger, Wegzugsbesteuerung, S. 18.
[50] *Häck,* in: F/W/B/S, AStG, Stand: 07/2021, § 6 Rn, 262; *Vogt,* in: Ettinger, Wegzugsbesteuerung, S. 18.
[51] *Wassermeyer*: IStR 2013, 1 (2).
[52] *Häck,* in: F/W/B/S, AStG, Stand: 07/2021, § 6 Rn. 262.
[53] Siehe hierzu unter B.III.5.
[54] Vgl. zur Formulierung *Strunk/Kaminski*, in: S/K/K, AStG, Stand: 01/2020, § 6 Rn. 81.
[55] Vgl. zur Formulierung *Kraft*, in: Kraft, AStG, § 6 Rn. 340.

allgemeinen Tatbestandsmerkmale in § 6 Abs. 1 Satz 1 AStG n.F. und (ii) in die Tatbestandsvariante des Wegzugs in Satz 1 *Nr. 1.*

Die soeben dargestellte Diskussion über das Erfordernis der Beendigung *jeglicher* unbeschränkten Steuerpflicht bleibt auch in der neuen Fassung, da auch hier im Realisationstatbestand des Abs. 1 Satz 1 Nr. 1 keine Beschränkung auf (nur) § 1 Abs. 1 EStG vorgesehen ist. Hingegen wird in § 6 Abs. 2 Satz 1 AStG n.F. (persönlicher Anwendungsbereich) wiederum explizit auf § 1 Abs. 1 EStG abgestellt, wenn es um die Mindestdauer an unbeschränkter Steuerpflicht in Deutschland geht.

2. Unentgeltliche Übertragung

a) Alte Fassung, § 6 Abs. 1 Satz 2 Nr. 1 AStG a.F.

Der erste Ersatzrealisationstatbestand beinhaltet in sich wiederum zwei Alternativen. Zum einen sieht das Gesetz eine Wegzugsbesteuerung im Falle einer unentgeltlichen Übertragung unter Lebenden (Schenkung) in § 6 Abs. 1 Satz 2 Nr. 2 1. Alt. AStG a.F. vor. Zum anderen wird (entgegen der ursprünglichen Fassung des § 6 Abs. 1 AStG vor Inkrafttreten des SEStEG[56]) zudem die Übertragung durch Erwerb von Todes wegen vom Tatbestand umfasst.
Vorausgesetzt wird jeweils, dass der Beschenkte bzw. der Erbe nicht unbeschränkt steuerpflichtig in Deutschland ist. Bei der Formulierung dieser Alternative wird deutlich, dass sich der Gesetzgeber an § 3 Erbschaftsteuergesetz (ErbStG) orientiert hat, obwohl es sich rein dogmatisch in Erbfällen nicht um eine „Übertragung" durch Erwerb von Todes wegen handelt, da der Erbfall als solcher ein sog. Vonselbsterwerb im Wege der Gesamtrechtsnachfolge nach § 1922 Abs. 1 BGB darstellt.[57]

Da bei diesem Ersatzrealisationstatbestand im Gegensatz zum Haupttatbestand nunmehr mindestens zwei verschiedene Personen beteiligt sind – im Falle der Schenkung der Schenker und der/die Beschenkte(n) und im Falle des Erbfalls der Erblasser und der/die Erbe(n) – drängt sich die Frage auf, in welcher dieser Personen die Tatbestandsmerkmale verwirklicht sein müssen. Bezüglich der allgemeinen (gemeinsamen) Tatbestandsmerkmale (natürliche Person als Anteilsinhaber, Dauer der unbeschränkten Steuerpflicht sowie das Halten von Anteilen i.S.d. § 17 EStG) ist es nur logisch und konsequent, auf den jeweils Zuwendenden zu blicken.[58] Auch im Haupttatbestand des physischen Wegzugs sowie bei den anderen Ersatzrealisationstatbeständen kommt es nämlich ebenso darauf an, wie die tatsächliche Sachlage im Zeitpunkt vor bzw. *beim* Eintritt des jeweiligen

---

[56] § 6 Abs. 1 Satz 2 Nr. 1 AStG in der vor dem 13.12.2006 geltenden Fassung.

[57] *Häck,* in: F/W/B/S, AStG, Stand: 07/2021, § 6 Rn. 276 und 290; *Baßler,* FR 2008, 851 (851f.); *Krumm,* FR 2012, 509 (512); vgl. zur dogmatischen Einordnung ausführliche auch *Jagusch,* Wegzugsbesteuerung ohne Wegzug, S. 49 ff.

[58] *Häck,* in: F/W/B/S, AStG, Stand: 07/2021, § 6 Rn. 266; *Baßler,* FR 2008, 851 (852).

Realisationstatbestands gegeben war.[59] Dies kann folglich nur in der Person zu beurteilen sein, der die Anteile vor dem Eintritt eines solchen Tatbestandes zuzurechnen waren, in diesem Falle also dem Schenker bzw. dem Erblasser.

Umstrittener dagegen ist die Frage nach der **Person des Steuerpflichtigen** im Falle des § 6 Abs. 1 Satz 2 Nr. 1 AStG a.F. Während noch Einigkeit darüber bestehen sollte, dass im Falle der Schenkung unter Lebenden der Schenker als Steuerpflichtiger der Wegzugsteuer anzusehen ist,[60] so wird die Frage nach dem Steuerpflichtigen im Falle des Erwerbs von Todes wegen kontroverser diskutiert.[61] Nach der hier vertretenen Auffassung schafft die neue Fassung diesbezüglich Klarheit.[62]

b) Neue Fassung, § 6 Abs. 1 Satz 1 Nr. 2 AStG n.F.

In der Neufassung der Norm wird der bisherige § 6 Abs. 1 AStG Satz 2 Nr. 1 a.F. in einen von drei nebeneinanderstehenden Tatbeständen in § 6 Abs. 1 Satz 1 Nr. 2 AStG n.F. verlagert. Der Wortlaut „die unentgeltliche Übertragung auf eine nicht unbeschränkt steuerpflichtige Person" ist im Vergleich zur bisherigen Regelung verschlankt worden. Weder wird in der Neufassung die Formulierung „durch [...] Rechtsgeschäft unter Lebenden" noch „durch Erwerb von Todes wegen" weiterhin verwendet.
An dieser Stelle empfiehlt sich ein Blick auf die Historie des § 6 Abs. 1 Satz 2 Nr. 1 AStG a.F. durch die Änderungen im Rahmen des SEStEG. Vor der Änderung im Jahr 2007 war von diesem Ersatzrealisationstatbestand lediglich die Übertragung durch unentgeltliches Rechtsgeschäft unter Lebenden erfasst; durch einen Erbfall konnte hingegen eine Wegzugsbesteuerung nicht ausgelöst werden. Der Gesetzgeber hat sich dann dazu entschlossen, auch die Erbfälle miteinzubeziehen und erweiterte den Tatbestand um die 2. Alternative, dem Erwerb von Todes wegen. Der Gesetzesbegründung ist zu entnehmen, dass der Gesetzgeber dies für angebracht hielt, da „auch in dieser Situation, wie auch bei der Schenkung, das deutsche Besteuerungsrecht am Gewinn aus der Veräußerung der Anteile verloren gehen kann."[63] Hatte der Gesetzgeber in der Fassung vor dem SEStEG noch begründet, ein Erbfall solle nicht im Wege der Wegzugsteuer relevant sein, da es sich um ein „nicht gestaltbares Ereignis" handele und ohnehin auch stets der Erbschaftsteuer

---

[59] Vgl. bspw. zum Zeitpunkt der Erfüllung der Anteilsmerkmale *Häck,* in: F/W/B/S, AStG, Stand: 07/2021, § 6 Rn. 249; *Wilke*, in: AStG – eKommentar, Stand: 03/2019, § 6 Rn. 33; *Strunk/Kaminski*, in: S/K/K, AStG, Stand: 01/2020, § 6 Rn. 63 oder bzgl. der Berechnung des Zeitraums der unbeschränkten Steuerpflicht vor dem Wegzug bspw. *Hecht,* in: Fuhrmann, AStG, § 6 Rn. 5.

[60] *Häck,* in: F/W/B/S, AStG, Stand: 07/2021, § 6 Rn. 270 und Fn. 7; *Müller-Gosoge*, in: Haase, AStG, § 6 Rn. 79; *Gropp,* in: Lademann, AStG, § 6 Rn. 40.

[61] Vgl. Hierzu *Wassermeyer*, IStR 2013, 1 (3) sowie *Baßler*, IStR 2013, 22 (23); *Strunk/Kaminski*, in: S/K/K, AStG, Stand: 01/2020, § 6 Rn. 85; *Häck,* in: F/W/B/S, AStG, Stand: 07/2021, § 6 Rn. 304f.; *Krumm,* FR 2012, 509 (513 f.); *Jagusch*, Wegzugsbesteuerung ohne Wegzug, S. 69 ff.; *Hoyer,* Unternehmensnachfolge und Wegzugsbesteuerung, S. 162 ff.

[62] Vgl. unten unter B.III.2.b).

[63] BT-Drucks. 16/2710, 52.

unterliege,[64] so änderte sich diese Auffassung mit der damaligen Gesetzesänderung. Nunmehr lag im Fokus des Gesetzgebers der fiskalische Bezugspunkt, dass stille Reserven steuerentstrickt würden, sollte Vermögen (hier in Form von Anteilen an Kapitalgesellschaften) im Erbfall auf einen Steuerausländer übergehen. Die alleinige Motivation lag demnach nicht mehr in der reinen Missbrauchsbekämpfung und der Verhinderung von „Umgehungsfällen", sondern auch darin, nicht oder kaum gestaltbare Vorgänge wie einen Erbfall der Steuer zu unterwerfen.[65]

Mit Wirkung zum 01.01.2022 änderte sich der Wortlaut nun erneut; übrig geblieben ist sprachlich lediglich die „unentgeltliche Übertragung". Aus der Gesetzesbegründung geht eindeutig hervor, dass von diesem Begriff sowohl die Schenkung unter Lebenden als auch der Erwerb von Todes wegen umfasst sein sollen.[66] Auf die insoweit missglückte Formulierung in Bezug auf den Erwerb von Todes wegen, der dogmatisch gar keine „Übertragung" darstellt, ist bereits hingewiesen worden. Durch die neue Formulierung kann bezüglich der Bestimmung des Steuerpflichtigen nicht mehr damit argumentiert werden, dass der Gesetzgeber mit der Formulierung „Erwerb von Todes wegen" den *Erwerbs*tatbestand in den Vordergrund gerückt habe.[67] Der Wegfall dieser Formulierung spricht dafür, dass der Gesetzgeber auch in der alten Fassung dem Begriff des *Erwerbs* keine weiterführende oder tiefgreifendere Bedeutung zukommen lassen wollte als lediglich den (sprachlichen) Verweis auf den Tatbestand des § 3 Abs. 1 ErbStG. Wurde in der alten Fassung darin nämlich noch ein Argument dafür gesehen, dass Steuerpflichtiger der Wegzugsteuer im Erbfall deswegen auch der *Erwerber* und nicht der Erblasser ist,[68] kann dies nun endgültig nicht mehr überzeugen. Das Anwendungsschreiben des BMF zum AStG betont noch einmal die vom Gesetzgeber getroffene Entscheidung, dass die Ersatzrealisationstatbestände des § 6 Abs. 1 Satz 2 AStG a.F. dem Grundtatbestand des physischen Wegzugs gleichstehen.[69] Allen anderen Tatbeständen des § 6 Abs. 1 Satz 2 Nr. 2–4 AStG a.F. sowie auch im Grundtatbestand ist gleich, dass darin i.d.R.[70] jeweils der Anteilseigner derjenige ist, der die Wegzugsteuer durch ein Verhalten auslöst, sei es durch Aufgabe der unbeschränkten Steuerpflicht in Deutschland, die Begründung eines Wohnsitzes in einem anderen Staat, die Schenkung an einen Steuerausländer oder auch die Einlage in eine ausländische Betriebsstätte, kurz gesagt alle (anderen) Maßnahmen, die die Anteile haltende Person ausführt bzw. auslöst. Es ist daher systemgerecht und logisch, dies auch im Fall der Erbschaft anzunehmen und gleichzeitig darauf abzustellen, dass in beiden Fällen – Erbschaft und Schenkung – stets der *Übertragende* auch der Steuerpflichtige ist.[71] Für

---

[64] Vgl. *Häck,* in: F/W/B/S, AStG, Stand: 07/2021, § 6 Rn. 267.

[65] *Strunk/Kaminski*, in: S/K/K, AStG, Stand: 01/2020, § 6 Rn. 87.

[66] Entwurf der Bundesregierung für ein Gesetz zur Umsetzung der Anti-Steuervermeidungsrichtlinie (nachfolgend „RegE ATAD"), BT-Drucks. 19/28652, S. 48.

[67] So aber *Wassermeyer*, IStR, 2013, 1 (4).

[68] Vgl. hierzu ausführlich *Wassermeyer*, IStR 2013, 1 sowie *Baßler*, IStR 2013, 22.

[69] BMF, Schreiben v. 14.05.2004 – IV B 4-S 1340-11/04, BStBl I 2004 Sondernummer 1/2004, 3, Tz. 6.3.

[70] Mit Ausnahme der Fälle der sog. passiven Entstrickung, siehe hierzu unter B.III.5.a)bb).

[71] Vgl. *Strunk/Kaminski*, in: S/K/K, AStG, Stand: 01/2020, § 6 Rn. 85; *Baßler*, IStR 2013, 22 (23).

diese Auffassung spricht auch der Wortlaut des § 6 Abs. 3 Satz 3 AStG a.F., der auf den Rechtsnachfolger des *Steuerpflichtigen* abstellt. Eine Änderung des gesetzgeberischen Willens ist nicht erkennbar, sodass hieraus zu schließen ist, dass diese Sichtweise sowohl die alte als auch die neue Fassung des Gesetzes betrifft.

3. Ansässigkeitswechsel

a) Alte Fassung, § 6 Abs. 1 Satz 2 Nr. 2 AStG a.F.

Im zweiten Ersatzrealisationstatbestand wird erneut, wie auch im Grundtatbestand, Bezug auf den Wohnsitz bzw. gewöhnlichen Aufenthalt des Anteilseigners genommen und hier speziell auf eine Neubegründung in einem Staat, mit dem ein DBA besteht („DBA-Staat")[72], wenn der Anteilseigner dadurch aus abkommensrechtlicher Sicht im DBA-Staat ansässig wird. Im Unterschied zum Grundtatbestand sollen hier allerdings die Fälle erfasst werden, in denen der Steuerpflichtige neben der Neubegründung eines Wohnsitzes/gewöhnlichen Aufenthalts in Deutschland unbeschränkt steuerpflichtig bleibt und somit die Anwendung des § 6 Abs. 1 Satz 1 AStG a.F. ausscheidet. Hierdurch soll die Lücke geschlossen werden für den Fall, dass der Steuerpflichtige (allein) aufgrund der (zusätzlichen) Wohnsitzbegründung in einem anderen DBA-Staat dort nach den Regelungen des jeweils einschlägigen DBA als ansässig gilt und somit (zumindest in den meisten dieser Anwendungsfälle[73]) der andere Staat das Besteuerungsrecht in Bezug auf die Veräußerung der von § 6 AStG umfassten Anteile an der Kapitalgesellschaft erhält.[74]
Bezüglich der Auslegung der Tatbestandsmerkmale ist dabei zu unterscheiden: Ob der Steuerpflichtige in dem anderen DBA-Staat einen Wohnsitz oder gewöhnlichen Aufenthalt begründet, ist anhand der nationalen Regelungen der §§ 8 und 9 AO zu bewerten.[75] In einem weiteren Schritt ist dann zu überprüfen, ob durch diese Begründung des Wohnsitzes oder gewöhnlichen Aufenthaltes auch gleichzeitig die abkommensrechtliche Ansässigkeit in dem anderen DBA-Staat begründet wird. Diese Entscheidung ist dann wiederum alleine anhand des jeweiligen DBA zu treffen.[76]

aa) Abkommensrechtliche Ansässigkeit

Art. 4 des OECD-Musterabkommens (OECD-MA) enthält hierzu eine Beispielsregelung. Dabei ist zu beachten, dass es auch zu Konstellationen kommen kann, in denen der Steuerpflichtige neben seinem noch beibehaltenen Wohnsitz oder gewöhnlichen Aufenthalt

---

[72] Dementsprechend alle Staaten, mit denen kein DBA besteht, nachfolgend „Nicht-DBA-Staat" genannt.
[73] Siehe aber zu überschießenden Tendenzen unter B.III.6.
[74] Vgl. *Häck,* in: F/W/B/S, AStG, Stand: 07/2021, § 6 Rn. 331.
[75] *Wassermeyer/Kaeser*, in: Wassermeyer, Doppelbesteuerung, OECD-MA, Stand: 07/2023, Art. 4 Rn. 32 und 36; *Pohl,* in: Schönfeld/Ditz, DBA, Art 4 Rn. 31 und 36; *Ismer/Blank,* in: Vogel/Lehner, DBA, Art. 4 Rn. 91 und 96; *Häck,* in: F/W/B/S, AStG, Stand: 07/2021, § 6 Rn. 333.
[76] *Häck,* in: F/W/B/S, AStG, Stand: 07/2021, § 6 Rn. 333; *Strunk/Kaminski*, in: S/K/K, AStG, Stand: 01/2020, § 6 Rn. 93.1.

in Deutschland bei gleichzeitiger Neubegründung im DBA-Staat abkommensrechtlich zunächst nach Art. 4 Abs. 1 OECD-MA in *beiden* Staaten ansässig ist (sog. Doppelansässigkeit).[77] Unter Art. 4 Abs. 1 OECD-MA ist dies der Fall, wenn der Steuerpflichtige in beiden Staaten aufgrund seines Wohnsitzes oder gewöhnlichen Aufenthaltes steuerpflichtig ist. Eine solche Doppelansässigkeit i.S.d. Art. 4 Abs. 1 OECD-MA soll allerdings für das Auslösen des Ersatzrealisationstatbestands nicht ausreichen.[78] In solchen Fällen muss das DBA eine Entscheidung darüber treffen, in welchem der beiden Staaten der Steuerpflichtige abkommensrechtlich als ansässig *gilt*.[79]
Hierzu sieht Art. 4 Abs. 2 DBA-MA eine fünfstufige Kollisionsregel, die sog. tie-breaker rule, vor.[80] Auf der ersten Stufe wird überprüft, ob der Steuerpflichtige in einem der beiden Vertragsstaaten nicht nur einen gewöhnlichen Aufenthalt hat, sondern einen Wohnsitz, der zudem auch noch bestimmte, über § 8 AO hinausgehende Merkmale zu erfüllen hat, die ihn zu einer „ständigen Wohnstätte" machen (sog. *qualifizierter* Wohnsitz,[81] der „auf Grund einer langfristigen Rechtsposition ständig genutzt werden kann und tatsächlich regelmäßig genutzt wird" wobei eine „Art und Intensität der Nutzung [vorliegt], welche die Wohnung als eine nicht nur hin und wieder aufgesuchte, sondern in den allgemeinen Lebensrhythmus einbezogene Anlaufstelle des Steuerpflichtigen erscheinen lässt"[82]). Ist auch dieses Merkmal in beiden Staaten gleichzeitig erfüllt, so wird auf den nächsten Stufen danach abgegrenzt, (i) wo sich der (persönliche und wirtschaftliche) Mittelpunkt der Lebensinteressen des Steuerpflichtigen befindet, (ii) wo sich (neben seinen beiden Wohnsitzen) sein tatsächlicher gewöhnlicher Aufenthalt befindet oder (iii) wessen Staatsangehörigkeit er besitzt, um letztendlich festzustellen, zu welchem der beiden Staaten insgesamt eine stärkere Bindung und Beziehung bestehen, die es rechtfertigen, ihn als dort ansässig zu sehen und nicht (mehr) in dem anderen Staat.[83]

Erst wenn anhand dieser mehrstufigen Prüfung feststeht, dass der Steuerpflichtige abkommensrechtlich als (nur) in dem anderen Staat als ansässig gilt und nicht mehr in Deutschland, soll der Tatbestand des § 6 Abs. 1 Satz 2 Nr. 2 AStG a.F. ausgelöst werden.[84] Dem ist in Anlehnung an den Sinn und Zweck des § 6 AStG zuzustimmen, da

[77] Zur Doppelansässigkeit stellvertretend *Pohl,* in: Schönfeld/Ditz, DBA, Art. 4 Rn. 61.
[78] *Häck,* in: F/W/B/S, AStG, Stand: 07/2021, § 6 Rn. 331; *Strunk/Kaminski,* in: S/K/K, AStG, Stand: 01/2020, § 6 Rn. 93.
[79] *Häck,* in: F/W/B/S, AStG, Stand: 07/2021, § 6 Rn. 334.
[80] Stellvertretend *Pohl,* in: Schönfeld/Ditz, DBA, Art 4, Rn. 61.
[81] *Wassermeyer/Kaeser,* in: Wassermeyer, Wassermeyer, Doppelbesteuerung, OECD-MA, Stand: 07/2023, Art. 4 Rn. 33; *Pohl,* in: Schönfeld/Ditz, DBA, Art. 4 Rn. 65, so auch BFH, Urt. v. 05.06.2007 – I R 22/06, BStBl II 2007, 812, Rn. 11.
[82] BFH, Urt. v. 05.06.2007 – I R 22/06, BStBl II 2007, 812, Rn. 11.
[83] Sollte anhand der ersten vier Stufen immer noch keine eindeutige Festlegung der Ansässigkeit möglich sein, sieht Art. 4 Abs. 3 OECD-MA eine gegenseitige Verständigung der beiden Vertragsstaaten über die abkommensrechtliche Ansässigkeit des Steuerpflichtigen vor.
[84] So auch andeutungsweise *Wilke,* in: AStG – eKommentar, Stand: 03/2019, § 6 Rn. 39, der einen „Wechsel" der abkommensrechtlichen Ansässigkeit verlangt, gleichzeitig aber auch mit dem Hinweis, dass mit diesem Ansässigkeitswechsel nicht auch automatisch der Wechsel des Besteuerungsrechts gemeint ist.

durch diese abkommensrechtliche Zuordnung zumindest erst die Möglichkeit besteht (und es in den meisten Fällen auch tatsächlich zutrifft), dass Deutschland das Besteuerungsrecht bezüglich der Veräußerung der Kapitalgesellschaftsanteile verliert (so etwa in Art. 13 Abs. 5 OECD-MA, der auf die Ansässigkeit des Steuerpflichtigen abstellt).[85]

bb) Kausalitätserfordernis und Verhältnis zum Auffangtatbestand

Ähnlich wie im Grundtatbestand bedarf es auch bei § 6 Abs. 1 Satz 2 Nr. 2 AStG a.F. eines kausalen Zusammenhangs zwischen Begründung des Wohnsitzes bzw. gewöhnlichen Aufenthaltes im DBA-Staat und der Ansässigkeit in eben diesem Staat. So schreibt das Gesetz, dass die Ansässigkeit gerade *auf Grund* der Wohnsitzbegründung (respektive des gewöhnlichen Aufenthalts) geschehen muss.

Dies gibt erneut Anlass zur Frage, wie in diesem Zusammenhang mit der Doppelansässigkeit eines Steuerpflichtigen umzugehen ist. Hat nämlich der Steuerpflichtige bereits in beiden Staaten einen Wohnsitz (und dies auch in Form einer ständigen Wohnstätte i.S.d. Art. 4 Abs. 1 OECD-MA) kann zwar ein Wechsel der abkommensrechtlichen Ansässigkeit dennoch stattfinden. Dann handelt es sich aber nicht mehr um einen Wechsel *aufgrund* der Neubegründung eines Wohnsitzes, sondern aufgrund der Änderung von „weichen Faktoren" innerhalb der tie-breaker rule des Art. 4 Abs. 2 OECD-MA. Dies ist in den meisten Fällen eher ein „schleichender" Prozess, bspw. durch die schrittweise Verlagerung des persönlichen und wirtschaftlichen Lebensmittelpunktes in den anderen Staat, und vollzieht sich zeitlich erst nach der eigentlichen Wohnsitzbegründung.[86] Dem Wortlaut nach dürfte in einem solchen schleichenden Prozess § 6 Abs. 1 Satz 2 Nr. 2 AStG a.F. nicht zur Anwendung kommen.[87]

Unter der alten bis 31.12.2021 geltenden Regelung war diese Frage in den meisten Fällen jedoch rein dogmatischer Natur, zumindest dann, wenn eine tatsächliche Beschränkung bzw. ein Ausschluss des deutschen Besteuerungsrechts erfolgte. Viele DBA knüpfen bezüglich des Besteuerungsrechts nicht an eine ggf. vorgelagerte „reine" Wohnsitzverlagerung an, sondern an die abkommensrechtliche Ansässigkeit, sodass die Begründung einer solchen Ansässigkeit in einem anderen Staat (wenn auch schleichend und nicht „durch Wohnsitzbegründung" erfolgt) zum Ausschluss oder zur Beschränkung des deutschen Besteuerungsrechts führt.[88] In diesen Fällen würde der „Auffangtatbestand" des § 6 Abs. 1 Satz 2 Nr. 4 AStG a.F. greifen.[89]

---

[85] Dazu, dass es nicht in jedem Fall auf die tatsächliche Beschränkung bzw. den Ausschluss des deutschen Besteuerungsrechts ankommen muss, um tatbestandlich die Wegzugsteuer auszulösen, siehe ausführlich unter B.III.6.

[86] *Häck,* in: F/W/B/S, AStG, Stand: 07/2021, § 6 Rn. 335; zur Problematik der Abgrenzung einer Verlagerung der Ansässigkeit durch Verlagerung des Mittelpunkts der Lebensinteressen vgl. auch *Pohl*, in: Schönfeld/Ditz, DBA, Art. 4 Rn. 82.

[87] *Häck,* in: F/W/B/S, AStG, Stand: 07/2021, § 6 Rn. 335.

[88] Bsp. Art. 13 Abs. 5 OECD-MA oder Art. 13 Abs. 5 DBA Österreich.

[89] *Strunk/Kaminski*, in: S/K/K, AStG, Stand: 01/2020, § 6 Rn. 97 für den Fall des Neuabschlusses eines DBA.

Lediglich in den Fällen, in denen Nr. 2 nicht in Betracht kommt, weil die Ansässigkeit nicht aufgrund der Wohnsitzbegründung resultiert und *gleichzeitig* auch Nr. 4 deshalb nicht einschlägig ist, weil das Besteuerungsrecht nicht eingeschränkt oder ausgeschlossen wird,[90] kommt es zu keiner Wegzugsbesteuerung. Im Hinblick darauf, dass der Zweck des § 6 AStG im Schutz des deutschen Fiskus vor dem Verlust des Besteuerungsrechts verankert ist, ist dies nach der hier vertretenen Ansicht ein zutreffendes Ergebnis (auch oder gerade, weil es in manchen Fällen dann zu keiner Wegzugsbesteuerung kommt), da der Fokus wieder auf den tatsächlichen Ausschluss bzw. die Beschränkung des deutschen Besteuerungsrechts gelegt wird.

b) Wegfall in neuer Fassung

In der neuen Fassung fällt der Tatbestand des § 6 Abs. 1 Satz 2 Nr. 2 AStG a.F. vollständig weg. Zwar wollte der Gesetzgeber mit der Neugestaltung der Tatbestandsvarianten Gesetzeslücken schließen. Mag ihm dies an manchen Stellen auch gelungen sein,[91] so ist mit dem Wegfall der Nr. 2 gleichzeitig ein ursprünglicher Anwendungsfall eliminiert worden: Aus Sicht des Gesetzgebers wird die Nr. 2 der alten Fassung nämlich gerade in den Fällen ihre Berechtigung gehabt haben (und somit nicht überflüssig gewesen sein), in denen zwar durch die Wohnsitzbegründung im Ausland ein abkommensrechtlicher Ansässigkeitswechsel stattgefunden hat, jedoch das Besteuerungsrecht Deutschlands nicht verloren ging. Dies kann bspw. dann der Fall sein, wenn das entsprechende DBA trotz Ansässigkeitswechsel in einen anderen DBA-Staat diesem Staat kein Besteuerungsrecht einräumt, wie etwa im Falle einer Ansässigkeitsbegründung in der Türkei, wenn Anteile an einer Kapitalgesellschaft gehalten werden, deren Vermögen überwiegend aus deutschem Grundbesitz besteht. Hier sähe Art. 13 Abs. 2 DBA Türkei (sog. Immobilienklausel[92]) vor, dass das Besteuerungsrecht Deutschlands auch durch einen Ansässigkeitswechsel nicht verloren ginge. Dass damit jedoch nicht nur ein Anwendungsfall weggefallen ist, sondern gleichzeitig auch ein Fall der überschießenden Tendenz beseitigt wurde,[93] dürfte in Teilen der Literatur und nach der hier vertretenen Ansicht begrüßt werden.[94]

---

[90] Bspw. dann, wenn trotz der (neuen) Ansässigkeit im anderen Staat aufgrund einer eingreifenden Immobilienklausel Deutschland weiterhin das Besteuerungsrecht behält.

[91] Bspw. bei der Neuformulierung des neuen Auffangtatbestands (nicht mehr „aufgrund anderer Ereignisse").

[92] Siehe hierzu auch unter B.III.5.a)bb)(1).

[93] Siehe zur alten Fassung noch *Häck,* in: F/W/B/S, AStG, Stand: 07/2021, § 6 Rn. 339 sowie RegE ATAD, BT-Drucks. 19/28652, S. 48 mit dem Hinweis, die Einlage in eine ausländische Betriebsstätte stelle *grundsätzlich* eine Beschränkung des deutschen Besteuerungsrechts i.S.d. § 6 Abs. 1 Satz 1 Nr. 3 AStG dar, womit zum Ausdruck kommt, dass künftig aber auch nur noch diese Einlagen erfasst sein sollten, bei denen der Ausschluss oder die Beschränkung tatsächlich eintritt.

[94] So bspw. *Häck,* in: F/W/B/S, AStG, Stand: 07/2021, § 6 Rn. 146.

4. Einlage in ausländische Betriebsstätte

§ 6 Abs. 1 Satz 2 Nr. 3 AStG a.F. erfasst den Fall, dass die Kapitalgesellschaftsanteile in ein ausländisches Betriebsvermögen eingelegt werden. Es ist der deutschen Abkommenspraxis und ebenso Art. 7 des OECD-MA zu entnehmen, dass Gewinne einer ausländischen Betriebstätte bzw. Gewinne der ihnen gleichgestellten Personengesellschaft i.d.R. in Deutschland freigestellt werden, wodurch das Besteuerungsrecht Deutschlands in Bezug auf die Gewinne aus der (späteren) Veräußerung der eingelegten Anteile zumindest beschränkt, wenn nicht ausgeschlossen wird.[95] Für die Tatbestandsmäßigkeit ist entscheidend, (i) in welches Ziel-Betriebsvermögen und (ii) in welcher Form die Überführung der Anteile erfolgt.

a) Alte Fassung, § 6 Abs. 1 Satz 2 Nr. 3 AStG a.F.

Vom Tatbestand umfasst sind Konstellationen, in denen die Kapitalgesellschaftsanteile in einen Betrieb oder auch in eine Betriebsstätte des Einzelunternehmens des Steuerpflichtigen in einem ausländischen Staat eingelegt werden, selbst wenn durch diese Einlage das Einzelunternehmen im Ausland bzw. die ausländische Betriebsstätte erst entsteht.[96] Erfolgt die Einlage der Anteile dagegen in eine ausländische *Kapital*gesellschaft, geht § 17 Abs. 1 Satz 1 und 2 EStG dem § 6 AStG vor, da die Norm die (verdeckte) Einlage einer Veräußerung gleichstellt und § 6 Abs. 1 AStG dagegen die Fälle erfasst, in denen gerade keine Veräußerung vorliegt („ohne Veräußerung").[97]
Der Tatbestand des § 6 Abs. 1 Satz 2 Nr. 3 AStG a.F. erfasst wiederum die Einlage in eine ausländische Personengesellschaft, sofern diese eine Mitunternehmerschaft ist und damit Betriebsvermögen besitzt.[98] Für Zwecke der Anwendbarkeit der Norm und für das Vorliegen einer Betriebsstätte ist dabei auf das Begriffsverständnis des deutschen Steuerrechts abzustellen,[99] wodurch nach der hier vertretenen Auffassung auch *gewerblich*

---

[95] *Strunk/Kaminski*, in: S/K/K, AStG, Stand: 01/2020, § 6 Rn. 98.

[96] *Häck*, in: F/W/B/S, AStG, Stand: 07/2021, § 6 Rn. 349.

[97] *Häck*, in: F/W/B/S, AStG, Stand: 07/2021, § 6 Rn. 345.

[98] *Häck*, in: F/W/B/S, AStG, Stand: 07/2021, § 6 Rn. 348, 349; da die Mitunternehmer Träger des Gewerbebetriebs sind und der Steuerpflichtige zugleich Mitunternehmer des Betriebs ist, liegt demnach auch eine tatbestandliche Einlage in einen Betrieb „des Steuerpflichtigen" vor.

[99] *Strunk/Kaminski*, in: S/K/K, AStG, Stand: 01/2020, § 6 Rn. 105; *Häck*, in: F/W/B/S, AStG, Stand: 07/2021, § 6 Rn. 349; *Pohl*, in: Brandis/Heuermann, AStG, Stand: 08/2021, § 6 Rn. 54; *Müller-Gosoge*, in: Haase, AStG, § 6 Rn. 103; *Wilke*, in: AStG – eKommentar, Stand: 03/2019, § 6 Rn. 41; *Hecht*, in: Fuhrmann, AStG, § 6 Rn. 31.

geprägte Personengesellschaften als aufnehmende Gesellschaft in Frage kommen,[100] die nach nationalem Verständnis nämlich ebenfalls eine Betriebsstätte innehaben können.[101] Anders als noch in der vor dem 13.12.2006 geltenden Fassung[102] enthält die bis zum 31.12.2021 geltende Fassung auch nicht mehr den Zusatz „Ausschluss des deutschen Besteuerungsrechts", wodurch auch hier grds. Fälle überschießender Tendenz denkbar sind.[103] Wird dies teilweise unter Verweis auf die alte Regelung vor dem SEStEG zwar weiterhin noch als zusätzliche Voraussetzung der Nr. 3 gesehen,[104] ist dies mit der aktuellen Rechtsprechung des BFH, wonach ein allgemeines Hineinlesen der Beschränkung oder des Ausschlusses des deutschen Besteuerungsrechts nicht möglich ist,[105] nur schwer vereinbar. Auch der Umstand, dass diese zusätzliche Voraussetzung aus dem Wortlaut der Nr. 3 herausgestrichen wurde, stützt die hier vertretene Ansicht.

All diese Einlagen haben gemein, dass sie zur Auslösung des § 6 Abs. 1 Satz 2 Nr. 3 AStG a.F. *unentgeltlich* zu erfolgen haben.[106] Dabei ist bei einer Übertragung auf eine Personengesellschaft zu unterscheiden: Tatbestandlich ausgeschlossen sind solche Übertragungen, bei denen als Gegenleistung für die Übertragung bzw. Überführung der Anteile in eine Personengesellschaft Gesellschaftsrechte an ihr gewährt werden, wodurch die Anteile insoweit entgeltlich übertragen würden.
Nach der neueren Ansicht[107] von Finanzverwaltung und Rechtsprechung ist dagegen von einer unentgeltlichen Übertragung auszugehen, wenn bei der Einlage und bei der Einbuchung der Anteile bei der Personengesellschaft ausschließlich das gesamthänderisch

100 Vgl. *Hecht,* in: Fuhrmann, AStG, § 6 Rn. 30, der die „Mitunternehmerschaft" nennt; so wohl auch *Häck,* in: F/W/B/S, AStG, Stand: 07/2021, § 6 Rn. 348: Dort wird die gewerblich geprägte Personengesellschaft an verschiedenen Stellen genannt, wenn allerdings nach dem hiesigen Verständnis auch nur bezogen auf die Frage, wann eine Einlage in eine Personengesellschaft unentgeltlich und gerade nicht gegen Gewährung von Gesellschaftsrechten erfolgt. Ansonsten bezieht sich *Häck* lediglich auf den Begriff „Mitunternehmerschaft", ohne dabei genauer zu differenzieren; a.A. wohl *Strunk/Kaminski,* in: S/K/K, AStG, Stand: 01/2020, § 6 Rn. 101.1, der auch auf Tatbestandsebene der Nr. 3 auf abkommensrechtliche Unternehmensgewinne abstellt, obwohl dort gleichzeitig die Auffassung vertreten wird, die Begriffe „Betrieb" und „Betriebsstätte" richten sich nach nationalem Recht (Rn. 104).

101 Die Einlage in eine rein vermögensverwaltende (nicht gewerblich geprägte) Personengesellschaft würde den Tatbestand allein deshalb schon nicht auslösen, da insofern auch nach nationalen Regelungen keine Einlage in ein *Betriebsvermögen* erfolgt.

102 Dort unter § 6 Abs. 3 Nr. 3 AStG.

103 Siehe ausführlich unter B.III.6, für den konkreten Fall des § 6 Abs. 1 Satz 2 Nr. 3 AStG a.F. zumindest nicht ausschließend *Wilke,* in: AStG – eKommentar, Stand: 03/2019, § 6 Rn. 41.

104 So z.B. *Müller-Gosoge,* in: Haase, AStG, § 6 Rn. 105, der diese zusätzliche Voraussetzung nach wie vor verlangt, sowie *Strunk/Kaminski,* in: S/K/K, AStG, Stand: 01/2020, § 6 Rn. 101; *Häck,* in: F/W/B/S, AStG, Stand: 07/2021, § 6 Rn. 350.

105 BFH, Urt. v. 08.12.2021 – I R 30/19, BStBl II 2022, 763, Rn. 12, 16; siehe hierzu noch ausführlich unter B.III.6.a).

106 *Häck,* in: F/W/B/S, AStG, Stand: 07/2021, § 6 Rn. 348.

107 Vgl. zur vorigen Ansicht des BMF, Schreiben v. 11.07.2011, BStBl I 2011, 713.

gebundene Rücklagenkonto[108] oder das (variable) Kapitalkonto II[109] angesprochen wird. Eine (auch nur teilweise) Verbuchung auf dem Kapitalkonto I, das i.d.R. die entscheidenden Gesellschafterrechte innerhalb der Personengesellschaft (Gewinnverteilung, Auseinandersetzungsansprüche, Entnahmerechte etc.) widerspiegelt, führt dagegen zu einer entgeltlichen Übertragung und somit ebenfalls zu einer direkten Veräußerung der Anteile,[110] die dadurch nur in den Tatbestand des § 17 EStG fallen kann.

b) Wegfall in neuer Fassung

Ebenso wie der zuvor erläuterte § 6 Abs. 1 Satz 2 Nr. 2 AStG a.F. fällt auch diese Tatbestandsvariante in der neuen Fassung ersatzlos weg.
Solche Fälle, in denen die Einlage tatsächlich zu einer Beschränkung oder zum Ausschluss des deutschen Besteuerungsrechts geführt haben können (dies ist vor allem in Nicht-DBA-Staaten denkbar),[111] greift der neue Auffangtatbestand des § 6 Abs. 1 Satz 1 Nr. 3 AStG n.F. ein. Hingegen werden auch hier (ebenso wie durch den Wegfall der Nr. 2 der alten Fassung) durch den Wegfall dieser Tatbestandsvariante Fälle der überschießenden Tendenz eliminiert, womit der Gesetzgeber denjenigen kritischen Stimmen entgegenkommt, die in der bisherigen Regelung ein „grundlegendes Missverständnis"[112] des Gesetzgebers über die Gewinnermittlung in Betriebsstätten gesehen haben.[113]

5. Ausschluss oder Beschränkung des deutschen Besteuerungsrechts

a) Alte Fassung, § 6 Abs. 1 Satz 2 Nr. 4 AStG a.F.

§ 6 Abs. 1 Satz 2 Nr. 4 AStG a.F. enthält einen Auffangtatbestand, dessen Wortlaut anderen Entstrickungsklauseln ähnelt, wie bspw. § 4 Abs. 1 Satz 3 EStG.[114] Zumindest an dieser Stelle innerhalb des § 6 AStG a.F. kommt der Gesetzgeber dem Wunsch einiger Literaturstimmen[115] nach, eine allgemeine Entstrickungs- bzw. Generalklausel im Gesetz zu etablieren, hier allerdings „nur" in Form der Auffangklausel, die subsidiär zum Grundtatbestand und den übrigen Ersatzrealisationstatbeständen anzuwenden ist. Deutlich wird

---

[108] Vgl. BMF, Schreiben v. 11.07.2011 – IV C 6-S 2178/09/10001, BStBl I 2011, 713, Tz. II.2.b.
[109] So nun auch BMF, Schreiben v. 26.07.2016 – IV C 6-S 2178/09/10001, BStBl I 2016, 684 als Reaktion auf BFH, Urt. v. 29.07.2015 – IV R 15/14, BStBl 2016 II, 593 und BFH, Urt. v. 04.02.2016 – IV R 46/12, BStBl II, 607.
[110] Vgl. BMF, Schreiben v. 11.07.2011 – IV C 6-S 2178/09/10001, BStBl I 2011, 713, Tz. II.2.a.
[111] Siehe hierzu auch unter B.III.6.c)bb)(2).
[112] So *Strunk/Kaminski*, in: S/K/K, AStG, Stand: 01/2020, § 6 Rn. 104.
[113] Diese Kritik basiert im Wesentlichen auf dem DBA-Verständnis, dass der ausländische Staat, in dem die Betriebsstätte gelegen ist, ohnehin nur auf die seit Einlage in die Betriebsstätte entstandenen stillen Reserven zugreifen könne und beruft sich dabei auf die Rechtsprechung des BFH zur Aufgabe der finalen Entnahmetheorie (BFH, Urt. v. 17.07.2008 – I R 77/06, BStBl II 2009, 464, siehe zu diesem Urteil auch noch ausführlich unter F.III.1).
[114] *Häck*, in: F/W/B/S, AStG, Stand: 07/2021, § 6 Rn. 351.
[115] Vgl. bspw. *Häck*, in: F/W/B/S, AStG, Stand: 07/2021, § 6 Rn. 24; *Kahlenberg*, FR 2019, 820 (821); *Carlé*, KÖSDI 2007, 15401 (15402).

dies durch die gesetzgeberische Formulierung „aufgrund *anderer*[116] als der in Satz 1 oder Satz 2 Nr. 1–3 genannten Ereignisse“. An dieser Stelle zeigt sich, wenn auch nur anhand des Auffangtatbestands, dass der Gesetzgeber, ähnlich wie mit der Regelung des § 4 Abs. 1 Satz 3[117] ein systematisches Entstrickungskonzept schaffen wollte und damit zumindest die Intention verfolgte, mit der Einführung der Auffangklausel durch das SEStEG im Zusammenspiel mit dem „allgemeine[n] Entstrickungstatbestand in § 4 Abs. 1 Satz 3 EStG und der entsprechenden Neufassung des § 6 AStG […] in abstrakter Umschreibung alle Fälle [zu erfassen], in denen das Besteuerungsrecht der Bundesrepublik Deutschland ausgeschlossen oder eingeschränkt wird.“[118]

aa) Voraussetzungen

Der Tatbestand umfasst zwei Alternativen: den Ausschluss und die Beschränkung des deutschen Besteuerungsrechts hinsichtlich der Veräußerung der von § 6 AStG umfassten Anteile. In beiden Alternativen ist ein Vergleich vorzunehmen zwischen der Besteuerungslage vor und nach dem entsprechenden „Ereignis“, das von § 6 Abs. 1 Satz 2 Nr. 4 AStG a.F. erfasst wird.[119] Es ist daher denklogisch erforderlich, dass zuvor überhaupt erst ein Besteuerungsrecht der Bundesrepublik Deutschland bestanden haben musste, damit ein solches ausgeschlossen oder beschränkt werden kann.[120] Im Falle des **Ausschlusses** des deutschen Besteuerungsrechts ist der Bundesrepublik Deutschland nach dem entsprechenden Ereignis eine Besteuerung gänzlich versagt.[121] Dies kann auch in dem Falle eintreten, in dem Deutschland zuvor auch lediglich ein eingeschränktes Besteuerungsrecht hatte, beispielsweise wenn nach dem Welteinkommensprinzip oder nach einem DBA das Besteuerungsrecht in Deutschland liegt, jedoch die im Ausland gezahlte Steuer nach § 34c Abs. 1 EStG oder nach dem entsprechenden Methodenartikel[122] des DBA angerechnet werden musste; das deutsche Besteuerungsrecht muss also vor dem Ereignis nicht uneingeschränkt bestanden haben, um den Tatbestand der Auffangklausel zu erfüllen. Ein Besteuerungsrecht bestand dagegen nicht, wenn es von vornherein aufgrund eines DBA ausgeschlossen ist.[123]

---

116 Hervorhebung nicht im Original.
117 Siehe hierzu ausführlich unter F.III.
118 BR-Drucks. 542/06, S. 85; vgl. auch *Strunk/Kaminski*, in: S/K/K, AStG, Stand: 01/2020, § 6 Rn. 108.
119 *Häck,* in: F/W/B/S, AStG, Stand: 07/2021, § 6 Rn. 355.
120 *Häck,* in: F/W/B/S, AStG, Stand: 07/2021, § 6 Rn. 353; *Müller-Gosoge*, in: Haase, AStG, § 6 Rn. 108.
121 *Häck,* in: F/W/B/S, AStG, Stand: 07/2021, § 6 Rn. 355 mit Verweis auf *Wassermeyer*, DB 2006, 1176; *Wilke*, in: AStG – eKommentar, Stand: 03/2019, § 6 Rn. 44, *Strunk/Kaminski*, in: S/K/K, AStG, Stand: 01/2020, § 6 Rn. 111.
122 Bspw. Art. 23 A und 23 B des OECD-MA.
123 *Häck,* in: F/W/B/S, AStG, Stand: 07/2021, § 6 Rn. 353; *von Freeden*, in: Rödder/Herlinghaus/Neumann, KStG, § 12 Rn. 58; *Kolbe,* in: H/H/R, KStG, Stand: 08/2023, § 12 Rn. 29.

Eine **Beschränkung** des deutschen Besteuerungsrechts ist dann gegeben, wenn es nicht vollständig ausgeschlossen, das heißt nicht dem Grunde nach, sondern nur der Höhe nach beeinträchtigt wird.[124] Dies ist insbesondere dann anzunehmen, wenn Deutschland durch das einschlägige Ereignis künftig eine ausländische Steuer anrechnen muss.[125] Eine Anrechnungsverpflichtung kann z.B. dann eintreten, wenn die Kapitalgesellschaft, an der die Anteile gehalten werden, Sitz und Geschäftsleitung von Deutschland ins Ausland verlegt.[126] Die Gewinne aus der Anteilsveräußerung würden demnach potenzielle ausländische Einkünfte darstellen, die auch im Ausland (nach ausländischem nationalen Recht) besteuert würden mit der Folge, dass Deutschland bei Besteuerung des (weiterhin) unbeschränkt einkommensteuerlichen Anteilseigners diese ausländische Steuer ggf. anrechnen müsste.[127] Eine Beschränkung des deutschen Besteuerungsrechts soll nach Auffassung der Finanzverwaltung dabei schon bei einer abstrakten *Gefahr* einer Anrechnungsverpflichtung eintreten, unabhängig davon, ob der ausländische Staat tatsächlich eine Steuer auf den Veräußerungsgewinn erheben würde, die der deutsche Staat anzurechnen hätte, oder nicht.[128]

Auch vor dem Inkrafttreten des ATAD-UmsG war und ist in der alten Rechtslage unklar, wie das andere „Ereignis" ausgestaltet sein muss und welche Voraussetzungen an dieses Ereignis geknüpft werden, um den Tatbestand der Auffangklausel zu erfüllen. Zwar ist es dem Wortlaut des § 6 Abs. 1 Satz 2 Nr. 4 AStG a.F. nicht zu entnehmen, jedoch ist ein Teil der Literatur der Ansicht, dass die Auffangklausel tatbestandlich die Anwendung eines DBA voraussetzt und dass es sich bei dem von den Entstrickungsnormen erfassten Besteuerungsrecht um einen *abkommensrechtlichen* Begriff handelt.[129] Dies gilt sowohl für den Fall des Ausschlusses als auch der Beschränkung des deutschen Besteuerungsrechts. Belege hierfür lassen sich in den Stellungnahmen zum Gesetzgebungsverfahren finden, wonach von dem Auffangtatbestand „alle sonstigen Fälle erfasst [werden], in denen Deutschland *nach einem Doppelbesteuerungsabkommen* den Veräußerungsgewinn freistellen oder die ausländische Steuer anrechnen muss (z.B. bestimmte Fälle, in denen das geltende Doppelbesteuerungsabkommen dem ausländischen Staat der

---

[124] *Müller-Gosoge*, in: Haase, AStG, § 6 Rn. 112; *Strunk/Kaminski*, in: S/K/K, AStG, Stand: 01/2020, § 6 Rn. 114; siehe ausführlich zur Auslegung der Beschränkung des Besteuerungsrechts *Binnewies/Wollweber*, DStR 2014, 628 (631 f.).

[125] *Strunk/Kaminski*, in: S/K/K, AStG, Stand: 01/2020, § 6 Rn. 114; *Hecht*, in: Fuhrmann, AStG, § 6 Rn. 37; *Wilke*, in: AStG – eKommentar, Stand: 03/2019, § 6 Rn. 45.

[126] Innerhalb der EU bei gleichzeitiger Beibehaltung einer inländischen Betriebsstätte möglich.

[127] Vgl. *Strunk/Kaminski*, in: S/K/K, AStG, Stand: 01/2020, § 6 Rn. 116.

[128] Vgl. nunmehr ausdrücklich BMF, Schreiben v. 22.12.2023 – IV B 5 - S 1340/23/10001 :001 zu den Grundsätzen zur Anwendung des Außensteuergesetzes (nachfolgend „AEAStG"), Rn. 89 a.E.; vgl. auch zur Rechtslage vor dem ATAD-UmsG *Kahlenberg*, FR 2019, 820 (821) mit Verweis auf FG Köln, Urt. v. 28.03.2019 – 15 K 2159/15, EFG 2019, 1361.

[129] *Häck*, in: F/W/B/S, AStG, Stand: 07/2021, § 6 Rn. 355; *Bron*, IStR 2012, 904 (906).

Ansässigkeit der Kapitalgesellschaft ein Besteuerungsrecht zuweist),"[130] der Ausschluss oder die Beschränkung demnach seine Ursache in einem DBA haben muss.[131] Insbesondere im Falle der *Beschränkung* des deutschen Besteuerungsrechts durch das Anrechnungserfordernis ausländischer Steuern wird das Fordern eines DBA-Bezugs erkennbar und deutlich: § 34c Abs. 1 EStG sieht eine Anrechnung ausländischer Steuern in sog. Nicht-DBA-Fällen vor, also in Fällen, in denen ausländische Einkünfte aus einem Staat stammen, mit dem kein DBA besteht. Nach dem Wortlaut des § 6 Abs. 1 Satz 2 Nr. 4 AStG a.F. würde zwar eine solche Beschränkung auch von dem Auffangtatbestand umfasst werden. Es stellt sich allerdings die Frage, ob eine Anrechnung ausländischer Steuern nach § 34c Abs. 1 EStG, also aufgrund einer unilateral von Deutschland selbst auferlegten Anrechnungsverpflichtung, überhaupt zu einer Beschränkung i.S.d. § 6 Abs. 1 Satz 2 Nr. 4 AStG a.F. führen kann. Dies wird von der soeben genannten Ansicht innerhalb der Literatur verneint: Vor dem Hintergrund des allgemeinen Rechtsgrundsatzes „venire contra factum proprium" mute es nämlich wertungswidersprüchlich an, wenn der Staat (unilateral und ohne Zwang) einerseits seine Besteuerungsbefugnis durch Anrechnung ausländischer Steuern einschränkt, um zugunsten des Steuerpflichtigen eine Doppelbesteuerung zu vermeiden, andererseits aber den Verlust bzw. die Beschränkung dieser Besteuerungsbefugnis zum Anlass nimmt, um zulasten des Steuerpflichtigen eine Sofortbesteuerung in Form der Wegzugsbesteuerung auszulösen.[132] Nach dieser Ansicht würde ein zugunsten des Steuerpflichtigen geschaffenes Instrumentarium gegen ihn gewandt.[133] Diese Ansicht sieht es also als wertungswidersprüchlich an, wenn es dem deutschen Gesetzgeber möglich sein soll, die Beschränkung des eigenen Besteuerungsrechts (in diesem Beispiel durch die Schaffung einer Norm wie des § 34c Abs. 1 EStG) anzuordnen und gleichzeitig diesen Umstand zu nutzen, um zulasten des Steuerpflichtigen eine Sofortversteuerung der in seinen Anteilen ruhenden stillen Reserven auszulösen. Es scheint demnach zunächst einleuchtend, die Ursache des Ausschlusses und der Beschränkung des deutschen Besteuerungsrechts stets in einem DBA zu sehen.[134] Anders nämlich als die unilateral selbst geschaffenen Beschränkungen des deutschen Staats beruht die Anrechnungsverpflichtung oder auch der Ausschluss des deutschen Besteuerungsrechts durch ein DBA in einer bilateralen völkerrechtlichen Verpflichtung, deren Anlass in einer individuellen Vereinbarung mit anderen Staaten zu sehen ist, die Aufteilung des

[130] BT-Drucks. 16/3369, S. 14 (Hervorhebungen nicht im Original).

[131] *Häck,* in: F/W/B/S, AStG, Stand: 07/2021, § 6 Rn. 355; *Pohl,* in: Brandis/Heuermann, AStG, Stand: 08/2021, § 6 Rn. 55f.; andeutungsweise *Hecht,* in: Fuhrmann, AStG, § 6 Rn. 36 sowie *Kraft*, in: Kraft, AStG, § 6 Rn. 380 am Anfang, differenziert jedoch zur Anrechnung nach § 34c EStG; a.A. zumindest in Bezug auf die *Beschränkung* des Besteuerungsrechts *Wilke*, in: AStG – eKommentar, Stand: 03/2019, § 6 Rn. 45 sowie *Kramer*, in: Lippross/Seibel, BK Steuerrecht, Stand: 08/2023, § 6 AStG, Rn. 44.

[132] *Häck,* in: F/W/B/S, AStG, Stand: 07/2021, § 6 Rn. 356.

[133] *Schönfeld,* IStR 2010, 133 (135 f.) sowie *Häck,* in: F/W/B/S, AStG, Stand: 07/2021, § 6 Rn. 356.

[134] So auch *Hecht,* in: Fuhrmann, AStG, § 6 Rn. 35 (allgemein), Rn. 36 (für Ausschluss) und Rn. 37 (für Beschränkung); *Häck,* in: F/W/B/S, AStG, Stand: 07/2021, § 6 Rn. 356.

Besteuerungsrechts unter den Vertragsparteien zu regeln.[135] Der deutsche Staat ist bei solchen völkerrechtlichen Verträgen nicht so flexibel und frei in seinen Entscheidungen, wie in der eigenen nationalen Gesetzgebung, sodass es gerechtfertigt sein mag, hierin einen Unterschied zu sehen in Bezug auf die Ursache, die den Tatbestand des § 6 Abs.1 Satz 2 Nr. 4 AStG a.F. auszulösen vermag.

Dennoch ist dieser Ansicht nicht zuzustimmen, verliert sie nämlich den eigentlichen Sinn und Zweck der Wegzugsbesteuerung aus den Augen: die Sicherung des deutschen Besteuerungsaufkommens. Es kann daher für die Beurteilung der Frage, ob das deutsche Besteuerungsrecht eingeschränkt oder ausgeschlossen wird, keine Rolle spielen, ob ein Sachverhalt vorliegt, in dem die Beschränkung zugunsten eines DBA-Staats liegt (dann wohl einstimmige Auffassung, dass die Beschränkung in der Form der Anrechnungsverpflichtung auf einem DBA beruht und somit den Tatbestand des § 6 Abs. 1 Satz Nr. 4 AStG a.F. auslöst) oder zugunsten eines Nicht-DBA-Staats, wodurch eine Anrechnung und somit die Beschränkung des Besteuerungsrechts „nur" aufgrund nationaler Regeln wie dem § 34c EStG erfolgen kann. Im Ergebnis kommt nämlich dieselbe Beschränkung des deutschen Besteuerungsrechts zum Tragen, sodass an dieser Stelle auch einheitlich in Bezug auf den Auffangtatbestand entschieden werden muss.[136] Dem „venire contra factum proprium"-Argument ist entgegenzuhalten, dass der Gesetzgeber § 34c EStG wohl nicht bewusst und gezielt nur für das Auslösen einer Wegzugsbesteuerung geschaffen hat, sondern in dem Zusammenspiel der beiden Normen vielmehr ein Sonderfall innerhalb einer komplexen Rechtsmaterie zu sehen ist, welcher auftreten kann und nach der hier vertretenen Auffassung hingenommen werden muss.

bb) Passive Entstrickung

(1) Streitdarstellung

Eine weitere bislang und nach wie vor kontrovers diskutierte Frage in Bezug auf den Ausschluss oder die Beschränkung des deutschen Besteuerungsrechts ist, durch wen oder was die entsprechende Ursache gesetzt werden muss. Unter dem Stichwort „passive Entstrickung" bestehen auch hinsichtlich der alten Rechtslage verschiedene Ansichten, wann eine Wegzugsbesteuerung ausgelöst wird und ob es für das Eingreifen des Auffangtatbestands einer Handlung oder eines vom Steuerpflichtigen verursachten Rechtsvorgangs bedarf oder nicht.

Als Beispiel einer passiven Entstrickung soll an dieser Stelle die Änderung des DBA Spanien aus dem Jahr 2006 dienen. Das ursprüngliche DBA Spanien aus dem Jahr 1966 sah für Gewinne aus der Veräußerung von Kapitalgesellschaftsanteilen in Art. 13 Abs. 6

---

[135] Vgl. auch *Häck,* in: F/W/B/S, AStG, Stand: 07/2021, § 6 Rn. 355.

[136] Im Ergebnis so auch *Wilke*, in: AStG – eKommentar, Stand: 03/2019, § 6 Rn. 45, der die Anrechnungsverpflichtung nach § 34c EStG auch als Beschränkung i.S.d. des § 6 AStG sieht, ohne dies jedoch näher zu begründen, ebenso *Kramer*, in: Lippross/Seibel, BK Steuerrecht, Stand: 08/2023, § 6 AStG, Rn. 44; Weiss, EStB 2018, 426.

vor, dass lediglich dem Ansässigkeitsstaat ein Besteuerungsrecht zustand. Dieses DBA wurde mit Wirkung zum 01.01.2013 dahingehend geändert, dass in Art. 13 ein neuer Abs. 2 aufgenommen wurde, wonach für sog. Immobiliengesellschaften eine Sonderregelung gilt (sog. Immobilienklausel), die dem Art. 13 Abs. 6 DBA Spanien vorgeht. Sofern das Aktivvermögen einer Kapitalgesellschaft zu mehr als 50 % aus unbeweglichem Vermögen besteht, wird auch dem Vertragsstaat ein Besteuerungsrecht zugeteilt, in dem sich das unbewegliche Vermögen befindet. Dieser Fall betrifft z.B. einen abkommensrechtlich allein in Deutschland ansässigen Steuerpflichtigen, der Anteile an einer Kapitalgesellschaft hält, deren Vermögen zu mehr als 50 % aus spanischem Grundbesitz besteht. Vor der Änderung des spanischen DBA wurde Deutschland als Ansässigkeitsstaat das alleinige Besteuerungsrecht erteilt, nach dessen Änderung behielt Deutschland zwar grds. sein Besteuerungsrecht, zudem erhielt aber auch Spanien ein Besteuerungsrecht mit der Folge, dass gem. Art. 22 Abs. 2 Buchst. b) Doppelbuchst. ii) DBA Spanien 2011 Deutschland die in Spanien geschuldete Steuer anrechnen musste.[137] Die Folge dieser DBA-Änderung lag darin, dass eine Vielzahl in Deutschland ansässiger Steuerpflichtiger mit ihren Anteilen an einer Kapitalgesellschaft mit überwiegend spanischem Grundbesitz alleine durch den Abschluss des neuen DBA der Wegzugsbesteuerung unterlag, obwohl sich deren persönlichen Umstände – bezogen auf ihr Verhältnis zu Spanien – nicht geändert haben.[138]
Die Finanzverwaltung hat im BMF-Schreiben vom 26.10.2018 die Auslösung der Wegzugsteuer in einem solchen Fall der „passiven Entstrickung“ bejaht.[139] Darin wird ausdrücklich festgestellt, dass der Ausschluss oder die Beschränkung des Besteuerungsrechts der Bundesrepublik Deutschland i.S.d. § 6 Abs.1 Satz 2 Nr. 4 AStG (ebenso auch für Zwecke des § 4 Abs. 1 Satz 3 EStG sowie § 12 Abs. 1 KStG oder gleichlautender Vorschriften) keine Handlung des Steuerpflichtigen voraussetzt.[140] Die Wegzugsbesteuerung könne unabhängig von einer Handlung des Steuerpflichtigen also auch durch eine Änderung der rechtlichen Ausgangssituation ausgelöst werden. Dies gelte nicht nur für Änderungen von DBA, sondern ebenso bei einem erstmaligen Abschluss[141] eines DBA mit einem Staat sowie die Revision eines solchen.

Viele Stimmen innerhalb der Literatur sehen die Auslösung der Wegzugsteuer in diesen Fällen als problematisch an. Kritisiert wird vor allem, dass der Steuerpflichtige in solchen Fällen überhaupt nicht tätig wurde und die Auslösung der Steuer unabhängig von

---

[137] Vgl. *Häck*, in: F/W/B/S, AStG, Stand: 07/2021, § 6 Rn. 357, 362; *Wilke*, in: AStG – eKommentar, Stand: 03/2019, § 6 Rn. 46; *Strunk/Kaminski*, in: S/K/K, AStG, Stand: 01/2020, § 6 Rn. 116.2.

[138] *Wilke*, in: AStG – eKommentar, Stand: 03/2019, § 6 Rn. 46.

[139] BMF, Schreiben v. 26.10.2018 – IV B 5-S 1348/07/10002-01, BStBl I 2018, 1104, Tz. 1.

[140] So auch *Wilke*, in: AStG – eKommentar, Stand: 03/2019, § 6 Rn. 46; *Español/Kamniski/Ramallo Pallast*, IStR 2016, 653 (655).

[141] So auch *Bron*, IStR 2012, 904 (906), siehe auch Protokoll zum Liechtensteiner DBA Nr. 4 zu Art. 13 sowie zu diesem Protokoll *Niehaves/Beil*, DStR 2012, 209 (212) über das Verständnis der Finanzverwaltung, auch der Neuabschluss eines DBA könne zur Entstrickungsbesteuerung führen.

seinem Zutun erfolge und darüber hinaus auch ohne die Möglichkeit des Steuerpflichtigen, auf die (drohende) Wegzugsbesteuerung zu reagieren, diese verhindern bzw. sich dieser entziehen zu können.[142]

Gegner der Auffassung der Finanzverwaltung stellen dabei folgenden Vergleich auf: Würde der deutsche Gesetzgeber die in § 17 Abs. 1 Satz 1 EStG normierte Beteiligungshöhe von 1 % auf 5 % erhöhen (und somit selbst eine Vielzahl von Veräußerungsfällen aus dem Anwendungsbereich des § 17 EStG herauslösen), würde dem Wortlaut nach ebenfalls ein Fall des § 6 Abs. 1 Satz 2 Nr. 4 AStG a.F. vorliegen mit der Folge, dass durch das Handeln des Gesetzgebers, aber ohne eigene Handlung oder Reaktionsmöglichkeit des Steuerpflichtigen eine Sofortversteuerung der stillen Reserve ausgelöst würde.[143] Diese Argumentation ist jedoch kritisch zu betrachten. Eine Beteiligungsquotenerhöhung innerhalb des § 17 EStG würde zum einen schon nicht automatisch zu einem Ausschluss des Besteuerungsrechts bezüglich der 1–4,9 %igen Beteiligungen führen, da die im Privatvermögen gehaltenen Anteile dann i.d.R. unter den Tatbestand des § 20 Abs. 2 EStG fallen und demnach nicht gänzlich „steuerfrei" gestellt würden. Zum anderen hinkt der Vergleich deshalb, da bei einer rein passiven Entstrickung an dieser Stelle sehr wohl zu unterscheiden wäre, ob eine Besteuerung auf einer rein nationalen Gesetzesänderung beruht, die nur durch den Willen des deutschen Gesetzgebers herrührt, oder auf einem bilateralen DBA, deren Anlass in dem Ziel zweier Staaten zu sehen ist, eine gerechte Aufteilung von Besteuerungsrechten zu regeln. Dass also eine reine nationale Gesetzesmaßnahme wie eine Korrektur des § 17 EStG wohl nicht zu einer Besteuerung führen würde, kann daher nicht ohne Weiteres auch auf die Änderung eines DBA übertragen werden.

Der zuvor genannten Ansicht ist zudem entgegenzuhalten, dass sich eine Beschränkung der Anwendungsfälle auf aktives Tun des Anteilseigners nicht aus dem Gesetz ergibt und dort auch keine Grundlage findet.[144] Dem Protokoll zum DBA Liechtenstein[145] sind zumindest für Entstrickungen i.S.d. §§ 4 Abs. 1 Satz 3 und 12 Abs. 3 EStG Regeln und Vorkehrungen zu entnehmen, was in dem Fall passiert, wenn Entstrickungen aufgrund dieses neuen DBA zur Tatbestandsverwirklichung führen. Dies zeigt, dass dem

---

[142] Vgl. *Häck,* in: F/W/B/S, AStG, Stand: 07/2021, § 6 Rn. 362; *Wilke*, in: AStG – eKommentar, Stand: 03/2019, § 6 Rn. 46; *Strunk/Kaminski*, in: S/K/K, AStG, Stand: 01/2020, § 6 Rn. 97.1 und 116.1; *Bron*, IStR 2012, 904 (906); siehe ausführlich bei *Ritzer,* in: Rödder/Herlinghaus/van Lishaut, UmwStG, Anhang 7, Rn. 58ff; *Hackemann,* in Bott/Walter, KStG, Stand: 07/2023, § 12 Rn. 31; *Ditz/Rupp*, ISR 2021, 413 (420); *Kessler/Spychalski*, IStR 2019, 193 (199).

[143] Vgl. ausführlich *Häck,* in: F/W/B/S, AStG, Stand: 07/2021, § 6 Rn. 357.

[144] Vgl. *Strunk/Kaminski*, in: S/K/K, AStG, Stand: 01/2020, § 6 Rn. 116.4; teils a.A. in Bezug auf die Entstrickungsregelungen des § 4 Abs. 1 Satz 3 EStG sowie § 12 Abs. 1 KStG *Goßmann*, Die deutsche Entstrickungsbesteuerung im Anwendungsbereich der Anti-Tax Avoidance Directive (ATAD), S. 109 f.

[145] DBA Liechtenstein Protokoll zum Abkommen zwischen der Bundesrepublik Deutschland und dem Fürstentum Liechtenstein zur Vermeidung der Doppelbesteuerung und der Steuerverkürzung auf dem Gebiet der Steuern vom Einkommen und vom Vermögen i.d.F. 17.11.2011.

Gesetzgeber solche Fälle bewusst gewesen sind.[146] Und dennoch wird § 6 Abs. 1 Satz 2 Nr. 4 AStG a.F. in dem Protokoll nicht explizit genannt. Der Grund dafür könnte darin liegen, dass die Wegzugsbesteuerung im Verhältnis zu Liechtenstein bislang durch die dauerhafte zinslose Stundung abgemildert wurde und im Vergleich zu einem Ausgleichsposten, der im Lichte des § 4 Abs. 1 Satz 3 EStG gebildet werden kann, ohnehin die geringere steuerliche Belastung für den Steuerpflichtigen darstellt. Durch den Wegfall dieser dauerhaften Stundung in der neuen Fassung des Gesetzes verschärft sich diese Problematik jedoch wieder.

(2) Rechtsprechung

Der bisherigen Rechtsprechung ist keine eindeutige Aussage zu der Problematik der passiven Entstrickung zu entnehmen.

Zwar hatte der BFH im Jahr 1975 bereits in Bezug auf § 16 Abs. 3 EStG einen Fall zu entscheiden, in dem die Änderung eines DBA Spanien[147] zum Untergang des deutschen Besteuerungsrechts führte. Der Senat stellte in seinem Urteil fest, dass eine Betriebsaufgabe nach § 16 Abs. 3 EStG nur dann fingiert werden könne, wenn Wirtschaftsgüter, die eine wesentliche Betriebsgrundlage darstellen, durch eine (Entnahme-)Handlung des Steuerpflichtigen oder durch einen Rechtsvorgang aus dem Betrieb, dem Teilbetrieb oder dem betrieblichen Bereich ausscheiden.[148] Teilweise wird daraus abgeleitet, dass der BFH auch für die Wegzugsbesteuerung grds. eine Handlung des Steuerpflichtigen verlangt und ein bloßes Tätigwerden des Gesetzgebers nicht ausreichen soll.[149]

In der jüngeren Rechtsprechung der Finanzgerichtsbarkeit hat das FG Köln mit Urteil vom 17.06.2021[150] ebenfalls Stellung zur passiven Entstrickung genommen. Darin wurde der Streit innerhalb der Literatur über die Auslegung sowie die verfassungsrechtliche Rechtfertigung einer passiven Entstrickung aufgegriffen.[151] Ob § 6 Abs. 1 Satz 2 Nr. 4 AStG a.F. auch eine passive Entstrickung umfasst, ließ das FG jedoch offen, da es auf diese Frage in der konkreten Entscheidung nicht ankam. Denn vor Einführung der dauerhaften und zinslosen Stundung in § 6 Abs. 5 Satz 3 Nr. 4 AStG a.F. lag nach der Ansicht des Senats ohnehin eine unionsrechtswidrige Vorschrift vor, die aufgrund des europarechtlichen Anwendungsvorranges insoweit nicht wirksam war und auf den konkreten

[146] *Bron*, IStR 2012, 904 (906), *Strunk/Kaminski*, in: S/K/K, AStG, Stand: 01/2020, § 6 Rn. 116.3.
[147] Gem. Art. 6, 7, 13 und 29 DBA-Spanien vom 5. Dezember 1966 waren erstmals Gewinne aus einer Betriebstätte dem Belegenheitsstaat dieser Betriebstätte zuzuordnen gewesen.
[148] BFH, Urt. v. 16.12.1975 – VIII R 3/74, BStBl II 1976, 246, Rn. 15.
[149] Vgl. bspw. *Strunk/Kaminski*, in: S/K/K, AStG, Stand: 01/2020, § 6 Rn. 116.2.
[150] FG Köln Urt. v. 17.06.2021 – 15 K 888/18, EFG 2021, 1876.
[151] FG Köln Urt. v. 17.06.2021 – 15 K 888/18, EFG 2021, 1876, Rn. 37-39.

Sachverhalt des Urteils keine Anwendung fand.[152] Auch der BFH hat im Revisionsverfahren die Frage nach der passiven Entstrickung offen gelassen.[153]
Mit Urteil vom 10.08.2022[154] hat das FG Münster ähnlich wie im zuvor zitierten Urteil des BFH aus 1975 entschieden, dass eine passive Entstrickung – hier aber für den Fall des § 4 Abs. 1 Satz 3 EStG – nicht ausreiche, um eine Entstrickungsbesteuerung auszulösen.
Während sich der BFH noch auf den Begriff der Entnahme bezog, der aus seiner dogmatischen Definition heraus schon einer Entnahme*handlung* bedürfe, bediente sich das FG Münster einer anderen Argumentation: Der Gleichstellung in § 4 Abs. 1 Satz 3 EStG zur Entnahme sei zwar nicht zu entnehmen, dass auch sämtliche Voraussetzungen einer solchen Entnahme i.S.d. § 4 Abs. 1 Satz 2 EStG vorliegen müssten. Aus der Gleichstellung mit der Entnahme folgerte der Senat jedoch, dass zumindest ein dem Steuerpflichtigen zurechenbares Verhalten vorliegen müsse und eine dem Steuerpflichtigen zurechenbare Handlung zum Ausschluss oder der Beschränkung des Besteuerungsrechts der Bundesrepublik Deutschland führen müsse. Denn „würde es hieran fehlen, so könnte ein der Entnahme gleichgestellter Tatbestand außerhalb der Einflusssphäre des Steuerpflichtigen verwirklicht werden und bei diesem ohne sein Zutun zu einer Gewinnbesteuerung führen."[155] Weiter heißt es in dem Urteil, dass es dem Gedanken der Gewinnermittlung nach § 4 Abs 1 EStG fremd sei, dass „ein Verhalten, das von einem Dritten – hier der Bundesrepublik Deutschland durch Abschluss eines DBA – beherrscht bzw. beeinflusst würde, […] eine Steuerpflicht auslösen [würde]."[156]
Bezogen auf § 6 AStG lässt das neuere Urteil des FG Münster doch eher darauf hoffen, dass eine passive Entstrickung durch bloße Änderung eines DBA nicht geduldet wird. Denn auch § 6 AStG beinhaltet eine Gleichstellung, und zwar zu der Veräußerung nach § 17 Abs. 1 Satz 1 EStG. Ebenso wie im Falle des § 4 Abs. 1 Satz 3 EStG ließe sich also daher mit den Vorgaben und Ansichten des FG Münster argumentieren, dass zwar nicht alle Voraussetzungen einer Veräußerung vorliegen müssen, allerdings auch die Veräußerung ein dem Steuerpflichtigen zuzuordnendes Verhalten darstellt und somit auch die Wegzugsbesteuerung eine in der Einflusssphäre des Steuerpflichtigen verwirklichte Handlung voraussetze. Die Revision gegen dieses Urteil ist bislang noch beim BFH anhängig.[157]

---

[152] FG Köln, Urt. v. 17.06.2021 – 15 K 888/18, EFG 2021, 1876, Rn. 41; *Strunk/Kaminski*, in: S/K/K, AStG, Stand: 01/2020, § 6 Rn. 236 ff., insbesondere mit Verweis auf EuGH, Urt. v. 11.03.2004 – C-9/02 (de Lasteyrie du Saillant), ECLI:EU:C:2004:138 m.w.N.

[153] BFH, Urt. v. 16.04.2024 – IX R 38/21, DStR 2024, 1913, Rn. 42, auch wenn der BFH entgegen der Vorinstanz in der konkreten Entstrickungsbesteuerung des Urteilsfalls keinen Verstoß gegen Verfassungs- oder Unionsrecht sah, sondern den Zeitpunkt der Besteuerung auf einen anderen als den angegriffenen Veranlagungszeitraum verlagerte, siehe Rn. 46 ff.

[154] FG Münster, Urt. v. 10.08.2022 – 13 K 559/19 G,F, EFG 2023, 37.

[155] FG Münster, Urt. v. 10.08.2022 – 13 K 559/19 G,F, EFG 2023, 37, Rn. 44.

[156] FG Münster, Urt. v. 10.08.2022 – 13 K 559/19 G,F, EFG 2023, 37, Rn. 44.

[157] Anhängiges Verfahren beim BFH – I R 41/22.

Die zunehmende Praxisrelevanz ist dabei auch darin zu erkennen, dass die Immobilienklauseln, soweit sie noch nicht in den DBA enthalten sind, voraussichtlich zunehmen werden[158] und durch solche künftigen DBA-Änderungen ebenfalls passive Entstrickungen durch im Ausland liegendes Immobilienvermögen entstehen. Bereits in der Vergangenheit sind solche Immobilienklauseln in viele DBA mit Deutschland aufgenommen worden.[159] Auch das OECD-MA enthält seit 2002 in Art. 13 Abs. 4 eine solche Klausel.[160]

b) Gesetzeslücken

Innerhalb der Untersuchung des Auffangtatbestands bietet sich an dieser Stelle auch ein Blick auf diejenigen Fälle, die weder unter die zuvor genannten Varianten noch unter den Auffangtatbestand zu erfassen sind und demnach (unter Berücksichtigung der jeweiligen gesetzgeberischen Intention) eine echte Gesetzeslücke darstellen können. Nach der inhaltlichen Befassung mit den Tatbestandsvoraussetzungen des Auffangtatbestands soll daher an dieser Stelle ein Blick auf diese Lücken geworfen werden:

Mit dem SEStEG hat der Gesetzgeber die Tatbestandsmerkmale in Grundtatbestand und Ersatzrealisationstatbestände aufgeteilt und erstmals auch den Auffangtatbestand des § 6 Abs. 1 Satz 2 Nr. 4 AStG a.F. eingeführt. Ausweislich des Gesetzesentwurfs ging der Gesetzgeber mit der Einführung dieses Auffangtatbestands (im Zusammenspiel mit § 4 Abs. 1 Satz 3 EStG) wohl davon aus, dass „in abstrakter Umschreibung alle Fälle, in denen das Besteuerungsrecht der Bundesrepublik Deutschland ausgeschlossen oder eingeschränkt wird [, umfasst seien]".[161] Das Ziel einer Erfassung „aller Fälle" ist allerdings nicht ganz erfüllt worden, da im Zusammenspiel der einzelnen Tatbestandsmerkmale und der subsidiären Stellung des Auffangtatbestandes nach wie vor Gesetzeslücken verblieben sind.[162] Dies sollen die nachfolgenden Beispiele verdeutlichen.
Wird durch ein Ereignis eine tatsächliche Beschränkung bzw. ein Ausschluss des deutschen Besteuerungsrechts verwirklicht und somit der Tatbestand des § 6 Abs. 1 Satz 2 Nr. 4 AStG a.F. grds. erfüllt, ist aber *gleichzeitig* ein Ereignis im Sinne der Nr. 1–3 gegeben, kann es zur Besteuerungslücke kommen. Liegt nämlich dem Grunde nach ein solches Ereignis der Nr. 1–3 vor, ohne dass die jeweilige Tatbestandsvariante jedoch vollständig erfüllt ist (etwa weil nicht alle Tatbestandsmerkmale vorliegen), würde auch die Beschränkung oder der Ausschluss des deutschen Besteuerungsrechts nicht zu einer Wegzugsteuer führen, weil die Beschränkung respektive der Ausschluss des

[158] Die deutsche Verhandlungsgrundlage für Doppelbesteuerungsabkommen (DE-VG) und fast alle neueren DBA enthalten eine dem Art. 13 Abs. 4 OECD-MA entsprechende Vorschrift, nach der das Belegenheitsprinzip für Gewinne aus der Veräußerung von Anteilen an einer Immobiliengesellschaft gilt, vgl. *Reimer*, in: Vogel/Lehner, DBA, OECD-MA, Art. 13 Rn. 153.
[159] Siehe Auflistung von *Wilke*, in: AStG – eKommentar, Stand: 03/2019, § 6 Rn. 46.
[160] *Wassermeyer/Kaeser*, in: Wassermeyer, Doppelbesteuerung, OECD-MA, Stand: 07/2023, Art. 13 Rn. 123.
[161] BT-Drucks. 16/2710, S. 52.
[162] *Häck*, in: F/W/B/S, AStG, Stand: 07/2021, § 6 Rn. 228.

Besteuerungsrechts nämlich gerade nicht auf einem „anderen“ Ereignis beruht.[163] Dieses Phänomen kann u.a. in folgenden Konstellationen auftreten:

aa) Doppelansässigkeit in DBA-Staat

Schenkt beispielsweise ein in Deutschland unbeschränkt Steuerpflichtiger seine Anteile an seine Tochter mit Wohnsitz im Ausland, die aber aufgrund eines Nebenwohnsitzes zudem in Deutschland unbeschränkt steuerpflichtig ist, würde dem Wortlaut nach eine Wegzugsbesteuerung nicht stattfinden.[164]

§ 6 Abs. 1 Satz 2 Nr. 1 AStG a.F., der die unentgeltliche Übertragung auf eine im Ausland lebende Person grds. vorsieht, wäre tatbestandlich nur dann erfüllt, wenn die Übertragung auf eine in Deutschland *nicht* unbeschränkt steuerpflichtige Person erfolgt. Aufgrund ihres Nebenwohnsitzes ist die Tochter des Schenkers aber (auch) in Deutschland unbeschränkt steuerpflichtig.

Angenommen, die Tochter wäre in einem DBA-Staat ansässig, so würde gem. Art. 13 Abs. 5 OECD-MA[165] Deutschland bei der Veräußerung kein Besteuerungsrecht zustehen, sondern ausschließlich dem Staat, in dem die Beschenkte abkommensrechtlich ansässig ist.[166] Die Schenkung führt somit zum Ausschluss des deutschen Besteuerungsrechts, allerdings tritt dieses nicht aufgrund eines *anderen* Ereignisses als der in den Nummern 1–3 angeführten ein, da, wie bereits festgestellt, ja gerade ein Ereignis im Sinne der Nr. 1 (unentgeltliche Übertragung unter Lebenden) stattgefunden hat. Eine Wegzugsbesteuerung käme somit nicht in Betracht.[167]

In Anbetracht der Tatsache, dass der Gesetzgeber in vielen Konstellationen der Tatbestandsverwirklichung des § 6 AStG sogar in Kauf nimmt, dass eine tatsächliche Beschränkung oder ein Ausschluss des deutschen Besteuerungsrechts erst gar nicht

---

[163] Vgl. *Häck,* in: F/W/B/S, AStG, Stand: 07/2021, § 6 Rn. 358 und 213.

[164] Vgl. *Häck,* in: F/W/B/S, AStG, Stand: 07/2021, § 6 Rn. 213.

[165] So beispielsweise auch Art. 13 Abs. 5 DBA Österreich, Art. 13 Abs. 3 DBA Schweiz, Art. 11 Abs. 2 DBA Südafrika.

[166] Somit auch irrelevant, dass es sich ggf. um Anteile an einer inländischen Kapitalgesellschaft handelt, deren Anteilsveräußerung grds. unter § 49 Abs. 1 Nr. 2 Buchst. e Doppelbuchst. aa) EStG fallen würde. Der Schutz des DBA verhindert eine deutsche Besteuerung bei der tatsächlichen Anteilsveräußerung.

[167] *Häck,* in: F/W/B/S, AStG, Stand: 07/2021, § 6 Rn. 213, vgl. auch *Strunk/Kaminski*, in: S/K/K, AStG, Stand: 01/2020, § 6 Rn. 96; *Pohl,* in: Brandis/Heuermann, AStG, Stand: 08/2021, § 6 Rn. 49; *Wilke*, in: AStG – eKommentar, Stand: 03/2019, § 6 Rn. 37.1; *Hoyer,* Unternehmensnachfolge und Wegzugsbesteuerung, S. 158; a.A. *Krumm*, FR 2012, 509 (515) mit dem Argument, die Übertragung auf eine unbeschränkt steuerpflichtige Person sei gerade ein „anderes Ereignis“ als die in Nr. 1 genannten Übertragung auf eine *nicht unbeschränkt* steuerpflichtige Person. Unter dieser Auffassung dürfte daher von Bedeutung sein, wie weit man den Begriff des „Ereignisses“ versteht. Es spricht m.E. vieles dafür, dass das Ereignis als solches die unentgeltliche Übertragung ist und die Eigenschaft des Beschenkten (unbeschränkt steuerpflichtig oder nicht) weitere Tatbestandsvoraussetzung für das Vorliegen der Nr. 2 ist; differenzierter *Müller-Gosoge*, in: Haase, AStG, § 6 Rn. 115.

stattfindet und trotzdem eine Wegzugsbesteuerung vorgenommen wird,[168] so liegt nach dem eindeutigen Willen des Gesetzgebers nach einer *umfassenden* Durchführung der Wegzugsbesteuerung hier eine echte Gesetzeslücke vor, wenn sogar bei einer tatsächlichen Beschränkung (und diese will der Gesetzgeber eigentlich erst recht der Besteuerung unterwerfen) tatbestandmäßig § 6 AStG in keiner seiner Varianten verwirklicht wird.

bb) Doppelansässigkeit in Nicht-DBA-Staat

Eine Gesetzeslücke ist auch in Fällen der Doppelansässigkeit in einem Nicht-DBA-Staat denkbar. Als Beispiel soll hier der Fall dienen, in dem ein seit mehr als zehn Jahren in Deutschland unbeschränkt Steuerpflichtiger mit Anteilen an einer inländischen GmbH einen (weiteren) Wohnsitz in einem Nicht-DBA-Staat begründet.

Im Hinblick auf den Auffangtatbestand verhält es sich nun wie folgt: Ein „*anderes* Ereignis" gem. Nr. 4 ist nun gegeben, da gerade keines der Nr. 1–3 vorliegt (weswegen auch die anderen Tatbestandsvarianten denklogisch auch schon nicht zur Anwendung kommen): Die Aufgabe der unbeschränkten Steuerpflicht (§ 6 Abs. 1 Satz 1 AStG A.F.) liegt nicht vor, da der Steuerpflichtige in Deutschland unbeschränkt steuerpflichtig bleibt. Die Begründung eines Wohnsitzes in einem DBA-Staat (§ 6 Abs. 1 Satz 2 Nr. 2 AStG a.F.) ist ebenfalls nicht gegeben, da im gewählten Beispiel in einem *Nicht*-DBA-Staat ein weiterer Wohnsitz begründet werden soll.

Der Steuerpflichtige ist in diesem Beispiel weiter in Deutschland unbeschränkt steuerpflichtig, sodass die Veräußerung der Anteile grds. der deutschen Besteuerung unterliegt; eine abkommensrechtliche Einschränkung kann hier mangels DBA nicht eintreten. Trotzdem kann es in diesem Fall tatsächlich zu einer Beschränkung des deutschen Besteuerungsrechts kommen, denn es besteht die Möglichkeit, dass Deutschland (u.U.) einer Anrechnungsverpflichtung i.S.d. § 34c Abs. 3 EStG unterliegt[169]. Ohne die Wohnsitzbegründung im Nicht-DBA-Staat bestünde eine solche (abstrakt mögliche) Besteuerungsbeschränkung nicht. Der Tatbestand des § 6 Abs. 1 Satz 2 Nr. 4 AStG a.F. scheint demnach auf den ersten Blick eröffnet. Folgt man allerdings der Ansicht, dass für den Ersatzrealisationstatbestand des § 6 Abs. 1 Satz 2 Nr. 4 AStG a.F. die Beschränkung/der Ausschluss „aufgrund eines DBA" erfolgen muss, der Tatbestand also auf Fälle mit DBA-Bezug beschränkt ist[170], wäre der Tatbestand trotz (abstrakter) Beschränkung des deutschen Besteuerungsrechts auch hier nicht erfüllt und eine Wegzugsbesteuerung käme nicht in Betracht.[171]

---

[168] Siehe hierzu ausführlich nachfolgen zum Thema „überschießende Tendenz" unter B.III.6.

[169] Handelt es sich um Anteile an einer inländischen Kapitalgesellschaft, so liegen im Falle der tatsächlichen Anteilsveräußerung keine ausländischen Einkünfte i.S.d. § 34d Nr. 4 Buchst. b) EStG vor, sodass eine Anrechnungsverpflichtung nach § 34c Abs. 1 EStG aus deutscher Sicht nicht befürchtet werden müsste.

[170] Siehe oben unter B.III.5.a); so auch die Ansicht des Gesetzgebers selbst, vgl. BT-Drucks. 16/3369, S. 14; ebenso *Häck,* in: F/W/B/S, AStG, Stand: 07/2021, § 6 Rn. 355; *Bron*, IStR 2012, 904 (906).

[171] Vgl. insgesamt auch Beispiel in *Häck,* in: F/W/B/S, AStG, Stand: 07/2021, § 6 Rn. 361.

c) Neue Fassung, § 6 Abs. 1 Satz 1 Nr. 3 AStG n.F.

Zwar enthält die Norm in § 6 Abs. 1 Satz 1 Nr. 3 AStG n.F. ebenfalls einen Auffangtatbestand, allerdings hat der Gesetzgeber hier einen anderen Wortlaut gewählt als in der bisherigen Fassung. Es ist daher insbesondere fraglich, ob Gesetzeslücken mit der neuen Formulierung geschlossen werden konnten und der Gesetzgeber seinem ursprünglichen Ziel einer allumfassenden Regelung für Beschränkungen des deutschen Besteuerungsrechts jeglicher Art gerecht werden konnte.
Es spricht nach der hier vertretenen Auffassung vieles dafür, dass zumindest ein Teil der Gesetzeslücke durch die neue Formulierung geschlossen wurde. Problematisch an der bisherigen Fassung war die Formulierung „aufgrund eines anderen Ereignisses", was in vielen Fällen die Anwendbarkeit des § 6 Abs. 1 Satz 2 Nr. 4 AStG a.F. ausgeschlossen hat (s.o.). Diesen Teil des Wortlauts hat der Gesetzgeber nun ersetzt durch „vorbehaltlich der Nummern 1 und 2". Da ein anderes Ereignis im Sinne der übrigen Tatbestandsvarianten nun nicht mehr gefordert wird, ist der Anwendungsbereich des neuen Auffangtatbestands m.E. erweitert worden. Es ist damit in der neuen Fassung nur noch die Subsidiarität des Auffangtatbestands angeordnet, enthält aber selbst kein Tatbestandsmerkmal mehr, dass kein Ereignis im Sinne der Nr. 1 und 2 n.F. vorliegen darf. Dies dürfte auch dem gesetzgeberischen Willen entsprechen. Zwar liefert die Gesetzesbegründung keinerlei Hinweise auf die Intention der Neuregelung[172], aber man darf davon ausgehen, dass dem Gesetzgeber die Lücken bekannt waren, ansonsten hätte er den Auffangtatbestand auch wortgleich stehen lassen können. Mit der neuen Formulierung und Tatbestandssystematik „vorbehaltlich" wird demnach künftig nicht mehr nur auf ein *Ereignis* der anderen Varianten Bezug genommen, sondern auf den jeweiligen Tatbestand im Ganzen. Damit eröffnet sich die Möglichkeit, dass der neue Auffangtatbestand trotzdem zur Anwendung kommt, obwohl ein Ereignis im Sinne der neuen Nr. 1 und 2 vorliegt, aber ansonsten die Voraussetzungen dieser vorrangigen Tatbestände nicht erfüllt sind.[173]

Transferiert man das Beispiel der Schenkung an einen doppelansässigen Empfänger[174] in die neue Rechtslage, so würde sich im neuen Recht folgende rechtliche Einschätzung ergeben: Nach wie vor ist § 6 Abs. 1 Satz 1 Nr. 2 AStG n.F. (vormals Satz 2 Nr. 1 AStG) nicht erfüllt, da der Beschenkte einen Nebenwohnsitz in Deutschland hat und demnach unbeschränkt steuerpflichtig ist. Nunmehr ist der Fall nach der hier vertretenen Auffassung jedoch unter den Tatbestand des § 6 Abs 1 Satz 1 Nr. 3 AStG n.F. subsumierbar. „Vorbehaltlich der Nr. 1 und 2" bedeutet, dass diese Tatbestände (als Ganzes) nicht erfüllt sein dürfen. Dies ist hier der Fall. Die Beschränkung „aufgrund eines anderen Ereignisses" ist in der neuen Fassung nicht mehr enthalten, wodurch auch trotz Vorliegens des Ereignisses einer unentgeltlichen Übertragung der Auffangtatbestand hier greift. Die

[172] RefE ATAD, S. 81 ff.
[173] Nach der zuvor dargestellten Ansicht von *Krumm* (siehe Fußnote 167) war dies auch schon im alten Recht vor dem ATAD-UmsG der Fall.
[174] Siehe unter B.III.5.b)aa).

Beschränkung bzw. der Ausschluss aufgrund eines DBA ist ebenfalls dadurch erfüllt, dass Deutschland je nach Abkommen bspw. nach Art. 13 Abs. 5 OECD-MA von der Besteuerung ausgeschlossen wäre, da nach dem hier gewählten Beispiel der Beschenkte und neue Anteilseigner im anderen Vertragsstaat ansässig ist. Die Voraussetzungen für eine Wegzugsbesteuerung wären demnach erfüllt.

Was ebenfalls bleibt, ist die Auffassung der Finanzverwaltung zur passiven Entstrickung. Im neuen Anwendungserlass bestätigt das BMF seine auch zur alten Rechtslage vertretene Auffassung, dass die Ursache eines Ausschlusses oder einer Beschränkung des deutschen Besteuerungsrechts sowohl „aktive Handlungen des Steuerpflichtigen als auch die erstmalige Anwendbarkeit von abkommensrechtlichen Rechtsnormen an sich bei ansonsten unveränderter Sachlage“ sein können.[175]

6. Überschießende Tendenz

a) Existenz der überschießenden Tendenz

Neben den zuvor gezeigten Gesetzeslücken auf der einen Seite treten im Gegensatz dazu auf der anderen Seite auch einige Fallkonstellationen auf, in denen der Tatbestand des § 6 Abs. 1 AStG a.F. über seine eigentliche Funktion der Sicherstellung der Besteuerung stiller Reserven hinausgeht und eine überschießende Tendenz aufweist. An mancher Stelle innerhalb der Erläuterung der Tatbestandsvarianten haben wir bereits Fälle solcher überschießenden Tendenzen gesehen, in denen also eine Wegzugsbesteuerung ausgelöst wurde, ohne dass eine Beschränkung bzw. ein Ausschluss des deutschen Besteuerungsrechts eintrat.[176]

Wenn § 6 AStG entgegen dem in der wirtschaftlichen Leistungsfähigkeit konkretisierten Realisationsprinzip[177] eine Besteuerung vornimmt, ohne dass sich die in den Anteilen im Laufe der Zeit entstandenen stillen Reserven bspw. durch Verkauf transaktionsbedingt realisiert haben, so ist darin eine sog. Ultima-Ratio-Besteuerung zu sehen[178]. Eine solche Besteuerung ohne den entsprechenden Zufluss von Liquidität in Form etwa eines Verkaufspreises und außerhalb der transaktionsbedingten Gewinnrealisierung lässt sich allerdings nur dann rechtfertigen, wenn die Besteuerung der stillen Reserven zu einem früheren Zeitpunkt als der Veräußerung schon als notwendig erscheint und ansonsten ein späterer Steuerzugriff nicht oder nicht mehr uneingeschränkt möglich wäre.[179] Hieraus

[175] AEAStG, Rn. 88.

[176] Vgl. schon unter B.III.3.b) für die Begründung der Ansässigkeit in einem DBA-Staat sowie den Hinweis unter B.III.4.b) für die Einlage in ein ausländisches Betriebsvermögen.

[177] Vgl. bspw. *Kahle/Braun*, in: Hachmeister/Kahle/Mock/Schüppen, Bilanzrecht, Rn. 151; *Schlotter*, FR 2007, 951 (956); *Schaumburg*, in: FS Tipke, 125 (142); *Wassermeyer*, in: GS Krüger, 287 (291).

[178] *Hennrichs*, in: Tipke/Lang, Steuerrecht, Rn. 9.450; *Schaumburg/Schaumburg*, StuW 2005, 306 (312); weitere Beispiele, auf die teils auch noch ausführlicher eingegangen wird, sind § 4 Abs. 1 Satz 3 EStG; § 16 Abs. 3a EStG; § 12 Abs. 1 KStG.

[179] *Häck*, in: F/W/B/S, AStG, Stand: 07/2021, § 6 Rn. 145.

wird in Teilen der Literatur geschlussfolgert, dass eine solche Wegzugsbesteuerung daher auch nur dann überhaupt in Betracht kommt, wenn und soweit es durch das eintretende „Ereignis“ auch tatsächlich zu einer Beschränkung oder zu einem Ausschluss des deutschen Besteuerungsrechts hinsichtlich der Veräußerung der Anteile kommt. Folglich wird daher gefordert, die Tatbestände des § 6 Abs. 1 AStG im Wege der verfassungskonformen Auslegung dahingehend zu verstehen, dass es durch das tatbestandsauslösende Ereignis auch tatsächlich zu einer solchen Beschränkung oder zu einem solchen Ausschluss des Besteuerungsrechts kommt.[180]

Begründet wird diese Ansicht u.a. damit, dass zwar der Wortlaut und der Aufbau der Grund- und Ersatzrealisationstatbestände des § 6 Abs. 1 Satz 1 und Satz 2 AStG a.F. eine solche Einschränkung der Fälle grundsätzlich nicht vorsehen (da nur in der Nr. 4 vom Ausschluss und von der Beschränkung des Besteuerungsrechts gesprochen wird). Allerdings lasse sich dem Zusammenspiel der Tatbestände entnehmen, dass der Wortlaut gerade dazu geeignet sei, eine notwendige Beschränkung oder einen Ausschluss hineinzulesen,[181] da die Nr. 4 die gleichen Rechtsfolgen und Wirkungen auslöst und ihm nach dem gesetzgeberischen Willen[182] zufolge dieselbe Wirkung zukommen solle wie auch den anderen Tatbeständen. Die Formulierung „Ausschluss oder Beschränkung aufgrund *anderer* Ereignisse wird in dieser Ansicht so verstanden, dass auch eben diese anderen Ereignisse, die in § 6 Abs. 1 Satz 1 und Satz 2 Nr. 1–3 AStG a.F. normiert sind, ebenso einer solchen Beschränkung bzw. eines Ausschlusses bedürfen, um tatbestandlich zu einer Wegzugsteuer zu führen.[183] Der Auffangtatbestand wird unter dieser Ansicht quasi als „tragendes“ Tatbestandsmerkmal gesehen, das den „kleinsten gemeinsamen tatbestandlichen Nenner“ aller in § 6 AStG genannten Entstrickungstatbestände darstelle.[184] Andere Stimmern derselben Meinung lösen dieses Problem über eine teleologische Reduktion der Tatbestände des § 6 Abs. 1 Satz 1 und Satz 2 Nr. 1-3 AStG a.F.[185]

Folgt man dieser Ansicht, wäre auch aus systematischer Sicht eine Notwendigkeit einer ergänzenden Auslegung bzw. teleologischen Reduktion zu erkennen: § 6 Abs. 3 Satz 4 Nr. 2 AStG a.F. sieht vor, dass im Falle der im alten Recht noch möglichen dauerhaften Stundung nach § 6 Abs. 5 AStG a.F. der Steueranspruch (ohne zeitliche Begrenzungen) wieder entfällt, sofern das Besteuerungsrecht Deutschlands hinsichtlich der Veräußerungsgewinne wieder begründet oder dessen Beschränkung aufgehoben wird. Insofern ist es nachvollziehbar, dass dann doch erst recht eine Steuer zu vermeiden sein müsste, wenn das Besteuerungsrecht erst gar nicht eingeschränkt oder ausgeschlossen wird, wenn schon

---

[180] *Müller-Gosoge*, in: Haase, AStG, § 6 Rn. 59 ff.; *Häck,* in: F/W/B/S, AStG, Stand: 07/2021, § 6 Rn. 145 ff.; vereinzelt für bestimmte Tatbestandsvarianten *Hecht,* in: Fuhrmann, AStG, § 6 Rn. 22 und 32; *Wilke*, in: AStG – eKommentar, Stand: 03/2019, § 6 Rn. 35.1.

[181] *Häck,* in: F/W/B/S, AStG, Stand: 07/2021, § 6 Rn. 146.

[182] Vgl. BR-Drucks. 542/06, S. 39 und 85: Hier wird zudem auf die gleiche Wirkung von § 6 AStG und § 4 Abs. 1 Satz 3 EStG hingewiesen. Bei letztem ist rein tatbestandlich schon eine Beschränkung oder ein Ausschluss des deutschen Besteuerungsrechts vorgesehen.

[183] *Häck,* in: F/W/B/S, AStG, Stand: 07/2021, § 6 Rn, 146.

[184] *Müller-Gosoge*, in: Haase, AStG, § 6 Rn. 60.

[185] *Wilke*, in: AStG – eKommentar, Stand: 03/2019, § 6 Rn. 35.1; *Hecht,* in: Fuhrmann, AStG, § 6 Rn. 22 und 32.

die Rückgängigmachung einer Beschränkung zum Entfall des Steueranspruchs führt.[186] Es mag an dieser Stelle vertretbar sein, dass der Streit im Falle einer dauerhaften zinslosen Stundung nach § 6 Abs. 5 AStG a.F. ohnehin nur geringe praktische Bedeutung besitzt, da die Steuer zunächst nicht entrichtet werden muss und zu einem späteren Zeitpunkt dann unter den Voraussetzungen des § 6 Abs. 3 Satz 4 Nr. 2 AStG a.F. wieder entfiele.[187] Durch den Wegfall dieser dauerhaften Stundungsmöglichkeit[188] in der aktuellen Fassung wird dieses Problem allerdings noch verschärft.

Dass der Gesetzgeber die Beschränkung oder den Ausschluss des deutschen Besteuerungsrechts in Bezug auf die Veräußerungsgewinne hier als subsidiäre Auffangklausel formuliert, steht der Auffassung entgegen, auch in den übrigen Tatbeständen des § 6 Abs. 1 AStG a.F. das Tatbestandsmerkmal der Beschränkung bzw. des Ausschlusses des Besteuerungsrechts hineinzulesen. Die Gegenansicht zu der zuvor genannten Literaturmeinung beruft sich darauf, der Gesetzgeber habe mit dem Wortlaut eine eindeutige Entscheidung getroffen, nämlich *nur* im vierten und letzten Ersatzrealisationstatbestand (Nr. 4) einen Ausschluss oder eine Beschränkung des deutschen Besteuerungsrechts zu fordern.[189] Im Umkehrschluss ergebe sich daraus, dass es in allen anderen Tatbestandsvarianten einer solchen nicht bedürfe und auch keine generelle Ausdehnung des Tatbestandsmerkmals auf alle Einzeltatbestände gewünscht sei.[190] Es sei auch nicht dem gesetzgeberischen Willen im Allgemeinen zu entnehmen, dass er nur dann eine Wegzugsbesteuerung vornehmen wolle, wenn auch tatsächliche eine Beschränkung oder ein Ausschluss des Besteuerungsrechts erfolgt. Andernfalls hätte der Gesetzgeber – wie auch an verschiedenen anderen Stellen im deutschen Recht – auch die Wegzugsbesteuerung des § 6 AStG als Generalklausel formulieren können, wie z.B. § 4 Abs. 1 S. 3 EStG, § 16 Abs. 3a EStG, § 17 Abs. 5 EStG oder § 12 Abs. 1 KStG.[191]
Diese Ansicht geht zudem mit dem überzeugenden Argument davon aus, dass der gesetzgeberische Wille zu überschießenden Tendenzen auch aus der Gesetzeshistorie hervorgeht. Verlangte § 6 Abs. 3 Nr. 3 AStG in der Fassung vor dem SEStEG wohl noch bei der Einlage in eine ausländische Betriebsstätte, dass das Besteuerungsrecht (durch ein DBA) ausgeschlossen sein musste,[192] wurde dieses Tatbestandsmerkmal in der Fassung des SEStEG aus dem Gesetzestext entfernt. Aus diesem Umstand wird gefolgert, dass bezüglich der Variante der Einlage in ausländisches Betriebsvermögen als auch für alle

186 Vgl. *Häck,* in: F/W/B/S, AStG, Stand: 07/2021, § 6 Rn. 146; *Krumm*, FR 2012, 509 (517).
187 Von etwaigen Nachweispflichten etc. während der Stundungszeit an dieser Stelle mal abgesehen.
188 Siehe hierzu ausführlich unter B.IV.4.c).
189 *Pohl,* in: Brandis/Heuermann, AStG, Stand: 08/2021, § 6 Rn. 29; *Weiss,* IWB 2018, 73 (74); *Krumm*, FR 2012, 509 (515); *Förster*, in: FS Gosch, 83 (84); *Wilke*, in: AStG – eKommentar, Stand: 03/2019, § 6 Rn. 1.
190 Vgl. *Pohl,* in: Brandis/Heuermann, AStG, Stand: 08/2021, § 6 Rn. 29.
191 Vgl. auch *Häck*, IStR 2019, 672 (675).
192 Vgl. *Häck,* in: F/W/B/S, AStG, Stand: 07/2021, § 6 Rn. 350.

anderen Tatbestände ein zusätzliches Tatbestandsmerkmal außerhalb der Nr. 4 nicht (mehr) gefordert war und ist.[193]

Dieser zuletzt genannten Ansicht folgend ließe sich zusammenfassen, dass der Gesetzgeber durch die Einführung des Auffangtatbestands in § 6 Abs. 1 Satz 2 Nr. 4 AStG a.F. versucht hatte, alle tatsächlichen Beschränkungen oder Ausschlüsse des deutschen Besteuerungsrechts tatbestandlich zumindest durch den Auffangtatbestand zu erfassen,[194] sie aber nicht auch gleichzeitig Voraussetzungen für die anderen Tatbestandsvarianten sind.

Auch der Umstand, dass die Neuregelung zum 01.01.2022 ebenfalls wieder auf eine Generalklausel verzichtet und stattdessen mit unterschiedlichen Tatbestandsalternativen arbeitet, unter denen ebenfalls wieder ein subsidiärer Auffangtatbestand auftaucht, der explizit die Beschränkung bzw. den Ausschluss des Besteuerungsrechts fordert, spricht gegen die Möglichkeit, diese Beschränkung bzw. diesen Ausschluss als allgemeines Tatbestandsmerkmal in alle anderen Varianten hineinlesen zu können. Schon den Erläuterungen im Referentenentwurf des neuen Gesetzes ist zu entnehmen, dass der Gesetzgeber bei dem Grundkonzept bleibt, wonach es primär auf die Beendigung der unbeschränkten Steuerpflicht und nicht allein auf den Ausschluss oder die Beschränkung von deutschen Besteuerungsrechten ankommt.[195]

Auch wenn man aus verfassungsrechtlicher Sicht Bedenken gegen die Anwendbarkeit des § 6 AStG in den Fällen mit überschießender Tendenz haben mag, so scheint es doch aus Sicht der herrschenden Literaturmeinung und aus Sicht des Gesetzgebers und der Finanzverwaltung eindeutig, dass auch in den Fällen ohne eine tatsächliche Beschränkung oder einen Ausschluss des deutschen Besteuerungsrechts tatbestandlich eine Wegzugsbesteuerung entstehen soll. Der Wortlaut und die ihn bestätigende historisch-teleologische Auslegung müssen daher nach dieser Ansicht entscheidend bleiben.[196]

b) Rechtsprechung

In jüngster Rechtsprechung hat das FG Köln in seinem Urteil vom 28.03.2019[197] Stellung zur Frage nach einer teleologischen Reduktion der Tatbestände des § 6 Abs. 1 AStG a.F. genommen. In dem dort zu entscheidenden Fall hatte ein in Deutschland unbeschränkt Steuerpflichtiger Anteile an einer in Deutschland ansässigen Immobilienkapitalgesellschaft mit deutschem Grundbesitz (teilweise) unentgeltlich auf seinen Sohn übertragen, der als US-Staatsbürger in den USA ansässig und somit in Deutschland nicht unbeschränkt steuerpflichtig war. Das FG stellte zutreffend fest, dass der Tatbestand des § 6

[193] So z.B. *Kramer*, in: Lippross/Seibel, BK Steuerrecht, Stand: 08/2023, § 6 AStG, Rn. 40.
[194] Zu den dennoch auftretenden Gesetzeslücken siehe unter B.III.5.b).
[195] RegE ATAD, BT-Drucks. 19/28652, S. 48; RefE ATAD, S. 82.
[196] *Pohl,* in: Brandis/Heuermann, AStG, Stand: 08/2021, § 6 Rn. 29.
[197] FG Köln, Urt. v. 28.03.2019 – 15 K 2159/15, EFG 2019, 1361.

Abs. 1 Satz 2 Nr. 1 AStG a.F. nach rein grammatikalischer Auslegung erfüllt ist.[198] Die Besonderheit lag jedoch darin, dass in der konkreten Fallsituation der deutsche Besteuerungszugriff nicht zwingend abgesichert werden musste. Denn bei der Veräußerung von Anteilen an Immobilienkapitalgesellschaften obliegt bei neueren DBA regelmäßig dem Belegenheitsstaat ein uneingeschränktes Besteuerungsrecht; die beschränkte Steuerpflicht hätte sich aus § 49 Abs. 1 Nr. 2 Buchst. e) Doppelbuchst. aa) EStG ergeben.[199] Nach Ansicht des FG Köln soll die Wegzugsbesteuerung nach § 6 AStG dennoch eingreifen, weil in dem zugrunde liegenden Sachverhalt jedenfalls rein hypothetisch – aber nicht konkret – die Gefahr bestand, dass das deutsche Besteuerungsrecht ausgeschlossen oder beschränkt wird. Aus diesem Grund hielt das FG eine teleologische Reduktion der Vorschrift für nicht geboten.[200]

Dieser Ansicht hat sich jüngst auch der BFH[201] angeschlossen und die Revision der Klägerin gegen das Urteil des FG Köln als unbegründet zurückgewiesen. Der BFH bestätigte die Rechtsansicht des FG Köln und somit auch der Finanzverwaltung, dass § 6 Abs. 1 Satz 2 Nr. 1 AStG a.F. weder aus teleologisch-historischen noch aus systemischen Gründen dahingehend auszulegen sei, dass die Anwendung dieser Norm auf die Fälle beschränkt ist, in denen das Besteuerungsrecht Deutschlands tatsächlich beschränkt oder ausgeschlossen wird, dies also auch nicht als allgemeines zusätzliches Tatbestandsmerkmal in die Vorschrift hineingelesen werden könne.[202] Begründet wurde diese Rechtsauffassung auch hier zum einen damit, dass die in der Literatur breit diskutierten Erwägungen einer Beschränkung der Anwendbarkeit keinen Eingang in den Gesetzeswortlaut gefunden hätten.[203] Zudem habe der Gesetzgeber mit der Einführung des Auffangtatbestands des § 6 Abs. 1 Satz 2 Nr. 4 AStG a.F. (in der ja bekanntlich auf die Beschränkung und den Ausschluss des Besteuerungsrechts explizit abgestellt wird) die „Abrundung der bisherigen Ersatztatbestände" erreichen und gleichzeitig mit der Formulierung „aufgrund *anderer* […] Ereignisse" auch eben nur diesen einen Auffangtatbestand mit dem Tatbestandsmerkmal „Ausschluss/Beschränkung" ausstatten wollen. Es sei nach dem Willen des Gesetzgebers eine Abgrenzung der einzelnen Tatbestandsvarianten geboten, was das Hineinlesen eines ungeschriebenen Tatbestandsmerkmals in die vorrangig zu prüfenden Tatbestände des § 6 Abs. 1 Satz 2 Nr. 1–3 AStG a.F. nicht zulasse.[204]
Auch wenn diese Rechtsprechung nur den konkreten Fall einer unentgeltlichen Übertragung i.S.d. § 6 Abs. 1 Satz 2 Nr. 1 AStG a.F. erfasst, so sind dem Urteil dennoch allgemeine Aussagen und Rechtsgrundsätze zu anderen Realisationstatbeständen zu entnehmen, sodass davon auszugehen ist, dass der BFH auch bei den anderen

[198] FG Köln, Urt. v. 28.03.2019 – 15 K 2159/15, EFG 2019, 1361, Rn. 26, 27.
[199] Siehe auch *Kahlenberg*, FR 2019, 820 (821).
[200] *Kahlenberg*, FR 2019, 820 (821); FG Köln, Urt. v. 28.03.2019 – 15 K 2159/15, EFG 2019, 1361, Rn. 28 ff.
[201] BFH, Urt. v. 08.12.2021 – I R 30/19, BStBl II 2022, 763.
[202] BFH, Urt. v. 08.12.2021 – I R 30/19, BStBl II 2022, 763, Rn. 12, 16.
[203] BFH, Urt. v. 08.12.2021 – I R 30/19, BStBl II 2022, 763, Rn. 14.
[204] BFH, Urt. v. 08.12.2021 – I R 30/19, BStBl II 2022, 763, Rn. 15,16.

Tatbestandsvarianten zur gleichen Schlussfolgerung kommen würde. Neben dieser systematischen und tatbestandlichen Auslegungsfrage nahm der BFH auch zur verfassungsrechtlichen und unionsrechtlichen Rechtfertigung einer solchen Gesetzesauslegung Stellung.[205] Die Ausführungen des BFH lassen auch für einstige Befürworter der Gegenansicht keine Zweifel daran, dass es auch in anderen Fällen des § 6 Abs. 1 S. 2 Nr. 1–3 AStG a.F. nach der einfachgesetzlichen Rechtslage nicht auf den Ausschluss oder die Beschränkung des deutschen Besteuerungsrechts ankommen soll.[206]

c) Fälle der überschießenden Tendenz

Folgt man der h.M. und auch der Ansicht des BFH, dass eine verfassungskonforme Auslegung bzw. eine teleologische Reduktion aus den genannten Gründen nicht zu erfolgen hat, so tritt in der alten Gesetzesfassung eine Vielzahl von Fällen auf, in denen eine Wegzugsbesteuerung ausgelöst wurde, eine tatsächliche Beschränkung oder ein Ausschluss des deutschen Besteuerungsrechts allerdings nicht stattfand. Dies soll hier an einigen ausgewählten Bespielen näher erläutert werden:

aa) Fälle mit Verbleib der Anteile im Privatvermögen

Zieht bspw. ein in Deutschland über zehn Jahre unbeschränkt Steuerpflichtiger mit Anteilen an einer inländischen Kapitalgesellschaft in einen Nicht-DBA-Staat (bspw. Brasilien), wird dem Wortlaut nach § 6 Abs. 1 Satz 1 AStG a.F. ausgelöst; es kommt – unter den übrigen Voraussetzungen – zur Wegzugsbesteuerung. Das deutsche Besteuerungsrecht hinsichtlich künftiger Veräußerungen ist in diesem Falle tatsächlich jedoch nicht eingeschränkt.[207] Da es sich nämlich um Anteile an einer *inländischen Kapitalgesellschaft* handelt, liegen in Deutschland im Hinblick auf die Veräußerungsgewinne inländische Einkünfte i.S.d. § 49 Abs. 1 Nr. 2 Buchst. e) Doppelbuchst. aa) EStG vor und somit eine beschränkte deutsche Steuerpflicht nach § 1 Abs. 4 EStG. Da mit Brasilien als dem „Zuzugsstaat“[208] in diesem Beispiel kein DBA besteht, kann der Steuerpflichtige auch nicht unter dem etwaigen Schutz eines solchen DBA stehen und bei der tatsächlichen Veräußerung eine inländische Besteuerung unter der beschränkten Steuerpflicht nicht verhindern. Eine Anrechnung etwaiger brasilianischer Steuern auf den tatsächlichen (späteren) Veräußerungsgewinn gem. § 34c Abs. 1 EStG erfolgt mangels unbeschränkter Steuerpflicht nach dem Wegzug nicht (mehr). § 50 Abs. 3 EStG hilft darüber im konkreten Falle auch nicht hinweg.[209]
Das Gleiche gilt für den Fall, dass der Tatbestand des § 6 Abs. 1 Satz 2 Nr. 2 AStG a.F. dadurch ausgelöst wird, dass die Anteile an einer inländischen Kapitalgesellschaft unentgeltlich – sei es durch Schenkung unter Lebenden oder durch Erbfall – auf einen in

[205] Siehe hierzu unter C.I.1 sowie E.IV.1.
[206] So nun auch *Häck*, IStR 2022, 460 (463).
[207] Gl. Beispiel in *Häck,* in: F/W/B/S, AStG, Stand: 07/2021, § 6 Rn. 263.
[208] So im Folgenden der Staat bezeichnet, in den der Steuerpflichtige zieht.
[209] Siehe zur Systematik in Bezug auf § 50 Abs. 3 EStG unter G.I.1.b)aa).

Deutschland nicht Steuerpflichtigen übertragen werden, dessen Wohnsitz in einem Nicht-DBA-Staat liegt. Auch in diesem Falle unterläge eine spätere Veräußerung der Anteile der beschränkten Steuerpflicht in Deutschland, da inländische Einkünfte gem. § 49 Abs. 1 Nr. 2 Buchst. e) Doppelbuchst. aa) EStG vorlägen. Zusammenfassend lässt sich diese Gruppe der überschießenden Tendenzen durch die Kombination aus inländischen Anteilen und dem Bezug zu einem Nicht-DBA-Staat kennzeichnen.

Diese Situation ergibt sich auch in leicht abgewandelten Fällen, in denen der Wegzug zwar in einen DBA-Staat erfolgt, das konkrete DBA das deutsche Besteuerungsrecht jedoch ebenfalls nicht ausschließt (und somit nicht vor der deutschen Wegzugsbesteuerung schützt).
Zieht der Steuerpflichtige im obigen Beispiel nicht nach Brasilien, sondern in die Schweiz, mit der ein DBA besteht, wird er jedoch aufgrund der Sondervorschrift des Art. 4 Abs. 6 DBA Schweiz nicht als in der Schweiz ansässig i.S.d. Art. 4 Abs. 1 DBA Schweiz behandelt,[210] so ordnet Art. 13 Abs. 3 DBA Schweiz auch in diesem Falle Deutschland das Besteuerungsrecht in Bezug auf die Veräußerungsgewinne zu, sofern – wie hier – Abs. 4 nicht zu einem anderen Ergebnis führt. Der Wegzug des Steuerpflichtigen unter Aufgabe seines Wohnsitzes in Deutschland erfüllt den Tatbestand des § 6 Abs. 1 Satz 1 AStG, obwohl nach den Sondervorschriften des DBA Schweiz eine Beschränkung oder gar ein Ausschluss des deutschen Besteuerungsrechts nicht eintritt. Denn auch hier schützt ihn das DBA Schweiz im konkreten Falle nicht vor der Besteuerung der inländischen Einkünfte im Falle der tatsächlichen Veräußerung (§ 49 Abs. 1 Nr. 2 Buchst. e) Doppelbuchst. aa) EStG).[211]

Auch andere Regelungen innerhalb verschiedenster DBA führen zum gleichen Ergebnis. In manchen DBA, wie etwa dem DBA Kenia oder DBA Bulgarien ist vorgesehen, dass ein Besteuerungsrecht über die Veräußerungsgewinne dem Staat zugesprochen wird, in dem die Kapitalgesellschaft ihren Sitz hat (sog. Sitzstaatsklausel[212]). Unter den sonst gleichen Bedingungen wie in den zuvor genannten Beispielen würde auch bei einem Wegzug bspw. nach Kenia ein deutsches Besteuerungsrecht weiterhin bestehen bleiben und eben nicht durch ein DBA ausgeschlossen werden.[213]

---

[210] So bei natürlichen Personen mit pauschal besteuerten Einkünften aus dem anderen Vertragsstaat (hier Deutschland). Eine solche Pauschalbesteuerung gem. Art. 4 Abs. 6 setzt voraus, dass die natürliche Person in dem Vertragsstaat, in dem sie nach Art. 4 Abs. 1 und 2 ansässig wäre (hier Schweiz), nicht mit allen aus dem anderen Vertragsstaat stammenden Einkünften den allgemeinen (also nicht pauschal) erhobenen Schweizer Steuern unterliegt. Damit gemeint sind diejenigen Einkünfte, die unter die Besonderheit einer sog. Vorzugsbesteuerung fallen bzw. der Besteuerung nach pauschalen Maßstäben des Aufwands oder Verbrauchs unterliegen, die nur für ausländische Staatsbürger anwendbar ist, siehe *Hardt*, in: Wassermeyer, Doppelbesteuerung, DBA Schweiz, Stand: 07/2023, Art. 4 Rn. 183; *Vogt*, in: Ettinger, Wegzugsbesteuerung, S. 110.

[211] Vgl. *Häck*, IStR 2011, 521 (522); *Häck*, in: F/W/B/S, AStG, Stand: 07/2021, § 6 Rn. 263.

[212] Bspw. Art. 13 Abs. 4 DBA Kenia oder Art. 13 Abs. 2 DBA Bulgarien.

[213] *Häck*, in: F/W/B/S, AStG, Stand: 07/2021, § 6 Rn. 263 und allgemein zu Sitzstaatsklauseln in Rn. 104.

Verändert man den Sachverhalt des Zuzugs nach Kenia nur geringfügig, ergibt sich auch bezüglich einer anderen Tatbestandsvariante des § 6 AStG eine ähnliche Situation: Verzieht der Steuerpflichtige wie im obigen Beispiel nach Kenia und begründet dort seinen (abkommensrechtlichen) Lebensmittelpunkt, behält jedoch gleichzeitig in Deutschland einen Nebenwohnsitz (und bleibt demnach in Deutschland weiterhin unbeschränkt steuerpflichtig), so ist dem Wortlaut nach der Tatbestand des § 6 Abs. 1 Satz 2 Nr. 2 AStG a.F. erfüllt. Auch hier bleibt das deutsche Besteuerungsrecht aufgrund der bereits angesprochenen Sitzstaatsklausel (hier dann im Wege der *un*beschränkten Steuerpflicht in Deutschland) bestehen.[214]

Neben den Sitzstaatsklauseln, die nach wie vor doch eher die Ausnahme in DBA darstellen sollen,[215] kann auch die bereits mehrfach erwähnte Immobilienklausel ein Ergebnis mit überschießender Tendenz herbeiführen. Trotz abkommensrechtlicher Ansässigkeit im Vertragsstaat behält der andere Staat das Besteuerungsrecht bzw. bekommt es ebenfalls zugesprochen, wenn das Vermögen der Kapitalgesellschaft, an der die Anteile gehalten werden, zu einem bestimmten Umfang (meist „überwiegend" also zu mehr als 50 %) aus unbeweglichem Vermögen in diesem Staat besteht.[216] Behält der Wegzügler seinen (Neben-) Wohnsitz in Deutschland und wird er im anderen Vertragsstaat abkommensrechtlich ansässig, wäre unter den übrigen Voraussetzungen § 6 Abs. 1 Satz 2 Nr. 2 AStG a.F. dem Wortlaut nach einschlägig. Trotzdem kann Deutschland im Rahmen der (anhaltenden) unbeschränkten oder beschränkten Steuerpflicht des Wegzüglers im Falle einer Veräußerung auf die stillen Reserven zugreifen, wenn das Vermögen der Gesellschaft überwiegend aus inländischem (deutschen) Grundbesitz besteht. Die Besonderheit dieser Immobilienklausel besteht darin, dass unter gewissen Umständen auch eine sukzessive mehrfache Wegzugsbesteuerung erfolgen kann. Sofern die Gesellschaft zu einem späteren Zeitpunkt (nachdem also bereits einmal die Wegzugsbesteuerung ausgelöst wurde bspw. durch Begründung der abkommensrechtlichen Ansässigkeit im Zuzugsstaat, § 6 Abs. 1 Satz 2 Nr. 2 AStG a.F.) ihr Immobilienvermögen soweit veräußert, sodass das überwiegende Vermögen nicht mehr in unbeweglichem (inländischen) Grundvermögen besteht, so käme es dann (aber auch erst dann) tatsächlich zu einer Beschränkung bzw. zum Ausschluss des deutschen Besteuerungsrechts, was erneut eine Wegzugsbesteuerung, nun aber nach § 6 Abs. 1 Satz 2 Nr. 4 AStG a.F. auslösen würde.[217]

---

[214] *Häck,* in: F/W/B/S, AStG, Stand: 07/2021, § 6 Rn. 339.

[215] So *Häck,* in: F/W/B/S, AStG, Stand: 07/2021, § 6 Rn. 104; Art. 13 der DE-VG sieht eine solche nicht vor.

[216] So z.B. in Art. 13 Abs. 2 DBA Österreich.

[217] Vgl. *Häck,* in: F/W/B/S, AStG, Stand: 07/2021, § 6 Rn. 229 mit dem zutreffenden Hinweis, dass dann bei der Berechnung der zweiten Wegzugsteuer als Anschaffungskosten der Wert zugrunde gelegt werden müsste, der bei der ersten Wegzugsteuer als fiktiver Veräußerungspreis angesetzt wurde. Hier müsste nach dieser Ansicht § 6 Abs. 1 Satz 5 AStG a.F. *analog* angewandt werden, da dieser dem Wortlaut nach nur eine solche „Erhöhung der Anschaffungskosten" für den Fall der späteren Veräußerung regelt.

Um den Kreis zu schließen und wieder auf den Grundtatbestand zurückzukommen, so führt eine Immobilienklausel auch bei physischem Wegzug und der daraus resultierenden Aufgabe der unbeschränkten Steuerpflicht in Deutschland in bestimmten Konstellationen zu überschießenden Tendenzen. Dies ist ähnlich wie im vorigen Beispiel der Fall, wenn trotz des Wegzugs Deutschland das Besteuerungsrecht zugesprochen wird (und somit behält), sofern sich das Vermögen der Kapitalgesellschaft überwiegend aus inländischem Grundbesitz zusammensetzt. Auch in diesem Fall löst der Wegzug eine Wegzugsbesteuerung nach § 6 Abs. 1 Satz 1 AStG a.F. aus, obwohl eine Beschränkung oder ein Ausschluss des deutschen Besteuerungsrechts nicht eintritt.[218]

Es ist aber auch im umgekehrten Fall eine überschießende Tendenz denkbar. Bislang hatten alle aufgeführten Beispiele gemeinsam, dass trotz des Auslösens eines Tatbestands des § 6 AStG a.F. das deutsche Besteuerungsrecht nicht beschränkt oder ausgeschlossen wurde. Es ist jedoch auch denkbar, dass eine überschießende Tendenz in dem Szenario auftritt, in dem einer der Tatbestände des § 6 AStG a.F. erfüllt ist, Deutschland aber weder zuvor noch danach überhaupt jemals ein Besteuerungsrecht zustand.
Dies ist insbesondere dann der Fall, wenn ein Steuerpflichtiger seit mindestens zehn Jahren in Deutschland aufgrund eines Nebenwohnsitzes unbeschränkt steuerpflichtig ist, jedoch abkommensrechtlich seit jeher in einem anderen Staat, bspw. in Portugal, in dem er ebenfalls einen Wohnsitz hält, als ansässig gilt. Sofern eine Veräußerung der Anteile nun stattfinden würde, sieht Art. 13 Abs. 4 DBA Portugal vor, dass ausschließlich Portugal als Ansässigkeitsstaat das alleinige Besteuerungsrecht zustünde, Deutschland hingegen nicht. Gibt dieser Steuerpflichtige nun seinen Nebenwohnsitz und damit seine unbeschränkte Steuerpflicht in Deutschland auf, so wäre dem Wortlaut nach der Tatbestand des § 6 Abs. 1 Satz 1 AStG a.F. erfüllt und es käme grds. zur Wegzugsbesteuerung, obwohl in diesem konkreten Fall Deutschland nie auch nur zeitweise das Besteuerungsrecht für Veräußerungsgewinne innehatte.[219]
Auch hier ist von einer überschießenden Tendenz auszugehen, da im Hinblick auf den Zweck der Wegzugsbesteuerung ebenfalls nicht davon gesprochen werden kann, dass dem deutschen Staat Steuersubstrat verloren ginge, da es die in den Anteilen steckenden stillen Reserven ohnehin niemals hätte besteuern dürfen, jedoch „zufällig“ ein Tatbestandsmerkmal dem Wortlaut nach erfüllt wurde, aufgrund dessen Deutschland eine Besteuerung durchführen kann.[220]

---

[218] *Häck,* in: F/W/B/S, AStG, Stand: 07/2021, § 6 Rn. 117, 263 letztes Beispiel.

[219] *Häck,* in: F/W/B/S, AStG, Stand: 07/2021, § 6 Rn. 263 letztes Beispiel.

[220] Zum Zeitpunkt des DBA-Schutzes vgl. *Kraft*, in: Kraft, AStG, § 6 Rn. 47; auch wenn tatbestandlich eine Wegzugsteuer hier ausgelöst würde, muss nach Ansicht von *Häck* jedoch der Schutz des Art. 13 Abs. 4 DBA Portugal zugunsten des Steuerpflichtigen greifen, zumindest sofern der Steuerpflichtige seit dem Erwerb der Anteile ununterbrochen dem Abkommensschutz unterstellt war, vgl. *Häck,* in: F/W/B/S, AStG, Stand: 07/2021, § 6 Rn. 117.

bb) Fälle mit Überführung ins Betriebsvermögen

Bei der Tatbestandsvariante des § 6 Abs. 1 Satz 2 Nr. 3 AStG a.F. (Einlage in ausländisches Betriebsvermögen) handelt es sich um die einzige, in der steuerliches Privatvermögen in Betriebsvermögen umgewandelt wird. Hinsichtlich der abkommensrechtlichen Verteilung der Besteuerungsrechte in Bezug auf die später im Betriebsvermögen gehaltenen Kapitalgesellschaftsanteile sind dabei Besonderheiten zu beachten: Da die Einlage zu einer Umqualifizierung von Privatvermögen (Grundvoraussetzung des § 6 AStG, dass sich die Anteile im Privatvermögen der natürlichen Person befinden) in Betriebsvermögen führt, sind hinsichtlich der abkommensrechtlichen Zuordnung des Besteuerungsrechts und eines möglichen Ausschlusses bzw. einer Beschränkung des deutschen Besteuerungsrechts nunmehr (entgegen den anderen Tatbeständen, in denen die Anteile im Privatvermögen bleiben) auch die abkommensrechtlichen Regelungen zur Besteuerung von Unternehmensgewinnen zu betrachten, wie bspw. Art. 7 OECD-MA.

(1) Sonderfall der vermögensverwaltend tätigen Personengesellschaft

Unternehmensgewinne können innerhalb der Gruppe der Personengesellschaften nach der derzeitigen Ansicht der Rechtsprechung und auch der Finanzverwaltung jedoch lediglich die originär gewerblich tätigen Personengesellschaften erzielen, nicht jedoch rein gewerblich geprägte Personengesellschaften i.S.d. § 15 Abs. 3 Nr. 2 EStG.[221] Laut BMF gelten nämlich „für Einkünfte nicht originär gewerblich tätiger, sondern lediglich gewerblich geprägter Personengesellschaften (§ 15 Abs. 3 Nr. 2 EStG) auf Abkommensebene die gleichen Grundsätze wie für vermögensverwaltende Personengesellschaften".[222] Die Einlage in das Gesamthandsvermögen (oder auch Sonderbetriebsvermögen bei) einer (rein) gewerblich geprägten Personengesellschaft sowie auch in das Vermögen einer vermögensverwaltenden Personengesellschaft ist daher bereits abkommensrechtlich i.d.R. nicht in der Lage, das deutsche Besteuerungsrecht zu beschränken oder auszuschließen, da keine Unternehmensgewinne der Personengesellschaft vorliegen, auf die das Abkommen in Art. 7 OECD-MA Bezug nehmen könnte.[223] Hier zeigt sich die Wirkung der

---

[221] Dies wurde ursprünglich noch anders beurteilt, da sich das BMF seinerzeit auf den Standpunkt stellt, der Begriff des „Gewinns eines Unternehmens" sei auch aus nationaler Sicht zu bestimmten, unter der auch die rein gewerblich geprägte Personengesellschaft solche Gewinne erzielen würde, vgl. BMF, Schreiben v. 16.04.2010 – IV B 2 - S 1300/09/10003, BStBl I 2010, 354, Tz. 2.2.1 und bspw. *Niehaves*, in: Haase, DBA, Art. 7 Rn. 48-50; siehe hierzu auch näher unter G.I.1.a)aa).

[222] BMF, Schreiben v. 26.09.2014 – IV B 5-S 1300/09/10003, BStBl I 2014, 1258, Tz. 2.2.1; so zuvor auch BFH, Urt. v. 28.04.2010 – I R 81/09, BStBl II 2014, 754.

[223] *Strunk/Kaminski*, in: S/K/K, AStG, Stand: 01/2020, § 6 Rn, 101.1; *Niehaves*, in: Haase, DBA, Art. 7 Rn. 48; *Wassermeyer*, in: Wassermeyer, Doppelbesteuerung, OECD-MA, Stand: 07/2023, Art. 7 Rn. 85; nicht eindeutig dagegen *Häck*, in: F/W/B/S, AStG, Stand: 07/2021, § 6 Rn. 348: Dort wird zwar auch die gewerblich geprägte Personengesellschaft angesprochen, allerdings nach dem hiesigen Verständnis nur bezogen auf die Frage, wann eine Einlage in eine Personengesellschaft unentgeltlich und gerade nicht gegen Gewährung von

Diskrepanz zwischen nationalem Recht, nach dem auch gewerblich geprägte Personengesellschaften Betriebsvermögen haben und Betriebsstätten bilden können, und abweichender abkommensrechtlicher Beurteilungen. Ersteres führt dazu, dass tatbestandlich eine Einlage i.S.d. § 6 Abs. 1 Satz 2 Nr. 3 AStG a.F. vorliegen kann, bezüglich der Frage nach dem deutschen Besteuerungsrecht aber nicht auf die Regelungen zu abkommensrechtlichen Unternehmensgewinnen abgestellt werden kann. Mangels abkommensrechtlicher Unternehmensgewinne würde die Veräußerung der Anteile (zivilrechtlich durch die ausländische Personengesellschaft) dann unter den weiteren Voraussetzungen unter Art. 13 OECD-MA fallen,[224] der i.d.R. und ohne Sonderklauseln in den meisten Fällen das Besteuerungsrecht dem Ansässigkeitsstaat zuteilt.[225] Insoweit sind Fälle der überschießenden Tendenz denkbar.

(2) Einlage in originäres Betriebsvermögen

Allerdings ist auch bei den Einlagen in originär gewerblich tätige Personengesellschaften (die abkommensrechtlich Unternehmensgewinne erzielen können) sowie auch für Fälle der Einlage in eine einzelunternehmerische Betriebsstätte im Ausland eine tatbestandliche Wegzugsbesteuerung kritisch zu betrachten:
Anders als bei den von Art. 13 Abs. 5 OECD-MA erfassten Veräußerungsgewinnen, die *ausschließlich* in dem Vertragsstaat besteuert werden, in dem der Veräußerer nach seinem Wegzug ansässig ist, geht der inländische Besteuerungszugriff auf Gewinne aus der Veräußerung solcher Kapitalgesellschaftsanteile, die in eine abkommensrechtliche Betriebsstätte des Unternehmens im anderen Vertragsstaat eingelegt wurden, nur in dem Umfang verloren, in dem das Vermögen der (ausländischen) Betriebsstätte auch tatsächlich zuzuordnen ist und in dem die realisierten Gewinne durch jene Betriebsstätte erwirtschaftet wurden.[226] Der ausländischen Betriebsstätte sollen also abkommensrechtlich nach Art. 7 Abs. 1 Satz 1 OECD-MA nur diejenigen Einkünfte zugewiesen werden, die sie als Betriebsstätte durch ihre gewerbliche Tätigkeit auch erzielt hat; dazu gehören dann nämlich nicht diejenigen Gewinne aus Wertzuwächsen, die durch *voriges* Tätigwerden im Inland erzielt worden sind. Nach Ansicht des BFH bleibt dadurch das Besteuerungsrecht des Stammhausstaats auf die dem Stammhaus zuzurechnenden Gewinnanteile unberührt,[227] sodass abkommensrechtlich eine Aufteilung des künftigen Veräußerungsgewinns

---

Gesellschaftsrechten erfolgt. Ansonsten bezieht sich Häck lediglich auf den Begriff „Mitunternehmerschaft“, ohne dabei genauer zu differenzieren.

[224] Vgl. *Schütte*, in: Haase, DBA, Art. 13 Rn. 87 sowie *Wassermeyer*, in: Wassermeyer, Doppelbesteuerung, OECD-MA, Stand: 07/2023, Art. 13 Rn. 125, 16 und 53, die bezüglich der Zurechnung der Veräußerung der Kapitalgesellschaftsanteile auf die jeweilige wirtschaftliche Zurechnung nach nationalem Recht blicken.

[225] Ansässigkeitsstaat wäre im Falle der bloßen Übertragungen auf eine ausländische Personengesellschaft ohne den Wegzug des Mitunternehmers nach wie vor Deutschland.

[226] BFH, Urt. v. 17.07.2008 – I R 77/06, BStBl II 2009, 464, Rn. 45.

[227] BFH, Urt. v. 17.07.2008 – I R 77/06, BStBl II 2009, 464, Rn. 47.

zwischen Stammhaus und Betriebsstätte nach Verursachungsbeiträgen ermöglicht wird.[228] Das wiederum bedeutet, dass Deutschland grds. das Besteuerungsrecht bezüglich der Veräußerung teilweise behält und nur den Teil „verliert“, der nach der Einlage im Ausland erzielt wurde.[229]

Sofern ein dem OECD-MA vergleichbares DBA Anwendung findet, wird das deutsche Besteuerungsrecht durch die Einlage in eine ausländische Betriebsstätte nicht ausgeschlossen oder beschränkt, sei es, weil mangels abkommensrechtlicher Unternehmensgewinne einer rein gewerblich geprägten Personengesellschaft weiterhin Art. 13 Abs. 5 OECD-MA Anwendung findet oder zumindest für den Teil der stillen Reserven, die im Inland entstanden sind und für die Deutschland wegen Art. 7 Abs. 1 OECD-MA teilweise auch weiterhin das Besteuerungsrecht behält. Auch hier kommt es demnach zu Fällen der überschießenden Tendenz.

d) Neue Fassung

Mit dem Wegfall zweier (ehemaliger) Ersatzrealisationstatbestände kommt es auch zur Reduzierung der Fälle mit überschießender Tendenz. Da die Einlage in ein ausländisches Betriebsvermögen und der Wechsel der Ansässigkeit in einen ausländischen Staat künftig als eigenständige Tatbestände wegfallen und diese fortan unter den Auffangtatbestand des § 6 Abs. 1 Satz 1 Nr. 3 AStG n.F. zu subsumieren sind, sind auch die jeweiligen Fälle der überschießenden Tendenz der beiden ehemaligen Tatbestände künftig nicht mehr vorhanden:[230] Durch die Verschiebung und Zusammenfassung der besagten Tatbestandsmerkmale in den neuen Auffangtatbestand, der wiederum explizit die Beschränkung oder den Ausschluss des deutschen Besteuerungsrechts fordert, ist auch gewährleistet, dass für die unter dem alten Recht noch erfassten Fälle (zumindest was diejenigen Fälle der überschießenden Tendenz in den alten Nr. 2 und 3 betrifft) eine Wegzugsbesteuerung auch tatsächlich nur dann erfolgt, wenn und soweit eine solche Besteuerungsbeschränkung eintritt.[231] In Bezug auf den Wegfall der Nr. 3 zeigt sich nun auch deutlicher, was die

[228] Vgl. *Wassermeyer*, in: Wassermeyer, Doppelbesteuerung, OECD-MA, Stand: 07/2023, Art. 7 Rn. 186, 193; *Wassermeyer*, DB 2006, 1176 (1178); *Lemm/Valta*, in: Kirchhof/Söhn/Mellinghoff, EStG, Stand: 02/2024, § 49 Rn. D 220 ff.

[229] Zur Methode dieser „Aufteilung“ des Besteuerungsrechts, auf die hier nicht weiter eingegangen werden soll, siehe ausführlich BFH, Urt. v. 17.07.2008 – I R 77/06, BStBl II 2009, 464, Rn. 48 mit weiteren Verweisen.

[230] So auch *Bron,* IStR 2020, 361 (362).

[231] Andeutungsweise so auch *Kahlenberg*, IStR 2020, 378 (381); bezüglich der alten Tatbestandsvariante des Ansässigkeitswechsels in § 6 Abs. 1 Satz 2 Nr. 2 AStG a.F. so auch *Schiefer*, ISR 2020, 84 (85); insoweit teils a.A. *Deutschländer*, mit dem Hinweis, eine gesonderte Auflistung der alten Ersatztatbestände in § 6 Abs. 1 Satz 2 Nr. 2-3 AStG a.F. sei bereits im alten Recht entbehrlich gewesen, da diese Fällen ohnehin „immer“ auch (schon) zu einem Ausschluss oder einer Beschränkung des Besteuerungsrechts geführt hätten, siehe *Deutschländer,* IWB 2021, 56 (61).

Literatur mit dem bereits erwähnten Vorwurf eines „grundlegenden Missverständnisses“ des Gesetzgebers über die Gewinnermittlung in Betriebsstätten gemeint hat.[232]
Auch wenn sich der Gesetzgeber noch immer nicht für eine Generalklausel entschieden hat, so führt die Verlagerung einiger Fälle in den Auffangtatbestand doch dazu, dass die Fälle der überschießenden Tendenz künftig nicht mehr so häufig auftreten. Was bleibt, ist der Streit um die womöglich verfassungskonforme Auslegung bzw. teleologische Reduktion der Fälle der Aufgabe der unbeschränkten Steuerpflicht (§ 6 Abs. 1 Satz1 Nr. 1 AStG n.F.) sowie der unentgeltlichen Übertragung auf einen nicht unbeschränkt Steuerpflichtigen (§ 6 Abs. 1 Satz 1 Nr. 2 AStG n.F.). Trotz der voraussichtlich sinkenden Fälle der überschießenden Tendenz ist davon auszugehen, dass die Rechtsprechung ausgehend von dem Wortlaut der neuen Fassung nach wie vor den Ausschluss oder die Beschränkung des deutschen Besteuerungsrechts nicht als allgemeines Tatbestandsmerkmal für alle Fallvarianten ansehen wird.[233]

7. Gemeinsame Voraussetzungen

a) Unbeschränkte Steuerpflicht

aa) Alte Fassung

§ 6 Abs. 1 Satz 1 AStG a.F. verlangt, dass der Steuerpflichtige zum Zeitpunkt des Wegzugs mindestens zehn Jahre nach § 1 Abs. 1 EStG unbeschränkt steuerpflichtig in Deutschland gewesen ist. Sinn und Zweck der Voraussetzung dieses Zehnjahreszeitraums ist, dass durch § 6 AStG nur solche Vermögensmehrungen besteuert werden sollen, die aus der nachhaltigen, persönlichen und wirtschaftlichen Eingliederung einer natürlichen Person in die deutsche Volkswirtschaft stammen.[234] Es soll ein hinreichender Bezug des Steuerpflichtigen zu Deutschland mit einem gewissen Mindestmaß an Intensität bestehen, bevor ihn eine Wegzugsteuer treffen kann. Nur vorübergehend in Deutschland unbeschränkt Steuerpflichtige, die keinen vergleichbaren tiefen Bezug zum Inland aufweisen, sollen nicht von den Folgen der Wegzugsbesteuerung erfasst werden. Ebenso kann von einer notwendigen „qualifizierten Verbindung“ des Steuerpflichtigen zu Deutschland gesprochen werden.[235]

Es ist für den persönlichen Anwendungsbereich ausdrücklich erforderlich, dass innerhalb des festgeschriebenen Zeitraums eine unbeschränkte Steuerpflicht i.S.d. *§ 1 Abs. 1*

---

[232] So *Strunk/Kaminski*, in: S/K/K, AStG, Stand: 01/2020, § 6 Rn. 104; siehe bereits unter B.III.4.b).
[233] So auch *Middendorf/Eberhardt,* StuB 2021, 693; *Oppel*, IWB 2021, 508 (512); *Desens*; DStR 2022, 1588 (1596 f.); vgl. auch BT-Drucks. 19/28652, S. 50.
[234] *Häck*, IStR 2012, 582, (583); *Kraft*, in: Kraft, AStG, § 6 Rn. 240; *Häck,* in: F/W/B/S, AStG, Stand: 07/2021, § 6 Rn. 238; *Müller-Gosoge*, in: Haase, AStG, § 6 Rn. 35.
[235] *Strunk/Kaminski*, in: S/K/K, AStG, Stand: 01/2020, § 6 Rn. 48.

EStG bestanden haben muss; sofern nur eine andere (fiktive) unbeschränkte Steuerpflicht bestand, ist § 6 Abs. 1 AStG a.F. dagegen nicht anwendbar.[236]

§ 6 Abs. 1 Satz 1 AStG a.F. nennt die unbeschränkte Steuerpflicht gleich zweimal. Einmal in Bezug auf ein allgemeines Tatbestandsmerkmal (für alle Alternativen) und ein anderes Mal innerhalb des Grundtatbestands der Aufgabe der unbeschränkten Steuerpflicht durch Aufgabe des Wohnsitzes oder des gewöhnlichen Aufenthaltes. Hier wird deutlich, dass die unbeschränkte Steuerpflicht von insgesamt mindestens zehn Jahren allgemeine Voraussetzung für *alle* Tatbestände (Grundtatbestand und Ersatztatbestände in Satz 2) darstellt. Denn die Einleitung des § 6 Abs. 1 Satz 2 AStG a.F. verdeutlicht, dass die Ergänzungstatbestände nur das Merkmal der Beendigung der unbeschränkten Steuerpflicht (durch Aufgabe des Wohnsitzes oder gewöhnlichen Aufenthalts) ersetzen, nicht aber auch das Erfordernis, dass es sich um eine natürliche Person handelt und diese insgesamt mindestens zehn Jahre in Deutschland unbeschränkt steuerpflichtig, und zwar im i.S.v. § 1 Abs. 1 EStG, gewesen ist.[237]

bb) Teleologische Reduktionen

Der weit gefasste Wortlaut der Norm lässt hinsichtlich der vorausgesetzten zehn Jahre der unbeschränkten Steuerpflicht auch Fälle zu, in denen der Steuerpflichtige in unzusammenhängenden Zeiträumen irgendwann im Laufe seines Lebens zusammengerechnet auf mindestens zehn Jahre der unbeschränkten Steuerpflicht kommt.[238] Es ist demnach nicht erforderlich, dass die unbeschränkte Steuerpflicht *ununterbrochen* bestand; im Falle von solchen Unterbrechungen werden die einzelnen Zeiträume der unbeschränkten Steuerpflicht zusammengerechnet.[239]

Dies kann in manchen Fällen, in denen eine längere Unterbrechung des Zeitraums der unbeschränkten Steuerpflicht besteht, zu unsachgerechten Ergebnissen führen. Es wird daher vertreten, dass spätestens nach zehn Jahren, in denen sich der Steuerpflichtige im Ausland befand und nicht in Deutschland unbeschränkt steuerpflichtig war, eine sog. Ausgliederung aus der deutschen Volkswirtschaft anzunehmen sei mit der Konsequenz, dass dann wieder ein neuer Zehnjahreszeitraum beginnt, wenn der Steuerpflichtige nach Deutschland zurückkehrt.[240] Oder anders formuliert: War der Steuerpflichtige mindestens zehn Jahre nicht in Deutschland unbeschränkt steuerpflichtig, ist für das Auslösen der Wegzugsteuer erforderlich, dass er nach dieser (langen) „Abwesenheit“ mindestens zehn weitere Jahre – ohne eine solche relevante Unterbrechung – in Deutschland erneut

---

[236] *Häck,* in: F/W/B/S, AStG, Stand: 07/2021, § 6 Rn. 238; *Strunk/Kaminski*, in: S/K/K, AStG, Stand: 01/2020, § 6 Rn. 49; *Müller-Gosoge*, in: Haase, AStG, § 6 Rn. 34; *Wilke*, in: AStG – eKommentar, Stand: 03/2019, § 6 Rn. 32; *Pohl,* in: Brandis/Heuermann, AStG, Stand: 08/2021, § 6 Rn. 34.

[237] Schönfeld/*Häck*, IStR 2012, 582 (583).

[238] *Kraft*, in: Kraft, AStG, § 6 Rn. 240.

[239] *Häck,* in: F/W/B/S, AStG, Stand: 07/2021, § 6 Rn. 239: BMF, Schreiben v. 14.05.2004 – IV B 4-S 1340-11/04, BStBl I 2004 Sondernummer 1/2004, 3, Tz. 6.1.1.2.

[240] Vgl. *Müller-Gosoge*, in: Haase, AStG, § 6 Rn. 37.

unbeschränkt steuerpflichtig war, um die erforderliche nachhaltige, persönliche und wirtschaftliche Eingliederung nach dem Sinn und Zweck des § 6 Abs. 1 Satz 1 AStG a.F. wieder zu erlangen.[241]
Es ist dabei erforderlich, dass eine solche „Ausgliederung“, die zur teleologischen Reduktion des § 6 Abs. 1 Satz 1 AStG a.F. führen soll, auch eine bestimmte zeitliche Gewichtung aufweist, um Missbrauchsfälle zu vermeiden; ansonsten würde jeder kurze Aufenthalt ohne unbeschränkte Steuerpflicht jedes Mal das Erreichen der Zehnjahresgrenze verhindern. Erst bei einer Abwesenheit von mindestens zehn Jahren würde eine vollständige Ausgliederung aus der deutschen Volkswirtschaft sinnvollerweise anzunehmen sein, die dann auch eine teleologische Reduktion angebracht erscheinen lässt, zumal es sich dabei um eben genau den Zeitraum handelt, der in der alten Fassung als Zeitraum der unbeschränkten Steuerpflicht in Deutschland notwendig war, um in den Anwendungsbereich des § 6 AStG zu gelangen.[242]

Teilweise wird innerhalb der Literatur vertreten, dass daneben auch nur Zeiträume in Berechnung einzubeziehen seien, in denen sowohl die unbeschränkte Steuerpflicht gegeben war *und* zugleich eine Beteiligung i.S.d. § 17 EStG bestand.[243]
Gegen diese Ansicht spricht zunächst der Wortlaut der Norm. Demnach müssen lediglich zum Zeitpunkt des Wegzugs (respektive der Verwirklichung eines Ersatzrealisationstatbestands) Anteile i.S.d. § 17 EStG vorliegen. Durch den Verweis auf § 17 EStG ist demnach sogar denkbar, dass zum Zeitpunkt der Verwirklichung des Tatbestands des § 6 AStG die Beteiligung nicht mehr mindestens 1 % beträgt, da § 17 EStG lediglich verlangt, dass der Anteil innerhalb der letzten fünf Jahre (zu irgendeinem Zeitpunkt) einmal mindestens 1 % betrug.[244] Sofern der Steuerpflichtige mehr als zehn Jahre in Deutschland unbeschränkt steuerpflichtig war, die Beteiligung allerdings erst zu einem späteren Zeitpunkt erworben hat, wird diesem Umstand damit Rechnung getragen, dass er auch nur die (kurze) Zeit der Wertentwicklung und die darin entstandenen stillen Reserven innerhalb der Wegzugsbesteuerung zu versteuern hat.[245] Bei einem Verkauf der Beteiligung kurz nach dem Erwerb würde dies ebenfalls zu einer Besteuerung führen. Es ist demnach auch möglich, dass die Beteiligung erst kurz vor dem Wegzug erworben wurde und dennoch zum Zeitpunkt des Wegzugs den Tatbestand des § 6 AStG auslöst. Weshalb bei der Berechnung des Zehnjahreszeitraums dann jedoch nur Zeiten der unbeschränkten Steuerpflicht gelten sollen, in denen *auch* eine Beteiligung bestand, ist aus diesem

---

[241] So auch *Häck,* in: F/W/B/S, AStG, Stand: 07/2021, § 6 Rn. 237, 241; *Schönfeld/Häck*, IStR 2012, 582 (583); *Pohl,* in: Brandis/Heuermann, AStG, Stand: 08/2021, § 6 Rn. 38; *Müller-Gosoge*, in: Haase, AStG, § 6 Rn. 37; kritisch *Strunk/Kaminski*, in: S/K/K, AStG, Stand: 01/2020, § 6 Rn. 51.

[242] So auch *Kraft*, in: Kraft, AStG, § 6 Rn. 241.

[243] So *Häck,* in: F/W/B/S, AStG, Stand: 07/2021, § 6 Rn. 239: *Schönfeld/Häck*, IStR 2012, 582 (583), a,A, *Strunk/Kaminski*, in: S/K/K, AStG, Stand: 01/2020, § 6 Rn. 50.

[244] *Häck,* in: F/W/B/S, AStG, Stand: 07/2021, § 6 Rn, 248; *Levedag*, in: Schmidt, EStG, § 17 Rn. 85, siehe auch bspw. BFH, Beschl. v. 02.06.2016 – IX B 10/16, BFH/NV 2016, 1448 m.w.N.

[245] Vgl. auch *Strunk/Kaminski*, in: S/K/K, AStG, Stand: 01/2020, § 6 Rn. 50.

Gesichtspunkt nicht nachvollziehbar.[246] Der Vergleich zu § 17 EStG zeigt, dass es nicht darauf ankommt, wie lange die Beteiligung bestand, somit der Zeitraum der Beteiligung auch keine Auswirkungen darauf haben kann, wie der Zehnjahreszeitraum innerhalb des § 6 Abs. 1 Satz 1 AStG a.F. berechnet wird.

cc) Neue Fassung

In der neuen Fassung wird die allgemeine Voraussetzung der Dauer der unbeschränkten Steuerpflicht in Deutschland in einem eigenen Absatz 2 verortet. § 6 Abs. 2 Satz 1 AStG n.F. sieht vor, dass eine natürliche Person dann als unbeschränkt Steuerpflichtiger i.S.d. des Abs. 1 AStG n.F. gilt und somit in den persönlichen Anwendungsbereich der Norm fällt, wenn sie innerhalb der letzten zwölf Jahre vor den die Wegzugsteuer auslösenden Tatbeständen insgesamt mindestens sieben Jahre unbeschränkt steuerpflichtig i.S.d. § 1 Abs. 1 EStG gewesen ist. Durch die zeitliche Begrenzung des „Betrachtungszeitraums" auf zwölf Jahre fällt die Lebzeitbetrachtung der alten Fassung damit weg.

Diese „Abwendung" von der Lebzeitbetrachtung hätte in folgender Konstellation zu gewissen Besteuerungslücken geführt: Zieht ein Steuerpflichtiger unter Auslösen der Wegzugsbesteuerung ins Ausland und kehrt er bspw. nach sechs Jahren wieder zurück, kann unter den Voraussetzungen des § 6 Abs. 3 AStG n.F. der Steueranspruch durch die sog. Rückkehrregelung rückwirkend entfallen.[247] Zieht der Steuerpflichtige ein Jahr später erneut ins Ausland, wäre bei der „Sieben aus zwölf"-Betrachtung keine unbeschränkte Steuerpflicht i.S.d des § 6 Abs. 2 AStG n.F. anzunehmen. Um zu verhindern, dass ein solcher „Zwischenstopp" in Deutschland eine Wegzugsteuer beim zweiten Wegzug mangels persönlicher Anwendbarkeit verhindert (und gleichzeitig die Wegzugsteuer des ersten Wegzugs rückwirkend entfallen ist) hat der Gesetzgeber mit § 6 Abs. 2 Satz 4 AStG n.F. angeordnet, dass ein Entfall des Steueranspruchs aufgrund einer rechtzeitigen Rückkehr ins Inland dazu führt, dass der Steuerpflichtige (oder sein Rechtsnachfolger) als unbeschränkt Steuerpflichtiger i.S.d Abs. 2 *gilt* und somit in den persönlichen Anwendungsbereich der Norm fällt.[248] Im Umkehrschluss kann die Fiktion des § 6 Abs. 2 Satz 4 AStG n.F. bei einer Rückkehr des Steuerpflichtigen *außerhalb* des begünstigten Zeitraums von sieben Jahren nach Wegzug nicht mehr greifen, sodass der Steuerpflichtige dann erst wieder in den Anwendungsbereich der Norm fällt, wenn er weitere sieben Jahre in Deutschland unbeschränkt steuerpflichtig gewesen ist. Eine Besteuerungslücke dürfte in diesem Falle auch nicht auftreten, da die Wegzugsbesteuerung des ersten Wegzugs im Gegensatz zum vorigen Beispiel durch die (verspätete) Rückkehr nicht entfällt, sondern bestehen bleibt und definitiv wird.

---

[246] So auch *Strunk/Kaminski*, in: S/K/K, AStG, Stand: 01/2020, § 6 Rn. 50.

[247] Siehe hierzu ausführlich unter B.IV.5.

[248] Mit dem JStG 2022 wurde dies auch auf Fälle erweitert, in denen der Steuerpflichtige zulässigerweise noch die Rückkehrregelung des alten Rechts in Anspruch nimmt. Dies war in der ursprünglichen Fassung des § 6 Abs. 2 Satz 4 nach dem ATAD-UmsG so noch nicht enthalten, vgl. hierzu auch *Häck*, IStR 2023, 274 (275).

Damit ist die neue Fassung gleichzeitig auch in der Lage, längere Unterbrechungen der unbeschränkten Steuerpflicht in Deutschland (über sieben Jahre) entsprechend zu berücksichtigen, wie es auch in der alten Fassung noch unter dem Stichwort „Ausgliederung" unter einer teleologischen Reduktion gefordert wurde. Denn mit der Lebzeitbetrachtung fällt auch die Möglichkeit weg, nach einer Abwesenheit von mindesten sieben Jahren durch Zusammenrechnung mit vorigen Aufenthaltsdauern in Deutschland in den persönlichen Anwendungsbereich der Norm zu fallen.[249]

Zu beachten ist aber auch, dass die Wegzugsbesteuerung nun bereits ab sieben Jahren anstatt bisher zehn Jahren unbeschränkter Steuerpflicht und damit deutlich schneller greift[250] und somit insgesamt für die meisten Steuerpflichtigen eine Verschärfung des Gesetzes eingetreten ist, da eine geringere Zeit der unbeschränkten Steuerpflicht nun schon ausreicht. Der persönliche Anwendungsbereich der Wegzugsbesteuerung wird durch die Verkürzung damit noch vergrößert.[251] Insbesondere für bereits nach Deutschland zugezogene Personen (z.B. vor acht Jahren) ist daher zu beachten, dass ab 01.01.2022 die Verkürzung des Zeitraums und damit die Neuregelung inklusive aller Konsequenzen greift. § 21 AStG n.F. trifft in dieser Hinsicht keine gesonderte Anwendungsbestimmung, da die teilweise Anwendung des alten Rechts lediglich die „Abwicklung" von Fällen betrifft, die vor dem 01.01.2022 bereits verwirklicht wurden.[252]

b) Anteile i.S.d. § 17 EStG

Für alle in Betracht kommenden Verwirklichungstatbestände des § 6 AStG ist erforderlich, dass die natürliche Person Anteile i.S.d. § 17 Abs. 1 Satz 1 EStG in ihrem steuerlichen Privatvermögen hält. Nicht umfasst sind demnach Anteile, die sich im steuerlichen Betriebsvermögen oder in einem Sonderbetriebsvermögen eines Mitunternehmers befinden.

Zu den Anteilen gehören, ebenso wie es auch § 17 EStG selbst vorsieht, sowohl solche an inländischen wie auch an ausländischen Kapitalgesellschaften, die nach dem Typenvergleich[253] einer deutschen Kapitalgesellschaft entsprechen. Dies wurde mit der

[249] Erforderlich ist daher nach einer solch langen Abwesenheit, dass der Steuerpflichtige auch mindestens wieder sieben Jahre in Deutschland ansässig ist, denn durch die Unterbrechung ist rein rechnerisch eine „Zusammenballung" von sieben Jahre in den letzten zwölf Jahren vorher nicht möglich. *Middendorf/Eberhardt* bspw. sehen darin (isoliert betrachtet) nicht zu Unrecht eine Vereinfachung für den betroffenen Steuerpflichtgen, *Middendorf/Eberhardt,* StuB 2021, 693 (694).

[250] Vgl. auch *Deutschländer*, IWB 2021, 56 (58).

[251] *Wilke*, IStR 2020, 366 (369); *Heurung/Ferdinand/Kremer*, IStR 2020, 90 (94); so auch *Middendorf/Eberhardt*, StuB 2021, 693 (694) mit dem Zusatz, dass dies eine deutliche Verschärfung für betroffene Steuerpflichtige darstelle.

[252] *Bräutigam/Häusler*, NWB-EV 2021, 302 (304); siehe zur „Überarbeitung" der ursprünglichen Anwendungsvorschrift des ATAD-UmsG auch unter B.III.8.

[253] BMF, Schreiben v. 19.03.2004 – IV B 4-S 1301 USA-22/04, BStBl I 2004, 411; vgl. auch BFH, Urt. v. 20.08.2008 – I R 34/08, BStBl II 2009, 263.

Gesetzesänderung vom 07.12.2006 erstmals für den Veranlagungszeitraum 2007 neu in § 6 AStG eingeführt, der zuvor lediglich Anteile an inländischen Kapitalgesellschaften umfasste.[254]
Ebenfalls muss die Mindestbeteiligungsquote des § 17 Abs. 1 Satz 1 EStG von mindestens 1 % zu irgendeinem Zeitpunkt innerhalb der letzten fünf Jahre vor dem tatbestandsauslösenden Ereignis bestanden haben.[255] Es ist demnach nicht erforderlich, dass zum Zeitpunkt des relevanten Ereignisses i.S.d. § 6 AStG die Beteiligungsquote mindestens 1 % beträgt, sondern gerechnet von diesem Zeitpunkt an innerhalb der letzten fünf Jahre einmal betragen hat.[256]
Obwohl unter den Tatbestand des § 6 AStG nur solche Beteiligungen fallen, die von einer natürliche Person *unmittelbar* zumindest in Form des wirtschaftlichen Eigentums[257] gehalten werden, so sind bei der Berechnung der Mindestbeteiligungsquote auch diejenigen Anteile mitzuberücksichtigen, die von der natürlichen Person nur mittelbar gehalten werden.[258] Besteuert werden im Falle des Auslösens der Wegzugsbesteuerung dann aber auch nur die unmittelbar gehaltenen Anteile, die der natürlichen Person demnach steuerrechtlich unmittelbar subjektiv zurechenbar sind.[259]

Auch in der neuen Fassung des § 6 Abs. 1 Satz 1 AStG hat der Gesetzgeber den Verweis auf § 17 Abs. 1 Satz 1 EStG aufgenommen bzw. bestehen lassen, wodurch sich die Anforderungen an die Anteile nicht geändert haben.

8. Anwendungszeitraum

§ 6 AStG n.F. gilt gem. § 21 Abs. 1 Nr. 1 AStG n.F. erstmals für den Veranlagungszeitraum 2022. Auf alle Wegzüge vor dem 01.01.2022 ist damit noch die bisherige Fassung der Norm anzuwenden.

In § 21 Abs. 3 AStG n.F. war zunächst eine Sonderregelung für bereits laufende Stundungen i.S.d. § 6 Abs. 4 und 5 AStG und für laufende Fristen i.S.d. § 6 Abs. 3 AStG vorgesehen, wonach § 6 AStG in der am 30.06.2021 geltenden Fassung insoweit noch Anwendung finden sollte.

---

[254] *Häck,* in: F/W/B/S, AStG, Stand: 07/2021, § 6 Rn. 246; BT-Drucks. 16/2710, S. 52.
[255] *Häck,* in: F/W/B/S, AStG, Stand: 07/2021, § 6 Rn. 247.
[256] Siehe bereits unter B.III.7.b).
[257] Hier wird auf § 39 Abs. 2 Nr. 1 Satz 1 AO abgestellt, sodass neben dem zivilrechtlichen Eigentümer der Anteile auch bspw. der Treugeber oder Sicherungsgeber als rein wirtschaftlicher Eigentümer der Anteile der Besteuerung unterworfen werden kann, vgl. Stellvertretend BFH, Urt. v. 07.07.1992 – VIII R 54/88, BStBl II 1993, 331, Rn. 14 ff.; siehe auch *Häck,* in: F/W/B/S, AStG, Stand: 07/2021, § 6 Rn. 247.
[258] *Häck,* in: F/W/B/S, AStG, Stand: 07/2021, § 6 Rn. 247, 248; *Levedag,* in: Schmidt, EStG, § 17 Rn. 64 und 67; *Strahl/Winkler* in: Korn/Carlé/Stahl, EStG, Stand: 08/2023, § 17 Rn. 92.
[259] *Häck,* in: F/W/B/S, AStG, Stand: 07/2021, § 6 Rn. 247; *Vogt,* in: Ettinger, Wegzugsbesteuerung, S. 16.

In der Literatur wurde dabei zu Recht kritisiert, dass die Norm bei der Anwendbarkeit der alten Fassung auf laufende Stundungen und die noch laufenden Fristen nach dem Wortlaut her auf die *Gewährung* der Stundung abstellte, also auf den Zeitpunkt, an dem das Finanzamt über eine beantragte Stundung bereits entschieden hat. Nur dann wäre es nämlich eine „laufende“ Stundung (das Gesetz sprach ausdrücklich nicht von „beantragter“ Stundung). Richtigerweise muss dabei aber auf den Zeitpunkt der Tatbestandsverwirklichung abgestellt werden, da der Steuerpflichtige nur darauf Einfluss hat und nicht auf die Bearbeitungszeit einer beantragten Stundung durch das zuständige Finanzamt.[260] Je nach Bearbeitungszeit könnten sich bei einer solchen Rechtslage nämlich nicht zu rechtfertigende Unterschiede zwischen den einzelnen Finanzämtern ergeben.
Mit dem Jahressteuergesetz 2022[261] hat der Gesetzgeber hier nachgebessert und § 21 Abs. 3 Satz 1 AStG dahingehend geändert, dass nunmehr „für die Abwicklung dieses Falles“ (gemeint sind hier wohl wieder laufende Stundungen und Fristen) die alte Fassung gilt, sofern der Tatbestand des Wegzugs vor dem 01.01.2022 verwirklicht wurde.

IV. Rechtsfolge

1. Fiktion des Veräußerungsgewinns

Als Rechtsfolge sieht § 6 Abs. 1 AStG a.F. vor, dass § 17 EStG auf die vom Steuerpflichtigen zum Zeitpunkt der Realisierung einer der Tatbestandsvarianten gehaltenen Anteile anzuwenden ist. Die Norm fingiert demnach einen (grds.) steuerpflichtigen Gewinn wie er bei einer tatsächlichen Veräußerung unter den Voraussetzungen des § 17 EStG entstanden wäre, nur dass keine Veräußerung stattgefunden hat.[262] Es wird dadurch ein fiktiver Veräußerungsgewinn der Einkommensteuer unterworfen, obwohl es tatsächlich nicht zu einer Gewinnrealisierung gekommen ist.[263] Dabei enthält § 6 Abs. 1 Satz 1 AStG a.F. in Bezug auf die Vorschrift des § 17 EStG sowohl einen Rechtsgrund- als auch einen Rechtsfolgenverweis.[264]
Der Rechts*grund*verweis spiegelt sich darin wider, dass § 6 Abs. 1 Satz 1 AStG a.F. fordert, dass „im Übrigen für die Anteile […] die Voraussetzungen dieser Vorschrift [gemeint ist § 17 EStG] erfüllt sind.“ Dem Wortlaut nach wäre es demnach notwendig, dass alle anderen Tatbestandsmerkmale des § 17 EStG, mit Ausnahme der eigentlichen Veräußerung der Anteile, erfüllt sein müssen.[265] Da auf eine Veräußerung ausdrücklich verzichtet wird („auch ohne Veräußerung“), ist der vollständige Rechtsgrundverweis auf § 17 EStG dann jedoch bezüglich der in § 17 Abs. 1 Satz 2, Abs. 4 und Abs. 5 EStG

[260] Vgl. *Oppel*, IWB 2021, 508 (518 und 519); ausführlich hierzu auch *Salzmann*, IStR 2021, 759 (759 ff.).
[261] JStG 2022 vom 16.12.2022, BGBl. I 2022, 2294.
[262] *Strunk/Kaminski*, in: S/K/K, AStG, Stand: 01/2020, § 6 Rn. 122; *Müller-Gosoge*, in: Haase, AStG, § 6, Rn. 119; *Pohl*, in: Brandis/Heuermann, AStG, Stand: 08/2021, § 6 Rn. 63.
[263] *Kraft*, in: Kraft, AStG, § 6 Rn. 291; *Häck*, in: F/W/B/S, AStG, Stand: 07/2021, § 6 Rn. 382.
[264] *Kraft*, in: Kraft, AStG, § 6 Rn. 290; *Häck*, in: F/W/B/S, AStG, Stand: 07/2021, § 6 Rn 376.
[265] *Kraft*, in: Kraft, AStG, § 6 Rn. 290.

geregelten fiktiven Veräußerungstatbestände nicht sinnvoll.[266] Es soll nämlich gerade nicht die Veräußerung als solche fingiert werden[267] (was innerhalb des § 17 EStG durchaus möglich ist), sondern lediglich der steuerpflichtige Gewinn, ohne dass eine Veräußerung stattgefunden hat.
Der Rechts*folgen*verweis besteht darin, dass ein Veräußerungsgewinn i.S.d. § 17 EStG als verwirklicht gilt.[268] Sieht § 17 Abs. 2 EStG bei der Berechnung des Veräußerungsgewinns hierfür die Gegenüberstellung von Veräußerungspreis und Anschaffungskosten (unter zusätzlicher Berücksichtigung von Veräußerungskosten) vor, so bedarf es mangels tatsächlicher Veräußerung bei der Berechnung des fiktiven Veräußerungsgewinns i.S.d. § 6 AStG eines anderen Wertes als den zwischen Verkäufer und Käufer ausgehandelten Kaufpreis.[269] Hierzu dient der gemeine Wert zum Zeitpunkt der Realisierung der die Wegzugsbesteuerung auslösenden Tatbestände (§ 6 Abs. 1 Satz 4 AStG a.F.).[270] Dieser gemeine Wert bestimmt sich – wie auch an anderen Stellen des Gesetzes[271] – nach § 9 Abs. 2 des BewG.[272] Danach wird der gemeine Wert durch den Preis bestimmt, der im gewöhnlichen Geschäftsverkehr nach der Beschaffenheit des Wirtschaftsgutes (hier: der Anteile) bei einer Veräußerung zu erzielen wäre. Bewertungsstichtag ist dabei der nach § 6 Abs. 1 Satz 1 oder Satz 2 maßgebende Zeitpunkt, in dem der einschlägige Tatbestand verwirklicht wurde bzw. das jeweilige „Ereignis“ eintritt.[273]

Die Heranziehung des gemeinen Werts anstelle des Veräußerungspreises ist in der neuen Gesetzesfassung nun erstmals auch ausdrücklich schon in § 6 Abs. 1 Satz 1 AStG n.F. angeordnet. Die Formulierung „stehen […] der Veräußerung der Anteile [..] *zum gemeinen Wert* gleich“ lässt erkennen, dass anstelle eines tatsächlichen Veräußerungspreises auch in der neuen Fassung der gemeine Wert herangezogen werden muss. Auch taucht in der neuen Fassung nach wie vor ein Verweis auf § 17 Abs. 1 Satz 1 EStG auf. Der Gesetzgeber bedient sich hier jedoch einer leicht anderen Technik, denn nunmehr ist sprachlich nicht mehr angeordnet, dass die Rechtsfolgen des § 17 EStG auch ohne Veräußerung eintreten sollen. Vielmehr werden die Wegzugsteuertatbestände einer Veräußerung zum gemeinen Wert „gleichgestellt“. Auch wenn dies isoliert auf die Rechtsfolgen des § 6 AStG keine besonderen Auswirkungen haben dürfte, wird mit der neuen

[266] Vgl. *Häck,* in: F/W/B/S, AStG, Stand: 07/2021, § 6 Rn. 381.
[267] Wodurch auch keine sonstigen ertragsteuerliche Veräußerungen wie bspw. Umwandlungen und Einbringungen nach dem UmwStG in den Anwendungsbereich des § 6 Abs.1 AStG gehören, siehe *Häck,* in: F/W/B/S, AStG, Stand: 07/2021, § 6 Rn. 378.
[268] *Kraft*, in: Kraft, AStG, § 6 Rn. 90; *Wilke*, in: AStG – eKommentar, Stand: 03/2019, § 6 Rn. 47, *Häck,* in: F/W/B/S, AStG, Stand: 07/2021, § 6 Rn. 377.
[269] *Strunk/Kaminski*, in: S/K/K, AStG, Stand: 01/2020, § 6 Rn. 125.
[270] *Hecht,* in: Fuhrmann, AStG, § 6 Rn. 12; *Häck,* in: F/W/B/S, AStG, Stand: 07/2021, § 6 Rn. 394f.; *Pohl,* in: Brandis/Heuermann, AStG, Stand: 08/2021, § 6 Rn. 65.
[271] So z.B. bei § 17 Abs. 1 Satz 2 EStG, § 20 Abs. 4 Satz 2 EStG etc.
[272] *Häck,* in: F/W/B/S, AStG, Stand: 07/2021, § 6 Rn. 395. *Strunk/Kaminski*, in: S/K/K, AStG, Stand: 01/2020, § 6 Rn. 127.
[273] *Häck,* in: F/W/B/S, AStG, Stand: 07/2021, § 6 Rn. 396.

Formulierung näher an den Begriff der Veräußerung herangerückt als noch in der alten Fassung, wonach es explizit keiner Veräußerung bedurfte.[274]

2. Ermittlung der Bemessungsgrundlage

Zur Ermittlung des fiktiven Veräußerungsgewinns sind von dem gemeinen Wert (neben den „Veräußerungskosten“[275]) die Anschaffungskosten abzuziehen, die grds. nach den allgemeinen Grundsätzen für tatsächliche Veräußerungsfälle nach § 17 EStG ermittelt werden.[276]

a) Verstrickung

Da die Anschaffung der Anteile in vielen Fällen auch in einen Zeitraum fallen kann, in dem der Wegzugsteuerpflichtige noch nicht in Deutschland unbeschränkt steuerpflichtig war, er bspw. die Anteile vor der Begründung seines Wohnsitzes oder gewöhnlichen Aufenthaltes in Deutschland erworben hat, ist fraglich, mit welchem Wert die Anschaffungskosten innerhalb der Wegzugsbesteuerung berücksichtigt werden müssen. Ausgehend von dem Sinn und Zweck des § 6 AStG (die Sicherung der Besteuerung der stillen Reserven), müsste man eigentlich schlussfolgern, dass nur diejenigen stillen Reserven betroffen sein dürften, die auch während der Zeit der unbeschränkten Steuerpflicht in Deutschland entstanden sind, grds. aber nicht diejenigen, die sich in der Zeit davor – ohne unbeschränkte Steuerpflicht und damit ohne wirtschaftlichen und persönlichen Bezug zu Deutschland – entstanden sind.[277] Dadurch soll sichergestellt werden, dass auch nur diejenigen Vermögenszuwächse von der Wegzugsbesteuerung umfasst sind, die sich während der unbeschränkten Steuerpflicht in Deutschland ergeben haben.[278]
Um dieses Ergebnis zu erreichen, beinhaltete § 6 AStG bis zur Einführung des SEStEG in § 6 Abs. 1 Satz 2 AStG[279] eine Art Korrektiv der Anschaffungskosten. Dieses sah vor, dass anstelle der Anschaffungskosten der gemeine Wert der Anteile zum Zeitpunkt der Begründung der unbeschränkten Steuerpflicht herangezogen werden sollte; gab es

[274] Siehe hierzu auch *Häck,* in: Hummel/Kaminski, Neue Herausforderungen im internationalen Steuerrecht, S. 14 mit dem Hinweis, dass dieses Heranrücken an eine Veräußerung auch Folgen in Bezug auf Sperrfrist- und Nachbehaltensregelungen haben dürfte, dort wo sprachlich an eine „Veräußerung“ angeknüpft wird.

[275] Zwar liegt eine tatsächliche Veräußerung ja gerade nicht vor, dennoch kann es auch im Zuge der Wegzugsbesteuerung zu Kosten kommen, die anstelle der üblichen Veräußerungskosten als Abzugsposition angesetzt werden können, wie z.B. Notarkosten für den Schenkungsvertrag (§ 6 Abs. 1 Satz 2 Nr. 1 AStG a.F.) oder Bewertungskosten zur Ermittlung des gemeinen Wertes zum Zeitpunkt des auslösenden Ereignisses.

[276] *Häck,* in: F/W/B/S, AStG, Stand: 07/2021, § 6 Rn. 385; zum Begriff der Anschaffungskosten bspw. *Gosch,* in: Kirchhof/Seer, EStG, § 17 Rn. 86 ff.

[277] Vgl. zum zeitlichen Umfang des Wegzugsbesteuerungsrechts *Strunk/Kaminski*, in: S/K/K, AStG, Stand: 01/2020, § 6 Rn. 54f. sowie zu der hier vertretenen Auffassung in Bezug auf stille Reserven vor Begründung des deutschen Besteuerungsrechts unter E.IV.4.

[278] *Häck,* in: F/W/B/S, AStG, Stand: 07/2021, § 6 Rn. 385; *Braun*, DB 1982, 2111 (2111 f.).

[279] In der vor dem 13.12.2006 geltenden Fassung.

demnach auch bereits vor der Begründung der unbeschränkten Steuerpflicht einen Wertzuwachs, so wurde dieser Teil durch den Ansatz des höheren Wertes bei der Berechnung des späteren fiktiven Veräußerungsgewinns nicht mitbesteuert. Der Steuerpflichtige hatte hierfür einen Nachweis zu erbringen, dass ihm die Anteile zum Zeitpunkt der Begründung der unbeschränkten Steuerpflicht bereits gehört haben. Innerhalb der Neufassung des § 6 AStG durch das SEStEG ist diese Regelung ersatzlos weggefallen.[280] Die Norm enthält auch in der heutigen Fassung keine Regelung bezüglich dieser stillen Reserven vor der Begründung der unbeschränkten Steuerpflicht. Der sog. Verstrickungsgedanke, den § 6 Abs. 1 Satz 2 AStG in der vor dem 13.12.2006 geltenden Fassung beinhaltete, ist nach der besagten Änderung lediglich § 17 Abs. 2 Sätze 3 und 4 EStG zu entnehmen, [281] der durch den Verweis in § 6 Abs. 1 Satz 1 AStG a.F. nicht nur bei einer tatsächlichen Veräußerung der Anteile gilt, sondern seine Wirkung auch in den Fällen der Wegzugsbesteuerung nach einer zuvor erfolgten Verstrickung der Anteile entfaltet.[282] Um einen steuergünstigen „Step-up" der Anschaffungskosten erhalten zu können, sind mit der „Verlegung" der Verstrickungsnorm jedoch auch höhere Anforderungen ins Gesetz eingezogen. § 17 Abs. 2 Satz 3 EStG verlangt im Vergleich zu seinem „Vorgänger"[283] nämlich zusätzlich, dass die bis zum Zeitpunkt des Zuzugs nach Deutschland (oder genauer: der Begründung der unbeschränkten Steuerpflicht) entstandenen stillen Reserven in einem anderen Staat einer § 6 AStG vergleichbaren Wegzugsbesteuerung unterlegen haben, die fiktive Realisierung der bis dahin entstandenen stillen Reserven also auch schon einmal zu einer Wegzugsbesteuerung in einem anderen Land geführt hat.[284] Es reicht demnach nicht mehr aus, dass der Steuerpflichtige die Anteile zum Zeitpunkt der Begründung der unbeschränkten Steuerpflicht bereits gehalten hat (und er dies auch entsprechend nachweist). Der Step-up der Anschaffungskosten erfolgt dann bei Vorliegen aller Voraussetzungen zu dem Wert, zu dem im anderen Staat eine Wegzugsbesteuerung vorgenommen

---

[280] Vgl. BT-Druck. 16/2710, S. 52 f. mit der Aussage, dass sich § 6 Abs. 1 Satz 2 AStG in der vor dem 13.12.2006 geltenden Fassung durch die Einführung des § 17 Abs. 2 Satz 3 EStG erübrigt habe. Dass die „Ersatznorm" jedoch an wesentlich schärfere Bedingungen geknüpft ist, erwähnt der Gesetzgeber in der Gesetzesbegründung nicht.

[281] Vgl. *Schmidt,* in: H/H/R, EStG, Stand: 08/2023, § 17 Rn. 231; *Strahl/Winkler* in: Korn/Carlé/Stahl, EStG, Stand: 08/2023, § 17 Rn. 265 f.; *Grotherr*, IWB 2007, 65 (71).

[282] *Häck,* in: F/W/B/S, AStG, Stand: 07/2021, § 6 Rn. 385; *Müller-Gosoge*, in: Haase, AStG, § 6 Rn. 122; andeutungsweise so auch *Pohl,* in: Brandis/Heuermann, AStG, Stand: 08/2021, § 6 Rn. 66; in der neuen Fassung wird die Verknüpfung zu § 17 Abs. 2 Satz 3 und 4 EStG ebenfalls durch den Verweis in § 6 Abs. 1 Satz 1 AStG n.F. hergestellt, nunmehr jedoch unter dem Stichpunkt „Vorbehaltlich der Vorschriften des EStG". Auch in der neuen Fassung ist demnach der Verstrickungsgedanke des § 17 Abs. 2 Satz 2 und 3 EStG bei der Berechnung der Wegzugsteuer anwendbar.

[283] Gemeint ist § 6 Abs. 1 Satz 2 AStG in der vor dem 13.12.2006 geltenden Fassung.

[284] Vgl. *Schmidt,* in: H/H/R, EStG, Stand: 08/2023, § 17 Rn. 232; *Häck,* in: F/W/B/S, AStG, Stand: 07/2021, § 6 Rn. 159; *Strahl/Winkler* in: Korn/Carlé/Stahl, EStG, Stand: 08/2023, § 17 Rn. 265.

wurde (also der fiktive Veräußerungsgewinn im anderen Staat), höchstens jedoch bis zum gemeinen Wert im Zuzugszeitpunkt nach Deutschland (sog. Wertverknüpfung).[285] Probleme hierbei treten insbesondere dann auf, wenn der entsprechende Nachweis einer ausländischen Wegzugsbesteuerung nicht oder nicht ausreichend erbracht werden kann.[286] Einer der Fälle, in denen ein solcher Nachweis nicht gelingen mag, tritt dann ein, wenn der Staat, in dem der Steuerpflichtige bislang ansässig war und lebte, gar keine der deutschen Wegzugsbesteuerung vergleichbare Steuer vorsieht, wie beispielsweise die Schweiz oder Italien.[287] Darüber hinaus kann es zu Fällen kommen, in denen der jeweils andere Staat zwar grundsätzlich eine Wegzugsbesteuerung etwa für den (Grund-)Fall des physischen Wegzugs vorsieht (also eine § 6 Abs. 1 Satz 1 AStG a.F. bzw. § 6 Abs. 1 Satz1 Nr. 1 AStG n.F. vergleichbare Regelung beinhaltet), entgegen dem deutschen Recht die Ersatzrealisationstatbestände aber nicht oder nicht derart berücksichtigt.[288]

Ebenso verhält es sich in Bezug auf Staaten, die andere Grundvoraussetzungen für eine Wegzugsbesteuerung in deren nationalem Recht festgelegt haben:
Ist ein Steuerpflichtiger zunächst ausschließlich in Frankreich wohnhaft und ansässig und hält er Anteile an einer Kapitalgesellschaft in Höhe von 5 %, so wird bei einem Wegzug von Frankreich nach Deutschland unter Aufgabe des Wohnsitzes in Frankreich und der Neubegründung einer unbeschränkten Steuerpflicht in Deutschland in Frankreich keine Wegzugsbesteuerung vorgenommen, da das aktuelle französische Recht eine Mindestbeteiligungsquote von 50 % vorsieht.[289] Der Nachweis i.S.d. § 17 Abs. 2 Satz 3 EStG ist demnach für den Steuerpflichtigen mangels vergleichbarer Wegzugsbesteuerung nicht möglich. Bei einem späteren Wegzug aus Deutschland (nach der erforderlichen Mindestzeit an unbeschränkter Steuerpflicht) würde bei der Berechnung der Wegzugsteuer dann auf die historischen Anschaffungskosten zurückgegriffen werden anstelle des gemeinen Wertes zum Zeitpunkt der Begründung der deutschen unbeschränkten Steuerpflicht. Da Frankreich zuvor keine Wegzugsbesteuerung vorgenommen hat, greift Deutschland später auch auf die stillen Reserven zu, die in der Zeit der französischen unbeschränkten Steuerpflicht entstanden sind.
Diesbezüglich werden im Hinblick auf die Wahrung der Aufteilung der Besteuerungsbefugnisse europarechtliche Bedenken geäußert.[290]

285 Siehe auch *Häck,* in: F/W/B/S, AStG, Stand: 07/2021, § 6 Rn. 385; *Hecht,* in: Fuhrmann, AStG, § 6 Rn. 11; *Strahl/Winkler* in: Korn/Carlé/Stahl, EStG, Stand: 08/2023, § 17 Rn. 266.

286 So auch *Strunk/Kaminski*, in: S/K/K, AStG, Stand: 01/2020, § 6 Rn. 52, 126; Kritik in Bezug auf praktische Probleme bei der Erbringung dieses Nachweises übt auch *Schmidt,* in: H/H/R, EStG, Stand: 08/2023, § 17 Rn. 234.

287 *Strunk/Kaminski*, in: S/K/K, AStG, Stand: 01/2020, § 6 Rn. 126, Fn. 449.

288 Vgl. *Strunk/Kaminski*, in: S/K/K, AStG, Stand: 01/2020, § 6 Rn. 52.

289 Art. 160 bis I.-1. des aktuellen französischen „Code géneral des impôts" sieht eine Wegzugsbesteuerung vor für Gesellschaftsrechte, Wertpapieren, Titeln oder andere bestimmte Rechte, wenn diese direkt oder indirekt gehalten mindestens 50 % der Gesellschaftsgewinne einer Gesellschaft ausmachen.

290 *Häck,* in: F/W/B/S, AStG, Stand: 07/2021, § 6 Rn. 159; siehe aber dazu unter E.IV.4).

b) Fiktiver Veräußerungsverlust

Streitig ist weiterhin, ob vom Tatbestand des § 6 Abs. 1 AStG auch fiktive Veräußerungsverluste umfasst sind, also Fälle, in denen der Wert der Anteile im Zeitpunkt des Wegzugs oder gleichgestellten Ereignisses unter die Anschaffungskosten gesunken ist.

aa) Alte Fassung

Der BFH hat in seinem Urteil vom 26.04.2017[291] hinsichtlich fiktiver Veräußerungsverluste gleich zwei Dinge festgestellt bzw. bestätigt: Zum einen lasse § 6 AStG a.F. die Berücksichtigung solcher fiktiver Veräußerungsverluste nicht zu.[292] Darüber hinaus sei es ebenfalls nicht zulässig, fiktive Veräußerungsverluste mit fiktiven Veräußerungsgewinnen anderer Anteile zu saldieren, da eine strenge anteilsbezogene Betrachtungsweise geboten sei.[293]

(1) Nichtberücksichtigung fiktiver Verluste

Schon in Bezug auf die Fassung des § 6 AStG vor Einführung des SEStEG hatte der BFH entschieden, dass keine fiktiven Veräußerungsverluste berücksichtigt werden können und § 6 Abs. 1 Satz 1 AStG nur auf diejenigen Fälle des § 17 EStG verweise und anzuwenden sei, in denen der gemeine Wert der Anteile zu dem für die Besteuerung maßgebenden Zeitpunkt die Anschaffungskosten übersteigt und somit ein fiktiver Veräußerungsgewinn entsteht.[294] Der BFH stellte in seinem Urteil vom 26.04.2017 fest, dass die von ihm für die alte Rechtslage vor dem SEStEG genannten Gründe, eine Berücksichtigung von fiktiven Wertminderungen zu versagen, auch auf die „neue" Regelung übertragen werden können.[295] So spreche bereits die Überschrift auch in der Fassung nach dem SEStEG („Besteuerung des Vermögens*zuwachses*") dafür, dass von der Vorschrift nur eben solche Zuwächse und keine Minderungen im Wert umfasst sein sollen.[296]

Aber auch andere systematische Gründen ließen sich nach Ansicht des BFH der Norm entnehmen: § 6 Abs. 1 Satz 5 AStG a.F. nahm Bezug auf eine tatsächliche Veräußerung der Anteile, die zeitlich nach der Realisation der Wegzugsteuer stattfindet. Es war dabei vorgesehen, dass bei der Berechnung eines (tatsächlichen) Gewinns aus der Veräußerung der Anteile nach § 17 EStG (ggf. i.V.m. § 49 Abs. 1 Nr. 2 Buchst. e Doppelbuchst. aa) EStG) der nach § 6 besteuerte Vermögenszuwachs abgezogen wurde, um so eine Doppelberücksichtigung der stillen Reserven zu vermeiden. Auch hier sprach das Gesetz lediglich von den besteuerten Vermögens*zuwächsen*. Der BFH ging daher davon aus, dass

---

[291] BFH, Urt. v. 26.04.2017 – I R 27/15, BStBl II 2017, 1194.
[292] BFH, Urt. v. 26.04.2017 – I R 27/15, BStBl II 2017, 1194, Rn. 19, 22, 23.
[293] BFH, Urt. v. 26.04.2017 – I R 27/15, BStBl II 2017, 1194, Rn. 32.
[294] Vgl. BFH, Urt. v. 28.02.1990 – I R 43/86, BStBl II 1990, 615.
[295] BFH, Urt. v. 26.04.2017 – I R 27/15, BStBl II 2017, 1194, Rn. 22.
[296] BFH, Urt. v. 26.04.2017 – I R 27/15, BStBl II 2017, 1194, Rn. 20.

auch nur Vermögenszuwächse besteuert werden dürfen, da anderenfalls neben Satz 5 auch eine Regelung hätte getroffen werden müssen für den Fall, in dem ein fiktiver Veräußerungsverlust beim Wegzug (bzw. bei einem gleichgestellten Ereignis) berücksichtigt wurde und der Wert der Anteile bis zur tatsächlichen Veräußerung wieder gestiegen wäre (und zwar über die Anschaffungskosten hinaus). Logischerweise müsste dann nämlich der Gewinn nach § 17 EStG bei der tatsächlichen Veräußerung um einen damals berücksichtigten Vermögensverlust erhöht werden.[297]
Auch an anderer Stelle fehlte es laut BFH an einem Regelungspendant für den Fall, dass das Gesetz auch eine fiktive Wertminderung berücksichtigen würde. In § 6 Abs. 3 AStG a.F. (entsprach im Wesentlichen § 6 Abs. 4 AStG in der vor dem 31.12.2016 geltenden Fassung) war vorgesehen, dass bei der Wiederbegründung der unbeschränkten Steuerpflicht in Deutschland eines nur „vorübergehend" abwesenden Steuerpflichtigen der Steueranspruch bei dessen Rückkehr wieder entfiel.[298] In der Konsequenz muss laut BFH die Begünstigung in Form der Minderung der geschuldeten Einkommensteuer – sollte man eine fiktive Wertminderung beim Wegzug berücksichtigen – im Nachhinein bei der Wiederbegründung der deutschen unbeschränkten Steuerpflicht ebenfalls wieder entfallen.[299] Eine solche Anordnung traf und trifft das Gesetz jedoch nicht.
An diesem Punkt gelangte der BFH auch dazu, seine Auffassung nicht nur anhand der Normsystematik, sondern auch anhand des Sinns und Zwecks und der gesetzgeberischen Intention in Bezug auf die Wegzugsbesteuerung zu messen. Eine soeben genannte „Steuerbegünstigung" im Zeitpunkt des Wegzugs sei nämlich vom Gesetzgeber bei der Einführung der Norm nicht vorgesehen gewesen, was sich durch die verschiedenen Änderungen der Norm im Laufe der Zeit auch nicht verändert habe. Ziel der Norm sei die Verhinderung von Steuerumgehungsmöglichkeiten und der Schutz vor dem Entzug der Besteuerungsmöglichkeiten von stillen Reserven. Es soll also unterbunden werden, dass stille Reserven und deren Besteuerungsrecht zur Umgehung des § 17 EStG ins Ausland verlagert werden und Deutschland bei einer tatsächlichen Realisierung der stillen Reserven keinen oder nur eingeschränkten Zugriff auf deren Besteuerung hat.[300] Eine Bedrohung der steuerlichen Gleichmäßigkeit ist allerdings laut BFH nur dann gegeben, wenn der Steuerpflichtige stille Reserven ins Ausland verlagert, nicht aber wenn er Wert*minderungen* ins Ausland verlagert.[301]
Zusätzlich sah der BFH in seinem Urteil vom 26.04.2017 in der „Neuregelung" i.d.F. des SEStEG sogar noch weitere Argumente dafür, dass fiktive Wertminderungen nicht von der Norm erfasst seien. Mit dem SEStEG wurde nämlich erstmals eine dauerhafte, zinslose Stundung der Wegzugsteuer für Wegzüge ins EU/EWR-Staaten eingeführt. Der BFH sprach dabei von einem „Aufschub der Steuerwirksamkeit bis zum

[297] BFH, Urt. v. 26.04.2017 – I R 27/15, BStBl II 2017, 1194, Rn. 20.
[298] Siehe hierzu ausführlich unter B.IV.5.
[299] BFH, Urt. v. 26.04.2017 – I R 27/15, BStBl II 2017, 1194, Rn. 21; so auch *Kramer,* in: Lippross/Seibel, BK Steuerrecht, Stand: 08/2023, § 6 AStG, Rn. 15.
[300] Siehe hierzu bereits unter B.I.1.
[301] BFH, Urt. v. 26.04.2017 – I R 27/15, BStBl II 2017, 1194, Rn. 21.

Realisationszeitpunkt"[302] und spielte damit darauf an, dass die zunächst gestundete Einkommensteuer durch einen Widerruf dieser Stundung fällig werde, wenn durch den tatsächlichen Verkauf eine Gewinnrealisierung stattfindet.[303] Auch hier fehlte es dem BFH an einer entsprechenden Regelung für fiktive Veräußerungsverluste zum Zeitpunkt der Auslösung der Wegzugsteuer. Es könne nicht gewollt sein, dass fiktive Veräußerungsverluste steuerlich direkt mindernd berücksichtigt werden können (eine „Stundung" bzw. einen „Aufschub" sieht das Gesetz hierfür ja gerade nicht vor), ohne dass überhaupt feststeht, ob, wann und unter welchen Umständen es überhaupt zum Realisationsakt kommt und ob dann die Verluste auch tatsächlich in Deutschland Berücksichtigung finden würden. Diese Ungewissheit würde bei einer Berücksichtigung der Verluste bereits im Wegzugszeitpunkt zeitlich nach vorne verlagert werden, was vom Gesetzgeber nicht gewollt sein könne.[304]
Zusammenfassend lässt sich festhalten, dass eine Abweichung von dem grundsätzlich gebotenen Realisationsprinzip für den Gesetzgeber nur im Falle eines (noch) nicht realisierten Veräußerungsgewinns beim Wegzug zur Sicherung des Steueranspruchs sinnvoll erscheint, nicht hingegen im Falle eines nicht realisierten Veräußerungs*verlustes*.

Die Finanzverwaltung vertritt hierbei dieselbe Auffassung wie der BFH und legte im Schreiben vom 14.05.2004 fest, dass § 6 AStG „nur für Fälle [gilt], in denen der gemeine Wert der Anteile beim Wegzug die Anschaffungskosten übersteigt; die Bestimmung führt [jedoch] nicht zur Realisierung von Verlusten."[305]

Unabhängig von verfassungsrechtlichen und unionsrechtlichen Bedenken gegen diese Auffassung[306] stößt bereits die Auslegung der Norm durch den BFH und die Finanzverwaltung auf Tatbestandsebene auf einige Kritik innerhalb der Literatur. So wird vertreten, dass § 6 AStG tatbestandlich durchaus auch fiktive Veräußerungsverluste umfassen müsse:
Dabei wird schon kritisiert, dass der BFH selbst davon ausgeht, dass der Wortlaut der Norm (zumindest) nicht *gegen* eine Berücksichtigung fiktiver Wertminderung stünde.[307] Der BFH löste dieses Problem jedoch damit, dass sich zwar sein Auslegungsergebnis nicht aus dem Wortlaut der Vorschrift ergebe, es daher jedoch einer „den Wortlaut einschränkenden Auslegung" bedürfe.[308] Dies wird innerhalb der Literatur anders beurteilt.

[302] BFH, Urt. v. 26.04.2017 – I R 27/15, BStBl II 2017, 1194, Rn. 25.
[303] Siehe hierzu ausführlich B.IV.4.b)dd)(2)(a).
[304] BFH, Urt. v. 26.04.2017 – I R 27/15, BStBl II 2017, 1194, Rn. 25.
[305] BMF, Schreiben v. 14.05.2004 – IV B 4-S 1340-11/04, BStBl I 2004 Sondernummer 1/2004, 3, Rn. 6.1.3.3.
[306] Siehe hierzu ausführlich unter C.I.3 und E.IV.
[307] *Häck*, in: F/W/B/S, AStG, Stand: 07/2021, § 6 Rn. 400; *Paus*, DStZ 2017, 893; a.A. *Wilke*, in: AStG – eKommentar, Stand: 03/2019, § 6 Rn. 48; *Pohl*, in: Brandis/Heuermann, AStG, Stand: 08/2021, § 6 Rn. 63; *Kramer*, in: Lippross/Seibel, BK Steuerrecht, Stand: 08/2023, § 6 Besteuerung des Vermögenszuwachses, Rn. 15; kritisch *Kraft*, in: Kraft, AStG, § 6 Rn. 291 und Rn. 296.
[308] BFH, Urt. v. 26.04.2017 – I R 27/15, BStBl II 2017, 1194, Rn. 28.

Da vom Wortlaut der Norm eindeutig auch der Fall von Wertminderungen umfasst sei,[309] wird die Auslegung des BFH als eine Auslegung *gegen* den Wortlaut der Norm angesehen, die nur unter engen Voraussetzungen zulässig sei, die der BFH in seiner „fiskalischen Lösung“ aber nicht überprüft habe.[310] Das gelte umso mehr, wenn die Auslegung nach dem Wortlaut zur rechtssystematisch korrekten Lösung führe, nämlich der Gleichbehandlung von Verlusten mit Gewinnen, und für diese Lösung zusätzlich schwerwiegende, wenn nicht sogar zwingende verfassungsrechtliche und europarechtliche Gesichtspunkte sprechen würden.[311]
Darüber hinaus wird mit der „Nähe“ zu § 17 EStG argumentiert. Es wird – zu Recht – die Frage aufgeworfen, weshalb der an sich umfassende Rechtsgrund- und Rechtsfolgenverweis auf § 17 EStG für den Fall des § 6 AStG nur die Vermögensmehrungen umfasst, nicht hingegen Vermögensminderungen.[312] Dies werde schon an der Regelung zur Bemessungsgrundlage der Wegzugsteuer ersichtlich. Ordnet der Gesetzgeber an, dass bei der Berechnung der Bemessungsgrundlage anstelle des Veräußerungspreises der gemeine Wert der Anteile zu erfassen sei (§ 6 Abs. 1 Satz 4 AStG a.F. bzw. § 6 Abs. 1 Satz 1 AStG n.F.), so muss es nach dieser Auffassung auch dann gelten, wenn diese Gegenüberstellung von gemeinem Wert und Anschaffungskosten (wie es auch in § 17 Abs. 2 EStG vorgesehen ist) zu einem Verlust kommt. Hätte der Gesetzgeber dies vermeiden wollen, hätte er es eindeutig ausschließen müssen.[313]
Der Argumentation des BFH, die sich auf die mehrfache Verwendung des Wortes „Vermögenszuwachs“ oder „Gewinn“ stützt, entgegnet ein Teil der Literatur, dass rein begrifflich das Wort Gewinn sowohl positive als auch negative Beträge umfasse, es demnach auch „negative Veräußerungsgewinne“ gebe[314], und verweist dabei auf die eigene Rechtsprechung des BFH.[315]

Insgesamt überzeugend ist die Ansicht des BFH, dass es für den Fall einer Verlustberücksichtigung beim Wegzug an mehreren Stellen an Folgeregelungen fehle. Dass der Gesetzgeber nur das Wesentliche in Bezug auf Folgeregelungen (also nur den Fall des Vermögenszuwachses) hätte ansprechen und die Lösung der entsprechenden Fragen für die Fälle der Wertminderungen der Rechtsprechung überlassen wollte,[316] scheint doch sehr unwahrscheinlich im Vergleich zu der Alternative, dass der Gesetzgeber bewusst eine Berücksichtigung der fiktiven Verluste nicht mit einbeziehen wollte und es demnach auch nicht ausdrücklich so formuliert hat.

---

[309] *Häck,* in: F/W/B/S, AStG, Stand: 07/2021, § 6 Rn. 400; *Paus*, DStZ 2017, 893.
[310] *Paus*, DStZ 2017, 893 (894).
[311] *Paus*, DStZ 2017, 893 (894).
[312] *Strunk/Kaminski*, in: S/K/K, AStG, Stand: 01/2020, § 6 Rn. 138; *Kraft*, in: Kraft, AStG, § 6, Rn. 290; *Hoyer,* Unternehmensnachfolge und Wegzugsbesteuerung, S. 59.
[313] *Häck,* in: F/W/B/S, AStG, Stand: 07/2021, § 6 Rn. 400.
[314] So *Strunk/Kaminski*, in: S/K/K, AStG, Stand: 01/2020, § 6 Rn. 139.3.
[315] Bspw. BFH, Urt. v. 10.10.1978 – VIII R 126/75, BStBl II 1979, 77.
[316] *Paus,* DStZ 2017, 893 (894).

(2) *Keine Saldierung*

Der BFH stellte in seinem Urteil darüber hinaus fest, dass auch eine Saldierung von fiktiven Veräußerungsgewinnen und -verlusten im Rahmen des § 6 AStG nicht möglich sei.[317] Dies stand im Urteilsfall und daneben auch allgemein in Sachverhalten zur Überlegung, in denen der Steuerpflichtige zum Zeitpunkt des Wegzugs mehrere Anteile (ggf. auch sogar an derselben Kapitalgesellschaft[318]) hält, von denen ein Teil zum Wegzugszeitpunkt eine Wertminderung und der andere Teil einen Wertzuwachs erfahren hat. Dieser anteilsbezogenen Betrachtungsweise[319] schließen sich auch Stimmen innerhalb der Literatur an, selbst wenn sie bezüglich der zuvor diskutierten Frage der allgemeinen Berücksichtigung von fiktiven Veräußerungsverlusten eine andere Auffassung als der BFH und die Finanzverwaltung vertreten.[320]
Auch das vorinstanzliche Urteil des FG München nahm hierzu Stellung und fügte der Argumentation gegen eine Saldierungsmöglichkeit hinzu, dass eine solche Vorgehensweise dann – folgt man der Ansicht, dass auch isoliert betrachtet eine Berücksichtigung von fiktiven Veräußerungsverlusten nicht möglich ist – eine ungerechtfertigte Privilegierung derjenigen Steuerpflichtigen darstellen würde, die neben den wertgeminderten Anteilen auch noch im Wert gestiegene Anteile im Wegzugszeitpunkt hielten, die zur Verrechnung zur Verfügung stünden.[321]
Lässt man eine Berücksichtigung fiktiver Veräußerungsverluste isoliert betrachtet nicht zu, ist es aus diesem Grund auch konsequent und logisch, eine Saldierungsmöglichkeit (und somit im Ergebnis eine Verringerung der Wegzugsteuer) zu verneinen.

(3) *Stellungnahme*

Die norminternen, systematischen Argumente beider Seiten sind durchaus nachvollziehbar. Der Gesetzgeber hat einen Wortlaut gewählt, der Argumente für beide Auffassungen bietet. Während der BFH für eine Berücksichtigung fiktiver Verluste verlangt, dass der Gesetzgeber auch für die Wertminderungen eindeutige (Folge-)Regelungen hätte treffen müssen, so ist die überwiegende Ansicht der Literatur der Meinung, der Gesetzgeber hätte im Gegenteil eindeutig regeln müssen, wollte er die Berücksichtigung einer Wertminderung unter § 6 AStG ausschließen.

---

[317] BFH, Urt. v. 26.04.2017 – I R 27/15, BStBl II 2017, 1194, Rn. 31.
[318] Kritisch hierzu *Häck,* in: F/W/B/S, AStG, Stand: 07/2021, § 6 Rn. 401, Fn. 10.
[319] BFH, Urt. v. 26.04.2017 – I R 27/15, BStBl II 2017, 1194, Rn. 31 mit Verweis auf BFH, Urt. v. 20.04.2004 – VIII R 52/02, BStBl II 2004, 556.
[320] *Wilke*, in: AStG – eKommentar, Stand: 03/2019, § 6 Rn. 48; *Riedel*, ISR 2016, 193 (197); *Kraft*, in: Kraft, AStG, § 6 Rn. 293; a.A. *Paus*, DStZ 2017, 893 (896); *Häck,* in: F/W/B/S, AStG, Stand: 07/2021, § 6 Rn. 400 f. sowie *Kraft/Gräfe*, wonach die Berücksichtigung unrealisierter stiller Reserven bei gleichzeitiger Ausblendung korrespondierender stiller Lasten im Kontext der Anwendung des § 6 AStG im Wegzugszeitpunkt beim Zusammentreffen von stillen Reserven und stillen Lasten nach der dort vertretenen Meinung sogar geeignet sei, das verfassungsrechtlich zulässige Maß zu überschreiten, *Kraft/Gräfe*, IWB 2016, 384 (387 f.).
[321] FG München, Urt. v. 25.03.2015 – 1 K 495/13, EFG 2015, 1210, Rn. 30.

Das entscheidende Argument der Rechtsprechung und der Finanzverwaltung ist jedoch, und daher ist dieser Auffassung zuzustimmen, dass ein exakter Vergleich mit § 17 EStG trotz des generellen Rechtsgrund- und Rechtsfolgenverweises nicht geboten ist. Obwohl in § 17 EStG auch Veräußerungsverluste erfasst werden und es in der Tat viele Argumente dafür gibt, den Verweis auf § 17 EStG umfassend zu werten, so liegt der Unterschied der beiden Normen darin, dass § 17 EStG *tatsächliche* Gewinn- oder Verlustrealisierungen behandelt (sei es durch die originäre Veräußerung der Anteile oder ein steuerlich gleichgestelltes Ereignis in § 17 Abs. 1 Satz 2 oder Abs. 4 EStG), § 6 AStG aber schon tatbestandlich nicht von einer tatsächlichen Realisierung und eines tatsächlichen Veräußerungsgewinns ausgeht, sondern eben gerade von der Fiktion eines solchen.[322] Der Gesetzgeber hat daher mit der Einführung des § 6 AStG und auch nach mehrfachen Änderungen der Norm lediglich im Blick gehabt, die Besteuerung der stillen Reserven in Deutschland sicherzustellen, und zwar ökonomisch teilweise (sofern es nicht zu einer dauerhaften oder ratierlichen Stundung kommt) bereits im Zeitpunkt des Wegzugs.[323] Auch die Aussage des BFH, es spräche nichts dafür, dass der Gesetzgeber ein derart – zulasten des Fiskus – unausgewogenes Besteuerungskonzept habe zugrunde legen wollen[324] (würde man fiktive Veräußerungsverluste ohne entsprechende Regelungen für Stundung und für Korrekturen bei späteren tatsächlichen Veräußerungs*gewinnen* berücksichtigen), spricht dafür, dass der Streit auf Ebene der Verfassungsmäßigkeit der Norm bzw. der Vereinbarkeit mit dem Unionsrecht weitergeführt werden muss, nicht jedoch auf Tatbestands-bzw. Rechtsfolgenebene.

bb) Gesetzeshistorie und neue Fassung

Aus der Gesetzeshistorie lässt sich noch ein weiteres Argument ableiten, dass eine Berücksichtigung fiktiver Veräußerungsverluste vom Gesetzgeber nicht vorgesehen war. Bei der Änderung des § 6 AStG durch das SEStEG war der Streit um die Berücksichtigung fiktiver Veräußerungsverluste bereits bekannt und auch damals schon vom BFH entschieden,[325] sodass dem Gesetzgeber diese vermeintliche „Unklarheit" bekannt gewesen sein sollte. Trotzdem sah sich der Gesetzgeber nicht dazu verpflichtet oder hielt es für erforderlich, eine Klarstellung dahingehend aufzunehmen, dass von § 6 AStG auch Veräußerungsverluste umfasst sein sollten, wohlwissend, dass in der Praxis durch Finanzverwaltung und Rechtsprechung eine Berücksichtigung nicht erfolgt. Hätte er dies für notwendig gehalten und einen Handlungsbedarf gesehen, so wäre zu erwarten gewesen,

---

322 *Hoyer* stellt hierzu den Vergleich auf mit dem Fall, in dem der Anteilseigner im Bewusstsein seines geplanten Wegzugs die Anteile tatsächlich zuvor mit Verlust veräußert und diese Verluste ggf. steuerlich nutzen kann. Nach der hier vertretenen Auffassung liegt aber genau darin der Unterschied zur Wegzugsbesteuerung, dass die Anteile dann auch tatsächlich aus dem Vermögen des Wegzeihenden herausgelöst wurden und der Verlust bzw. die Wertminderung im Vergleich zu den Anschaffungskosten damit final wird, siehe hierzu Hoyer, Unternehmensnachfolge und Wegzugsbesteuerung, S. 60.

323 Vgl. auch *Kraft*, in: Kraft, AStG, § 6 Rn. 295.

324 BFH, Urt. v. 26.04.2017 – I R 27/15, BStBl II 2017, 1194, Rn. 25.

325 BFH, Urt. v. 28.02.1990 – I R 43/86, BStBl II 1990, 615.

dass er die vom BFH aufgelisteten Norminhalte, die explizit nur Vermögens*zuwächse* betreffen (s.o.), entsprechend auf Vermögensminderungen ausgeweitet hätte. Im Gegenteil hat der Gesetzgeber aber zunächst eine dauerhafte Stundung eingeführt, die wiederum nur auf Vermögenszuwächse gestrickt ist.[326]

Zwischenzeitlich trat nun mit dem ATAD-UmsG erneut eine (grundlegende) Änderung des § 6 AStG ein, in der die Norm auch redaktionell umfassend angepasst wurde; dennoch sind weiterhin keinerlei Klarstellungen oder entsprechende Regelungen für eine Berücksichtigung von fiktiven Wertminderungen enthalten.
Ausschlaggebender Punkt dürfte dabei nach wie vor aus Sicht des Gesetzgebers sein, dass die Norm der Sicherung der stillen Reserven dient, die während der unbeschränkten Steuerpflicht in Deutschland entstanden sind und keine allgemeine Entstrickungsnorm darstellen soll, die zudem auch noch Steuerbegünstigungen in Form von Minderung der Einkommensteuer aufgrund fiktiver Veräußerungsverluste im Zeitpunkt des Wegzugs aus Deutschland vorsieht, von denen niemand voraussagen kann, dass sie überhaupt jemals realisiert werden.

3. Realisationszeitpunkt

a) Alte Fassung

Im Gegensatz zur Neufassung des § 6 AStG (siehe dazu sogleich) enthielt die bisherige Fassung in § 6 Abs. 1 keine genaue Definition bezüglich des exakten Realisationszeitpunkts. Im Grundtatbestand des § 6 Abs. 1 Satz 1 AStG a.F. (physischer Wegzug) enthielt das Gesetz lediglich die Aussage, dass es zur entsprechenden Anwendung des § 17 EStG und somit zum fiktiven Veräußerungsgewinn „im Zeitpunkt der Beendigung der unbeschränkten Steuerpflicht“ kommt. Dies hat in der Vergangenheit zu dem Streit geführt, ob der Steueranspruch des § 6 AStG noch in der letzten logischen Sekunde der unbeschränkten Steuerpflicht,[327] in der ersten logischen Sekunde nach[328] dem Wegfall oder gleichzeitig[329] mit der Beendigung eintritt. Der Wortlaut der Norm deutet auf die Gleichzeitigkeit hin, was dazu führen würde, dass Tatbestand und Rechtsfolge zeitlich zusammenfielen.[330] Damit ist auch die Auffassung vereinbar, dass die Rechtsfolge der Vorschrift zeitgleich mit der Aufgabe des Wohnsitzes oder des gewöhnlichen Aufenthalts eintritt, sodass es eines Denkmodells der „logischen Sekunde“ erst gar nicht bedürfe, sofern das Gesetz keine Priorisierung vornimmt.[331]

---

[326] Vgl. auch FG München, Urt. v. 25.03.2015 – 1 K 495/13, EFG 2015, 1210, Rn. 23.
[327] So BFH, Beschl. v. 23.09.2008 – I B 92/08, BStBl II 2009, 524, Rn. 15.
[328] So andeutungsweise *Wassermeyer*, IStR 2013, 1 (5).
[329] *Häck,* in: F/W/B/S, AStG, Stand: 07/2021, § 6 Rn. 25; *Baßler*, IStR 2013, 22 (24).
[330] *Häck,* in: F/W/B/S, AStG, Stand: 07/2021, § 6 Rn. 25.
[331] *Baßler*, IStR 2013, 22 (24).

Eindeutiger ist dies in der neuen Fassung geregelt, die zu jeder Tatbestandsvariante eine eigene zeitliche Anordnung enthält.

b) Neue Fassung

Während die alte Regelung einen Hinweis auf den Realisationszeitpunkt lediglich für den Grundfall des § 6 Abs. 1 Satz 1 AStG a.F. enthielt, wird in der neuen Fassung in § 6 Abs. 1 Satz 2 AStG je Tatbestandsvariante eine eigene Anordnung des Realisationszeitpunkts getroffen.

Auch wenn an neuer Stelle verortet, sieht die neue Fassung weiterhin für den physischen Wegzug gem. § 6 Abs. 1 Satz 2 Nr. 1 AStG n.F. den Realisationszeitpunkt „im Zeitpunkt der Beendigung der unbeschränkten Steuerpflicht“, womit ebenso wie in der alten Fassung der Wille des Gesetzgebers zur Gleichzeitigkeit zum Ausdruck kommt. Damit dürfte sich bezüglich der Handhabe dieses Tatbestandes auch in Zukunft nichts ändern.[332] Der Gesetzgeber verwendet dabei die Formulierung „Die *Veräußerung* im Sinne des Abs. 1 erfolgt …“. Gemeint ist damit das jeweils an die tatsächliche Veräußerung tretende Ereignis, das in der neuen Gesetzesfassung unter § 6 Abs. 1 Satz 1 Nr. 1–3 aufgezählt ist.

Erstmals ausdrücklich geregelt wird der Realisationszeitpunkt für den Tatbestand des § 6 Abs. 1 Satz 1 Nr. 2 AStG n.F. (unentgeltliche Übertragung der Anteile). Der Eintritt des Ereignisses soll demnach im Zeitpunkt der Übertragung stattfinden, womit auch hier auf die Gleichzeitigkeit angespielt wird, wie sie schon der Grundtatbestand der alten Fassung enthielt. Demnach dürfte der „Zeitpunkt der Übertragung“ i.S.d. § 6 Abs. 1 Satz 1 Nr. 2 AStG n.F. der Zeitpunkt des Übergangs des rechtlichen oder zumindest wirtschaftlichen Eigentums der übertragenen Anteile auf den Erwerber sein, wobei Letzteres bei einer Anteilsübertragung regelmäßig dann anzunehmen ist, wenn die mit den Anteilen verbundenen wesentlichen Rechte auf den Erwerber übergegangen sind.[333]

Auch hierin ist eine Klarstellung des Realisationszeitpunkts durch den Gesetzgeber zu sehen; der Referentenentwurf selbst geht lediglich von einer „Präzisierung“ aus.[334]

M.E. spricht diese Klarstellung „im Zeitpunkt der Übertragung“ für die oben vertretene Auffassung, dass die Übertragung noch durch den Rechtsvorgänger verwirklicht wird und somit auch der Erblasser Steuerpflichtiger der Wegzugsteuer sein kann (in seiner letzten Sekunde).[335]

---

[332] Auch wenn § 6 Abs. 1 Satz 1 Nr. 1 AStG n.F. nunmehr von „infolge“ anstelle von „durch“ Aufgabe des Wohnsitzes (bzw. gewöhnlichen Aufenthaltes) spricht, kann in dieser sprachlichen Neuformulierung keine systematische Änderung des Tatbestandes und des Verwicklungszeitpunkts zu sehen sein, zumal § 6 Abs. 1 Satz 2 Nr. 1 AStG n.F. hierzu ja ausdrücklich Stellung nimmt.

[333] *Deutschländer*, IWB 2021, 56 (64); so auch schon BFH, Urt. v. 11.07.2006 – VIII R 32/04, BStBl II 2007, 296, Rn. 18 zu § 17 EStG.

[334] RefE ATAD, S. 82.

[335] Siehe hierzu schon unter B.III.2.b).

Eine Abweichung zur bisherigen Regelung sieht § 6 Abs. 1 Satz 2 Nr. 3 AStG n.F. für den Realisationszeitpunkt des Auffangtatbestands vor (Beschränkung oder Ausschluss des deutschen Besteuerungsrechts). Dieser ordnet an, dass der Realisationszeitpunkt unmittelbar *vor* dem Zeitpunkt liegen soll, zu dem der Ausschluss oder die Beschränkung des Besteuerungsrechts eintritt. Anders als im alten Recht wird z.B. im Falle der erstmaligen Anwendung eines neuen DBA zum 01.01.[336] der Realisationszeitpunkt auf den Zeitpunkt davor und somit auf den 31.12. (24:00 Uhr) des Vorjahres verlagert, womit die Wegzugsbesteuerung dann auch noch im alten Veranlagungszeitraum zu berücksichtigen ist.[337] Dies hat erhebliche Liquiditätsnachteile zur Folge. Da in der alten Fassung bei einem Inkrafttreten eines DBA zum 01.01. nach eindeutiger Ansicht der Finanzverwaltung auch der Tatbestand der Wegzugsteuer am 01.01. eingetreten wäre,[338] entstand die Steuer damals erst mit Ablauf dieses Veranlagungszeitraums, also mit Ablauf des 31.12. desselben Jahres.[339] Abgesehen von der Möglichkeit der Finanzverwaltung, die Vorauszahlungen an dieses Ereignis anzupassen, wäre bei einer Tatbestandsauslösung am 01.01. die Wegzugsteuer daher erst zu einem sehr viel späteren Zeitpunkt entstanden, festgesetzt und fällig geworden.
Nunmehr verlagert sich bei gleicher erstmaliger Anwendung des DBA oder dessen Änderung der Zeitpunkt der Entstehung der Steuer faktisch um ein Jahr nach vorne (Realisationszeitpunkt und Steuerentstehung fallen demnach auf denselben 31.12.). Festsetzung und Entrichtung der Steuer treten folglich i.d.R. entsprechend früher ein als noch unter der alten Regelung. In Hinblick darauf, dass es ohnehin in der neuen Gesetzesfassung wegen des Wegfalls der dauerhaften Stundung in EU-Sachverhalten zu größeren Liquiditätsproblematiken kommen wird (hierzu sogleich), wird diese Lage durch eine frühere Besteuerung in den angesprochenen Fällen umso mehr verschärft.

4. Stundung

In der Fassung vor dem ATAD-UmsG sah § 6 AStG eine zweigliedrig konzipierte Struktur der Stundung der Wegzugsteuer vor, wonach zwischen Drittstaatsfällen und EU-/EWR-Fällen unterschieden wurde.[340]
Enthielt die ursprüngliche Fassung vor Inkrafttreten des SEStEG noch eine einheitliche Stundungsregel für alle in Betracht kommenden Fälle in § 6 Abs. 5 AStG, so wurde aus Gründen der unionsrechtlichen Verträglichkeit[341] eine abweichende Stundungsregel für

[336] So bspw. unter der alten Rechtslage die Änderung des DBA Spanien durch die Einführung der Immobilienklausel vom 3. Februar 2011 (BGBl. 2012 II S. 18, BStBl 2013 I S. 349).
[337] Vgl. *Deutschländer*, IWB 2021, 56 (64); so auch schon klarstellend im RefE ATAD, S. 82.
[338] Siehe BMF, Schreiben v. 26.10.2018 – IV B 5-S 1348/07/10002-01, BStBl I 2018, 1104, Ziffer 1; siehe auch *Weiss*, EStB 2018, 426 (427), dagegen aber BFH, Urt. v. 16.04.2024 – IX R 38/21, DStR 2024, 1913, der auch im alten Recht die Verwirklichung des Tatbestands noch am 31.12. des Vorjahres sah, also zu dem Zeitpunkt, in dem Deutschland letztmalig das uneingeschränkte Besteuerungsrecht zustand.
[339] § 36 Abs. 1 EStG.
[340] Vgl. *Kraft*, in: Kraft, AStG, § 6 Rn. 470.
[341] BT-Drucks. 16/2710, S. 52.

EU-/EWR-Fälle eingeführt, wonach es erstmals möglich war, unter den Voraussetzungen des § 6 Abs. 5 AStG in der Fassung vom 13.12.2006 eine dauerhafte, zinslose Stundung ohne die Gewährung von Sicherheitsleistungen in Anspruch zu nehmen. Für die Drittstaatsfälle sah die Vorschrift in § 6 Abs. 4 AStG in der Fassung vom 13.12.2006 weiterhin nur eine Möglichkeit der ratierlichen Zahlung der Wegzugsteuer vor.
Mit dem ATAD-UmsG kehrt das Gesetz nun wieder zurück in ein System einheitlicher Stundungsregeln unter dem Wegfall der dauerhaften Stundungsmöglichkeiten für Wegzugsfälle mit EU-/EWR-Bezug.
Das vormals zweigliedrige System in der Fassung des SEStEG soll im Folgenden erläutert werden. Dabei soll das vormals sehr detaillierte und komplexe System der dauerhaften Stundung lediglich in den Grundzügen erläutert werden, da eine solche in der aktuell gültigen Fassung des § 6 AStG gänzlich entfallen ist.[342]

a) Stundung auf Zeit (Drittstaatsfälle)

aa) Voraussetzungen

Vorbehaltlich der Stundungsregel des § 6 Abs. 5 AStG a.F. für Fälle mit EU-/EWR-Bezug sah § 6 Abs. 4 AStG a.F. für jeglichen Auslandsbezug eine besondere Stundungsregel vor, die die abgabenrechtliche Stundungsvorschrift des § 222 AO erweitert, in Konkurrenz dazu jedoch eine eigenständige Regelung darstellt, für deren Anwendbarkeit nicht zusätzlich die abgabenrechtlichen Voraussetzungen erfüllt sein müssen.[343]
Eine Stundung der Einkommensteuer, die auf den fiktiven Veräußerungsgewinn entfällt, über einen Zeitraum von maximal fünf Jahren kommt gem. § 6 Abs. 4 Satz 1 AStG a.F. dann in Betracht, wenn die alsbaldige Einziehung der Einkommensteuer (bzw. dieses Teils der Einkommensteuer) für den Steuerpflichtigen eine erhebliche Härte bedeuten würde. Teile der Literatur gehen dabei davon aus, dass eine erhebliche Härte *regelmäßig* schon deshalb anzunehmen sei, da es sich bei der Wegzugsteuer um eine Steuer handelt, die nicht auf einer tatsächlichen Veräußerung fußt, sondern auf einer fiktiven Veräußerung, bei der tatsächlich kein Kaufpreis oder ähnliche Liquiditätsvorteile dem Steuerpflichtigen zufließen.[344] Eine Steuer zu zahlen, ohne dass dieser ein entsprechender Liquiditätszufluss entgegensteht, würde nach dieser Ansicht eine erhebliche Härte darstellen, zumindest wenn damit eine „spürbare Einschränkung der Zahlungsfähigkeit des Steuerpflichtigen" verbunden sei.[345]

---

[342] Auch wenn insbesondere die Widerrufsgründe der alten Fassung (§ 6 Abs. 5 Satz 4 AStG a.F.) nach wie vor eine Relevanz aufweisen für diejenigen Fälle, in denen die Wegzugsteuer noch unter der alten Rechtslage entstanden und zulässigerweise dauerhaft gestundet wurde (vgl. § 21 Abs. 3 Satz 1 AStG n.F.).

[343] *Wilke*, in: AStG – eKommentar, Stand: 03/2019, § 6 Rn. 73; *Hecht,* in: Fuhrmann, AStG, § 6 Rn. 46; *Kraft*, in: Kraft, AStG, § 6 Rn. 475.

[344] Vgl. *Hecht,* in: Fuhrmann, AStG, § 6 Rn. 46; *Kramer,* in: Lippross/Seibel, BK Steuerrecht, Stand: 08/2023, § 6 AStG, Rn. 61; differenziert *Wilke*, in: AStG – eKommentar, Stand: 03/2019, § 6 Rn. 75.

[345] *Häck,* in: F/W/B/S, AStG, Stand: 07/2021, § 6 Rn. 514.

Andere Ansichten gehen davon aus, dass die erhebliche Härte nicht allein dadurch erfüllt sein könne, dass der Steuerpflichtige eine Steuer zu entrichten hat, da dies alle Steuerpflichtigen treffe, die den Tatbestand des § 6 AStG verwirklichen.[346] Zudem verweist diese Ansicht darauf, dass der BFH bereits entschieden hat, dass eine „allgemeine" Härte eben noch keine erhebliche Härte darstelle.[347] Eine erhebliche Härte liegt nach dieser Ansicht nicht in der Vermögenszuwachssteuer selbst, da es sich auch dabei um ein unvermeidliches Element einer jeden Schlussbesteuerung handele.[348] Es müsse dann vielmehr auf die individuellen persönlichen Verhältnisse des Steuerpflichtigen,[349] sowie auf die Frage abgestellt werden, wie vermeidbar diese Härte für den jeweiligen Steuerpflichtigen im konkreten Einzelfall ist, wobei auch auf die Kriterien für die abgabenrechtliche Stundung i.S.d. § 222 AO zurückgegriffen werden könne.[350]

Einigkeit dürfte allerdings dahingehend bestehen, dass eine erhebliche Härte umso eindeutiger anzunehmen ist, je höher der wegzugsbesteuerte Vermögenszuwachs ist und je mehr die Besteuerung zu wirtschaftlichen Schwierigkeiten des Steuerpflichtigen führt.[351] Muss der Steuerpflichtige im konkreten Fall zur Begleichung dieser Steuer bspw. ein Darlehen aufnehmen (was nach einem Teil der Literatur grds. noch als zumutbar angesehen wird), so würde allerdings dann eine erhebliche Härte i.d.R. vorliegen, wenn die Darlehenszinsen nicht mehr aus den Erträgen der (noch nicht veräußerten) Anteile erwirtschaftet werden können oder der Steuerpflichtige sogar gezwungen wäre, die Anteile zu veräußern, um die Steuerschuld begleichen zu können.[352]

Dieser differenzierten Ansicht ist zuzustimmen. Hätte der Gesetzgeber in jeder Verwirklichung einer Wegzugsbesteuerung und den dadurch in der Tat eintretenden Liquiditätsnachteil als erhebliche Härte angesehen, hätte es einer Aufnahme dieser Voraussetzung in § 6 Abs. 4 Satz 1 AStG nicht bedurft.[353] Die Berücksichtigung des Liquiditätsnachteils auch im Hinblick darauf, wie und unter welchen Umständen und Anstrengungen der Steuerpflichtige persönlich in der Lage ist, die Steuer zu begleichen, reicht dabei m.E. als angemessenes Kriterium aus, um eine erhebliche Härte im Einzelfall feststellen zu

[346] *Wilke*, in: AStG – eKommentar, Stand: 03/2019, § 6 Rn. 75; *Strunk/Kaminski*, in: S/K/K, AStG, Stand: 01/2020, § 6 Rn. 220.
[347] *Strunk/Kaminski*, in: S/K/K, AStG, Stand: 01/2020, § 6 Rn. 222 mit Verweis auf BFH, Urt. v. 23.02.1977 – II R 102/75, BStBl II 1977, 436, Rn. 18.
[348] Vgl. *Pohl*, in: Brandis/Heuermann, AStG, Stand: 08/2021, § 6 Rn. 81.
[349] *Kraft*, in: Kraft, AStG, § 6 Rn. 476.
[350] *Strunk/Kaminski*, in: S/K/K, AStG, Stand: 01/2020, § 6 Rn 221.
[351] *Wilke*, in: AStG – eKommentar, Stand: 03/2019, § 6 Rn. 75; *Strunk/Kaminski*, in: S/K/K, AStG, Stand: 01/2020, § 6 Rn. 222.
[352] *Wilke*, in: AStG – eKommentar, Stand: 03/2019, § 6 Rn. 75; *Strunk/Kaminski*, in: S/K/K, AStG, Stand: 01/2020, § 6 Rn. 222; *Häck*, in: F/W/B/S, AStG, Stand: 07/2021, § 6 Rn. 514.
[353] So auch *Strunk/Kaminski*, in: S/K/K, AStG, Stand: 01/2020, § 6 Rn. 220.

können (oder auch nicht). Ob eine solche erhebliche Härte anzunehmen ist, liegt dabei im Ermessensspielraum der Finanzbehörde.[354]

Nicht im Ermessensspielraum der Finanzbehörde liegt – anders als die Entscheidung, ob eine erhebliche Härte im konkreten Einzelfall vorliegt – die Entscheidung darüber, *ob* eine Stundung zu gewähren ist, wenn die Tatbestandsvoraussetzungen hierfür erfüllt sind. Denn anders als bei der Stundungsvorschrift des § 222 AO handelt es sich bei § 6 Abs. 4 Satz 1 AStG a.F. nicht um eine Kann-Vorschrift, sondern um eine gebundene Entscheidung („[…] *ist* die […] geschuldete Einkommensteuer auf Antrag […] zu stunden.").[355] Bei Vorliegen der Tatbestandsvoraussetzungen besteht demnach ein Rechtsanspruch des Steuerpflichtigen auf die Gewährung der Stundung.[356]

Die Dauer der Stundung beträgt i.d.R. fünf Jahre. Das Gesetz spricht hier von einer maximalen Stundungsdauer von fünf Jahren (die nur unter den besonderen Voraussetzungen des § 6 Abs. 3 Satz 2 AStG a.F. auf maximal zehn Jahre verlängert werden kann). Dem Wortlaut nach wäre es der Finanzbehörde demnach auch möglich, einen kürzeren Stundungszeitraum anzuordnen; insoweit steht der Behörde wiederum ein Ermessensspielraum zu.[357] Innerhalb der Literaturmeinung wird dabei jedoch vertreten, dass eine Entscheidung der Finanzbehörde zu einem kürzeren Stundungszeitraum als fünf Jahre nur dann ermessensfehlerfrei ausgeübt werden kann, wenn bei der Gewährung der Stundung besondere Anhaltspunkte vorliegen, die darauf schließen lassen, dass die tatsächliche Abwesenheit des Steuerpflichtigen (gemeint ist beim physischen Wegzug die Zeit der Ansässigkeit im Ausland) tatsächlich kürzer sein wird als fünf Jahre.[358] Auch der (alte) Anwendungserlass[359] führt als möglichen Grund für einen verkürzten Stundungszeitraum an, dass mit einer vorzeitigen Rückkehr des Steuerpflichtigen zu rechnen ist. Unabhängig davon vertritt die herrschende Ansicht, dass es der Finanzverwaltung „ohne plausible Gründe" nicht möglich sein soll, die Stundungsdauer zu verkürzen.[360] Wenn schon der durch die Wegzugsbesteuerung eintretende Liquiditätsnachteil für den Steuerpflichtigen nicht automatisch dazu führt, dass eine erhebliche Härte vorliegt (s.o.), so scheint die Forderung nach einer gebundenen Ermessensentscheidung in Bezug auf die maximale Stundungsdauer dieser Benachteiligung des Steuerpflichtigen gerecht zu werden und den Steuerpflichtigen vor einer kürzeren Stundungsdauer zu schützen.

---

[354] *Wilke*, in: AStG – eKommentar, Stand: 03/2019, § 6 Rn. 75.

[355] Vgl. auch *Pohl,* in: Brandis/Heuermann, AStG, Stand: 08/2021, § 6 Rn. 82.

[356] Vgl. auch *Kraft*, in: Kraft, AStG, § 6 Rn. 477; *Strunk/Kaminski*, in: S/K/K, AStG, Stand: 01/2020, § 6 Rn. 224.

[357] *Häck,* in: F/W/B/S, AStG, Stand: 07/2021, § 6 Rn. 513.

[358] *Häck,* in: F/W/B/S, AStG, Stand: 07/2021, § 6 Rn. 513.

[359] Tz. 6.5.2 des früheren Anwendungsscheibens zum AStG, BMF vom 14.05.2004 – V B 4-S 1340-11/04, BStBl I 2004 Sondernummer 1/2004, 3.

[360] *Strunk/Kaminski*, in: S/K/K, AStG, Stand: 01/2020, § 6 Rn. 225; *Wilke*, in: AStG – eKommentar, Stand: 03/2019, § 6 Rn. 77; so im Kern auch *Hecht,* in: Fuhrmann, AStG, § 6 Rn. 47; a.A. *Kraft*, in: Kraft, AStG, § 6 Rn. 480.

Als weitere Voraussetzung sieht § 6 Abs. 4 Satz 1 AStG a.F. vor, dass innerhalb des Stundungszeitraums „regelmäßige Teilbeträge“ durch den Steuerpflichtigen zu leisten sind. In Betracht kommen dabei sowohl monatliche, vierteljährliche, halbjährliche oder jährliche Zahlungen, die i.d.R. gleichmäßig über den Stundungszeitraum zu verteilen sind.[361]

Des Weiteren sieht § 6 Abs. 4 Satz 1 AStG a.F. vor, dass die Stundung nur gegen Sicherheiten gewährt werden darf. Damit liegt das Erfordernis der Sicherheitsleistungen im Gegensatz zu § 222 Satz 2 AO nicht im Ermessen der Finanzbehörde.[362] Zudem ist der Steueranspruch gem. § 241 Abs. 1 AO der Verzinsung zugänglich; lediglich in § 6 Abs. 5 AStG a.F. ist ausdrücklich vorgesehen, dass eine Verzinsung während der dauerhaften Stundungszeit nicht erfolgen darf, im Umkehrschluss gilt dies nicht für die zeitliche Stundung nach Abs. 4 AStG a.F.

bb) Sonderregelung bei vorübergehender Abwesenheit

Eine Sonderregelung für eine (voraussichtlich) nur vorübergehende Abwesenheit (durch Beendigung der unbeschränkten Steuerpflicht in Deutschland) enthält § 6 Abs. 4 Satz 3 AStG a.F. Hierbei gelten folgende Besonderheiten: Zum einen ist die Stundung hier (abweichend von der Regelstundungszeit von fünf Jahren) auf die tatsächliche (voraussichtliche) Abwesenheit zu beschränken.[363] Zum anderen entfällt die Erhebung von Teilzahlungen während der Stundungsdauer.[364] Dies erscheint allein schon aus dem Grunde sinnvoll und folgerichtig, da diese Sonderregel einen Fall des § 6 Abs. 3 Satz 1 und 2 AStG a.F. voraussetzt, in dem bei der Wiederbegründung der unbeschränkten Steuerpflicht in Deutschland ohnehin die zuvor entstandene Wegzugsbesteuerung entfällt[365], sodass es nicht sachdienlich sein mag, mit Hinblick auf die „rechtzeitige Rückkehr“ Teilbeträge zu leisten, die dann später wieder erstattet werden müssten.[366]
Der Steuerpflichtige hat hierzu glaubhaft zu machen, dass er die Voraussetzungen des Abs. 3 voraussichtlich erfüllen wird.[367]

---

[361] *Strunk/Kaminski*, in: S/K/K, AStG, Stand: 01/2020, § 6 Rn. 228.
[362] *Hecht,* in: Fuhrmann, AStG, § 6 Rn. 46; *Häck,* in: F/W/B/S, AStG, Stand: 07/2021, § 6 Rn. 511; *Strunk/Kaminski*, in: S/K/K, AStG, Stand: 01/2020, § 6 Rn. 225; *Kraft*, in: Kraft, AStG, § 6 Rn. 477.
[363] BMF, Schreiben v. 14.05.2004 – V B 4-S 1340-11/04, BStBl I 2004 Sondernummer 1/2004, 3, Tz. 6.5.2; *Strunk/Kaminski*, in: S/K/K, AStG, Stand: 01/2020, § 6 Rn. 234.
[364] Vgl. *Wilke*, in: AStG – eKommentar, Stand: 03/2019, § 6 Rn. 82; *Hecht,* in: Fuhrmann, AStG, § 6 Rn. 50; dagegen *Vogt,* in: Ettinger, Wegzugsbesteuerung, S. 25 mit der Aussage, dass „in Fällen der *beruflichen Abwesenheit*“ eine Stundung ohne Leistung von Teilbeträgen erfolge. Diese Einschränkung auf den (Sonder-)Fall der vorübergehenden Abwesenheit ergibt sich jedoch nicht aus dem Gesetz. § 6 Abs. 4 Satz 3 AStG a.F. nennt nämlich ausdrücklich die Fälle des § 6 Abs. 3 Satz 1 *und* Satz 2 AStG a.F.
[365] Siehe hierzu ausführlich unter B.IV.5.
[366] Vgl. auch *Häck,* in: F/W/B/S, AStG, Stand: 07/2021, § 6 Rn. 525.
[367] *Hecht,* in: Fuhrmann, AStG, § 6 Rn. 50.

Auch wenn damit vom Steuerpflichtigen keinerlei Zahlungen zu leisten sind, ist es dennoch sinnvoll, die Steuer festzusetzen und (ohne weitere spürbare finanzielle Konsequenzen) über die Dauer der vorübergehenden Abwesenheit zu stunden, um dem Staat die Möglichkeit nicht zu nehmen, im Falle eines schädlichen Ereignisses i.S.d. § 6 Abs. 4 Satz 2 AStG a.F. die Stundung zu widerrufen und den gesamten gestundeten Steuerbetrag verlangen zu können; denn Pläne können sich ja bekanntlich auch einmal ändern. Auch während des nur vorübergehenden Zeitraums hat das Finanzamt die Möglichkeit, den gestundeten Steueranspruch zu verzinsen.[368] Hierbei ist zu beachten, dass für den Fall, dass der Steuerpflichtige rechtzeitig zurückkehrt, der Steueranspruch aufgrund dieses rückwirkenden Ereignisses gem.§ 175 Abs. 1 Satz 1 Nr. 2 AO entfällt, und somit auch die bis dahin geforderten Zinsen zurückgezahlt werden müssen.[369]
Zudem steht dem Finanzamt auch in diesen Fällen die Möglichkeit zu, eine Sicherheit für die gewährte Stundung zu verlangen. Das Gesetz sieht vor, dass auf eine solche nur dann verzichtet werden kann, sofern der Steueranspruch nicht gefährdet erscheint.

cc) Widerruf der Stundung

§ 6 Abs. 4 AStG a.F. sieht abschließend geregelte Fälle vor, in denen die einst gewährte Stundung zu widerrufen ist. Ebenso wie die Gewährung der Stundung selbst (sofern die Tatbestandsvoraussetzungen erfüllt sind) steht auch der Widerruf der Stundung beim Eintreten einer der genannten Fälle („schädliche Ereignisse") nicht im Ermessen der Finanzbehörde.[370] Solche schädlichen Ereignisse liegen vor, wenn und soweit der Steuerpflichtige die Anteile veräußert, sie verdeckt in eine Gesellschaft i.S.d. § 17 Abs. 1 Satz 1 EStG einlegt oder einen der Tatbestände des § 17 Abs. 4 EStG verwirklicht.
Da das Gesetz davon spricht, dass die Stundung zu widerrufen ist, „soweit" ein schädliches Ereignis eintritt, ist auch ein teilweiser Widerruf möglich, wenn etwa nur ein Teil der Anteile veräußert oder eingelegt wird.[371] Der Widerruf beschränkt sich dann in solchen Fällen auf den Teil der Einkommensteuer, die auf die tatsächlich veräußerten oder eingelegten Anteile entfällt.[372]

b) Dauerhafte Stundung (EU-/EWR-Fälle)

Neben der Stundungsmöglichkeit nach § 6 Abs. 4 AStG a.F. sah das Gesetz in EU-/EWR-Fällen eine dauerhafte, zinslose und ohne Sicherheitsleistungen zu gewährende Stundung der Wegzugsteuer in § 6 Abs. 5 AStG a.F. vor. Diese ist vorrangig vor der Stundung i.S.d.

---

368 *Häck,* in: F/W/B/S, AStG, Stand: 07/2021, § 6 Rn. 527.

369 Vgl. auch BFH, Urt. v. 18.07.1990 – I R 165/86, BFH/NV 1991, 212, Rn. 18; AEAO zu § 234, Ziffer 2.

370 Vgl. *Strunk/Kaminski*, in: S/K/K, AStG, Stand: 01/2020, § 6 Rn. 229; *Wilke*, in: AStG – eKommentar, Stand: 03/2019, § 6 Rn. 78.

371 *Häck,* in: F/W/B/S, AStG, Stand: 07/2021, § 6 Rn. 518; *Strunk/Kaminski*, in: S/K/K, AStG, Stand: 01/2020, § 6 Rn. 233.

372 *Hecht,* in: Fuhrmann, AStG, § 6 Rn. 49.

Abs. 4 anzuwenden, sodass die Voraussetzungen nach Abs. 5 zunächst überprüft werden müssen.[373]
Die dauerhafte Stundungsmöglichkeit wurde erst nachträglich mit dem Inkrafttreten des SEStEG in § 6 AStG integriert, vorher war lediglich die Stundungsmöglichkeit über maximal fünf Jahre (s.o.) möglich. Die Einführung der dauerhaften Stundung stellt die Reaktion des Gesetzgebers auf das EuGH-Urteil de Lasteyrie du Saillant dar.[374] Sie sollte gewährsleiten, dass die deutschen Vorschriften über die Wegzugsbesteuerung mit den Grundfreiheiten des Unionsrechts vereinbar sind.[375]
Auch wenn in künftigen Fällen ab dem Veranlagungszeitraum 2022 eine dauerhafte Stundung nicht mehr vorgesehen ist, so hat die Regelung über den Widerruf einer einst gewährten dauerhaften Stundung auch nach der Gesetzesänderung mit Inkrafttreten des ATAD-UmsG weiterhin erhebliche Auswirkungen. Denn alle dauerhaften Stundungen unter der alten Rechtslage, die auch nach der Gesetzesänderung weiterlaufen, sind potenziell nach den bisherigen Regelungen des § 6 Abs. 5 Satz 4 AStG a.F. zu widerrufen, sollte einer der dort genannten Fälle eintreten.[376]

aa) Persönliche Voraussetzungen

Der Steuerpflichtige der Wegzugsteuer muss zunächst Staatsangehöriger eines EU-Mitgliedstaats oder eines EWR-Staats sein („qualifizierte Staatsangehörigkeit“).[377] Es ist dabei nicht notwendig, dass der Steuerpflichtige auch die Staatsangehörigkeit des jeweiligen Zuzugsstaats besitzt, ausreichend ist, wenn er die Staatsangehörigkeit *irgendeines* EU-/EWR-Staats besitzt, wobei auch möglich ist (aber nicht zwingend), dass es die deutsche Staatsangehörigkeit ist.[378] Denkbar ist auch, dass der Steuerpflichtige mehrere Staatsangehörigkeiten besitzt, wenn nur eine von diesen einen EU-/EWR-Staat betrifft.[379]

---

[373] *Häck,* in: F/W/B/S, AStG, Stand: 07/2021, § 6 Rn. 532; *Strunk/Kaminski*, in: S/K/K, AStG, Stand: 01/2020, § 6 Rn. 213.

[374] EuGH, Urt. v. 11.03.2004 – C-9/02 (de Lasteyrie du Saillant), ECLI:EU:C:2004:138.

[375] Stellvertretend *Strunk/Kaminski*, in: S/K/K, AStG, Stand: 01/2020, § 6 Rn. 36; *Müller-Gosoge*, in: Haase, AStG, § 6 Rn. 181; siehe bereits unter B.I.1.

[376] So schreibt § 21 Abs. 3 Satz 1 AStG n.F. vor, dass auf für die „Abwicklung“ bereits unter dem alten Recht verwirklichten Tatbestände, u.a also in Bezug auf bereits laufende Stundungen i.S.d. § 6 Abs. 5 AStG a.F. der § 6 AStG in der am 30.06.2021 geltenden Fassung nach wie vor anwendbar ist.

[377] Siehe *Wilke*, in: AStG – eKommentar, Stand: 03/2019, § 6 Rn. 84; *Hecht,* in: Fuhrmann, AStG, § 6 Rn. 54; *Strunk/Kaminski*, in: S/K/K, AStG, Stand: 01/2020, § 6 Rn. 245; *Häck,* in: F/W/B/S, AStG, Stand: 07/2021, § 6 Rn. 542.

[378] *Häck,* in: F/W/B/S, AStG, Stand: 07/2021, § 6 Rn. 542; *Strunk/Kaminski*, in: S/K/K, AStG, Stand: 01/2020, § 6 Rn. 246; *Wilke*, in: AStG – eKommentar, Stand: 03/2019, § 6 Rn. 84.

[379] *Strunk/Kaminski*, in: S/K/K, AStG, Stand: 01/2020, § 6 Rn. 253; *Wilke*, in: AStG – eKommentar, Stand: 03/2019, § 6 Rn. 84.

bb) Sachliche Voraussetzungen

Ebenso wie der Tatbestand des § 6 Abs. 1 AStG a.F. sind auch die Stundungsvoraussetzungen in § 6 Abs. 5 AStG a.F. korrespondierend in einen Grundtatbestand (physischer Wegzug) und gleichgestellte Tatbestände aufgeteilt.

(1) Physischer Wegzug

Nach der Aufgabe der unbeschränkten Steuerpflicht in Deutschland (die der Grundtatbestand des § 6 Abs. 1 Satz 1 AStG a.F. zwingend voraussetzt), muss der Steuerpflichtige im Zuzugsstaat, wie ihn das Gesetz selbst nennt, einer der deutschen unbeschränkten Einkommensteuerpflicht vergleichbaren Steuerpflicht unterliegen. Mit der Formulierung „in einem *dieser* Staaten“ stellt der Gesetzgeber den Bezug zu den EU-/EWR-Staaten her, um in den Genuss der dauerhaften Stundung zu kommen. Mit den Zuzugsstaaten sind demnach nur die Mitgliedstaaten der EU sowie die Vertragsstaaten des EWR-Abkommens[380] gemeint.[381]
Ob es sich bei der Steuerpflicht im Zuzugsstaat um eine der deutschen unbeschränkten Einkommensteuerpflicht vergleichbaren Steuerpflicht handelt, ist anhand des Charakters der ausländischen Steuerpflicht zu beurteilen.[382] Dem Wortlaut nach ist nicht zu entnehmen, dass es sich bei der ausländischen Steuerpflicht auch um eine *Einkommensteuerpflicht* handeln muss, sodass das Gesetz auch offen für jede Art einer ausländischen Steuerpflicht ist, die die grundlegenden Wesensmerkmale der deutschen Einkommensteuer aufweist.[383] Dazu gehört u.a. das Vorliegen eines – vergleichbaren – Welteinkommensprinzips[384] oder zumindest eine Besteuerung der in dem Zuzugsstaat zugeflossenen Einkünfte (sog. remittance base)[385] unter Berücksichtigung der persönlichen Verhältnisse des Steuerpflichtigen.[386] Eine exakte Übereinstimmung der ausländischen Steuer mit der deutschen Einkommensteuer ist dabei nicht erforderlich; Unterschiede im Detail sind demnach nicht beachtlich.[387]

Als weitere Voraussetzung nennt § 6 Abs. 5 Satz 2 AStG a.F. die Gewährleistung einer Amtshilfe und die Unterstützung des ausländischen Staats bei der Beitreibung der geschuldeten Steuer („Amts- und Beitreibungshilfe“). Im Verhältnis zu den Mitgliedstaaten der EU ist dies bereits aufgrund der geltenden EG-Amtshilferichtlinie und der EG-

---

380 Abkommen über den Europäischen Wirtschaftsraum (Agreement on the European Economic Area) vom 02.05.1992, Amtsblatt der Europäischen Gemeinschaften Nr. L 1 vom 3. Januar 1994, S. 3–522.

381 *Häck,* in: F/W/B/S, AStG, Stand: 07/2021, § 6 Rn. 544.

382 *Strunk/Kaminski*, in: S/K/K, AStG, Stand: 01/2020, § 6 Rn. 252.

383 *Häck,* in: F/W/B/S, AStG, Stand: 07/2021, § 6 Rn. 545.

384 Vgl. *Häck,* in: F/W/B/S, AStG, Stand: 07/2021, § 6 Rn. 545.

385 Kritsch *Wilke*, in: AStG – eKommentar, Stand: 03/2019, § 6 Rn. 85.

386 *Strunk/Kaminski*, in: S/K/K, AStG, Stand: 01/2020, § 6 Rn. 252.

387 *Häck,* in: F/W/B/S, AStG, Stand: 07/2021, § 6 Rn. 545; *Strunk/Kaminski*, in: S/K/K, AStG, Stand: 01/2020, § 6 Rn. 252; *Hecht,* in: Fuhrmann, AStG, § 6 Rn. 57.

Beitreibungsrichtlinie anzunehmen.[388] Neben der EUBeitrRL[389] bzw. dem EUBeitrG[390] sehen auch verschiedene bilaterale DBA sowie multilaterale Amts- und Rechtshilfeabkommen Regelungen zur gegenseitigen Unterstützung bei der Steuererhebung vor.[391] Der Sinn dieser Voraussetzung ist darin zu sehen, dass Deutschland im Falle der Gewährung einer dauerhaften Stundung ein erhöhtes Sicherungsbedürfnis in Bezug auf die Eintreibung der bereits festgesetzten Steuer hat, sofern und sobald diese Stundung einmal widerrufen werden sollte.[392] Dies ist vor allem deswegen entscheidend, da während der dauerhaften zinslosen Stundung auch keine Sicherheitsleistungen durch den Steuerpflichtigen geleistet werden müssen.

(2) Entsprechende Anwendung

Ähnlich dem Aufbau der Tatbestandsvarianten der die Wegzugsteuer auslösenden Ereignisse in § 6 Abs. 1 AStG a.F. spiegelt auch die Stundungsvorschrift in § 6 Abs. 5 Satz 3 Nr. 1–4 AStG a.F. entsprechende Regelungen für jeden Ersatzrealisationstatbestand wider.

§ 6 Abs. 5 Satz 3 Nr. 1 AStG a.F. sieht eine dauerhafte Stundung i.S.d. Satzes 1 vor, wenn die **unentgeltliche Übertragung** (§ 6 Abs. 1 Satz 2 Nr. 1 AStG a.F.) durch Schenkung oder (der Erwerb) von Todes wegen auf einen Rechtsnachfolger erfolgt, der in einem EU-/EWR-Staat einer der deutschen unbeschränkten Einkommensteuerpflicht vergleichbaren Steuerpflicht unterliegt. Die Voraussetzung, die in Abs. 5 Satz 1 den Wegzügler selbst betrifft, wird hier nun auf den Erwerber der Anteile projiziert. Auffällig ist, dass es in dieser Variante wohl nicht darauf ankommt, dass (auch) der Rechtsnachfolger des Steuerpflichtigen die Staatsangehörigkeit eines EU-/EWR-Staats besitzt.[393]

---

[388] BT-Drucks. 16/2710, S. 53; *Lausterer*, BB 2006, Special 8, 80 (83); vgl. hierzu auch ausführlich unter E.IV.2.b)aa).

[389] Richtlinie 2010/24/EU des Rates vom 16. März 2010 über die Amtshilfe bei der Beitreibung von Forderungen in Bezug auf bestimmte Steuern, Abgaben und sonstige Maßnahmen (vormals 2008/55/EG, davor 76/308/EWG).

[390] Gesetz über die Durchführung der Amtshilfe bei der Beitreibung von Forderungen in Bezug auf bestimmte Steuern, Abgaben und sonstige Maßnahmen zwischen den Mitgliedstaaten der Europäischen Union (EU-Beitreibungsgesetz) vom 07.12.2011, BGBl. I S. 2592.

[391] Soweit im Verhältnis zu einem Vertragsstaat Amtshilfe bei der Steuererhebung nach mehreren Rechtsgrundlagen infrage kommt, stehen diese Rechtsgrundlagen grds. gleichwertig nebeneinander. Im Verhältnis zu den EU-Mitgliedstaaten sollen die Finanzbehörden jedoch i.d.R. Amtshilfe auf Grundlage der EUBeitrRL bzw. dem EUBeitrG in Anspruch nehmen, soweit sonstige bilaterale Abkommen keine weitergehenden Amtshilfemaßnahmen vorsehen (vgl. Art. 24 EUBeitrRL); siehe auch *Zapf*, NWB 2020, 2764 (2766).

[392] Vgl. auch *Häck*, in: F/W/B/S, AStG, Stand: 07/2021, § 6 Rn. 547.

[393] Vgl. *Wilke*, in: AStG – eKommentar, Stand: 03/2019, § 6 Rn. 88; dies ergibt sich nach zutreffender Ansicht in der Literatur auch nicht dadurch, dass Satz 3 damit beginnt, „die Sätze 1 und 2 gelten entsprechend, […]“, denn dann wäre die *erneute* Nennung der Staatsangehörigkeit in Nr. 2 aE (dort für den Fall einer Stundung nach einem Ansässigkeitswechsel ausdrücklich gefordert) sinnlos, vgl. *Müller-Gosoge*, in: Haase, AStG, § 6 Rn. 197.

In § 6 Abs. 5 Satz 3 Nr. 2 AStG a.F. wird der EU-/EWR-Bezug für die Gewährung einer dauerhaften Stundung dadurch hergestellt, dass der neue **Wohnsitz bzw. der gewöhnliche Aufenthalt und die Ansässigkeit des Steuerpflichtigen** (§ 6 Abs. 1 Satz 2 Nr. 2 AStG a.F.) in einem EU-/EWR-Staat begründet werden muss.[394] Auch in dieser Variante wird zudem vorausgesetzt, dass der Steuerpflichtige in einem EU-/EWR-Staat einer der deutschen unbeschränkten Einkommensteuerpflicht vergleichbaren Steuerpflicht unterliegt. Darüber hinaus wird – wie auch zuvor bereits in § 6 Abs. 5 Satz 1 AStG a.F. – verlangt, dass der Steuerpflichtige die Staatsangehörigkeit eines EU-/EWR-Staats besitzt.

Im Falle der **Einlage der Anteile in einen ausländischen Betrieb bzw. eine Betriebsstätte** (§ 6 Abs. 1 Satz 2 Nr. 3 AStG a.F.) wird eine dauerhafte zinslose Stundung gewährt, wenn sich der Betrieb bzw. die Betriebsstätte in einem EU-/EWR-Staat befindet. § 6 Abs. 5 Satz 3 Nr. 3 AStG a.F. verlangt dabei lediglich die Einlage in das ausländische Betriebs- bzw. Betriebsstättenvermögen, was ebenso wie bei der Tatbestandsrealisierung der Wegzugsbesteuerung nach den steuerlichen Vorschriften über die funktionale Zurechnung zu bewerten ist. Nicht verlangt wird allerdings, dass diese Anteile auch tatsächlich im Betrieb bzw. in der Betriebsstätte *verbleiben*.[395] Nach der herrschenden Lehre wird wohl auch hier nicht verlangt, dass der Steuerpflichtige die Staatsangehörigkeit eines EU-/EWR-Staats besitzt.[396]

In der bis zur Einführung des ATAD-UmsG gültigen Fassung beinhaltete die Vorschrift auch eine Stundungsmöglichkeit für den Auffangtatbestand des § 6 Abs. 1 Satz 2 Nr. 4 AStG a.F. (**Ausschluss oder Beschränkung des deutschen Besteuerungsrechts**). Diese Stundungsmöglichkeit ist jedoch erst nachträglich eingeführt worden; beim Inkrafttreten des SEStEG 2006 war eine solche Möglichkeit noch nicht vorgesehen. Der Gesetzgeber erkannte, dass in diesen Fällen eine sofortige Einziehung der geschuldeten Steuer unter Berücksichtigung der EuGH-Rechtsprechung zu verschiedenen mitgliedstaatlichen Wegzugsteuerregelungen nicht mit den europäischen Grundfreiheiten zu vereinbaren war.[397] Die für die übrigen Besteuerungstatbestände des § 6 Abs. 1 AStG bestehende

---

[394] Vgl. *Strunk/Kaminski*, in: S/K/K, AStG, Stand: 01/2020, § 6 Rn. 262; *Wilke*, in: AStG – eKommentar, Stand: 03/2019, § 6 Rn. 89; *Hecht,* in: Fuhrmann, AStG, § 6 Rn. 60; teils differenziert, *Häck,* in: F/W/B/S, AStG, Stand: 07/2021, § 6 Rn. 558, wonach auch eine Ansässigkeitsbegründung im Drittstaat ausreichend ist, wenn danach aufgrund eines Nebenwohnsitzes in einem EU/EWR-Staat eine unbeschränkte Steuerpflicht besteht und der Steuerpflichtige dadurch in diesem EU/EWR-Staat einer vergleichbaren Steuer unterliegt; ebenso differenziert *Müller-Gosoge*, in: Haase, AStG, § 6 Rn. 198.

[395] *Strunk/Kaminski*, in: S/K/K, AStG, Stand: 01/2020, § 6 Rn. 264; *Wilke*, in: AStG – eKommentar, Stand: 03/2019, § 6 Rn. 90; *Müller-Gosoge*, in: Haase, AStG, § 6 Rn. 199.

[396] Vgl. *Wilke*, in: AStG – eKommentar, Stand: 03/2019, § 6 Rn. 90; *Häck,* in: F/W/B/S, AStG, Stand: 07/2021, § 6 Rn. 559, *Müller-Gosoge*, in: Haase, AStG, § 6 Rn. 199; so auch *Grotherr*, IWB 2007, 65 (77).

[397] In der Gesetzesbegründung wird hier beispielhaft EuGH, Urt. v. 23.01.2014 – C-164/12 (DMC), ECLI:EU:C:2014:20 genannt.

Stundungsregelung wurde deshalb mit dem ZollkodexAnpG vom 22.12.2014[398] mit Wirkung für alle Fälle, in denen die geschuldete Steuer noch nicht entrichtet war, auf diese Fallvariante ausgedehnt und in § 6 Abs. 5 Satz 3 Nr. 4 AStG a.F. verortet.[399]
Im Ergebnis sollte damit die bis zur Einführung anhaltende Schlechterstellung des Auffangtatbestands aufgehoben werden u.a. auch im Hinblick darauf, dass der Auffangtatbestand nach Ansicht der Finanzverwaltung auch Fälle umfasst, in denen die Wegzugsteuer auch ohne eine aktive Handlung des Steuerpflichtigen entsteht, wie z.B. im Falle des Neuabschlusses oder der Änderung eines DBA.[400]
Der EU-/EWR-Bezug wird in der Nr. 4 anhand des Sitzes bzw. der Ansässigkeit der *Gesellschaft*, an der die Anteile i.S.d. § 17 EStG gehalten werden, hergestellt. Da entgegen dem Wortlaut des Abs. 5 Satz 3 Nr. 3 hier nicht gefordert wird, dass es sich um einen „anderen" Mitgliedstaat bzw. EWR-Staat handelt, wird innerhalb der Literatur darauf geschlossen, dass der Wortlaut auch erfüllt sei, wenn die Anteile an einer in Deutschland ansässigen Kapitalgesellschaft gehalten werden.[401]

cc) Rechtsfolge

Als Rechtsfolge ordnet § 6 Abs. 5 AStG a.F. die dauerhafte, zinslose Stundung des Steueranspruchs an. Der Grundtatbestand bleibt dabei unverändert, das heißt, es bleibt bei der Festsetzung der Steuer auf Grundlage der (Wert-)Verhältnisse zum Zeitpunkt der Tatbestandsverwirklichung. Wirtschaftlich betrachtet führt dies auf den ersten Blick zu der gleichen Lage, als wenn die Besteuerung erst mit der tatsächlichen Veräußerung oder eines sonstigen schädlichen Ereignisses erfolgt wäre.[402] Dennoch wird die Steuer zunächst einmal festgesetzt. Dies hat aus Sicht der Finanzverwaltung wie auch für den Steuerpflichtigen den praktischen Vorteil, dass die Ermittlung des fiktiven Veräußerungsgewinns schon zeitnah nach dem auslösenden Ereignis stattfindet und nicht im Nachhinein bei der ggf. zeitlich erst viel späteren Geltendmachung des Steueranspruchs auf einen schon weit in der Vergangenheit liegenden Zeitpunkt zurück. Mit der zeitnahen Wertermittlung nach dem Besteuerungsstichtag werden Auseinandersetzungen zwischen Finanzverwaltung und Steuerpflichtigen im hohen Maße vorgebeugt und die Schwierigkeiten bei der Beschaffung von Informations- und Nachweispflichten abgemildert.[403]
Diese zeitnahe Festsetzung der Steuer und damit auch verbunden die Pflicht zur Wertermittlung zum Auslösungszeitpunkt kann neben dem o.g. praktischen Vorteil auf der anderen Seiten aber auch dazu führen, dass spätere Wertentwicklungen bis zum schädlichen

---

[398] Gesetz zur Anpassung der Abgabenordnung an den Zollkodex der Union und zur Änderung weiterer steuerlicher Vorschriften, BGBl. I 2014, S. 2417.

[399] BT-Drucks. 18/3017, S. 54; vgl. auch *Häck,* in: F/W/B/S, AStG, Stand: 07/2021, § 6 Rn. 560; *Hecht,* in: Fuhrmann, AStG, § 6 Rn. 61.1.

[400] *Strunk/Kaminski*, in: S/K/K, AStG, Stand: 01/2020, § 6 Rn. 264.2; vgl. zur sog. passiven Entstrickung bereits unter B.III.5.a)bb).

[401] *Häck,* in: F/W/B/S, AStG, Stand: 07/2021, § 6 Rn. 561.

[402] *Hecht,* in: Fuhrmann, AStG, § 6 Rn. 51.

[403] *Hecht,* in: Fuhrmann, AStG, § 6 Rn. 51; *Strunk/Kaminski*, in: S/K/K, AStG, Stand: 01/2020, § 6 Rn. 238.

Ereignis nicht mehr berücksichtigt werden, mit Ausnahme des Falles des § 6 Abs. 6 AStG a.F., der jedoch nur dann greift, wenn der Widerruf der Stundung auf eine Veräußerung der Anteile zurückzuführen ist.[404] Der gemeine Wert der Anteile, bezüglich derer die Wegzugsbesteuerung ausgelöst wird, wird demnach zum Zeitpunkt der Tatbestandsverwirklichung „eingeloggt" und die darauf entfallene und festgesetzte Steuer reaktiviert, wenn es zu einem schädlichen Ereignis und folglich zu einem Widerruf der Stundung kommt.
Ebenso wie bei der Stundung gem. § 6 Abs. 4 AStG a.F. hat auch hier der Steuerpflichtige einen Rechtsanspruch auf die Stundung, sofern die Tatbestandsvoraussetzungen hierfür erfüllt sind; ein Ermessen der Finanzbehörde besteht dabei nicht.[405] Im Unterschied zur Stundung nach Abs. 4 bedarf es für die dauerhafte Stundung (die vorrangig zur Anwendung kommt) keines Antrags durch den Steuerpflichtigen; die Stundung ist vielmehr von Amts wegen zu gewähren. Sicherheitsleistungen sind schon nach dem Gesetzeswortlaut nicht vorgesehen; ebenso wenig wie die Festsetzung von Zinsen, sodass die §§ 222, 223a, 234 und 241 ff. Abs.1 AO hier nicht anwendbar sind.[406]

Im Grundsatz bedeutet „dauerhafte" Stundung auch tatsächlich, dass diese zunächst zeitlich unbegrenzt erfolgt.[407] Es ist somit denkbar, dass die gewährte Stundung niemals endet und eine tatsächliche Erhebung trotz festgesetzter Wegzugsteuer nicht stattfindet. Es kommt nur dann zu einer Erhebung und Entrichtung der Steuer, wenn ein schädliches Ereignis eintritt, welches das Finanzamt zum Widerruf der Stundung verpflichtet.[408] Auch die Widerrufsvorschrift selbst ist nämlich nicht als Ermessensvorschrift, sondern als zwingende Rechtsfolge in den Fällen des § 6 Abs. 5 Satz 4 AStG („*ist* zu widerrufen") gestaltet worden.[409]

dd) Widerruf der Stundung

Ebenso wie § 6 Abs. 4 Satz 2 AStG a.F. einen Widerruf der ratierlich gestundeten Steuer in Drittlandsfällen vorsieht, ist auch die dauerhafte Stundung in bestimmten Fällen nachträglich zu widerrufen.
Die Vorschrift über den Widerruf der dauerhaften Stundung ist zweigeteilt. Zunächst sieht das Gesetz in § 6 Abs. 5 Satz 4 1. Var. AStG a.F. den Widerruf der Stundung vor, wenn nachträglich die Voraussetzungen nach den Sätzen 1–3, die also überhaupt erst eine Stundung ermöglicht haben, entfallen. Daneben sind weitere Widerrufsgründe in den Nr.

---

[404] Siehe hierzu unter B.IV.6.a).
[405] *Strunk/Kaminski*, in: S/K/K, AStG, Stand: 01/2020, § 6 Rn. 240; *Häck,* in: F/W/B/S, AStG, Stand: 07/2021, § 6 Rn. 550.
[406] *Häck,* in: F/W/B/S, AStG, Stand: 07/2021, § 6 Rn. 550.
[407] Siehe bspw. *Müller-Gosoge*, in: Haase, AStG, § 6 Rn. 201.
[408] Vgl. auch *Strunk/Kaminski*, in: S/K/K, AStG, Stand: 01/2020, § 6 Rn. 242.
[409] *Hecht,* in: Fuhrmann, AStG, § 6 Rn. 62; *Strunk/Kaminski*, in: S/K/K, AStG, Stand: 01/2020, § 6 Rn. 265.

1–4 enthalten, die ähnlich den Stundungsalternativen des § 6 Abs. 4 Satz 3 AStG a.F. aufgebaut sind.

(1) Erster Widerrufsgrund

Der erste Widerrufsgrund des § 6 Abs. 5 Satz 4 1. Var. („wenn die Voraussetzungen für die Stundung nach den Sätzen 1–3 nicht mehr vorliegen“) wurde erst nachträglich durch das Brexit-StBG[410] mit Wirkung ab dem 29.03.2019 eingeführt und ergänzt seitdem den bereits vorher schon bestehenden Katalog an Widerrufsgründen. Den Austritt Großbritanniens und Nordirlands aus der EU hat der Gesetzgeber zum Anlass genommen, auch über die Widerrufsgründe nachzudenken. Der Gesetzgeber erkannte, dass es bislang Meinungsstreitigkeiten darüber gab, ob die Stundungsvoraussetzungen des § 6 Abs. 5 AStG zeitpunkt- oder zeitraumbezogen zu verstehen seien und ob ein Ereignis wie der Brexit schon für sich dazu führen würde, dass eine bereits gewährte Stundung mit Bezug zu Großbritannien und Nordirland zu widerrufen sei.[411] Mit der Einführung des ersten Widerrufgrundes wollte der Gesetzgeber laut Gesetzesbegründung klarstellen, dass die Stundungsvoraussetzungen während des gesamten Stundungszeitraums vorliegen müssen, demnach eine *zeitraumbezogene* Betrachtungsweise anzuwenden sei.[412] Ob es sich dabei tatsächlich um eine Klarstellung handelt oder ob der nachträgliche Wegfall einer Stundungsvoraussetzung (neben den Kataloggründen) erst ab der Einführung dieses ersten Widerrufgrundes auch tatsächlich zum Widerruf führte, ist derweil umstritten.[413] Spätestens jedoch nach der Einführung dieses Widerrufsgrundes ist jedoch weitestgehend klar, dass ein späterer Wegfall der Stundungsvoraussetzungen als eigenständiger Widerrufsgrund zum Wegfall der Stundung führt. Für den Fall des Austritts eines Mitgliedstaats aus der EU, wie der soeben angesprochene Fall des Vereinigten Königreichs, würde die Neuregelung bedeuten, dass in einer nach § 6 Abs. 5 Satz 1 und 2 AStG a.F. gewährten Stundung nach einem Wegzug in einen (ehemaligen) EU-Staat, nachträglich die Voraussetzung (nämlich die unbeschränkte Steuerpflicht in einem *EU-/EWR-Staat*) weggefallen

---

[410] Gesetz über steuerliche und weitere Begleitregelungen zum Austritt des Vereinigten Königreichs Großbritannien und Nordirland aus der Europäischen Union (Brexit-Steuerbegleitgesetz) vom 25.03.2019, BGBl. I 2019, S. 357.

[411] BT-Drucks 19/7377, S. 15.

[412] BT-Drucks 19/7377, S. 15.

[413] Siehe hierzu ausführlich *Häck,* in: F/W/B/S, AStG, Stand: 07/2021, § 6 Rn. 569.2, der die „klarstellende“ Natur des ersten Widerrufsgrundes kritisch sieht. Nach der dort vertretenen Auffassung liegt ein Verstoß gegen das verfassungsrechtliche Rückwirkungsverbot vor, sollte man auch vor der Einführung des ersten Halbsatzes den nachträglichen Wegfall einer der Stundungsvoraussetzungen als Widerrufsgrund ansehen. Vielmehr liege in der Einführung des ersten Widerrufsgrundes eine „materiell-rechtlich konstitutive Ergänzung der bisherigen Widerrufsgründe“. Auch *Strunk/Kaminski* ist der Ansicht, für eine reine Klarstellung der Normauslegung hätte es einer Änderung des Satzes 4 nicht zwingend bedurft (*Strunk/Kaminski*, in: S/K/K, AStG, Stand: 01/2020, § 6 Rn. 268.3).

wäre, was nach der Einführung des ersten Widerrufsgrundes zum Widerruf der Stundung geführt hätte.[414]

Der erste Widerrufsgrund bezieht sich wiederum sowohl auf die Stundungsvoraussetzungen des Grundtatbestands in § 6 Abs. 5 Sätze 1 und 2 AStG a.F. als auch darüber hinaus jeweils auf die weiteren Stundungstatbestände des § 6 Abs. 5 Satz 3 Nr. 1–4 AStG a.F. und deren Tatbestandsvoraussetzungen. Für einen möglichen Widerruf der Stundung ist somit entscheidend, unter welchen Voraussetzungen eine Stundung gewährt wurde bzw. welche Variante einer Stundung einschlägig war.[415]

(2) Katalog-Widerrufsgründe

(a) Nr. 1: Veräußerung bzw. schädliche Verfügung

Der erste Katalog-Widerrufsgrund in § 6 Abs. 5 Satz 4 Nr. 1 AStG a.F. beinhaltet sog. schädliche Verfügungen. Darunter fallen sowohl die Veräußerung der Anteile als auch wirtschaftlich vergleichbare Sachverhalte.[416]

Das Tatbestandsmerkmal der Veräußerung umfasst dabei alle Vorgänge, in denen das zivilrechtliche und/oder wirtschaftliche Eigentum an den Kapitalgesellschaftsanteilen übertragen werden. Maßgeblich ist dabei – sofern es zu einem Auseinanderfallen kommt – der Übergang des wirtschaftlichen Eigentums.[417] Dabei sieht das Gesetz vor, dass der Widerrufsgrund sowohl dann greift, wenn der Steuerpflichtige der Wegzugsteuer selbst oder sein Rechtsnachfolger die Anteile veräußert. Als Rechtsnachfolger kommt dabei nur ein solcher i.S.d. § 6 Abs. 5 Satz 3 Nr. 1 AStG a.F. in Betracht, also jemand, der nicht in Deutschland unbeschränkt einkommensteuerpflichtig ist.[418]

---

[414] So auch *Häck/Kahlenberg*, IStR 2019, 253 (255); vgl. auch *Häck,* in: F/W/B/S, AStG, Stand: 07/2021, § 6 Rn. 569.1, 684 mit der Klarstellung, dass *vor* der Einführung des ersten Widerrufsgrundes ein Wegfall der Stundung durch einen Fall wie den Brexit nicht in Betracht gekommen wäre. Um in der notwendigen Übergangszeit Bestandsschutz zu gewähren und um Rechtssicherheit zu schaffen, hat der Gesetzgeber gleichzeitig aber für den Fall des Brexits eine Sonderregelung in § 6 Abs. 8 AStG a.F. aufgenommen, wonach allein der Brexit selbst noch kein „schädliches Ereignis" darstelle, das den Widerruf der Stundung zur zwingenden Folge hätte. Durch weitere Handlungen des Steuerpflichtigen nach dem Brexit könne jedoch ein Widerrufsgrund ausgelöst werden, z. B. durch die unentgeltliche Übertragung der Anteile an einer Kapitalgesellschaft auf eine im Vereinigten Königreich ansässige Person (dann ein Fall des § 6 Abs. 5 Satz 4 Nr. 2 AStG a.F, vgl. BT-Drucks. 19/7377, S. 15).

[415] Vgl. *Häck,* in: F/W/B/S, AStG, Stand: 07/2021, § 6 Rn. 569.4.

[416] *Strunk/Kaminski*, in: S/K/K, AStG, Stand: 01/2020, § 6 Rn. 269.

[417] *Strunk/Kaminski*, in: S/K/K, AStG, Stand: 01/2020, § 6 Rn. 269.

[418] Denn § 6 Abs. 5 Satz 3 Nr. 1 AStG a.F. wiederum nimmt Bezug auf die Fälle der Übertragung nach § 6 Abs. 1 Satz 2 Nr. 1 AStG a.F. „auf eine nicht in Deutschland unbeschränkt einkommensteuerpflichtige Person"; vgl. auch *Müller-Gosoge*, in: Haase, AStG, § 6 Rn. 206 mit dem weiteren Argument, dass es sich nämlich wieder um eine „normale" Veräußerung außerhalb des § 6 AStG handele, wenn der Rechtsnachfolger vor der Veräußerung (wieder) in Deutschland unbeschränkt steuerpflichtig wird.

Hier kommt der Zweck des Stundungssystems deutlich zum Vorschein: Wurde zunächst eine dauerhafte Stundung deshalb gewährt, weil das Besteuerungsrecht Deutschlands hinreichend geschützt war und demnach eine Besteuerung außerhalb des Realisationsprinzips als ungerechtfertigt erschien, tritt mit dem Verkauf der Anteile genau der Fall ein, den der Gesetzgeber bei der Sicherung des Besteuerungsrechts im Blick hatte. Da nun eine tatsächliche Realisierung der in den Anteilen enthaltenen stillen Reserven stattfindet und dem Steuerpflichtigen i.d.R. auch die entsprechende Liquidität[419] in Form des Veräußerungspreises zufließt, kann Deutschland auf die während der Zeit der unbeschränkten Steuerpflicht realisierten Wertzuwächse zugreifen, indem die bereits festgesetzte Wegzugsteuer durch den Widerruf auch entrichtet werden muss.

Unter den Widerrufsgrund der Nr. 1. fallen daneben aber auch die verdeckte Einlage in eine Kapitalgesellschaft sowie die (anderen) Tatbestande des § 17 Abs. 4 EStG. Die Formulierung dieses Widerrufsgrundes entspricht demnach im Wesentlichen den tatbestandlichen Untergruppen des § 6 Abs. 4 Satz 2 AStG a.F. im Falle des Widerrufs der ratierlichen Stundung.

(b) Nr. 2: Übergang auf eine Person, die in einem Nicht-EU- bzw. -EWR-Staat unbeschränkt steuerpflichtig ist

Hier liegt der Anknüpfungspunkt des Widerrufs darin, dass durch die Übertragung an eine nicht im EU-/EWR-Staat ansässige bzw. unbeschränkt steuerpflichtige Person der hinreichende Bezug zur EU/EWR nachträglich verloren geht, die Anteile also durch den Inhaberwechsel „ins Drittland geraten". Dies erscheint deswegen konsequent, da die Gewährung der Stundung bei einer unentgeltlichen Übertragung auf eine andere Person gem. § 6 Abs. 5 Satz 3 Nr. 1 AStG a.F. auch bereits voraussetzt, dass der Rechtsnachfolger in einem EU-/EWR-Staat einer der deutschen Einkommensteuer vergleichbaren Steuer unterliegt, womit der EU-/EWR-Bezug hergestellt wird. Zieht dieser Rechtsnachfolger bspw. dann in ein Drittland, wären die ursprünglichen Stundungsvoraussetzungen nicht mehr erfüllt, sodass dann bereits ein Widerrufsgrund nach § 6 Abs. 5 Satz 1 1. HS („Wegfall der Voraussetzung für die Stundung") eingetreten wäre. Folglich ist es auch dann sinnvoll, die Stundung zu widerrufen, wenn die Beendigung des EU-/EWR-Bezugs nicht durch Wegzug des Rechtsnachfolgers erfolgt, sondern die Anteile *nach* einer gewährten Stundung auf eine andere Person übertragen werden, die wiederum den erforderlichen Bezug nicht aufweist (also nicht in einem EU-/EWR-Staat unbeschränkt steuerpflichtig ist).
Ein Übergang ist auch hier wieder in jeglicher veränderten Zurechnung des wirtschaftlichen Eigentums zu sehen.[420]

[419] Wobei es tatbestandlich nicht darauf ankommt, ob es tatsächlich zu einer Gewinnerzielung bzw. einer Mehrung der Liquidität kommt, vgl. *Häck,* in: F/W/B/S, AStG, Stand: 07/2021, § 6 Rn. 574.

[420] *Häck,* in: F/W/B/S, AStG, Stand: 07/2021, § 6 Rn. 579; *Wilke*, in: AStG – eKommentar, Stand: 03/2019, § 6 Rn. 94; *Strunk/Kaminski*, in: S/K/K, AStG, Stand: 01/2020, § 6 Rn. 274.

(c) Nr. 3: Entnahme

Verwirklicht der Steuerpflichtige einen Vorgang, der nach inländischem Recht zum Ansatz des Teilwerts oder des gemeinen Werts führt, liegt ebenfalls ein Fall des Widerrufs der Stundung vor.[421] Insofern kann es sich nur um solche Anteile handeln, die sich zum Zeitpunkt dieses „Vorgangs" in einem Betriebsvermögen befinden, sodass zuvor die eigentliche Wegzugsbesteuerung auf dem Tatbestand der Einlage in ein ausländisches Betriebsvermögen (§ 6 Abs. 1 Satz 2 Nr. 3 AStG a.F.) beruht hat.[422]
Der Begriff der Entnahme richtet sich nach § 4 Abs. 1 Satz 2 EStG[423] und ist demnach als Überführung der Anteile (die zunächst ins ausländische Betriebsvermögen eingelegt wurden) aus diesem Betriebsvermögen in das Privatvermögen des Steuerpflichtigen zu qualifizieren. Auch wenn der Wortlaut der Norm eine andere Lesart zuließe, so wird verlangt, dass in *beiden* Unterfällen (der Entnahme sowie auch des anderen Vorgangs) der Ansatz zum gemeinen Wert oder zum Teilwert erfolgt.[424] Ein „anderer Vorgang", in dem nach nationalem Recht der Teilwert oder der gemeine Wert anzusetzen wäre, liegt bspw. bei einer „nur" fiktiven Entnahme i.S.d. § 4 Abs. 1 *Satz 3* EStG vor.[425]

Dabei ist denkbar, dass der Tatbestand, der zur eigentlichen Auslösung der Wegzugsteuer geführt hat, durch die Entnahme ins Privatvermögen rückgängig gemacht wird. Lebt dadurch das (möglicherweise zunächst eingeschränkte) deutsche Besteuerungsrecht bezüglich der Veräußerung der Anteile wieder auf, so läge ein Fall des § 6 Abs. 3 Satz 4 Nr. 2 AStG a.F. vor, sodass der Steueranspruch nach Abs. 1 entfällt (und dies zeitlich unbegrenzt) und der Widerruf der Stundung ins Leere liefe.[426] Der Widerrufstatbestand soll jedoch bspw. den Fällen vorbeugen, in denen der Steuerpflichtige die Anteile in ein ausländisches Betriebsvermögen einlegt, um diese dann wieder entnehmen zu können, nachdem er bspw. in ein anderes Land verzogen ist und die Entnahme dann gerade nicht mehr dazu führt, dass das Besteuerungsrecht Deutschlands wieder auflebt.[427]

---

[421] *Wilke*, in: AStG – eKommentar, Stand: 03/2019, § 6 Rn. 95; *Hecht,* in: Fuhrmann, AStG, § 6 Rn. 65.

[422] Vgl. *Hecht,* in: Fuhrmann, AStG, § 6 Rn. 65; *Müller-Gosoge*, in: Haase, AStG, § 6 Rn. 215.

[423] *Strunk/Kaminski*, in: S/K/K, AStG, Stand: 01/2020, § 6 Rn. 275; *Häck,* in: F/W/B/S, AStG, Stand: 07/2021, § 6 585; *Müller-Gosoge*, in: Haase, AStG, § 6 Rn. 216.

[424] *Häck,* in: F/W/B/S, AStG, Stand: 07/2021, § 6 Rn. 587.

[425] *Wilke*, in: AStG – eKommentar, Stand: 03/2019, § 6 Rn. 95; *Müller-Gosoge*, in: Haase, AStG, § 6 Rn. 218 mit dem Hinweis, dass eine fiktive Entnahme nach § 4 Abs. 1 Satz 3 EStG nur dann auch tatbestandlich vorliegen (und erst dann auch den Widerrufsgrund der Nr. 3 erfüllen) kann, wenn zuvor nicht schon durch die Einlage in ein ausländisches (EU/EWR-) Betriebsvermögen selbst bereits das deutsche Besteuerungsrecht beschränkt oder ausgeschlossen wurde (denn dann kann § 4 Abs. 1 Satz 3 EStG nicht mehr eingreifen, da die Beschränkung oder der Ausschluss bereits zuvor schon erfolgt ist).

[426] Vgl. auch *Häck,* in: F/W/B/S, AStG, Stand: 07/2021, § 6 Rn. 585.

[427] *Müller-Gosoge*, in: Haase, AStG, § 6 Rn. 216; damit in diesem Beispielsfall aber nicht schon der Wegzug nach der Einlage selbst zum Widerruf führt, müsste der Steuerpflichtige in einen anderen EU/EWR-Staat ziehen, damit § 6 Abs. 5 Satz 1 AStG a.F. erfüllt bleibt.

(d) Nr. 4: Wegfall der Steuerpflicht (Abgrenzung zu Satz 4 1. HS)

Auf Ebene der persönlichen Anwendbarkeit dieses Widerrufsgrundes wird abgestellt auf (i) den Steuerpflichtigen selbst sowie (ii) dessen Rechtsnachfolger i.S.d. § 6 Abs. 5 Satz 3 Nr. 1 AStG a.F. Dieser Widerrufsgrund knüpft an den Entfall einer der deutschen Einkommensteuer vergleichbaren Steuerpflicht in einem anderen EU-/EWR-Staat durch Aufgabe des Wohnsitzes oder des gewöhnlichen Aufenthalts an. In konsequenter Fortsetzung der allgemeinen Voraussetzung für die Gewährung der Stundung, dass in *irgendeinem* anderen EU-/EWR-Staat eine vergleichbare Steuerpflicht bestehen muss, kann der Widerrufsgrund auch dann nur sachgerecht zur Anwendung kommen, wenn durch die Aufgabe des Wohnsitzes oder des gewöhnlichen Aufenthalts überhaupt keine vergleichbare Steuerpflicht mehr in einem EU-/EWR-Staat besteht, und nicht nur dann, wenn lediglich der Verlust der Steuerpflicht in dem Staat eintritt, aus dem weggezogen wird.[428] Dies ergibt sich zwar nicht direkt aus dem Wortlaut des § 6 Abs. 5 Satz 4 Nr. 4 AStG a.F., ist allerdings in Verbindung mit der Formulierung in Satz 1 des Abs. 5 „in *einem* dieser Staaten“ herleitbar.[429]

c) Neue einheitliche Stundungsvorschrift, § 6 Abs. 4 AStG n.F.

aa) Voraussetzungen und Art der Stundung

Die neue Fassung des § 6 Abs. 4 AStG nivelliert die bislang geltende unterschiedliche Behandlung von Wegzügen in EU-/EWR-Staaten sowie in Drittstaaten und behandelt demnach alle Wegzugsfälle für Stundungszwecke gleich:[430] Gemäß § 6 Abs. 4 S. 1–4 AStG n.F. wird die Steuer auf Antrag des Steuerpflichtigen (im Regelfall gegen Sicherheitsleistung)[431] unverzinslich[432] gestundet und ist ratierlich in sieben gleichen Jahresraten zahlbar. Trotz des Wortes „kann“ ist hier weniger ein Ermessen der Behörde als vielmehr ein Rechtsanspruch des Steuerpflichtigen zu sehen, sollte er sein Wahlrecht ausüben und einen Antrag auf ratierliche Stundung gestellt haben (insoweit handelt es sich um eine ungewöhnliche Formulierung).[433] Der Referentenentwurf geht selbst von einer „Ermessensreduzierung auf Null“ aus.[434] Das Ermessen der Behörde beschränkt sich daher auf die Entscheidung, ob (regelmäßig) Sicherheiten zu verlangen sind oder im Ausnahmefall darauf verzichtet werden kann (etwa, wenn der Steueranspruch als nicht gefährdet erscheint[435]).

---

[428] So auch *Strunk/Kaminski*, in: S/K/K, AStG, Stand: 01/2020, § 6 Rn. 280; *Häck,* in: F/W/B/S, AStG, Stand: 07/2021, § 6 Rn. 593.

[429] *Strunk/Kaminski*, in: S/K/K, AStG, Stand: 01/2020, § 6 Rn. 280.

[430] Teils bezeichnet als „One-Fits-All-Lösung“, siehe *Kölbl*, in: Haase, Wegzugsbesteuerung, Teil 3, Rn. 922.

[431] § 6 Abs. 4 Satz 2 AStG n.F.

[432] § 6 Abs. 4 Satz 4 AStG n.F.

[433] So auch *Schaumburg*, in: Schaumburg, Internationales Steuerrecht, Rn. 6.433.

[434] RefE ATAD, S. 84; so auch *Offerhaus,* in: Fuhrmann, AStG **n.F.**, § 6 Rn. 231.

[435] So sah es nämlich noch § 6 Abs. 4 Satz 3, 3. HS AStG a.F. vor.

Eine zumindest sprachliche Veränderung ist dabei bei der Frage nach dem Verlangen von Sicherheiten zu erkennen. Während § 6 Abs. 4 Satz 3, 3. HS AStG a.F. noch davon sprach, dass von Sicherheitsleistungen nur abgesehen werden kann, wenn der Steueranspruch nicht gefährdet erschien, so sieht Abs. 4 Satz 2 AStG n.F. nunmehr vor, dass „in der Regel" nur gegen Sicherheiten gestundet werden kann. Der Bezug zur tatsächlichen Gefährdung des Steueranspruchs ist demnach zwar nicht mehr Teil des Gesetzeswortlauts. Bislang war davon auszugehen, dass ein Steueranspruch bspw. dann nicht gefährdet erscheint, wenn Inlandsvermögen (einschließlich der Kapitalgesellschaftsbeteiligung selbst) vorhanden war.[436] Zu Recht wird innerhalb der Literatur vertreten, dass allerdings auch mit der neuen Formulierung in § 6 Abs. 4 Satz 2 AStG n.F. künftig nichts anderes gilt.[437] Bei der Ermessensentscheidung des Finanzamts, ob es „in der Regel" Sicherheit verlangt, wird auch künftig der konkrete Sicherungsbedarf sowie die konkrete Gefährdungslage im Hinblick auf die Steuereinziehung im Einzelfall abzuwägen sein. Kommt das Finanzamt bei dieser Würdigung der Sachlage zu dem Ergebnis, dass der Steueranspruch nicht gefährdet ist (unter vergleichbaren Abwägungen wie auch im alten Recht), so kann m.E. auch künftig für die Inanspruchnahme der Stundung keine Sicherheitsleistung verlangt werden. Da das Gesetz nicht zwingend für alle Fälle Sicherheiten vorschreibt, sondern eben nur „in der Regel", wird die Ermessensentscheidung des Finanzamts hierzu auch auf Fehler überprüfbar sein, etwa wenn die Gefährdungslage gar nicht berücksichtigt wurde.[438]

Im Unterschied zur alten Fassung der ratierlichen Stundung wird in der neuen Fassung in § 6 Abs. 4 Satz 4 AStG ausdrücklich angeordnet, dass eine Verzinsung der Jahresraten nicht erfolgt.

In (angeblich) konsequenter Auslegung des Urteils in der Rs. Wächtler[439]wird in der neuen Fassung eine ratierliche Stundung auch nicht mehr davon abhängig gemacht, ob die sofortige Einziehung der gesamten Wegzugsteuer für den Steuerpflichtigen eine erhebliche Härte darstellt (so noch § 6 Abs. 4 Satz 1 AStG a.F.). Wie noch zu zeigen sein wird, ist dies der Aspekt, den das BMF und wohl auch der Gesetzgeber offenbar aus dem Urteil in der Rs. Wächtler als Kernessenz herauslesen, nicht jedoch gleichzeitig auch das Erfordernis, eine generelle dauerhafte Stundung zu ermöglichen.[440]

---

[436] *Oppel*, IWB 2021, 508 (515) mit Verweis auf FG München, Beschl. v. 03.06.2009 – 9 V 1438/09, EFG 2009, 1435, Rn. 22.

[437] *Oppel*, IWB 2021, 508 (515).

[438] Zum Phänomen des Ermessensfehlgebrauchs siehe bspw. *Neumann,* in: Gosch/Hoyer, AO/FG, Stand: 09/2023, § 5 AO, Rn. 16.

[439] EuGH, Urt. v. 26.02.2019 – C-581/17 (Wächtler), ECLI:EU:C:2019:138.

[440] Siehe hierzu ausführlich unter E.IV.2.a)bb).

bb) Widerruf

Wie schon in der alten Fassung in § 6 Abs. 4 Satz 2 AStG vorgesehen, kann die Stundung auch in der neuen Fassung unter gewissen Umständen widerrufen werden. Das Gesetz nennt in der neuen Fassung das Wort „Widerruf“ nicht, sondern ordnet lediglich an, dass unter bestimmten Voraussetzungen die noch nicht entrichtete Steuer (also mit anderen Worten der noch gestundete Teil bzw. die noch nicht getilgten Raten) innerhalb eines Monats nach Eintritt des jeweiligen schädlichen Ereignisses (sofort und in voller verbleibender Höhe) fällig wird.

Dies ist der Fall, wenn entweder (i) eine Jahresrate nicht entrichtet wurde (§ 6 Abs. 4 S. 5 Nr. 1 AStG n.F.), (ii) der Steuerpflichtige seine Mitwirkungspflichten nach Abs. 5 nicht erfüllt (Nr. 2), (iii) er Insolvenz anmeldet (Nr. 3), (iv) die Anteile veräußert oder übertragen werden (Nr. 4, wobei unentgeltliche Übertragungen von Todes wegen unbeachtlich bleiben und es insoweit auf den Rechtsnachfolger ankommt, § 6 Abs. 4 S. 6 AStG n.F.) oder (v) soweit Gewinnausschüttungen oder eine Einlagenrückgewähr mehr als 25 % des gemeinen Werts der Anteile betragen (Nr. 5).[441]
Auffallend ist dabei, dass im Gegensatz zur alten ratierlichen Stundung hier auch zur Sicherung des Steueranspruchs wirtschaftliche Faktoren wie Nichtzahlung der Raten (Satz 5 Nr. 1) und Anmeldung der Insolvenz des Steuerpflichtigen (Satz 5 Nr. 3) als Widerrufsgrund einbezogen werden. Der Gesetzgeber hat daher in Bezug auf das Nichteinbringungsrisiko nicht nur auf möglicherweise fehlende und unzureichende Amts- und Beitreibungshilfen geschaut, sondern auch das *wirtschaftliche* Ausfallrisiko im Blick gehabt, wenn nämlich die Gefahr droht, dass der Steuerpflichtige die vollständige Zahlung nicht mehr zu leisten scheint.
Als eigener Widerrufsgrund wird in der neuen Fassung nicht nur die entgeltliche Veräußerung der Anteile in Satz 5 Nr. 4 genannt, sondern nun auch die unentgeltliche Übertragung der Anteile. Ausgenommen sind dem Wortlaut des § 6 Abs. 4 Satz 6 AStG n.F. nach nur die Erbfälle unter der Gruppe der unentgeltlichen „Übertragungen“[442], die unbeachtlich sein sollen; die Schenkung unter Lebenden ist dabei nicht genannt.[443]

cc) Rückkehrfälle

Wie auch unter der alten Rechtslage sind für Rückkehrfälle i.S.d § 6 Abs. 3 AStG n.F.[444] Sonderregelungen in Bezug auf die zeitlich begrenzte Stundung enthalten: In den Fällen

[441] Vgl. auch *Wilke*, IStR 2020, 366 (370); Gewinnausschüttungen im oben genannten Sinne, die nach dem 16.08.2023 erfolgen, sollen gem. § 21 Abs. 3 Satz 2 Nr. 2 AStG n.F. sogar auch den Widerruf einer (noch) nach dem *alten* Recht gewährten Stundung bewirken.
[442] Siehe zur Problematik dieser Begrifflichkeit unter B.III.2.a).
[443] Insoweit abweichend *Wilke*, IStR 2020, 366 (370) mit der undifferenzierten Aussage, dass „unentgeltliche Übertragungen“ unbeachtlich seien. Das Gesetz spricht jedoch ebenso wie in Abs. 3 Satz 2 ausdrücklich von der unentgeltlichen Übertragung „von Todes wegen“.
[444] Siehe hierzu ausführlich unter B.IV.5.b).

einer vorübergehenden Abwesenheit kann die Steuer gem. § 6 Abs. 4 S. 7 AStG n.F. über die „vom Finanzamt eingeräumte Frist“ gestundet werden, wobei auf Antrag des Steuerpflichtigen die Erhebung von Jahresraten entfällt. Der Stundungszeitraum richtet sich dabei nach der vom Finanzamt gem. § 6 Abs. 3 Satz 3 AStG eingeräumten Frist, d.h. maximal zwölf Jahre.[445]
Die noch nicht entrichtete Steuer wird gem. § 6 Abs. 4 Satz 8 AStG n.F. auch dann fällig, wenn der Steueranspruch nicht mehr nach Abs. 3 entfallen kann (bspw. also, wenn der Steuerpflichtige über den in Abs. 3 zulässigen Zeitraum der „vorübergehenden Abwesenheit“ hinaus nicht wieder zurück nach Deutschland kehrt) bzw. der Wegfall der Rückkehrabsicht dem Finanzamt mitgeteilt wurde. Sofern der Steuerpflichtige auf die Erhebung von Jahresraten verzichtet hat, greift eine gesonderte Verzinsungsregelung, sobald die Steuer nicht mehr entfallen kann, wodurch laut Referentenentwurf eine ungerechtfertigte Inanspruchnahme der Rückkehroption verhindert werden soll.[446] Im Übrigen gelten die Regelungen insbesondere auch zu den Sicherheitsleistungen und zu Widerrufsgründen durch den Verweis zu Beginn des § 6 Abs. 4 Satz 7 AStG n.F. auf die vorigen Sätze entsprechend.

5. Vorübergehende Abwesenheit

a) Alte Fassung

aa) Anwendbare Fälle

§ 6 Abs. 3 AStG a.F. beinhaltet die Möglichkeit, dass die nach § 6 Abs. 1 AStG ausgelöste Wegzugsteuer nachträglich und rückwirkend zum Entstehungszeitpunkt entfällt, sofern der Steuerpflichtige nur „vorübergehend abwesend“ war.
Das Gesetz nimmt dabei zunächst lediglich Bezug auf die „Beendigung der unbeschränkten Steuerpflicht“, also den Tatbestand des § 6 Abs. 1 Satz 1 AStG a.F., und ordnet den Entfall des Steueranspruchs an, wenn die vorübergehende Beendigung durch Wiederbegründung der unbeschränkten Steuerpflicht in Deutschland innerhalb von fünf Jahren (seit Beendigung) rückgängig gemacht wird.
Innerhalb der Literatur wird diese isolierte Betrachtung nur auf den Grundtatbestand bezogen kritisiert und gleichzeitig vertreten, dass aus teleologischen und verfassungsrechtlichen Gründen die Vorschrift des § 6 Abs. 3 AStG a.F. auch auf die Fälle anwendbar sei, in denen die Wegzugsbesteuerung ursprünglich durch einen Fall des § 6 Abs. 1 Satz 2 *Nr. 2* AStG a.F., also durch einen Ansässigkeitswechsel in einen ausländischen Staat, ausgelöst wurde und diese Ansässigkeit dann später wieder in Deutschland begründet wird.[447] Zu Recht wird dies damit erklärt, dass ansonsten ein Steuerpflichtiger, der ins Ausland

[445] *Wilke*, in: AStG – eKommentar, Stand: 01/2024, § 6 Rn. 83.
[446] RefE ATAD, S. 84.
[447] *Häck*, in: F/W/B/S, AStG, Stand: 07/2021, § 6 Rn. 441; *Kramer*, in: Lippross/Seibel, BK Steuerrecht, Stand: 08/2023, § 6 AStG, Rn. 54; *Vogt*, in: Ettinger, Wegzugsbesteuerung, S. 22; *Müller-Gosoge*, in: Haase, AStG, § 6 Rn. 135; *Ettinger/Beuchert*, IWB 2014, 126 (131).

unter Beibehaltung seines Wohnsitzes im Inland zieht (und damit nur unter die Tatbestandsvariante des § 6 Abs.1 Satz 2 Nr. 2 AStG a.F. fallen kann) schlechter gestellt wäre als ein Steuerpflichtiger, der seinen Wohnsitz in Deutschland aufgibt.[448] Schon aus der Sicht des Gesetzeszwecks, nämlich der Sicherstellung des deutschen Besteuerungsrechts, ist dem zuzustimmen, denn die Beibehaltung des Wohnsitzes in Deutschland und die dadurch gegebene unbeschränkte Steuerpflicht sichert einen ggf. bestehenden Steueranspruch während der Abwesenheit hinreichend und sogar noch über das Sicherheitspotenzial eines nicht mehr in Deutschland wohnhaften Steuerpflichtigen hinaus.
Teilweise wird sogar vertreten, dass ein Fall von vorübergehender Abwesenheit sogar in allen übrigen in § 6 Abs. 1 Satz 2 AStG a.F. enthaltenen Ersatzrealisationstatbeständen eintreten könne, sofern – generell – nach dem auslösenden Ereignis das Besteuerungsrecht Deutschlands (innerhalb des vorgesehenen Zeitraums) wiederbegründet wird.[449]

Das Gesetz nennt zwei verschiedene Zeiträume, die unter eine vorübergehende Abwesenheit fallen sollen, nämlich zum einen den regulären Fünfjahreszeitraum in § 6 Abs. 3 Satz 1 AStG a.F. und zum anderen die „Erweiterung“ auf einen Zehnjahreszeitraum in Satz 2 für den Fall, dass der Steuerpflichtige glaubhaft macht, dass berufliche Gründe für seine Abwesenheit maßgebend sind und seine Absicht zur Rückkehr unverändert fortbesteht.
Für die Wegzugsfälle, in denen in der alten Rechtslage eine dauerhafte Stundung nach § 6 Abs. 5 AStG a.F. gewährt wurde, sieht § 6 Abs. 3 Satz 4 AStG a.F. keine zeitliche Begrenzung für die „Rückkehrhandlung“[450] vor. Dies ist konsequent, da die dauerhafte Stundung selbst auch grds. für einen unbegrenzten Zeitraum in Anspruch genommen werden kann.

bb) Rückkehrabsicht

Wie genau diese „vorübergehende“ Abwesenheit zu verstehen ist und unter welchen Voraussetzungen sie vorliegt, wird innerhalb der Literatur kontrovers diskutiert.
Die Vertreter der sog. *objektiven Theorie* sehen die Wiederbegründung der unbeschränkten Steuerpflicht (respektive die Wiederbegründung der Ansässigkeit) durch fristgemäße Rückkehr als ausreichend an, um den Entfall des Steueranspruchs zu erreichen.[451]
Die Gegenansicht im Schrifttum, die auch der bisherigen Ansicht der Finanzverwaltung[452] entspricht, vertritt hingegen die sog. *subjektive Theorie*, wonach entscheidend sein

[448] *Kraft*, in: Kraft, AStG, § 6 Rn. 439.
[449] So *Strunk/Kaminski*, in: S/K/K, AStG, Stand: 01/2020, § 6 Rn. 174f.
[450] Wiederbegründung der unbeschränkten Steuerpflicht des Steuerpflichtigen oder seinen Rechtsnachfolger (Nr.1) oder die Wiederbegründung des uneingeschränkten deutschen Besteuerungsrechts (Nr. 2).
[451] So *Kraft*, in: Kraft, AStG, § 6 Rn. 435; *Vogt,* in: Ettinger, Wegzugsbesteuerung, S. 22 (zumindest für den Fall der Rückkehr innerhalb von fünf Jahren).
[452] Vgl. BMF, Schreiben v. 14.05.2004 – IV B 4-S 1340-11/04, BStBl I 2004 Sondernummer 1/2004, 3, Tz. 6.4.1 mit dem Hinweis, dass eine vorübergehende Abwesenheit (auch) bei

soll, ob der Steuerpflichtige schon zum Zeitpunkt der Beendigung der unbeschränkten Steuerpflicht (respektive des Ansässigkeitswechsels ins Ausland) die Absicht besaß, innerhalb des in § 6 Abs. 3 Satz 1 AStG a.F. genannten Fünfjahreszeitraum wieder unbeschränkt steuerpflichtig bzw. in Deutschland ansässig zu werden (subjektiver Rückkehrwille).[453]

Hierzu hat jüngst der BFH in seinem Urteil vom 21.12.2022[454] Stellung genommen und sich der auch teils in der Literatur[455] vertretenen *„eingeschränkten objektiven Theorie"* angeschlossen. Danach solle die tatsächliche (objektive) Rückkehr des Steuerpflichtigen innerhalb von fünf Jahren nach der Beendigung der unbeschränkten Steuerpflicht bereits ausreichend sein; lediglich für den Fall, dass die Rückkehr erst nach diesen fünf Jahren (und vor Ablauf des Zehnjahreszeitraums) erfolgt, sei dann zusätzlich erforderlich, dass der Steuerpflichtige (i) weiterhin eine subjektive Rückkehrabsicht hat und (ii) die Abwesenheit auf beruflichen Gründen beruht.[456]

Begründet wurde dies damit, dass nach dem Gesetzeswortlaut lediglich in der „Sondersituation" des § 6 Abs. 3 Satz 2 AStG a.F. (verlängerter Zehnjahreszeitraum) überhaupt auf die Absicht des Steuerpflichtigen eingegangen und zudem gefordert wird, dass der Steuerpflichtige dies auch glaubhaft macht. Aus diesem Grund wird den Vertretern der (rein) subjektiven Theorie zu Recht vorgeworfen, dass das Verlangen einer Rückkehrabsicht dem Wortlaut des § 6 Abs. 3 Satz 1 AStG a.F. auch im Falle der Rückkehr innerhalb des Fünfjahreszeitraums nicht zu entnehmen sei und somit keine ausreichende Gesetzesgrundlage habe.[457]

Der BFH stellte sich sodann auch ausdrücklich gegen die von der Vorinstanz vertretenen Auffassung, § 6 Abs. 3 AStG gelte nicht für „gescheiterte oder abgebrochene Auswanderungen und [sei] keine ‚Reparaturvorschrift' für steuerlich ‚missglückte Wegzüge'."[458] Es komme nicht darauf an, ob der Steuerpflichtige seine Rückkehr schon vor oder erst nach seinem ursprünglichen Wegzug geplant habe, oder ob die Rückkehr schon fester Bestandteil seines Plans zum Zeitpunkt des Wegzugs gewesen sei, sondern ausschließlich

Rückkehr innerhalb von fünf Jahren nur anzunehmen sei, wenn bereits im Zeitpunkt des Wegzugs die Rückkehrabsicht bestand.

[453] So *Schaumburg*, in Schaumburg, Internationales Steuerrecht, Rn. 6.430; *Hellwig*, DStZ/A 1976, 4 (4 f.); *Gropp*, in: Lademann AStG, § 6 Rn. 67.

[454] BFH, Urt. v. 21.12.2022 – I R 55/19, BStBl II 2023, 898.

[455] Vgl. hierzu *Häck,* in: F/W/B/S, AStG, Stand: 07/2021, § 6 Rn. 442; *Kraft*, in: Kraft, AStG, § 6 Rn. 437; *Wilke*, in: AStG – eKommentar, Stand: 03/2019, § 6 Rn. 61; derselbe, IStR 2020, 118, 119 f.; *Pohl,* in: Brandis/Heuermann, AStG, Stand: 08/2021, § 6 Rn. 73; *Hecht,* in: Fuhrmann, AStG, § 6 Rn. 39; *Müller-Gosoge*, in: Haase, AStG, § 6 Rn. 142; *Hörnicke/Quilitzsch*, ISR 2020, 152 (155); im Ergebnis so auch *Weiss*, ISR 2020, 15 (17).

[456] BFH, Urt. v. 21.12.2022 – I R 55/19, BStBl II 2023, 898, Rn. 25.

[457] Vgl. auch *Strunk/Kaminski*, in: S/K/K, AStG, Stand: 01/2020, § 6 Rn. 173.1; die Gegenansicht argumentiert hier nicht unzutreffend damit, dass § 6 Abs. 3 Satz 2 AStG a.F. jedoch auch davon spricht, dass die Absicht zur Rückkehr „unverändert" fortbestehen muss. Dies ließe zumindest darauf deuten, dass es dem Gesetzgeber auch bei einer Rückkehr schon vor dem Ablauf des Fünfjahreszeitraums darauf ankam, dass eine Rückkehrabsicht bereits bestand.

[458] FG Münster, Urt. v. 31.10.2019 – 1 K 3448/17 E, EFG 2020, 19, Rn. 73.

auf die „Bewahrung des nationalen Besteuerungsrechts mit Blick auf die stillen Reserven der Kapitalgesellschaftsbeteiligungen".[459]

Diese Entscheidung des BFH würde grds. auch der bislang in der Praxis bestehenden erheblichen Schwierigkeiten in Bezug auf den von der Finanzverwaltung geforderten Nachweis der Rückkehrabsicht entgegenwirken. Wie auch schon das FG Münster erkannt hat, stößt die subjektive Ansicht besonders im Hinblick auf die erheblichen Probleme in der Praxis auf Kritik innerhalb des Schrifttums. Gerade bei der Erbringung des Nachweises des subjektiven Rückkehrwillens stoße man auf Ungewissheiten, wie denn ein solcher Nachweis einer *inneren* Tatsache auszusehen habe.[460] Dies verschärft sich umso mehr, als dass die Finanzverwaltung eine bloße Absichtserklärung des Steuerpflichtigen als solchen Nachweis nicht hat ausreichen lassen.[461] Gerade auch weil der Steuerpflichtige hier grds. in der Beweislast ist, da es sich beim Entfall des Steueranspruchs um eine begünstigende Regelung handelt,[462] wird er in der Praxis vor besondere Herausforderungen gestellt. Denn nicht in jedem Fall nämlich kann der Steuerpflichtige bereits befristete Miet- und/oder Arbeitsverträge im Ausland nachweisen, die zumindest als Indizien, wenn nicht sogar als Beweismittel dafür sprechen würden, dass der Wegzug bereits bei Beendigung der unbeschränkten Steuerpflicht einer zeitlichen Begrenzung unterlag. Diese praktischen Probleme werden unabhängig von der Entscheidung des BFH zugunsten des Steuerpflichtigen allerdings künftig keine Relevanz mehr haben, da in der neuen Fassung des § 6 Abs. 3 AStG ohnehin gänzlich auf eine Glaubhaftmachung verzichtet wird.[463]

cc) Keine Statusveränderung

Weitere Voraussetzung für den Entfall des Steueranspruchs ist nach § 6 Abs. 3 Satz 1 AStG a.F., dass die Anteile in der Zwischenzeit (also während der vorübergehenden Abwesenheit des Steuerpflichtigen) nicht veräußert, nicht an eine nicht unbeschränkt steuerpflichtige Person verschenkt oder vererbt[464] oder in einen ausländischen Betrieb bzw. in eine ausländische Betriebsstätte eingelegt wurden.[465] Des Weiteren ist – systemgerecht – in der alten Fassung erforderlich, dass der rückkehrende Steuerpflichtige zum Zeitpunkt

---

[459] BFH, Urt. v. 21.12.2022 – I R 55/19, BStBl II 2023, 898, Rn. 26.

[460] Vgl. *Kraft*, in: Kraft, AStG, § 6 Rn. 436; *Strunk/Kaminski*, in: S/K/K, AStG, Stand: 01/2020, § 6 Rn. 173.1; weitere Nachweise zur Nachweisproblematik: *Hellwig*, DStZ/A 1976, 4 (5); FG Münster, Urt. v. 31.10.2019 – 1 K 3448/17 E, EFG 2020, 19, Rn. 78.

[461] BMF, Schreiben v. 14.05.2004 – IV B 4-S 1340-11/04, BStBl I 2004 Sondernummer 1/2004, 3, Tz. 6.4.1.

[462] Vgl. z.B. BFH, Urt. v. 24.06.1976 – IV R 101/75, BStBl II 1976, 562, Rn. 17; *Strunk/Kaminski*, in: S/K/K, AStG, Stand: 01/2020, § 6 Rn. 172.

[463] Siehe hierzu unterB.IV.5.b); auch der BFH begründet seine Entscheidung mit dem Umstand, dass nach dem neuen § 6 Abs. 3 AStG in der Fassung des ATAD-UmsG und unter dem Gesichtspunkt der „Flexibilität und Mobilität des Steuerpflichtigen" auf eine Glaubhaftmachung gänzlich verzichtet wird, BFH, Urt. v. 21.12.2022 – I R 55/19, BStBl II 2023, 898, Rn. 26.

[464] Siehe hierzu aber § 6 Abs. 3 Satz 3 AStG a.F.

[465] Vgl. *Werner*, Systemgerechte Entstrickung im Steuerrecht, S. 45; *Wilke*, in: AStG – eKommentar, Stand: 03/2019, § 6 Rn. 64.

der Rückkehr nicht nach einem DBA als in einem ausländischen Staat angehörig gilt. Dies ist deshalb entscheidend, da eine reine Wiederbegründung des Wohnsitzes und der unbeschränkten Steuerpflicht in Deutschland alleine noch keine Besserung des Besteuerungsrechts Deutschlands vorsieht, wenn der Steuerpflichtige aufgrund seiner Ansässigkeit im Ausland, bspw. durch eine Art. 13 Abs. 5 OECD-MA entsprechende Klausel, mit seinen Veräußerungsgewinnen (weiterhin) im Ausland alleine der Besteuerung unterliegt. Bei jeder Wohnsitzbegründung im Inland muss demnach – sofern im Zeitpunkt des ursprünglichen Wegzugs auch die Ansässigkeit ins Ausland verlegt wurde – die Ansässigkeit des Steuerpflichtigen wieder nach Deutschland wechseln.[466]

Ist der Tatbestand der vorübergehenden Abwesenheit erfüllt, sieht § 6 Abs. 3 AStG a.F. als Rechtsfolge den rückwirkenden Entfall des Steueranspruchs vor. Dies wird verfahrenstechnisch dadurch erreicht, dass ein endgültiger Steuerbescheid gem. § 175 Abs. 1 Nr. 2 AO aufgrund eines rückwirkenden Ereignisses bzw. ein (in Bezug auf die Wegzugsteuer) vorläufiger Einkommensteuerbescheid nach § 165 Abs. 2 AO entsprechend geändert wird.[467]

b) Neue Fassung

In der neuen Fassung wird der Zeitraum der begünstigten Rückkehr auf sieben Jahre verlängert (§ 6 Abs. 3 Satz 1 AStG n.F.). Gleichzeitig wird auf jegliche Glaubhaftmachung einer Rückkehrabsicht verzichtet. Die Gesetzesbegründung des Referentenentwurfs bestätigt, dass es auf eine Glaubhaftmachung der Rückkehrabsicht (ebenso wie in Bezug auf die beruflichen Gründe der Abwesenheit) ausdrücklich nicht mehr ankomme.[468] Dennoch taucht der Hinweis auf, dass „die bloße Absicht zur Rückkehr und eine hinreichende Wahrscheinlichkeit genügen“.[469] Dies lässt erkennen, dass der Gesetzgeber – auch wenn auf den Nachweis in Form der Glaubhaftmachung gänzlich verzichtet wird – nach wie vor an einem subjektiven Element des Rückkehrwillens, und zwar offenbar sowohl in den Fällen des „regulären“ Siebenjahreszeitraums als auch bei einer Verlängerung auf zwölf Jahre (§ 6 Abs. 3 Satz 3 AStG n.F.), festhält.[470]
Nach der aktuellen BFH-Rechtsprechung müsste allerdings auch oder sogar erst recht unter dem neuen – vermeintlich „milderen“ – Gesetz die tatsächliche Rückkehr innerhalb des „Begünstigungszeitraums“ von sieben bzw. zwölf Jahren die ursprünglich bestehende Rückkehrabsicht indizieren;[471] nur so kann die Sichtweise des BFH auf das neue Recht

[466] Vgl. auch *Strunk/Kaminski*, in: S/K/K, AStG, Stand: 01/2020, § 6 Rn. 175.
[467] Vgl. *Kraft*, in: Kraft, AStG, § 6 Rn. 450; *Strunk/Kaminski*, in: S/K/K, AStG, Stand: 01/2020, § 6 Rn. 176; *Häck*, in: F/W/B/S, AStG, Stand: 07/2021, § 6 Rn. 446.
[468] RefE ATAD, S. 83.
[469] RefE ATAD, S. 83; vgl. auch *Wilke*, IStR 2020, 366 (369).
[470] Dies entspricht im Kern auch der Auffassung des FG Münster Urt. v. 31.10.2019 – 1 K 3448/17 E, EFG 2020, 19, wonach der subjektive Rückkehrwille zwar vorhanden sein, jedoch nicht bereits zum Zeitpunkt des Wegzugs glaubhaft gemacht werden muss.
[471] BFH, Urt. v. 21.12.2022 – I R 55/19, BStBl II 2023, 898, Rn. 25 für die alte Fassung; vgl. auch *Kölbl*, in: Haase, Wegzugsbesteuerung, Teil 3, Rn. 834.

übertragen werden, zumal nun sogar die Notwendigkeit der Glaubhaftmachung dieser Absicht (im Vergleich zur alten Fassung) aus dem Gesetzestext gänzlich herausgefallen ist. Hat sich der BFH für eine solche Indizwirkung auch schon unter der alten Gesetzeslage entschieden, in der die Glaubhaftmachung noch Tatbestandsmerkmal war, so wird dies erst recht anzunehmen sein, wenn darauf künftig verzichtet wird.[472] Dies wird von Seiten der Finanzverwaltung bestätigt, indem sie die Entscheidung des BFH sowohl für die Altfälle (durch Veröffentlichung im Bundessteuerblatt) als auch für die Neufälle akzeptiert und in Rn. 129 des AEASTG klarstellt, dass „das Tatbestandsmerkmal der nur vorübergehenden Abwesenheit [...] auch erfüllt [ist], wenn der Steuerpflichtige innerhalb des vorgegebenen Siebenjahreszeitraums des § 6 Abs. 3 Satz 1 AStG tatsächlich zurückkehrt."[473]

Damit die Rückkehroption in Anspruch genommen werden kann, dürfen in Bezug auf die betroffenen Anteile auch weiterhin keine Statusänderungen eintreten, mithin die Zurechnung zum Steuerpflichtigen und deren Zugehörigkeit zum Privatvermögen.[474] Darüber hinaus werden die Voraussetzungen für ein Entfallen des Steueranspruchs in der neuen Fassung dadurch verschärft, dass auch keine substanziellen Gewinnausschüttungen erfolgt sein dürfen (Abs. 3 Satz 1 Nr. 2 AStG n.F.), und es wird angeordnet bzw. klargestellt, dass das im Wegzugszeitpunkt bestehende Besteuerungsrecht Deutschlands wiedererlangt werden muss (Abs. 3 Satz 1 Nr. 3 AStG n.F., was der Sinn und Zweck der Norm auch so gebietet).[475] Eine Verlängerung der Frist um höchstens weitere fünf Jahre kann beim Finanzamt beantragt werden. Voraussetzung hierfür ist, dass eine Rückkehrabsicht unverändert fortbesteht; auf das Erfordernis der beruflichen Gründe der (vorübergehenden) Abwesenheit verzichtet der Gesetzgeber in der neuen Fassung § 6 Abs. 3 Satz 3 AStG n.F.

In § 6 Abs. 3 Sätze 4 und 5 AStG n.F. wird angeordnet bzw. klargestellt[476], dass die Rückkehroption nunmehr auch ausdrücklich in den Fällen des Ausschlusses des Besteuerungsrechts und der unentgeltlichen Übertragung entsprechende Anwendung findet.[477] Dadurch sind nun auch die Fälle umfasst, in denen das eigentliche auslösende Ereignis der Wegzugsteuer der Ausschluss des deutschen Besteuerungsrechts nach § 6 Abs. 1 Satz 1 Nr. 3 AStG n.F. ist (Satz 4), ebenso wie die unentgeltliche Übertragung auf eine nicht

---

[472] So auch *Micker*, Ubg 2023, 325 (334); *Häck*, IStR 2023, 324 (329).

[473] AEAStG, Rn. 129; kritisch zu der Frage, ob die Anforderungen der Finanzverwaltung hinsichtlich der Nachweispflicht künftig tatsächlich eine Erleichterung für den Steuerpflichtigen darstellen soll: *Middendorf/Eberhardt,* StuB 2021, 693 (695).

[474] Vgl. *Deutschländer,* IWB 2021, 56 (60); RegE ATAD, BT-Drucks. 19/28652, S. 49.

[475] Vgl. *Deutschländer,* IWB 2021, 56 (60); RegE ATAD, BT-Drucks. 19/28652, S. 49; *Wilke*, IStR 2020, 366 (369).

[476] Klarstellung für die Vertreter der Ansicht, dass auch schon die alte Fassung *alle* Tatbestände des § 6 Abs. 1 AStG a.F. umfasst hat, siehe Fußnote 449.

[477] RegE ATAD, BT-Drucks. 19/28652, S. 49.

unbeschränkt steuerpflichtige natürliche Person nach § 6 Abs. 1 Satz 1 Nr. 2 AStG n.F. (Satz 5).
Dass dies eine seit Langem geforderte Verbesserung der Rechtslage darstellt, zeigt ein kurzer Rückblick auf die alte Rechtslage: § 6 Abs. 3 Satz 3 AStG a.F. sah noch vor, dass die Rechtsfolge des Satzes 1 (Entfall des Steueranspruchs) auch (aber wohl auch *nur*) in dem Falle ermöglicht wurde, wenn nach einem Erwerb von Todes wegen i.S.d. § 6 Abs. 1 Satz 2 Nr. 1 AStG a.F. der Rechtsnachfolger innerhalb der Frist zur vorübergehenden Abwesenheit (anstelle des Rechtsvorgängers) in Deutschland unbeschränkt steuerpflichtig wird. Dem Wortlaut nach versteht man unter dieser alten „Rechtsnachfolger-Sonderregelung" also nur den Fall, in dem ein Erwerb von Todes wegen das ursprüngliche, die Wegzugsteuer auslösende Ereignis als solches gewesen ist.[478] Hierzu wurde teilweise innerhalb der Literatur vertreten, dass dies zu eng gefasst sei. So wurde gefordert, dass (i) Abs. 3 Satz 1 AStG a.F. auch bei einer unentgeltlichen Übertragung *unter Lebenden* (als tatbestandsauslösendes Ereignis) Anwendung finden muss, wenn nämlich auch dort der Rechtsnachfolger fristgerecht in Deutschland unbeschränkt steuerpflichtig wird[479], und (ii) dass auch bei einem Erwerb von Todes wegen *nach* einem vorigen Wegzug des Erblassers die Wegzugsteuer (auf den vorigen Wegzug des Erblassers) bei fristgerechter Rückkehr des Erben entsprechend entfallen soll.[480]
Beides hat die neue Rechtslage nunmehr berücksichtigt: § 6 Abs. 3 Satz 5 AStG n.F. stellt auf den „Fall der unentgeltlichen Übertragung i.S.d. Absatzes 1 Satz 1 Nummer 2" ab und beschränkt sich damit nicht mehr auf den Fall, in dem die Wegzugsteuer durch den Tod des Steuerpflichtigen ausgelöst wurde. Gleichzeitig sieht § 6 Abs. 3 Satz 2 AStG n.F. vor, dass bei einem Erwerb von Todes wegen *nach* einem Wegzug des Erblassers und der rechtzeitigen „Rückkehr" des Erben der Steueranspruch entfallen soll.[481]
Diese Änderung ist im Ergebnis zielführend und zustimmungswürdig, da durch die „Rückkehr" des Rechtsnachfolgers in allen nun vom Gesetz umfassten Fallkonstellationen dem Umstand Rechnung getragen wird, dass die Anteile „wieder den Weg zurück ins Inland finden" und das deutsche Besteuerungsrecht in Bezug auf die Veräußerung wieder hergestellt wird.

Dennoch verbleiben einzelne Kritikpunkte zu dieser Neuregelung. Im AEAStG wird unter Rn. 159 klargestellt, dass die Rückkehrregelung des Abs. 3 Satz 4 nur für den Fall des einstigen *Ausschlusses* des Besteuerungsrechts in Anspruch genommen werden kann.

---

478 *Häck,* in: F/W/B/S, AStG, Stand: 07/2021, § 6 Rn. 478.
479 *Häck,* in: F/W/B/S, AStG, Stand: 07/2021, § 6 Rn. 477.
480 *Häck,* in: F/W/B/S, AStG, Stand: 07/2021, § 6 Rn. 478.
481 Dies wäre z.B. der Fall, wenn der bisherige Anteilseigner aus Deutschland wegzieht und somit den Tatbestand des § 6 Abs. 1 Satz 1 Nr. 1 AStG n.F. auslöst. Stirbt nun dieser Anteilseigner, würde die neue Fassung nach der hier vertretenen Ansicht die Möglichkeit beinhalten, dass der Erbe der Anteile nun innerhalb des begünstigten Rückkehrzeitraums nach Deutschland zieht oder sogar schon in Deutschland lebt, die Anteile daher rechtzeitig nach dem Wegzug des Erblassers wieder zurück ins Inland gelangen und somit zum Entfall der ursprünglichen (durch den Wegzug ausgelösten) Wegzugsteuer führen würde.

Beruht die Wegzugsteuer hingegen auf einer Beschränkung des deutschen Besteuerungsrechts, kommt die Rückkehrregelung nicht zur Anwendung. Es ist also nicht davon auszugehen, dass diese Einschränkung auf die Fälle des Ausschlusses des Besteuerungsrechts ein gesetzgeberisches Versehen war, sondern dass der beschränkte Anwendungsbereich bewusst in Kauf genommen wird.[482] Eine Begründung für diese Einschränkung enthält weder der Referentenwurf bzw. der Entwurf der Bundesregierung zum ATAD-UmsG noch der neue Anwendungserlass, zumal für das Auslösen der Wegzugsteuer durch Beschränkung des Besteuerungsrechts ohnehin schon eine vergleichsweise niedrige Schwelle besteht und bspw. bereits die abstrakte Gefahr einer Anrechnungsverpflichtung ausreicht.[483] Es ist kein Grund ersichtlich, weshalb dann nicht auch rückwirkend die Steuer entfallen soll, wenn diese abstrakt bestehende Gefahr wegfällt, indem bspw. die Ansässigkeit wieder nach Deutschland wechselt.
Zudem vergessen die Sätze 4 und 5 der neuen Fassung den Fall, der gewissermaßen „dazwischen" liegt. Stirbt der Anteilseigner einer Kapitalgesellschaft und wird er von einem abkommensrechtlich bspw. in den Niederlanden ansässigen Erben beerbt, der gleichzeitig einen Wohnsitz in Deutschland hat, so würde die Wegzugsteuer nicht wegen § 6 Abs. 1 Satz 1 Nr. 2 AStG n.F. entstehen (wegen des Wohnsitzes des Erben im Inland), sondern wegen des Ausschlusses des deutschen Besteuerungsrechts (Art. 13 Abs. 5 DBA Niederlande), sodass ein Fall des § 6 Abs. 1 Satz 1 *Nr. 3* AStG n.F. vorläge. Die korrespondierende Rückkehrklausel in § 6 Abs. 3 Satz 4 AStG n.F. verlangt dem Wortlaut nach in den Fällen des einstigen Ausschlusses des deutschen Besteuerungsrechts, dass dieser Ausschluss auf einer vorübergehenden Abwesenheit „des Steuerpflichtigen" beruht. Wenn zutreffend davon auszugehen ist, dass der Erblasser der Steuerpflichtige der Wegzugsteuer ist,[484] so kann dieser nach seinem Ableben jedoch nicht mehr „zurückkehren". Es ist daher wünschenswert, dass der Gesetzgeber Satz 4 dahingehend ergänzt, dass auch die „Rückkehr" des Rechtsnachfolgers zum rückwirkenden Entfall der Wegzugsteuer führt, da auch in dem hier vorgestellten Beispielsfall die Anteile ihren Weg zurück ins Inland finden. Denn ob die Finanzverwaltung auch eine „entsprechende Anwendung" von Satz 4 bei einer Rückkehr des Rechtsnachfolgers akzeptieren würde, ist derzeit noch nicht absehbar.
An diesem „Missstand" ändert auch die Regelung in § 6 Abs. 3 Satz 2 AStG n.F. nichts, da dort lediglich angeordnet wird, dass eine unentgeltliche Übertragung von Todes wegen *nach* einem tatbestandsauslösenden Ereignis (bspw. nach einem klassischen Wegzug) keine schädliche Übertragung i.S.d § 6 Abs. 3 Satz 1 Nr. 1 AStG n.F. darstellt, wenn der Erbe (oder dessen Erben) rechtzeitig wieder zurückkehren.[485]

---

[482] So auch schon in der Gesetzesbegründung klargestellt, dort auch mit dem zusätzlichen Hinweis, dass auch eine Übertragung auf eine ausländische *juristische* Person den Anwendungsbereich der Rückkehrregelung nicht eröffnet, RegE ATAD, BT-Drucks. 19/28652, S. 49.
[483] Siehe hierzu bereits unter B.III.5.a)aa).
[484] Siehe hierzu bereits unter B.III.2.b).
[485] Auch hierbei ist kritisch anzumerken, dass sich diese Eingrenzung der schädlichen Übertragungen nur auf unentgeltliche Erwerbe *von Todes wegen* bezieht, nicht jedoch auch auf

c) Weitere Auswirkungen der Rückkehr

Sowohl unter der alten als auch unter der neuen Rechtslage nimmt § 17 EStG auch Bezug auf die Rückkehrregelung des § 6 Abs. 3 AStG. Gem. § 17 Abs. 2 Satz 4 EStG ist nämlich der in Abs. 2 Satz 3 vorgesehene Step-up der Anschaffungskosten in dem Fall, in dem ein Steuerpflichtiger (wieder) nach Deutschland zieht und im Wegzugsstaat einer vergleichbaren Wegzugsbesteuerung unterlegen hat, nicht anzuwenden. Bei der vorübergehenden Abwesenheit wird also bei der Rückkehr dieser Step-up nicht gewährt, sodass für den Fall der tatsächlichen Veräußerung (oder aber bei einem erneuten Wegzug) dann wieder auf die Anschaffungskosten als maßgebende Bezugsgröße abzustellen ist.
Dies soll verhindern, dass die vormals (zur Zeit der deutschen Steuerhoheit) entstandenen stillen Reserven unversteuert bleiben.[486] Zum besseren Verständnis soll dies an einem Beispielfall erläutert werden: Zieht der Steuerpflichtige aus Deutschland (unter Aufgabe des Wohnsitzes) ins Ausland, wird unter den übrigen Voraussetzungen des § 6 Abs. 1 AStG die deutsche Wegzugsteuer ausgelöst. In manchen Staaten wird dabei beim Zuzug des Steuerpflichtigen ein Step-up der Anschaffungskosten gewährt.[487] Zieht der Steuerpflichtige dann innerhalb der in § 6 Abs. 3 AStG vorgesehenen Fristen wieder zurück nach Deutschland und würde der andere Staat – trotz der nur zeitlich begrenzten Anwesenheit dort – eine Wegzugsbesteuerung vornehmen, so führt der zuvor im Ausland gewährte Step-up dazu, dass nur die im Zeitraum der Anwesenheit im Ausland (respektive der Abwesenheit in Deutschland) entstandenen stillen Reserven im Ausland besteuert würden. § 17 Abs. 2 Satz 3 EStG würde dann grds. beim Rückzug nach Deutschland ebenfalls einen Step-up auf den gemeinen Wert der Anteile zum Zeitpunkt des Rückzugs gewähren, sodass bei einer späteren tatsächlichen Veräußerung nur die „weiteren" stillen Reserven in Deutschland besteuert würden. Unversteuert blieben die stillen Reserven, die in der Zeit der unbeschränkten Steuerpflicht in Deutschland *vor* dem Wegzug aus Deutschland entstanden sind, da § 6 Abs. 3 AStG die (erste) deutsche Wegzugsteuer rückwirkend entfallen lässt.[488] Dies wird durch § 17 Abs. 2 Satz 4 EStG verhindert. Allerdings ist dabei kritisch zu betrachten, dass der deutsche Gesetzgeber hier über das Ziel hinausschießt. Denn durch die kategorische Nichtanwendung des § 17 Abs. 2 Satz 3 EStG auch für die Fälle, in denen im Ausland eine Wegzugsbesteuerung bei der Rückkehr nach Deutschland vorgenommen wird, werden die stillen Reserven, die im Ausland während

Schenkungen unter Lebenden; vgl. hierzu auch *Häck,* in: Hummel/Kaminski, Neue Herausforderungen im internationalen Steuerrecht, S. 15.

486 *Werner*, Systemgerechte Entstrickung im Steuerrecht, S. 46; der vorige Regierungsentwurf zum SEStEG sah noch vor, dass der Entfall des Steueranspruchs nach Abs. 3 betragsmäßig begrenzt wäre für den Fall, in dem nach § 17 Abs. 2 Satz 3 bei Zuzug nach Deutschland ein anderer Wert als die historischen Anschaffungskosten als (fiktive) Anschaffungskosten anzusetzen war (gemeint wohl u.a. der gemeine Wert), vgl. Bericht des Finanzausschusses, Drucksache 16/3369, S. 15. Anstelle dieser Beschränkung hat sich der Gesetzgeber dann aber dazu entschieden, dass der Step-up i.S.d. § 17 Abs. 2 Satz 3 hingegen nicht anwendbar sein soll, sofern eine Rückkehr nach Deutschland i.S.d. § 6 Abs. 3 AStG erfolgte.

487 Z.B. § 27 Abs. 6 Z1 lit. e EStG Österreich.

488 Vgl. auch *Werner*, Systemgerechte Entstrickung im Steuerrecht, S. 46.

der Abwesenheit entstanden sind, im Ergebnis auch nochmal in Deutschland besteuert, da der Step-up auf den gemeinen Wert zum Zeitpunkt der Rückkehr gerade nicht gewährt wird.[489] Dieses Phänomen verstärkt sich dann zusätzlich, wenn der andere Staat im Zeitpunkt des Wegzugs aus Deutschland erst gar keinen Step-up der Anschaffungskosten gewährt hat und bei seiner eigenen Wegzugsteuer (im Zeitpunkt des Rückzugs nach Deutschland) die *gesamten* bis dahin entstandenen stillen Reserven – also auch die zur Zeit der deutschen Steuerhoheit – besteuert würde.[490]
Abbildung 1[491] zeigt die Auswirkungen von § 17 Abs. 2 Satz 4 EStG im Vergleich zur Rechtslage ohne diese Vorschrift und inwieweit eine Doppelbesteuerung im o.g. Beispielsfall entstehen kann.

6. Nachträgliche Wertentwicklungen

Während das Gesetz keine eindeutige Regelung für die Behandlung (fiktiver) Vermögensminderungen im Wegzugszeitpunkt enthält, beinhalten § 6 Abs. 6 AStG a.F. sowie auch § 6 Abs. 1 Satz 5 AStG a.F. hingegen Aussagen zur Berücksichtigung von Wertminderungen (bzw. in Abs. 1 Satz 5 generell weitere Wertentwicklungen), die *nach* dem Wegzug bzw. dem die Wegzugsteuer auslösenden Ereignisses eintreten. Dabei ist zu unterscheiden: Während § 6 Abs. 6 AStG a.F. die *ursprüngliche* Wegzugsteuer als solche betrifft und die Möglichkeit eröffnet, diese nachträglich zu korrigieren (sollte der tatsächliche Veräußerungsgewinn später einmal niedriger ausfallen), bezieht sich § 6 Abs. 1 Satz 5 AStG a.F. auf den *späteren* Veräußerungsgewinn nach § 17 EStG (ggf. aber auch eine spätere erneute Wegzugsteuer).

a) § 6 Abs. 6 AStG a.F.

Zunächst ist festzuhalten, dass eine tatsächliche Veräußerung der Anteile nach dem Auslösen der Wegzugsbesteuerung grds. nichts am Bestand des nach § 6 AStG ausgelösten Steueranspruchs ändert.[492] Lediglich unter den Voraussetzungen des § 6 Abs. 6 AStG a.F. kommen eine Änderung und Herabsetzung der einmal festgesetzten Wegzugsteuer unter den dort genannten Voraussetzungen in Betracht. Die Vorschrift dient demnach dazu, eine Überbesteuerung zu vermeiden, die dadurch entstehen würde, wenn der im Zeitpunkt des Wegzugs angesetzte gemeine Wert der Anteile bis zur tatsächlichen Veräußerung

[489] *Werner*, Systemgerechte Entstrickung im Steuerrecht, S. 46.
[490] Gleichzeitig muss dabei allerdings ebenso berücksichtigt werden, dass voraussichtlich viele ausländische Wegzugsteuerregelungen ebenso wie die deutsche Fassung eine bestimmte Zeit der unbeschränkten Steuerpflicht in dem jeweiligen Land voraussetzen, bei deren Vorliegen ggf. schon gar keine fristgerechte Rückkehr nach Deutschland mehr möglich ist. Daher ist denkbar, dass in vielen Fällen der fristgerechten Rückkehr eine ausländische Wegzugsteuer ggf. erst gar nicht entsteht.
[491] Siehe im Anhang, S. 321.
[492] Vgl. *Pohl,* in: Brandis/Heuermann, AStG, Stand: 08/2021, § 6 Rn. 69.

gesunken ist[493] (Bsp.: AK 100[494], gemeiner Wert bei Wegzug 150, Veräußerungspreis 120). In dem gewählten Beispiel wurde die Wegzugsteuer auf eine Bemessungsgrundlage von 50 festgesetzt. Bei der Veräußerung der Anteile stünde dann allerdings fest, dass sich im gesamten Zeitraum zwischen Anschaffung und Veräußerung tatsächlich „nur“ stille Reserven in Höhe von 20 gebildet und realisiert hätten. § 6 Abs. 6 AStG a.F. passt unter den dort genannten Voraussetzungen die einst festgesetzte Wegzugsteuer betragsmäßig dem tatsächlich realisierten Anteilswert an.[495]

aa) Voraussetzungen

§ 6 Abs. 6 Satz 1 AStG a.F. beschränkt dabei allerdings zu Beginn die Anwendung der Korrekturnorm auf die Fälle des § 6 Abs. 5 Satz 4 Nr. 1 AStG a.F. Voraussetzung ist daher, dass die im Zeitpunkt des Wegzugs entstandene und festgesetzte Steuer nach § 6 Abs. 5 AStG a.F. dauerhaft gestundet und diese Stundung wegen eines in § 6 Abs. 5 Satz 4 Nr. 1 AStG a.F. genannten Ereignisses widerrufen wurde. Als geeignetes Widerrufsereignis kommen demnach neben der tatsächlichen Veräußerung der Anteile nur die verdeckte Einlage in eine Gesellschaft i.S.d. § 17 Abs. 1 Satz 1 EStG oder ein in § 17 Abs. 4 EStG genannter Tatbestand in Betracht.[496] Bei allen anderen Widerrufsgründen ist eine Korrektur der einst festgesetzten Wegzugsteuer daher im Umkehrschluss nicht möglich. Dies scheint auf den ersten Blick zu verwundern, wird aber dadurch gerechtfertigt, dass die Wertminderung im Vergleich zum Wegzugszeitpunkt nur im Falle der Veräußerung (oder der gleichgestellten Handlungen) definitiv wird. Umgekehrt ist es in den Widerrufsfällen des § 6 Abs. 5 Satz 4 Nr. 2 bis 4 AStG a.F. denkbar, dass sich der Wert der Anteile zu einem späteren Zeitpunkt nach dem Widerruf der Stundung wieder erhöht.[497]

Des Weiteren fordert die Norm eine Vergleichsrechnung. Da § 6 Abs. 6 Satz 1 AStG a.F. eine (potenzielle) Anpassung der einst festgesetzten Wegzugsteuer zum Ziel hat, ist für diese Zwecke der tatsächlich realisierte Gewinn, der nach § 17 Abs. 2 EStG berechnet wird, mit dem „Vermögenszuwachs nach Abs. 1“ zu vergleichen. Gemeint ist also ein Vergleich zwischen tatsächlichem Veräußerungsgewinn und dem fiktiven Gewinn im Wegzugszeitpunkt, der sich nach Abs. 1 der Norm bestimmt.[498]

---

[493] *Häck*, in: F/W/B/S, AStG, Stand: 07/2021, § 6 Rn. 623; *Wilke*, in: AStG – eKommentar, Stand: 03/2019, § 6 Rn. 100; *Kraft*, in: Kraft, AStG, § 6 Rn. 550; *Strunk/Kaminski*, in: S/K/K, AStG, Stand: 01/2020, § 6 Rn. 294.

[494] Aus Gründen der Übersichtlichkeit werden hier und generell lediglich reine Zahlenwerte verwendet ohne die Angabe einer Währung.

[495] *Häck*, in: F/W/B/S, AStG, Stand: 07/2021, § 6 Rn. 623.

[496] *Häck*, in: F/W/B/S, AStG, Stand: 07/2021, § 6 Rn. 625; a.A. *Grotherr*, IWB 2007, 65 (81), der die Anwendbarkeit nur auf den Fall einer Anteilsveräußerung beschränken will.

[497] *Häck*, in: F/W/B/S, AStG, Stand: 07/2021, § 6 Rn. 625; *Boller/Euchner/Schmidt*, in: H/K/G/R, AStG, Stand: 10/2019, § 6 Rn. 471; *Wilke*, in: AStG – eKommentar, Stand: 03/2019, § 6 Rn. 101.

[498] Vgl. *Boller/Euchner/Schmidt*, in: H/K/G/R, AStG, Stand: 10/2019, § 6 Rn. 472; *Häck*, in: F/W/B/S, AStG, Stand: 07/2021, § 6 Rn. 627.

Da es durchaus möglich und sogar wahrscheinlich ist, dass der tatsächliche Veräußerungsgewinn nicht in Deutschland, sondern im Zuzugsstaat versteuert wird (so etwa, wenn die unbeschränkte Steuerpflicht bei Wegzug beendet wurde und entweder kein weiter Anknüpfungspunkt für eine beschränkte Steuerpflicht in Deutschland mehr beseht oder wenn ein entsprechendes DBA das deutsche Besteuerungsrecht hinsichtlich der Anteilsveräußerung ausschließt), ist es für Zwecke des § 6 Abs. 6 AStG geboten, dass diese Vergleichsrechnung nach den deutschen Gewinnermittlungsvorschriften durchgeführt wird, das heißt, eine deutsche „Schattenrechnung“ erfolgen muss, in der der tatsächliche Veräußerungsgewinn (ggf. abweichend zur Berechnung im ausländischen Zuzugsstaat) nach den deutschen Vorschriften ermittelt wird.[499]
Dieser so ermittelte Veräußerungsgewinn muss dann im Zeitpunkt der Verwirklichung des Widerrufsgrundes[500] niedriger sein als der ursprünglich angesetzte und wegzugsbesteuerte fiktive Veräußerungsgewinn (nachfolgend „negativer Differenzbetrag“).

Als weitere Voraussetzung sieht das Gesetz vor, dass die Wertminderung (gemeint ist der negative Differenzbetrag) nicht innerhalb der Einkommensbesteuerung im und durch den Zuzugsstaat berücksichtigt werden darf. Dies ist insbesondere in den Fällen anzunehmen, in denen der Veräußerungsgewinn nach den gesetzlichen Vorschriften des Zuzugsstaats nicht besteuert wird oder der Zuzugsstaat bei der Besteuerung des Veräußerungsgewinns nicht den gemeinen Wert der Anteile im Zuzugszeitpunkt (Wertaufstockung), sondern die ursprünglichen Anschaffungskosten zugrunde legt.[501]
Der Steuerpflichtige trägt hierzu nach dem Willen des Gesetzgebers die Feststellungslast,[502] obwohl dies aus dem Wortlaut des Gesetzes nicht eindeutig hervorgeht.[503] Es ist demnach zu raten, sich nach Möglichkeit von der ausländischen Finanzverwaltung des Zuzugsstaats eine Bescheinigung darüber geben zu lassen, dass eine Berücksichtigung des negativen Differenzbetrags nicht vorgesehen ist und auch nicht in Betracht kommt.[504]

---

[499] Vgl. *Wilke*, in: AStG – eKommentar, Stand: 03/2019, § 6 Rn. 101; *Müller-Gosoge*, in: Haase, AStG, § 6 Rn. 233.

[500] Vgl. zur ungenauen Gesetzesformulierung *Häck,* in: F/W/B/S, AStG, Stand: 07/2021, § 6 Rn. 626 sowie *Strunk/Kaminski*, in: S/K/K, AStG, Stand: 01/2020, § 6 Rn. 298 und *Wilke*, in: AStG – eKommentar, Stand: 03/2019, § 6 Rn. 101.1 mit dem Hinweis, dass es folgerichtig nicht auf den im Gesetz wörtlich angesprochenen „Zeitpunkt der *Beendigung* der Stundung“ ankommen kann, sondern auf den Zeitpunkt, in dem die den Widerruf auslösenden Tatbestandsmerkmale (Veräußerung oder gleichgestellte Handlungen) realisiert werden. Der tatsächliche Zeitpunkt der Beendigung der Stundung setzt eine Handlung des Finanzamts voraus, bei dem nicht absehbar ist, wann genau diese vorgenommen wird.

[501] *Richter/Escher*, FR 2007, 674 (678); *Boller/Euchner/Schmidt,* in: H/K/G/R, AStG, Stand: 10/2019, § 6 Rn. 473 mit Verweis auf *Lausterer*, BB 2006, Special 8, 80 (84); vgl. auch BR-Drucks. 542/06, S. 88.

[502] BR-Drucks. 542/06, S. 88.

[503] *Boller/Euchner/Schmidt,* in: H/K/G/R, AStG, Stand: 10/2019, § 6 Rn. 473; *Strunk/Kaminski*, in: S/K/K, AStG, Stand: 01/2020, § 6 Rn. 299.

[504] *Strunk/Kaminski*, in: S/K/K, AStG, Stand: 01/2020, § 6 Rn. 300.1.

Zudem verlangt § 6 Abs. 6 Satz 2 AStG a.F. vom Steuerpflichtigen einen Nachweis darüber, dass die Wertminderung betrieblich veranlasst und (damit)[505] nicht auf gesellschaftsrechtliche Maßnahmen, insbesondere Gewinnausschüttungen, zurückzuführen ist. Der Sinn und Zweck dieser weiteren Nachweispflicht besteht darin, diejenigen Fälle auszugrenzen, in denen durch (offene oder verdeckte) Gewinnausschüttungen[506] oder auch durch Rückzahlung von Eigenkapital der Wert der Anteile gemindert wird. Es soll also verhindert werden, dass eine solche gesellschaftsrechtlich veranlasste Wertminderung zur Reduzierung der festgesetzten Wegzugsteuer führt.[507]

Dabei ist die Formulierung „betriebliche Veranlassung" bereits kritisch zu betrachten. Grundvoraussetzung dafür, dass § 6 AStG in all seinen Komponenten überhaupt Anwendung findet, ist das Vorliegen von Anteilen i.S.d. § 17 EStG, d.h. von Anteilen, die im steuerlichen Privatvermögen des Steuerpflichtigen gehalten werden. Wertminderungen können auf Ebene des Anteilseigners demnach streng genommen schon gar nicht betrieblich veranlasst sein, da es an einem Betrieb fehlt.[508] Die Anforderung einer betrieblichen Veranlassung kann daher nur auf die Kapitalgesellschaft und auf deren operativen Betrieb bezogen werden.[509]
Das Gesetz nennt dabei die wohl nach Ansicht des Gesetzgebers „typische" Form der gesellschaftsrechtlichen Veranlassung: die offene oder verdeckte Gewinnausschüttung. Es sind jedoch auch andere vergleichbare gesellschaftsrechtliche Maßnahmen denkbar, die einer Korrektur der Wegzugsteuer entgegenstehen, wie z.B. eine Kapitalherabsetzung oder eine Auflösung von Kapitalrücklagen jeweils mit anschließender Auskehr an die Gesellschafter.[510]
Zu Recht wird teilweise innerhalb der Literatur kritisiert, dass diese Nachweispflichten für den Steuerpflichtigen zum Teil eine große Hürde darstellen können. Zunächst kann sich der Einfluss des Steuerpflichtigen auf die Geschäftsführung der Kapitalgesellschaft

---

505 Zur nicht eindeutigen Formulierung der *kumulativen* Nachweispflicht siehe *Häck,* in: F/W/B/S, AStG, Stand: 07/2021, § 6 Rn. 647: Da das Gesetz selbst davon ausgeht, dass betriebliche Veranlassung und gesellschaftsrechtliche Veranlassung sich gegenseitig ausschließen, wird vertreten, dass der Steuerpflichtige entweder einen Positiv- *oder* Negativnachweis erbringen muss.

506 Welche zum Teil dann wiederum noch nicht einmal der Kapitalertragssteuer bzw. Einkommensteuer unterliegen, so z.B. in Malta und Zypern, vgl. *Häck,* in: F/W/B/S, AStG, Stand: 07/2021, § 6 Rn. 648.

507 Vgl. auch *Boller/Euchner/Schmidt,* in: H/K/G/R, AStG, Stand: 10/2019, § 6 Rn. 480; *Häck,* in: F/W/B/S, AStG, Stand: 07/2021, § 6 Rn. 647; *Strunk/Kaminski*, in: S/K/K, AStG, Stand: 01/2020, § 6 Rn. 306.

508 *Häck,* in: F/W/B/S, AStG, Stand: 07/2021, § 6 Rn. 646; *Strunk/Kaminski*, in: S/K/K, AStG, Stand: 01/2020, § 6 Rn. 306.

509 *Boller/Euchner/Schmidt,* in: H/K/G/R, AStG, Stand: 10/2019, § 6 Rn. 481; *Wilke*, in: AStG – eKommentar, Stand: 03/2019, § 6 Rn. 103; *Kraft*, in: Kraft, AStG, § 6 Rn. 586; *Strunk/Kaminski*, in: S/K/K, AStG, Stand: 01/2020, § 6 Rn. 306; *Häck,* in: F/W/B/S, AStG, Stand: 07/2021, § 6 Rn. 646 mit dem Hinweis, dass dies bei vermögensverwaltenden Kapitalgesellschaften auch wiederum nur unter Hinzuziehung des § 8 Abs. 2 KStG, der hierfür einen Betrieb der Kapitalgesellschaft fingiert, zu sehen ist.

510 Vgl. *Häck,* in: F/W/B/S, AStG, Stand: 07/2021, § 6 Rn. 647.

teils stark beschränken (ausreichend ist bekanntlich eine Beteiligung von mindestens 1 %), sodass er von den Maßnahmen oder Einflüssen, die zur Wertminderung geführt haben, keine Kenntnis besitzt und dementsprechend auch nur spärlich einen Nachweis von seiner Gesellschaft selbst verlangen kann. Hinzu tritt der Umstand, dass die der Korrektur vorangehende Stundung nach § 6 Abs. 5 AStG a.F. dauerhaft ist und somit ein Widerruf der Stundung erst viele Jahre bzw. Jahrzehnte nach dem Wegzug erfolgen kann. Mit zeitlichem Voranschreiten wird es daher zudem schwieriger, die einzelnen Wertminderungen oder Wertschwankungen im Laufe der langen Stundungszeit eindeutig zu bestimmen, geschweige denn deren Veranlassung nachweisen zu können (in der Zwischenzeit können betriebliche und gesellschaftsrechtliche Gründe nebeneinander oder nacheinander aufgetreten sein, sodass allein die Rückführung der wertgeminderten Anteile auf bestimmte, für § 6 Abs. 6 AStG a.F. unschädliche Maßnahmen rein praktisch so gut wie unmöglich werden kann).[511]

bb) Rechtsfolge

Als Rechtsfolge sieht die Norm beim Vorliegen aller Voraussetzungen die Aufhebung oder Änderung des Steuerbescheids, der die Wegzugsteuer umfasst, vor. Das Gesetz ordnet dabei in § 6 Abs. 6 Satz 1 2. HS AStG a.F. an, dass dies ein rückwirkendes Ereignis i.S.d. § 175 Abs. 1 Satz 1 Nr. 2 AO darstellt, sodass insofern eine ggf. schon bereits eingetretene Bestandskraft des Einkommensteuerbescheids durchbrochen wird und die Festsetzungsfrist gem. § 175 Abs. 1 Satz 2 AO erst mit Ablauf des Jahres beginnt, in dem das Ereignis (hier die Veräußerung oder das gleichgestellte Ereignis) eintritt.[512]
Dabei ist auf der Rechtsfolgenseite einschränkend vorgesehen, dass der zu korrigierende Betrag auf den Umfang des Vermögenszuwachses begrenzt wird, der im Zeitpunkt des Wegzugs zur Steuerentstehung nach § 6 Abs. 1 AStG zur Entstehung der Wegzugsteuer geführt hat.[513] Die Korrektur der Wegzugsteuer kann daher maximal auf null erfolgen. Dies erscheint damit konsequent zur Ansicht, dass fiktive Wertminderungen nicht berücksichtigt werden können.[514] Hier regelt der Gesetzgeber anders als in Abs. 1 nun ausdrücklich, dass die Bemessungsgrundlage für die Wegzugsteuer nicht negativ werden kann, auch wenn der tatsächliche Veräußerungspreis noch unterhalb der Anschaffungskosten liegt (und somit ein tatsächlicher Verlust entstanden ist). Für diesen Fall wird lediglich die Wegzugsteuer auf null gesetzt und somit gänzlich rückgängig gemacht. Wertminderungen bis zum Zeitpunkt der tatsächlichen Veräußerung (oder des gleichgestellten Ereignisses) werden demnach nur insoweit erfasst, als sich zum Wegzugszeitpunkt *kein*

---

[511] Vgl. auch *Häck,* in: F/W/B/S, AStG, Stand: 07/2021, § 6 Rn. 649.
[512] *Boller/Euchner/Schmidt,* in: H/K/G/R, AStG, Stand: 10/2019, § 6 Rn. 475.
[513] *Häck,* in: F/W/B/S, AStG, Stand: 07/2021, § 6 Rn. 650; *Strunk/Kaminski*, in: S/K/K, AStG, Stand: 01/2020, § 6 Rn. 310.
[514] Vgl. hierzu B.IV.2.b)aa)(1).

fiktiver Veräußerungsverlust ergeben würde.[515] In **Abbildung 2**[516] werden die unterschiedlichen Auswirkungen auf die zuvor festgesetzte Wegzugsteuer dargestellt.
In der Regelung des § 6 Abs. 6 Satz 1 2. HS AStG a.F. kann daher ein weiteres – zumindest systematisches – Argument dafür gesehen werden, dass generell eine Berücksichtigung von fiktiven Wertminderungen nicht vorgesehen ist. Wenn schon bei der tatsächlichen Veräußerung (also zu einem Zeitpunkt, in dem sich die Realisierung der stillen Reserven oder stillen Lasten definitiv und endgültig bestimmen lässt) eine „negative Wegzugsteuer" nicht möglich ist, so kann dies erst recht nicht beim Entstehen der Wegzugsteuer der Fall sein, da zu diesem Zeitpunkt noch gar nicht feststeht, wie sich der Wert der Anteile und die darin vorhandenen stillen Reserven oder Lasten entwickeln werden und ob überhaupt jemals ein Verlust realisiert wird.

Gleichzeitig kann § 6 Abs. 6 AStG a.F. auch nicht eine potenziell drohende Doppelbesteuerung verhindern, die dadurch entstehen kann, dass der Zuzugsstaat bei der Besteuerung des tatsächlichen Veräußerungsgewinns (teilweise) die *gleichen* stillen Reserven besteuert wie in Deutschland innerhalb der (zeitlich vorgelagerten) Wegzugsbesteuerung.[517] Sofern der Zuzugsstaat also bspw. die historischen AK anstelle des gemeinen Wertes zum Wegzugszeitpunkt (bzw. aus seiner Sicht zum *Zuzugs*zeitpunkt) berücksichtigt, kommt es auch nach Anwendung des § 6 Abs. 6 AStG a.F. zur Doppelbesteuerung. Dies soll anhand der weiteren Betrachtung des obigen Beispiels (AK 100, gemeiner Wert bei Wegzug 150, Veräußerungspreis 120) näher erläutert werden:
Sofern der Zuzugsstaat in diesem Falle bei der Berechnung des Veräußerungsgewinns die historischen Anschaffungskosten (100) anstatt des gemeinen Wertes bei Zuzug (150) ansetzt, weil eine entsprechende Verstrickungsklausel im Zuzugsstaat nicht vorhanden ist, so würde in diesem Staat (unter den übrigen nationalen Regelungen) ein Veräußerungsgewinn in Höhe von 20 versteuert werden. Zwar wäre hierdurch das Tatbestandsmerkmal „Nichtberücksichtigung der Wertminderung im Zuzugsstaat" erfüllt,[518] sodass die Bemessungsgrundlage der deutschen Wegzugsteuer auf ebenfalls 20 gekürzt würde.[519] Allerdings bleibt insoweit die deutsche Wegzugsteuer bestehen, sodass die Entwicklung der Anteile einmal mit Wegzugsteuer in Deutschland und einmal mit Einkommensteuer (oder vergleichbarer Steuer) im Zuzugsstaat besteuert würde.[520] Diese Doppelbesteuerung wird durch § 6 Abs. 6 AStG a.F. nicht eliminiert; es wird lediglich verhindert, dass der

[515] *Boller/Euchner/Schmidt,* in: H/K/G/R, AStG, Stand: 10/2019, § 6 Rn. 486.
[516] Siehe im Anhang, S. 322.
[517] *Häck,* in: F/W/B/S, AStG, Stand: 07/2021, § 6 Rn. 623; *Kraft*, in: Kraft, AStG, § 6 Rn. 551; *Wilke*, in: AStG – eKommentar, Stand: 03/2019, § 6 Rn. 100.
[518] Anders wäre dies, wenn der Zuzugsstaat den gemeinen Wert zum Zuzugszeitpunkt berücksichtigt hätte, dadurch auf einen tatsächlichen Veräußerungsverlust kommen würde (120 – 150) und auf diese Weise die Wertminderung schon berücksichtigt wäre.
[519] Die Wertminderung berechnet sich wie folgt: Vermögenszuwachs nach Abs. 1 (50) abzüglich realisierter Veräußerungsgewinn (20) = 30.
[520] Vgl. zur unionsrechtlichen Bewertung ausführlich unter E.IV.4.

wegzugsbesteuerte fiktive Veräußerungsgewinn den tatsächlichen Veräußerungsgewinn der Höhe nach übersteigt.

cc) Wegfall in neuer Fassung

Diese Korrekturmöglichkeit der festgesetzten Wegzugsteuer fällt mit der neuen Fassung gänzlich weg, da auch schon die dauerhafte Stundung, die Voraussetzung für § 6 Abs. 6 AStG a.F. ist, im neuen Recht nicht mehr vorgesehen ist.
Auch wenn für die „Abwicklung" von Altfällen, die vor dem 01.01.2022 verwirklicht wurden, grds. noch die alte Fassung Anwendung findet (§ 21 Abs. 3 Satz 1 AStG n.F.), so ist eine Minderung nach § 6 Abs. 6 AStG a.F. ausdrücklich nicht mehr zu gewähren, sofern die Veräußerung der Anteile nach dem 24.03.2021 erfolgt ist (§ 21 Abs. 3 Satz 2 AStG n.F.). Es ist zu vermuten, dass man dieses Datum gewählt hat, da an diesem Tage das ATAD-UmsG von der Bundesregierung beschlossen wurde und man davon ausgehen konnte, dass spätestens ab diesem Zeitpunkt ein etwaiger Vertrauensschutz der Bürger auf die alte Rechtslage nicht mehr bestand.

Mit dem Wegfall dieser Korrekturmöglichkeit wurde die Berücksichtigung von nachträglichen Wertminderungen zusätzlich eingeschränkt. Eine § 6 Abs. 6 AStG vergleichbare Regelung beinhaltet dagegen nach wie vor z.B. das DBA Frankreich. Auch nach dem ersatzlosen Wegfall des § 6 Abs. 6 AStG a.F. sieht Art. 7 Abs. 6 Satz 3 DBA Frankreich vor, dass der Wegzugsstaat eine Wegzugsteuer nachträglich zu korrigieren hat, sollte der Wert der Anteile nach dem Wegzug unter den Wert sinken, der bei der Ermittlung des fiktiven Veräußerungsgewinns im Wegzugsstaat zugrunde gelegt worden ist. Zieht ein Steuerpflichtiger (nach zehnjähriger unbeschränkter Steuerpflicht in Deutschland) nach Frankreich und veräußert er seine Kapitalgesellschaftsanteile dann später, so wäre nach der abkommensrechtlichen Vorschrift Deutschland verpflichtet, sofern sich der Wert der Anteile nachträglich mindert, an die Stelle des (gemeinen) Werts bei Wegzug den tatsächlich erzielten Veräußerungspreis zu setzen und demnach den einst besteuerten fiktiven Veräußerungsgewinn entsprechend nach unten zu korrigieren.[521] Auch wenn diese Regelung zwischen zwei Staaten getroffen wurde, die bislang für den Wegzug in das jeweils andere Land eine dauerhafte Stundung der Wegzugsteuer vorgesehen haben, so gilt die Regel auch nach Wegfall der solchen in Deutschland weiter fort; im Unterschied zur bisherigen Fassung des § 6 Abs. 6 AStG a.F. sind nämlich die dauerhafte Stundung und deren Widerruf ausdrücklich nicht Voraussetzung des Art. 7 Abs. 6 Satz 3 DBA Frankreich.

b) § 6 Abs. 1 Satz 5 AStG a.F.

Bislang wurden die nachträglichen Wertminderungen und die tatsächliche Veräußerung der Anteile mit Blick auf die Auswirkungen auf die zuvor bei Wegzug entstandene

---

[521] *Martini,* in: Wassermeyer, Doppelbesteuerung, DBA Frankreich, Stand: 07/2023, Art. 7 Rn. 42.

Wegzugsteuer betrachtet. Darüber hinaus beinhaltet § 6 Abs. 1 Satz 5 AStG a.F. jedoch auch eine entsprechende Vorschrift, die die Auswirkungen der Wertentwicklungen (seien es Zuwächse oder Minderungen) auf die Besteuerung der tatsächlichen Veräußerung nach § 17 EStG vorschreibt.

aa) Inhalt

Die Norm sieht vor, dass § 17 EStG (ggf. i.V.m. § 49 Abs. 1 Nr. 2 Buchst. e) Doppelbuchst. aa) EStG mit der Maßgabe anwendbar ist, dass der anzusetzende Gewinn aus der (tatsächlichen) Veräußerung der Anteile um den (fiktiven) Vermögenszuwachs gekürzt wird, der seinerzeit der Wegzugsteuer unterlegen hat. Dadurch soll gewährleistet werden, dass eine inländische Doppelbesteuerung vermieden wird.[522] Wie in **Abbildung 3**[523] zu sehen ist, wird dadurch erreicht, dass im Zusammenspiel zwischen § 6 Abs. 1 AStG und § 17 Abs. 1 EStG der gesamte Wertzuwachs (oder Wertverlust) seit der Anschaffung der Anteile bis zur Veräußerung insgesamt nur einmal der deutschen Besteuerung unterliegt. Ohne diese gesetzliche Anordnung würden bei der Berechnung des tatsächlichen Veräußerungsgewinns (Veräußerungspreis abzüglich Anschaffungskosten) stille Reserven, die bis zum Zeitpunkt der Wegzugsteuer entstanden sind, nochmals der deutschen Besteuerung unterliegen.

Die Vorschrift ist auch dann anzuwenden, wenn sich der Wert der Anteile nach dem Entstehen der Wegzugsteuer nicht (weiter) erhöht, sondern verringert, es also vom Wegzugsteuerzeitpunkt aus betrachtet zu einer nachträglichen Wertminderung kommt: Werden die Anteile dabei insgesamt (also im Vergleich zwischen historischen Anschaffungskosten und Veräußerungspreis) mit Gewinn veräußert und war der Wertzuwachs nur beim Auslösen der Wegzugsteuer noch höher als bei der tatsächlichen Veräußerung (Bsp.: AK 100, gemeiner Wert bei Wegzug 200, Veräußerungspreis 170)[524], so soll nach Ansicht der Literatur und der Finanzverwaltung durch die Kürzung nach Satz 5 innerhalb des § 17 EStG steuerlich auch ein Verlust realisiert werden können, der nach den allgemeinen Regeln zur Anerkennung von Veräußerungsverlusten im EStG zu berücksichtigen ist.[525] Eine Beschränkung der Anrechnung auf den positiven Veräußerungsgewinn (hier im Beispiel auf 70) ist nicht vorgesehen.[526]

Ebenso ist der Fall denkbar, dass es zum Zeitpunkt der Wegzugsteuer noch zu einem (fiktiven) Veräußerungsgewinn gekommen ist, der Wert der Anteile danach jedoch derartig gesunken ist, dass der tatsächliche Veräußerungspreis noch unter den

[522] *Häck,* in: F/W/B/S, AStG, Stand: 07/2021, § 6 Rn, 407; *Strunk/Kaminski*, in: S/K/K, AStG, Stand: 01/2020, § 6 Rn. 135; *Müller-Gosoge*, in: Haase, AStG, § 6 Rn. 126.

[523] Siehe im Anhang, S. 323.

[524] Fall 2 in Abbildung 3, Anhang, S. 323.

[525] BMF, Schreiben v. 14.05.2004 – IV B 4-S 1340-11/04, BStBl I 2004 Sondernummer 1/2004, 3, Tz. 6.1.4.2, erster Fall; *Häck,* in: F/W/B/S, AStG, Stand: 07/2021, § 6 Rn. 412; *Kraft*, in: Kraft, AStG, § 6 Rn. 322.

[526] *Häck,* in: F/W/B/S, AStG, Stand: 07/2021, § 6 Rn. 412; *Wilke*, in: AStG – eKommentar, Stand: 03/2019, § 6 Rn. 54.

Anschaffungskosten liegt, somit ein tatsächlicher Veräußerungsverlust erzielt wird (Bsp.: AK 100, gemeiner Wert bei Wegzug 170, Veräußerungspreis 70).[527]
Obwohl das Gesetz davon spricht, dass der nach § 17 EStG ermittelte „Gewinn“ um den Vermögenszuwachs zu kürzen ist, so gehen Literatur als auch Finanzverwaltung davon aus, dass dies auch für den Fall eines tatsächlichen Verlustes gilt mit der Folge, dass dieser Verlust um den (positiven) Vermögenszuwachs zu erhöhen ist.[528]

Und schließlich treten Fälle auf, in denen es bereits zum (zeitlich früheren) Wegzug zu einem fiktiven Veräußerungsverlust gekommen ist und sich dieser Verlust aufgrund von nachträglichen Wertsteigerungen „erholt“ und insgesamt bei einer Veräußerung zu einem Gewinn führt (Bsp.: AK 100, gemeiner Wert bei Wegzug 60, Veräußerungspreis 120).[529] Unter der Prämisse, dass fiktive Veräußerungsverluste zum Zeitpunkt des Wegzugs nicht berücksichtigt werden können,[530] ist es folgerichtig, dass das BMF hier vorschreibt, dass bei der Berechnung des Veräußerungsgewinns von den ursprünglichen Anschaffungskosten auszugehen ist.[531] Eine Korrektur aufgrund der Wegzugsbesteuerung ist nicht erforderlich, weil sich die (fiktive) Wertminderung steuerlich erst gar nicht ausgewirkt hat.[532]

Voraussetzung dafür, dass § 6 Abs. 1 Satz 5 AStG a.F. überhaupt eine Relevanz hat und nicht nur ins Leere läuft, ist allerdings, dass die tatsächliche Veräußerung der Anteile nach der Auslösung der Wegzugsteuer überhaupt noch vom deutschen Besteuerungsrecht umfasst ist.[533] Dies ist insbesondere dann nämlich nicht mehr der Fall, wenn der Wegzug bzw. das entsprechende Ereignis i.S.d. § 6 Abs. 1 AStG a.F. gerade dazu geführt hat, dass das deutsche Besteuerungsrecht ausgeschlossen wurde. Sofern die Wegzugsteuer damals mit der Beendigung der unbeschränkten Steuerpflicht in Deutschland verbunden war (§ 6 Abs. 1 Satz 1 AStG a.F.) bzw. auf einen nicht in Deutschland unbeschränkten Steuerpflichtigen übertragen wurde (§ 6 Abs. 1 Satz 2 Nr. 1 AStG a.F.), wäre ein späterer Veräußerungsgewinn nur noch im Rahmen der beschränkten Steuerpflicht möglich, wenn es sich bspw. zugleich um Anteile an einer inländischen Kapitalgesellschaft handelt, §§ 17

---

[527] Fall 3 in Abbildung 3, Anhang, S. 323.
[528] *Häck,* in: F/W/B/S, AStG, Stand: 07/2021, § 6 Rn. 412; *Kraft*, in: Kraft, AStG, § 6 Rn. 322; BMF, Schreiben v. 14.05.2004 – IV B 4-S 1340-11/04, BStBl I 2004 Sondernummer 1/2004, 3, Tz. 6.1.4.2, zweiter Fall; *Wilke*, in: AStG – eKommentar, Stand: 03/2019, § 6 Rn. 54.
[529] Fall 4 in Abbildung 3, Anhang, S. 323.
[530] Siehe hierzu schon unter B.IV.2.b).
[531] BMF, Schreiben v. 14.05.2004 – IV B 4-S 1340-11/04, BStBl I 2004 Sondernummer 1/2004, 3, Tz. 6.1.4.2, dritter Fall; dies gilt darüber hinaus auch für den Fall, in dem sich der fiktive Veräußerungsverlust bis zur tatsächlichen Veräußerung sogar noch erhöht. Auch hier ist bei der Berechnung des tatsächlichen Veräußerungsverlustes schlicht auf die Anschaffungskosten und den Veräußerungspreis abzustellen.
[532] Siehe ausführlich zur Berücksichtigung fiktiver Veräußerungsverluste unter B.IV.2.b).
[533] *Häck,* in: F/W/B/S, AStG, Stand: 07/2021, § 6 Rn. 407; *Kraft*, in: Kraft, AStG, § 6 Rn. 320; vgl. auch *Kölbl*, in: Haase, Wegzugsbesteuerung, Teil 3, Rn. 822.

Abs. 1, 49 Abs. 1 Nr. 2 Buchst. e) Doppelbuchst. aa) EStG.[534] Zum anderen kommt Satz 5 zum Zuge, wenn auch nach dem auslösenden Ereignis weiterhin eine unbeschränkte Steuerpflicht in Deutschland besteht und zugleich das deutsche Besteuerungsrecht bezüglich der Veräußerung der Anteile nicht ausgeschlossen ist. Dabei handelt es sich um genau diejenigen Fälle, die bereits unter dem Stichwort der „überschießenden Tendenz"[535] erläutert wurden, also solche, in denen es zuvor zu einer Wegzugsbesteuerung gekommen ist, obwohl das deutsche Besteuerungsrecht erst gar nicht ausgeschlossen oder beschränkt wurde.[536]
Darüber hinaus sind auch Fälle denkbar, in denen der Wegzug mit einer Beendigung der unbeschränkten Steuerpflicht verbunden war und derselbe Steuerpflichtige dann nach einer gewissen Zeit wieder nach Deutschland zurückkehrt und eine unbeschränkte Steuerpflicht wiederbegründet.[537]

Neben der tatsächlichen Veräußerung der Anteile, die zur direkten Anwendung des § 17 Abs. 1 EStG führt, ist es ebenso möglich, dass anstelle dieser tatsächlichen Veräußerung ein erneuter Wegzug des Steuerpflichtigen unter Aufgabe der unbeschränkten Steuerpflicht erfolgt. Dies würde dann wiederum die entsprechende Anwendung des § 17 Abs. 1 EStG zur Folge haben und (erneut) eine Wegzugsteuer auslösen (§ 6 Abs.1 Satz 1 AStG a.F. bzw. § 6 Abs. 1 Satz 1 Nr. 1 AStG n.F.). Hierzu wird vertreten, dass in einem solchen Fall § 6 Abs. 1 Satz 5 AStG a.F. ebenfalls (analog) Anwendung finden solle, zwar nicht auf die Berechnung des §17-Gewinns, wohl aber auf die Berechnung des „fiktiven" § 17-Gewinns.[538] Dem ist zuzustimmen. Da nicht nur § 6 Abs. 1 Satz 5 AStG a.F., sondern auch § 6 Abs. 1 Satz 1 AStG a.F. auf § 17 EStG verweist, muss die Anordnung des Satzes 5 auch für eine (erneute) *fiktive* Veräußerung gelten, wenn diese schon den tatsächlichen Veräußerungen gleichgestellt wird. Dadurch wird auch wiederum gewährleistet, dass die stillen Reserven in den Anteilen nicht doppelt besteuert werden, nur weil eine Wegzugsteuer mehrfach ausgelöst wurde.
Sofern der Zuzug nach Deutschland im anderen Staat zu einer dem § 6 AStG vergleichbaren Steuer geführt hat und ein Fall des § 17 Abs. 2 Satz 3 EStG vorliegt, ist es möglich, dass eine Kombination aus Step-up der Anschaffungskosten und Kürzung des Vermögenszuwachses erfolgt: Bei der tatsächlichen Veräußerung bzw. bei einem erneuten Wegzug würden dann (i) die wegzugsbesteuerten stillen Reserven bis zum ersten Wegzug

---

[534] S. auch *Häck,* in: F/W/B/S, AStG, Stand: 07/2021, § 6 Rn. 411; unter der Annahme, dass eine unbeschränkte Steuerpflicht nach der einstigen Beendigung wieder begründet wurde und der Verkauf der Anteile danach – also wieder innerhalb der unbeschränkten Steuerpflicht – erfolgt.

[535] Siehe hierzu ausführlich unter B.III.6.

[536] *Häck,* in: F/W/B/S, AStG, Stand: 07/2021, § 6 Rn. 407; dabei sind wohl auch die Fälle umfasst, in denen es zunächst zu einer dauerhaften Stundung nach § 6 Abs. 5 AStG a.F. gekommen ist und durch die Veräußerung dann (i) der Tatbestand des § 17 EStG ausgelöst wird und (ii) gleichzeitig dadurch ein Widerruf der Stundung nach § 6 Abs. 5 Satz 4 Nr. 1 AStG a.F. erfolgt.

[537] *Müller-Gosoge*, in: Haase, AStG, § 6 Rn. 127; ein Fall der vorübergehenden Abwesenheit i.S.d. § 6 Abs. 3 Satz 1 AStG a.F./n.F. soll dabei vorliegend aus Vereinfachungsgründen nicht erfüllt sein.

[538] Vgl. *Häck,* in: F/W/B/S, AStG, Stand: 07/2021, § 6 Rn. 409; *Kraft*, in: Kraft, AStG, § 6 Rn. 321.

durch § 6 Abs. 1 Satz 5 AStG a.F. und (ii) die – im Ausland versteuerten – Wertzuwächse durch den Step-up in § 17 Abs. 2 Satz 3 EStG berücksichtigt werden.

Die Anwendung des § 6 Abs. 1 Satz 5 AStG a.F. hat von Amts wegen zu erfolgen und bedarf demnach keines Antrags durch den Steuerpflichtigen.[539]

bb) Verhältnis zu § 6 Abs. 6 AStG

Denkbar sind Fälle, in denen die Tatbestände *beider* Vorschriften erfüllt sind. Zieht der Steuerpflichtige bspw. nach Spanien und begründet dort seine Ansässigkeit, ohne seinen Wohnsitz und damit seine unbeschränkte Steuerpflicht in Deutschland aufzugeben, so wäre die nach § 6 Abs. 1 Satz 2 Nr. 2 AStG a.F. entstehende Steuer von Amts wegen gem. § 6 Abs. 5 Satz AStG a. F (angenommen alle weitere Voraussetzung lägen vor) dauerhaft und zinslos zu stunden. Angenommen, das Vermögen der Kapitalgesellschaft, an der die Anteile gehalten werden, besteht zu mehr als 50 % aus in Deutschland belegenem Grundbesitz, so stünde Deutschland aufgrund des Art. 13 Abs. 2 DBA Spanien („Immobilienklausel“) weiterhin das Besteuerungsrecht zu.[540] Eine Veräußerung der Anteile führt gem. § 6 Abs. 5 Satz 4 Nr. 1 AStG a.F. zum Widerruf der Stundung. Wenn bei der Veräußerung ein Veräußerungspreis erzielt wird, der unterhalb des gemeinen Wertes zum Zeitpunkt des damaligen Wegzugs liegt (also nach dem Entstehen der Wegzugsteuer eine Wertminderung eingetreten ist), würde tatbestandlich ein Fall des Abs. 6 vorliegen; der bei Wegzug angesetzte gemeine Wert der Beteiligung hat sich tatsächlich nicht realisieren können. Diesem Umstand trägt dann aber bereits § 6 Abs. 1 Satz 5 AStG a.F. Rechnung, der schon auf Ebene der Berechnung des tatsächlichen Veräußerungsgewinns (der in Deutschland besteuert werden kann) eine Kürzung um den damalig versteuerten Vermögenszuwachs vornimmt.[541] Für die Anwendung des § 6 Abs. 6 AStG a.F. bleibt dann kein Raum mehr, da bereits gewährleistet wurde, dass nur die tatsächlich realisierten stillen Reserven der deutschen Einkommensbesteuerung unterliegen (ggf. auch durch Entstehung eines § 17-Verlustes[542]).

cc) Neue Fassung

Eine vergleichbare Regelung enthält die neue Fassung in § 6 Abs. 1 Satz 3 AStG. Auch hier wird die Bemessungsgrundlage des Veräußerungsgewinns i.S.d. § 17 Abs. 2 EStG

---

[539] Vgl. *Strunk/Kaminski*, in: S/K/K, AStG, Stand: 01/2020, § 6 Rn. 136.

[540] Dass diesem Falle eine Wegzugsteuer entsteht, obwohl das deutsche Besteuerungsrecht in diesem besonderen Fall wegen der Immobilienklausel in Art. 13 Abs. 2 DBA Spanien tatsächlich weder beschränkt noch ausgeschlossen wird (in Spanien wird die deutsche Einkommensteuer gem. Art. 22 Abs. 1 DBA Spanien angerechnet), wird wie bereits unter B.III.6.c)aa) festgestellt, bewusst vom deutschen Gesetzgeber in Kauf genommen und ist durch den BFH bestätigt worden (Fall der überschießenden Tendenz).

[541] Vgl. *Häck,* in: F/W/B/S, AStG, Stand: 07/2021, § 6 Rn. 626 zu vorrangiger Anwendung des § 6 Abs. 1 Satz 5.

[542] Siehe hierzu bereits unter B.IV.6.b)aa).

angesprochen, nun jedoch nicht durch Abzug des Vermögenszuwachses (also Kürzung des Veräußerungsgewinns), sondern durch Erhöhung der Anschaffungskosten („gelten als zum gemeinen Wert erworben"). Bei der Berechnung des § 17-Gewinns ist anstelle der Anschaffungskosten der gemeine Wert zum Zeitpunkt der Auslösung der Wegzugsteuer anzusetzen; nunmehr ist also auch hier ein Step-up der Anschaffungskosten angeordnet. Vorausgesetzt wird dabei, dass die auf den (fiktiven) Veräußerungsgewinn entfallene Steuer auch tatsächlich entrichtet wurde. Dass bei einer dauerhaften Stundung zunächst und ggf. bis zu dem Zeitpunkt der tatsächlichen Veräußerung noch gar keine Steuer entrichtet worden ist, wird im neuen Recht hier keine Rolle mehr spielen, da eine dauerhafte Stundung ohnehin nicht mehr vorgesehen ist und lediglich die Ratenzahlung gem. § 6 Abs. 4 AStG n.F. als Stundungsmöglichkeit in Betracht kommt. Dennoch ist der Gesetzesbegründung zu entnehmen, dass die Aufstockung der Anschaffungskosten davon abhängig gemacht werden soll, dass die damalige Wegzugsteuer auch tatsächlich entrichtet worden ist, sodass die Anteile weiterhin als zu den ursprünglichen Anschaffungskosten erworben gelten, soweit und solange die Steuer noch gestundet ist. Die spätere Entrichtung der Steuer[543] soll dann in Bezug auf den *nach* der ursprünglichen Wegzugsbesteuerung erfolgten (tatsächlichen) Veräußerungsvorgang ein rückwirkendes Ereignis i.S.d § 175 Abs. 1 Satz 1 Nr. 2 AO darstellen (sodass der Gewinn i.S.d. § 17 Abs. 2 EStG nachträglich korrigiert werden würde).[544]

Die Anordnung des Step-up der Anschaffungskosten im Falle einer einmal ausgelösten deutschen Wegzugsbesteuerung wirkt sich damit auch nicht nur auf eine tatsächliche Veräußerung aus, sondern ebenso bei einer eventuellen erneuten Wegzugsbesteuerung bei nochmaligem Wegzug.[545]

---

543 Zum Zeitpunkt der Veräußerung wird die festgesetzte Wegzugsteuer ohnehin gem. § 6 Abs. 4 Satz 5 Nr. 4 AStG n.F. in voller Höhe fällig.

544 Vgl. RegE ATAD, BT-Drucks. 19/28652, S. 48; ebenso *Kölbl*, in: Haase, Wegzugsbesteuerung, Teil 3, Rn. 820.

545 So wie auch schon im alten Recht unter § 6 Abs. 1 Satz 5 AStG a.F., vergleiche hierzu oben unter B.IV.6.b)aa).

C. Verfassungsrechtliche Bewertung des § 6 AStG

Im ersten Teil der Bewertung der alten und neuen Fassung des § 6 AStG soll die Norm im Lichte des deutschen Verfassungsrechts näher betrachtet werden.
Die verfassungsrechtlichen Fragen rund um § 6 AStG finden – im Gegensatz bspw. zu europarechtlich geführten Diskussionen – in der Praxis verhältnismäßig wenig Beachtung,[546] was zum Teil auch den Umstand erklären dürfte, dass die Wegzugsbesteuerung nach § 6 AStG verschiedene verfassungsrechtliche Fragen aufwirft, deren abschließende Beantwortung durch das Bundesverfassungsgericht noch aussteht.[547] Zwar werden die Art. 11[548] und 12 GG[549] eher nicht erfolgreich gegen eine Wegzugsbesteuerung aktiviert werden können.[550] Auch eine Übermaßbesteuerung i.S.v. Art. 14 GG[551] ist regelmäßig nicht zu beobachten.[552]

Problematisch ist aus verfassungsrechtlicher Perspektive aber insbesondere das Anknüpfungsmerkmal, dessen der Gesetzgeber sich bei der Wegzugsbesteuerung bedient. Der Gesetzgeber wählt nämlich eine nicht leistungsfähigkeitssteigernde ökonomische Wahlhandlung in Form des Wegzugs des Steuerpflichtigen bzw. dem Wegzug gleichgestellte Ereignisse, die teils nicht einmal einer Handlung des Steuerpflichtigen bedürfen, um einen Steuertatbestand zu schaffen. Insbesondere aus steuersystematischer Sicht erweist sich diese tatbestandliche Anknüpfung der Wegzugsteuer als zweifelhaft.[553]
Im Rahmen der nachfolgenden verfassungsrechtlichen Würdigung sollen daher zunächst mögliche Anknüpfungspunkte des Gleichheitssatzes in Art. 3 GG dargestellt werden. Das größte Einschränkungspotential der Wegzugsbesteuerung ergibt sich aus dem Liquiditätsnachteil für den Steuerpflichtigen, sodass sich diese Arbeit im Rahmen des Art. 3 Abs. 1 GG auf das Gebot der Besteuerung nach der wirtschaftlichen Leistungsfähigkeit konzentrieren soll. Dies soll nicht darüber hinwegtäuschen, dass sich aus dem Gleichheitssatz auch andere Anknüpfungspunkte herleiten lassen, wie etwa der Umstand, dass § 6 AStG nur Anteile an Kapitalgesellschaften und auch nur solche von mehr als 1 % erfasst, andere Vermögensgegenstände jedoch nicht. Nicht unberechtigt wird darin etwa ein Verstoß

---

546 *Häck,* in: F/W/B/S, AStG, Stand: 07/2021, § 6 Rn. 135.
547 *Häck,* in: F/W/B/S, AStG, Stand: 07/2021, § 6 Rn. 135.
548 So wird bspw. die hier noch zur Untersuchung stehende Ausreisefreiheit nicht von Art. 11 GG, sondern von Art. 2 GG geschützt, vgl. BVerfG, Beschl. v. 14.05.1986 – 2 BvL 2/83, BStBl II 1986, 628, Rn. 100.
549 Hierzu fehlt es den steuerrechtlichen Normen nach Ansicht des BVerfG an den notwendigen berufsregelnden Tendenzen, so bspw. BVerfG, Beschl. v. 11.10.1977 – 1 BvR 343/73, BStBl II 1978, 174, Rn. 59.
550 *Häck,* in: F/W/B/S, AStG, Stand: 07/2021, § 6 Rn. 135.
551 Vgl. hierzu BVerfG, Nichtannahmebeschluss v. 07.04.2015 – 1 BvR 1432/10, HFR 2015, 695, Rn. 8.
552 Vgl. *Häck,* in: F/W/B/S, AStG, Stand: 07/2021, § 6 Rn. 135 und 139; zur verfassungsrechtlichen Frage der kumulierten Belastung mit Einkommensteuer und Erbschaftsteuer, vgl. auch BVerfG, Nichtannahmebeschluss v. 07.04.2015 – 1 BvR 1432/10, HFR 2015, 695, Rn. 13.
553 So *Kraft*, in: Kraft, AStG, § 6 Rn. 36.

gegen das Gebot der Folgerichtigkeit gesehen[554], worauf hier jedoch nicht näher eingegangen werden soll.
Daneben soll im Rahmen des Art. 2 Abs. 1 GG eine verfassungsrechtliche Überprüfung des § 6 AStG in Bezug auf die Ausreisefreiheit, deren Beschränkung und mögliche Rechtfertigungsgründe erfolgen.

I. Art. 3 GG – Leistungsfähigkeitsprinzip

In Deutschland bildet der allgemeine Gleichheitssatz des Art. 3 Abs. 1 GG den zentralen verfassungsrechtlichen Prüfungsmaßstab für Steuergesetze.[555] Die Gleichheit vor dem Gesetz (Art. 3 Abs. 1 GG) gebietet dem Gesetzgeber und der gesetzesanwendenden öffentlichen Hand, wesentlich Gleiches gleich und wesentlich Ungleiches entsprechend unterschiedlich zu behandeln.[556] Schließlich verwendet das BVerfG mittlerweile die sog. neue Formel, nach der der Gleichheitssatz vor allem dann verletzt ist, wenn eine Gruppe von Normadressaten im Vergleich zu anderen Normadressaten anders behandelt wird, obwohl zwischen beiden Gruppen keine Unterschiede von solcher Art und solchem Gewicht bestehen, dass sie die ungleiche Behandlung rechtfertigen könnten.[557]

Eine Ausprägung des allgemeinen Gleichbehandlungsgrundsatzes stellt das Leistungsfähigkeitsprinzip dar. Das Leistungsfähigkeitsprinzip, das als Fundamentalprinzip der Besteuerung weitgehend anerkannt wird, erlangt insbesondere in Anwendung des allgemeinen Gleichheitssatzes (Art. 3 Abs. 1 GG) verfassungsrechtliche Bedeutung; dabei leitet das BVerfG in ständiger Rechtsprechung das Leistungsfähigkeitsprinzip unmittelbar aus Art. 3 Abs. 1 GG ab.[558] Um eine Lastengleichheit für alle Steuerpflichtigen zu erreichen, müssen diese bei gleicher Leistungsfähigkeit gleich hoch, bei unterschiedlicher Leistungsfähigkeit unterschiedlich besteuert werden (horizontale und vertikale

---

[554] Vgl. hierzu ausführlich *Häck,* in: F/W/B/S, AStG, Stand: 07/2021, § 6 Rn. 143 sowie allgemein zum Gebot der Folgerichtigkeit BVerfG, Beschl. v. 22.06.1995 – 2 BvL 37/91, BVerfGE 93, 121, Rn. 46 mit Verweis auf BVerfG, Beschl. v. 07. 05.1968 – 1 BvR 420/64, BVerfGE 23, 242.

[555] *Hey,* in: Tipke/Lang, Steuerrecht, Rn. 3.110 ff.; *Schaumburg*, in: Schaumburg, Internationales Steuerrecht, Rn. 4.4; vgl. bspw. auch BVerfG, Beschl. v. 23.11.1976 – 1 BvR 150/75, BStBl II 1997, 135, Rn. 25.

[556] Bspw. BVerfG, Urt. v. 10.04.2018 – 1 BvL 11/14, BVerfGE 148, 147 m.w.N.

[557] seit BVerfG, Urt. v. 07.10.1980 – 1 BvL 50/79, 1 BvL 89/79, 1 BvR 240/79, BVerfGE 55, 72 (88).

[558] St. Rspr.: BVerfG, Urt. v. 03.11.1982 – 1 BvR 620/78, BVerfGE 61, 319 (343 f.); BVerfG, Urt. v. 21.06.2006 – 2 BvL 2/99, BVerfGE 116, 164 (180); BVerfG , Urt. v. 09.12.2008 – 2 BvL 1/07, BVerfGE 122, 210 (231); BVerfG, Urt. v. 12.10.2010 – 1 BvL 12/07, BVerfGE 127, 224 (244 f.); BVerfG, Urt. v. 29.03.2017 – 2 BvL 6/11, BVerfGE 145, 106 (142); *Hey/Kirchhof/Ismer,* in: H/H/R, EStG, Stand: 08/2023, Einführung zum EStG, Rn. 230; *Schaumburg*, in: Schaumburg, Internationales Steuerrecht, Rn. 17.9.

Steuergerechtigkeit).[559] Das Leistungsfähigkeitsprinzip gibt dabei den Vergleichsmaßstab für den allgemeinen Gleichheitssatz an, sodass jede steuerrechtliche Differenzierung nach dem Leistungsfähigkeitsprinzip zu erfolgen hat.[560]

1. Realisationsprinzip

Das Leistungsfähigkeitsprinzip wiederum zeigt sich in vielseitiger Gestaltung, u.a. in dem sog. Realisationsprinzip.[561]

Nach dem Realisationsprinzip[562] darf ein Gewinn grds. erst ausgewiesen werden, wenn er durch Umsatz (Veräußerung oder sonstigen Leistungsaustausch) verwirklicht ist, im Umkehrschluss wird daher die bloße Wertsteigerung einzelner Wirtschaftsgüter (noch) nicht im bilanziellen Gewinn erfasst. Zweck des Realisationsprinzips ist es, zu verhindern, dass bereits vage Gewinnchancen und bloße Gewinnhoffnungen zu einer Gewinnerhöhung führen.[563] Wertzuwächse, die sich gemessen an den Anschaffungskosten im Laufe der Zeit ergeben, dürfen demnach auch erst dann steuerlich erfasst und berücksichtigt werden, wenn eine transaktionsbedingte Gewinn- (oder Verlust-)Realisierung erfolgt.[564]

Dem liegt der Gedanke zugrunde, dass steuerliche Leistungsfähigkeit stets Liquidität für die Steuerzahlung voraussetzt[565] und gleichzeitig das sog. Übermaßverbot eine vorsichtige Besteuerung gebietet, d.h. eine Besteuerung nur des liquiden Einkommens.[566] Das Realisationsprinzip harmoniert im Übrigen auch mit dem Markteinkommenskonzept, wonach grundsätzlich nur das erwirtschaftete, am Markt realisierte Einkommen der Besteuerung zugeführt wird[567] und die Steuerbelastung in ihrer Art als Teilhabe des Staats am Erfolg individuellen Erwerbsstrebens und Erfolg des privaten Wirtschaftens gesehen wird.[568]

---

559 *Hey/Kirchhof/Ismer,* in: H/H/R, EStG, Stand: 08/2023, Einführung zum EStG, Rn. 230; *Kischel,* in: BeckOK, GG, Art. 3 Rn. 147; *Kirchhof,* in: Maunz/Dürig, GG, Stand: 05/2023, Art. 3 Abs. 1 Rn. 91.

560 *Schaumburg*, in: Schaumburg, Internationales Steuerrecht, Rn. 17.9.

561 Vgl. *Häck*, in: Schaumburg, Internationales Steuerrecht, Rn. 20.22.

562 Als gesetzliche Grundlage des Realisationsprinzips ist § 252 Abs.1 Nr. 4 letzter Hs. HGB anzusehen, der aufgrund des Maßgeblichkeitsprinzips gem. § 5 Abs. 1 Satz 1 EStG auch für die steuerliche Gewinnermittlung gilt; siehe auch Art. 6 Abs. 1 Buchst. c, i Richtlinie 2013/34/EU des Europäischen Parlaments und des Rates vom 26.06.2013.

563 *Hennrichs,* in: Tipke/Lang, Steuerrecht, Rn. 9.79.

564 *Häck,* in: F/W/B/S, AStG, Stand: 07/2021, § 6 Rn. 145.

565 *Hey,* in: Tipke/Lang, Steuerrecht, Rn. 3.64; *Pohl,* in: Brandis/Heuermann, AStG, Stand: 08/2021, § 6 Rn. 13.

566 *Hennrichs,* in: Tipke/Lang, Rn. 9.430.

567 *Hey,* in: Tipke/Lang, Rn. 3.68; *Häck,* in: *Schaumburg*, Internationales Steuerrecht, Rn. 20.17; vgl. auch *Riedel*, StuW 2019, 225 (228) für den Bereich der Buchwertfortführung im Umwandlungssteuergesetz.

568 BVerfG, Beschl. v. 22.06.1995 – 2 BvL 37/91, BVerfGE 93, 121, Rn. 42; *Pohl,* in: Brandis/Heuermann, AStG, Stand: 08/2021, § 6, Rn. 13.

Unter diesem Aspekt sind bereits die Grundaussage und Rechtsfolge des § 6 Abs. 1 Satz 1 AStG a.F. (ohne an dieser Stelle schon auf Besonderheiten und spezielle Einzelfälle der Norm einzugehen) anhand des Realisationsprinzips zu bewerten. Da die Wegzugsteuer auf eine tatsächliche Veräußerung und somit auf eine tatsächliche Gewinnrealisierung verzichtet und die entsprechende Anwendung der Rechtsfolgen des § 17 EStG auch auf *fiktive* Veräußerungsgewinne zum Wegzugszeitpunkt anordnet, liegt darin dem Grunde nach ein Verstoß gegen das Realisationsprinzip.[569] Die Besteuerung nach § 6 AStG erfolgt nämlich zu einem Zeitpunkt, zu welchem dem Steuerpflichtigen (noch) keine entsprechende Liquidität etwa in Form eines Veräußerungspreises zufließt, von der der Staat abschöpfen könnte.
Ein solcher Besteuerungszugriff stellt nach Ansicht von Literatur und Rechtsprechung eine sog. Ultima-Ratio-Besteuerung dar,[570] welche nur beschränkt zulässig und rechtfertigungsbedürftig ist.
Innerhalb der Literatur werden dabei grundsätzliche verfassungsrechtliche Bedenken geäußert. Es erweise sich insbesondere als problematisch und zweifelhaft, dass Anknüpfungspunkt des § 6 AStG eine nicht leistungsfähigkeitssteigernde ökonomische Wahlhandlung sei, die mit keinerlei Zufluss liquider Mittel einhergehe.[571] Dass eine Durchbrechung des Leistungsfähigkeitsprinzips erfolgt, dürfe dabei auch unstrittig sein, fraglich ist nur, ob und wie sich diese Durchbrechung verfassungsrechtlich rechtfertigen lässt.

Im konkreten Fall des § 6 AStG wird diese Ultima-Ratio-Besteuerung als zulässig betrachtet, wenn die (vorzeitige) Erfassung der in den Kapitalgesellschaftsanteilen ruhenden stillen Reserven deshalb notwendig ist, weil ein späterer Steuerzugriff (etwa zum Zeitpunkt der tatsächlichen Realisierung der stillen Reserven) nicht mehr oder nur eingeschränkt möglich wäre[572] oder vereinfacht gesagt: Besteuert werden darf nur, was anderenfalls dem deutschen Fiskus verloren zu gehen droht.[573]

Der BFH bejaht für den § 6 AStG die verfassungsrechtliche Rechtfertigung und nimmt die Hürde der Ultima Ratio mit folgender Überlegung: Nach Ansicht des BFH handelt es sich bei der durch § 6 AStG ausgelösten Durchbrechung des Realisationsprinzips lediglich um eine zeitliche Vorverlagerung einer Besteuerung von stillen Reserven, die auch nach dem Wegzug eines Steuerpflichtigen bei tatsächlicher Anteilsveräußerung

[569] *Häck,* in: F/W/B/S, AStG, Stand: 07/2021, § 6 Rn. 145; *Pohl,* in: Brandis/Heuermann, AStG, Stand: 08/2021, § 6 Rn. 13.

[570] Vgl. *Häck,* in: F/W/B/S, AStG, Stand: 07/2021, § 6 Rn. 145; *Schaumburg/Schaumburg*, StuW 2005, 306 (312); *Schaumburg*, in: Schaumburg, Internationales Steuerrecht, Rn. 6.408; *Hennrichs*, in: Tipke/Lang, Steuerrecht, Rn. 9.450; FG Rheinland-Pfalz, Urt. v. 17.01.2008 – 4 K 1347/03, EFG 2008, 680, Rn. 62.

[571] *Kraft*, in: Kraft, AStG, § 6 Rn. 36; *Pohl,* in: Brandis/Heuermann, AStG, Stand: 08/2021, § 6 Rn. 13; *Wilke*, in: AStG – eKommentar, Stand: 03/2019, § 6 Rn. 24.

[572] *Häck,* in: F/W/B/S, AStG, Stand: 07/2021, § 6 Rn. 145, BFH, Urt. v. 08.12.2021 – I R 30/19, BStBl II 2022, 763, Rn. 18; *Schaumburg*, in: FS Tipke, 125 (142).

[573] *Engert,* in: Eidenmüller, Ausl. Kapitalgesellschaften, § 8 Steuerrecht, Rn. 114; vgl. auch *Jagusch,* Wegzugsbesteuerung ohne Wegzug, S. 154.

als inländische Einkünfte aus § 49 Abs. 1 Nr. 2 Buchst. e) EStG im Rahmen der beschränkten Steuerpflicht ohnehin hätten besteuert werden können, dieses Besteuerungsrecht aber in den meisten Fällen abkommensrechtlich durch Vorschriften wie Art. 13 Abs. 5 OECD-MA ausgeschlossen sei.[574] Dieser „Verlust" des Besteuerungsrechts soll durch § 6 AStG quasi kompensiert werden.

Diese Betrachtung erscheint etwas zu kurz gegriffen und erfasst nur einen Teil der möglichen Fälle des § 6 AStG. Dabei ist zunächst anzumerken, dass ein bloßer Verweis auf eine (später) vorgesehene Besteuerung nach § 49 EStG zumindest in den Fällen nicht passt, in denen die Anteile an einer ausländischen Kapitalgesellschaft gehalten werden, die seit der Einführung des SEStEG ebenfalls von der Wegzugsbesteuerung umfasst sind. Hierbei wäre nämlich auch ohne die Vorschrift des § 6 AStG und unter der Annahme, dass eine unbeschränkte Steuerpflicht zum Veräußerungszeitpunkt nicht mehr besteht, eine Besteuerung auf die tatsächlichen Veräußerungsgewinne ohnehin nicht vorgesehen.[575]
Die Aussage und die gleichzeitig darin liegende Rechtfertigung des BFH, § 6 AStG beschränke sich auf diejenigen stillen Reserven, „die nach einem Wegzug bei beschränkter Steuerpflicht im Falle einer Beteiligungsveräußerung als inländische Einkünfte [...] erfasst werden könnten"[576], ist demnach unvollständig.[577]
Konsequenterweise müssten auf der Rechtfertigungsebene nicht nur diejenigen „verlorenen" Einkünfte betrachtet werden, die später als inländische Einkünfte der beschränkten Steuerpflicht unterliegen würden, deren Besteuerung jedoch durch ein DBA bspw. ausgeschlossen wird, sondern auch diejenigen „verlorenen" Einkünfte, die deshalb später nicht besteuert werden, weil mangels inländischer Einkünfte i.S.d. § 49 EStG erst gar kein inländischer Steueranknüpfungspunkt mehr besteht. Die Begründung, weshalb die stillen Reserven *aller* Anteile, die unter § 6 AStG fallen, vorzeitig besteuert werden dürfen, muss daher weiterreichen als der Verweis auf eine mögliche (künftige) beschränkte Steuerpflicht, die durch DBA-Regelungen untergraben würde.

Der Grundaussage des BFH ist dennoch insoweit zuzustimmen, als eine vorgezogene „Abrechnung" der stillen Reserven verfassungsrechtlich zulässig sein muss, sofern und

[574] BFH, Urt. v. 08.12.2021 – I R 30/19, BStBl II 2022, 763, Rn. 18; auch schon zuvor hatte der BFH bereits mehrfach verfassungsrechtliche Bedenken gegen eine Schlussbesteuerung ausgesprochen, vgl. BFH, Beschl. v. 17.12.1997 – I B 108/97, BStBl II 1998, 558; BFH, Beschl. v. 23.09.2008 – I B 92/08, BStBl II 2009, 524; BFH, Urt. v. 25.08.2009 – I R 88, 89/07, BStBl II 2016, 438.

[575] § 49 Abs. 1 Nr. 2 Buchst. e) Doppelbuchst. aa) EStG verlangt, dass die Kapitalgesellschaft, an der die Anteile gehalten werden, ihren Sitz oder ihre Geschäftsleitung im Inland hat. Bei der Veräußerung von Anteilen an einer ausländischen Kapitalgesellschaft liegen demnach keine inländischen Einkünfte vor, die der beschränkten Steuerpflicht unterliegen würden (an dieser Stelle angenommen, die Alternativen der Doppelbuchst. bb) und cc) sind ebenfalls nicht einschlägig).

[576] BFH, Urt. v. 08.12.2021 – I R 30/19, BStBl II 2022, 763, Rn. 18.

[577] Vgl. auch *Kraft*, in: Kraft, AStG, § 6 Rn. 37.

solange der Wegzug bzw. ein gleichstelltes Ereignis in § 6 Abs. 1 AStG a.F. eine tatsächliche Beschränkung oder den Ausschluss des deutschen Besteuerungsrechts herbeiführt. Dies wird konsequenterweise in anderen Entstrickungsregelungen wie § 12 Abs. 1 Satz 3 KStG dadurch umgesetzt, dass schon tatbestandsmäßig eine Beschränkung oder ein Ausschluss des deutschen Besteuerungsrechts zu erfolgen hat. Da sich § 6 AStG nach dem Willen des Gesetzgebers aber nicht als standardisierte Entstrickungsregel darstellt und auf Tatbestandsebene das Hineinlesen eines „allgemeinen" Tatbestandsmerkmals der Beschränkung oder des Ausschlusses auch nach der gängigen Rechtsprechung nicht geboten ist,[578] muss sie sich bezüglich ihrer verfassungsrechtlichen Rechtfertigung auch an anderen Maßstäben als andere Entstrickungsnormen messen lassen, vor allen in den Fällen, in denen eine Beschränkung oder ein Ausschluss des deutschen Besteuerungsrechts tatsächlich nicht stattfindet (Fälle der überschießenden Tendenz).

Der BFH führte hierzu in seinem bereits erwähnten Urteil vom 08.12.2021[579] aus, dass ein solcher Ausschluss oder die Beschränkung selbst nicht vorliegen muss, sondern bereits eine abstrakte Gefahr hierzu ausreicht, um verfassungsrechtlich den Verstoß gegen das Realisationsprinzip zu rechtfertigen. Denn im Urteilsfall führte eine Immobilienklausel[580] im anwendbaren DBA dazu, dass auch nach dem die Wegzugsteuer auslösenden Ereignis (im Urteilsfall eine unentgeltliche Übertragung auf eine in den USA ansässige Person) das deutsche Besteuerungsrecht an den Veräußerungsgewinnen der Anteile nicht ausgeschlossen wurde. Dass allerdings eine abstrakte Gefahr für den deutschen Fiskus besteht, das Besteuerungsrecht verlieren zu können, genügte dem BFH in seinen Ausführungen.[581] Dabei stellte er (insoweit einleuchtend) fest, dass gerade in den Fällen, in denen der Fortbestand des deutschen Besteuerungsrechts durch eine Immobilienklausel gesichert werde, sich dieser Umstand nachträglich auch wieder ändern könne.[582] Denn die Klausel knüpft an die Vermögenssituation der Kapitalgesellschaft an, die zwar im Zeitpunkt des Auslösens der Wegzugsteuer beurteilt werden könnte, sich aber durchaus auch ohne Einfluss und Kenntnismöglichkeit des deutschen Staats verändern kann, etwa, wenn die Gesellschaft deutsches Grundvermögen veräußert und es unter die 50 %-Grenze fällt. Dann nämlich würde der anstelle der Immobilienklausel tretende Art. 13 Abs. 5 OECD-MA alleine dem Ansässigkeitsstaat das Besteuerungsrecht einräumen. Das deutsche Besteuerungsrecht würde (dann erst) ausgeschlossen werden und somit *nachträglich* ein tatsächlicher Fall der Beschränkung bzw. des Ausschlusses des deutschen Besteuerungsrechts eintreten, ohne dass diese spätere Beschränkung bzw. der Ausschluss erneut einen Tatbestand der Wegzugsteuer auslösen würde und der Gesetzgeber zu diesem späteren Zeitpunkt keine Handhabe und Einflussmöglichkeit mehr hätte, die bis dahin

[578] Siehe hierzu bereits ausführlich unter B.III.6.a).
[579] BFH, Urt. v. 08.12.2021 – I R 30/19, BStBl II 2022, 763.
[580] Bspw. Art. 13 Abs. 2 DBA Spanien; Art. 13 Abs. 4 OECD-MA; zur abstrakten Gefahr vgl. auch *Kahlenberg*, FR 2019, 820 (821).
[581] BFH, Urt. v. 08.12.2021 – I R 30/19, BStBl II 2022, 763, Rn. 20.
[582] BFH, Urt. v. 08.12.2021 – I R 30/19, BStBl II 2022, 763, Rn. 20.

entstandenen stillen Reserven der Besteuerung zu unterwerfen.[583] Festzuhalten bleibt dennoch, dass sich der BFH hier auf hypothetisch eintretende Ereignisse stützte, zum Zeitpunkt der Auslösung der Wegzugsteuer tatsächlich jedoch im dortigen Fall eine Situation vorlag, in der das Besteuerungsrecht Deutschlands durch das auslösende Ereignis nicht beschränkt oder ausgeschlossen wurde.

Zudem ist bei der Argumentation des BFH zu beachten, dass die Entscheidung für den konkreten Fall einer eingreifenden Immobilienklausel erging, dies aber nur einer von vielen denkbaren Fällen darstellt, in denen eine überschießende Tendenz vorliegt. Die Entscheidung ist demnach auch nur begrenzt geeignet, eine generelle Rechtfertigung für den Verstoß gegen das Realisationsprinzip zu liefern. Zur Verdeutlichung soll hier noch einmal das Beispiel des nachträglichen Inkrafttretens eines DBA herangezogen werden: Zieht der Anteilseigner einer deutschen Kapitalgesellschaft unter Aufgabe der unbeschränkten Steuerpflicht in Deutschland in einen Nicht-DBA-Staat, so würde der Tatbestand des § 6 Abs. 1 Satz 1 AStG a.F. (bzw. § 6 Abs. 1 Satz 1 Nr. 1 AStG n.F.) ausgelöst werden und Wegzugsteuer entstehen, obwohl mangels DBA spätere Veräußerungsgewinne als inländische Einkünfte gem. § 49 Abs. 1 Nr. 2 Buchst. e) Doppelbuchst. aa) EStG der deutschen Besteuerung unterliegen würden. Eine Beschränkung oder gar ein Ausschluss des deutschen Besteuerungsrechts liegt somit beim Wegzug nicht vor. Schließt Deutschland mit dem Zuzugsstaat nun ein DBA ab, das eine Art. 13 Abs. 5 OECD-MA entsprechende Klausel enthält, so würde nachträglich nun das deutsche Besteuerungsrecht hinsichtlich der Veräußerungsgewinne ausgeschlossen. Auch wenn in diesem Fall retrospektiv eine Wegzugsteuer sinnvoll erscheint, da im Nachhinein das deutsche Besteuerungsrecht tatsächlich ausgeschlossen ist, so muss dennoch der Fokus auf die Frage gerichtet sein, mit welchem Argument der deutsche Staat zum Wegzugszeitpunkt (also zu einem Zeitpunkt, in dem eine Beschränkung noch nicht absehbar war) bereits eine Wegzugsteuer verlangen kann. Das Argument des BFH für den Fall der

[583] Hierbei war im vorliegenden Urteilsfall entscheidend, dass § 6 AStG auf den zu diesem späteren (hypothetischen) Zeitpunkt des tatsächlichen Wegfalls des Besteuerungsrechts nur *beschränkt* steuerpflichtigen (US-amerikanischen) Anteilseigner nicht mehr anwendbar wäre. Ein weiteres Beispiel zur Verdeutlichung: Der in Deutschland seit mindestens zehn Jahren unbeschränkt Steuerpflichtige hält Anteile an einer deutschen Kapitalgesellschaft, deren Vermögen zu 70 % aus deutschem Grundvermögen besteht. Zieht der Steuerpflichtige nun unter Aufgabe der unbeschränkten Steuerpflicht nach Spanien, würde mit dem Wegzug die Wegzugsteuer gem. § 6 Abs. 1 Satz 1 AStG a.F. entstehen, obwohl Deutschland (nach der Sachlage zum Wegzugszeitpunkt) gem. Art. 13 Abs. 2 DBA Spanien nach wie vor das Besteuerungsrecht behalten würde; eine teleologische Reduktion in diesem Fall wird nach der hier vertretenen Ansicht ausgeschlossen. Veräußert die Kapitalgesellschaft nun einen wesentlichen Teil ihrer Immobilien und investiert bspw. in Wertpapiere und fällt somit die Quote des deutschen Grundbesitzes unter 50 %, so würde in diesem Zeitpunkt Deutschland das Besteuerungsrecht tatsächlich verlieren. Zwar unterläge der Veräußerungsgewinn als inländische Einkünfte i.S.d. § 49 Abs. 1 Nr. 2 Buchst. e) Doppelbuchst. aa) EStG hier grds. der beschränkten Steuerpflicht in Deutschland, jedoch schließt dann Art. 13 Abs. 6 DBA Spanien das deutsche Besteuerungsrecht aus. Dieser Ausschluss selbst würde wiederum für sich betrachtet keinen Wegzugstatbestand, auch nicht nach § 6 Abs. 1 Satz 2 Nr. 4 AStG a.F. auslösen, da nach dem hier vorliegenden Verständnis der Norm, § 6 AStG nur auf *unbeschränkt* Steuerpflichtige anwendbar ist.

bereits bestehenden Immobilienklausel beim Wegzug, dass sich die Beschränkung bzw. der Ausschluss des deutschen Besteuerungsrechts dort ohne Einflussmöglichkeit und ggf. ohne Kontrollfähigkeit des deutschen Staats vollziehen könne, kann hier nicht greifen. Denn in dem zuletzt genannten Beispiel ist es sogar der Staat selbst, der durch den (erstmaligen) Abschluss des DBA für seinen eigenen Ausschluss vom Besteuerungsrecht sorgt.

In der jüngeren Rechtsprechung der Finanzgerichtsbarkeit hat sich hierzu auch das FG Berlin-Brandenburg in seinem Urteil vom 27.04.2022[584] geäußert. Das FG bezog sich ebenso wie der BFH auf die These, dass § 6 AStG ein *Vorziehen* der inländischen Besteuerung der in den Anteilen entstandenen stillen Reserven bewirkt. Dies sei notwendig und aus Gleichheitsgründen gerechtfertigt, da die Besteuerung andernfalls „im Hinblick auf die regelmäßige abkommensrechtliche Situation, die das Besteuerungsrecht dem (neuen) Ansässigkeitsstaat zuweist (vgl. Art. 13 Abs. 5 OECD-MA), aber auch in Fällen, in denen das deutsche Besteuerungsrecht nach verschiedenen DBA bestehen bleibt, erschwert oder gar gänzlich ausgeschlossen sein kann."[585] Für die Fälle, in denen ein Besteuerungsrecht auch nach Wegzug weiterhin in Betracht kommt, sei die Wegzugsteuer auch mit dem Grundsatz der Belastungsgleichheit vereinbar, da in den Fällen des § 49 Abs. 1 Nr. 2 Buchst. e) EStG ohnehin eine Besteuerung erfolgen würde, die lediglich zeitlich nach vorne gezogen werde. Dass es aber nach wie vor zu einem Liquiditätsnachteil durch die Wegzugsteuer – im Vergleich zur späteren Besteuerung der tatsächlichen Veräußerungsgewinne – kommt, nahm das FG dagegen mit dem Argument hin, dass es auch sonst keinen allgemeinen Grundsatz der Besteuerung nach Liquidität gäbe.[586]
Zwar ist dem FG dahingehend zuzustimmen, dass sich die Situation für den deutschen Fiskus in Bezug auf den Zugriff auf eine künftig entstehende Steuer auf den Veräußerungsgewinn bspw. wegen eines fehlenden Wohnsitzes des Anteilseigners im Inland verschlechtern kann (obwohl das deutsche Besteuerungsrecht in Bezug auf die Kapitalgesellschaftsanteile bestehen bleibt). Dass künftige Einkünfte eines in Deutschland nicht unbeschränkt Steuerpflichtigen mit gewissen Vollzugsdefiziten verbunden sein können, ist allerdings der gesamten beschränkten Steuerpflicht immanent und daher nach der hier vertretenen Auffassung noch kein Grund, einen vorzeitigen Steuerzugriff in Form der Wegzugsteuer als notwendig anzusehen.[587] Oder anders ausgedrückt: Im konkreten Fall des bloßen Wechsels einer unbeschränkten Steuerpflicht in eine nicht durch DBA

[584] FG Berlin-Brandenburg, Urt. v. 27.04.2022 – 3 K 3072/20, EFG 2022, 1456.
[585] FG Berlin-Brandenburg, Urt. v. 27.04.2022 – 3 K 3072/20, EFG 2022, 1456, Rn. 50.
[586] FG Berlin-Brandenburg, Urt. v. 27.04.2022 – 3 K 3072/20, EFG 2022, 1456, Rn. 51; so auch *Pohl,* in: Brandis/Heuermann, AStG, Stand: 08/2021, § 6 Rn. 13 mit dem Hinweis, dass auch in anderen Teilbereichen des deutschen Steuerrechts der Grundsatz „keine Steuer ohne Liquidität" keinesfalls allgemein respektiert wird.
[587] Vgl. hierzu auch die allgemeine Ansicht des BFH, dass die durch den Auslandsbezug bedingten Vollzugsdefizite für sich allein noch keine Verletzung des Gleichheitssatzes ergeben, bspw. BFH, Urt. v. 12.10.2022 – II R 5/20, BStBl II 2023, 659, Rn. 30 mit Verweis auf BFH, Urt. v. 09.04.2008 - II R 39/06, BFH/NV 2008, 1529, unter II.3.d, m.w.N.

beeinträchtigte beschränkte Steuerpflicht steht der deutsche Staat bei der Vollziehung künftiger Steuern nicht schlechter als bei allen anderen Einkünften, die ohnehin stets „nur“ der beschränkten Steuerpflicht unterlegen haben. Potenziell eingeschränkte *Vollziehungsmöglichkeiten*,[588] die durch das Vorziehen der Besteuerung verbessert werden sollen, erklären jedoch noch nicht, weshalb ein Vorziehen der Steuer gerechtfertigt sein soll, wenn ein eingeschränktes *Besteuerungsrecht* noch nicht einmal feststeht.

Allgemein war das FG dennoch der Ansicht, dass die Fälle der überschießenden Tendenz, in denen das deutsche Besteuerungsrecht tatsächlich erhalten bleibt, im Rahmen der Typisierungsbefugnis des Gesetzgebers hätten vernachlässigt werden dürfen, da dieser nicht gehalten sei, allen Besonderheiten durch Sonderregelungen Rechnung zu tragen.[589] Gemeint ist hier wohl, dass der Gesetzgeber nicht verpflichtet sei, für alle Fälle einer überschießenden Tendenz eine entsprechende Regel zu schaffen, die die scheinbar unberechtigte Vorziehung der Besteuerung aus Angst vor einem potenziellen Verlust des Besteuerungsrechts vermeide.
Das FG erkannte dabei aber auch selbst, dass es sich auf eine *regelmäßige* abkommensrechtliche Situation bezog,[590] in der das tatbestandsmäßige Ereignis auch tatsächlich mit einer Beschränkung oder einem Ausschluss des deutschen Besteuerungsrechts verbunden sei und dies den abkommensrechtlichen Normalfall darstelle. Nur so ist die weitere Aussage des FG zu verstehen, dass die „Vernachlässigung“ bestimmter Fälle der überschießenden Tendenz dann nicht mehr von der Typisierungsbefugnis des Gesetzgebers umfasst sein solle, sollte sich die allgemeine (vorherrschende) abkommensrechtliche Situation dahingehend ändern, dass Deutschland überwiegend auch nach dem Wegzug sein Besteuerungsrecht behält, etwa für den Fall, dass sich die in Art. 13 Abs. 4 OECD-MA enthaltene Immobilienklausel durchsetzt und in die Mehrzahl der mit Deutschland bestehenden DBA Eingang fände.[591] Unter diesem Aspekt ging das FG scheinbar von einer „Verfassungsmäßigkeit auf Zeit“ aus. Problematisch an dieser Aussage ist jedoch, dass alleine die Einführung von Immobilienklauseln noch nichts darüber aussagt, dass Deutschland auch tatsächlich Besteuerungsbefugnisse behält, da die Voraussetzung der Klausel (i.d.R. mehr als 50 % deutscher Grundbesitz) auch erst einmal erfüllt werden muss und die Häufigkeit einer solchen Klausel in DBA noch nichts darüber aussagt, wie oft diese auch

[588] Wie noch zu zeigen sein wird, kommt eben dieser Vollziehbarkeit des deutschen Steueranspruchs bei der Diskussion über die Notwendigkeit einer dauerhaften Stundung der Wegzugsteuer nach der hier vertretenen Auffassung große Bedeutung zu, siehe ausführlich unter E.IV.2.b).

[589] FG Berlin-Brandenburg, Urt. v. 27.04.2022 – 3 K 3072/20, EFG 2022, 1456, Rn. 50 mit Verweis auf BVerfG, Beschl. v. 19.11.2019 – 2 BvL 22/14, Rn. 102, in dem das BVerfG unter Typisierung versteht, „bestimmte in wesentlichen Elementen gleich geartete Lebenssachverhalte normativ zusammenzufassen. Besonderheiten, die im Tatsächlichen durchaus bekannt sind, können generalisierend vernachlässigt werden. Der Gesetzgeber darf sich grundsätzlich am Regelfall orientieren und ist nicht gehalten, allen Besonderheiten jeweils durch Sonderregelungen Rechnung zu tragen.“

[590] Siehe Fußnote 589.

[591] FG Berlin-Brandenburg, Urt. v. 27.04.2022 – 3 K 3072/20, EFG 2022, 1456, Rn. 50.

tatsächlich zugunsten Deutschlands greift (auch unter Berücksichtigung des vom BFH erläuterten Umstands, dass sich die Vermögensstruktur der Kapitalgesellschaft durchaus auch ändern kann[592]).

Die Diskussion über die zutreffende Einordnung der Fälle der überschießenden Tendenz in den Gesamtkontext der Leistungsfähigkeitsdebatte lässt sich m.E. wie folgt zusammenfassen. Wenn ein deutsches Besteuerungsrecht auch nach dem die Wegzugsteuer auslösenden Ereignis weiterhin besteht und darüber hinaus auch noch bis zum Zeitpunkt der tatsächlichen Veräußerung der Anteile, so besteuert Deutschland *erneut* einen Veräußerungsfall (nun einen tatsächlichen, damals einen fiktiven). Deshalb ist nach der hier vertretenen Auffassung auch entscheidend – wenn schon dem Gesetzgeber eine Typisierungsbefugnis zusteht und er unter diesem Deckmantel Fälle der überschießenden Tendenz in Kauf nimmt –, ob das deutsche Recht ausreichende Vorkehrungen trifft, um in den Fällen der nicht nachträglich entfallenden und damit *endgültigen* überschießenden Tendenz zumindest eine innerstaatliche Doppelbesteuerung zu vermeiden.[593] Dem wird insoweit Rechnung getragen, als dass § 6 Abs. 1 Satz 5 AStG a.F. und unter der neuen Fassung § 6 Abs. 1 Satz 3 AStG eine Berücksichtigung der zuvor festgesetzten Wegzugsteuer vorsieht bzw. § 6 Abs. 6 AStG a.F. im Falle eines Widerrufs der dauerhaften Stundung die Wegzugsteuer nachträglich berichtigen kann. Auch nach Ansicht des FG Berlin-Brandenburg sind vom Gesetzgeber für diesen Fall hinreichende Vorkehrungen zur Vermeidung einer doppelten Besteuerung getroffen worden.[594]
Die Fälle, in denen Deutschland hingegen tatsächlich kein Besteuerungsrecht mehr bezüglich des tatsächlichen Veräußerungsgewinns zusteht, sind gerade von dem Sinn und Zweck der (vorgezogenen) Wegzugsbesteuerung umfasst, nämlich der Sicherung der bis zum Wegzug entstandenen stillen Reserven, die eine Ultima-Ratio-Besteuerung zu rechtfertigen vermag. Sofern die tatsächliche Veräußerung der Anteile dann unter ausländischem Besteuerungsrecht zu einer Doppelbesteuerung führt, ist dies nach der vom FG Berlin-Brandenburg geteilten Auffassung des BFH zutreffend Sache des Zuzugsstaats.[595]

Die Rechtsprechung geht mit ihrer Argumentation offenbar selbst davon aus, dass nicht *alle* Einzelfälle der Wegzugsbesteuerung bzw. im Konkreten die Fälle der überschießenden Tendenz nach der bisherigen Gesetzlage und der Auslegung der Norm zu zufriedenstellenden Ergebnissen führt. Dass es im Einzelfall unter der enormen Vielzahl an Kombinationen und Zusammenspielen mit ausländischen Steuerrechtsnormen und abkommensrechtlichen Vereinbarungen zu unbilligen Härten kommen kann, soll jedoch noch nicht zur Verfassungswidrigkeit der Norm führen. Vielmehr ist dann für diese

---

[592] Siehe BFH, Urt. v. 08.12.2021 – I R 30/19, BStBl II 2022, 763, Rn. 20 sowie bereits in Fußnote 582.

[593] Zur unionsrechtlichen Analyse der überschießenden Tendenzen bei der internationalen Doppelbesteuerung siehe unter E.IV.1.

[594] FG Berlin-Brandenburg, Urt. v. 27.04.2022 – 3 K 3072/20, EFG 2022, 1456, Rn. 56.

[595] FG Berlin-Brandenburg, Urt. v. 27.04.2022 – 3 K 3072/20, EFG 2022, 1456, Rn. 56 mit Verweis auf BFH, Beschl. v. 23.09.2008 – I B 92/08, BStBl II 2009, 524.

einzelnen Fälle nach Ansicht der Rechtsprechung und nach der hier vertretenen Auffassung mit Billigkeitsmaßnahmen durch die Finanzverwaltung im Rahmen des § 163 AO zu reagieren.[596]

2. Wegfall der dauerhaften Stundung in § 6 AStG n.F.

Eine entscheidende Änderung beinhaltet die Neufassung in Bezug auf die bislang vorgesehene dauerhafte und zinslose Stundung des § 6 Abs. 5 AStG a.F., die ersatzlos weggefallen ist. Es stellt sich die Frage, ob und wenn ja, wie sich diese Tatsache auf die verfassungsrechtliche Beurteilung des Verstoßes gegen das Leistungsfähigkeitsprinzip auswirkt. Denn immerhin verschärft sich das Problem der fehlenden Liquidität bei Wegzügen in den EU-/EWR-Raum, bei denen bislang die Entrichtung der Steuer zumindest auf unbestimmte Zeit (ggf. bis zur tatsächlichen Veräußerung) hinausgezögert wurde.

Es ist dabei zunächst festzuhalten, dass der BFH bereits *vor* der Einführung der dauerhaften Stundung durch das SEStEG, also zu einem Zeitpunkt, zu dem die Stundungsmodalitäten der aktuellen Rechtslage ähnelten, Stellung zur Verfassungsmäßigkeit des § 6 AStG genommen hat. Der BFH hat eine dauerhafte Stundung nicht als zwingend angesehen, um eine verfassungsrechtliche Rechtfertigung der Wegzugsbesteuerung anzunehmen. Bereits in seinem Beschluss vom 17.12.1997 (und damit zur Rechtslage vor der Einführung der dauerhaften Stundung im Jahr 2006) stellte der BFH fest, dass § 6 AStG nicht gegen Art. 3 Abs. 1 GG verstoße.[597] Diese Aussage wiederholte der BFH im Leitsatz seines Beschluss vom 23.09.2008, es sei nicht ernstlich zweifelhaft, dass die Wegzugsteuer nach § 6 Abs. 1 AStG „weder gegen Gemeinschaftsrecht noch gegen Verfassungsrecht verstößt".[598] In diesem Beschluss ging der BFH auf die – damals – neu eingeführte Regelung über die dauerhafte Stundung ein und kam zu dem Ergebnis, dass diese in der neuen Ausgestaltung *gemeinschaftsrechtlichen* Anforderungen genügt.[599] Aussagen dazu, ob er diese Stundung auch als verfassungsrechtlich geboten ansieht, beinhaltete der Beschluss dagegen nicht.
Auch in der Literatur wird nach Einführung des § 6 Abs. 5 AStG a.F. durch das SEStEG zur Rolle der dauerhaften Stundung Stellung genommen: Gerade weil es bei einer Wegzugsbesteuerung am Liquiditätszufluss des Steuerpflichtigen fehle, habe der Gesetzgeber die Regelungen in § 6 Abs. 3 bis 6 AStG a.F. geschaffen, um die Folgen der Wegzugsbesteuerung abzumildern,[600]nämlich (i) die Gewährung einer Steuererstattung bei nur vorübergehender Abwesenheit, (ii) die Stundung auf Antrag über einen Zeitraum von fünf

[596] Vgl. FG Berlin-Brandenburg, Urt. v. 27.04.2022 – 3 K 3072/20, EFG 2022, 1456, Rn. 57.
[597] BFH, Beschl. v. 17.12.1997 – I B 108/97, BStBl II 1998, 558, Rn. 11.
[598] BFH, Beschl. v. 23.09.2008 – I B 92/08, BStBl II 2009, 524.
[599] BFH, Beschl. v. 23.09.2008 – I B 92/08, BStBl II 2009, 524, Rn. 12.
[600] *Strunk/Kaminski*, in: S/K/K, AStG, Stand: 01/2020, § 6 Rn. 2; so auch FG Berlin-Brandenburg, Urt. v. 27.04.2022 – 3 K 3072/20, EFG 2022, 1456, Rn. 51.

Jahren sowie (iii) die dauerhafte und zinslose Stundung bei Wegzügen in den EU-/EWR-Raum.[601]
Dieser „Entschärfungscharakter" bleibt zumindest teilweise in der neuen Fassung des § 6 AStG enthalten, wobei die Rückkehrregelung sogar zugunsten des Steuerpflichtigen vereinfacht und die ratierliche Stundung auf Antrag auf sieben Jahre erweitert wird.[602]
Ob die Frage einer Entschärfung bzw. Abmilderung der wirtschaftlichen Folgen der Wegzugsbesteuerung aber auch für die Beurteilung der Verfassungsmäßigkeit der eigentlichen Durchbrechung des Realisationsprinzips relevant ist, ist anzuzweifeln. Allein der Wegfall der dauerhaften Stundung sagt noch nichts darüber aus, ob die neue Fassung des § 6 AStG im Hinblick auf die Durchbrechung des Realisationsprinzips nun verfassungsrechtlich gänzlich anders zu beurteilen ist. Denn auch in der alten Rechtslage vor dem ATAD-UmsG war eine solche ohnehin „nur" für die Fälle des EU-/EWR-Bezugs anwendbar gewesen, hingegen nicht für Wegzüge ins Drittland, für die es eine dauerhafte Stundung nie gegeben hat.
Das FG Berlin-Brandenburg ging in seiner Entscheidung auch auf die jüngere Rechtsprechung des EuGH (insbesondere im Fall „Wächtler"[603]) ein, in der es u.a. auch um die Notwendigkeit einer dauerhaften Stundung für Drittlandsfälle (dort die Schweiz) ging.[604] Das FG kam dabei zu der zutreffenden Erkenntnis, dass die Frage, ob außensteuerliche Regeln im Falle eines Wegzugs in einen Drittstaat mit höherrangigem *nationalen* Recht vereinbar sind, durch dieses Urteil des EuGH ersichtlich nicht betroffen sei.[605] Somit verortete das FG die Diskussion über Regelungen wie die der dauerhaften Stundung ins Unionsrecht, nicht jedoch in die Entscheidung, ob sie eine verfassungsrechtlich notwendige Abmilderungsmaßnahme darstelle, um die fehlende Liquidität unter dem Gesichtspunkt des grundrechtlichen Realisationsprinzips zu rechtfertigen.[606]

3. Nichtberücksichtigung fiktiver Veräußerungsverluste

Legt man die Ansicht der Rechtsprechung und der Finanzverwaltung zugrunde, dass fiktive Verluste innerhalb des § 6 AStG keine Berücksichtigung finden,[607] so kann es in folgender Konstellation für den Steuerpflichtigen zum „Worst-Case-Szenario" kommen: Ein in Deutschland seit über zehn Jahren Steuerpflichtiger hält Anteile in Höhe von 5 % an einer Kapitalgesellschaft. Seine Anschaffungskosten betrugen 100. Bei seinem

[601] Vgl. auch *Jacobsen*, AStG - eKommentar, Einleitung AStG, Rn. 77; *Hecht*, in: Fuhrmann, AStG, § 6 Rn. 3, der im Ergebnis selbst die Abmilderung durch eine dauerhafte Stundung nicht genügen lässt, um verfassungsrechtliche Bedenken zu beseitigen.
[602] Siehe hierzu unter B.IV.5.b).
[603] EuGH, Urt. v. 26.02.2019 – C-581/17 (Wächtler), ECLI:EU:C:2019:138.
[604] Siehe hierzu näher unter E.III.7.
[605] FG Berlin-Brandenburg, Urt. v. 27.04.2022 – 3 K 3072/20, EFG 2022, 1456, Rn. 59.
[606] Neben der unionsrechtlichen Relevanz in Bezug auf die Grundfreiheiten hat der Wegfall der dauerhaften Stundung nach der hier vertretenen Auffassung jedoch zumindest auch Relevanz im nationalen Verfassungsrecht bei der Überprüfung der allgemeinen Handlungsfreiheit/ Ausreisefreiheit des Art. 2 I GG, siehe hierzu unter C.II.4.
[607] Siehe unter B.IV.2.b).

Wegzug nach Österreich unter Aufgabe der unbeschränkten Steuerpflicht in Deutschland betrug der gemeine Wert der Anteile 50. Einige Zeit nach dem Zuzug nach Österreich verkauft der Steuerpflichtige die Anteile, nachdem sich der Wert wieder erholt hat, und erzielt einen Veräußerungspreis i.H.v. 250.
Zwar ist im Zeitpunkt des Wegzugs der Tatbestand des § 6 Abs. 1 Satz 1 AStG a.F. (bzw. § 6 Abs. 1 Satz 1 Nr. 1 AStG n.F.) verwirklicht. Zu einer Wegzugsteuer kommt es allerdings nicht, da nach der hier vertretenen Auffassung Wertminderungen bzw. fiktive Veräußerungsverluste zum Zeitpunkt des Wegzugs nach Österreich nicht von § 6 AStG umfasst sind, sodass der fiktive Veräußerungsverlust in Deutschland keine Berücksichtigung findet.
Gleichzeitig sieht das österreichische Einkommensteuergesetz vor, dass bei einer erstmaligen Begründung/Entstehung des Besteuerungsrechts der Republik Österreich der *gemeine Wert* als Anschaffungskosten gilt (§ 27 Abs. 6 Z 1 Buchst. e) EStG Österreich) und dies unabhängig davon, ob im Wegzugsstaat auch eine Wegzugsbesteuerung erfolgt ist oder nicht.[608] Dies führt im vorliegenden Beispielsfall dazu, dass in Österreich ein sog. Step-down der Anschaffungskosten auf den niedrigen gemeinen Wert von 50 vorgenommen würde.[609] Art. 13 Abs. 5 DBA Österreich sieht ein alleiniges Besteuerungsrecht Österreichs bezüglich des Veräußerungsgewinns vor, wohingegen das deutsche Besteuerungsrecht[610] ausgeschlossen wird. Durch den Ansatz des niedrigen gemeinen Wertes beim Zuzug würde nun der Veräußerungsgewinn in Österreich wie folgt berechnet: Vom Veräußerungspreis von 250 würden lediglich 50 (und ggf. zusätzliche Veräußerungskosten) abgezogen werden, sodass ein Veräußerungsgewinn von 200 entstünde, der der österreichischen Einkommensteuer nach dem dortigen Recht unterliegt. Insgesamt haben die Anteile seit ihrer Anschaffung jedoch nur stille Reserven in Höhe von 150 (250-100) gebildet, sodass es in diesem Falle durch eine Besteuerung von fiktiven Wertzuwächsen bzw. Wertentwicklungen, die es tatsächlich gar nicht gab, zu einer „Mehrbelastung" des Steuerpflichtigen käme.[611]

Der BFH nahm in seinem Urteil vom 26.04.2017[612], dem ebenfalls ein Wegzug nach Österreich zugrunde lag, zu fiktiven Veräußerungsverlusten wie folgt Stellung: Auch wenn in dem anderen Staat im Zuzugszeitpunkt (nur) der gemeine Wert der Anteile als

---

608 Siehe *Bräutigam/Häusler*, NWB-EV 2021, 302 (305).

609 Laut den Erläuterungen zur Regierungsvorlage (896 der Beilagen XXXV. GP, S. 12; abrufbar unter https://www.parlament.gv.at/dokument/XXV/I/896/fname_488337.pdf) soll im österreichischen EStG dabei nämlich *höchstens der gemeine Wert* angesetzt werden dürfen. Damit sollen im Ausland eingetretene Wertminderungen durch Ansatz der ursprünglichen höheren Anschaffungskosten bzw. Buchwerte nicht ein weiteres Mal steuerlich berücksichtigt werden können.

610 Sofern denn überhaupt noch ein Anknüpfungspunkt der deutschen Besteuerung bspw. bei einer inländischen Kapitalgesellschaft bestünde, § 49 Abs. 1 Nr. 2 Buchst. e) Doppelbuchst. aa) EStG.

611 Siehe hierzu auch Beispiel in *Häck*, in: F/W/B/S, AStG, Stand: 07/2021, § 6 Rn. 402 sowie *Strunk/Kaminski*, in: S/K/K, AStG, Stand: 01/2020, § 6 Rn. 139.5.

612 BFH, Urt. v. 26.04.2017 – I R 27/15, BStBl II 2017, 1194.

Ausgangswert angesetzt werde, bestehe auch unter diesem Aspekt weiterhin keine Notwendigkeit, fiktive Veräußerungsverluste in Deutschland zu berücksichtigen, da nicht ausgeschlossen sei, dass besagter Verlust bei einer tatsächlichen Veräußerung auch noch *im Inland* berücksichtigt werden kann.[613]

Auch das FG München stellte in der Vorinstanz zu der genannten BFH-Rechtsprechung fest, dass § 6 AStG nicht zur Folge habe, dass eine Verlustberücksichtigung gänzlich ausgeschlossen sei. Die Norm verweise bzw. verschiebe vielmehr die Berücksichtigung von Verlusten auf ein Datum in der Zukunft, zu dem es zu einer tatsächlichen Realisierung kommt und die Vermögensminderung zu diesem Zeitpunkt (nicht jedoch zuvor) Berücksichtigung finden würde unter Beachtung der zu diesem maßgeblichen Zeitpunkt bestehenden Ansässigkeit des Steuerpflichtigen (die sich demnach auch außerhalb Deutschlands befinden kann).[614]
Soweit eine Norm die Verlustverrechnung nämlich nicht ausschließt, sondern sie lediglich in die Zukunft verschiebt, soll sie auch nach Ansicht des BFH und des BVerfG verfassungskonform sein.[615] Soweit der BFH der „neueren Rechtsprechung des Bundesverfassungsgerichts eine Unterscheidung zwischen temporären und endgültigen Steuereffekten" entnimmt[616] und man der BVerfG-Rechtsprechung zur Zulässigkeit temporärer Verlustverrechnungsbeschränkungen[617] folgen mag, so scheint eine aufgeschobene Berücksichtigung von Entstrickungsverlusten jedenfalls möglich.[618]
Ein konkretes Beispiel, unter welchen Umständen eine solche spätere Verlustberücksichtigung noch eintreten könne, nannte der BFH an dieser Stelle nicht. Mit gutem Grund wird deshalb dem BFH entgegengehalten, dass in den allermeisten Fällen, u.a. in denen Deutschland eine nach Art. 13 Abs. 5 OECD-MA entsprechende Regelung mit einem anderen Staat getroffen hat,[619] das Besteuerungsrecht Deutschlands in Bezug auf die

[613] BFH, Urt. v. 26.04.2017 – I R 27/15, BStBl II 2017, 1194, Rn. 32.
[614] FG München, Urt. v. 25.03.2015 – 1 K 495/13, EFG 2015, 1210, Rn. 34.
[615] BFH, Beschl. v. 26.08.2010 – I B 49/10, BStBl II 2011, 826, Rn. 12, 14 und 15 mit Verweis auf BVerfG, Beschl. v. 12.05.2009 – 2 BvL 1/00, BVerfGE 123, 111; siehe auch *Riedel*, ISR 2016, 193 (197).
[616] BFH, Beschl. v. 26.08.2010 – I B 49/10, BStBl II 2011, 826, Rn. 15 mit Verweis auf BVerfG, Beschl. v. 12.05.2009 – 2 BvL 1/00, BVerfGE 123, 111.
[617] Nach der Rechtsprechung des BVerfG bestanden unter Berücksichtigung des verfassungsrechtlichen Grundsatzes der Besteuerung nach der wirtschaftlichen Leistungsfähigkeit keine verfassungsrechtlichen Bedenken gegen eine Beschränkung des Verlustabzugs auf einen einjährigen Verlustrücktrag und einen fünfjährigen Verlustvortrag (BVerfG, Beschl. v. 22.07.1991 – 1 BvR 313/88, HFR 1992, 423). Allerdings hat das BVerfG (Beschl. v. 30.09.1998 – 2 BvR 1818/91, BVerfGE 99, 88) den *völligen* Ausschluss der Verlustverrechnung bei laufenden Einkünften aus der Vermietung beweglicher Gegenstände (§ 22 Nr. 3 Satz 3 EStG 1983) für verfassungswidrig erklärt, vgl. hierzu auch BFH, Beschl. v. 26.08.2010 – I B 49/10, BStBl II 2011, 826, Rn. 11.
[618] *Riedel*, ISR 2016, 193 (197).
[619] So auch im Falle des DBA Österreich, was dazu führt, dass selbst eine beschränkte Steuerpflicht in Deutschland durch Anteile an einer inländischen Kapitalgesellschaft nicht zu einer

tatsächliche Veräußerung der Anteile ausgeschlossen oder beschränkt ist (worin überhaupt die Notwendigkeit einer Wegzugsbesteuerung besteht), und gleichzeitig auch Verluste bei der tatsächlichen Veräußerung in den meisten Fällen in Deutschland unberücksichtigt bleiben.[620]

Mit Blick auf den soeben dargestellten möglichen „Worst Case" bei einem Wegzug nach Österreich ist an dieser Stelle das Argument des FG München (sowie auch im Allgemeinen) überzeugender, dass sich die Entscheidung des Zuzugsstaats, welchen Wert es innerhalb seiner Besteuerungshoheit (also auch zu deren Beginn) ansetzt, dem Einflussbereich der deutschen Besteuerung entziehe und demnach daraus eine Verpflichtung des deutschen Gesetzgebers, „mit prophylaktischer Wirkung rein vorsorglich fingierte Verluste im Wegzugszeitpunkt zu berücksichtigen, ohne Gewissheit, dass es zu solchen auch kommt, sich weder aus verfassungsrechtlichen noch aus abkommens- oder gemeinschaftsrechtlichen Verpflichtungen statuieren könne".[621] Der Wertansatz des Zuzugsstaats ist demnach für die Frage der Ermittlung des Entstrickungsgewinns in § 6 Abs. 1 AStG i.V.m. § 17 Abs. 2 EStG grundsätzlich unbeachtlich.[622] Die Auslegung des FG München entspricht der EuGH-Rechtsprechung zur Entstrickung stiller Reserven beim Wegzug von Gesellschaften, wonach die Niederlassungsfreiheit im Binnenmarkt nicht gebietet, dass ein Mitgliedstaat verpflichtet ist, seine nationalen ertragsteuerlichen Vorschriften auf diejenigen des anderen Mitgliedstaats anzupassen, um in allen Situationen eine Besteuerung zu gewährleisten, die jede Ungleichheit beseitigt, die sich aus den verschiedenen nationalen Steuerregelungen ergibt.[623]

Es ist bei dieser verfassungsrechtlichen Frage m.E. auch zu berücksichtigen, dass in der Nichtberücksichtigung von *fiktiven* Veräußerungsverlusten auch noch keine Schlechterstellung des Steuerpflichtigen gesehen werden kann; Wertschwankungen bzw. temporäre Wertverluste würden auch im reinen Inlandsfall ohne Wegzug nicht berücksichtigt werden, etwa wenn sich der Wert der Anteile zwischenzeitlich verringert, aber bis zum tatsächlichen Veräußerungszeitpunkt wieder erholt (oder sogar über die ursprünglichen Anschaffungskosten hinausgeht).[624] Die Argumentation, in Deutschland entstandene

---

Besteuerung von inländischen Einkünften nach § 49 Abs. 1 Nr. 2 Buchst. e) Doppelbuchst. aa) EStG führt, da das DBA hier einen Ausschluss des deutschen Besteuerungsrechts anordnet.

620 Siehe auch *Riedel*, ISR 2016, 193 (197) mit dem Hinweis, dass hierfür de lege lata allerdings weder in § 6 AStG noch mit § 4 Abs. 1 Sätze 3 und 4 EStG eine Rechtsgrundlage existiere, die auch nach dem Wegzug (außerhalb des § 17 EStG) eine aufgeschobene Verlustrealisierung ermögliche.

621 FG München, Urt. v. 25.03.2015 – 1 K 495/13, EFG 2015, 1210, Rn. 36.

622 *Riedel*, ISR 2016, 193 (196f.).

623 EuGH, Urt. v. 29.11.2011 – C-371/10 (National Grid Indus), ECLI:EU:C:2011:785, Rn. 62; siehe hierzu auch ausführlich zum Unionsrecht unter E.III.3.

624 Bezüglich des Vergleichs zu nicht realisierten Wertverlusten im Betriebsvermögen stellt der BFH (Urt. v. 26.04.2017 – I R 27/15, BStBl II 2017, 1194, Rn. 30) zudem fest, dass eine der Teilwertabschreibung entsprechende Regelung für das Privatvermögen nun mal nicht vorgesehen sei.

Verluste würden endgültig nicht berücksichtigt,[625] übersieht m.E. den Umstand, dass bei der Entstrickung von (ggf. auch nur vorübergehend) wertgeminderten Anteilen noch gar kein Verlust am Markt realisiert wird; im Wegzugsfall entstünde ein Entstrickungsverlust lediglich über eine gesetzliche Veräußerungsfiktion.[626] Somit ist die Aussage, in Deutschland „entstandene" Verluste würden sich nicht auswirken, bereits anzuzweifeln. Es ist zwar richtig, dass sich ein Verlust nach der vom BFH vertretenen Auffassung überhaupt nur dann auswirken kann, wenn es später zu einer tatsächlichen Veräußerung kommt[627] und der Wert dann immer noch unterhalb der Anschaffungskosten liegt. Darin zeigt sich aber gerade das Realisationsprinzip, das nach der hier vertretenen Auffassung nur zugunsten der Sicherung von stillen *Reserven* durchbrochen werden kann und soll, nicht jedoch zur Berücksichtigung fiktiver stiller Lasten. Erholt sich der Wert der Anteile wieder bis zur tatsächlichen Veräußerung, gibt es keinen Grund, eine temporäre Wertminderung, sofern er zum Wegzugszeitpunkt vorgelegen hat, auch tatsächlich steuerlich berücksichtigen zu müssen.
Sofern der Zuzugsstaat die historischen Anschaffungskosten als Ansatz bei der Ermittlung eines späteren – tatsächlichen – Veräußerungsgewinns zugrunde legt, werden die stillen Reserven (oder auch die stillen Lasten) bei der tatsächlichen Veräußerung auch im Falle eines fiktiven Verlustes bei Wegzug insgesamt *einmal* besteuert, was gerechtfertigt ist. Nur für den Fall, dass durch eine ausländische Verstrickungsklausel[628] (ähnlich dem § 17 Abs. 2 Satz 3 EStG, jedoch ohne die Voraussetzung, dass es im Wegzugsstaat auch tatsächlich zu einer Wegzugsbesteuerung gekommen ist, was bei einem fiktiven Veräußerungsverlust in Deutschland auch nicht der Fall wäre), anstelle der Anschaffungskosten auch ein *geringerer* gemeiner Wert der Anteile angesetzt würde, ist eine „Überbesteuerung" nicht ausgeschlossen.[629] Diese Einzelfälle sind ggf. in einem Verständigungsverfahren bspw. nach Art. 25 OECDE-MA zwischen den Mitgliedstaaten zu klären bzw. können Billigkeitsmaßnahmen der Finanzverwaltung auslösen.

Im Ergebnis wird also die Frage stellen zu sein: Warum sollte man die Berücksichtigung fiktiver Veräußerungsverluste im Wegzugszeitpunkt mit dem Argument ablehnen, eine tatsächliche Verlustrealisierung sei noch gar nicht eingetreten (und werde ggf. auch niemals tatsächlich eintreten), dagegen aber fiktive Vermögens*zuwächse* versteuern, die ebenfalls noch gar nicht realisiert sind und ebenfalls ggf. nie realisiert werden. In beiden Fällen wird das Realisationsprinzip durchbrochen. Eine Rechtfertigung dieser

[625] So *Strunk/Kaminski*, in: S/K/K, AStG, Stand: 01/2020, § 6 Rn. 139.5.
[626] Vgl. insoweit auch noch *Riedel*, ISR 2016, 193 (197).
[627] Vgl. *Häck,* in: F/W/B/S, AStG, Stand: 07/2021, § 6 Rn. 401.
[628] Z.B. § 27 Abs. 6 Z1 lit. e EStG Österreich, s.o.
[629] Siehe obiges Beispiel, vgl. auch *Häck,* in: F/W/B/S, AStG, Stand: 07/2021, § 6 Rn. 402 mit dem zusätzlichen Hinweis, dass einzelne DBA wie z.B. Kanada und USA ein *Wahlrecht* des Steuerpflichtigen vorsehen, sich so behandeln zu lassen, als habe er die Beteiligung unmittelbar vor dem Wegzug zum Marktpreis veräußert (siehe Art. 13 Abs. 7 Buchst. b) DBA Kanada und Art. 13 Abs. 6 DBA USA). Sofern zum Wegzugszeitpunkt ein fiktiver Verlust entstanden wäre, kann der Steuerpflichtige auf den Ansatz des gemeinen Wertes durch Nicht-Ausübung des Wahlrechts verzichten.

Durchbrechung im Falle des fiktiven Gewinns ist im Unterschied zur Fallvariante des fiktiven Verlusts darin zu sehen, dass im erstgenannten Fall (Gewinn) tatsächlich *stille Reserven* in Deutschland entstanden sind, bei denen zumindest die Gefahr besteht, dass eine spätere Besteuerung nicht mehr oder nur eingeschränkt durchgeführt werden kann. Dieses Argument reicht laut BFH[630] aus, um den Durchbruch des Realisationsprinzips zu rechtfertigen.

Sofern sich diese zum Zeitpunkt des Wegzugs bestehenden stillen Reserven tatsächlich bei Veräußerung nicht realisieren lassen (nachträgliche Wertminderung), ist dies durch Regelungen wie § 6 Abs. 1 Satz 5 AStG a.F. (bzw. § 6 Abs. 1 Satz 3 AStG n.F.) sowie § 6 Abs. 6 AStG a.F. zu kompensieren.[631]

Weswegen aus Gleichheitsgesichtspunkten ein Wegzügler, der im Zeitpunkt des Wegzugs einen fiktiven Verlust erzielen würde, bessergestellt werden soll als ein Inländer, dessen Anteile im Laufe der Zeit ebenfalls Wertschwankungen unterliegen, der seine Anteile aber niemals (oder nach einer Werterholung später mit Gewinn) veräußert, ist nicht ersichtlich.[632] Denn im reinen Inlandsfall würde sich eine Reduzierung der Einkommensteuer durch Verrechnung eines zwischenzeitlichen, temporären Verlustes auch nicht „vorab“ ergeben, sondern die gesamte Wertentwicklung (mit all ihren zwischenzeitlichen Schwankungen) erst zum Realisationszeitpunkt ihre Auswirkung entfalten und erst dann auch ein möglicher endgültiger Verlust (in den Grenzen des § 17 EStG) berücksichtigt werden.

4. Nachträgliche Wertminderung

Ebenso wie Wertminderungen im Zeitpunkt der Wegzugsbesteuerung (fiktive Verluste) gesetzlich nicht berücksichtigt werden können, sieht das Gesetz auch nur in bestimmten Fällen und zudem auch nur in begrenztem Umfang eine Berücksichtigung derjenigen Wertminderungen vor, die *nach* dem Auslösen der Wegzugsteuer bis hin zur tatsächlichen Realisierung der Wertentwicklungen eintreten (nachträgliche Wertminderungen).[633]

Nach altem Recht konnte eine nachträgliche Wertminderung im Rahmen des § 6 AStG (nur) dann berücksichtigt werden, wenn eine Stundung nach § 6 Abs. 5 Satz 4 Nr. 1 AStG a.F. widerrufen werden musste und der Veräußerungsgewinn tatsächlich niedriger war als der Vermögenszuwachs, der Gegenstand und Bemessungsgrundlage der Wegzugsbesteuerung war. Diese nachträgliche Korrektur der Wegzugsbesteuerung ist dann allerdings darauf begrenzt, dass die Steuer höchstens auf null herabgesetzt werden kann, nicht jedoch darüber hinaus (§ 6 Abs. 6 Satz 3 AStG a.F.). Unter der neuen Rechtslage fällt diese Berichtigungsmöglichkeit sogar gänzlich weg.[634]

---

630 BFH, Urt. v. 08.12.2021 – I R 30/19, BStBl II 2022, 763, Rn. 18.

631 Siehe hierzu auch Alternativvorschlag unter H.I.

632 Wohl a.A. *Strunk/Kaminski,* die eine Schlechterstellung des Wegzüglers im Vergleich zum reinen Inlandsfall annehmen, in dem der Steuerpflichtige mit tatsächlichem Verlust veräußert, *Strunk/Kaminski*, in: S/K/K, AStG, Stand: 01/2020, § 6 Rn. 139.5.

633 Siehe zur Gesetzeslage bereits unter B.IV.6.

634 Siehe unter B.IV.6.a)cc).

Daneben können sich nachträgliche Wertminderungen nur dann auch innerhalb des deutschen Steuersystems auswirken, wenn die tatsächliche Veräußerung der Anteile (wieder) unter das deutsche Besteuerungsrecht fällt und die nachträglichen Wertminderungen durch die Höhe des Veräußerungsgewinns (oder -verlusts) berücksichtigt werden.[635] Innerhalb der Literatur wird dabei die Auffassung vertreten, dass in allen anderen Fällen, in denen nach der Gesetzeslage nachträgliche Wertminderungen tatsächlich nicht berücksichtigt werden können, ein verfassungsrechtlicher Verstoß gegen das Leistungsfähigkeitsprinzip vorliegt.[636] Ein solcher („anderer") Fall liegt bspw. vor, wenn der Steuerpflichtige in einen Drittstaat verzieht, eine dauerhafte Stundung nach § 6 Abs. 5 Satz 1 AStG a.F. nicht erfolgen konnte und demnach auch kein Widerruf dieser Stundung i.S.d. Abs. 5 Satz 4 Nr. 1 eintreten kann, der Voraussetzung für die nachträgliche Wertminderung des § 6 Abs. 6 AStG a.F. ist. Durch die Wegzugsbesteuerung würden stille Reserven besteuert werden, die sich im Nachhinein (zumindest teilweise) gar nicht tatsächlich realisieren konnten. Als Lösungsvorschlag sollen die Grundsätze der sog. nachträglichen Kaufpreisanpassung auch auf die Fälle des § 6 AStG Anwendung finden.[637] Diese Ansicht verweist auf die Rechtsprechung des BFH, der für den Fall des § 17 EStG nachträgliche Anpassungen des Veräußerungspreises i.S.d. § 17 Abs. 2 EStG als rückwirkendes Ereignis i.S.d. § 175 Abs. 1 Satz 1 Nr. 2 AO ansieht, wodurch auch nachträglich die einst festgesetzte Steuer auf den Veräußerungsgewinn reduziert werden kann.[638] Eine solche nachträgliche Korrektur der Steuer trägt laut Ansicht des BFH dem „maßgeblichen Grundsatz der Besteuerung nach der wirtschaftlichen Leistungsfähigkeit [...] Rechnung [und] vermeidet darüber hinaus ein verfassungsrechtlich bedenkliches Übermaß der Besteuerung, das dann eintreten würde, wenn der Steuerpflichtige einen Veräußerungsgewinn zu versteuern hätte, den er tatsächlich nicht erzielt hat."[639]
Dies nimmt die oben dargestellte Meinung zum Anlass, die nachträgliche Kaufpreisanpassung auch bei § 6 AStG vorzunehmen,[640] was m.E. nur folgerichtig ist. Da § 6 AStG – zumindest dem Wortlaut der alten Fassung nach – auch ansonsten dem Grunde nach vollumfänglich auf § 17 EStG verweist und die dort geltenden Regelungen dann Anwendung finden, wenn sich innerhalb des § 6 AStG keine (hinreichenden) eigenen Regelungen finden lassen, kann auch die vom BFH ergangene Rechtsprechung zu nachträglichen Wertminderungen im Rahmen des § 17 EStG auf die Anwendung des § 6 AStG übertragen werden, sofern die Vorschrift nicht selbst eine nachträgliche Wertminderung berücksichtigt. Was für § 17 EStG die nachträgliche Kaufpreisanpassung darstellt, wäre übertragen auf die Wegzugsbesteuerung der tatsächliche – niedrigere – Veräußerungspreis.

---

[635] Siehe unter B.IV.6.b).
[636] Vgl. *Häck,* in: F/W/B/S, AStG, Stand: 07/2021, § 6 Rn. 144; *Wassermeyer,* in: GS Krüger, 287 (292f.); *Schnitger*, Die Entstrickung im Steuerrecht, S. 106 ff.
[637] Vgl. *Häck,* in: F/W/B/S, AStG, Stand: 07/2021, § 6 Rn. 144.
[638] BFH, Urt. v. 13.10.2015 – IX R 43/14, BStBl II 2016, 212, Rn. 14 ff.; BFH, Beschl. v. 19.07.1993 – GrS 1/92, BStBl II 1993, 894, Rn. 39 mit Verweis auf BFH, Beschl. v. 19.07.1993 – GrS 2/92, BStBl II 1993, 897; vgl. auch *Gosch,* in: Kirchhof/Seer, EStG, § 17 Rn. 82.
[639] BFH, Beschl. v. 19.07.1993 – GrS 2/92, BStBl II 1993, 897, Rn. 70.
[640] *Häck,* in: F/W/B/S, AStG, Stand: 07/2021, § 6 Rn. 143.

Beschränkt werden kann dies dabei u.a. auch wieder darauf, dass eine Berücksichtigung von nachträglichen Wertminderungen innerhalb der tatsächlichen Gewinnbesteuerung im Zuzugsstaat nicht erfolgt.[641]

II. Art. 2 GG – Ausreisefreiheit

Auch außerhalb des Art. 3 Abs. 1 GG bietet die Regelung des § 6 AStG Anknüpfungspunkte für verfassungsrechtliche Bedenken, so auch in Bezug auf Art. 2 GG.

1. Eingriff in den Schutzbereich

Im Speziellen geht es dabei um die Ausreisefreiheit als Ausprägung der allgemeinen Handlungsfreiheit des Art. 2 Abs. 1 GG,[642] die jedermann unabhängig von der Staatsangehörigkeit schützt (sog. Jedermann-Grundrecht[643]). Da die Wegzugsteuer auch ohne die tatsächliche Veräußerung (u.a.) allein dadurch ausgelöst werden kann, dass der Steuerpflichtige wegzieht, ist § 6 AStG im Grundsatz geeignet, die Ausreisefreiheit zu beeinträchtigen und einen Eingriff in die allgemeine Handlungsfreiheit darzustellen. Eine Besteuerung von stillen Reserven ohne den Zufluss von Liquidität etwa in Form eines Veräußerungspreises ist als Grund geeignet, den Steuerpflichtigen vom Wegzug in einen anderen Staat abzuhalten bzw. erschwert zumindest den Wegzug aus finanzieller Sicht und ist deshalb nach der hier vertretenen Meinung geeignet, einen Eingriff in den Schutzbereich des Art. 2 Abs. 1 GG darzustellen.
Während das BVerfG bei der verfassungsmäßigen Überprüfung der erweiterten beschränkten Steuerpflicht des § 2 AStG noch einen klassischen Eingriff in die Handlungsfreiheit annahm, da diese Norm die Wohnsitzverlegung des Steuerpflichtigen ins Ausland verhindern soll („verhaltenslenkende Besteuerung“[644]), kann dies nicht ohne Weiteres auf § 6 AStG übertragen werden, dessen Zweck nämlich gerade nicht darin liegt, Steuerpflichtige vom Wegzug ins Ausland abzuhalten, sondern für einen solchen Wegzugsfall lediglich die Besteuerung der stillen Reserven zu sichern.[645] In Bezug auf Art. 2 Abs. 1 GG kann § 6 AStG daher nur unter dem Gesichtspunkt eines *erweiterten* Eingriffsbegriffs[646] einen grundrechtsrelevanten Eingriff darstellen. Teils taucht in diesem Zusammenhang innerhalb der Literatur auch der Begriff des „*modernen* Eingriffsbegriffs“ auf, von dem solche staatliche Handlungen umfasst seien, die in zurechenbarer Weise dem Einzelnen ein grundrechtlich geschütztes Verhalten ganz oder teilweise unmöglich

---

641 Ebenso wie in § 6 Abs. 6 Satz 1 AStG a.F.

642 So BVerfG, Urt. v. 16.01.1957 – 1 BvR 253/56, BVerfGE 6, 32, Rn. 12; BVerfG, Beschl. v. 14.05.1986 – 2 BvL 2/83, BVerfGE 72, 2008, Rn. 100; vgl. auch *Jarass*, in: Jarass/Pieroth, GG, Art. 2, Rn. 32.

643 Bspw.: BVerfG, Nichtannahmebeschluss v. 19.04.2021 – 1 BvR 1732/14, NVwZ 2021, 1135, Rn. 18.

644 BVerfG, Beschl. v. 14.05.1986 – 2 BvL 2/83, BVerfGE 72, 200, Rn. 99.

645 Vgl. allgemein zum Zweck der Norm bereits eingangs unter B.I.1.

646 *Werner*, Systemgerechte Entstrickung im Steuerrecht, S. 61: vgl. auch VG München, Urt. v. 26.10.2017 – M 10 K 16.5485, Rn. 29.

machen[647] oder mit einer belastenden Rechtsfolge verknüpft wird und daher auch geringfügige oder zumutbare Beeinträchtigungen nicht von vornherein als Eingriff ausgenommen seien.[648] Da zumindest in den Fällen des § 6 AStG, in denen keine dauerhafte Stundung der Wegzugsteuer erfolgt (und dies wird unter der neuen Gesetzesfassung in allen Fällen so sein, egal ob mit oder ohne EU-/EWR-Bezug), ist aufgrund des drohenden Liquiditätsnachteils anzunehmen und darüber hinaus auch für den Gesetzgeber vorhersehbar, dass der Steuerpflichtige von seinem Vorhaben des Wegzugs abgehalten werden kann; der Eingriff kann also (bereits) darin liegen, dass durch das steuerliche Hemmnis in Form der Wegzugsbesteuerung die Ausreise zumindest erschwert wird.[649] Zuzustimmen ist der Ansicht, dass ein Eingriff in Art. 2 Abs. 1 GG zumindest dann vorliegen soll, wenn der Steuerpflichtige angesichts der durch die Wegzugsteuer drohenden Steuerbelastung faktisch gezwungen wird, seine Wegzugspläne aufzugeben und in solchen Fällen von einer „faktischen Wegzugsperre" gesprochen werden kann.[650] Nach der hier vertretenen Auffassung ist damit zumindest nicht ausgeschlossen, dass die Wegzugsbesteuerung im Einzelfall als solche geeignet ist, einen Eingriff in die allgemeine Handlungsfreiheit darzustellen. Die Zulässigkeit eines solchen Eingriffs ist auf Ebene der Rechtfertigung zu überprüfen.

2. Rechtfertigung

Die Ausreisefreiheit als Ausfluss der allgemeinen Handlungsfreiheit ist nur in den Schranken des Art. 2 Abs. 1 2. HS GG gewährleistet. Sie steht unter dem Vorbehalt einer sog. Schrankentrias[651], eine Bezeichnung für die drei verfassungsunmittelbaren Schranken in Art. 2 GG, wonach die freie Entfaltung der Persönlichkeit durch die Rechte anderer, die verfassungsmäßige Ordnung und das Sittengesetz eingeschränkt werden können, und dies nur unter der Voraussetzung, dass der Eingriff bzw. die Maßnahme zur Erreichung des dadurch angestrebten Zwecks geeignet und erforderlich ist und der mit ihr verbundene Eingriff seiner Intensität nach nicht außer Verhältnis zur Bedeutung der Sache und den vom Bürger hinzunehmenden Einbußen steht (Grundsatz der Verhältnismäßigkeit).[652]

---

[647] VG München, Urt. v. 26.10.2017 – M 10 K 16.5485, Rn. 29.

[648] *Kingreen/Poscher*, Grundrechte, Rn. 338 f., 538; so auch *Di Fabio*, in: Maunz/Dürig, GG, Stand: 05/2023, Art. 2 Abs. 2 Nr. 1 Rn. 60, dort für den Eingriff in die körperliche Unversehrtheit.

[649] So auch *Häck*, in: F/W/B/S, AStG, Stand: 07/2021, § 6 Rn. 138; *Werner*, Systemgerechte Entstrickung im Steuerrecht, S. 61; *Kingreen/Poscher*, Grundrechte, Rn. 339 mit dem Hinweis, dass der moderne Eingriffsbegriff auch dann greift, wenn ein Handeln mit einer belastenden Rechtsfolge geknüpft ist, was bei der Auslösung der Wegzugsteuer durch einen Wegzug der Fall ist.

[650] *Kudert/Hagemann/Kahlenberg*, Die Internationalisierung der Unternehmerfamilie – Reformvorschläge für die Wegzugsbesteuerung, S. 136.

[651] Vgl. *Schmidt*, in: ErfK, Art. 2 GG, Rn. 12, 54; *Di Fabio*, in: Maunz/Dürig, GG, Stand: 05/2023, Art. 2 Abs. 1 Rn. 37, 39ff; *Lang*, in: BeckOK, GG, Art. 2 Rn. 51.

[652] St. Rspr. des BVerfG vgl. bspw. BVerfG, Urt. v. 15.12.1983 – 1 BvR 209/83, BVerfGE 65, 1, Rn. 175; BVerfG, Beschl. v. 15.01.1970 – 1 BvR 13/68, BVerfGE 27, 344, Rn. 12; siehe auch

a) Legitimes Ziel und Geeignetheit

§ 6 AStG verfolgt das legitime Ziel der Sicherung des Besteuerungsrechts in Bezug auf die in den Kapitalgesellschaftsanteilen entstandenen stillen Reserven. Durch den Wegzug des Steuerpflichtigen bzw. durch ein anderes die Wegzugsteuer auslösendes Ereignis besteht für den deutschen Staat die Gefahr, dass dadurch die unter der deutschen Steuerhoheit entstandenen stillen Reserven keinem bzw. keinem uneingeschränkten Steuerzugriff der deutschen Finanzverwaltung mehr unterliegen bzw. die Eintreibung der Steuern nicht (mehr) ausreichend gesichert ist.[653]
Hierzu ist die Wegzugsbesteuerung auch geeignet, da der Besteuerungszeitpunkt zu einem Zeitpunkt vorverlegt wird, in dem Deutschland noch aufgrund der unbeschränkten Steuerpflicht des Wegziehenden ein uneingeschränktes Besteuerungsrecht zusteht.

b) Erforderlichkeit

Es ist jedoch umstritten und wird innerhalb der Literatur teils stark bezweifelt, ob das Merkmal der Erforderlichkeit erfüllt ist und ob das oben beschriebene legitime Ziel gleichermaßen wirksam, aber mit weniger belastenden Maßnahmen und damit aus Sicht des Steuerpflichtigen milderen Mitteln erreicht werden kann.

aa) Milderes Mittel: Treaty Override

Ein milderes Mittel könnte für den deutschen Gesetzgeber in einem sog. Treaty Override liegen.[654] Befürchtet der Gesetzgeber, dass bei einem Wegzug des Steuerpflichtigen seine Besteuerungsbefugnisse in Bezug auf die Kapitalgesellschaftsanteile etwa durch ein DBA entzogen würde,[655] würde ihm hier eine nationale Norm helfen, die sich ausdrücklich gegen das Abkommensrecht richtet und andere Rechtsfolgen anordnet. Ein Treaty Override stellt eine solche Abkommensverdrängung[656] bzw. Abkommensüberschreitung[657] durch unilateralen „Bruch" des völkervertraglich Vereinbarten durch einen Staat dar.[658] In offenen Treaty Overrides macht der Staat schon durch den Wortlaut einer Norm, der sog.

Häck, in: F/W/B/S, AStG, Stand: 07/2021, § 6 Rn. 138; *Di Fabio*, in: Maunz/Dürig, GG, Stand: 05/2023, Art. 2 Abs. 1 Rn. 37.

[653] *Häck,* in: F/W/B/S, AStG, Stand: 07/2021, § 6 Rn. 21, 138; *Pohl,* IStR 2001, 460 (462); *Lampert,* in: Musil/Weber-Grellet, Europäisches Steuerrecht, § 6 AStG, Rn. 1; *Hecht,* in: Fuhrmann, AStG, § 6 Rn. 2.

[654] So z.B. *Kudert/Hagemann/Kahlenberg*, Die Internationalisierung der Unternehmerfamilie – Reformvorschläge für die Wegzugsbesteuerung, S. 32f.; *Schnitger*, Die Entstrickung im Steuerrecht, S. 111; *Häck,* in: F/W/B/S, AStG, Stand: 07/2021, § 6 Rn. 138.

[655] Bspw. wenn eine dem Art. 13 Abs. 5 OECD-MA entsprechende Norm greift, vgl. hierzu auch unter B.III.3.a)aa).

[656] Siehe zur Begrifflichkeit *Musil*, IStR 2014, 192 (192).

[657] Siehe zur Begrifflichkeit BVerfG, Beschl. v. 15.12.2015 – 2 BvL 1/12, BVerfGE 141, 1, Rn. 14.

[658] BVerfG, Beschl. v. 15.12.2015 – 2 BvL 1/12, BVerfGE 141, 1, Rn. 14; *Schwenke*, DStR 2018, 2310 (2312).

Verdrängungsnorm, deutlich, dass er einzelne Regelungen innerhalb zuvor geschlossener DBA nicht mehr gelten lassen möchte, wie es bspw. in § 50d Abs. 8 und 9 EStG vorgesehen ist.[659] Der Gesetzgeber erlässt bei einem offenen Treaty Override also eine Norm, die mit einer DBA-Vorschrift kollidiert und gibt offen zu erkennen, dass fortan etwas anderes gelten soll als im DBA festgelegt,[660] wodurch es zu einer einseitigen Nichtbeachtung völkerrechtlicher Vereinbarungen kommt.[661]
Die Forderung nach einem solchen Treaty Override als im Vergleich milderes Mittel in diesem Kontext kann nur deshalb erfolgen, da das BVerfG mittlerweile die grundsätzliche verfassungsrechtliche Zulässigkeit solcher Verdrängungsnormen bestätigt hat.[662] Denn dass ein Treaty Override einen Verstoß gegen Völkerrecht darstellt und dem völkerrechtlichen Grundsatz des „pacta sunt servanda" widerspricht, scheint unstreitig zu sein.[663] Im Kern des Beschlusses stellt das BVerfG jedoch fest, dass aus der Völkerrechtsfreundlichkeit des Grundgesetzes (die immerhin laut BVerfG Verfassungsrang hat[664]) keine verfassungsrechtliche Pflicht zur uneingeschränkten Befolgung jeder Bestimmung des Völkerrechts folge, ein Treaty Override demnach also nicht gegen das Rechtsstaatsprinzip i.V.m. dem Grundsatz der Völkerrechtsfreundlichkeit verstoße.[665]

Dabei ist zunächst zu beachten, dass § 6 AStG nach einer Ansicht in der Literatur in seiner Grundkonzeption bereits jetzt schon ein Treaty Override darstellt, und zwar in Bezug auf Art. 13 Abs. 5 OECD-MA, der die Veräußerungsgewinne in Bezug auf die Kapitalgesellschaftsanteile einheitlich besteuern will und *sämtliche* stillen Reserven der Besteuerung des Ansässigkeitsstaats zuspielt.[666] Eine Abkommensverdrängung durch § 6 AStG wird hier angenommen, da Deutschland durch die Wegzugsteuer auf einen Teil der stillen Reserven zugreift (nämlich diejenigen, die bis zum Wegzug entstanden sind), obwohl das DBA seinem Wortlaut nach eine eindeutige Entscheidung zugunsten des

---

659 Vgl. z.B. *Gosch*, IStR 2008, 413 (415).
660 *Musil*, IStR 2014, 192 (193).
661 *Gottschalk,* in: Troll/Gebel/Jülicher/Gottschalk, ErbStG, Stand: 07/2023, Einführung, Rn. 83.
662 BVerfG, Beschl. v. 15.12.2015 – 2 BvL 1/12, BVerfGE 141, 1.
663 *Schwenke*, DStR 2018, 2310 (2311).
664 BVerfG, Beschl. v. 15.12.2015 – 2 BvL 1/12, BVerfGE 141, 1, Rn. 65.
665 BVerfG, Beschl. v. 15.12.2015 – 2 BvL 1/12, BVerfGE 141, 1, Rn. 67, 69.
666 *Häck,* in: F/W/B/S, AStG, Stand: 07/2021, § 6 Rn. 118; *Wassermeyer*, in: Wassermeyer, Doppelbesteuerung, OECD-MA, Stand: 07/2023, Art. 13 Rn. 31; *Pohl,* in: Brandis/Heuermann, AStG, Stand: 08/2021, § 6 Rn. 23; *Kraft*, in: Kraft, AStG, § 6 Rn. 48; *Schaumburg,* in: Schaumburg, Internationales Steuerrecht, Rn. 6.410; a.A. bspw. *Werner*, Systemgerechte Entstrickung im Steuerrecht, S.205f.; Mangels ausdrücklicher Nennung des gesetzgeberischen Willens zur Abkommensüberschreitung ("ungeachtet des Abkommens" etc.) in § 6 AStG wird hier zumindest ein sog. verdecktes Treaty Override, also eine nationale Überschreitungsnorm ohne ausdrückliche Kennzeichnung als materieller Abkommensvorbehalt, angenommen. In dem Vorlagebeschluss des BFH (Beschl. v. 11.12.2013 – I R 4/13, BStBl II 2014, 791, Rn. 38) sah der Senat auch ein sog. verdecktes Treaty Override als ein wirksames Treaty Override an; a.A. in Bezug auf § 6 AStG als wirksamen verdecktes Treaty Override: *Häck,* in: F/W/B/S, AStG, Stand: 07/2021, § 6 Rn. 119; *Pohl,* in: Brandis/Heuermann, AStG, Stand: 08/2021, § 6 Rn. 24.

Ansässigkeitsstaats getroffen habe, der bei der tatsächlichen Veräußerung der Anteile *alle* stillen Reserven besteuern dürfen solle.

Um jedoch gleichzeitig auch im Hinblick auf den Eingriff in die Ausreisefreiheit ein vergleichbar milderes Mittel zu schaffen als die Festsetzung der Steuer zum Zeitpunkt des Wegzugs, hätte der Gesetzgeber daher (zusätzlich) eine *andere,* noch mildere Verdrängungsregel ins Gesetz aufnehmen müssen. Eine solche Verdrängungsregel müsste dafür sorgen, dass im tatsächlichen Veräußerungsfall (und nicht etwa schon bei Wegzug) trotz Art. 13 Abs. 5 OECD-MA ein Steuerzugriff des deutschen Fiskus[667] zulässig wäre (zumindest insoweit, als dass stille Reserven bis zum Wegzugszeitpunkt erfasst sind). Der Anknüpfungspunkt dieser Regelung (nachfolgend „Alternativ-Treaty Override") wäre demnach ein anderer, nämlich der Zeitpunkt der tatsächlichen Realisierung der stillen Reserven,[668] um den Moment des Wegzugs für den Steuerpflichtigen „zu entlasten."
Gleichzeitig ist hierzu jedoch zu bedenken, dass das BVerfG Treaty Overrides zwar grds. für zulässig hält, diese Aussage allerdings keine Garantie dafür bietet, dass auch das Alternativ-Treaty Override in der zuvor beschriebenen Art ebenfalls als verfassungskonform beurteilt werden würde. Ein Freibrief ist dem Urteil des BVerfG nämlich nicht zu entnehmen, wird im Beschluss doch gleichzeitig daran erinnert, dass der Gesetzgeber „von Verfassungs wegen gehalten sei, Völkervertragsrecht zu beachten", „einem Auseinanderfallen von völkerrechtlicher und innerstaatlicher Rechtslage entgegenzuwirken [sei]" und „dass Abweichungen von völkervertraglichen Vereinbarungen einer besonderen Rechtfertigung bedürften, deren Voraussetzungen eng seien".[669] Ob dieses Mittel auch gleichermaßen geeignet wäre, hängt im Ergebnis also auch davon ab, ob das BVerG auch in diesem speziellen Fall die Kriterien für ein *zulässiges* Treaty Override anerkennen würde. Dies ist jedoch zumindest zweifelhaft: Ziel der DBA ist dem Grunde nach die Vermeidung von Doppelbesteuerung in den jeweiligen Vertragsstaaten.[670] Bei dem Alternativ-Treaty Override, bei dem Deutschland im Zeitpunkt der tatsächlichen Veräußerung ebenfalls neben dem nach Art. 13 Abs. 5 OECD-MA zur Besteuerung der Veräußerungsgewinne berechtigten Ansässigkeitsstaat eine Steuer erheben würde, ist aber eine Doppelbesteuerung immanent.[671] § 50d Abs. 8 EStG als Gegenbeispiel zielt auf die Schließung von Besteuerungslücken, sollte der jeweils andere Vertragsstaat auf eine Besteuerung verzichten, sodass zumindest die *einmalige* Besteuerung sichergestellt ist. Es ist jedoch anders zu beurteilen, wenn ungeachtet eines DBA der deutsche Staat zusätzlich

---

[667] Dies würde wiederum voraussetzen, dass überhaupt noch ein Anknüpfungspunkt für eine deutsche Besteuerung besteht, etwa in Form der beschränkten Steuerpflicht der Veräußerungsgewinne. Das potenzielle Treaty Override würde sich dann lediglich gegen die Beschränkungen des DBA stellen.

[668] So z.B. auch die Norm des § 50i EStG, die jedoch einen nur beschränkten Anwendungsbereich hat und vorrangig die in der Vergangenheit unzutreffende Verwaltungspraxis korrigiert.

[669] BVerfG, Beschl. v. 15.12.2015 – 2 BvL 1/12, BVerfGE 141, 1, Rn. 14 und 65.

[670] Vgl. z.B. *Busch*, in: Münchener Handbuch des Gesellschaftsrechts, § 61 Rn. 3; *Schönfeld/Häck*, in: Schönfeld/Ditz, DBA, Systematik, Rn. 1.

[671] So auch *Kudert/Hagemann/Kahlenberg*, Die Internationalisierung der Unternehmerfamilie – Reformvorschläge für die Wegzugsbesteuerung, S. 33.

besteuern würde, denn abkommensrechtlich kann auch ein Treaty Override das Besteuerungsrecht des anderen Vertragsstaats, das sich aus Art. 13 Abs. 5 OECD-MA ergibt, nicht zulasten dieses Vertragsstaats einschränken oder gar ausschließen. Eine Treaty-Override-Regelung würde somit gezielt eine Doppelbesteuerung zulasten des Steuerpflichtigen auslösen und somit gegen die Grundidee der DBA verstoßen.

Im Ergebnis würde das hier beschriebene Alternativ-Treaty Override als milderes Mittel ein „Abwarten" des deutschen Fiskus darstellen bis zum Zeitpunkt der tatsächlichen Veräußerung, bis also dem Steuerpflichtigen liquide Mittel zur Begleichung der Steuerschuld zur Verfügung stünden. Unabhängig von der Zulässigkeit einer solchen Regelung ist diese in der Tat für den Steuerpflichtigen ein milderes Mittel, im Hinblick auf den Zweck des Gesetzes jedoch nicht gleichermaßen geeignet. Der Gesetzesbegründung ist zu entnehmen, dass mit § 6 AStG und der Festsetzung der Steuer zum Wegzugszeitpunkt die Besteuerung der stillen Reserven gesichert werden soll.[672] Ein Abwarten ohne Festsetzung würde diesem Ziel gerade nicht bzw. nicht gleichermaßen gerecht werden, zumal ein späterer Zugriff auf die Veräußerungsgewinne durch spätere Steuerfestsetzung in der deutschen Einkommensteuersystematik auch nur dann zum Zuge käme, wenn nach dem Wegzug des Steuerpflichtigen überhaupt noch ein Anknüpfungspunkt für ein Besteuerungsrecht bestünde, bspw. im Rahmen der beschränkten Einkommensteuerpflicht in Bezug auf inländische Einkünfte gem. § 49 Abs.1 Nr. 2 Buchst. e) EStG. Eine Besteuerung von Veräußerungsgewinnen in allen anderen Fällen wäre – ohne die beschränkte Steuerpflicht ebenfalls gesetzlich auszuweiten – mangels Steuerpflicht in Deutschland dann ohnehin nicht mehr möglich, unabhängig davon, ob ein DBA zusätzlich noch eine Beschränkung oder ein Ausschluss von Besteuerungsrechten vorsehen würde oder nicht. Oder mit anderen Worten: Die reine abkommensrechtliche Verdrängung von Klauseln wie Art. 13 Abs. 5 OECD-MA würde nicht in allen Fällen zum gewünschten Ziel führen.

bb) Milderes Mittel: dauerhafte Stundung

Ein ähnlich milderes Mittel hielt bislang die alte Fassung des Gesetzes in der in § 6 Abs. 5 AStG a.F. normierten dauerhaften und zinslosen Stundung bereit:
Die Steuer entsteht zwar zum Zeitpunkt des Wegzugs, wird allerdings nicht erhoben und hat demnach für den Steuerpflichtigen zumindest keine finanzielle Auswirkung, die beschränkend oder hindernd auf seinen Entschluss einwirkt, aus Deutschland wegzuziehen (Nachweispflichten an dieser Stelle einmal vernachlässigt).
Zwar sind die Festsetzung und erst spätere Erhebung der Steuer immerhin als sicherer einzustufen als die zuvor bei der Schaffung eines Treaty Overrides dargestellte Möglichkeit der späteren Steuerfestsetzung bei tatsächlicher Veräußerung der Anteile.[673]

[672] BT-Drucks. 26/2710, S. 26.

[673] Zumindest ist hier nämlich verfahrensrechtlich sowie unter dem Gesichtspunkt der Anknüpfung der Wegzugsteuer an die unbeschränkte Steuerpflicht des Anteilseigners unmittelbar vor oder noch im Zeitpunkt des Wegzugs die Besteuerungsmöglichkeit sichergestellt.

Allerdings dürfte man auch hier zu dem Ergebnis kommen, dass der Einzug von Steuern zu einem noch unbekannten Zeitpunkt gegenüber der Sofortvollziehung nicht gleichsam wirksam ist im Hinblick auf das legitime Ziel der *Sicherstellung* des Besteuerungsrechts und der Einziehung der Steuer im Wegzugszeitpunkt, obwohl es in der Tat ein milderes Mittel darstellen würde. Auch wenn man diese Schlussfolgerung anders beurteilen sollte: Es ist gleichzeitig zu beachten, dass das BVerfG dem Gesetzgeber bei der Wahl seiner Mittel eine sog. Einschätzungsprärogative[674] einräumt, sodass unter dem bislang Festgestellten die Erforderlichkeit der Norm anzunehmen ist.[675]

c) Angemessenheit

Wird wie in der hier vertretenen Auffassung davon ausgegangen, dass auch das Erforderlichkeitsmerkmal erfüllt ist, so ist schließlich innerhalb der Angemessenheitsprüfung zwischen der Schwere des Grundrechtseingriffs und dem Nutzen des verfolgten Zwecks des Gesetzes abzuwägen. Der Grundrechtseingriff darf dabei nicht außer Verhältnis zum verfolgten Zweck stehen.[676]

Das BVerfG hat in seinem Urteil vom 14.05.1986[677] die Verfassungsmäßigkeit des § 2 AStG, der die erweiterte unbeschränkte Einkommensteuer für Wegzügler in sog. Niedrigsteuerländer regelt, u.a. im Hinblick auf die Ausreisefreiheit aus Art. 2 Abs. 1 GG bejaht. Das BVerfG berief sich dabei auf das aus seiner Sicht für Fälle des § 2 AStG „typische Verhalten" des Steuerpflichtigen, durch den Wegzug in ein Niedrigsteuerland steuerliche Vorzüge zu erhalten und gleichzeitig in Deutschland wirtschaftlich verhaftet zu bleiben. Ein solches „Doppelspiel" müsse der Gesetzgeber nicht dulden.[678] Ein Verstoß gegen Art. 2 Abs. 1 GG ist den Ausführungen des BVerfG deshalb nicht zu entnehmen, da „der von der erweiterten beschränkten Einkommensteuerpflicht ausgehende – und beabsichtigte – steuerliche Druck dem Betreffenden noch genügend Spielraum [ließe], sich für oder gegen die Wohnsitzverlegung zu entscheiden."[679]

Die Auswirkungen des § 2 AStG auf den Steuerpflichtigen sind indes jedoch nicht ganz vergleichbar mit § 6 AStG, der entgegen § 2 AStG eine sofortige Besteuerung mit den dadurch verbundenen Liquiditätsnachteilen vorsieht und nicht lediglich die „Verlängerung" der unbeschränkten Steuerpflicht in Deutschland anordnet, womit noch nicht per se eine (höhere) Steuerbelastung oder Zahlungsverpflichtungen verbunden sind. Der

[674] Bspw. BVerfG, Nichtannahmebeschluss v. 03.09.2009 – 1 BvR 2384/08, HFR 2010, 177, Rn. 42.
[675] So auch *Werner*, Systemgerechte Entstrickung im Steuerrecht, S. 62; *Häck,* in: F/W/B/S, AStG, Stand: 07/2021, § 6 Rn. 138.
[676] Vgl. bspw. *Dürig/Klein* in: Maunz/Dürig, GG, Stand: 05/2023, Art. 18 Rn. 52 sowie *Grzeszick*, in: Maunz/Dürig, GG, Stand: 05/2023, Art. 20 Rn. 109.
[677] BVerfG, Urt. v. 14.05.1986 – 2 BvL 2/83, BVerfGE 72, 200.
[678] BVerfG, Urt. v. 14.05.1986 – 2 BvL 2/83, BVerfGE 72, 200, Rn. 102.
[679] BVerfG, Urt. v. 14.05.1986 – 2 BvL 2/83, BVerfGE 72, 200, Rn. 102.

Liquiditätsnachteil und die dadurch grds. sofort eintretende Belastung des § 6 AStG ist im Moment des Wegzugs als die unmittelbar unter Art. 2 Abs. 1 GG fallende Handlung des Steuerpflichtigen im Vergleich wesentlich höher und damit im Stande, höheren Druck auf den Steuerpflichtigen auszuüben. Dennoch bleiben der maßgebliche Anknüpfungspunkt und das entscheidende Kriterium, wie weit dem Steuerpflichtigen durch § 6 AStG noch genügend Spielraum bei seiner Entscheidung zum Wegzug übrig bleibt.

Im alten Recht war hierbei zu unterscheiden: Der schon mehrfach angesprochene Liquiditätsnachteil durch Besteuerung ohne Veräußerungspreis wurde in der alten Fassung bei Wegzügen ins EU-/EWR-Ausland durch § 6 Abs. 5 AStG a.F. gänzlich verhindert. Selbst eine Verzinsung der von Amts wegen dauerhaft gestundeten Wegzugsteuer war in diesen Fällen nicht vorgesehen. Eine „faktische Wegzugssperre", womit ein nicht gerechtfertigter Grundrechtsverstoß hätte anzunehmen sein können, trat aufgrund der kaum monetär spürbaren Folgen für den Steuerpflichtigen nicht auf.[680] Die den Steuerpflichtigen treffenden Nachweis- und Meldepflichten sind im Vergleich zu einer sofortigen Vollziehung der Steuer derart gering, dass sie bei der Entscheidung nach der verfassungsmäßigen Einschränkung der Ausreisefreiheit nicht weiter ins Gewicht fallen bzw. insoweit der Zweck der Maßnahme den Grundrechtseingriff überwiegt.

Etwas anders ist die Situation für Fälle des Wegzugs in einen Drittstaat zu beurteilen, für die eine dauerhafte Stundung (auch) im alten Recht nicht vorgesehen war: Anstelle der dauerhaften zinslosen Stundung sah § 6 Abs. 4 AStG a.F., wie bereits erwähnt, nur eine ratierliche Stundung über maximal fünf Jahre vor (plus Verzinsung und Sicherheitsleistung). Aus Liquiditätssicht ist dies nicht zu vergleichen mit der dauerhaften Stundung, stellt aber immerhin eine Abmilderung im Vergleich zur sofortigen Einziehung des gesamten Wegzugsteuerbetrags dar. Es ist daher die Frage zu stellen, ob die Abmilderung in Drittstaatsfällen ausreichend ist bzw. war, um dem Steuerpflichtigen eine freie Entscheidung zu lassen, ob er ins Ausland zieht oder nicht. Sofern dies verneint wird, ist anzunehmen, dass der Steuerpflichtige faktisch von einem Wegzug abgehalten wird.
Innerhalb der Literatur wird hierzu teils vertreten, dass die Stundung des § 6 Abs. 4 AStG a.F. nicht dazu in der Lage sei, den Liquiditätsnachteil und damit den Druck auf den Steuerpflichtigen, sich vom Wegzug zu entfernen, derart abzumildern, dass eine Grundrechtseinschränkung verhältnismäßig und demnach gerechtfertigt wäre.[681] Ohne einen entsprechenden Liquiditätszufluss führe § 6 AStG zu einer faktischen Wegzugssperre.[682] Dabei ist m.E. zu berücksichtigen, dass die Kapitalgesellschaftsanteile in bestimmten Fällen einen Großteil des Vermögens mancher Steuerpflichtiger ausmachen. Da trotz ratierlicher Stundung bereits mit der Festsetzung der Steuer die erste Rate fällig wird, kann es dazu kommen, dass der Steuerpflichtige zur (teilweisen) Veräußerung seiner Anteile

[680] I.E. so auch *Häck,* in: F/W/B/S, AStG, Stand: 07/2021, § 6 Rn. 138.

[681] *Häck,* in: F/W/B/S, AStG, Stand: 07/2021, § 6 Rn. 138.

[682] *Häck,* in: F/W/B/S, AStG, Stand: 07/2021, § 6 Rn. 21, andeutungsweise auch *Wassermeyer,* in: FS Flick, 1057 (1064) sowie *Wassermeyer,* in: GS Krüger, 287 (290) mit der Aussage, die Wegzugsteuer stelle eine „spürbare Behinderung des Wegzugs dar."

verpflichtet ist, da ihm ansonsten nicht ausreichend Liquidität zur Verfügung steht, um auch nur eine der Ratenzahlungen leisten zu können.[683] Gleichzeitig sind in den Fällen des § 6 Abs. 4 Satz 1 AStG a.F. Sicherheiten zu leisten, ggf. müsste der Steuerpflichtige dann auch die Anteile – wenn er sie nicht schon bereits veräußern musste – verpfänden, sodass er in seiner Verfügungsmacht hierüber deutlich eingeschränkt wäre. Andernfalls wären die Sicherheitsleistungen sowie auch die zu leistenden Zinsen mit weiteren Kosten für den Steuerpflichtigen verbunden, sodass der scheinbare Abmilderungseffekt durch die gewährte Ratenzahlung damit teilweise wieder aufgehoben würde.[684] Eine faktische Wegzugssperre ist demnach auch nach der hier vertretenen Ansicht anzunehmen, sodass zumindest für die Drittstaatssachverhalte ein unverhältnismäßiger und somit nicht mehr gerechtfertigter Eingriff in die Ausreisefreiheit aus Art. 2 Abs.1 GG vorliegt.

Die Gegenansicht, die eine Angemessenheit deshalb bejaht, da die angesprochenen Sicherheitsleistungen (inklusive der damit verbundenen Belastungen des Steuerpflichtigen) aus verfassungsrechtlicher Sicht notwendig seien, um den Steueranspruch des Steuergläubigers zu schützen,[685] verkennt m.E. jedoch, dass dann auch in Drittstaaten eine dauerhafte Stundung gewährt werden könne, wenn es lediglich darum geht, durch geeignete Sicherheiten die Steuererhebung durch den Fiskus sicherzustellen und zu einem späteren Zeitpunkt zu gewährleisten.[686]

In der Tat ist das praktische Problem nicht zu verkennen, dass es insbesondere im Falle des physischen Wegzugs des Steuerpflichtigen für die Finanzverwaltung häufig schwierig sein wird, das weitere Schicksal der im Privatvermögen gehaltenen Anteile zu beobachten und künftige Realisierungsvorgänge zu erkennen und zu erfassen (insbesondere, wenn es sich nicht um *inländische* Kapitalgesellschaften handelt). Dem könnte der Gesetzgeber – auch wenn es, wie oben dargestellt, ggf. nicht das gleichermaßen geeignete Mittel wie eine sofortige Steuerfestsetzung und ratierlicher Erhebung ist – durch die Statuierung besonderer Mitwirkungspflichten entgegenwirken. Unter Abwägung der Grundrechtseinwirkung bei Wegzügen in Drittstaaten und des berechtigten Interesses des Staats an der Eintreibung der Steuer, die auch nach dem Wegzug im Realisationsfall faktisch nicht ausgeschlossen ist, können allein praktische Schwierigkeiten beim Vollzug des späteren Besteuerungszugriffs nicht geeignet sein, eine Rechtsgrundlage dafür zu schaffen, eine sofortige Besteuerung ohne dauerhafte Stundung vorzunehmen.[687]

---

[683] Vgl. *Hecht,* in: Fuhrmann, AStG, § 6 Rn. 3; ähnlich *Strunk/Kaminski*, in: S/K/K, AStG, Stand: 01/2020, § 6 Rn. 2.

[684] Vgl. *Hecht,* in: Fuhrmann, AStG, § 6 Rn. 3.

[685] Vgl. *Werner*, Systemgerechte Entstrickung im Steuerrecht, S. 63.

[686] Siehe hierzu auch Alternativvorschlag unter H.I.

[687] Vgl. auch BFH, Urt. v. 28.10.2009 – I R 99/08, BStBl II 2011, 1019, Rn. 31 für den Fall eines Wegzugs und der damit verbundenen Betriebsverlegung ins Ausland.

3. Rechtsprechung

Zur Verfassungsmäßigkeit des § 6 AStG a.F. hat jüngst auch das FG Berlin-Brandenburg in seinem Urteil vom 27.04.2022[688] Stellung genommen:
Entgegen der Literaturmeinung sah das FG in der Wegzugsbesteuerung noch nicht einmal einen Eingriff in den Schutzbereich der Ausreisefreiheit aus Art. 2 Abs. 1 GG. Laut Ansicht des FG liegen lediglich „Einwirkungen faktischer bzw. mittelbarer Art“ vor, die nur dann zu einer Grundrechtsbeeinträchtigung führen würden, „wenn sie in der Zielsetzung und ihren Wirkungen einem klassischen Eingriff gleichkommen und damit die Eingriffsschwelle überschreiten.“[689]
Wenn man erneut den Vergleich zu § 2 AStG an dieser Stelle ziehen möchte, ist laut Ansicht des FG dort eine verhaltenslenkende Regelung getroffen worden. Dem Gesetzgeber gehe es in § 2 AStG bewusst darum, Steuerpflichtige davon abzuhalten, in Niedrigsteuerländer zu ziehen und dabei weiterhin die wirtschaftlichen Beziehungen zu Deutschland (unverändert) weiterzuführen, nur um Steuern zu sparen. Darin sah das FG einen rechtfertigungsbedürftigen und zielgerichteten mittelbaren Eingriff in die Ausreisefreiheit.[690] § 6 Abs. 1 Satz 1 AStG verfolge hingegen rein fiskalische Ziele, indem er im Wege der Schlussbesteuerung bestimmte, während der Zeit der Ansässigkeit entstandene stille Reserven der Besteuerung unterwirft. Die Wegzugsteuer bewirke demnach auch keinen zielgerichteten Umfeldeingriff, sondern führe andernfalls (lediglich) zu einer tatsächlichen Beeinträchtigung der Ausreisefreiheit, indem der potenziell betroffene Steuerpflichtige angeregt werde, den Wegzug ins Ausland nicht durchzuführen. Eine solche Einwirkung unterfalle aber als „ungezielte, tatsächliche Beeinträchtigung nicht dem Schutzbereich des Art. 2 Abs. 1 GG.“[691]
Offengelassen wurde in dem Urteil, ob dem Argument der Literatur zu folgen sei, dass (zumindest) dann eine Grundrechtseinschränkung vorläge, wenn die dadurch bewirkte Besteuerung zu einer faktischen Wegzugssperre führe. Laut Gericht liegt jedoch bereits dann keine „faktische“ Wegzugssperre mehr vor, wenn der Steuerpflichtige tatsächlich wegzieht. Mit anderen Worten: Wer tatsächlich wegzieht, der konnte wohl offenbar keinem faktisch wirkenden Wegzugszwang unterlegen haben, sonst hätte er es nicht getan. Dieses Argument ist m.E. jedoch mit Vorsicht zu genießen. Diese Ansicht stützt sich darauf, dass der Steuerpflichtige durch seinen Wegzug scheinbar von seinem Grundrecht der Ausreisefreiheit *Gebrauch* gemacht hat. Ist der Wegzug für den Steuerpflichtigen jedoch unvermeidbar gewesen (bspw. aus Gründen, die in der Privatsphäre des Steuerpflichtigen liegen), würde diese Meinung dem Steuerpflichtigen durch seine

[688] FG Berlin-Brandenburg, Urt. v. 27.04.2022 – 3 K 3072/20, EFG 2022, 1456.
[689] FG Berlin-Brandenburg, Urt. v. 27.04.2022 – 3 K 3072/20, EFG 2022, 1456, Rn. 41 mit Verweis auf BVerfG, Urt. v. 17.03.2004 - 1 BvR 1266/00, BVerfGE 110, 177, 191; Beschl. v. 12.05.1987 - 2 BvR 1226/83, BVerfGE 76, 1, 72 sowie Beschl. v. 26.06.2002 - 1 BvR 670/91, BVerfGE 105, 279, 300f.
[690] FG Berlin-Brandenburg, Urt. v. 27.04.2022 – 3 K 3072/20, EFG 2022, 1456, Rn. 41.
[691] FG Berlin-Brandenburg, Urt. v. 27.04.2022 – 3 K 3072/20, EFG 2022, 1456, Rn. 41 mit Verweis auf BVerfG, Beschl. v. 12.05.1987 - 2 BvR 1226/83, BVerfGE 76, 1, 72.

Wegzugshandlung eine Art „Grundrechtsverzicht“[692] unterstellen, wenn er sich durch den Wegzug nicht mehr auf den Schutz des Art. 2 Abs. 1 GG gegen einen belastenden Eingriff in Form der Wegzugsbesteuerung berufen kann. Das lässt jedoch weder den Eingriff als solchen noch dessen Unangemessenheit per se entfallen. Es ist m.E. schwierig zu argumentieren, der Steuerpflichtige könne sich nicht mehr unter Berufung auf seine Grundrechte gegen eine Wegzugsbesteuerung wehren, wenn er sie doch auch selbst ausgelöst hat. Das FG hat die Revision zum BFH zugelassen.[693]

4. Neue Fassung des § 6 AStG

In der aktuellen gültigen Fassung des § 6 AStG ist die dauerhafte Stundung gänzlich weggefallen.[694] Die Intensität der Eingriffe in allen EU-/EWR-Sachverhalten ist daher unvergleichbar höher als noch zuvor, sodass damit einhergehend auch der Rechtfertigungsmaßstab für diese Fälle höher angelegt werden muss, da der Druck auf Wegzügler in den EU-/EWR-Raum (wie auch schon zuvor bei Wegzügen in Drittstaaten) entsprechend gestiegen ist. Gleichzeitig werden (nunmehr für *alle* Wegzugsfälle) die Modalitäten der Ratenzahlung zugunsten des Steuerpflichtigen angepasst, indem anstelle des fünfjährigen Stundungszeitraums eine siebenjährige Ratenzahlung möglich ist, wodurch die einzelnen Raten betragsmäßig verringert werden. Auch werden gem. § 6 Abs. 4 Satz 4 AStG n.F. keine Zinsen mehr verlangt, was die Liquidität des Steuerpflichtigen schont. Wiederum ist die Frage zu stellen, ob denn nunmehr eine hinreichende Abmilderung Einzug ins Gesetz gefunden hat oder auch in der neuen Fassung ein unverhältnismäßiger Eingriff in die Ausreisefreiheit vorliegt.

Nach der hier vertretenen Auffassung kann alleine die Verlängerung des ratierlichen Stundungszeitraums den Druck auf den Steuerpflichtigen nicht derart minimieren, dass der Grundrechtseingriff unter der neuen Rechtslage nunmehr gerechtfertigt wäre. Die Stundungsregel ist im Wesentlichen vergleichbar mit der „alten“ ratierlichen Stundung in Drittlandsfällen, zumal je nach Höhe der Wegzugsteuer auch bei sieben anstatt fünf Raten auch schon die erste (sofort fällige) Rate mit erheblichen Liquiditätsproblemen verbunden sein kann.

Auch im neuen Recht ist dabei zu unterscheiden zwischen einer noch nicht per se beeinträchtigenden Steuer*festsetzung* und der zeitnahen, ratierlichen Steuer*erhebung*, in der sich der Liquiditätsnachteil erst auswirkt.

Da nun auch EU-/EWR-Sachverhalte von der härteren Stundungsregel betroffen sind, ist eine unionsrechtliche (Neu-)Bewertung der neuen Regelung im Hinblick auf die europäischen Grundfreiheiten notwendig, zu der im Laufe dieser Arbeit noch ausführlich eingegangen wird.

---

[692] Allgemeine zur Zulässigkeit eines solchen Grundrechtsverzichts vgl. bspw. *Fischinger*, JuS 2007, 808 (809).

[693] FG Berlin-Brandenburg, Urt. v. 27.04.2022 – 3 K 3072/20, EFG 2022, 1456, Rn. 60.

[694] Siehe hierzu bereits unter B.IV.4.c).

D. Abkommensrecht

I. Rolle der DBA

Die Rolle der DBA in Bezug auf die Wegzugsbesteuerung des § 6 AStG ist gewissermaßen zweigeteilt. Zum einen können Regelungen zur Besteuerung von Veräußerungsgewinnen Einfluss auf die Tatbestandsmäßigkeit einer Wegzugsteuer haben. Wie bereits gezeigt, können Ansässigkeitsklauseln wie bspw. Art. 13 Abs. 5 OECD-MA dazu führen, dass der Tatbestand der Wegzugsbesteuerung überhaupt erst ausgelöst wird (wie z.B. durch § 6 Abs. 1 Satz 1 Nr. 3 AStG n.F.[695]). Gleichzeitig können Immobilienklausel, wie bspw. Art. 13 Abs. 2 DBA Österreich im neuen Recht dem Tatbestand des § 6 Abs. 1 Satz 1 Nr. 3 AStG entgegenstehen, obwohl der Steuerpflichtige in einem anderen Vertragsstaat (unter Beibehaltung des deutschen Wohnsitzes) ansässig wird, das DBA jedoch aufgrund des inländischen Grundbesitzes Deutschland weiterhin das Besteuerungsrecht an den Veräußerungsgewinnen sichert.[696]

Neben dieser tatbestandlichen Ebene sind die DBA und ihre jeweilige konkrete Ausgestaltung aber auch für die Frage von Bedeutung, ob die Wegzugsbesteuerung des § 6 AStG (alte und neue Fassung) in Bezug auf die einzelnen DBA gegen Abkommensrecht verstößt.
Dabei ist zunächst im Hinblick auf die Funktion und Wirkungsweise eines DBA anzumerken, dass es selbst nie einen Steueranspruch begründen, sondern nur den nach nationalem Recht bestehenden Steueranspruch einem der beiden Vertragsstaaten zuweisen oder entsprechend beschränken kann.[697] Es bedarf daher zunächst immer der Feststellung, dass überhaupt ein nationales Besteuerungsrecht besteht, bevor zu prüfen ist, ob dieses Besteuerungsrecht auch abkommensrechtlich aufrecht bleibt, eingeschränkt wird oder ganz entfällt und nach welcher Methode eine Doppelbesteuerung vermieden wird. Art. 13 Abs. 5 OECD-MA bspw. sieht ein umfassendes Besteuerungsrecht von Gewinnen aus Anteilsveräußerungen vor, das es dem (späteren) Ansässigkeitsstaat (gemeint ist der Staat, in den der Anteilseigner verzogen ist) erlaubt, *sämtliche* stillen Reserven des gesamten Veräußerungsgewinns einheitlich zu besteuern, unabhängig von deren zeitlicher oder territorialer Bildung. Art. 13 Abs. 5 OECD-MA würde daher grds. von einer Besteuerung des anderen Vertragsstaats, also des früheren Ansässigkeitsstaats, abschotten.[698] §

---

695 Zumal die „reine" Begründung einer Ansässigkeit in der neuen Fassung keine eigene Tatbestandsvariante mehr darstellt.

696 Unter der alten Rechtslage wäre dieser Ansässigkeitswechsel aufgrund § 6 Abs. 1 Satz 2 Nr. 2 AStG a.F. dennoch tatbestandsauslösend gewesen, da wie bereits erläutert eine tatsächliche Beschränkung oder ein Ausschluss des deutschen Besteuerungsrechts nicht eintreten musste (vgl. ausführlich zu den überschießenden Tendenzen unter B.III.6).

697 Statt vieler: *Schönfeld/Häck*, in: Schönfeld/Ditz, DBA, Systematik, Rn. 26; BMF, Schreiben v. 03.05.2018 IV B 2 - S 1300/08/10027, BStBl I 2018, 643, Rn. 1.

698 *Häck,* in: F/W/B/S, AStG, Stand: 07/2021, § 6 Rn. 118; *Wassermeyer,* in: Wassermeyer, Doppelbesteuerung, OECD-MA, Stand: 07/2023, Art. 13 Rn. 125, 128.

6 AStG steht diesem umfassend abkommensrechtlich zugeteilten Besteuerungsrecht des späteren Ansässigkeitsstaats entgegen.[699] Sofern der spätere Ansässigkeitsstaat beim Zuzug den von Deutschland in § 6 AStG erfassten Vermögenszuwachs nicht bei der Höhe der Anschaffungskosten berücksichtigt (also keinen Step-up der Anschaffungskosten vornimmt) bzw. eine Anrechnung der deutschen Wegzugsteuer nicht vorsieht,[700] kommt es zu einer (teilweisen) Doppelbesteuerung der in den Anteilen enthaltenen stillen Reserven,[701] auf deren Vermeidung das DBA primär (noch vor der sachgerechten Verteilung des Steuersubstrates) zielt.[702]
Sofern man die umstrittene Frage bejaht, ob denn überhaupt die Wegzugsbesteuerung des § 6 AStG in den Anwendungs- und Schutzbereich eines DBA fallen kann[703] und somit im Einzelfall ein abkommensrechtlicher Verstoß durch § 6 möglich erscheint, liegt ein Treaty Override vor.[704]

II. Milderungsversuche und Wegzugsklauseln

Diesen Abkommensverdrängungen bzw. -überschreitungen wird in vielen DBA damit begegnet, dass sich durch sog. Wegzugsklauseln das nationale Recht und das Abkommensrecht einander annähern, und zwar bis hin zur vollständigen Legitimation der Wegzugsteuer und „Abmilderung" der Steuerbelastung, die durch nationale Wegzugsteuern auftreten.
Als Wegzugsklauseln werden in der Literatur solche abkommensrechtlichen Regelungen bezeichnet, die darauf zielen, eine auf fiktive Veräußerungen entstehende

[699] *Häck,* in: F/W/B/S, AStG, Stand: 07/2021, § 6 Rn. 118; *Pohl,* in: Brandis/Heuermann, AStG, Stand: 08/2021, § 6 Rn. 23; *Kraft*, in: Kraft, AStG, § 6 Rn. 48; *Strunk/Kaminski*, in: S/K/K, AStG, Stand: 01/2020, § 6 Rn. 26; *Schaumburg,* in: Schaumburg, Internationales Steuerrecht, Rn 6.410; a.A. *Wilke*, in: AStG – eKommentar, Stand: 03/2019, § 6 Rn. 28; *Kramer*, in: Lippross/Seibel, BK Steuerrecht, Stand: 08/2023, § 6 AStG, Rn. 4 jeweils mit der Begründung, dass die Wegzugsteuer in der letzten logischen Sekunde der unbeschränkten Steuerpflicht fingiert werde und damit zu einem Zeitpunkt, *bevor* der Steuerpflichtige in den Anwendungsbereich und Schutz eines DBA fallen würde.

[700] Siehe hierzu bereits unter B.IV.6.a)bb) sowie später unter E.IV.4.

[701] Vgl. *Kraft*, in: Kraft, AStG, § 6 Rn. 48.

[702] Vgl. *Schönfeld/Häck*, in: Schönfeld/Ditz, DBA, Systematik, Rn. 1ff, 11, 15.

[703] Dies wird von einem Teil der Literatur mit dem Argument verneint, die Wegzugsbesteuerung des § 6 AStG fingiere die Veräußerung der Anteile in der letzten juristischen Sekunde der unbeschränkten Steuerpflicht und damit eine Sekunde bevor der Steuerpflichtige im Zuzugsstaat ansässig wird; zum Zeitpunkt der Auslösung der Wegzugsteuer gelte das entsprechende DBA daher überhaupt noch nicht, vgl. *Wilke*, in: AStG – eKommentar, Stand: 03/2019, § 6 Rn. 28; *Lang/Lüdicke/Reich*, IStR 2008, 673 (674); *Kraft*, in: Kraft, AStG, § 6 Rn. 47; *Strunk/Kaminski*, in: S/K/K, AStG, Stand: 01/2020, § 6 Rn. 26.3; andeutungsweise so auch *Gosch*, in: G/K/G/K, DBA-Kommentar, Stand: 11/2023, Art. 13 OECD-MA, Rn. 161; siehe auch bereits Fußnote 699 a.E. sowie ausführlich zu diesem Streitstand *Keller*, Die Fortentwicklung der Wegzugsbesteuerung nach § 6 AStG, S. 118 ff. und *Rehfeld*, Die Vereinbarkeit des Außensteuergesetzes mit den Grundfreiheiten des EG-Vertrags, S. 164 ff.

[704] Siehe hierzu sowie zu der Frage, ob § 6 AStG als sog. verdecktes Treaty Override zulässig sein kann, bereits unter C.II.2.b)aa).

Vermögenszuwachssteuer, wie sie § 6 AStG anordnet, abkommensrechtlich zu legitimieren; ein Verstoß gegen ein DBA (sofern man der hier vertretenen Auffassung folgt, dass § 6 AStG den Schutzbereich der DBA betrifft[705]) wird demnach abkommensrechtlich als zulässig gewertet.[706]
Dabei dienen Wegzugsklauseln in zweierlei Hinsicht der abkommensrechtlichen Legitimierung der Wegzugsbesteuerung:

1. Abkommensrechtliche Erlaubnis

Der zuvor beschriebene Verstoß gegen Vorschriften der DBA kann zum einen dadurch abkommensrechtlich abgefangen werden, indem das DBA selbst eine Wegzugsbesteuerung im Wegzugsstaat (also im bisherigen Ansässigkeitsstaat) erlaubt.[707] In Art. 13 Abs. 6 Satz 1 DBA Liechtenstein bspw. ist folgende Regelung vorgesehen:

> *„Bei einer natürlichen Person, die in einem Vertragsstaat während mindestens fünf Jahren ansässig war und die im anderen Vertragsstaat ansässig geworden ist, berührt Absatz 5 nicht das Recht des erstgenannten Staates, bei Anteilen oder vergleichbaren Rechten an Gesellschaften nach seinen innerstaatlichen Rechtsvorschriften bei der Person einen Vermögenszuwachs bis zu ihrem Ansässigkeitswechsel zu besteuern.“*

Hierbei sieht das DBA selbst vor, dass dessen Normen nicht das Recht des Wegzugstaats berühren, einen Vermögenszuwachs innerhalb der Kapitalgesellschaftsanteile bis zum Ansässigkeitswechsel des nach seinen innerstaatlichen Rechtsvorschriften zu besteuern.[708]

Die abkommensrechtliche Legitimation wird dabei zum Teil von weiteren Voraussetzungen abhängig gemacht, wie in diesem Beispiel die mindestens fünfjährige Ansässigkeit im Wegzugsstaat. Dies dürfte für die deutsche Wegzugsteuer insoweit i.d.R. kein Problem darstellen, da § 6 Abs. 1 Satz 1 AStG a.F. und § 6 Abs. 2 Satz 1 AStG n.F. für das Auslösen der Wegzugsbesteuerung ohnehin schon einen Zeitraum der unbeschränkten Steuerpflicht in Deutschland voraussetzen, der über die im DBA geforderten fünf Jahre hinausgeht.[709]

---

[705] Siehe Fußnote 703.

[706] Siehe zur Begrifflichkeit *Häck,* in: F/W/B/S, AStG, Stand: 07/2021, § 6 Rn. 124; *Reimer*, in: Vogel/Lehner, DBA, OECD-MA, Art. 13 Rn. 282 ff.

[707] *Häck,* in: F/W/B/S, AStG, Stand: 07/2021, § 6 Rn. 118 und 124f; siehe auch *Kraft*, in: Kraft, AStG, § 6 Rn. 48 mit Verweis auf Art. 13 Abs. 5 DBA Schweiz, der die Wegzugsbesteuerung ebenfalls gegenständlich erwähnt und eine Aufteilung der stillen Reserven zwischen den Vertragsstaaten durch Anordnung eines Step-up im Zuzugsstaat vorsieht.

[708] Vgl. bspw. Art. 13 Abs. 6 DBA Liechtenstein, Art. 13 Abs. 6 Satz 1 DBA Österreich.

[709] Vorausgesetzt, die unbeschränkte Steuerpflicht ist auch verknüpft mit der abkommensrechtlichen Ansässigkeit während der im DBA geforderten Zeit.

Art. 13 Abs. 6 Satz 1 DBA Liechtenstein, ebenso wie Art. 13 Abs. 6 Satz 1 DBA Mazedonien und viele andere DBA[710] beschränken in diesen – als eine Art „Legitimationsklausel" ausgestalteten – Wegzugsklauseln das Besteuerungsrecht des Wegzugs- bzw. Herkunftsstaats auf den „im Zeitraum ihrer[711] Ansässigkeit im Hoheitsgebiet der erstgenannten Vertragspartei[712] erzielten Vermögenszuwachs." Diese Formulierung wird der Auffassung gerecht, die ohnehin einem Staat lediglich das Besteuerungsrecht über diejenigen stillen Reserven in den Anteilen zuweisen will, die auch während der Ansässigkeit des Steuerpflichtigen in diesem Staat entstanden sind, und nicht etwa zusätzlich solche, die bspw. aus der Zeit *vor* der Ansässigkeit in diesem Wegzugsstaat resultieren.[713]
Zu beachten ist bei diesen Legitimationsklauseln, dass in den meisten Fällen nicht nur gefordert wird, dass die natürliche Person für einen bestimmten Zeitraum im Wegzugs- bzw. Herkunftsstaat ansässig gewesen ist, sondern zudem, dass sie sodann in einem anderen Vertragsstaat ansässig *wird.*[714] Aus dem Wortlaut dieser Klauseln ergibt sich daher, dass eine Legitimation der Wegzugsbesteuerung ausdrücklich nur in solchen Fällen gemeint sein kann, die mit einem tatsächlichen „Wegzug" verbunden sind und einen Ansässigkeitswechsel beinhalten.[715]

Offen gelassen wird bei einem großen Teil dieser Legitimationsklauseln, *wann* eine solche Besteuerung der stillen Reserven vorgenommen werden darf: direkt beim Wegzug des Anteilseigners oder auch erst zu einem Zeitpunkt, in dem eine tatsächliche Veräußerung stattgefunden hat.[716]
Deutlicher in dieser (zeitlichen) Hinsicht sind die in der Literatur auch als sog. Nachlaufklauseln[717] bezeichneten Regelungen ausgestaltet. Dabei handelt es sich um Regelungen, die es dem Wegzugsstaat (teilweise zeitlich begrenzt) gestatten, die Einkommensteuer auf im Inland aufgelaufene stille Reserven erst zu dem – späteren – Zeitpunkt festzusetzen, in dem der Steuerpflichtige die stillen Reserven im Zuzugsstaat tatsächlich realisiert.[718] Zwar regeln diese Nachlaufklauseln im Gegensatz zu den übrigen Wegzugklauseln konkreter, dass sich das Besteuerungsrecht des ehemaligen Ansässigkeitsstaats (Wegzugsstaat) auf den tatsächlichen Veräußerungszeitpunkt beziehen soll, und treffen somit zumindest zeitlich eine genaue Anordnung. Dafür enthalten diese Klauseln i.d.R. aber keine konkrete Aussage darüber, ob sich dieses Besteuerungsrecht auch nur auf die

[710] So z.B. auch Art. 13 Abs. 5 DBA Schweden und Dänemark.
[711] Der natürlichen Person.
[712] Also des Wegzugsstaats.
[713] Siehe hierzu ausführlich auch unter E.IV.4.
[714] So z.B. Art. 13 Abs. 5 DBA Dänemark.
[715] *Häck,* in: F/W/B/S, AStG, Stand: 07/2021, § 6 Rn. 125.
[716] *Häck,* in: F/W/B/S, AStG, Stand: 07/2021, § 6 Rn. 105.
[717] *Häck,* in: F/W/B/S, AStG, Stand: 07/2021, § 6 Rn. 105.
[718] Art. 13 Abs. 5 DBA Norwegen, Art. 13 Abs. 4 DBA Schweiz, jeweils mit (u.a.) der zusätzlichen Voraussetzung, dass es sich aus Sicht des Wegzugsstaats um eine inländische Kapitalgesellschaft handelt, oder auch Art. 13 Abs. 7 Buchst. a) DBA Kanada; vgl. auch *Reimer*, in: Vogel/Lehner, DBA, OECD-MA, Art. 13 Rn. 308; *Häck,* in: F/W/B/S, AStG, Stand: 07/2021, § 6 Rn. 105.

während der Ansässigkeit im ehemaligen Ansässigkeitsstaat entstandenen Wertzuwächse beschränken soll oder dem Wegzugsstaat ein volles Besteuerungsrecht in Bezug auf den gesamten Veräußerungsgewinn zusteht.[719] Bezüglich einer Vermeidung der Doppelbesteuerungen in den beiden Vertragsstaaten wird dann i.d.R. der sog. Methodenartikel[720] herangezogen.

Die Zuordnungen eines solchen zeitlich erst späteren Besteuerungsrechts (nicht bei Wegzug, sondern bei Veräußerung der Anteile) hat den Vorteil, dass eine Besteuerung durch den Wegzugsstaat auch nur in dem Falle eintreten würde, wenn dem Steuerpflichtigen auch die entsprechende Liquidität in Form des Veräußerungspreises zufließt (ähnlich also wie bei der bislang in § 6 Abs. 5 AStG a.F. vorgesehenen dauerhaften Stundung bis zum tatsächlichen Veräußerungszeitpunkt nur mit dem Unterschied, dass hier dann anstelle des gemeinen Wertes bei Wegzug der tatsächlich erzielte Veräußerungspreis als Berechnungsgrundlage der Steuer dient[721]).

Dabei muss jedoch wieder berücksichtigt werden, dass solche Klauseln – so vermeintlich vorteilhaft diese Regelung auch sein mag – weder die nationale Wegzugsbesteuerung überlagern bzw. verhindern können, noch dazu in der Lage sind, eine der deutschen Wegzugsteuer entsprechende nationale Regelung zu legitimieren.[722] Soweit das nationale Recht dann eine (vorgezogene) Wertzuwachsbesteuerung vornimmt, liegt darin in den Fällen solcher Nachlaufklauseln ein abkommensrechtlicher Verstoß vor.

2. Verhinderung der Doppelbesteuerung

Manche dieser Wegzugsklauseln gehen über die reine Erlaubnis des einen Vertragsstaats zur Wegzugsbesteuerung hinaus und enthalten Regelungen, die die tatsächliche Doppelbesteuerung *desselben* Vermögenszuwachses (i) innerhalb der Wegzugsteuer und (ii) bei tatsächlicher Anteilsveräußerung vermeiden sollen.

a) Step-up

Dies wird in manchen DBA[723] durch die Verpflichtung des Zuzugsstaats erreicht, beim Zuzug einen Step-up der Anschaffungskosten zu gewähren. Dabei wird der Zuzugsstaat

---

[719] A.A. hierzu *Reimer,* in: Vogel/Lehner, DBA, OECD-MA, Art. 13 Rn. 309, der den Nachfolgeklauseln testiert, dass sie wie auch die übrigen Wegzugsklausen regelmäßig die Besteuerung durch den Wegzugsstaat auf denjenigen Teil der stillen Reserven beschränken, die bis zu dem Wegzug aufgelaufen sind.

[720] Vgl. zu diesem Begriff *Schönfeld/Häck*, in: Schönfeld/Ditz, DBA, Systematik, Rn. 56; zur Verhinderung der Doppelbesteuerung siehe nachfolgend unter D.II.2.

[721] Womit dann nachträgliche Wertminderungen nach dem Wegzug bspw. wiederum berücksichtigt würden.

[722] *Wassermeyer,* in: Wassermeyer, DBA Kanada, Art. 13 Rn. 145.

[723] Bspw. Art. 13 Abs. 6 DBA Liechtenstein, Art. 13 Abs. 6 DBA Österreich, Art. 13 Abs. 6 DBA Polen, ebenfalls im Ergebnis die Anordnung eines Step-up beinhaltet Art. 13 Abs. 6 Satz 2 DBA Mazedonien mit der Formulierung, dass „der im Hoheitsgebiet der erstgenannten

verpflichtet, bei der Ermittlung des Gewinns der tatsächlichen Veräußerung der Anteile nicht die (historischen) Anschaffungskosten zu berücksichtigen, sondern den Wert, zu dem sie innerhalb der Wegzugsbesteuerung des Herkunftsstaats angesetzt worden sind (bei der deutschen Wegzugsteuer wäre dies der gemeine Wert zum Zeitpunkt des Wegzugs). Somit wird zumindest verhindert, dass diejenigen stillen Reserven, die bereits einer früheren Wegzugsbesteuerung unterlegen haben, noch einmal bei der Gewinnversteuerung im Zuzugsstaat besteuert werden.[724]

Eine vergleichbare Anordnung eines Step-up der Anschaffungskosten beinhaltet das deutsche Recht in § 17 Abs. 2 Satz 3 EStG. Wie auch bei den meisten entsprechenden Step-up-Klauseln in den DBA wird bei der nationalen Norm gefordert, dass der Steuerpflichtige im Wegzugsstaat auch tatsächlich einer Wegzugsbesteuerung unterlegen hat. Die deutsche Norm verlangt hierzu auch einen entsprechenden Nachweis über die ausländische Besteuerung.[725] Anders ist dies im Falle des österreichischen Einkommensteuergesetzes, welches in § 26 Abs. 6 Z1 lit. e EStG Österreich einen solchen Step-up auch ohne das Erfordernis gewährt, dass im Wegzugsstaat eine vergleichbare Wegzugsbesteuerung tatsächlich vorgenommen wurde.[726]

b) Anrechnungsmethode

Eine weitere Methode, um die Doppelbesteuerung der Wertzuwächse zu verhindern, ist die Anrechnung der Wegzugsteuer auf die im Ausland zu entrichtende (spätere) Gewinnversteuerung im Ansässigkeitsstaat.[727] Art. 13 Abs. 5 Satz 2 DBA Dänemark sieht hierzu bspw. folgende Regelung vor:

> *„Wird bei späterer Veräußerung der Aktien der daraus erzielte Gewinn in dem anderen Vertragsstaat nach Absatz 4* [späterer Ansässigkeitsstaat] *besteuert, so lässt der andere Staat den Betrag, der der im erstgenannten Staat* [Wegzugstaat] *gezahlten Einkommensteuer entspricht, zum Abzug von der Steuer von diesem Einkommen zu."*

Damit wird erreicht, dass eine deutsche Wegzugsteuer bei der tatsächlichen Veräußerung auf die ausländische Gewinnversteuerung angerechnet würde.
Sofern aus den einzelnen Wegzugsklauseln nicht selbst schon eine Verhinderung der Doppelbesteuerung (wie soeben gezeigt) geregelt ist, wird die Doppelbesteuerung i.d.R.

Vertragspartei besteuerte Vermögenszuwachs bei der Ermittlung des späteren Vermögenszuwachses durch die andere Vertragspartei *nicht einbezogen* [wird]".

724 Vgl. *Häck*, in: F/W/B/S, AStG, Stand: 07/2021, § 6 Rn.126; *Wilke*, in: AStG – eKommentar, Stand: 03/2019, § 6 Rn. 29; *Reimer*, in: Vogel/Lehner, DBA, OECD-MA, Art. 13 Rn. 317; vgl. auch *Hoyer*, Unternehmensnachfolge und Wegzugsbesteuerung, S. 137, dort unter dem Begriff der „Wertverknüpfungsklausel".

725 *Schmidt*, in: H/H/R, EStG, Stand: 08/2023, § 17 Rn. 232; siehe ausführlich unter B.IV.2.a).

726 Siehe hierzu bereits unter C.I.3; zur unionsrechtlichen Beurteilung einer solchen Norm siehe ausführlich unter E.IV.4.

727 Vgl. *Wilke*, in: AStG – eKommentar, Stand: 03/2019, § 6 Rn. 29.

dadurch vermieden, dass in den Methodenartikeln vorgesehen ist, dass die Steuer des Wegzugsstaats, die insoweit auf dieselben Vermögenszuwächse entfällt, auf die Steuer im (späteren) Ansässigkeitsstaat angerechnet wird.[728]

c) Verständigungsverfahren

Sollte es trotz Vorkehrungen im DBA, sei es durch Wegzugsklauseln mit einer Step-up-Anordnung oder aufgrund allgemeiner Anrechnungsmechanismen, dennoch zu einer tatsächlichen Doppelbesteuerung von stillen Reserven kommen, so bleibt dem Steuerpflichtigen noch die Möglichkeit, ein Verständigungsfahren i.S.d. Art. 25 Abs. 1 OECD-MA zu beantragen, sofern das jeweilige DBA auch ein solches Verfahren vorsieht.[729]
Dieses Verfahren bietet den Behörden die Möglichkeit, durch bilaterales Zusammenwirken Schwierigkeiten – insbesondere die Entstehung von Doppelbesteuerungen – zu beseitigen, die sich aus der parallelen Ausübung der Besteuerungshoheit der beiden Vertragsstaaten ergeben und dienen gleichzeitig (soweit sie sich auf Einzelfälle beziehen) dem Schutz der Rechte der Steuerpflichtigen und ergänzen damit den innerstaatlichen Rechtsschutz.[730]
In der Literatur wird der Verweis auf das Verständigungsfahren teils jedoch als nur beschränkt hilfreich für den Steuerpflichtigen angesehen, da befürchtet wird, dass der jeweilige Vertragsstaat sich wohl kaum zu einem teilweisen Besteuerungsverzicht hinleiten lässt.[731] Denn einen Anspruch des Steuerpflichtigen auf Beseitigung der verbleibenden Doppelbesteuerung bietet auch das Verständigungsfahren nicht; allgemein verpflichtet das europäische Recht nicht zur Vermeidung von Doppelbesteuerungen, zumal der EuGH in der Doppelbesteuerung grds. keine Verletzung der Grundfreiheiten sieht.[732]

3. Exkurs: Nachträgliche Wertminderungen im DBA-Recht

Kritik an diesen Wegzugsklauseln wird teils dahingehend geübt, dass – ähnlich wie das nationale Recht auch – nachträgliche Wertminderungen (also Wertminderungen, die nach der Entstehung der Wegzugsteuer eintreten) nicht oder nicht hinreichend berücksichtigt werden.[733]

---

[728] Bspw. explizit für die Steuer, die aufgrund der Wegzugsklausel/ Nachlaufklausel im Herkunftsstaat abkommensrechtlich legitimiert wird: Art. 23 Abs. 2 Buchst. b) DBA Schweden.
[729] Vgl. *Wilke*, in: AStG – eKommentar, Stand: 03/2019, § 6 Rn. 28.
[730] *Ismer/Piotrowski,* in: Vogel/Lehner, DBA, OECD-MA, Art. 25 Rn. 2.
[731] *Häck,* in: F/W/B/S, AStG, Stand: 07/2021, § 6 Rn 112; *Wesselly*, IStR 2023, 198 (199f.); differenziert aber *Bödefeld/Kuntschik*, IStR 2009, 449 mit dem Hinweis, dass aus deutscher Sicht Verständigungsverfahren regelmäßig erfolgreich abliefen, Hauptprobleme der Verständigungsverfahren jedoch die oftmals sehr lange Verfahrensdauer, fehlende konkrete Verfahrensregeln sowie der mangelnde Einigungszwang sei; ebenso kritisch *Rehfeld*, Die Vereinbarkeit des Außensteuergesetzes mit den Grundfreiheiten des EG-Vertrags, S. 170.
[732] *Häck,* in: F/W/B/S, AStG, Stand: 07/2021, § 6 Rn. 159; stellvertretend EuGH, Urt. v. 26.05.2016 – C-48/15 (NN (L) International), ECLI:EU:C:2016:356, Rn. 47 m.w.N.
[733] Vgl. hierzu *Häck,* in: F/W/B/S, AStG, Stand: 07/2021, § 6 Rn. 127.

Kommt es zu einer Anteilsveräußerung im Ausland und hat sich der Wert der Anteile nach dem Wegzug aus Deutschland verringert, so sah die alte Fassung des § 6 Abs. 6 Satz 1 AStG für den Fall, in dem zuvor eine dauerhafte Stundung gewährt wurde, die Korrektur der einst in Deutschland festgesetzten Wegzugsbesteuerung vor, sofern die Wertminderung im Zuzugsstaat nicht berücksichtigt wurde. Diese Regelung ist mit dem ATAD-UmsG weggefallen. Nachträgliche Wertminderungen können sich demnach in Deutschland nur noch insoweit auswirken, wenn Deutschland auch bezüglich der tatsächlichen Veräußerungsgewinne das Besteuerungsrecht hat (bspw. im Rückkehrfall) und für die Gewinnberechnung in § 17 Abs. 1 und 2 EStG die Anteile als zum gemeinen Wert (bei Wegzug) erworben gelten (§ 6 Abs. 1 Satz 3 AStG n.F.)[734]

Einer solchen beschränkten Berücksichtigungsmöglichkeit nachträglicher Wertminderungen wirkt bspw. das DBA Frankreich insoweit mit folgender Regelung in Art. 7 Abs. 6 Satz 3 entgegen:

> *„Verringert sich der Wert der Anteile nach dem Wegzug, ist für die Berechnung der Veräußerungsgewinne durch den erstgenannten Staat der Veräußerungspreis zu berücksichtigen.“*

Damit wird der Wegzugsstaat verpflichtet (so wie es auch § 6 Abs. 6 Satz 1 AStG a.F. vorgesehen hat), den fiktiven Veräußerungsgewinn nachträglich zu korrigieren und die Differenz zwischen den Anschaffungskosten und dem gesunkenen Wert (also dem tatsächlich erzielten Veräußerungspreis) als Bemessungsgrundlage für die Wegzugsteuer anzusetzen.[735] Ob der Wegzugsstaat sogar verpflichtet ist, bei der Korrektur der Wegzugsteuer auch einen fiktiven Verlust[736] berücksichtigen zu müssen, ist dem Wortlaut des Art. 7 Abs. 6 Satz 3 DBA nicht ausdrücklich zu entnehmen. Anderseits ist im DBA auch keine ausdrückliche Beschränkung enthalten, wie sie in § 6 Abs. 6 Satz 3 AStG a.F. inkludiert war, wonach die Wertminderung (nach dem Wegzug) höchstens im Umfang des Vermögenszuwachses (bis zum Wegzug) berücksichtigt werden durfte.

---

[734] Siehe hierzu auch unter B.IV.6.b).

[735] *Wassermeyer,* in: Wassermeyer, DBA Frankreich, Art. 7 Rn. 42; bei einem Wegzug aus Deutschland ist damit gemeint, dass im Nachhinein der fiktive Veräußerungsgewinn dergestalt zu berichtigen sei, dass an die Stelle des gemeinen Werts bei Wegzug der tatsächlich erzielte Veräußerungspreis angesetzt werden soll.

[736] Dieser entstünde, wenn der tatsächliche Veräußerungspreis unter den historischen Anschaffungskosten liegt.

E. Unionsrecht

Wie bereits erwähnt, waren es das Unionsrecht und die Auslegung des Unionsrechts durch den EuGH, die den Gesetzgeber einst dazu bewegt haben, mit dem SEStEG ein gänzlich neues Modell der Wegzugsbesteuerung für EU-/EWR-Sachverhalte zu etablieren. Offenbar war der Gesetzgeber der Meinung, bis dahin aufgeworfene unionsrechtliche Bedenken beseitigt zu haben.[737] Mit der Einführung der dauerhaften Stundung bei Wegzügen oder gleichgestellten Ereignissen mit EU-/EWR- Bezug in § 6 Abs. 5 AStG a.F. hat der Gesetzgeber den (seiner Ansicht nach geglückten[738]) Versuch unternommen, die Maßstäbe des EuGH in Bezug auf die Grundfreiheiten zu erfüllen und eine unionsrechtskonforme Wegzugsbesteuerung zu erschaffen.[739] Dennoch blieben im alten Recht vor dem ATAD-UmsG und unter der neuesten Fassung des § 6 AStG weiterhin erhebliche und berechtigte Zweifel an der Unionsrechtskonformität der Norm.

Hierzu ist zunächst anzumerken, dass der EuGH bereits mehrfach klargestellt hat, dass das Verbot für die Mitgliedstaaten, die Grundfreiheiten zu beschränken, auch in Bezug auf *steuerrechtliche* Vorschriften gelte. Zwar falle nach ständiger Rechtsprechung der Bereich der direkten Steuern als solcher beim gegenwärtigen Stand des Gemeinschaftsrechts nicht in die Zuständigkeit der Gemeinschaft, jedoch müssten die Mitgliedstaaten die ihnen verbliebenen Befugnisse unter Wahrung des Gemeinschaftsrechts ausüben.[740] Es soll daher nachfolgend untersucht werden, inwieweit es überhaupt durch § 6 AStG zu einer Beeinträchtigung von Grundfreiheiten kommen kann, welche der Grundfreiheiten von welcher Tatbestandsvariante der Wegzugsbesteuerung betroffen sein können und wie der EuGH in der Vergangenheit über mögliche Rechtfertigungen geurteilt hat.

I. Mögliche Beschränkung

Während sich der EuGH in seiner Rechtsprechung ursprünglich bei der Prüfung der Beschränkung von Grundfreiheiten auf die reinen Diskriminierungsfälle[741] beschränkte – also Fälle, in denen Inländer und Ausländer allein aufgrund ihrer *Staatsangehörigkeit* unterschiedlich behandelt und somit diskriminiert wurden –, hat sich die Rechtsprechung zur Berücksichtigung und Anerkennung umfassenderer Beschränkungsverbote hin weiterentwickelt:[742] Nahezu fortwährend interpretiert der EuGH die Grundfreiheiten

---

[737] BT-Drucks. 16/2710, S. 52.

[738] BT-Drucks. 16/2710, S. 52.

[739] *Kraft*, in: Kraft, AStG, § 6 Rn. 83.

[740] EuGH, Urt. v. 11.03.2004 – C-9/02 (de Lasteyrie du Saillant), ECLI:EU:C:2004:138, Rn. 44 mit Verweis auf EuGH, Urt. v. 14.02.1995 – C-279/93 (Schumacker), ECLI:EU:C:1995:31, Rn. 21; EuGH, Urt. v. 16.07.1998 – C-264/96 (ICI), ECLI:EU:C:1998:370, Rn. 19 und EuGH, Urt. v. 21.11.2002 – C-436/00, (X und Y), ECLI:EU:C:2002:704, Rn. 32.

[741] Siehe bspw. EuGH, Urt. v. 14.02.1995 – C-279/93 (Schumacker), ECLI:EU:C:1995:31, Rn. 26 ff. sowie EuGH, Urt. v. 17.09.2015 – C-10/14 u.a. (Miljoen), ECLI:EU:C:2015:608, R. 57.

[742] *Reimer*, in: Schaumburg/Englisch, Europäisches Steuerrecht, Rn. 7.154; *Werner*, Systemgerechte Entstrickung im Steuerrecht, S. 75ff; *Behrens*, EuR 1992, 145, (148 ff., 154);

gleichheitsrechtlich und geht dabei inzwischen weit über ihren (im Wortlaut z.T. noch anklingenden[743]) ursprünglichen Kerngehalt eines Verbots der Diskriminierung aufgrund der Staatsangehörigkeit hinaus.[744] Explizit für den Bereich des Steuerrechts nimmt der EuGH dabei regelmäßig einen Vergleich der steuerlichen Belastung rein innerstaatlicher Vorgänge einerseits und vergleichbarer grenzüberschreitender Vorgänge andererseits vor.[745] Davon umfasst sind u.a. also auch (allein) an dem grenzüberschreitenden Vorgang als solchen anknüpfende Besteuerungsnachteile wie insbesondere eine Wegzugs- oder Entstrickungsbesteuerung; im Prinzip darf also eine Transaktion zwischen Köln und Paris nicht anders behandelt werden als eine Transaktion zwischen Köln und München.[746] Denn jede benachteiligende Ungleichbehandlung des grenzüberschreitenden gegenüber dem rein innerstaatlichen Fall unterliegt dem grundsätzlichen Verbot der benachteiligenden Ungleichbehandlung.[747]
Im Ergebnis werden daher auch diejenigen Beschränkungen der Sache nach als „Diskriminierungen" begriffen, die zwar In- und Ausländer, Ansässige und Gebietsfremde gleichermaßen treffen, aber zumindest spezifisch an den Grenzübertritt oder vergleichbaren grenzüberschreitenden Vorgang anknüpfen, wenn diese Beschränkungen für den reinen Inlandsfall nicht oder nicht in gleicher Weise betroffen vorgesehen sind.[748]

Konkret für den Fall der Wegzugsbesteuerung wird dabei deutlich, dass es dem EuGH in seinen verschiedenen Urteilen, die nachfolgend ausführlich besprochen und analysiert werden sollen, im Wesentlichen um den *Liquiditätsnachteil* geht, der für den Wegziehenden durch eine Wegzugsteuer entsteht, im Vergleich zu demjenigen, der in seinem Wohnsitzstaat verbleibt und keine vergleichbare Benachteiligung erfährt. Denn Letzterer würde erst dann mit einer Steuer belastet werden, wenn er die Kapitalgesellschaftsanteile auch tatsächlich veräußert. Dass die *Intensität* dieser Liquiditätsbenachteiligung des Wegziehenden erst auf Ebene der Rechtfertigung der Beschränkung der Grundfreiheiten geprüft wird, ist Ausfluss und Ergebnis der differenzierten Betrachtung des EuGH zwischen der

---

Eberharting, EWS 1997, 43 (44); zwischen „offener" und „verdeckter" Diskriminierung differenzierend: *Goßmann*, Die deutsche Entstrickungsbesteuerung im Anwendungsbereich der Anti-Tax Avoidance Directive (ATAD), S. 19.

743 Bspw. in Art. 45 AEUV zur Arbeitnehmerfreizügigkeit, wenn es dort in Abs. 2 heißt, die Freizügigkeit der Arbeitnehmer umfasse „die Abschaffung jeder auf die Staatsangehörigkeit beruhenden unterschiedlichen Behandlung […]".

744 *Englisch,* in: Tipke/Lang, Steuerrecht, Rn. 4.83.

745 Exemplarisch etwa EuGH, Urt. v. 25.2.2010 – C-337/08 (X-Holding), ECLI:EU:C:2010:89, Rn. 18 ff.; EuGH, Urt. v. 12.06.2014 – C-39/13 u.a. (SCA Group Holding u.a.), E-CLI:EU:C:2014:1758, Rn. 48; so auch bspw. in den hier besprochenen EuGH-Urteilen in den Rs. Lasteyrie du Saillant (Rn. 15) und N (Rn. 35).

746 *Englisch,* in: Tipke/Lang, Steuerrecht, Rn. 4.83.

747 *Reimer,* in: Schaumburg/Englisch, Europäisches Steuerrecht, Rn. 7.184; *Keller*, Die Fortentwicklung der Wegzugsbesteuerung nach § 6 AStG, S. 145; im Ergebnis so auch *Goßmann*, Die deutsche Entstrickungsbesteuerung im Anwendungsbereich der Anti-Tax Avoidance Directive (ATAD), S. 21.

748 *Reimer,* in: Schaumburg/Englisch, Europäisches Steuerrecht, Rn. 7.187.

Beschränkung einer Grundfreiheit auf der einen Seite und der Rechtfertigung einer beschränkenden Maßnahme auf der anderen Seite.[749]

II. Betroffene Grundfreiheiten und Eingriffe

Da die Wegzugsbesteuerung, wie bereits gezeigt, in unterschiedlichster Art ausgelöst werden kann, ist es gleichzeitig auch möglich, dass die europäischen Grundfreiheiten in ebenso verschiedener Weise angesprochen und betroffen sind. Ob und welche Grundfreiheiten im konkreten Einzelfall zur Überprüfung stehen, richtet sich sowohl nach der Person des Steuerpflichtigen als auch nach der Art der Auslösung der Wegzugsteuer. Im Folgenden soll daher ein erster Überblick gegeben werden, welche Grundfreiheiten in welcher Weise tangiert sein können.

1. Personenbezogene Grundfreiheiten

a) Niederlassungsfreiheit, Art. 49 AEUV

Die in Art. 49 AEUV normierte Niederlassungsfreiheit erlaubt es allen Unternehmensträgern, egal welcher Rechtsform und somit auch unter Einschluss der natürlichen Personen, Niederlassungen in anderen EU-Mitgliedstaaten zu errichten.[750]
In Abgrenzung zur Arbeitnehmerfreizügigkeit des Art. 45 AEUV unterfallen bei der Niederlassungsfreiheit nur eigenverantwortliche und weisungsungebundene[751] und damit *selbständige*[752] Tätigkeiten dem Schutzbereich des Art. 49 AEUV. Hiervon umfasst sind sowohl gewerbliche als auch freiberufliche Betätigungen, wobei der Begriff der Niederlassung sachlich die tatsächliche Ausübung einer wirtschaftlichen Tätigkeit mittels einer festen Geschäftseinrichtung in einem anderen Mitgliedstaat auf unbestimmte Zeit erfordert.[753] Umfasst sind dabei u.a. Fälle, in denen der Steuerpflichtige zur Aufnahme und Ausübung einer selbständigen Erwerbstätigkeit oder zur Gründung und Leitung von Unternehmen seinen Wohnsitz ins Ausland verlagern will.[754]

Auch in einer Beteiligung an einer Kapitalgesellschaft kann eine von Art. 49 AEUV geschützte selbständige Erwerbstätigkeit liegen, sofern der Steuerpflichtige dabei einen wesentlichen unternehmerischen Einfluss garantieren kann. Dieser maßgebliche unternehmerische Einfluss kann u.a. bereits an der Beteiligungsquote gemessen werden, wenn der Gesellschafter aufgrund der Höhe seiner Beteiligung die Gesellschaft beherrschen

[749] Vgl. hierzu insgesamt *Lampert,* in: Musil/Weber-Grellet, Europäisches Steuerrecht, § 6 AStG, Rn. 33f.
[750] *Reimer*, in: Schaumburg/Englisch, Europäisches Steuerrecht, Rn. 7.71.
[751] *Kraft*, in: Kraft, AStG, § 6 Rn 101.
[752] *Reimer*, in: Schaumburg/Englisch, Europäisches Steuerrecht, Rn. 7.72.
[753] *Kraft*, in: Kraft, AStG, § 6 Rn. 101.
[754] *Kraft*, in: Kraft, AStG, § 6 Rn. 101.

kann.[755] So wird vertreten, dass eine solche beherrschende Beteiligungsquote beispielsweise bei einer deutschen Aktiengesellschaft bei 25 % liegt.[756] Hält der Steuerpflichtige eine solche Beteiligung und übt er die (Geschäfts-)Führung dieser Gesellschaft von seinem (künftigen) Wohnsitz aus, so kann auch allein das Halten dieser Beteiligung dazu führen, dass im Zuzugsstaat eine wirtschaftliche Tätigkeit aufgenommen wird und somit der damit verbundene Wohnsitzwechsel in den Schutzbereich des Art. 49 AEUV fällt.[757]

b) Arbeitnehmerfreizügigkeit, Art. 45 AEUV

Darüber hinaus ist es möglich, dass durch § 6 Abs. 1 AStG auch eine Beschränkung der Arbeitnehmerfreizügigkeit vorliegen kann. In Abgrenzung zur Niederlassungsfreiheit in Art. 49 AEUV sind von der Arbeitnehmerfreizügigkeit hier nun Tätigkeiten des *unselbständigen* Arbeitnehmerverhältnisses, also die Leistungserbringung für einen anderen nach dessen Weisung innerhalb eines Lohn- oder Gehaltsverhältnisses umfasst.[758] Das wesentliche Merkmal des abhängigen Arbeitsverhältnisses besteht darin, dass jemand während einer bestimmten Zeit für einen anderen nach dessen Weisung Leistungen erbringt, für die er als Gegenleistung eine Vergütung erhält.[759]

Dem Wortlaut nach umfasst Art. 45 Abs. 2 AEUV jede auf der Staatsangehörigkeit beruhende unterschiedliche Behandlung der Arbeitnehmer der Mitgliedstaaten in Bezug auf Beschäftigung, Entlohnung und sonstige Arbeitsbedingungen. Nach den Kriterien der Rechtsprechung des EuGH soll Art. 45 AEUV den Angehörigen der Mitgliedstaaten die Ausübung von beruflichen Tätigkeiten aller Art im Gebiet der Union erleichtern und Maßnahmen entgegenstehen, die diese Staatsangehörigen benachteiligen könnten, wenn sie eine wirtschaftliche Tätigkeit (in diesem Falle eine unselbständige) im Gebiet eines anderen Mitgliedstaats ausüben wollen.[760]

Auch das in Art. 45 AEUV enthaltene Gleichbehandlungsgebot verbietet neben unmittelbaren Diskriminierungen – bei der ausdrücklich zwischen Inländern und EU-

---

[755] Vgl. *Strunk/Kaminski*, in: S/K/K, AStG, Stand: 01/2020, § 6 Rn. 39.5; *Reimer*, in: Schaumburg/Englisch, Europäisches Steuerrecht, Rn. 7.89; vgl. auch EuGH, Urt. v. 13.04.2000 – C-251/98 (Baars), ECLI:EU:C:2000:205, Rn. 21.

[756] Vgl. *Strunk/Kaminski*, in: S/K/K, AStG, Stand: 01/2020, § 6 Rn. 39.5.

[757] So auch in Rs. N, in der für einen Alleingesellschafter erkannt wurde, dass ihm seine 100 %ige Beteiligung einen solchen Einfluss auf die Entscheidungen der Gesellschaft verleihe, dass die Tätigkeit des Gesellschafters unter die Niederlassungsfreiheit falle, EuGH, Urt. v. 07.09.2006 – C-470/04 (N), ECLI:EU:C:2006:525, Rn. 26f.

[758] *Kraft*, in: Kraft, AStG, § 6 Rn. 91 mit Verweis auf Art. 1 Abs. 1 VO (EWG) Nr. 16112/68.

[759] EuGH, Urt. v. 26.02.2019 – C-581/17 (Wächtler), ECLI:EU:C:2019:138, Rn. 45 mit Verweis auf EuGH, Urt. v. 27.06.1996 – C-107/94 (Asscher), ECLI:EU:C:1996:251, Rn. 25 und 26, sowie EuGH, Urt. v. 20. 11.2001 – C-268/99 (Jany u. a.), ECLI:EU:C:2001:616, Rn. 34.

[760] EuGH, Urt. v. 11.07.2019 – C-716/17 (A), ECLI:EU:C:2019:598, Rn. 16 m.w.N. aus der europäischen Rechtsprechung.

Ausländern unterschieden wird – auch die sog. mittelbaren Diskriminierungen.[761] Davon umfasst sind Fälle, in denen eine Norm an einem anderen Merkmal als der Staatsangehörigkeit anknüpft, aber dennoch geeignet ist, eine Benachteiligung von EU-Arbeitnehmern gegenüber Inländern hervorzurufen.[762] Aus der Rechtsprechung ergibt sich insoweit, dass nationale Bestimmungen, die einen Arbeitnehmer, der Staatsangehöriger eines Mitgliedstaats ist, daran hindern oder davon abhalten, sein Herkunftsland zu verlassen und sich zur Ausübung einer unselbständigen Tätigkeit ins Ausland zu begeben, um von seinem Recht auf Freizügigkeit Gebrauch zu machen, Beeinträchtigungen dieser Freiheit darstellen, auch wenn sie unabhängig von der Staatsangehörigkeit angewandt werden.[763]

c) Mögliche Eröffnung durch § 6 AStG

Niederlassungsfreiheit sowie auch Arbeitnehmerfreizügigkeit stellen sog. *personenbezogene* Grundfreiheiten dar.[764] In den Anwendungsbereich der beiden Grundfreiheiten können potenziell zunächst die Tatbestandsvarianten des Wegzugs (§ 6 Abs. 1 Satz 1 AStG a.F. und § 6 Abs. 1 Satz 1 Nr. 1 AStG n.F.) sowie im alten Recht der Ansässigkeitswechsel durch Begründung eines Wohnsitzes oder gewöhnlichen Aufenthalts in einem ausländischen Staat (§ 6 Abs. 1 Satz 2 Nr. 2 AStG a.F.) fallen, da in beiden Varianten jeweils der Wohnsitz des Anteilseigners verlegt wird. Teilweise wird vertreten, dass auch die Tatbestandsvariante der unentgeltlichen Übertragung (durch Schenkung oder Erbe) ebenfalls vom Anwendungsbereich umfasst sei, da allein die Aussicht auf die Wegzugsteuer den künftigen Beschenkten bzw. Erben davon abhalten kann, vor dem Vermögensanfall wegzuziehen bzw. eine Tätigkeit im Ausland aufzunehmen.[765]Auch wenn der Steuerpflichtige nach herrschender und der hier vertretenen Ansicht jeweils der Erblasser bzw. der Schenker ist,[766] lässt sich hierzu argumentieren, dass nach dem Wegzug des Begünstigten der Schenkungsvorgang als solcher durch § 6 AStG belastet sein könnte und der Begünstigte indirekt davon abgehalten wird, ins Ausland zu ziehen bzw. dort eine Tätigkeit aufzunehmen.[767]

---

[761] *Reimer*, in: Schaumburg/Englisch, Europäisches Steuerrecht, Rn. 7.70; *Brechmann,* in: Calliess/Ruffert, AEUV, Art. 45 Rn. 47mit Verweis auf EuGH, Urt. 10.09.2009 – C -269/07 (Kommission/Deutschland), ECLI:EU:C:2009:527, Rn. 54.

[762] *Kraft*, in: Kraft, AStG, § 6 Rn. 92 mit Verweis auf EuGH, Urt. v. 07.03.1979 – C-115/78, ECLI:EU:C:1979:31.

[763] EuGH, Urt. v. 28.04.2022 – C-86/21 (Gerencia Regional de Salud de la Junta de Castilla y León), ECLI:EU:C:2022:310, Rn. 21 – 23 mit Verweis auf EuGH, Urt. v. 11.07.2019 – C-716/17 (A), ECLI:EU:C:2019:598, Rn. 17 und die dort angeführte Rechtsprechung; *Kraft*, in: Kraft, AStG, § 6 Rn. 93 mit Verweis auf EuGH, Urt. v. 15.12.1995 – C-415/93 (Union royale belge des sociétés de football association u.a. / Bosman u.a.), ECLI:EU:C:1995:463, Rn. 94 ff.

[764] Vgl. *Reimer*, in: Schaumburg/Englisch, Rn. 7.66; *Schaumburg*, in: Schaumburg, Internationales Steuerrecht, Rn. 4.23.

[765] *Werner*, Systemgerechte Entstrickung im Steuerrecht, S. 155.

[766] Siehe unter B.III.2.b).

[767] Die Eröffnung des Anwendungsbereichs der Niederlassungsfreiheit ebenso für den Erbfall annehmend *Jagusch*, Wegzugsbesteuerung ohne Wegzug, S. 205.

Durch § 6 AStG kann eine solche Beschränkung von Niederlassungsfreiheit und Arbeitnehmerfreizügigkeit herbeigeführt werden. Durch die Wegzugsbesteuerung wird ein Steuerpflichtiger, der seinen Wohnsitz ins Ausland verlegen möchte, gegenüber einer Person, die ihren Wohnsitz im Inland behält, in seiner Niederlassungsfreiheit bzw. Arbeitnehmerfreizügigkeit benachteiligt. Denn der Steuerpflichtige wird allein aufgrund der Wohnsitzverlegung mit einem noch nicht realisierten Veräußerungsgewinn steuerpflichtig, während eine Besteuerung der Wertsteigerung bei einer Beibehaltung des Wohnsitzes im Inland oder einem Umzug im Inland erst bei tatsächlicher Realisierung erfolgen würde, womit die Besteuerungsfolgen für einen solchen Wegzug für den Arbeitnehmer schärfer sind als im Falle einer rein inländischen Wohnsitzverlegung.[768] Die Wegzugsbesteuerung hat daher für Steuerpflichtige, die sich in einem anderen Mitgliedstaat niederlassen wollen, eine zumindest abschreckende oder gar eine potenziell diskriminierende Wirkung, die nach Ansicht des EuGH den Steuerpflichtigen ggf. dazu veranlassen könnte, erst gar nicht wegzuziehen.[769]

2. Kapitalverkehrsfreiheit, Art. 63 AEUV

a) Allgemeine Definition

Auch wenn der AEUV keine allgemeine Definition des freien Kapitalverkehrs enthält,[770] so liegt der sachliche Anwendungsbereich dieser Grundfreiheit darin, alle Beschränkungen des Kapital- und Zahlungsverkehrs zwischen den Mitgliedstaaten sowie zwischen Mitgliedstaaten und Drittstaaten zu verbieten. Da das Primärrecht eher spärliche bzw. wenige Aussagen zum Kapitalverkehr trifft, kann auch das Sekundärrecht und dort insbesondere die Kapitalverkehrsrichtlinie[771] herangezogen werden, um diesen Begriff zu konturieren. In erster Linie bleibt die Begriffsbestimmung jedoch Aufgabe der Unionsgerichtsbarkeit,[772] die eine Definition bisher aber vermieden und stattdessen i.d.R. auf bestehendes Unionsrecht vor allem in Form der Kapitalverkehrsrichtlinie verwiesen hat.[773] Aus der bisherigen Spruchpraxis des EuGH hat sich in der Literatur auch unter Beachtung ökonomischer Erkenntnisse ein Versuch einer Definition des Begriffs des Kapitalverkehrs dahingehend verdichtet, jede (entgeltliche oder unentgeltliche) Übertragung

---

[768] *Kraft*, in: Kraft, AStG, § 6 Rn. 95.

[769] *Lampert*, in: Musil/Weber-Grellet, Europäisches Steuerrecht, § 6 AStG, Rn. 27 mit Verweis auf EuGH, Urt. v. 11.03.2004 – C-9/02 (de Lasteyrie du Saillant), ECLI:EU:C:2004:138, Rn. 46. Diese Auffassung hat der EuGH in der Folge bestätigt (EuGH, Urt. v. 07.09.2006 – C-470/04 (N), ECLI:EU:C:2006:525, Rn. 35 ff.; EuGH, Urt. v. 29.11.2011 – C-371/10 (National Grid Indus), ECLI:EU:C:2011:785, Rn. 61; EuGH, Urt. v. 06.09.2012 – C-38/10 (Kommission/Portugal), ECLI:EU:C:2012:521, Rn. 25 ff.; EuGH, Urt. v. 21.12.2016 – C-503/14 (Kommission/Portugal), ECLI:EU:C:2016:979, Rn. 42 ff.; *Mitschke*, IStR 2017, 69 (71).

[770] *Korte*, in: Calliess/Ruffert, AEUV, Art. 63 Rn. 25; *Kraft*, in: Kraft, AStG, § 6 Rn. 106.

[771] RL 88/361/EWG, ABl. 1988 Nr. L 178/5.

[772] Bspw. EuGH, Urt. v. 16.03.1999 – C-222/97 (Trummer und Mayer), ECLI:EU:C:1999:143, Rn. 21.

[773] *Korte*, in: Calliess/Ruffert, AEUV, Art. 63 Rn. 26.

wirtschaftlicher Werte in Form von Geld- oder Sachkapital über die Grenzen eines Mitgliedstaats hinaus darunter zu fassen, die unabhängig von einem waren- bzw. leistungsbezogenen Grundgeschäft, insoweit also einseitig ist, oder die Hauptleistung einer Kapitaltransaktion bildet.[774]

Das Verhältnis bzw. die Konkurrenz der Kapitalverkehrsfreiheit zu den anderen Grundfreiheiten ist nicht restlos geklärt, insbesondere in Bezug auf die Niederlassungsfreiheit.[775] Die Rechtsprechung des EuGH bietet Anhaltspunkte sowohl für ein Subsidiaritätsverhältnis als auch für ein mögliches Nebeneinander beider Grundfreiheiten. In den beiden Beschlüssen in den Rs. Lasertec[776] und Stahlwerk Erste Westig GmbH[777] aus dem Jahr 2007 hat der Gerichtshof entschieden, dass im Fall der thematischen Einschlägigkeit beider Grundfreiheiten die Niederlassungsfreiheit vorrangig anzuwenden sei.[778] Demgegenüber wurden in dem Urteil in der Rs. Holböck[779] aus dem Jahr 2007 Niederlassungsfreiheit und Kapitalverkehrsfreiheit nebeneinander angewandt, weil hier sowohl Niederlassungs- als auch Kapitalverkehrskonstellationen denkbar seien.

Relevanz gewinnt diese Frage nach der Eröffnung des jeweiligen Anwendungsbereichs ebenso wie die Frage nach der Konkurrenz der Grundfreiheiten vor allem durch die Erstreckung (nur) der Kapitalverkehrsfreiheit auf Fälle mit Drittstaatsbezug.[780] Die Kapitalverkehrsfreiheit enthält ihrem Wortlaut nach ein Beschränkungsverbot, dessen Anwendungsbereich sich nicht auf binnenmarktliche Sachverhalte beschränkt, sondern auch „den Kapitalverkehr zwischen den Mitgliedstaaten und dritten Ländern" umfasst.[781] Nach der Rechtsprechung des EuGH erstreckt sich dieser Schutz gleichermaßen auf

---

[774] *Kraft*, in: Kraft, AStG, § 6 Rn. 106; *Lampert,* in: Musil/Weber-Grellet, Europäisches Steuerrecht, § 6 AStG, Rn. 29; *Reimer,* in: Schaumburg/Englisch, Europäisches Steuerrecht, Rn. 7.100; *Korte*, in: Calliess/Ruffert, AEUV, Art. 63 Rn. 27.

[775] *Lang,* in: FS Rödler, 521 (523f.); *Musil,* DB 2009, 1037 (1041 f.); allgemein *Korte,* in: Calliess/Ruffert, Art. 63 AEUV Rz. 39 ff.; zusammenfassend siehe *Reimer,* in Schaumburg/Englisch, Europäisches Steuerrecht, Rn. 7.88: „[...] einerseits scheint Art. 49 Abs. 2 AEUV einen Vorrang der Kapitalverkehrsfreiheit gegenüber der Niederlassungsfreiheit anzuordnen. Andererseits kann Art. 49 Abs. 2 AEUV aber auch so verstanden werden, als erlaube er lediglich eine Übertragung der Einschränkbarkeit von Art. 63 ff. AEUV auf Art. 49 ff. AEUV, lasse aber eine Überschneidung im Schutzbereich (etwa im Wege einer Simultananwendung beider Grundfreiheiten) durchaus zu."

[776] EuGH, Beschl. v. 10.05.2007 – C-492/04 (Lasertec), ECLI:EU:C:2007:273.

[777] EuGH, Beschl. v. 06.11.2007 – C-415/06 (Stahlwerk Erste Westig), ECLI:EU:C:2007:651.

[778] *Musil*, DB 2009, 1037 (1040); in den beiden genannten EuGH-Urteilen (s. Fußnoten 776 und 777) betraf der Einzelfall die Beteiligung an einer Kapitalgesellschaft, welche grds. unter die beiden Grundfreiheiten zu subsumieren war; zur Parallelität der beiden Grundfreiheiten auch *Tippelhofer/Lohmann,* IStR 2008, 857 (858).

[779] EuGH, Urt. v. 24.05.2007 – C-157/05 (Holböck), ECLI:EU:C:2007:297.

[780] *Reimer*, in: Schaumburg/Englisch, Europäisches Steuerrecht, Rn. 7.88 und 7.106.

[781] *Reimer*, in: Schaumburg/Englisch, Europäisches Steuerrecht, Rn. 7.106; *Cordewener*, EC Tax Review 2009, 260 (260f).

Inbound- und auf Outbound-Sachverhalte.[782] Der BFH hat in seinem Urteil vom 25.08.2009 hierzu betont, dass eine Berufung auf die Unionsrechtswidrigkeit einer Norm im Verhältnis zu einem *Drittstaat* nur dann erfolgen könne, wenn auch eine Berufung auf die Kapitalverkehrsfreiheit erfolgen kann, nicht jedoch dann, wenn sie von der Niederlassungsfreiheit (im konkreten Einzelfall) verdrängt wird.[783] Folgt man der sog. Verdrängungstheorie[784], nach der sich Niederlassungs- und Kapitalverkehrsfreiheit gegenseitig ausschließen, würde in den Fällen, in denen die Abgrenzung zwischen den beiden Grundfreiheiten zu dem Ergebnis kommt, dass (allein) die Niederlassungsfreiheit (unter Verdrängung der Kapitalverkehrsfreiheit) einschlägig ist, insoweit für Drittstaatensachverhalte kein EG-primärrechtlicher Schutz bestehen.[785]

Unabhängig von der Frage, in welchem Konkurrenzverhältnis die beiden Grundfreiheiten zueinander stehen, scheint der EuGH eine – vermeintlich – klare Abgrenzung der Anwendungsbereiche der beiden Grundfreiheiten vorzunehmen, wenn im konkreten Fall allein die Beteiligung an einer Kapitalgesellschaft das maßgebliche Kriterium ist, an dem die Eröffnung von Kapitalverkehrsfreiheit und Niederlassungsfreiheit gemessen werden muss: Somit fällt nach Ansicht des EuGH eine nationale Regelung, die *nur* auf Beteiligungen anwendbar ist, die es ermöglichen, einen sicheren Einfluss auf die Entscheidungen einer Gesellschaft auszuüben und deren Tätigkeiten zu bestimmen („beherrschende Beteiligung"), in den Anwendungsbereich von Art. 49 AEUV über die Niederlassungsfreiheit.[786]
Grund hierfür ist, dass eine solche beherrschende Beteiligung und die Einflussmöglichkeit auf die Geschäfte der Kapitalgesellschaft mit der einer selbständigen wirtschaftlichen Tätigkeit vergleichbar sind und daher aufgrund der Intensität der Beteiligung über das bloße „Halten" von Anteilen hinausgeht und nicht nur in der „alleinigen Absicht der Geldanlage"[787] gehalten werden, folglich also auch und ebenfalls als Niederlassung angesehen werden können.[788]

Problematisch sind hingegen diejenigen Normen, die – wie bspw. § 6 AStG – nicht „nur" beherrschende Beteiligungen umfassen, sondern auch Beteiligungen ohne eine solche Einflussposition des Gesellschafters (teilweise auch als „Streubesitzanteile"

---

782 EuGH, Urt. v. 13.11.2012 – C-35/11 (Test Claimants in the FII Group Litigation), ECLI:EU:C:2012:707, Rn. 20f.; *Reimer,* in: Schaumburg/Englisch, Europäisches Steuerrecht, Rn. 7.106.

783 BFH, Urt. v. 25.08.2009 – I R 88, 89/07, BStBl II 2016, 438, Rn. 46.

784 So z.B. *Reimer*, in: Schaumburg/Englisch, Europäisches Steuerrecht, Rn. 7.97.

785 Vgl. auch *Tippelhofer/Lohmann*, IStR 2008, 857.

786 EuGH, Urt. v. 13.11.2012 – C-35/11 (Test Claimants in the FII Group Litigation), ECLI:EU:C:2012:707, Rn. 91 mit Verweis auf EuGH, Urt. v. 21.10.2010 – C-81/09 (Idryma Typou), ECLI:EU:C:2010:622, Rn. 47; EuGH, Urt. 19.07.2012 – C-31/11 (Scheunemann), ECLI:EU:C:2012:481, Rn. 23.

787 EuGH, Urt. v. 13.11.2012 – C-35/11 (Test Claimants in the FII Group Litigation), ECLI:EU:C:2012:707, Rn. 92.

788 Vgl. im Kern auch *Korte,* in: Calliess/Ruffert, AEUV, Art. 49 Rn. 2.

bezeichnet[789]). Diese Abgrenzung ist noch nicht abschließend geklärt und im Schrifttum weiterhin umstritten.[790]

b) Mögliche Eröffnung durch § 6 AStG

Bei der Frage, welche Tatbestandsvariante des § 6 AStG (in der alten wie in der neuen Fassung) überhaupt geeignet ist, die Anwendbarkeit der Kapitalverkehrsfreiheit zu eröffnen, ist wie folgt zu unterscheiden:
Legt man der Kapitalverkehrsfreiheit die oben genannte allgemeine Definition zugrunde, wird insbesondere das Merkmal „Übertragung von Geld- oder Sachkapital“[791] in der Literatur unterschiedlich aufgefasst bei der Frage, ob auch der bloße Wohnsitz- bzw. Ansässigkeitswechsel noch als „Bewegung/Übertragung von Kapital“ i.S.d. Kapitalverkehrsfreiheit zu verstehen ist.
Die eine Ansicht verneint die Frage, ob ein bloßer Wohnsitz- oder Ansässigkeitswechsel auch eine Kapitalbewegung beinhaltet.[792] Diese Meinung stützt sich auf die Aussagen des EuGH in der Rs. Van Hilten-van der Heijden[793], worin der Gerichtshof festhielt, dass „die bloße Verlegung des Wohnsitzes von einem Staat [...] für sich genommen keine finanziellen Transaktionen oder die Übertragung von Eigentum [umfasse] und auch keine anderen Merkmale einer Bewegung von Kapital auf[weise]“.[794] Gegen eine Erfassung dieser Fälle von der Kapitalverkehrsfreiheit wird auch mit dem Hinweis argumentiert, dass der Steuerpflichtige beim Umzug lediglich die Inhaberschaft seiner Beteiligung mitnehme, ohne dass dabei das Kapital der Gesellschaft tangiert werde.[795]
Die von der Gegenansicht vertretene Auffassung über die Einbeziehung dieser Fälle und die damit einhergehende extensive Auslegung der Kapitalverkehrsfreiheit bewege sich weder im Rahmen der grammatikalischen Auslegung noch sei sie etwa aus Gründen des

---

[789] *Reimer,* in: Schaumburg/Englisch, Europäisches Steuerrecht, Rn. 7.90.

[790] So wird bspw. vertreten, dass bei einer Norm, die beide Beteiligungsformen umfasst, entweder wegen ihres dann offenen Wortlautes jedenfalls auch die Kapitalverkehrsfreiheit angewendet wird (abstrakte Betrachtungsweise) oder auf die Höhe der Anteile im konkreten Einzelfall abgestellt wird (konkrete Betrachtungsweise, *Korte*, in: Calliess/Ruffert, AEUV, Art. 49 Rn. 41; vgl. zum Streitstand auch *Schön,* in: GS Knobbe-Keuk, 1997, S. 743 (749 ff.); *Haslehner*, IStR 2008, 565 (567 ff.); *Musil*, Deutsches Treaty Overriding und seine Vereinbarkeit mit Europäischem Gemeinschaftsrecht, S. 188 ff.; *Tippelhofer/Lohmann*, IStR 2008, 857.

[791] Siehe Fußnote 774.

[792] So *Lampert,* in: Musil/Weber-Grellet, Europäisches Steuerrecht, § 6 AStG, Rn. 29; *Strunk/Kaminski*, in: S/K/K, AStG, Stand: 01/2020, § 6 Rn. 39.

[793] EuGH, Urt. v. 23.02.2006 – C-513/03 (van Hilten-van der Heijden), ECLI:EU:C:2006:131.

[794] EuGH, Urt. v. 23.02.2006 – C-513/03 (van Hilten-van der Heijden), ECLI:EU:C:2006:131, Rn. 49, so auch GA Léger, Schlussanträge v. 30.06.2005 – C-513/03 (van Hilten-van der Heijden), ECLI:EU:C:2005:416, Rn. 57f.

[795] *Bron*, IStR 2006, 296 (299); *Hahn*, DStZ 2000, 14 (18); *Schnitger*, BB 2004, 804 (808); so auch *Rehfeld*, Die Vereinbarkeit des Außensteuergesetzes mit den Grundfreiheiten des EG-Vertrags, S. 210 mit dem Vergleich zum Eigentumsrecht an einem Grundstück, an dem ein wegziehender Eigentümer auch weiterhin subjektiv berechtig bliebe, ohne dass man durch den Wegzug einen Vermögenstransfer in Bezug auf das Grundstück annehmen würde.

sog. effet utile geboten, da in Bezug auf einen Weg- bzw. Umzug innerhalb der Mitgliedstaaten der Bürger ausreichend durch die Niederlassungsfreiheit, die Arbeitnehmerfreizügigkeit oder im Zweifel auch durch die allgemeine Freizügigkeit des Art. 21 Abs. 1 AEUV geschützt sei.[796] Dass durch diese einschränkende Auslegung dann Wegzüge in Drittstaaten nicht umfasst wären (da nur die Kapitalverkehrsfreiheit auch Drittlandsfälle einschließt), wird dabei hingenommen und die Ausweitung auf Drittlandsfälle im Gegenteil als nicht gerechtfertigt angesehen.[797]

Die Gegenansicht beruft sich zunächst auf die allgemeine Definition des Kapitalverkehrs, wonach *alle* Übertragungen eines Wertes, also alle auf Geld- oder Sachkapital bezogenen Transaktionen, die nicht direkt durch den Waren- und Dienstleistungsverkehr bedingt sind, umfasst seien.[798] Diese weite Auslegung des Begriffs des Kapitalverkehrs würde demnach auch den Fall umfassen, in dem ein Wegzug aus Deutschland erfolgt, und dabei wesentliche Beteiligungen i.S.d. § 17 EStG „mitgenommen" werden, worin gerade ein solcher Vermögenstransfer vorläge.[799] Dieser Ansicht liegt das Verständnis zugrunde, dass zur Kapitalverkehrsfreiheit jede Art von privatem Vermögenstransfer und damit auch der Vermögenstransfer bei einem Wohnsitzwechsel gehört.[800]
Bron schildert diese Ansichtsweise bildlich und schematisch wie folgt: „Stellt man sich den Fall des Wegzugs anhand einer schematischen Abbildung vor, stellt man fest, dass sich der Gesellschafter bewegt (Umzug über die Grenze), während die Gesellschaft im Inland verbleibt. Mit dem Gesellschafter bewegt sich jedoch auch die verbindende Linie, die seine Beteiligung an der Gesellschaft symbolisiert. Es ist nicht möglich, den Gesellschafter zu „verschieben", ohne dass sich die Beteiligungslinie mit „verschiebt".[801]
Überzeugend bringt *Bron* sodann auch ein steuerliches Argument an: Gehe man davon aus, dass die Beteiligung beim Wohnsitzwechsel gleichsam wie in einer Betriebsstätte im Inland zurückbleibe, müsste mit der Beteiligung konsequenterweise auch das Besteuerungsrecht im Inland verbleiben, wodurch eine Wegzugsbesteuerung überflüssig wäre.[802]
Diese Ansicht hält die – immerhin eindeutige – Entscheidung des EuGH in Sachen van Hilden mittlerweile für überholt und veraltet.[803]

---

[796] *Lampert,* in: Musil/Weber-Grellet, Europäisches Steuerrecht, § 6 AStG, Rn. 29.
[797] *Lampert,* in: Musil/Weber-Grellet, Europäisches Steuerrecht, § 6 AStG, Rn. 29; *Müller-Gosoge*, in: Haase, AStG, § 6 Rn. 183; *Strunk/Kaminski*, in: S/K/K, AStG, Stand: 01/2020, § 6 Rn. 39.5; *Richter/Eschein*, FR 2007, 647 (679); *Lausterer*, BB 2006, Special 8, 80 (83).
[798] *Bron*, IStR 2006, 296 (299); *van de Loo/Simmig*, in: Geiger/Kahn/Kotzur/Kirchmair, AEUV, Art. 63 Rn. 4; im Ergebnis so auch *Dautzenberg*, BB 1997, 180 (181); *Wassermeyer*, GmbHR 2004, 613 (615).
[799] *Bron*, IStR 2006, 296 (299).
[800] Vgl. auch *Schön,* in: GS Knobbe-Keuk, 1997, S. 743 (748).
[801] *Bron*, IStR 2006, 296 (300).
[802] *Bron*, IStR 2006, 296 (300).
[803] *Kraft*, in: Kraft, AStG, § 6 Rn. 112.

Neue Hinweise auf das europäische Verständnis der Kapitalverkehrsfreiheit und die Auslegung des Art. 63 AEUV bietet die ATAD-Richtlinie.[804]
Ausgehend von der Annahme, dass als entscheidendes Merkmal die Übertragung von Werten für die Eröffnung des Anwendungsbereichs ausschlaggebend ist, geht die ATAD-Richtlinie einen weiteren Schritt in Richtung der Ansicht, die auch den reinen Wohnsitzwechsel von der Kapitalverkehrsfreiheit als umfasst ansieht.[805] Denn darin wurde nun die „Übertragung von Vermögenswerten" präzisiert: Art. 2 Abs. 6 ATAD-Richtlinie definiert dabei die Übertragung von Vermögenswerten als „Vorgang, bei dem ein Mitgliedstaat das Besteuerungsrecht für die übertragenen Vermögenswerte verliert, wobei Vermögenswerte im rechtlichen oder wirtschaftlichen Eigentum desselben Steuerpflichtigen verbleiben".
Diese Definition stellt ausdrücklich auf den Verlust von Besteuerungsrechten ab, der bekanntlich auch bei einem reinen Wohnsitzwechsel des Steuerpflichtigen eintreten kann. Zwar heißt es dort auch „für die übertragenen" Vermögenswerte; der Zusatz, dass die Vermögenswerte im rechtlichen oder wirtschaftlichen Sinne dabei bei demselben Steuerpflichtigen verbleiben, spricht allerdings dann wieder eindeutig dafür, einen Rechtsträgerwechsel nicht als notwendige Voraussetzung für das Vorliegen eines grenzüberschreitenden Vermögenstransfers i.S.d. Kapitalverkehrsfreiheit zu fordern.[806]
Insbesondere dadurch, dass bei einem Wegzug das Besteuerungsrecht in Bezug auf die Kapitalgesellschaftsanteile im Hinblick auf Art. 13 Abs. 5 OECD-MA in den meisten DBA-Fällen zum Zuzugsstaat wechselt, trägt diese Änderung der Besteuerungszuständigkeit „materiell zweifelsfrei Charakteristik eines Vermögenstransfers."[807]

Fraglich ist dann auch, wie mit der Fallvariante der Einlage von Anteilen in ein ausländisches Betriebsvermögen umzugehen ist. Auch hier wird streng genommen kein Kapital der Gesellschaft, an der die Beteiligung besteht, bewegt. Dieses Argument wird innerhalb der Literatur gerade dazu verwendet, für den soeben diskutierten Fall der reinen Wohnsitzverlagerung eben keinen „Vermögenstransfer von Auswanderern" i.S.d. Nomenklatur in Anhang I der Kapitalverkehrsrichtlinie[808] zu sehen, da der Anteilseigner beim Wohnsitzwechsel oder Umzug nur die Inhaberschaft seiner Beteiligung mitnimmt, ohne dass dabei das Kapital der Gesellschaft tangiert wird.[809]
Auch bei der Einlage ins ausländische Betriebsvermögen ist es denkbar, dass sich die zivilrechtliche Inhaberschaft der Anteile nicht ändert, wenn sie etwa der Steuerpflichtige in sein ausländisches Einzelunternehmen einlegt, sodass auch hier lediglich der „Transfer

---

804 Richtlinie (EU) 2016/1164 des Rates vom 12.07.2016 mit Vorschriften zur Bekämpfung von Steuervermeidungspraktiken mit unmittelbaren Auswirkungen auf das Funktionieren des Binnenmarktes - ABl. L 193 vom 19.7.2016, S. 1 (Anti-Steuervermeidungs-Richtlinie).

805 Im Ergebnis so auch *Kraft/Gräfe*, IWB 2016, 384 (386).

806 Vgl. hierzu auch *Kraft*, in: Kraft, AStG, § 6 Rn. 112 ff.

807 *Kraft*, in: Kraft, AStG, § 6 Rn. 114.

808 Anhang I zur Richtlinie 88/361/EWG des Rates vom 24. Juni 1988 zur Durchführung von Artikel 67 des Vertrages, Abl. Nr. L 178/1888, S. 10.

809 *Schnitger*, BB 2004, 804 (808) mit Verweis auf *Hahn*, DStZ 2000, 14 (18).

in ein ausländisches Besteuerungsrecht" erfolgt, nicht aber der Transfer von Kapital der Gesellschaft auf einen anderen Rechtsträger. Der Wegzug einer Person i.S.d § 6 Abs. 1 Satz 1 und Satz 1 Nr. 2 AStG a.F. und § 6 Abs. 1 Satz 1 Nr. 1 AStG n.F. beinhaltet einen vergleichbaren Fall, sodass nach der hier vertretenen Auffassung der Wechsel des Besteuerungsrechts (s.o.) ausreichend ist, um den Schutzbereich der Kapitalverkehrsfreiheit zu eröffnen.[810]

Es dürfte Einigkeit darüber bestehen, dass die Übertragungstatbestände des § 6 AStG, die auch einen Inhaberwechsel beinhalten, dann tatsächlich von der Kapitalverkehrsfreiheit erfasst sein sollen. Dies hat auch der EuGH für den Fall einer Erbschaft entschieden: In der Rs. van Hilten-van der Heijden hat der Gerichtshof, nachdem er im selben Urteil den zeitlich vorgelagerten Wohnsitzwechsel noch nicht vom Schutzbereich umfasst sah[811], die nachfolgende Erbschaft und den dadurch erfolgten Rechtsträgerwechsel nach dem Tod der Weggezogenen hingegen unter den Schutzbereich des Art. 63 AEUV subsumiert.[812] Dies ist bei § 6 AStG dann sowohl für die Fälle der Übertragung unter Lebenden als auch für Erbfälle zu bejahen[813] (§ 6 Abs. 1 Satz 2 Nr. 1 AStG a.F. bzw. § 6 Abs. 1 Satz 1 Nr. 2 AStG n.F.).

In allgemeiner Hinsicht wird sogar die Meinung vertreten, die Kapitalverkehrsfreiheit schütze nicht nur die Übertragung von Beteiligungen, sondern schon auch ihr „Haben und Halten".[814]

3. Allgemeine Freizügigkeit, Art. 21 AEUV

Die allgemeine Freizügigkeit der Unionsbürger nach Art. 21 AEUV schützt in erster Linie die Wohnsitznahme, die Bewegung und den Aufenthalt in jedem beliebigen Mitgliedstaat.[815] Geschützte Verhaltensweisen sind neben der Bewegung und dem Aufenthalt innerhalb der Mitgliedstaaten auch die Einreise in andere Mitgliedstaaten, die freie

---

810 a.A. hierzu *Werner*, Systemgerechte Entstrickung im Steuerrecht, S. 161 ff. mit der Argumentation, dass der reine Wegzug bzw. Ansässigkeitswechsel als ein „neutraler" Vorgang zu werten sei, die Anwendbarkeit der Kapitalverkehrsfreiheit jedoch nach der ökonomischen Natur auch einen *wirtschaftlichen* Zweck mit dem grenzüberschreitenden Verkehr verfolgen muss, der zwar in der Einlage ins ausländische Betriebsvermögen zu sehen sei, nicht aber bei dem reinen Wohnsitzwechsel eines Steuerpflichtigen; die Eröffnung des Schutzbereichs der Kapitalverkehrsfreiheit bejahend für den Fall der Einlage in ein ausländisches Betriebsvermögen, siehe EuGH, Urt. v. 21.11.2002 – C-436/00 (X und Y), ECLI:EU:C:2002:704, Rn. 70.

811 EuGH, Urt. v. 23.02.2006 – C-513/03 (van Hilten-van der Heijden), ECLI:EU:C:2006:131, Rn. 49.

812 EuGH, Urt. v. 23.02.2006 – C-513/03 (van Hilten-van der Heijden), ECLI:EU:C:2006:131, Rn. 42.

813 *Werner*, Systemgerechte Entstrickung im Steuerrecht, S. 164; *Schnitger*, FR 2004, 185 (186); *Krumm,* FR 2012, 624 (628).

814 *Bron,* IStR 2006, 296 (299); *Kessler/Eicker/Obser, IStR 2004, 325* (326).

815 *Reimer*, in: Schaumburg/Englisch, Europäisches Steuerrecht, Rn. 7.110; *Kuth*, in: Calliess/Ruffert, AEUV, Art. 21 Rn. 4.

Bewegung in ihrem Hoheitsgebiet, das Verlassen des Hoheitsgebiets des Heimatstaats oder eines anderen Mitgliedstaats sowie der ständige Aufenthalt an einem Ort einschließlich der Wohnsitznahme.[816]

Der Anwendungsbereich des Art. 21 AEUV ist nach Ansicht der Literatur und der europäischen Rechtsprechung jedoch nur dann eröffnet, wenn keine spezielle Gewährleistung eingreift, denn die Personenverkehrsfreiheiten umfassen jedenfalls auch die Einreise- und Aufenthaltsrechte und verdrängen somit die Gewährleistungen des Art. 21 Abs. 1 AEUV im Wege der Spezialität.[817] Damit reduziert sich der Anwendungsbereich des Art. 21 Abs. 1 AEUV im Grunde auf privat veranlasste, d.h. nicht aus der Erwerbssphäre motivierte Ortsveränderungen; im Gegensatz und Abgrenzung zur Niederlassung- oder Arbeitnehmerfreizügigkeit setzt die Ausübung des Freizügigkeitsrechts nämlich keine wirtschaftliche Tätigkeit und insbesondere keine Erwerbstätigkeit voraus.[818]

Anknüpfungspunkt innerhalb des § 6 AStG bieten dabei die Fälle des Abs. 1 Satz 1 und Satz 2 Nr. 2 AStG a.F. (sowie § 6 Abs. 1 Satz 1 Nr. 1 AStG n.F.), in denen ein Wohnsitzwechsel bzw. Ansässigkeitswechsel zu einer Wegzugsbesteuerung führt. Fälle, in denen dabei der Schutzbereich des Art. 21 Abs. 1 AEUV nicht von der Niederlassung- oder Arbeitnehmerfreizügigkeit verdrängt wird, sind u.a. denkbar, wenn beispielsweise ein Nichterwerbstätiger oder ein Rentner mit Anteilen an einer Kapitalgesellschaft ins Ausland verzieht.[819] Eine hinreichende Eingriffsintensität der Wegzugsteuer wird auch in Bezug auf die Freizügigkeit anzunehmen sein, da die Besteuerung unrealisierter Wertzuwächse und die damit verbundenen Liquiditätsnachteile geeignet sind, die Ausreise des Anteilseigners und die gleichzeitige Wohnsitznahme in einem anderen Staat nicht unerheblich zu erschweren und sich auf die Abwägung des Steuerpflichtigen über Vor- und Nachteile einer Wohnsitzverlagerung auswirken können.[820]

Gleichzeitig ist aber auch denkbar, dass eine unentgeltliche Übertragung i.S.d. § 6 Abs. 1 Satz 2 Nr. 1 AStG a.F. bzw. § 6 Abs. 1 Satz 1 Nr. 2 AStG n.F. in den Schutzbereich des Art. 21 AEUV fällt, z.B. für den Fall, dass sich der Beschenkte bzw. der künftige Erbe auch schon im Hinblick auf den künftigen Erwerb der Anteile an einem Wegzug gehindert sieht.[821] Auch hier ist aber aufgrund der Subsidiarität kaum Raum für

---

[816] *Kuth*, in: Calliess/Ruffert, AEUV, Art. 21 Rn. 4.

[817] *Reimer*, in: Schaumburg/Englisch, Rn. 7.110 und 7.112; *Kuth,* in: Calliess/Ruffert, AEUV, Art. 21 Rn. 21 m.w.N., so auch Ansicht des EuGH, vgl. bspw. EuGH, Urt. v. 26.11.2002 – C-100/01 (Olazabal.), ECLI:EU:C:2002:712, Rn. 26.

[818] *Lampert,* in: Musil/Weber-Grellet, Europäisches Steuerrecht, § 6 AStG, Rn. 32; *Reimer,* in: Schaumburg/Englisch, Europäisches Steuerrecht, Rn. 7.110 und 7.112.

[819] *Kuth,* in: Calliess/Ruffert, AEUV, Art. 21 Rn. 22; vgl. *Werner*, Systemgerechte Entstrickung im Steuerrecht, S. 167.

[820] *Rehfeld*, Die Vereinbarkeit des Außensteuergesetzes mit den Grundfreiheiten des EG-Vertrags, S. 226.

[821] Siehe bereits unter E.II.1.c).

Anwendungsfälle, da diese Konstellationen wohl i.d.R. bereits durch die speziellere Kapitalverkehrsfreiheit abgedeckt sind.[822]

III. Europäische Rechtsprechung

Wie Entstrickungsnormen in der Vergangenheit vom EuGH beurteilt wurden, welche Einschränkungen von Grundfreiheiten ggf. gerechtfertigt waren oder sein können und welche europäischen Maßstäbe an eine nationale Entstrickungsregel zu richten sind, soll anhand einer Analyse wesentlicher Urteile des EuGH in diesem Bereich nachfolgend dargestellt werden.

1. Rs. Lasteyrie du Saillant

Das Urteil in der Rs. Lasteyrie du Saillant wird aus gutem Grund in der Literatur vielfach als wesentliche Entscheidung und Ausgangspunkt für das deutsche Wegzugsteuersystem gesehen, wie es bis zur Änderung durch das ATAD-UmsG im deutschen AStG vorgesehen war.[823] Insbesondere die Einführung der dauerhaften und zinslosen Stundung in § 6 Abs. 5 AStG a.F. wird maßgeblich auf die Entscheidung des EuGH in dieser Rs. zurückgeführt.

a) Sachverhalt

Der Kläger in dieser Rs. – Herr Hughes de Lasteyrie du Saillant – war zunächst in Frankreich ansässig und verließ Frankreich, um in Belgien einen Wohnsitz zu begründen. Zu diesem oder irgendeinem Zeitpunkt in den letzten fünf Jahren vor seinem Wegzug hielt der Kläger mit seinen Familienangehörigen unmittelbar oder mittelbar Wertpapiere, die zum Bezug von mehr als 25 % des Gewinns an der Gesellschaft mit Sitz in Frankreich berechtigten, an der die Wertpapiere gehalten wurden.[824]
Das französische Recht sah in der geltenden Fassung zum Zeitpunkt des Wegzugs des Klägers in Art. 167bis I.-1. des Code général des impôts (nahfolgend „CGI“) vor, dass Steuerpflichtige, die ihren steuerlichen Wohnsitz während der letzten zehn Jahre mindestens sechs Jahre in Frankreich hatten, zu dem Zeitpunkt, zu dem sie ihren Wohnsitz ins Ausland verlegen, hinsichtlich solcher Wertsteigerungen besteuert werden, die für ihre in Art. 160 CGI[825] genannten Gesellschaftsrechte festgestellt wurden. Gem. Art. 167bis I.-

---

[822] Siehe bereits unter E.II.2.b).

[823] Z.B. *Kraft*, in: Kraft, AStG, § 6 Rn. 130; *Micker/Schwarz*, IWB 2017, 344 (350), *Grotherr*, IWB 2007, 65; *Lampert,* in: Musil/Weber-Grellet, Europäisches Steuerrecht, § 6 AStG, Rn. 44; *Jaeger*, GPR 2004, 279.

[824] EuGH, Urt. v. 11.03.2004 – C-9/02 (de Lasteyrie du Saillant), ECLI:EU:C:2004:138, Rn. 12, zur Höhe der Beteiligung sowie zum zeitlichen Erwerb der Wertpapiere werden im Urteil keine näheren Angaben gemacht.

[825] Art. 160 Abschnitt I CGI nennt in der damaligen Fassung Anteile, die von Gesellschaftern, Aktionären, Kommanditisten oder Inhabern von Genussscheinen gehalten werden und die, unter

2. CGI wurde dabei der entsprechende Wertzuwachs anhand der Differenz zwischen dem Wert der Gesellschaftsrechte im Zeitpunkt der Verlegung des Wohnsitzes ins Ausland und den Anschaffungskosten des Steuerpflichtigen berechnet.
Zudem sah das französische Recht vor, dass die Zahlung der auf die festgestellte Wertsteigerung anfallenden Steuer bis zum Zeitpunkt der Übertragung, des Rückkaufs, der Einlösung oder der Kraftloserklärung der betreffenden Gesellschaftsrechte aufgeschoben werden kann.[826] Dieser Zahlungsaufschub setzt voraus, dass der Steuerpflichtige

(i) den Betrag der festgestellten Wertsteigerung (also die in den Anteilen enthaltenen stillen Reserven) erklärt,
(ii) einen gesonderten Antrag auf Zahlungsaufschub stellt,
(iii) einen in Frankreich ansässigen Bevollmächtigten benennt, der zum Empfang von Mitteilungen in Bezug auf Besteuerungsgrundlage, Steuererhebung sowie steuerrechtliche Rechtsstreitigkeiten ermächtigt ist,
(iv) vor seinem Wegzug geeignete Sicherheiten leistet, die geeignet sind, die Einziehung der Steuerforderung der Finanzverwaltung zu gewährleisten,[827] und
(v) jährlich eine gesonderte Erklärung darüber abgibt, in der der kumulierte Betrag der aufgeschobenen Steuerbeträge ersichtlich ist.[828]

Gem. Art. 167bis II.-3. CGI fiel die Steuer, für die die Zahlung aufgeschoben wurde, bei Beendigung des Aufschubs[829] dann jedoch nur in Höhe des Unterschiedsbetrags zwischen dem tatsächlichen Veräußerungspreis (oder dem Wert zum Ende des Aufschubs) und den Anschaffungskosten an.
Zudem sah das französische Recht in Art. 167bis II.-2. CGI vor, dass die vom Steuerpflichtigen *im Ausland* auf die dort tatsächlich realisierte Wertsteigerung gezahlte Steuer (wohl vorausgesetzt, dieser ausländische Staat hat zum Zeitpunkt der tatsächlichen Gewinnrealisierung und Aufdeckung der stillen Reserven das entsprechende Besteuerungsrecht) auf die in Frankreich festgesetzte und zunächst aufgeschobene) Einkommensteuer angerechnet wird, sofern sie mit dieser vergleichbar ist.

Sollten sich die Gesellschaftsrechte nach Ablauf einer Frist von fünf Jahren ab dem Zeitpunkt des Wegzugs nach wie vor im Vermögen des Steuerpflichtigen befinden, ordnete Art. 167bis III. CGI an, dass die zuvor bei Wegzug festgesetzte Steuer von Amts wegen zu erlassen war.

weiteren Tatbestandsmerkmalen, zu irgendeinem Zeitpunkt im Laufe der letzten fünf Jahre zusammen zu einem Bezug von mehr als 25 % der Gewinne berechtigten.

[826] Art 167bis II.-1. CGI.

[827] Art 167bis II.-1. CGI.

[828] Art 167bis II.-2. CGI.

[829] Also im Falle der Übertragung, des Rückkaufs, der Einlösung oder der Kraftloserklärung, vgl. Art 167bis II.-2. CGI.

Der Kläger wandte sich gegen die Festsetzung der französischen Wegzugsteuer, indem er bei dem zuständigen Conseil d'État beantragte, die französische Regelung für nichtig zu erklären, da sie gegen das Gemeinschaftsrecht verstoße.[830]

b) Entscheidungsgründe

aa) Eingriff in die Niederlassungsfreiheit

Der EuGH prüfte zunächst die Eröffnung des Schutzbereichs der Niederlassungsfreiheit[831] und gelangte zu dem Ergebnis, dass die französischen Regelungen zur Wegzugsbesteuerung geeignet sind, die Niederlassungsfreiheit zu beschränken.[832] Unter Verweis auf das Urteil in der Rs. Baars[833] stellte der EuGH dabei zunächst fest, dass die Niederlassungsfreiheit nicht nur die Inländerbehandlung im Aufnahmestaat absichern soll (Bezugnahme auf die Beschränkungen des Bürgers im Zuzugsland), sondern auch mit Blick auf den Herkunftsstaat verbiete, die Niederlassung in dem anderen Staat zu behindern.[834]

So sah es der EuGH auch in der Rs. Lasteyrie du Saillant. Für den Bereich der direkten Steuern stellte der Gerichtshof fest, dass die Befugnisse der Mitgliedstaaten – trotz ihrer Gesetzgebungskompetenz in diesem Bereich – unter Wahrung der Gemeinschaftsrechte ausgeübt werden müssen.[835]
Für den konkreten Fall des französischen Steuerrechts sah der EuGH zwar kein generelles Verbot für einen in Frankreich ansässigen und wohnhaften Steuerpflichtigen, von seinem Niederlassungsrecht Gebrauch zu machen und in einen anderen (Mitglieds-)Staat zu ziehen, dennoch sei die französische Wegzugsbesteuerung dazu geeignet, die Ausübung dieses Rechts zumindest derart zu beschränken, als dass sich der Steuerpflichtige in Anbetracht der drohenden Besteuerung der stillen Reserven von dem Wegzug abschrecken ließe.[836] Er stellte sodann folgenden Vergleich auf: Durch die Regelungen der französischen Wegzugsbesteuerung würden allein wegen der Verlegung des Wohnsitzes ins Ausland stille Reserven versteuert und zu steuerpflichtigem Einkommen, während bei einem rein inländischen Sachverhalt, also etwa wenn der Steuerpflichtige in Frankreich wohnhaft bliebe, die Wertsteigerung nur dann zu steuerpflichtigem Einkommen führen würde, sollten sich diese auch tatsächlich (etwa durch Veräußerung der Anteile) realisieren.[837]

---

[830] EuGH, Urt. v. 11.03.2004 – C-9/02 (de Lasteyrie du Saillant), ECLI:EU:C:2004:138, Rn. 13.
[831] EuGH, Urt. v. 11.03.2004 – C-9/02 (de Lasteyrie du Saillant), ECLI:EU:C:2004:138, Rn. 38 ff.
[832] EuGH, Urt. v. 11.03.2004 – C-9/02 (de Lasteyrie du Saillant), ECLI:EU:C:2004:138, Rn. 48.
[833] EuGH, Urt. v. 13.04.2000 – C-251/98 (Baars), ECLI:EU:C:2000:205.
[834] EuGH, Urt. v. 11.03.2004 – C-9/02 (de Lasteyrie du Saillant), ECLI:EU:C:2004:138, Rn. 42 mit Verweis auf EuGH, Urt. v. 13.04.2000, C-251/98 (Baars), ECLI:EU:C:2000:205, Rn. 28.
[835] EuGH, Urt. v. 11.03.2004 – C-9/02 (de Lasteyrie du Saillant), ECLI:EU:C:2004:138, Rn. 44 mit Verweis auf Urt. v. 14.02.1995 – C-279/93 (Schumacker), ECLI:EU:C:1995:31, Rn. 21 und Urt. v. 21.11.2002 – C-436/00 (X und Y), ECLI:EU:C:2002:704, Rn. 32.
[836] EuGH, Urt. v. 11.03.2004 – C-9/02 (de Lasteyrie du Saillant), ECLI:EU:C:2004:138, Rn. 45.
[837] EuGH, Urt. v. 11.03.2004 – C-9/02 (de Lasteyrie du Saillant), ECLI:EU:C:2004:138, Rn. 46, so auch die Auffassung des Klägers: Bei der Wegzugsbesteuerung handele es sich um eine

Deutlich wird an dieser Stelle, dass es dem EuGH im Kern um den im Vergleich zu reinen Inlandsfällen durch die Wegzugsbesteuerung auftretenden *Liquiditätsnachteil* ging. Dem Urteil des EuGH ist nämlich gerade nicht zu entnehmen, dass die Beschränkung der Niederlassungsfreiheit in der Besteuerung der Wertzuwächse *an sich* liegt, sondern an den zeitlichen Modalitäten der Aufdeckung der stillen Reserven und die mit der Wegzugsbesteuerung verbundene Vorverlagerung der Besteuerung zu einem Zeitpunkt, in dem sich die Wertzuwächse noch gar nicht tatsächlich realisiert haben.[838] Weiter führte der EuGH aus, dass die Niederlassungsfreiheit auch schon „geringfügige oder unbedeutende Beschränkungen“ verbiete.[839] An dieser Stelle wird deutlich, dass der EuGH die Diskussion über die Intensität der Maßnahme nicht schon unter dem Gesichtspunkt führte, ob überhaupt ein Eingriff bzw. eine Beschränkung der Grundfreiheiten vorliegt, sondern dies auf Ebene der Rechtfertigung verortet und dort speziell bei der Verhältnismäßigkeitsprüfung, wenn es darum geht, Eingriff und Allgemeininteresse gegeneinander abzuwägen.[840] Unter Berücksichtigung der vom EuGH gewählten „niedrigen Eingriffsschwelle“ bestätigte der Gerichtshof die Ansicht des Klägers, dass insbesondere die Leistung von Sicherheiten allein schon eine beschränkende Wirkung in Bezug auf die Wohnsitzverlagerung habe, da sie (i) zum einen nicht automatisch, sondern nur auf Antrag gewährt würden und (ii) zum anderen an strenge Voraussetzungen geknüpft seien.[841] Dem fügte der Kläger noch hinzu, dass die im französischem Recht geforderten Sicherheiten zudem mit finanziellen Kosten und ggf. der Nichtverfügbarkeit der als Sicherheit gegebenen Vermögenswerte (bspw. auch die Kapitalgesellschaftsanteile selbst) verbunden seien.[842]

bb) Rechtfertigung

In Anlehnung an seine frühere Rechtsprechung betonte der EuGH im Anschluss an die Feststellung des (potenziellen) Eingriffs in die Niederlassungsfreiheit durch die französische Wegzugsbesteuerung, dass eine solche Regelung nur dann zulässig sein könne, wenn mit ihr ein berechtigtes und mit dem EG-Vertrag zu vereinbarendes Ziel verfolgt werde und sie durch zwingende Gründe des Allgemeininteresses gerechtfertigt sei. In einem

„typische Beschränkung bei Verlassen des Landes“, die ihn schlechter stelle, als würde er in Frankreich bleiben, Rn. 22.

838 Vgl. *Lampert,* in: Musil/Weber-Grellet, Europäisches Steuerrecht, § 6 AStG, Rn. 33.

839 EuGH, Urt. v. 11.03.2004 – C-9/02 (de Lasteyrie du Saillant), ECLI:EU:C:2004:138, Rn. 42.

840 Vgl. *Lampert,* in: Musil/Weber-Grellet, Europäisches Steuerrecht, § 6 AStG, Rn. 33; *Werner*, Systemgerechte Entstrickung im Steuerrecht, S. 117.

841 EuGH, Urt. v. 11.03.2004 – C-9/02 (de Lasteyrie du Saillant), ECLI:EU:C:2004:138, Rn. 47; zu den Voraussetzungen an die Sicherheitsleistungen vgl. GA Mischo, Schlussanträge v. 13.03.2003 – C-9/02 (de Lasteyrie du Saillant), ECLI:EU:C:2003:159, Rn. 36 und 37.

842 EuGH, Urt. v. 11.03.2004 – C-9/02 (de Lasteyrie du Saillant), ECLI:EU:C:2004:138, Rn. 22.

solchen Fall müsse ihre Anwendung zur Erreichung des damit verfolgten Zieles geeignet sein und nicht über das hinausgehen dürfen, was hierzu erforderlich ist.[843]

(1) Legitimer Zweck

In jahrzehntelanger ständiger Rechtsprechung hat der EuGH auch sog. ungeschriebene Rechtfertigungsgründe anerkannt. Während bei der Arbeitnehmerfreizügigkeit, der Niederlassungsfreiheit sowie bei der Dienstleistungsfreiheit die Gründe der öffentlichen Ordnung, Sicherheit und Gesundheit als geschriebene Rechtfertigungsgründe vorgesehen sind, [844] können nach der richterrechtlich entwickelten sog. rule of reason (auch) steuerliche Beschränkungen der Grundfreiheiten durch im AEUV nicht benannte zwingende Gründe des Allgemeininteresses gerechtfertigt sein.[845]

(2) Vermeidung von Steuerflucht

Als einen solchen Grund des Allgemeininteresses führte die französische Regierung zunächst das Ziel der Vermeidung von Steuerflucht an. Sie stützte sich darauf, dass der EuGH schon zuvor bereits in der Rs. ICI[846] entschieden habe, dass Rechtsvorschriften, die speziell dafür eingerichtet wurden, diejenigen Sachverhalte von einer Steuerbegünstigung auszunehmen, die nur zur Umgehung des Steuerrechts verwirklicht werden, dem zwingenden Allgemeininteresse entsprechen können. So sollen Regelungen, die einer solchen „echten Steuerhinterziehung" entgegenwirken, einen Eingriff in die Niederlassungsfreiheit rechtfertigen.[847] Auch wenn unterschiedliche Begriffe verwendet werden, so wird doch aus den Ausführungen im Urteil und der Zusammenfassung der Argumentation der französischen Regierung durch den Generalanwalt (GA) Mischo deutlich, dass es ihr vorwiegend um Missbrauchsfälle geht.[848] In der Sachverhaltsdarstellung des Urteils führte der EuGH aus, dass Anlass der französischen Regierung für den Erlass von Art. 167bis CGI „das Verhalten bestimmter Steuerpflichtiger gewesen [sei], die vor der Veräußerung von Wertpapieren ihren steuerlichen Wohnsitz allein deshalb vorübergehend verlegt hatten, um die Zahlung der in Frankreich auf die Wertsteigerungen zu entrichtenden Steuer

---

[843] EuGH, Urt. v. 11.03.2004 – C-9/02 (de Lasteyrie du Saillant), ECLI:EU:C:2004:138, Rn. 49 mit Verweis auf EuGH, Urt. v. 15.05.1997 – C-250/95 (Futura Participations und Singer), ECLI:EU:C:1997:239, Rn. 26 sowie EuGH, Urt. v. 21.11.2002 – C-436/00 (X und Y), ECLI:EU:C:2002:704, Rn. 49.

[844] Art. 45 Abs. 3 (Arbeitnehmerfreizügigkeit), Art. 52 Abs. 1 (Niederlassungsfreiheit), Art. 62 AEUV (Dienstleistungsfreiheit).

[845] *Englisch,* in: Tipke/Lang, Steuerrecht, Rn. 4.93 mit Verweis auf EuGH, Urt v. 20.02.1978 – C-120/78 (Rewe-Zentral AG), ECLI:EU:C:1979:42, Rn. 8 und EuGH, Urt. v. 11.7.1974 – C-8/74 (Dassonville), ECLI:EU:C:1974:82, Rn. 5; zudem *Lampert,* in: Musil/Weber-Grellet, Europäisches Steuerrecht, § 6 AStG, Rn. 36; *Reimer,* in: Schaumburg/Englisch, Europäisches Steuerrecht, Rn. 7.202.

[846] EuGH, Urt. v. 16.07.1998 – C-264/96 (ICI), ECLI:EU:C:1998:370, dort speziell unter Rn. 26.

[847] EuGH, Urt. v. 11.03.2004 – C-9/02 (de Lasteyrie du Saillant), ECLI:EU:C:2004:138, Rn. 24.

[848] GA Mischo, Schlussanträge v. 13.03.2003 – C-9/02 (de Lasteyrie du Saillant), ECLI:EU:C:2003:159, Rn. 53.

zu umgehen."[849] Hieraus wird deutlich, dass es der französischen Regierung nicht um Steuerhinterziehung im klassischen Sinne ging (also den Straftatbestand von unrichtigen oder unvollständigen Angaben über steuererhebliche Tatsachen gegenüber der Finanzbehörde, die zu einer Steuerverkürzung führen), sondern vielmehr um die Steuer*umgehung*, was innerhalb der deutschen Gesetzgebung auch als „Gestaltungsmissbrauch" (§ 42 AO) bezeichnet wird. Auch der von der französischen Regierung aufgestellte Vergleich zur Rs. ICI zeigt, dass es vorwiegend um „rein künstliche Konstruktionen"[850] geht, die auf eine Umgehung des Steuerrechts gerichtet sind. Die Verlegung des steuerlichen Wohnsitzes ist nach Ansicht der französischen Regierung nicht als gutgläubige Ausübung der Niederlassungsfreiheit anzusehen, sondern eher als Missbrauch dieser Freiheit zur Umgehung des Steuerrechts.[851] Mit der Umgehung des Steuerrechts wiederum kann dann nur der durch Wegzug ausgelöste Verlust des Besteuerungsrechts bezüglich der tatsächlichen Wertrealisierung der Anteile gemeint sein, der (i.d.R.) aufgrund eines DBA oder mangels Bezugspunkt des nationalen Steuerrechts des Wegzugsstaats zum Veräußerungsvorgang eintritt.

Der EuGH nahm unter dem Stichpunkt der Vermeidung der Steuerflucht nochmals zwei Unterkategorien an, nämlich (i) die Vermeidung von Steuerumgehungen sowie (ii) die Wirksamkeit der Steueraufsicht.

(a) Vermeidung von Steuerumgehungen

Der EuGH hat das Ziel zur Vermeidung von Steuerumgehungen bereits mehrfach als anerkannten zwingenden Grund des Allgemeininteresses bestätigt.[852] Der Argumentation der französischen Regierung, dass der Eingriff in die Niederlassungsfreiheit im konkreten Sachverhalt durch das legitime Ziel der Vermeidung von Steuerumgehungen gerechtfertigt sei, folgte der EuGH jedoch nicht.

So führte der Gerichtshof in seinem Urteil aus, dass Art. 167bis CGI schon nicht darauf abziele, *nur* zur Umgehung des französischen Steuerrechts geschaffene Sachverhalte von einer Steuervergünstigung auszunehmen. Vielmehr erfasse er alle Fälle, in denen ein Steuerpflichtiger mit wesentlichen Anteilen an einer Kapitalgesellschaft seinen Wohnsitz verlagert.[853] Das von der französischen Regierung vorgebrachte Ziel, das grundsätzlich auch als zwingendes Allgemeininteresse angesehen wird, passte also nach Ansicht des EuGH gar nicht auf die konkrete Regelung des französischen Rechts zur Wegzugsbesteuerung. Hierzu stellte der EuGH weiter fest, dass allein der Wegzug des Steuerpflichtigen

---

849 EuGH, Urt. v. 11.03.2004 – C-9/02 (de Lasteyrie du Saillant), ECLI:EU:C:2004:138, Rn. 25.

850 EuGH, Urt. v. 16.07.1998 – C-264/96 (ICI), ECLI:EU:C:1998:370, Rn. 26.

851 Vgl. GA Mischo, Schlussanträge v. 13.03.2003 – C-9/02 (de Lasteyrie du Saillant), ECLI:EU:C:2003:159, Rn. 54.

852 Vom EuGH als zwingender Grund des Allgemeininteresses grundsätzlich anerkannt, bspw. in EuGH, Urt. v. 16.07.1998 – C-264/96 (ICI), ECLI:EU:C:1998:370, Rn. 26f.; EuGH, Urt. v. 08.03.2001 – C-397/98 und C-410/98 (Metallgesellschaft u.a.), ECLI:EU:C:2001:134, Rn. 57; EuGH, Urt. v. 12.12.2002 – C-324/00 (Lankhorst-Hohorst), ECLI:EU:C:2002:749, Rn. 37; siehe auch *Werner*, Systemgerechte Entstrickung im Steuerrecht, S. 120.

853 EuGH, Urt. v. 11.03.2004 – C-9/02 (de Lasteyrie du Saillant), ECLI:EU:C:2004:138, Rn. 50.

für sich nämlich gerade noch nicht darauf schließen lasse, dass damit auch eine „Steuerflucht“ bezweckt sei; einer allgemeinen Vermutung dahingehend, dass jeder Wegzug aus dem bisherigen Wohnsitzstaat gleichzeitig auch *nur* steuerlich motiviert sei und in der Umgehung von Steuerzahlungen liege, erteilte der EuGH eine Absage.[854]

Diese Ansicht ist zu begrüßen, hat doch ein Wohnsitzwechsel als höchst persönliche und private Entscheidung i.d.R. weitaus umfangreichere Gründe und ist unter vielen Motiven zu betrachten, wie etwa der Entscheidung des örtlichen Lebensmittelpunkts, des Beziehungsstatus, der allgemeinen persönlichen Wünsche und Zielvorstellungen etc.

Dies entspricht darüber hinaus auch der vorigen Rechtsprechung des Gerichtshofs. In der Rs. Metallgesellschaft[855] wurde deutlich gemacht, dass rein grenzüberschreitende Tätigkeiten nicht alleine schon den Steuerumgehungswillen des Steuerpflichtigen implizieren.[856] Eine pauschale Berücksichtigung *aller* Wegzugsfälle geht daher nach Ansicht des EuGH weit über das hinaus, was zum Erreichen des mit ihm verfolgten Zieles erforderlich sei.[857]

Die Rechtfertigung des Eingriffs in die Niederlassungsfreiheit aus Gründen der Vermeidung von Steuerumgehungen scheiterte insoweit also am Merkmal der Erforderlichkeit. Dies betonte auch GA Mischo in seinen Schlussanträgen, indem er feststellte (und der EuGH dem folgte), dass als milderes Mittel, sollte das Ziel der Vermeidung von Steuerumgehungen im Fokus stehen, solche Vorschriften in Frage kämen, die gezielt auf die Gefahr hinwirken, dass der Steuerpflichtige seinen Wohnsitz in der Tat nur aus dem Motiv heraus verlegt, um die Besteuerung der tatsächlichen Wertzuwächse in seinem Wohnsitzstaat zu umgehen, und die Besteuerung also nur auf diejenigen Fälle begrenzen (und nicht pauschal auf alle Wohnsitzwechsel), in denen sich die spezifische Gefahr einer nur vorübergehenden Wohnsitzverlagerung zur Umgehung der Steuer aus Sicht des Staats erkennen lässt. Dies wäre z.B. dann anzunehmen, wenn etwa der Steuerpflichtige kurz nach dem Wegzug und einer darauf folgenden tatsächlichen Wertrealisierung (etwa durch Veräußerung der Anteile) wieder in den Wegzugsstaat zurückkehrt. In einem solchen Fall sei dann auch erkennbar bzw. ein hinreichendes Indiz dafür vorhanden, dass der Wegzug in diesem konkreten Falle (jedoch nicht pauschalisiert betrachtet) tatsächlich nur der Umgehung der Steuer im Wegzugsstaat diente.[858]

---

[854] EuGH, Urt. v. 11.03.2004 – C-9/02 (de Lasteyrie du Saillant), ECLI:EU:C:2004:138, Rn. 51.

[855] EuGH, Urt. v. 08.03.2001 – C-397/98 und C-410/98 (Metallgesellschaft u.a.), ECLI:EU:C:2001:134.

[856] Vgl. GA Mischo, Schlussanträge v. 13.03.2003 – C-9/02 (de Lasteyrie du Saillant), ECLI:EU:C:2003:159, Rn. 59 mit Verweis u.a. auf EuGH, Urt. v. 08.03.2001 – C-397/98 und C-410/98 (Metallgesellschaft u.a.), ECLI:EU:C:2001:134, Rn. 57.

[857] EuGH, Urt. v. 11.03.2004 – C-9/02 (de Lasteyrie du Saillant), ECLI:EU:C:2004:138, Rn. 52.

[858] GA Mischo, Schlussanträge v. 13.03.2003 – C-9/02 (de Lasteyrie du Saillant), ECLI:EU:C:2003:159, Rn. 64, dem folgend EuGH, Urt. v. 11.03.2004 – C-9/02 (de Lasteyrie du Saillant), ECLI:EU:C:2004:138, Rn. 54.

Als verhältnismäßige Alternative schlug GA Mischo eine gesetzliche Regelung vor, die den Finanzbehörden die Möglichkeit gibt, im Einzelfall das tatsächliche Vorliegen einer Hinterziehung oder einer Steuerumgehung nachzuweisen, und durch die dem Steuerpflichtigen gerade keine „betrügerische Absicht“ unterstellt wird, nur weil er seinen Wohnsitz verlagert.[859]

(b) Wirksamkeit der Steueraufsicht

Unter dem Begriff der Steuerflucht, den die französische Regierung offenbar als Oberbegriff nennt,[860] wurde auch noch ein anderer Aspekt als Rechtfertigungsgrund aufgegriffen, nämlich die Wirksamkeit der Steueraufsicht.[861]

Die französische Regierung machte dabei geltend, dass die Wegzugsbesteuerung auch deshalb ein gerechtfertigter Eingriff in die Niederlassungsfreiheit sei, da – sofern die Wirksamkeit der Steueraufsicht einen zwingenden Grund des Allgemeininteresses darstelle – auch die Wirksamkeit der Erhebung einer Steuer in einer *späteren* als der Entstehungsphase ebenfalls als zwingender Grund des Allgemeininteresses anzusehen sei.[862] Es wird dabei deutlich, dass die französische Regierung in erster Linie die Rechtfertigung der Sicherheitsleistungen während der Stundungszeit meinte, wenn sie davon spricht, dass die Steuer erst in einer späteren Phase erhoben wird (nämlich bei einer tatsächlichen Gewinnrealisierung innerhalb der nächsten fünf Jahre seit dem Wegzug). Da der Steuerpflichtige dann in einem anderen Mitgliedstaat wohne, sei die Steuererhebung erschwert, was es rechtfertigen würde, dass die Gewährung des Zahlungsaufschubs von Sicherheitsleistungen abhängig gemacht wird, um dieses Risiko bzw. die Erschwerung der Steuererhebung für den französischen Staat zu kompensieren.[863]

Das Argument der französischen Regierung, dieses Erhebungserschwernis sei auf fehlende wirksame bilaterale oder multilaterale internationale Verträge zur Einziehung der Steuerschuld zurückzuführen, ist insoweit nicht nachvollziehbar, als dass die EU-Amtshilferichtlinie[864] bereits in Kraft war und unter Mitgliedstaaten Amtshilfe und Vollstreckungshilfe gewährleistete und zudem – ebenso wie in Deutschland – die bestehenden DBA[865] oftmals festgeschriebene Möglichkeiten der Vollstreckungshilfe beinhalteten. Diese Position vertrat auch GA Mischo in seinen Schlussanträgen und kam darin zum Ergebnis, dass die französische Regelung auch im Hinblick auf die Erbringung von Sicherheiten während des Stundungszeitraums als nicht erforderlich anzusehen sei, da die

859 GA Mischo, Schlussanträge v. 13.03.2003 – C-9/02 (de Lasteyrie du Saillant), ECLI:EU:C:2003:159, Rn. 60.
860 *Werner*, Systemgerechte Entstrickung im Steuerrecht, S. 119f.
861 EuGH, Urt. v. 11.03.2004 – C-9/02 (de Lasteyrie du Saillant), ECLI:EU:C:2004:138, Rn. 25.
862 EuGH, Urt. v. 11.03.2004 – C-9/02 (de Lasteyrie du Saillant), ECLI:EU:C:2004:138, Rn. 25.
863 EuGH, Urt. v. 11.03.2004 – C-9/02 (de Lasteyrie du Saillant), ECLI:EU:C:2004:138, Rn. 26.
864 Richtlinie 77/799/EWG, ABl. EG L 336/15 v. 27.12.1977.
865 Z.B. Art. 23 DBA Frankreich, Art. 27 DBA Belgien.

benannten Kontroll- und Amtshilfemechanismen ein im Vergleich für den Steuerpflichtigen milderes Mittel darstellen als die Erbringung von Sicherheiten, die im französischen Recht zudem an strenge Voraussetzungen[866] geknüpft waren.[867]

Der Gerichtshof kam zu dem Schluss, dass diese „strengen Voraussetzungen" für den Zahlungsaufschub – der im Vergleich zu einer direkten Erhebung oder lediglich ratierlichen Stundung für den Steuerpflichtigen in der Tat entlastend wirkt – ebenfalls nicht durch das Ziel der Vermeidung der Steuerflucht[868] gerechtfertigt sein könnten, vermag dieses Ziel für sich genommen auch schon nicht die Wegzugsteuer als solche (aus den oben genannten Gründen der Pauschalisierung der Wegzugsfälle) zu rechtfertigen.[869]

c) Analyse

Dass das französische Steuerrecht in erster Linie Missbrauchsfälle erfassen wollte, in denen der Steuerpflichtige vor dem (ggf. schon geplanten) Verkauf seiner Anteile ins Ausland zieht und kurz darauf wieder zurück ins Inland kehrt (seine Abwesenheit also nur vorübergehend war, um in dieser Zeit den Verkauf außerhalb des französischen Steuerrechts zu vollziehen), zeigt sich auch darin, dass Art. 167bis III. CGI vorsah, dass die Steuer nach fünf Jahren gänzlich entfallen würde, sollte der Steuerpflichtige die Anteile immer noch in seinem Vermögen halten. Dem ist zu entnehmen, dass die französische Regelung in erster Linie nur dem Verhalten bestimmter Steuerpflichtiger entgegenwirken sollte.[870] Nach dieser Fünfjahresfrist sah der französische Gesetzgeber also offenbar keinen „Missbrauch" mehr, da der Wegzug dann offenbar auch andere (private bzw. nicht nur steuerliche) Gründe gehabt haben muss, da der Steuerpflichtige die befürchtete Veräußerung kurz nach seinem Wegzug tatsächlich nicht durchgeführt hat. Der Missbrauchsvorwurf konnte sich demnach aus Sicht des französischen Rechts nach Ablauf dieser fünf Jahre wohl nicht bestätigen, sodass die Steuer auch wieder entfallen konnte. Dass es dem Gesetzgeber nicht um die Aufteilung der Besteuerungsrechte in Bezug auf die stillen

---

[866] Nach R.227–1 LPF („Livre des procédures fiscales", funktional in etwa der AO entsprechend), dem französischen „Steuerverfahrensbuch", konnten die erforderlichen Sicherheiten durch Barzahlung auf ein Interimskonto der Finanzverwaltung, durch Schuldverschreibungen auf die Finanzverwaltung, durch die Begebung einer Bürgschaft, durch Wertpapiere, durch in staatlich anerkannten Lagern hinterlegte Waren, über die ein auf die Finanzverwaltung indossierter Lagerpfandschein ausgestellt war, durch Bestellung einer Hypothek sowie durch Verpfändung eines Fonds de commerce geleistet werden, vgl. auch *Kraft*, in: Kraft, AStG, § 6 Rn. 134.

[867] GA Mischo, Schlussanträge v. 13.03.2003 – C-9/02 (de Lasteyrie du Saillant), ECLI:EU:C:2003:159, Rn. 68 f; EuGH, Urt. v. 11.03.2004 – C-9/02 (de Lasteyrie du Saillant), ECLI:EU:C:2004:138, Rn. 56.

[868] Worunter sowohl die Vermeidung der Steuerumgehung als auch die Wirksamkeit der Steueraufsicht gemeint sein sollte.

[869] EuGH, Urt. v. 11.03.2004 – C-9/02 (de Lasteyrie du Saillant), ECLI:EU:C:2004:138, Rn. 57; auf den ebenfalls im Urteil angesprochenen, im Ergebnis aber verneinten Rechtfertigungsgrund der sog. Kohärenz, also der gegenseitig bedingten Wechselbeziehung zwischen einem gewährten Steuervorteil und einer damit korrespondieren Steuerbelastung, soll an dieser Stelle nicht näher eingegangen werden.

[870] So auch *Kraft*, in: Kraft, AStG, § 6 Rn. 136.

Reserven ging, wird dadurch deutlich, dass auch bei einem Verkauf der Anteile nach diesen fünf Jahren i.d.R. – eine Klausel wie Art. 13 Abs. 5 DBA bspw. vorausgesetzt – das französische Besteuerungsrecht bezüglich der Veräußerungsgewinne eingeschränkt oder ausgeschlossen ist. Die einst festgesetzte Wegzugsteuer kann diesem Umstand des fehlenden bzw. beschränkten Besteuerungsrechts dann auch nicht besteuerungswahrend entgegenwirken, nachdem sie entfallen ist.

Der EuGH verdeutlichte in seinem Urteil, dass es Mitgliedstaaten nicht erlaubt sei, den Bürgern pauschal zu unterstellen, ein Umzug in einen anderen Mitgliedstaat geschehe aus unlauteren Motiven und stelle daher einen Anlass für eine Wegzugsbesteuerung dar; im Gegenteil werde durch einen Wegzug (der durchaus auch aus privaten Motiven im Bereich der persönlichen Lebensführung veranlasst sein kann) gerade die Inanspruchnahme der Niederlassungsfreiheit oder anderer Grundfreiheiten ausgedrückt, sodass nur bei Vorliegen konkreter Missbrauchsanzeichen nationale Regelungen unter engen Voraussetzungen steuernd eingreifen können.[871] Diese Aussagen des EuGH in der Rs. Lasteyrie du Saillant fokussierten sich dabei im Wesentlichen darauf, dass die französische „Missbrauchsbekämpfungsvorschrift" nicht geeignet sei, zwingende Gründe des Allgemeininteresses zu wahren,[872] bzw. in Bezug auf manche solcher Zwecke über das Erforderliche „weit" hinausgehe.[873] Eindeutige Aussagen zur Beschränkungsintensität der französischen Stundungsregel mit Sicherheitsleistungen im Hinblick auf die Angemessenheit im engeren Sinne enthält das Urteil dagegen nicht ausdrücklich. Die Argumente der französischen und teils anderer europäischen Regierungen, die darauf zielten, die französische Wegzugsbesteuerung als möglichst „milde" dazustellen und als Beleg für deren Verhältnismäßigkeit angebracht wurden, wurden vom Gerichtshof nicht näher kommentiert. Der mögliche Entfall der Steuer nach fünf Jahren sowie die Anrechnung ausländischer Steuern wurde von den Verfahrensbeteiligten dabei auch hinsichtlich der Beschränkungsidentität der französischen Wegzugsteuer angebracht.

In der Literatur wird daher zu Recht darauf hingewiesen, dass die „reduzierte" Auseinandersetzung des Gerichtshofs im Kern nur mit der besonderen Zielsetzung der französischen Vorschrift der Missbrauchsbekämpfung nicht eindeutig erkennen lasse, ob der Gerichtshof eine Wegzugsbesteuerung *im klassischen Sinn* als gemeinschaftswidrig sehen würde.[874]
Die entsprechende deutsche Vorschrift zur Wegzugsbesteuerung verfolgt auch in der Fassung vor dem SEStEG zwar vorrangig das allgemeine Ziel, die Besteuerung der im Inland entstandenen stillen Reserven sicherzustellen; jedoch wird in der Gesetzesbegründung

---

[871] *Jaeger*, GPR 2004, 279 (280).
[872] EuGH, Urt. v. 11.03.2004 – C-9/02 (de Lasteyrie du Saillant), ECLI:EU:C:2004:138, Rn. 60.
[873] EuGH, Urt. v. 11.03.2004 – C-9/02 (de Lasteyrie du Saillant), ECLI:EU:C:2004:138, Rn. 52.
[874] *Schindler*, IStR 2004, 300 (305); *Werner*, Systemgerechte Entstrickung im Steuerrecht, S. 131; *Wassermeyer,* GmbHR 2004, 613; a.A. *Nagler/Kleinert*, GmbHR 2005, R281, mit der Aussage, mit dem Urteil in der Rs. Lasteyrie du Saillant wäre bereits „für den noch wesentlich restriktiveren § 6 AStG das Ende besiegelt worden."

ebenso wie in dem französischen Pendant auf die Beseitigung von ungerechtfertigten Steuervorteilen[875] sowie den Ausschluss von Umgehungsmöglichkeiten[876] gezielt.[877] Dies könnte einer von möglichen Gründen dafür sein, dass trotz der in der Literatur durchaus zu Recht kritisierten reduzierten Auseinandersetzung mit dem eigentlichen Inhalt der französischen Wegzugsteuer das Urteil in der Rs. Lasteyrie du Saillant als das wegweisende Urteil angesehen wird, das den deutschen Gesetzgeber dazu gebracht habe, in die Wegzugsteuerregelung eine dauerhafte Stundung einzuführen.[878]
Ein weiterer Grund dafür könnte darin bestehen, dass die französische Wegzugsteuer in weiten Teilen aus Sicht des Steuerpflichtigen *milder* ausgestaltet war als die deutsche Fassung vor Einführung des SEStEG;[879] trotz vieler Gemeinsamkeiten unterschied sich die deutsche Vorschrift von der französischen darin, dass die den Steuerpflichtigen *belastenderen* Regelungen zumeist in der deutschen Fassung existierten.[880] So wird vertreten, dass § 6 Abs. 1 AStG vor Änderung durch das SEStEG erst recht nicht europarechtskonform sein konnte, wenn schon die französische Regelung, deren Eingriff in die Grundfreiheiten des Unionsbürgers sehr viel schonender als diejenigen der deutschen Regelung ausgestaltet gewesen sei, bereits als nicht durch zwingende Gründe des Allgemeininteresses gerechtfertigt angesehen wurde.[881] Andere Stimmen in der Literatur sahen in dem Urteil die Aussage des EuGH, dass nicht nur die französische Regelung, sondern auch § 6 AStG in der damaligen Fassung unionsrechtswidrig sein müsse, da sie nicht etwa exakt umschriebene Missbrauchsfälle erfasse, sondern vielmehr generell an den Wohnsitzwechsel anknüpfe.[882]
Dieser Umstand und die Tatsache, dass sich die deutsche und die französische Regelung gleichwohl im Kern ähnelten, führte den Gesetzgeber offenbar zu der Erkenntnis, dass die deutsche Regelung einer Anpassung an die unionsrechtlichen Vorgaben bedurfte, um die Unionsrechtskonformität (wieder) herzustellen.
Eines der wesentlichen fehlenden Elemente der deutschen Fassung, das die französische Besteuerung „milder" machte, war die dauerhafte Stundung in Art. 167bis II.-1. CGI, die erst mit dem SEStEG in § 6 Abs. 5 AStG a.F. eingeführt wurde.[883] Gleichzeitig ging der Gesetzgeber noch einen Schritt weiter und verzichtete bei der dauerhaften Stundung auf

[875] BT-Drucks. VI/3537, S. 2.
[876] BT-Drucks. VI/2883, S. 18, Rn. 25.
[877] A.A. hierzu *Schindler*, IStR 2004, 300 (305) mit der Aussage, die deutsche Regelung verfolge „hingegen vorrangig das allgemeine Ziel, die Besteuerung der im Inland entstandenen stillen Reserven sicherzustellen" und stelle nicht „auf die Umgehung oder den Missbrauch" ab.
[878] Vgl. BT-Drucks 16/2710, S. 52.
[879] Vgl. *Keller*, Die Fortentwicklung der Wegzugsbesteuerung nach § 6 AStG, S. 161 sowie Gegenüberstellung beider Besteuerungssysteme auf S. 109.
[880] *Kraft*, in: Kraft, AStG, § 6 Rn. 130; *Schnitger* BB 2004, 804 (808).
[881] *Schnitger*, BB 2004, 804 (808).
[882] *Jaeger*, GPR 2004, 279 (280).
[883] Sowohl die Fassung vor als auch nach dem SEStEG sah entgegen der französischen Regelung außerdem keine zeitliche Begrenzung auf fünf Jahr vor, nach der die Steuer gänzlich entfiele, sofern der Steuerpflichtige die Anteile noch in seinem Vermögen hielt; ebenso wenig wie eine Anrechnung der ausländischen Steuer auf die deutsche Wegzugsteuer.

Sicherheitsleistungen, da diese, wenn auch nicht ausdrücklich, aber dennoch vom EuGH als „zu streng" angesehen wurden.[884] Auch berücksichtigte der deutsche Gesetzgeber, dass der EuGH indirekt rügte, dass die dauerhafte Stundung in der französischen Regelung *beantragt* werden musste,[885] sodass er in der damals „neuen" Fassung des § 6 Abs. 5 AStG auf einen solchen Antrag verzichtete und die dauerhafte Stundung von Amts wegen vorschrieb.
Im Unterschied zur französischen Regelung sah der deutsche Gesetzgeber diese dauerhafte, zinslose und ohne das Erfordernis einer Sicherheit zu gewährende Stundung nur für Fälle mit Wegzug in einen EU-/EWR-Staat vor und gewährte für Drittlandsfälle – wie auch zuvor – lediglich die ratierliche Stundung in § 6 Abs. 4 AStG a.F. Diese Unterscheidung wurde dann wieder im Urteilsfall Wächtler thematisiert.[886]

2. Rs. N

Deutlicher bezüglich der Eingriffsintensität und der nach Ansicht des EuGH erforderlichen Voraussetzungen für eine unionsrechtskonforme nationale Wegzugsbesteuerung wurde der Gerichtshof in seinem Urteil in der Rs. N vom 07.09.2006.[887]

Die wesentliche Bedeutung dieses Urteils liegt u.a. darin, dass der EuGH in diesem Verfahren bestätigte, dass im Falle einer Wohnsitzverlegung von einem Mitgliedstaat in einen anderen das EU-Recht den bisherigen Wohnsitzmitgliedstaat nicht daran hindert, die Höhe des Einkommens festzulegen, auf dem er sein Besteuerungsrecht wahren möchte. Dieses Recht ist dann allerdings an die Voraussetzung geknüpft, dass die Steuer nicht sofort erhoben und der Steueraufschub nicht durch weitere Bedingungen erschwert wird.[888] So machte der EuGH bereits in seinen Leitsätzen deutlich, dass eine nationale Regelung, die eine Besteuerung des Wertzuwachses im Zeitpunkt des Wegzugs vornimmt, dann gegen Unionsrecht verstoße, wenn die Stundung dieser Steuer von Sicherheiten abhängig gemacht werde und Wertminderungen nach Verlegungen des Wohnsitzes nicht berücksichtigt würden (sofern sie nicht bereits im Zuzugsstaat Berücksichtigung fänden).[889]

a) Sachverhalt

In der Rs. N, dessen Sachverhalt dem der Rs. Lasteyrie du Saillant ähnelt, ging es um einen in den Niederlanden ansässigen Steuerpflichtigen, der Alleingesellschafter dreier

---

[884] EuGH, Urt. v. 11.03.2004 – C-9/02 (de Lasteyrie du Saillant), ECLI:EU:C:2004:138, Rn. 56.
[885] EuGH, Urt. v. 11.03.2004 – C-9/02 (de Lasteyrie du Saillant), ECLI:EU:C:2004:138, Rn. 56.
[886] Siehe hierzu ausführlich unter E.III.7 und E.IV.2.a)aa).
[887] EuGH, Urt. v. 07.09.2006 – C-470/04 (N), ECLI:EU:C:2006:525.
[888] *Kraft*, in: Kraft, AStG, § 6 Rn. 141.
[889] EuGH, Urt. v. 07.09.2006 – C-470/04 (N), ECLI:EU:C:2006:525, Leitsatz Nr. 2.

Kapitalgesellschaften war. Er verlegte seinen Wohnsitz in das Vereinigte Königreich.[890] Das niederländische Recht sah für einen solchen Fall vor, dass bezüglich der Anteile an einer Kapitalgesellschaft (sofern der Steuerpflichtige unmittelbar oder mittelbar mindestens 5 % des Kapitals der Gesellschaft hielt) die Beendigung der Steuerpflicht (hier durch Wohnsitzwechsel) einer Veräußerung der Anteile gleichgestellt wird mit der Folge, dass die Differenz zwischen den Anschaffungskosten und – mangels Gegenleistung – dem Zeitwert der Anteile der Einkommensbesteuerung unterliegt.[891]

Die auf Grundlage dieser Vorschriften festgesetzte Einkommensteuer wurde auf Antrag des Steuerpflichtigen für eine Dauer von zehn Jahren gestundet, allerdings nur gegen Gewährung von Sicherheitsleistungen, wie es Art. 25 Abs. 6 des Inveroderungswet (IW)[892] vorsah. Zur Erbringung dieser Sicherheitsleistungen verpfändete der Steuerpflichtige seine Anteile an den Kapitalgesellschaften.[893]

Für den Fall der tatsächlichen Veräußerung der Anteile sah das niederländische Recht die Aufhebung der Stundung vor. Gleichzeitig kam ein entsprechender Erlass der gestundeten Steuer in Betracht, wenn und soweit bei einer Veräußerung der Anteile im Ausland eine Steuer zu entrichten war (insoweit also eine Art der Anrechnung auf die niederländische Wegzugsteuer im Extremfall sogar vollständig bis auf null, Art. 25 Abs. 6 Buchst. b) IW).

Des Weiteren sah das niederländische Recht im Einklang mit der zehnjährigen Stundung vor, dass dieser – sofern der Betrag nach zehn Jahren noch offenstand, also nicht bereits schon erlassen oder aufgehoben wurde – gem. Art. 25 Abs. 6 Buchst. c) IW vollständig erlassen werden konnte.

b) Entscheidungsgründe

aa) Eingriff in die Niederlassungsfreiheit

Bezüglich der Betroffenheit der Grundfreiheiten durch die niederländische Regelung grenzte der EuGH zunächst anlehnend an seine frühere Rechtsprechung zwischen der Niederlassungsfreiheit aus Art. 49 AEUV (ex-Artikel 43 EGV) und der allgemeinen Freizügigkeit aus Art. 18 AEUV (ex-Artikel 12 EGV) ab. Unter Verweis auf die Rechtsprechung im Urteil Baars[894] stellte der EuGH fest, dass die von dem Steuerpflichtigen zu 100 % gehaltenen Anteile einen derart großen Einfluss auf die Entscheidungen der

[890] Zu diesem Zeitpunkt war Großbritannien und Nordirland noch Mitgliedstaat der Europäischen Union.

[891] Art. 3 des niederländischen Einkommensteuergesetzes (Wet op de inkomstenbelasting „WIB") i.V.m. Art. 20a Abs. 1 Buchst. b und Abs. 6 Ziffer i WiB sowie Art. 20c WIB

[892] Niederländisches Beitreibungsgesetz.

[893] EuGH, Urt. v. 07.09.2006 – C-470/04 (N), ECLI:EU:C:2006:525, Rn. 13.

[894] EuGH, Urt. v. 13.04.2000 – C-251/98 (Baars), ECLI:EU:C:2000:205, Rn. 22 und 26.

Gesellschaften verleihen, dass dies als wirtschaftliche Tätigkeit angesehen werden könne, somit „zweifellos" die Niederlassungsfreiheit in dem konkreten Fall anwendbar sei und damit die subsidiäre Grundfreiheit aus Art. 18 AEUV keine Anwendung finden könne.[895]

Bei der Prüfung, ob ein Eingriff in bzw. eine Beschränkung der Niederlassungsfreiheit gegeben ist, stellte der EuGH gleich zwei Vergleiche reiner Inlandsfälle und solcher mit Auslandsbezug auf.

Zunächst sah er bereits in dem Umstand, dass durch den Wegzug eine Besteuerung latenter Wertzuwächse (ohne tatsächliche Realisierung der stillen Reserven) erfolgt, eine unterschiedliche Behandlung zu dem Fall, in dem der Steuerpflichtige im Inland verbleibe und eine Besteuerung der stillen Reserven ohne tatsächliche Realisierung nicht stattgefunden habe.[896] Auch wenn dadurch dem Steuerpflichtigen zwar nicht verwehrt sei, sein Niederlassungsrecht auszuüben (sprich in einen anderen Staat zu verziehen), so hätten die niederländische Vorschriften dennoch abschreckende Wirkung, sodass die Ausübung der Niederlassungsfreiheit zumindest behindert sei.[897]

Daneben kam der EuGH zu der Erkenntnis, dass eine Ungleichbehandlung zu einem reinen Inlandsfall auch darin läge, dass eine nachträgliche Wertminderung nach dem Wegzug und damit nach der Entstehung der niederländischen Wegzugsteuer keine Berücksichtigung finden würde. Würde der Fall hingegen gänzlich im Inland spielen, so würde bei der tatsächlichen Veräußerung der Anteile auch nur der tatsächliche Veräußerungsgewinn bzw. der tatsächliche Wertzuwachs (gemessen am erzielten Veräußerungspreis) besteuert werden, der niedriger oder sogar inexistent sein könne.[898] Sofern die Anteile nach dem Wegzug wieder an Wert verlieren würden, werde dies im Wegzugsfall nicht mehr berücksichtigt.

Als weitere eigenständige Beschränkung nannte der EuGH unter Verweis auf die Feststellung in der Rs. Lasteyrie du Saillant die zur Stundung erforderliche Leistung von Sicherheiten mit dem Argument, diese würden den Steuerpflichtigen an der Nutzung des als Sicherheit geleisteten Vermögens hindern.[899] Die Besonderheit in diesem Falle war, dass die der Wegzugsbesteuerung unterliegenden Anteile selbst Gegenstand der Sicherung waren und verpfändet wurden. Damit fielen die Umstände zusammen, dass der Steuerpflichtige die latenten nicht realisierten Wertzuwächse der Anteile versteuern musste und sich der Entrichtung der Steuer nur dadurch entziehen konnte, indem er die Anteile verpfändete, und somit darüber in der Verfügung stark beschränkt war.

[895] EuGH, Urt. v. 07.09.2006 – C-470/04 (N), ECLI:EU:C:2006:525, Rn. 26-29.
[896] EuGH, Urt. v. 07.09.2006 – C-470/04 (N), ECLI:EU:C:2006:525, Rn. 35.
[897] EuGH, Urt. v. 07.09.2006 – C-470/04 (N), ECLI:EU:C:2006:525, Rn. 34.
[898] EuGH, Urt. v. 07.09.2006 – C-470/04 (N), ECLI:EU:C:2006:525, Rn. 37.
[899] EuGH, Urt. v. 07.09.2006 – C-470/04 (N), ECLI:EU:C:2006:525, Rn. 36.

bb) Rechtfertigung

(1) Legitimer Zweck

Anders als noch im Urteil in der Rs. Lasteyrie du Saillant sah der EuGH in diesem Falle die am Territorialprinzip orientierte Aufteilung der Besteuerung der Wertzuwächse unter den Mitgliedstaaten als dasjenige im Allgemeininteresse liegende Ziel, das für die Rechtfertigung der Beschränkung der Niederlassungsfreiheit in Betracht kommt.[900] Dies sei ein seit jeher anerkanntes legitimes Ziel.[901]

Die GA Kokott stellte in ihren Schlussanträgen den wesentlichen Unterschied zur Rs. Lasteyrie du Saillant [902] und den beiden nationalen Regelungen dar. Die niederländischen Vorschriften bezweckten entgegen der französischen Regelung nicht nur die Verhinderung der Steuerflucht. Während die französische Regelung „allgemein in dem Fall, dass ein Steuerpflichtiger seinen Wohnsitz ins Ausland verlegt, die Besteuerung der Wertsteigerungen [sicherstelle], die während seines Aufenthalts in Frankreich eingetreten sind", diene die niederländische Regelung vielmehr auch dazu, die Erhebung der niederländischen Steuern nach Maßgabe der zwischen den Niederlanden und dem Vereinigten Königreich vorgesehenen zulässigen Aufteilung der Steuerbefugnisse tatsächlich zu ermöglichen.[903]

Bei der anschließenden Überprüfung, ob die niederländische Regelung auch zur Erreichung des Ziels geeignet ist, stellte der EuGH zunächst noch einmal klarstellend fest, dass „in Ermangelung gemeinschaftsrechtlicher Vereinheitlichungs- oder Harmonisierungsmaßnahmen die Mitgliedstaaten befugt bleiben, insbesondere zur Beseitigung der Doppelbesteuerung die Kriterien für die Aufteilung ihrer Steuerhoheit vertraglich oder einseitig festzulegen."[904]

Dabei sei ebenfalls anerkannt, dass sich die Mitgliedstaaten bei der Erfüllung dieser Aufgabe u.a. auch an Musterabkommen orientieren, nach denen die Mitgliedstaaten die

[900] EuGH, Urt. v. 07.09.2006 – C-470/04 (N), ECLI:EU:C:2006:525, Rn. 41.

[901] Vgl. bspw. EuGH, Urt. v. 13.12.2005 – C-446/03 (Marks & Spencer), ECLI:EU:C:2005:763, Rn. 45.

[902] Darin wird nur knapp und unter Verweis auf die Schlussanträge des GA Mischo ausgeführt, dass es in dem dortigen Rechtsstreit nicht um die Aufteilung der Besteuerungsrechte ginge, EuGH, Urt. v. 11.03.2004 – C-9/02 (de Lasteyrie du Saillant), ECLI:EU:C:2004:138, Rn. 68, GA Mischo, Schlussanträge v. 13.03.2003 – C-9/02 (de Lasteyrie du Saillant), E-CLI:EU:C:2003:159, Rn. 83.

[903] GA Kokott, Schlussanträge v. 30.03.2006 – C-470/04 (N), ECLI:EU:C:2006:217, Rn. 100f.

[904] EuGH, Urt. v. 07.09.2006 – C-470/04 (N), ECLI:EU:C:2006:525, Rn. 44 mit Verweis auf EuGH, Urt. v. 12.05.1998 – C-336/96 (Gilly), ECLI:EU:C:1998:221, Rn. 24 und 30; EuGH, Urt. v. 21.09.1999 – C-307/97 (Saint-Gobain ZN), ECLI:EU:C:1999:438, Rn. 57; EuGH, Urt. v. 12.09.2002 – C-385/00 (De Groot), ECLI:EU:C:2002:750, Rn. 93 und EuGH, Urt. v. 23. 02.2006 – C-513/03 (van Hilten-van der Heijden), ECLI:EU:C:2006:131, Rn. 47 und 48.

Aufteilung ihrer Besteuerungsbefugnisse vernünftigerweise ausrichten können.[905] Das Hauptaugenmerk richtete sich bei der Einrichtung von Aufteilungsregelungen demnach auf Art. 13 Abs. 5 OECD-MA,[906] wonach die Besteuerung (sämtlicher) stiller Reserven bei tatsächlicher Veräußerung der Anteile dem Staat zusteht, in dem der Anteilseigner zum Zeitpunkt der Veräußerung abkommensrechtlich als ansässig gilt.

Die niederländische Regelung zeigte im Hinblick auf die Aufteilung von Besteuerungsrechten sowohl einen territorialen als auch einen zeitlichen Aspekt auf.[907] Die Regelung solle bewirken, dass diejenigen stillen Reserven der niederländischen Besteuerung unterworfen werden, die während der Ansässigkeit des Steuerpflichtigen und der damit verbundenen Steuerpflicht im Inland entstanden sind. Es sind zeitlich betrachtet aber auch *nur* diese stillen Reserven zu besteuern, die auf die Zeit der niederländischen Steuerhoheit entfallen. Dies erreichte das niederländische Recht durch einen in Art. 20c Abs. 7 WIB vorgesehenen Step-up der Anschaffungskosten, indem im Falle des Zuzuges in die Niederlande unter Begründung eines dortigen Wohnsitzes als „Einstandsbetrag" grds. der Marktwert der Anteile im Zeitpunkt des Zuzugs zugrunde gelegt wurde. Dadurch war gewährleistet, dass die entstandenen stillen Reserven *vor* der Begründung des niederländischen Wohnsitzes und somit vor der Entstehung der niederländischen Steuerhoheit auch nicht von der niederländischen Wegzugsbesteuerung umfasst wurden.[908]

Aus dieser Gesetzessystematik leitete der EuGH ab, dass das niederländische Recht zur Verfolgung eines im Allgemeininteresse liegenden Zieles geeignet sei.[909]

(2) Erforderlichkeit und Angemessenheit

Im Rahmen der weiteren Prüfung der Verhältnismäßigkeit der Beschränkungen unterschied der EuGH wie folgt: Zum einen kommt deutlich zum Ausdruck, dass das Verlangen nach Sicherheitsleistungen während des Stundungszeitraums nach Ansicht des EuGH über das hinausgeht, was erforderlich sei, um die Funktionsfähigkeit und die Wirksamkeit eines aufteilenden Besteuerungssystems (also kurz: das anvisierte Ziel) zu erreichen.[910] Dabei verwies der EuGH auf die zwischen den Mitgliedstaaten vereinbarte gegenseitige

---

[905] EuGH, Urt. v. 07.09.2006 – C-470/04 (N), ECLI:EU:C:2006:525, Rn. 45; GA Kokott, Schlussanträge v. 30.03.2006 – C-470/04 (N), ECLI:EU:C:2006:217, Rn. 94.

[906] Dem entsprach im Streitfall Art. 13 Abs. 4 DBA Niederlande – Vereinigtes Königreich.

[907] Vgl. auch GA Kokott, Schlussanträge v. 30.03.2006 – C-470/04 (N), ECLI:EU:C:2006:217, Rn. 96f. mit dem Hinweis, dass sich die niederländische Wegzugsbesteuerung *nur* auf die im Inland angefallenen Wertsteigerungen beziehe.

[908] Technisch geschieht dies dadurch, dass bei der Berechnung der Wegzugsteuer nur die Differenz zwischen dem gemeinen Wert der Anteile bei Zuzug und des gemeinen Werts bei Wegzug berücksichtigt wird (und nicht etwa an den historischen Anschaffungskosten bemessen).

[909] EuGH, Urt. v. 07.09.2006 – C-470/04 (N), ECLI:EU:C:2006:525, Rn. 46, siehe zur unionsrechtlichen Bewertung eines solchen *uneingeschränkten* Step-up unter E.IV.4.

[910] EuGH, Urt. v. 07.09.2006 – C-470/04 (N), ECLI:EU:C:2006:525, Rn. 51.

Amtshilfe[911] sowie die Möglichkeit eines jeden Mitgliedstaats, bei der Beitreibung von Steuerforderungen einen anderen Mitgliedstaat um Unterstützung[912] ersuchen zu können. Zutreffend gingen der Gerichtshof und auch schon GA Kokott[913] davon aus, dass damit dieselben Ziele verfolgt und erreicht werden können wie mit einer Sicherheitsleistung des Steuerpflichtigen. Es gehe vorwiegend nämlich darum, den Steueranspruch und dessen Erhebung zu sichern, zumal im Zeitpunkt der Erhebung (also in diesem konkreten Falle mit Aufhebung der Stundung bspw. durch Veräußerung der Anteile innerhalb von zehn Jahren) der Steuerpflichtige naturgemäß i.d.R nicht mehr im Wegzugsstaat ansässig ist und daher die Erhebung der Steuer für diesen Staat erschwert sein kann. Sowohl die Sicherheitsleistungen als auch die Amtshilfe- und Beitreibungsabkommen sichern den Wegzugsstaat somit gegen die Steuerflucht[914] des Wegziehenden.[915] Jedoch stellt die bloße Anwendung der Amtshilfe- und Beitreibungsregeln durch die Mitgliedstaaten ohne Zweifel die mildere und kostengünstigere Maßnahme aus Sicht des Steuerpflichtigen dar, sodass insoweit auch nach Ansicht des Gerichtshofs das Verlangen von Sicherheitsleistungen mangels Erforderlichkeit eine Beschränkung der Niederlassungsfreiheit nicht rechtfertigt. Den Anträgen der GA Kokott folgend entschied der EuGH, dass die Leistung von Sicherheiten für den Steuerpflichtigen beschränkende Wirkungen entfalten würde, die auch nicht nachträglich durch Freigabe derselben wieder gänzlich rückgängig gemacht werden könnten.[916] So sei die Gestellung von Sicherheiten i.d.R. für den Steuerpflichtigen mit Kosten bzw. Gebühren verbunden und schmälerte neben der eingeschränkten Bonität des Steuerpflichtigen auch seine Kreditwürdigkeit gegenüber (potenziellen) Gläubigern.[917]

In der detaillierten Auseinandersetzung mit der materiellen niederländischen Rechtslage und deren Verhältnismäßigkeit gelangte der EuGH dann auch zu dem Ergebnis, dass eine nationale Regelung – um den unionsrechtlichen Anforderungen zu genügen – auch eine entsprechende Berücksichtigung von Wertminderungen bieten müsse, die nach der Entstehung der Wegzugsteuer eintreten. Hierzu führte der EuGH aus, dass diese vollständig zu berücksichtigen seien, wenn und soweit diese Wertminderungen nicht bereits im

---

911 Geregelt in der Richtlinie 77/799/EWG des Rates vom 19.12.1977 über die gegenseitige Amtshilfe zwischen den zuständigen Behörden der Mitgliedstaaten im Bereich der direkten Steuern.

912 Geregelt in der Richtlinie 76/308/EWG des Rates vom 15. März 1976 über die gegenseitige Unterstützung bei der Beitreibung von Forderungen im Zusammenhang mit Maßnahmen, die Bestandteil des Finanzierungssystems des Europäischen Ausrichtungs- und Garantiefonds für die Landwirtschaft sind, sowie von Abschöpfungen und Zöllen.

913 GA Kokott, Schlussanträge v. 30.03.2006 – C-470/04 (N), ECLI:EU:C:2006:217, Rn. 112.

914 Obwohl dies nicht das Hauptziel der niederländischen Regelung darstellte.

915 Vgl, auch GA Kokott, Schlussanträge v. 30.03.2006 – C-470/04 (N), ECLI:EU:C:2006:217, Rn. 112.

916 Auf die explizite Frage des vorlegenden niederländischen Gerichts urteilt der EuGH in Bezug auf die Sicherheiten darüber hinaus, dass auch die Freigabe der Sicherheiten keine rückwirkende Aufhebung der Beschränkung darstelle und somit die rechtfertigungsbedürftige Beschränkung der Grundfreiheiten auch noch nach einer solchen Freigabe weiterwirke, Rn. 57.

917 GA Kokott, Schlussanträge v. 30.03.2006 – C-470/04 (N), ECLI:EU:C:2006:217, Rn. 128.

Aufnahmestaat, sprich dem Zuzugsstaat, berücksichtigt würden (etwa im Falle der Besteuerung des tatsächlichen Veräußerungsgewinns). Wie bereits bei der Betrachtung der deutschen Rechtslage vor der Änderung durch das ATAD-UmsG gezeigt, ist von einer solchen Berücksichtigung der Wertminderungen durch den Zuzugsstaat dann auszugehen, wenn dieser bei Zuzug einen Step-up der Anschaffungskosten vornimmt, sodass bei der tatsächlichen Veräußerung dann nur noch die Differenz zwischen Veräußerungspreis und dem (gemeinen) Wert zugrunde gelegt wird, der beim Wegzug bestand und innerhalb der Wegzugsteuer im Wegzugsstaat berücksichtigt wurde.[918]

Der Vergleich zum reinen Inlandsfall lässt auch auf Rechtfertigungsebene erkennen, dass diese Berücksichtigung nachträglicher Wertminderungen erforderlich ist: Sofern nämlich weder der Zuzugsstaat noch der Wegzugsstaat eine Wertminderung berücksichtigt, die zeitlich nach der Entstehung und Festsetzung der Wegzugsteuer eintritt, kann dies zur Folge haben, dass die Steuer auf den fiktiven Gewinn, die zum Wegzugszeitpunkt festgesetzt worden war und bei einer späteren Veräußerung der Beteiligung fällig wurde, die Steuer übersteigt, die bei einer Veräußerung zum selben Zeitpunkt im Inland angefallen wäre. Denn im Inland wäre die Steuer nur auf den tatsächlich bei der Veräußerung realisierten (möglicherweise niedrigeren) Gewinn erhoben worden.[919]

c) Analyse

Die Entscheidung in der Rs. Lasteyrie du Saillant, in der die zur Überprüfung stehende Regelung im Ergebnis als unionsrechtswidrig gesehen wurde, führte innerhalb der Literatur teilweise zur Annahme, der EuGH habe sich allgemein gegen eine Wegzugsteuer ausgesprochen.[920] Dem Urteil wurde entnommen, dass die bloße (Wohn-)Sitzverlegung allgemein ein untaugliches und europarechtlich unzulässiges Argument sei, um die unterschiedliche steuerliche Behandlung von Wegziehenden und Nicht-Wegziehenden zu rechtfertigen, sodass auch die deutsche Vorschrift des § 6 AStG (neben § 12 KStG sowie § 21 Abs. 2 Nr. 2 UmwStG) ebenfalls europarechtswidrig sei.[921]

Das Urteil in der Rs. N hat hingegen gezeigt, dass eine Wegzugsbesteuerung entgegen dieser Ansicht auch an den bloßen Wohnsitzwechsel anknüpfen kann, sofern damit ein geeignetes Ziel verfolgt wird und insbesondere die Durchführungsbestimmungen nicht unverhältnismäßig in die Rechte des Steuerpflichtigen eingreifen.

---

[918] Vgl. hierzu unter B.IV.6.a)aa); weitere Voraussetzung müsste dann auch sein, dass der Zuzugsstaat auch tatsächlich einen mit Hilfe des Step-up resultierenden Verlust aus der Veräußerung berücksichtigt (vgl. in Deutschland einschränkende Verlustverrechnungsmöglichkeit in § 17 Abs. 2 Satz 6 EStG).
[919] Vgl. GA Kokott, Schlussanträge v. 30.03.2006 – C-470/04 (N), ECLI:EU:C:2006:217, Rn. 81.
[920] z.B. *Nagler/Kleinert* GmbHR 2005, R281.
[921] *Kleinert/Probst*, DB 2004, 673 (675); vgl. hierzu insgesamt auch bereits unter E.III.1.c).

Das Urteil in der Rs. N zeigt demnach deutlich, dass auch die deutsche Wegzugsbesteuerung in der damals gültigen Fassung als solche möglich war. Gegen die Entstehung und Festsetzung einer solchen Steuer ist laut EuGH unionsrechtlich nichts einzuwenden, es dürfen – zumindest was die Fälle innerhalb des Gemeinschaftsgebiets betrifft – nur keine Sicherheiten während des dauerhaften Stundungszeitraums verlangt werden, wohingegen nachträgliche Wertminderungen entsprechende Berücksichtigung finden müssen.
Es ist auch konsequent, dass der EuGH neben der Festsetzung der Steuer auch die Verpflichtung zur Abgabe einer Steuererklärung als unionsrechtlich zulässig erachtete. Wenn die Festsetzung der Wegzugsteuer als solche schon zulässig sein kann, so muss dies folglich auch für die Verpflichtung zur Abgabe der entsprechenden Steuererklärung gelten, aus der die Finanzbehörde die Höhe der Wegzugsteuer erst ermitteln kann. Auch wenn der EuGH dieser Verpflichtung ebenfalls eine einschränkende Wirkung beimisst,[922] so sei dies jedoch nicht als unverhältnismäßig zu beurteilen.[923] Eine Steuererklärung im Hinblick auf die Wertzuwächse hätte auch im reinen Inlandsfall erstellt werden müssen, wenn es zur tatsächlichen Veräußerung gekommen wäre.[924] In der Praxis würde es sich für den Steuerpflichtigen sogar als schwieriger gestalten, müsste die Erklärung und damit auch die Bestimmung des gemeinen Wertes der Anteile zum Wegzugszeitpunkt erst Jahre später vorgenommen werden (etwa dann, wenn die Stundung wegen tatsächlicher Veräußerung im Ausland hätte aufgehoben werden müssen).

Das niederländische Gesetz hat das territoriale Besteuerungsprinzip auch dadurch konsequent umgesetzt, dass die Niederlande im Zuzugsfall einen Step-up der Anschaffungskosten gewähren, sodass bei der Berechnung der Wegzugsteuer bei einem späteren Wegzug aus den Niederlanden nur diejenigen stillen Reserven besteuert werden, die auch in die Zeit der niederländischen Steuerhoheit fallen.[925] Ob darüber hinaus auch die (vollständige) Anrechnung der ausländischen Steuer auf die Wegzugsteuer in den Niederlanden notwendig gewesen wäre, ist unklar. Denn durch diese Regelung kann es sein, dass die Niederlande überhaupt keine Steuer erheben, auch nicht auf diejenigen stillen Reserven, die während der niederländischen Steuerhoheit (durch Wohnsitz und Ansässigkeit des Steuerpflichtigen) entstanden sind. In der Rs. Lasteyrie du Saillant hat dieser Umstand den EuGH zu der Aussage bewegt, dass die Maßnahme zur Vermeidung der Steuerflucht schon nicht geeignet sei, da ja gerade Fälle auftreten könnten, in denen die Wegzugsteuer

[922] EuGH, Urt. v. 07.09.2006 – C-470/04 (N), ECLI:EU:C:2006:525, Rn. 38.
[923] EuGH, Urt. v. 07.09.2006 – C-470/04 (N), ECLI:EU:C:2006:525, Rn. 49.
[924] EuGH, Urt. v. 07.09.2006 – C-470/04 (N), ECLI:EU:C:2006:525, Rn. 50.
[925] Es ist dem Urteil nicht zu entnehmen, dass es aus Sicht des EuGH verpflichtend sei, dass dieser Step-up im Zuzugsfall immer, das heißt auch ohne die Voraussetzung einer im ursprünglichen Herkunftsstaat erfolgten Besteuerung der dort entstandenen Wertzuwächse, zu gewähren ist. Die zur Überprüfung stehende niederländische Regelung sah einen solchen – uneingeschränkten – Step-up zwar vor, jedoch heißt dies nach der hier vertretenen Ansicht nicht, dass dies auch für die unionsrechtliche Konformität zwingend Voraussetzung ist, siehe hierzu näher unter E.IV.4.

auf null herabgesetzt würde[926] (selbst wenn der Wegzug des Steuerpflichtigen tatsächlich in der Absicht geschah, die französische Steuer zu umgehen). In Bezug auf das Ziel der territorialen Abgrenzung der Besteuerungsrechte scheint dies den EuGH also weniger zu stören (zumal es sich um eine den Steuerpflichtigen begünstigende Regelung handelt).

d) Gemeinsame Betrachtung der Urteile in den Rs. Lasteyrie du Saillant und N

Beiden Urteilen ist der Grundsatz des EuGH zu entnehmen, dass die Beschränkung der Grundfreiheiten nicht bereits in der Besteuerung von Wertzuwächsen in den Anteilen an sich liegt, sondern erst in der Vorverlagerung der Besteuerung zu einem Zeitpunkt, in welchem dem Steuerpflichtigen noch keine liquiden Mittel zufließen. Entscheidend ist also der Umstand der Liquiditätsnachteile des Steuerpflichtigen, die es nicht gegeben hätte, wäre der Steuerpflichtige im Inland verblieben. Wie sich die Intensität dieses Liquiditätsnachteils auswirkt, wird dann auf Ebene der Rechtfertigung der Beschränkung gewürdigt.

Der entscheidende Unterschied zwischen den beiden Urteilen liegt darin, dass in der Rs. N das mit der niederländischen Regelung verfolgte Ziel der territorialen Besteuerungsaufteilung eine Einschränkung der Grundfreiheiten rechtfertigte. Dennoch hindert selbst eine Abmilderung des Liquiditätsnachteils durch eine dauerhafte Stundung, wie sie in der Rs. N vorlag, den EuGH nicht daran, eine Beschränkung der Grundfreiheiten festzustellen und erst auf Rechtfertigungsebene zu überprüfen, ob die Milderungsmaßnahme dabei ausreichend gestaltet wurde (wobei das Verlangen von Sicherheiten zum Schluss führte, dass die Beschränkung der Niederlassungsfreiheit nicht gerechtfertigt war und die Vorschrift aus diesem Grund gegen Unionsrecht verstößt).[927]

3. Rs. National Grid Indus

Den zuvor dargestellten Urteilen lagen jeweils Entstrickungen von und im Privatvermögen zugrunde. Im Folgenden soll nun auch auf die Entstrickung von Betriebsvermögen näher eingegangen werden. Worin der vermeintliche Unterschied in Bezug auf die Anforderungen an eine Entstrickungsbesteuerung liegt, wird sich daran anschließend in der Gegenüberstellung beider Steuerbereiche zeigen.

a) Sachverhalt

Im Urteil des EuGH vom 29.11.2011 in der Rs. National Grid Indus[928] ging es nicht um den Wegzug einer natürlichen Person ins Ausland, sondern um die Verlegung des

---

[926] EuGH, Urt. v. 11.03.2004 – C-9/02 (de Lasteyrie du Saillant), ECLI:EU:C:2004:138, Rn. 66.

[927] Vgl. *Lampert,* in: Musil/Weber-Grellet, Europäisches Steuerrecht, § 6 AStG, Rn. 33; *Werner*, Systemgerechte Entstrickung im Steuerrecht, S. 117; *Ismer/Reimer/Rust*, EWS 2004, 207 (212).

[928] EuGH, Urt. v. 29.11.2011 – C-371/10 (National Grid Indus), ECLI:EU:C:2011:785.

Geschäftsleitungssitzes einer niederländischen Kapitalgesellschaft ins EU-Ausland.[929] Das niederländische Recht sah (verkürzt dargestellt) in diesem Fall vor, dass eine „Schlussrechnungssteuer“ auf den entstandenen, aber noch nicht realisierten Wertzuwachs von Vermögensbestandteilen der Gesellschaft erhoben wird.[930] Ebenso wie in den Rs. Lasteyrie du Saillant und N wurden also auch hier latente Wertzuwächse der Besteuerung unterworfen, ohne dass es tatsächlich zur Realisierung der stillen Reserven gekommen war. Anknüpfungspunkt der hier vorliegenden nationalen Regelung für die Entstehung einer Schlussrechnungssteuer bzw. Entstrickungsbesteuerung war, dass die Kapitalgesellschaft in dem konkreten Fall durch die Sitzverlegung ins Ausland aufgehört hat, in den Niederlanden steuerpflichtige Gewinne zu erzielen, und somit die Gefahr bestand, dass Steuersubstrat künftig verloren ginge.[931]

b) Entscheidungsgründe

Der EuGH sah in der sofortigen Versteuerung auch hier eine unterschiedliche Behandlung zu den Fällen einer rein inländischen Sitzverlegung, wenn also die Gesellschaft ihren Sitz lediglich innerhalb des niederländischen Hoheitsgebiets verlegt hätte. Der dadurch im Falle der grenzüberschreitenden Sitzverlegung eintretende Liquiditätsnachteil für die Gesellschaft sei geeignet, die Gesellschaft von dieser Sitzverlegung (und damit von der Ausübung ihrer Niederlassungsfreiheit) abzuhalten, sodass eine grundsätzlich nicht gestattete Beschränkung der Niederlassungsfreiheit vorliege.[932]

Der EuGH musste sich daher auch in diesem Urteilsfall mit einer möglichen Rechtfertigung dieser Beschränkung sowie mit der Frage auseinandersetzen, ob zwingende Gründe des Allgemeininteresses vorliegen könnten, die eine Sofortbesteuerung rechtfertigen würden, insbesondere die ausgewogene Aufteilung der Besteuerungsbefugnisse zwischen den Mitgliedstaaten nach dem Territorialprinzip (insoweit anschließend an die Rechtfertigungsebene in der Rs. N).[933] Der EuGH stellte fest, dass die Verlegung des Verwaltungssitzes einer Gesellschaft nicht bedeuten könne, dass der Herkunftsmitgliedstaat auf sein Recht zur Besteuerung eines Wertzuwachses, der im Rahmen seiner Steuerhoheit erzielt wurde, verzichten müsse.[934] Dies berücksichtigend unterschied der Gerichtshof bei

---

[929] Zum Zeitpunkt der Entscheidung war Großbritannien und Nordirland noch Mitglied der EU.

[930] Art. 16 WIB i.V.m. Art 8 WVB (Wet op de vennootschapsbelasting, niederländisches Körperschaftsteuergesetz), vgl. EuGH, Urt. v. 29.11.2011 – C-371/10 (National Grid Indus), ECLI:EU:C:2011:785, Rn. 14.

[931] EuGH, Urt. v. 29.11.2011 – C-371/10 (National Grid Indus), ECLI:EU:C:2011:785, Rn. 47.

[932] EuGH, Urt. v. 29.11.2011 – C-371/10 (National Grid Indus), ECLI:EU:C:2011:785, Rn. 37, 40, 41.

[933] EuGH, Urt. v. 29.11.2011 – C-371/10 (National Grid Indus), ECLI:EU:C:2011:785, Rn. 42 f.

[934] EuGH, Urt. v. 29.11.2011 – C-371/10 (National Grid Indus), ECLI:EU:C:2011:785, Rn. 46; durch die Sitzverlegung ins Vereinigte Königreich sah die nationale Regelung der Niederlande sowie die abkommensrechtliche Situation mit dem Vereinigten Königreich vor, dass künftig nur noch steuerpflichtige Einkünfte der Gesellschaft im Vereinigten Königreicht erzielt würden, sodass die Niederlande bei einer tatsächlichen Gewinnrealisierung keinen Steuerzugriff mehr hätten.

der weiteren Verhältnismäßigkeitsprüfung des niederländischen Rechts wie folgt zwischen (i) der (endgültigen) Steuerfestsetzung als solcher, (ii) der Berücksichtigung nachträglicher Wertminderungen und (iii) der sofortigen Erhebung dieser Steuer zum Zeitpunkt der Sitzverlegung.

aa) Endgültige Steuerfestsetzung

Der EuGH nahm ausdrücklich in Kauf, dass aufgrund der unterschiedlichen Regelungen der Mitgliedstaaten die Sitzverlegung steuerlich mehr oder weniger vorteilhaft oder nachteilig sein kann.[935] Es ist nach Ansicht des Gerichtshofs nämlich verhältnismäßig, dass der Herkunftsstaat zur Wahrung seiner Steuerhoheit die Steuer festsetzt, die für die auf seinem Hoheitsgebiet bzw. während seiner Steuerhoheit erzielten, aber tatsächlich noch nicht realisierten Wertzuwächse entfällt.[936]

Unbestritten ist also das grundsätzliche Besteuerungsrecht für die innerhalb des Territoriums eines Mitgliedstaats entstandenen stillen Reserven, ohne Rücksicht auf die Systematik anderer Mitgliedstaaten.[937]

bb) Nachträgliche Wertminderung

Die Unabhängigkeit der Entstrickungsbesteuerung des Herkunftsstaats in Bezug auf den weiteren „Fortgang" der Wertentwicklungen nach Sitzverlegung kennzeichnet sich insbesondere dadurch, dass der EuGH für die Verhältnismäßigkeit der nationalen Regelung in diesem Urteil nicht verlangte, dass solche Wertminderungen, die nach der Sitzverlegung (und somit nach Verwirklichung des Wegzugsteuertatbestands) während der Steuerhoheit des Aufnahmestaats entstünden, vollständig berücksichtigt werden müssen.[938]

Dies hatte der EuGH in der Rs. N für den Fall des Wegzugs einer natürlichen Person noch anders beurteilt: Während er im dortigen Urteil noch entschied, dass solche Wertverluste vollständig zu berücksichtigen seien, und es dabei die Angelegenheit des Wegzugsstaats sei, die nachträglichen Wertminderungen zu berücksichtigen, sofern dies nicht durch den Aufnahmestaat geschehe,[939] solle es im Bereich des Betriebsvermögens und der Sitzverlegung einer Kapitalgesellschaft losgelöst von der steuerlichen Systematik im Aufnahmestaat nicht die Pflicht des Herkunftsstaats sein, die Wertminderung nach der Sitzverlegung zu berücksichtigen.[940]

Damit folgte er den Schlussanträgen der GA Kokott. Nach ihrer Ansicht kann die fehlende Berücksichtigung nachträglicher Wertminderungen bzw. Wertverluste durch den Zuzugsstaat (Aufnahmestaat) nicht zwingend zur Folge haben, dass der Wegzugsstaat diese in vollem Umfang berücksichtigen muss. Welcher der beiden Staaten den

[935] EuGH, Urt. v. 29.11.2011 – C-371/10 (National Grid Indus), ECLI:EU:C:2011:785, Rn. 62.
[936] EuGH, Urt. v. 29.11.2011 – C-371/10 (National Grid Indus), ECLI:EU:C:2011:785, Rn. 52.
[937] *Körner*, IStR 2012, 1 (3).
[938] EuGH, Urt. v. 29.11.2011 – C-371/10 (National Grid Indus), ECLI:EU:C:2011:785, Rn. 56.
[939] EuGH, Urt. v. 07.09.2006 – C-470/04 (N), ECLI:EU:C:2006:525, Rn. 54.
[940] EuGH, Urt. v. 29.11.2011 – C-371/10 (National Grid Indus), ECLI:EU:C:2011:785, Rn. 59.

Wertverlust zu berücksichtigen habe, sei vielmehr eine Kernfrage der ausgewogenen Aufteilung der Besteuerungsbefugnis zwischen den Mitgliedstaaten, für deren Regelung jeder einzelne Staat mangels unionsrechtlicher Harmonisierungsmaßnahmen grundsätzlich weiterhin zuständig bleibe.[941] Nach ihrer Ansicht betrifft die Pflicht einer solchen Berücksichtigung des nachträglichen Wertverlusts (sofern eine solche Pflicht überhaupt bestehe) nach dem Grundsatz der Territorialität prinzipiell den *Zuzugsstaat* (Aufnahmestaat), dessen Aufgabe es dann sei (ggf. durch die Gewährung eines Step-up in der Eröffnungsbilanz nach Sitzverlegung und Begründung der Steuerpflicht im Aufnahmestaat) die unter seiner Steuerhoheit entstandenen Verluste zu berücksichtigen.[942]
Infolgedessen sei der Herkunftsstaat demnach ausdrücklich nicht verpflichtet, zum Zeitpunkt der tatsächlichen Realisierung der Vermögenswerte eine neue Bewertung der Bemessungsgrundlage seiner Entstrickungssteuer vorzunehmen (und somit im Ergebnis die vormals festgesetzte Steuer aufgrund nachträglicher Wertminderungen *niedriger* festzusetzen als ursprünglich bei Sitzverlegung).[943]

Der EuGH lieferte sodann auch eine Begründung dafür, weshalb er diese Entscheidung abweichend von seiner Ausführung in der Rs. N traf: Anders als es bei Anteilen im Privatvermögen der Fall ist, seien die Vermögenswerte einer Gesellschaft „unmittelbar wirtschaftlichen Tätigkeiten zugewiesen, die auf Gewinn ausgerichtet sind", wobei die Höhe des steuerpflichtigen Gewinns dabei teils durch Bewertung der Aktiva in der Bilanz beeinflusst werde, die z.B. durch Abschreibungen gemindert wird.[944] Hier wird deutlich, dass der EuGH in Bezug auf Wertzuwächse und nachträgliche Wertminderungen Privatvermögen und Betriebsvermögen bewusst unterschiedlich behandelt. Neben der Tatsache, dass die stillen Reserven des Betriebsvermögens der Kapitalgesellschaft (durch die Bewertung aller Aktiva und Passiva) nach der Ansicht des EuGH etwa durch Abschreibungen etc. naturgemäß größeren Veränderungen im Laufe der Zeit unterliegen können, sei das Halten der Anteile im Privatvermögen (dessen Wertzuwächse und -verluste sich hingegen nicht anhand einzelner sich ggf. abnutzbarer Wirtschaftsgüter bemessen) wohl eher der Vermögensverwaltung als der Gewinnerzielung zuzurechnen, sodass es dort keine „anderweitige" Berücksichtigung von Wertschwankungen geben könne, als sie bei der Ermittlung der Wegzugsteuer anzuordnen.

cc) Sofortige Erhebung

Während sich der EuGH bei der Beurteilung der endgültigen Festsetzung der Steuer bei Sitzverlegung noch „großzügig" zeigte, kam er dagegen in einem weiteren Schritt zu dem

[941] GA Kokott, Schlussanträge v. 08.09.2011 – C-371/10 (National Grid Indus), ECLI:EU:C:2011:563, Rn. 78.
[942] GA Kokott, Schlussanträge v. 08.09.2011 – C-371/10 (National Grid Indus), ECLI:EU:C:2011:563, Rn. 78.
[943] EuGH, Urt. v. 29.11.2011 – C-371/10 (National Grid Indus), ECLI:EU:C:2011:785, Rn. 59, 61.
[944] EuGH, Urt. v. 29.11.2011 – C-371/10 (National Grid Indus), ECLI:EU:C:2011:785, Rn. 57.

Ergebnis, dass die sofortige Erhebung der festgesetzten Steuer und der damit verbundene Liquiditätsnachteil für sich betrachtet unverhältnismäßig seien.[945]
Alternativ wurde die Möglichkeit erörtert, die Erhebung der festgesetzten Steuer bis zur tatsächlichen Realisierung aufzuschieben. Die von den Mitgliedstaaten im Verfahren vorgebrachten Bedenken, dass ein solcher Aufschub sowohl für den Steuerpflichtigen als auch für die Finanzverwaltung mit nicht unerheblichen administrativen Schwierigkeiten und „übermäßigem Aufwand" verbunden sei [946], erteilte der Gerichtshof insoweit eine Absage, als dass er zunächst auf die Amts- und Beitreibungshilfe zwischen den Mitgliedstaaten verwies. Sowohl hinsichtlich des Erhalts von Informationen aus dem Zuzugsstaat, etwa über tatsächliche Gewinnrealisierung, als auch in Bezug auf die Einziehung der Steuerschuld (am Ende des Aufschubzeitraums) bieten laut Ansicht des Gerichtshofs die entsprechenden Richtlinien „einen Rahmen der Zusammenarbeit und Unterstützung, der [...] die tatsächliche Einziehung der Steuerschuld im Aufnahmemitgliedstaat ermöglicht."[947]
Daneben machte der EuGH deutlich, dass die Tatsache, dass die grenzüberschreitende Nachverfolgung der weiteren Situation der von der Sitzverlegung erfassten Wirtschaftsgüter in administrativer Hinsicht aufwändig sein kann,[948] einen Aspekt darstelle, den allein der *Steuerpflichtige* zu beurteilen habe. Da in Anbetracht der Amts- und Beitreibungshilfe nicht den Staat, sondern vielmehr den Steuerpflichtigen der größere Aufwand zur Nachverfolgung der einzelnen Wirtschaftsgüter treffe (etwa durch Nachweis- und Auszeichnungspflichten), ist nach Ansicht des Gerichtshofes dem Steuerpflichtigen die *Wahl* zu lassen zwischen (i) der sofortigen Erhebung der Steuer (womit er sich dem administrativen Aufwand entziehen kann, sofern er diesen im Vergleich zur sofortigen Zahlung der Steuer als zu erheblich ansieht), und (ii) dem Aufschub der Steuer mit den angesprochenen administrativen Pflichten. Oder anders gesagt: Wenn schon der Steuerpflichtige den Aufschub wählt und den Verwaltungsaufwand in Kauf nimmt, kann der Aufwand, der den Herkunftsstaat trifft (u.a. die Kontrolle der durch die Gesellschaft einzureichenden Erklärungen), nicht als übermäßig eingestuft werden.[949] Die

[945] EuGH, Urt. v. 29.11.2011 – C-371/10 (National Grid Indus), ECLI:EU:C:2011:785, Rn. 85.
[946] EuGH, Urt. v. 29.11.2011 – C-371/10 (National Grid Indus), ECLI:EU:C:2011:785, Rn. 67.
[947] EuGH, Urt. v. 29.11.2011 – C-371/10 (National Grid Indus), ECLI:EU:C:2011:785, Rn. 78.
[948] So solle etwa die Gesellschaft eine einfache jährliche schriftliche Erklärung über den Verbleib der einzelnen Vermögensgegenstände abgeben sollen. Laut den Schlussanträgen der GA Kokott kann sich die Vermögenssituation einer Gesellschaft jedoch derart komplex darstellen, dass eine präzise grenzüberschreitende Nachverfolgung des Schicksals sämtlicher zum Anlage- und Umlaufvermögen einer Gesellschaft gehörender Gegenstände bis zur Realisierung darin vorhandener latenter Wertzuwächse fast unmöglich und mit einem Aufwand verbunden ist, der für die betreffende Gesellschaft eine erhebliche oder sogar übermäßige Belastung bedeuten würde, GA Kokott, Schlussanträge v. 08.09.2011 – C-371/10 (National Grid Indus), ECLI:EU:C:2011:563, Rn. 69.
[949] EuGH, Urt. v. 29.11.2011 – C-371/10 (National Grid Indus), ECLI:EU:C:2011:785, Rn. 77.

Belastungsintensität darf der Steuerpflichtige also selbst wählen,[950] hingegen darf ein ihn vorrangig betreffender Verwaltungsaufwand nicht zu seinem Nachteil gereichen.

dd) Sicherheiten und Zinsen

Neben der ausführlichen Debatte um die Aufwandsverteilung zwischen Staat und Steuerpflichtigen bei einem Aufschub der Steuer ging der EuGH – leider – nur kurz und teils nur im Nebensatz auf zwei wesentliche Punkte ein: die Leistung von Sicherheiten und Zinsen während der Aufschubzeit.

Dem von den Mitgliedstaaten angeführten Restrisiko der Nichteinziehung der Steuer im Falle des Aufschubs (das sich mit der Zeit erhöhe) stellte der EuGH entgegen, dass jeder Mitgliedstaat diesen Stundungen „im Rahmen seiner für aufgeschobene Zahlungen von Steuerschulden geltenden nationalen Regelungen" begegnen könne, und nannte explizit das Beispiel der Stellung einer Bankgarantie.[951] Wenn auch kurz und ohne dies beim Namen zu nennen, sprach der EuGH also hier von der Möglichkeit der Mitgliedstaaten, Sicherheiten für den Zeitraum des Aufschubs bzw. der Stundung zu verlangen.

In der Literatur wird hierzu von *Körner* vertreten, dass die Anforderung an solche Sicherheiten nicht nach strikteren Grundsätzen erfolgen dürfen als in vergleichbaren Inlandsfällen und dass darüber hinaus auch gänzlich vom Verlangen von Sicherheiten abzusehen sei, wenn auch nach der Sitzverlegung ins Ausland noch umfangreiches Haftungssubstrat im Inland verbleibt, z.B. bei verbundenen Unternehmen oder zurückbleibenden Betriebsstätten, also immer dann, wenn hinreichendes Haftungssubstrat zur Verfügung stünde, das sämtlichen berechtigten Sicherungsinteressen genügt.[952] Auch die Zusammenschau dieses Urteils mit dem in der Rs. N (in dem das Verlangen von Sicherheiten bei einem Wegzug einer natürlichen Person noch als unverhältnismäßig beurteilt wurde)[953] verdeutliche, dass nur „massive Schwierigkeiten" aufgrund von Besonderheiten bei juristischen Personen ausnahmsweise die Sicherheitsleistung rechtfertigen können.[954] Hierzu deutet *Körner* bereits an, dass es einer Differenzierung zwischen natürlichen Personen und deren Privatvermögen und juristischen Personen und deren Betriebsvermögen bedürfe, und stellt im Ergebnis fest, dass im letzteren Falle das Verlangen von Sicherheiten während der Aufschubzeit nicht undenkbar, jedoch an strenge Bedingungen geknüpft sei.

Dem hält *Mitschke* entgegen, dass die allgemein gehaltenen und uneingeschränkten Ausführungen des EuGH hinsichtlich einer Sicherheitsleistung durch Bankbürgschaft verdeutlichen würden, dass nicht nur ganz besondere Schwierigkeiten aufgrund von Besonderheiten bei der Sitzverlegung juristischer Personen ausnahmsweise eine Sicherheitsleistung rechtfertigen können, sondern – da das latente Risiko einer späteren

---

[950] Zumal es laut Ansicht des EuGH auch Gesellschaften und Unternehmen gibt, bei denen sich die grenzüberschreitende Nachverfolgung der Vermögensgegenstände leichter darstellen lässt, Rn. 72f.

[951] EuGH, Urt. v. 29.11.2011 – C-371/10 (National Grid Indus), ECLI:EU:C:2011:785, Rn. 74.

[952] *Körner*, IStR 2012, 1 (4).

[953] EuGH, Urt. v. 07.09.2006 – C-470/04 (N), ECLI:EU:C:2006:525, Rn. 51.

[954] *Körner*, IStR 2012, 1 (4 f.).

Nichteinziehbarkeit der geschuldeten Steuer stets bestehe – das Instrument der Sicherheitsleistung flächendeckend eingesetzt werden könne, und zwar unabhängig davon, ob im jeweiligen Einzelfall noch umfangreiches Haftungssubstrat im Inland verbleibt.[955] Ebenso beiläufig erwähnte der EuGH zudem, dass der Aufschub der Zahlung der Steuer „gegebenenfalls zuzüglich Zinsen" zur Wahl des Steuerpflichtigen stehe.[956]

c) Analyse

Wie schon erwähnt, haben sich innerhalb der Literatur zwei unterschiedliche Auffassungen gebildet, wie das Urteil des EuGH im Kontext zu seiner früheren Rechtsprechung zu sehen ist und welche Aussagen sich diesem entnehmen lassen.

Körner vertritt dabei die (m.E. etwas widersprüchliche) Auffassung, dass der EuGH der Entstrickungsbesteuerung *generell* eine Absage erteilt hat, und führt hierzu aus, der EuGH verbiete durch sein Urteil flächendeckend jegliche deutsche Sofortbesteuerung stiller Reserven beim Transfer ins EU-Ausland.[957] Dies würde dazu führen, dass in nahezu allen Fällen, die sich lediglich durch den grenzüberschreitenden Bezug *innerhalb der EU*[958] von Inlandsfällen unterscheiden, eine Besteuerung der stillen Reserven erst dann erfolgen dürfe, wenn sie auch im vergleichbaren Inlandsfall erfolgt, also bei der tatsächlichen Realisierung der Wertzuwächse.[959]

Dem ist entgegenzuhalten, dass sich eine solche verallgemeinernde Aussage in Bezug auf eine Sofortversteuerung dem Urteil nicht entnehmen lässt. Der deutschen Entstrickungsbesteuerung wird nämlich gerade keine „allgemeine Absage" erteilt; ansonsten hätte der EuGH hierzu nicht Kriterien wie Steueraufschub und Wahlrecht festgelegt und gleichzeitig den Mitgliedstaaten (für den Betriebsvermögensbereich) die Möglichkeit zugestanden, Sicherheiten sowie Stundungszinsen zu verlangen und nachträgliche Wertminderungen nicht berücksichtigen zu müssen.[960] Demnach ist der Tenor des Urteils, der im Ergebnis die niederländische Regelung als unverhältnismäßig kennzeichnet, nicht so zu interpretieren, dass der EuGH dem ganzen System der Entstrickungsbesteuerung eine Absage erteilt habe. Die Feststellung der Unverhältnismäßigkeit fußte darauf, dass die niederländische Regelung der Schlussrechnungssteuer ohne jegliche

---

[955] vgl. *Mitschke*, IStR 2012, 6 (11); so auch *Lampert,* in: Musil/Weber-Grellet, Europäisches Steuerrecht, § 6 AStG, Rn. 148.

[956] EuGH, Urt. v. 29.11.2011 – C-371/10 (National Grid Indus), ECLI:EU:C:2011:785, Rn. 73.

[957] *Körner*, IStR 2012, 1 (5).

[958] Alternativ könne eine Entstrickungsbesteuerung aber auch dann einsetzen, wenn zwar eine tatsächliche Realisierung nicht eintritt, aber ein „Transfer aus der EU heraus" erfolge, das bedeutet, dass Steuersubstrat in Drittstaaten verlagert würde, so *Körner*, IStR 2012, 1 (5).

[959] *Körner*, IStR 2012, 1 (5).

[960] Insoweit zum Wahlrecht ja auch *Körner*, IStR 2012, 1 (3), sodass seine Aussage dahingehend zu interpretieren sein wird, dass nicht eine Sofort*besteuerung* europarechtlich verboten sei, sondern eher eine Sofort*erhebung* der Steuer.

Abmilderungsmaßnahmen, insbesondere ohne das Wahlrecht für den Steuerpflichtigen zu einem Aufschub der festgesetzten Steuer, ausgestaltet war.
Auch ist *Mitschke* darin zuzustimmen, dass die Grundsätze der EuGH-Urteile in den Rs. Lasteyrie du Saillant und N nicht ohne Weiteres auf den betrieblichen Bereich übertragen werden können.[961] Indem der EuGH den Mitgliedstaaten anlässlich der Sitzverlegung einer Kapitalgesellschaft die Möglichkeit zugesteht, für die unbeschränkte Stundung der bei Sitzverlegung bereits abschließend festzusetzenden Steuer sowohl Stundungszinsen zu erheben als auch eine Sicherheitsleistung in Form einer Bankbürgschaft zu verlangen, weicht er damit nämlich in zwei wesentlichen Punkten der Stundungsmodalitäten von dem Urteil in der Rs. Lasteyrie du Saillant ab.[962] Hier wird deutlich, dass der EuGH – zu diesem Zeitpunkt zumindest – nach wie vor eine Unterscheidung zwischen Privatvermögen und Betriebsvermögen vornimmt.[963]

4. Rs. DMC

a) Sachverhalt

Der EuGH hatte sich in der Rs. DMC in seinem Urteil vom 23.01.2014[964] mit dem deutschen Umwandlungssteuergesetz zu beschäftigen, insbesondere mit der Vorschrift des § 20 Abs. 3 UmwStG in der Fassung von 1995.
Im dortigen Fall hatten zwei in Österreich ansässige Kapitalgesellschaften ihre Anteile an einer in Deutschland ansässigen Personengesellschaft (in diesem Falle einer GmbH & Co. KG) durch Umwandlungsmaßnahmen gegen Anteile an einer in Deutschland ansässigen Kapitalgesellschaft (GmbH) „eingetauscht". Bei diesem Vorgang ist das Vermögen der Personengesellschaft dem Vermögen der aufnehmenden Kapitalgesellschaft einverleibt worden, wodurch die ehemaligen Anteilseigner der Personengesellschaft (nachfolgend „Gesellschafter") wiederum im Austausch Anteile an der aufnehmenden Kapitalgesellschaft erhielten. § 20 Abs. 1 und Abs. 2 Satz 1 UmwStG 1995 hätte für diesen Fall grds. vorgesehen, dass die Kapitalgesellschaft als aufnehmende Gesellschaft das Vermögen der Personengesellschaft entweder mit dem Buchwert oder mit einem höheren als den Buchwert, und damit unter Aufdeckung der darin befindlichen stillen Reserven, ansetzen kann. Da allerdings die im Zuge der Sacheinlage ausgegebenen Anteile an der aufnehmenden Gesellschaft von zwei in Österreich ansässigen Kapitalgesellschaften (die „Gesellschafter") gehalten wurden, wiesen die abkommensrechtlichen Vorgaben des DBA Österreich 1954[965] das Besteuerungsrecht aus der Veräußerung eben dieser

---

[961] *Mitschke,* IStR 2012, 6 (11).
[962] *Mitschke*, IStR 2012, 6 (10).; *Kraft*, in: Kraft, AStG, § 6 Rn. 148.
[963] Im Kern so auch *Lampert,* in: Musil/Weber-Grellet, Europäisches Steuerrecht, § 6 AStG, Rn. 148.
[964] EuGH, Urt. v. 23.01.2014 – C-164/12 (DMC), ECLI:EU:C:2014:20.
[965] Führten die Beteiligungen der beiden österreichischen Kapitalgesellschaften (Kommanditisten) an der deutschen Personengesellschaft in der Ausgangssituation noch dazu, dass gem. Art. 4 Abs. 1 DBA Österreich 1954 Deutschland das Besteuerungsrecht hinsichtlich der

erhaltenen Kapitalgesellschaftsanteile Österreich zu. Die Folge dieses (vermeintlichen) Ausschlusses des deutschen Besteuerungsrechts war, dass das übergehende Vermögen gem. § 20 Abs. 3 UmwStG 1995 abweichend von dem Wahlrecht in Abs. 2 Satz 1 UmwStG 1995 zwingend mit dem (höheren) Teilwert anzusetzen war. Dadurch kam es zur zwingenden Aufdeckung der sich im (ehemaligen) Vermögen der Personengesellschaft befindlichen stillen Reserven und somit zur Besteuerung der latenten Wertzuwächse. Auch in diesem Falle ging es vereinfacht gesagt um die Besteuerung latenter Wertzuwächse aufgrund des Verlusts des deutschen Besteuerungsrechts.

b) Entscheidungsgründe

Der EuGH sah auch hier einen Liquiditätsnachteil im Vergleich zu Sachverhalten, in denen nach einer solchen Umwandlungsmaßnahme das Besteuerungsrecht Deutschlands hinsichtlich der Veräußerung der erhaltenen Kapitalgesellschaftsanteile weiterhin bestanden hätte und der „Vermögenstransfer“ auf die Kapitalgesellschaft daher steuerneutral zu Buchwerten hätte erfolgen können. Aus Sicht etwa eines Investors sei die deutsche Regelung daher geeignet, sie davon abzuhalten, Kapital in deutsche (Personen-)Gesellschaften einzubringen, wenn die Umwandlung bzw. der Tausch dieser Anteile in Kapitalgesellschaftsanteile in diesem konkreten Fall solche steuerlichen Nachteile mit sich bringt.[966]

Diese unterschiedliche Behandlung von Investoren stellte laut Gerichtshof eine grds. verbotene Beschränkung der Kapitalverkehrsfreiheit dar (nur weil eine Steuerpflicht in Deutschland entfiele).[967]

Veräußerungsgewinne zustand, da die Einkünfte der Kommanditisten (also auch die Veräußerung ihrer Kommanditanteile) als mitunternehmerische Einkünfte auf eine in Deutschland befindliche Betriebsstätte des Unternehmens entfielen, so sah das DBA nach der Umwandlungsmaßnahme (nunmehr hielten die ehemaligen Kommanditisten lediglich Anteile an der aufnehmenden *Kapital*gesellschaft) in Art. 7 Abs. 1 DBA Österreich 1954 vor, dass der Gewinn aus der Veräußerung *dieser* (erhaltenen) Anteile dem Ansässigkeitsstaat der beiden Anteilseigner (Österreich) zustünde. *Mitschke* sieht hierin einen Verlust des deutschen Besteuerungsrechts für die stillen Reserven, die in den Kommanditanteilen enthalten waren und die sich nun zwangsläufig in den Anteilen an der aufnehmenden Kapitalgesellschaft wiederfänden, vgl. *Mitschke,* IStR 2014, 106 (111f); a.A. *Linn*, IStR 2014, 136 (138f.), mit dem Argument, Deutschland habe das Besteuerungsrecht in Bezug auf die im Betriebsvermögen der KG befindlichen stillen Reserven nicht verloren, da die stillen Reserven bei Buchwertfortführung weiterhin im eingebrachten Betriebsvermögen vorhanden seien und zwar innerhalb einer deutschen GmbH, die in Deutschland körperschaftsteuerpflichtig ist; siehe hierzu auch Zweifel in Rn. 57 des Urteils und unter Fußnote 967.

[966] EuGH, Urt. v. 23.01.2014 – C-164/12 (DMC), ECLI:EU:C:2014:20, Rn. 40.

[967] EuGH, Urt. v. 23.01.2014 – C-164/12 (DMC), ECLI:EU:C:2014:20, Rn. 43; Zum Verlust des Besteuerungsrechts führt der EuGH in Rn. 57 ergänzend aus, dass dies nicht zweifelsfrei durch den Gerichtshof feststellbar sei. Zwar birgt der Tausch der Anteile in Kapitalgesellschaftsanteile in der Tat den Verlust des Besteuerungsrechts in Bezug auf die Veräußerung der Anteile selbst (Art. 7 Abs. 1 DBA 1954 Österreich). Aus Sicht des EuGH schien jedoch nicht ausgeschlossen (und im Kern auch zutreffend), dass die nicht realisierten Wertzuwächse im

Die vom EuGH vorgenommene Prüfung einer möglichen Rechtfertigung dieser Beschränkung ähnelt im Wesentlichen denen in den zuvor besprochenen Urteilen. Als legitimer Zweck für die Besteuerung der latenten Wertzuwächse wurde abermals die Aufteilung der Besteuerungsbefugnisse unter dem Gesichtspunkt des Territorialprinzips angeführt.[968] Der Verlust des deutschen Besteuerungsrechts in Bezug auf die Veräußerung der von den Gesellschaftern erhaltenen Anteile an der aufnehmenden Kapitalgesellschaft gebe dem deutschen Staat grds. das Recht, die noch nicht realisierten Wertzuwächse im Vermögen der Personengesellschaft zu besteuern.[969] Hauptaugenmerk lag auch in diesem Urteil bei der Frage, ob das deutsche Umwandlungssteuerrecht in diesem Punkt über das hinausgeht, was erforderlich ist, um das Ziel der Wahrung der Aufteilung der Besteuerungsbefugnisse zwischen den Mitgliedstaaten zu erreichen.
Erneut unterschied der Gerichtshof zwischen der Festsetzung und der Erhebung der Steuer. Unter Verweis auf die Entscheidung in der Rs. National Grid Indus[970] kam der EuGH auch hier zu dem Ergebnis, dass die Entstehung und Festsetzung einer Steuer auf die latenten Wertzuwächse im Zeitpunkt der Beendigung der Steuerpflicht in Deutschland verhältnismäßig seien.[971]
Weiterhin unter Verweis auf die Rs. National Grid Indus sei es geboten, dass die nationale Regelung dem Steuerpflichtigen die Wahl ließe zwischen der sofortigen Zahlung der Steuer oder einer Stundung des Steuerbetrags – gegebenenfalls zuzüglich Zinsen.[972]
Obwohl auch an dieser Stelle auf die Entscheidung in der Rs. National Grid Indus verwiesen wurde, liegt ein wesentlicher Unterschied der beiden Fälle in der Dauer des Aufschubs der Zahlung, also in der Dauer der nach dem EuGH als notwendig angesehenen Stundungsmöglichkeit. Während in der Rs. National Grid Indus noch die Rede davon war, dass dem Steuerpflichtigen die Wahl gelassen werden müsse zwischen der sofortigen Zahlung und dem Aufschub der Zahlung *bis zur tatsächlichen Realisierung der Wertzuwächse*[973], hielt es der EuGH in der Rs. DMC auch „schon" für angemessen und verhältnismäßig, dass nach der deutschen Vorschrift eine Staffelung der Zahlung in *fünf*

Zusammenhang mit dem eingebrachten Betriebsvermögen nämlich bei der aufnehmenden Kapitalgesellschaft mit Sitz in Deutschland der deutschen Körperschaftsteuer unterliegen. Laut EuGH ergibt sich dies nicht zweifelsfrei aus dem vorliegenden Sachverhalt.

[968] EuGH, Urt. v. 23.01.2014 – C-164/12 (DMC), ECLI:EU:C:2014:20, Rn. 46.

[969] EuGH, Urt. v. 23.01.2014 – C-164/12 (DMC), ECLI:EU:C:2014:20, Rn. 54 mit dem Hinweis, dass sich die mit den (eingebrachten) Anteilen an der Personengesellschaft zusammenhängenden Wertzuwächse nunmehr zwangsläufig in den Anteilen an der aufnehmenden Kapitalgesellschaft wiederfänden.

[970] EuGH, Urt. v. 29.11.2011 – C-371/10 (National Grid Indus), ECLI:EU:C:2011:785.

[971] EuGH, Urt. v. 23.01.2014 – C-164/12 (DMC), ECLI:EU:C:2014:20, Rn. 60.

[972] EuGH, Urt. v. 23.01.2014 – C-164/12 (DMC), ECLI:EU:C:2014:20, Rn. 61; siehe ausführlich unter E.III.3.b).

[973] EuGH, Urt. v. 29.11.2011 – C-371/10 (National Grid Indus), ECLI:EU:C:2011:785, nicht ausdrücklich in Rn. 73, in der der EuGH das Wahlrecht des Steuerpflichtigen bestimmt, aber aus dem Kontext heraus, da der EuGH keine zeitliche Begrenzung des Aufschubs nennt, zuvor jedoch in Rn. 67 die Meinung der Regierungen rezitiert, die einen Aufschub der Einziehung „bis zur Realisierung der Wertzuwächse" abgelehnt hatten; so aufgefasst auch von *Körner,* IStR 2012, 1; *Mitschke*, IStR 2012, 6 (7) und *Müller,* ISR 2014, 136 (138).

Jahresraten und somit eine zeitlich begrenzte Stundung vorgesehen war.[974] Weshalb der EuGH in diesem Falle eine Verteilung der Steuerlast über fünf Jahre als ausreichend moderate Abmilderung des Liquiditätsnachteils (im Vergleich zur sofortigen Zahlung des gesamten Steuerbetrags) ansah, führte er nicht weiter aus. In einem Nebensatz erwähnte der EuGH lediglich noch, dass diese ratierliche Stundung des deutschen Umwandlungssteuerrechts zinslos gewährt wurde, was er wohl bei der Beurteilung der Abmilderung des Liquiditätsnachteils zugunsten der in Rede stehenden Vorschrift berücksichtigt hat.[975]

Schließlich befasste sich der EuGH abschließend noch mit der Obliegenheit zur Stellung einer Banksicherheit. Erneut verwies der Gerichtshof zunächst auf die Rs. National Grid Indus, in der er bereits (für den Bereich des Betriebsvermögens) entschieden hatte, dass jeder Mitgliedstaat dem Risiko der Nichteinbringung der Steuer durch den Aufschub der Zahlung (das sich zudem nach Ansicht des EuGH vergrößert, je länger der Aufschub gewährt würde) damit begegnen könne, dass er geeignete Sicherheiten verlangt.[976] Gleichzeitig merkte der Gerichtshof jedoch auch an, dass eine solche Sicherheit stets eine eigene beschränkende Wirkung gegenüber dem Steuerpflichtigen entfalte, da dieser an der Nutzung der als Sicherheit geleisteten Vermögenswerte gehindert sei.[977] Interessant ist an dieser Stelle, dass der EuGH bezüglich der beschränkenden Wirkung der Sicherheiten nunmehr auf die Urteile in den Rs. Lasteyrie du Saillant und N verwies, also auf zwei Urteile, die entgegen dem vorliegenden Fall eine Wertsteigerung des *Privatvermögens* betrafen und in denen die Leistung von Sicherheiten noch als unverhältnismäßig angesehen wurde.[978] Eine klare Absage erteilte der EuGH in der Rs. DMC dem Verlangen von Sicherheiten hingegen nicht, sondern legte nur Kriterien fest, nach denen eine Sicherheit gefordert werden dürfe.[979] So müsse das Erfordernis einer Sicherheitsleistung im Aufschubzeitraum immer anhand einer vorigen Beurteilung des konkreten Nichteinbringungsrisikos erfolgen.[980]

c) Analyse

Aus dem Urteil lässt sich erkennen, dass die (reine) Entstehung einer Steuer auf nicht realisierte Wertzuwächse sowohl im Bereich des Privatvermögens als auch des Betriebsvermögens grds. als zulässig erachtet wird. Bei der deutschen Vorschrift des § 20 Abs. 3

[974] EuGH, Urt. v. 23.01.2014 – C-164/12 (DMC), ECLI:EU:C:2014:20, Rn. 62.
[975] EuGH, Urt. v. 23.01.2014 – C-164/12 (DMC), ECLI:EU:C:2014:20, Rn. 63.
[976] EuGH, Urt. v. 23.01.2014 – C-164/12 (DMC), ECLI:EU:C:2014:20, Rn. 65 mit Verweis auf EuGH, Urt. v. 29.11.2011 – C-371/10 (National Grid Indus), ECLI:EU:C:2011:785, Rn. 74.
[977] EuGH, Urt. v. 23.01.2014 – C-164/12 (DMC), ECLI:EU:C:2014:20, Rn. 66.
[978] EuGH, Urt. v. 11.03.2004 – C-9/02 (de Lasteyrie du Saillant), ECLI:EU:C:2004:138, Rn. 47 und EuGH, Urt. v. 07.09.2006 – C-470/04 (N), ECLI:EU:C:2006:525, Rn. 36 und ausdrücklich in Rn. 51.
[979] Der Gerichtshof hält Sicherheiten daher – ohne dies ausdrücklich zu erwähnen – hier also offenbar für grds. zulässig.
[980] EuGH, Urt. v. 23.01.2014 – C-164/12 (DMC), ECLI:EU:C:2014:20, Rn. 67.

UmwStG 1995[981] ging es ebenso wie in den Fällen, in denen der EuGH den Wegzug einer natürlichen Person in einen anderen Staat zu beurteilen hatte, im Kern um den Ausschluss bzw. die Beschränkung des deutschen Besteuerungsrechts. In der Rs. DMC wird daher deutlich, dass es bezüglich der Rechtfertigung der *Entstehung* der Steuer keinen Unterschied macht, ob die Besteuerungsbeschränkung durch den Wegzug einer natürlichen Person eintritt oder wie hier durch Umwandlungsmaßnahmen; die rechtliche Zulässigkeit der Besteuerung von nicht realisierten Wertzuwächsen ändert sich dabei nicht.[982]
Unterschiedliche Schlussfolgerungen sind dem Urteil hingegen im Hinblick auf die Erhebungsmodalitäten der Steuer zu entnehmen. Der EuGH sieht sowohl Zinsen als auch Sicherheitsleistungen als zulässig an. Auch wenn der EuGH erneut eine „Banksicherheit“[983] erwähnte (in der Rs. National Grid Indus auch als „Bankgarantie“[984] bezeichnet), so wird dies innerhalb der Literatur nur als beispielhafte, nicht jedoch abschießende Aussage dazu verstanden, welches Mittel genau als Sicherheit in Frage kommt. Es sei dabei nämlich vielmehr eine flexible Berücksichtigung der Verhältnisse des Einzelfalles zu ermöglichen, was auch den Fall einschließe, dass nach dem Ermessen der Behörde überhaupt keine Sicherheit geleistet werden müsse.[985] Hinsichtlich der Sicherheiten verlangte der EuGH jedoch explizit eine auf den Einzelfall und die individuelle Gefahr der Nichteinziehbarkeit abgestimmte Lösung.[986]
Bezüglich des erforderlichen Stundungszeitraums hingegen wich der EuGH zunächst von seiner Aussage im Urteil in der Rs. National Grid Indus ab, ein Aufschub bis zur tatsächlichen Realisierung sei notwendig,[987] indem er nun auch einen ratierlichen Aufschub der Steuer in fünf Jahresraten als angemessen betrachtete. Im Laufe der weiteren Rechtsprechung wird der EuGH auch noch andere Zeiträume in Betracht ziehen (so z.B. in der Rs. Verder LabTec).

Zudem wird das Urteil von Teilen der Literatur auch dahingehend verstanden, dass damit neben der im Urteilsfall zu überprüfenden Regelung des § 20 Abs. 3 UmwStG 1995 auch die ebenfalls für die Wegzugs- bzw. Entstrickungsbesteuerung relevanten

[981] Die aktuelle Fassung des § 20 UmwStG sieht in Abs. 2 Satz 2 Nr. 3 heute auch als Voraussetzung für die Übertragung des durch die Sacheinlage eingebrachten Vermögens zu Buchwerten (und damit ohne die Aufdeckung von stillen Reserven) vor, dass das Besteuerungsrecht Deutschlands nicht ausgeschlossen oder beschränkt wird (auch wenn nun der Anknüpfungspunkt für den Ausschluss oder die Beschränkung des Besteuerungsrechts der Gewinn aus der Veräußerung des eingebrachten Betriebsvermögens bei der übernehmenden Gesellschaft ist).

[982] Vgl. *Mitschke,* IStR 2014, 106 (112).

[983] EuGH, Urt. v. 23.01.2014 – C-164/12 (DMC), ECLI:EU:C:2014:20, Rn. 65.

[984] EuGH, Urt. v. 29.11.2011 – C-371/10 (National Grid Indus), ECLI:EU:C:2011:785, Rn. 74.

[985] *Mitschke*, IStR 2014, 106 (113), der beispielhaft auch die Hinterlegung von Zahlungsmitteln oder die Verpfändung von Wertpapieren und Forderungen nennt.

[986] *Sydow,* DB 2014, 265 (269).

[987] EuGH, Urt. v. 29.11.2011 – C-371/10 (National Grid Indus), ECLI:EU:C:2011:785, Rn. 76, 78.

Regelungen der §§ 4g[988] und 36 Abs. 5 EStG[989] für unionsrechtlich unbedenklich gehalten werden.[990] Eindeutige Aussagen zur Wegzugsbesteuerung des § 6 AStG in der damals gültigen Fassung sind dem Urteil nicht direkt zu entnehmen, denn zum einen betrifft das Urteil latente Wertzuwächse des Betriebsvermögens und nicht solche von im Privatvermögen gehaltenen Kapitalgesellschaftsanteilen. Zum anderen ist die zum Zeitpunkt des Erlasses des Urteils geltende Regelung des § 6 AStG[991] mit der dauerhaften, zinslosen und ohne Sicherheiten zu gewährenden Stundung in EU-/EWR-Fällen ohnehin als noch „milder" einzustufen als die im Urteilsfall zu betrachtende Regelung des damaligen UmwStG. Dass dem Urteil dennoch Bedeutung für die unionsrechtliche Bewertung des § 6 AStG zugesprochen wird, wird sich im Folgenden zeigen.

Durch den Verweis auf die eigene vorige Rechtsprechung, die im Ergebnis bezüglich der Sicherheiten zu einer anderen Entscheidung gelangt als im vorliegenden Fall (nämlich, dass Sicherheiten dem Grunde nach schon über das Erforderliche hinausgehen), zeigt sich m.E. deutlich, dass sich der EuGH über die Unterscheidung zwischen Betriebs- und Privatvermögen im Klaren ist und bewusst auch unterschiedliche Kriterien und Maßstäbe bei der Rechtfertigung von Beschränkungen der Grundfreiheiten anwendet.

5. Rs. Verder LabTec

a) Sachverhalt

Im Urteil des EuGH vom 21.05.2015 in der Rs. Verder LabTec[992] stand erneut eine deutsche Regelung - § 4 Abs. 1 Satz 3 i.V.m. § 4g EStG - auf dem Prüfstand. In diesem Fall überführte eine deutsche Kommanditgesellschaft einzelne Wirtschaftsgüter in eine Betriebsstätte in den Niederlanden. § 4 Abs. 1 Satz 3 und 4 EStG sah für diesen Fall vor, dass eine Entnahme „für betriebsfremde Zwecke" anzunehmen war mit der Folge, dass diese Entnahme der Besteuerung unterlag, indem der Unterschiedsbetrag zwischen dem Teilwert[993] des Wirtschaftsguts und dem Buchwert dem Jahresgewinn der Gesellschaft hinzugerechnet wurde und somit die in den überführten Wirtschaftsgütern enthaltenen stillen Reserven aufgedeckt wurden.[994] Eine Entnahme für betriebsfremde Zwecke wurde aufgrund der gesetzgeberischen Wertung in § 4 Abs. 1 Satz 3 EStG nämlich auch dann angenommen, wenn das Besteuerungsrecht Deutschlands in Bezug auf die Veräußerung

[988] Bildung eines Ausgleichspostens, der über fünf Jahre gewinnerhöhend aufzulösen ist (somit im Ergebnis ebenfalls eine Stundung des Steuerbetrags, der durch die Entnahme i.S.d. § 4 Abs. 1 Satz 3 EStG entsteht).

[989] Ratierliche Stundung der Steuer und Aufteilung in fünf gleiche Jahresraten, die durch den Aufgabegewinn i.S.d § 16 Abs. 3a EStG entsteht.

[990] Vgl. *Müller,* ISR 2014, 136 (138); so auch *Sydow,* DB 2014, 265 (269), zweifelnd dagegen *Linn,* IStR 2014, 136 (140); offen gelassen *Zwirner,* ISR 2014, 96 (100).

[991] § 6 AStG in der am 13.12.2006 geltenden Fassung (Änderung durch SEStEG).

[992] EuGH, Urt. v. 21.05.2015 – C-657/13 (Verder LabTec), ECLI:EU:C:2015:331.

[993] § 6 Abs. 1 Nr. 4 Satz 1 EStG.

[994] EuGH, Urt. v. 21.05.2015 – C-657/13 (Verder LabTec), ECLI:EU:C:2015:331, Rn. 18.

des Wirtschaftsguts ausgeschlossen oder beschränkt wird, wovon nach Satz 4 insbesondere dann ausgegangen werden kann, wenn das Wirtschaftsgut einer ausländischen Betriebsstätte zuzuordnen ist (und zuvor dem inländischen Stammhaus oder einer inländischen Betriebsstätte zugeordnet war).
Gem. § 4g Abs. 1 EStG konnte dabei ein Ausgleichsposten in Höhe des Differenzbetrags zwischen Teilwert und Buchwert gebildet werden, der die Entnahmebesteuerung zunächst neutralisierte. Da dieser Ausgleichsposten gem. § 4g Abs. 2 EStG in jedem Wirtschaftsjahr zu einem Fünftel wieder gewinnerhöhend aufgelöst werden musste, wurde die Steuerlast faktisch auf fünf Jahre verteilt.
Abweichend von § 4g EStG entschied das Finanzamt, der Klägerin aus Billigkeitsgründen eine „Streckung" der Steuerschuld über zehn Jahre (anstatt fünf Jahre) zu gewähren, indem der zu bildende „Merkposten" über einen Zeitraum von zehn Jahren aufzulösen sei.[995]
Im Unterschied zu den Urteilen in den Rs. National Grid Indus und DMC ging es hierbei nicht um die Sitzverlegung einer Gesellschaft ins Ausland oder den „Tausch" von Kommanditanteilen in Kapitalgesellschaftsanteile, sondern um die Überführung einzelner Wirtschaftsgüter von einer inländischen in eine ausländische Betriebsstätte, wodurch auch hier ein grenzüberschreitender Sachverhalt vorlag.

b) Entscheidungsgründe

Der EuGH hielt die Niederlassungsfreiheit in Art. 49 AEUV für anwendbar, und zwar unabhängig davon, ob der Sitz oder die Leitung einer Gesellschaft ins Ausland verlegt oder auch nur einzelne Wirtschaftsgüter in einen anderen Mitgliedstaat überführt werden.[996] Auch hier berief sich der EuGH auf den Vergleich, dass eine sofortige Besteuerung der in den betroffenen Wirtschaftsgütern enthaltenen stillen Reserven nicht eingetreten wäre, wenn eine vergleichbare Überführung dieser Wirtschaftsgüter innerhalb des nationalen Hoheitsgebiets, also zwischen zwei *deutschen* Betriebsstätten, erfolgt wäre. § 4 Abs. 1 Satz 3 und 4 EStG sei deshalb geeignet, den Steuerpflichtigen von einer Überführung von Wirtschaftsgütern in einen anderen Mitgliedstaat abzuhalten, sodass eine

[995] EuGH, Urt. v. 21.05.2015 – C-657/13 (Verder LabTec), ECLI:EU:C:2015:331, Rn. 20 zu § 4g EStG: Gem. § 52 Abs. 8b EStG in der am 14.12.2010 geltenden Fassung soll § 4 Abs. 1 Satz 3 abweichend von der vorigen Fassung des § 52 EStG auch bereits für das Streitjahr 2005 anwendbar sein (zuvor sah die Fassung vor, dass § 4 Abs. 1 EStG in der Fassung durch das SEStEG erstmals ab 2006 anwendbar sei). Dadurch, dass § 4g EStG jedoch nicht von dieser früheren Anwendbarkeitsregel umfasst war, war der neu eingeführte gesetzliche Ausgleichsposten, der über *fünf* Jahre gewinnerhöhend aufzulösen war, für das Streitjahr 2005 (noch) nicht anwendbar, sodass sich das Finanzamt auf eine Billigkeitsmaßnahme berief und eine Auflösung des „Merkpostens" über *zehn* Jahre bewilligte.

[996] EuGH, Urt. v. 21.05.2015 – C-657/13 (Verder LabTec), ECLI:EU:C:2015:331, Rn. 35 mit Verweis auf EuGH, Urt. v. 18.07.2013 – C-261/11 (Kommission/Dänemark), ECLI:EU:C:2013:480, Rn. 28.

Beschränkung der Niederlassungsfreiheit in Form des bereits mehrfach erwähnten Liquiditätsnachteils vorläge.[997]

Bezüglich der Rechtfertigung dieser Beschränkung gleicht das Urteil im Wesentlichen den beiden Urteilen in den Rs. National Indus Grid und DMC. Als zwingender Grund des Allgemeininteresses, der eine Beschränkung der Niederlassungsfreiheit rechtfertigen könne, wurde erneut die Aufteilung des Besteuerungsrechts angeführt, wonach der Staat berechtigt sein könne, eine Besteuerung schon dann vorzunehmen, wenn – wie hier – die Steuerbefugnis in Bezug auf die betroffenen Wirtschaftsgüter endet (also zum Zeitpunkt der Überführung in die ausländische Betriebsstätte).[998]

Der EuGH stellte fest, dass ebenso wie in den Urteilen zuvor die sofortige und endgültige Festsetzung der Steuer nur deshalb verhältnismäßig sei, da deren *Erhebung* wiederum zeitlich gestreckt wurde, im dortigen Fall verteilt und gestaffelt auf zehn Jahre, wie es das Finanzamt aus Billigkeitsgründen bestimmt hatte.[999]

GA Jääskinen formulierte in seinen Schlussanträgen Maßstäbe, die diesen gestreckten Zeitraum der Erhebung der Steuer umschreiben. Er führte hierzu aus, dass einerseits der Zeitraum des Aufschubs bzw. der Staffelung „lang genug" sein müsse, um das Problem einer sofortigen Besteuerung zu mildern.[1000] Andererseits müsse der Zeitraum an die wirtschaftlichen und rechtlichen Gegebenheiten des Wirtschaftslebens und der Unternehmensbesteuerung, wie etwa Regelungen zur Aufbewahrung von Geschäftsunterlagen und -belegen, angepasst sein. Eine Absage erteilte der GA dabei dem Vorschlag der Kommission, die Streckung des Erhebungszeitraums unter Berücksichtigung seiner voraussichtlichen wirtschaftlichen Nutzungsdauer wegen der aus seiner Sicht erheblichen praktischen Schwierigkeiten für den Steuerpflichtigen und das Finanzamt im Herkunftsstaat zu bemessen.[1001]

Welchen exakten Umfang eine solche notwendige Abmilderung haben sollte, führte der GA nicht aus. Ebenso wie auch der EuGH selbst beschränkte er sich auf die Aussage, dass ein Zehnjahreszeitraum zwangsläufig (also im Sinne von erst recht) als verhältnismäßig angesehen werden müsse, da der EuGH in seinem Urteil in der Rs. DMC[1002] bereits

---

[997] EuGH, Urt. v. 21.05.2015 – C-657/13 (Verder LabTec), ECLI:EU:C:2015:331, Rn. 36.

[998] EuGH, Urt. v. 21.05.2015 – C-657/13 (Verder LabTec), ECLI:EU:C:2015:331, Rn. 40-48.

[999] EuGH, Urt. v. 21.05.2015 – C-657/13 (Verder LabTec), ECLI:EU:C:2015:331, Rn. 51; bezüglich Sicherheiten oder Zinsen enthielt das Urteil keine konkreten Aussagen zum vorliegenden Sachverhalt, ausgenommen der allgemeinen Aussage, dass schon in der früheren Rechtsprechung entschieden wurde, dass der Aufschub der Zahlung ggf. zuzüglich Zinsen erfolgen könne (Rn. 49).

[1000] GA Jääskinen, Schlussanträge v. 26.02.2015 – C-657/13 (Verder LabTec), ECLI:EU:C:2015:132, Rn. 72.

[1001] GA Jääskinen, Schlussanträge v. 26.02.2015 – C-657/13 (Verder LabTec), ECLI:EU:C:2015:132, Rn. 71.

[1002] EuGH, Urt. v. 23.01.2014 – C-164/12 (DMC), ECLI:EU:C:2014:20, Rn. 64.

festgestellt habe, dass auch ein *Fünfjahreszeitraum* der Streckung ausreichend sei, um die nationale Vorschrift als verhältnismäßig einzustufen.[1003]
Dadurch, dass der EuGH explizit auch noch einmal auf eine fünfjährige Staffelung der Zahlung einging und daraus den Schluss zog, dass erst recht ein Zehnjahreszeitraum verhältnismäßig sein müsse, ist es m.E. auch ausgeschlossen, das Urteil so zu verstehen, dass *nur* ein Zehnjahreszeitraum der Verhältnismäßigkeitsprüfung des EuGH standhielte. Durch den Verweis auf seine frühere Rechtsprechung bestätigte der EuGH im Gegenteil sogar, dass er auch eine fünfjährige Streckung der Steuererhebung nach wie vor als ausreichend anerkennen will.

6. Rs. Kommission/Portugal

Die Besonderheit in diesem Urteil im Vergleich zu den zuvor dargestellten ist, dass hier ein Vertragsverletzungsverfahren durch die Kommission gegen die Republik Portugal eingeleitet wurde und demnach das portugiesische Recht ohne einen konkreten Sachverhalt zu beurteilen war.[1004]

a) Sachverhalt und Prüfungsgegenstand

Prüfungsgegenstand in diesem Verfahren waren gleich zwei portugiesische Regelungen des Código do Imposto sobre o Rendimento das Pessoas Singulares[1005] (im Folgenden „CIRS“):

Zum einen sah Art. 10 Abs. 9 Buchst. a) CIRS vor, dass bei einem Steuerpflichtigen, der seinen Wohnsitz im portugiesischen Hoheitsgebiet aufgibt, für die Zwecke der Besteuerung in dem Jahr der Wohnsitzaufgabe zu den Wertzuwächsen[1006] der Betrag hinzuzurechnen ist, der nach Art. 10 Abs. 8 CIRS beim Tausch von Gesellschaftsanteilen (damals) nicht besteuert wurde (nachfolgend „portugiesische Regelung I“).[1007] Die Norm sah also eine nachträgliche Besteuerung (infolge der Wohnsitzaufgabe) eines zeitlich vorgelagerten Tausches von Gesellschaftsanteilen vor, der nach gewissen Voraussetzungen damals zum Tauschzeitpunkt noch steuerneutral durchgeführt werden konnte. Der Besteuerung unterlag die Differenz zwischen dem tatsächlichen Wert der erhaltenen Anteile und dem Anschaffungswert der alten Anteile.

Daneben ging es um die unionsrechtliche Beurteilung des Art. 38 Abs. 1 Buchst. a) CIRS, wonach die Besteuerung einer natürlichen Person, die das gesamte für eine

[1003] EuGH, Urt. v. 21.05.2015 – C-657/13 (Verder LabTec), ECLI:EU:C:2015:331, Rn. 52; GA Jääskinen, Schlussanträge v. 26.02.2015 – C-657/13 (Verder LabTec), ECLI:EU:C:2015:132, Rn. 73.
[1004] Siehe auch *Kraft*, in: Kraft, AStG, § 6 Rn. 152.
[1005] Portugiesisches Einkommensteuergesetz.
[1006] Dabei handelt es ich um eine dem deutschen Recht vergleichbare „Einkunftsart“.
[1007] EuGH, Urt. v. 21.12.2016 – C-503/14 (Kommission/Portugal), ECLI:EU:C:2016:979, Rn. 4.

persönlich ausgeübte unternehmerische oder für eine Erwerbstätigkeit verwendete Vermögen an eine Gesellschaft überträgt (und hierfür im Gegenzug Anteile an der Kapitalgesellschaft erhält) nur dann „aufgeschoben“ werden kann, wenn die Gesellschaft, auf die das Vermögen übertragen wird, auch ihren satzungsmäßigen Sitz und ihre tatsächliche Geschäftsführung im portugiesischen Hoheitsgebiet hat (nachfolgend „portugiesische Regelung II“).[1008] Im Umkehrschluss wäre demnach eine sofortige Einziehung dieser Steuer – ohne Aufschub – dann vorzunehmen, wenn das Vermögen auf eine *ausländische* Gesellschaft übertragen wird.

b) Entscheidungsgründe

Im Kern ging es auch in diesem Urteilsfall um den Vergleich und die unterschiedlichen steuerlichen Auswirkungen zwischen Wohnsitzwechsel ins Ausland und Verbleib im Inland (portugiesische Regelung I) bzw. Vermögensübertragung auf eine inländische oder ausländische Kapitalgesellschaft (portugiesische Regelung II): In beiden Fällen wurde der grenzüberschreitende Sachverhalt jeweils anders beurteilt als der reine Inlandsfall, sodass der Liquiditätsnachteil durch die Besteuerung der grenzüberschreitenden Sachverhalte laut Gerichtshof eine Beschränkung der Grundfreiheiten darstellte.[1009] In beiden Fällen kam der EuGH wieder zu dem Ergebnis, dass eine *sofortige Erhebung* der Steuer abermals nicht verhältnismäßig sein könne, wenn doch mit einem Wahlrecht des Steuerpflichtigen zwischen sofortiger Zahlung und Zahlungsaufschub in beiden Fällen jeweils ein milderes und ebenso geeignetes Mittel für Portugal zur Verfügung stünde, um die „Aufteilung der Besteuerungsbefugnisse zwischen den Mitgliedstaaten“[1010] sicherzustellen.[1011]

c) Einordung des Urteils

Vor dem Urteil in der Rs. Kommission/Portugal ließ sich die Rechtsprechung des EuGH bezüglich der Entstrickungsbesteuerung in zwei Phasen unterteilen:

aa) Erste Phase

In den Urteilen in den Rs. Lasteyrie du Saillant und N stellte der EuGH fest, dass eine sofortige Einziehung einer Steuer auf stille Reserven in Wirtschaftsgütern im Zeitpunkt des Wegzugs einer natürlichen Person – ohne Aufschub – gegen die Grundfreiheiten verstoße, soweit eine vergleichbare Steuer bei einem Umzug im Inland nicht erhoben werde.

[1008] EuGH, Urt. v. 21.12.2016 – C-503/14 (Kommission/Portugal), ECLI:EU:C:2016:979, Rn. 5.
[1009] EuGH, Urt. v. 21.12.2016 – C-503/14 (Kommission/Portugal), ECLI:EU:C:2016:979, Rn. 44, 47 und 87.
[1010] EuGH, Urt. v. 21.12.2016 – C-503/14 (Kommission/Portugal), ECLI:EU:C:2016:979, Rn. 60.
[1011] EuGH, Urt. v. 21.12.2016 – C-503/14 (Kommission/Portugal), ECLI:EU:C:2016:979, Rn. 59f. (für die portugiesische Regelung I) und Rn. 87 (für die portugiesische Regelung II).

Für den Zahlungsaufschub dürften weder eine Sicherheit noch Zinsen[1012] verlangt werden. Wertminderungen in den Wirtschaftsgütern, die nach dem Wegzug auftreten, sind nach Ansicht des EuGH vom Wegzugsstaat zu berücksichtigen, sofern diese nicht im Zuzugsstaat geltend gemacht werden können (Einmalberücksichtigung).[1013] Wie bereits dargestellt, betrafen diese beiden Urteile den Wegzug einer natürlichen Person und stille Reserven in Beteiligungen, die im *Privatvermögen* gehalten wurden. Dies wird innerhalb der Literatur auch als „erste Phase“ bezeichnet.[1014]

bb) Zweite Phase

Im Rahmen der Fortentwicklung seiner Rechtsprechung, was hier als „zweite Phase“ bezeichnet werden soll, legte der EuGH für den betrieblichen Bereich einen weniger strengen Maßstab an.[1015]
Demnach hielt es der EuGH zunächst für ausreichend, wenn dem Steuerpflichtigen bezüglich der – zulässigerweise – festgesetzten Wegzugsteuer die Wahl eingeräumt wird zwischen einer sofortigen Erhebung und einer Stundung in pauschalen Ratenzahlungen auf eine bestimmte Zeit[1016] gegen Zinsen[1017] und ggf. gegen Stellung von Sicherheiten.[1018]
Darüber hinaus seien die Wegzugstaaten nicht verpflichtet, spätere Wertminderungen in den betrieblich genutzten Wirtschaftsgütern zu berücksichtigen; selbst dann nicht, wenn diese Wertminderungen auch im Zuzugsstaat steuerlich unberücksichtigt blieben.[1019]
In der Literatur wird sodann das Urteil in der Rs. Kommission/Portugal als dasjenige gesehen, das – angeblich – eine Verbindung zwischen diesen beiden Phasen herstelle; ein Großteil der Literatur vertritt dazu die Auffassung, dass der EuGH damit endgültig die Unterscheidung zwischen Entstrickungen im Betriebsvermögen und Privatvermögen aufgegeben hat und nunmehr einheitliche Grundsätze und Anforderungen an die Entstrickungsbesteuerung stellen wird.[1020]

[1012] Dies wurde zwar mangels Relevanz in dem Urteil nicht ausdrücklich entschieden, jedoch ist dies aus den Ausführungen des EuGH in der Rs. N zu den Verzugszinsen bei Freigabe einer unter Verletzung nationalen Rechts verlangten Sicherheit herauszulesen, siehe EuGH, Urt. v. 07.09.2006 – C-470/04 (N), ECLI:EU:C:2006:525, Rn. 67.

[1013] *Mechtler/Spies*, ISR 2016, 430 (431).

[1014] *Mechtler/Spies*, ISR 2016, 430 (431); *Wacker*, IStR, 2017, 926 (928).

[1015] Vgl. *Lampert,* in: Musil/Weber-Grellet, Europäisches Steuerrecht, § 6 AStG, Rn. 45.

[1016] Bspw. EuGH, Urt. v. 23.01.2014 – C-164/12 (DMC), ECLI:EU:C:2014:20, Rn. 62; EuGH, Urt. v. 21.05.2015 – C-657/13 (Verder LabTec), ECLI:EU:C:2015:331, Rn. 52.

[1017] Bspw. EuGH, Urt. v. 29.11.2011 – C-371/10 (National Grid Indus), ECLI:EU:C:2011:785, Rn. 73.

[1018] Bspw. EuGH, Urt. v. 29.11.2011 – C-371/10 (National Grid Indus), ECLI:EU:C:2011:785, Rn. 74.

[1019] EuGH, Urt. v. 29.11.2011 – C-371/10 (National Grid Indus), ECLI:EU:C:2011:785, Rn. 61 f., *Mechtler/Spies*, ISR 2016, 430 (432).

[1020] *Wacker,* IStR, 2017, 926 (928); *Musil,* EuZW 2017, 180 (187); Mitschke, IStR 2017, 69 (76f.); siehe auch Fußnote 1033.

d) Analyse

Es ist zunächst klarzustellen, dass aus dem Urteil schon nicht eindeutig hervorgeht, ob es sich bei dem dortigen Gegenstand der Wegzugs- bzw. Entstrickungsbesteuerung überhaupt um Anteile des steuerlichen Privat- oder Betriebsvermögens handelt.[1021] Der EuGH stellte weder einen ausdrücklichen Vergleich noch eine dezidierte Abgrenzung von Betriebs- und Privatvermögen auf. Die Deutungen und Interpretationen des Urteils innerhalb der Literatur führten dennoch dazu, dass mehrere Vergleiche, Gegenüberstellungen, Verbindungen und Abgrenzungen vorgenommen wurden, die zwar alle auf das Urteil in der Rs. Kommission/Portugal hinweisen, inhaltlich aber unterschiedliche Ebenen erfassen und ansprechen.

aa) Gegenständliche und persönliche Entstrickung

Es wird zunächst vertreten, dass mit dem Urteil in der Rs. Kommission/Portugal eine Unterscheidung zwischen gegenständlicher und persönlicher Entstrickung aufgegeben wurde.[1022] Noch zuvor wurden innerhalb der ersten Phase der EuGH-Rechtsprechung (Rs. Lasteyrie du Saillant und N) bei der persönlichen Entstrickung noch andere Maßstäbe angewandt als später in der zweiten Phase (Rs. National Grid Indus, DMC und Verder LabTec), in der es um die gegenständliche Entstrickung ging.[1023]

Die Abgrenzung zwischen gegenständlicher und persönlicher Entstrickung enthält m.E. jedoch noch keine Aussage dazu, auf welcher steuerlichen Ebene die Entstrickung anzusiedeln ist. Eine Abgrenzung zwischen persönlicher und gegenständlicher Entstrickung betrifft daher vielmehr nur das tatbestandsauslösende Ereignis, das zur Wegzugsteuer (bzw. allgemein zur Entstrickungssteuer) führt. Eine Entstrickungssteuer auf privater Ebene des Anteilseigners kann dabei auch bei einer gegenständlichen Entstrickung insbesondere dann entstehen, wenn die Anteile an der Kapitalgesellschaft in eine andere (ausländische) Betriebstätte überführt werden oder die Kapitalgesellschaft ihren Sitz ins Ausland verlegt; beides würde auch auf Ebene des steuerlichen Privatvermögens des Anteilseigners Auswirkungen haben, wenn entweder dadurch eine Wegzugsteuer nach § 6 Abs. 1 Satz 2 Nr. 3 AStG a.F. ausgelöst würde oder aber die Sitzverlegung der Gesellschaft zu einer fiktiven Veräußerung der Anteile i.S.d § 17 Abs. 5 EStG – ebenfalls auf

---

[1021] So auch *Micker/Schwarz,* IWB 2017, 344 (350); *Kraft*, in: Kraft, AStG, § 6 Rn. 159; *Mischke*, IStR 2017, 69 (76).

[1022] *Wacker*, IStR, 2017, 926 (928) mit der zusätzlichen Aussage, dass die Entscheidung des Gerichtshofs in der Rs. Kommission/Portugal keine Unterscheidung zwischen (i) „unternehmerischen Einkünften“ und „nicht unternehmerischen Einkünften“ oder (ii) zwischen „Betriebsvermögen und Privatvermögen“ zulasse, da der EuGH die portugiesischen Regelungen nicht nur der Niederlassungsfreiheit, sondern auch der Arbeitnehmerfreizügigkeit unterworfen habe, siehe hierzu auch noch unter cc).

[1023] Im Ergebnis so auch *Wacker*, IStR, 2017, 926 (928).

Anteilseignerebene - führt[1024] und somit abermals eine Besteuerung von Privatvermögen mit sich ziehen würde.

bb) Kapitalgesellschaft und natürliche Person

Insoweit eindeutiger beinhaltet das Urteil eine ausdrückliche Klarstellung dahingehend, dass es nach Ansicht des EuGH „keinen objektiven Grund [gibt], bei der Wegzugsbesteuerung für latente Wertzuwächse zwischen natürlichen [...] und juristischen Personen zu unterscheiden.“[1025] Demgemäß entfällt auch jeder Grund dafür, im Hinblick auf die Rechtfertigung der in Frage stehenden Beschränkungen der Grundfreiheiten danach zu differenzieren, ob der Wegzug juristischer Personen (Urteil in der Rs. National Grid Indus) oder der Wegzug natürlicher Personen (portugiesische Regelung I im Urteil in der Rs. Kommission/Portugal) zu beurteilen ist.[1026] In seinem Urteil übertrug der EuGH die Grundsätze des Urteils in der Rs. National Grid Indus zu Kapitalgesellschaften auch auf die Besteuerung von nicht realisierten Wertzuwächsen bei natürlichen Personen.[1027] Damit ist allerdings nur der persönliche Anwendungsbereich der Norm umfasst und enthält keine weitergehende Aussage darüber, ob es sich bei der *sachlichen* Anwendung und der Frage, welches Vermögen von einer nationalen Entstrickungsvorschrift umfasst ist, um Betriebs- oder Privatvermögen handeln muss und folglich auch nicht, ob die Maßstäbe des EuGH auf die Entstrickung im Betriebs- und Privatvermögen gleichermaßen anwendbar sind.[1028] Denn immerhin kann eine persönliche Entstrickung bei einer *natürlichen Person* auch solche Fälle umfassen, in denen der Steuerpflichtige als natürliche Person bspw. Anteile im Betriebsvermögen seines Einzelunternehmens hält und durch den Wegzug die stillen Reserven im Betriebsvermögen besteuert würden. Mit der „Ausweitung“ der Urteilsgrundsätze auf natürliche Personen könnte der EuGH demnach lediglich die Intention verfolgt haben, dabei auch die unternehmerische Betätigung natürlicher Personen im Bereich des Betriebsvermögens zu erfassen.[1029] Eine eindeutige Erkenntnis aus

---

[1024] Siehe hierzu ausführlich unter F.II.

[1025] EuGH, Urt. v. 21.12.2016 – C-503/14 (Kommission/Portugal), ECLI:EU:C:2016:979, Rn. 56.

[1026] So auch *Wacker,* IStR 2017, 926 (928); *Henze*, ISR 2017, 47 (49); *Musil,* EuZW 2017, (187); a.A. die EU-Kommission mit der Aussage, dass sich Portugal nicht auf das Urteil in der Rs. National Grid Indus stützen könne, in dem es um die Sitzverlegung einer Kapitalgesellschaft ins Ausland (also quasi um den „Wegzug“ der Kapitalgesellschaft) ging, da das Urteil nicht auf den Wegzug natürlicher Personen übertragbar sei, siehe EuGH, Urt. v. 21.12.2016 – C-503/14 (Kommission/Portugal), ECLI:EU:C:2016:979, Rn. 26.

[1027] *Kraft*, in: Kraft, AStG, § 6 Rn. 158.

[1028] So auch *Kraft*, in: Kraft, AStG, § 6 Rn. 159 mit dem Hinweis, dass sich eine Übertragung der Grundsätze auch auf den Privatbereich ergeben, „nicht mit letzter Sicherheit schlussfolgern [lässt].“

[1029] *Micker/Schwarz*, IWB 2017, 344 (350); differenziert *Mischke*, IStR 2017, 69 (77); vgl. hierzu auch GA Kokott, Schlussanträge v. 21.12.2016 – C-646/15 (Trustees of the P Panayi Accumulation & Maintenance Settlements), ECLI:EU:C:2016:1000, Rn. 63 mit dem Hinweis, dass der Gerichtshof im Ergebnis weniger zwischen der Verlustberücksichtigung bei natürlichen und juristischen Personen differenziere, sondern vielmehr zwischen der Verlustberücksichtigung von Privat- und Betriebsvermögen.

der Gleichstellung von natürlichen und juristischen Personen dahingehend, ob auch steuerliches *Privatvermögen* natürlicher Personen gleich zu behandeln sei, ist dem Urteil m.E. hingegen nicht ausdrücklich zu entnehmen.[1030]

Übertragen auf den konkreten Sachverhalt im Urteil in der Rs. Kommission/Portugal lässt sich wie folgt zusammenfassen:
Bei der portugiesischen Regelung I hatte lediglich der Wegzug einer natürlichen Person in einen anderen Mitgliedstaat als *auslösendes Moment* zur Folge, dass eine Besteuerung der noch nicht realisierten Werte innerhalb der im (zeitlich vorgelagerten) Tausch erhaltenen Gesellschaftsanteile stattgefunden hat. In seinen Ausführungen zur Beschränkung von Grundfreiheiten und deren Rechtfertigung wird deutlich, dass der EuGH eine natürliche Person einer Kapitalgesellschaft gleichstellt und ebenso die persönliche Entstrickung durch Wegzug (portugiesische Regelung I) der gegenständliche Entstrickung (portugiesische Regelung II) gleichsetzt. Gleichzeitig ist damit aber noch nicht eindeutig gesagt, dass es sich bei den von der portugiesischen Regelung I umfassten Anteile auch um solche handelt, die der Steuerpflichtige in seinem Privatvermögen hält. Lediglich dem portugiesischen Gesetz selbst ist ein Hinweis darauf zu entnehmen, dass von der portugiesischen Regelung I (nur) Anteile im steuerlichen Privatvermögen umfasst sein *könnten*, da es die „Wertzuwächse" als solche Gewinne definiert, „die keine Einkünfte aus Gewerbebetrieb und kein Erwerbseinkommen, keine Kapitalerträge oder Einkünfte aus unbeweglichem Vermögen darstellen."[1031]
Bei der portugiesischen Regelung II ist dies schon deutlicher: Hier ist schon im Tatbestand eindeutig zu erkennen, dass es sich um unternehmerisches Vermögen einer natürlichen Person handelt, das als Ganzes gegen Gewährung von Anteilen auf eine Kapitalgesellschaft mit Sitz im Ausland übertragen wurde.[1032]

In seinen Entscheidungsgründen nahm der EuGH hingegen diesbezüglich keine klare Abgrenzung zwischen Privat- und Betriebsvermögen vor, sodass unklar ist und bleibt, ob sich das Urteil gleichermaßen auf beide Vermögenssphären bezieht.

[1030] So auch *Jabrayilov*, SAM 2017, 83 (91).

[1031] Art. 10 Abs. 1 CIRS, EuGH, Urt. v. 21.12.2016 – C-503/14 (Kommission/Portugal), ECLI:EU:C:2016:979, Rn. 4; so auch *Wacker*, IStR 2017, 923 (927f.).

[1032] Zwar ist hier die Rede von dem gesamten für die unternehmerische *oder die Erwerbstätigkeit* verwendeten Vermögen. Später fasst der EuGH dies als das „gesamte zur Rede stehende Vermögen" zusammen (bspw. in Rn. 83). Es wird daher deutlich, dass es sich dabei um eine abgegrenzte Vermögenseinheit handeln muss, die etwa durch einen Betrieb definiert und abgegrenzt werden kann; so wäre es andernfalls schwer möglich, das „gesamte" zur Erwerbstätigkeit verwendete Vermögen abzugrenzen, wenn es auch das gesamte Privatvermögen einer natürlichen Person umfassen würde, welches sie bspw. für Arbeitnehmertätigkeiten verwendet. Die Kommission benennt die Vermögensübertragung zudem als „Übertragung von Aktiva und Passiva" (siehe Rn. 74), wodurch auch nochmal die Auffassung der Kommission deutlich wird, dass es sich um Betriebsvermögen handelt; so auch zu verstehen *Henze*, ISR 2017, 47 (48).

cc) Aufgabe der Unterscheidung zwischen Betriebs- und Privatvermögen

Auch wenn es allein anhand des Urteils in der Rs. Kommission/Portugal nicht eindeutig erscheint, so wird dennoch in einem großen Teil der Literatur die Meinung vertreten, dass der EuGH seine bislang vorgenommene Trennung zwischen Betriebsvermögen und Privatvermögen aufgehoben habe.[1033]

Zu dieser Meinung wird zum einen angeführt, in Bezug auf die portugiesische Regelung I habe der EuGH nicht nur die Anwendbarkeit der Niederlassungsfreiheit, sondern auch die der Arbeitnehmerfreizügigkeit nach Art. 45 AEUV bejaht.[1034] Die Anwendbarkeit der Arbeitnehmerfreizügigkeit zielt, wie bereits erläutert, dabei auf die nicht unternehmerischen, unselbständigen und weisungsgebundenen Arbeitnehmerverhältnisse ab,[1035] sodass dieses Argument der Literaturmeinung dahingehend zu verstehen ist, dass der EuGH bei der portugiesischen Regelung I auch Sachverhalte vor Augen gehabt habe, in denen die natürliche Person Anteile im Privatvermögen hält (ähnlich der Grundsituation des § 6 AStG) und die Anwendbarkeit der Niederlassungsfreiheit (unterstellt, ein wesentlicher Einfluss auf die Kapitalgesellschaft wäre nicht gegeben) nicht bejaht werden könne. Diese Meinung geht wohl davon aus, dass der EuGH sich Ausführungen zur Arbeitnehmerfreizügigkeit insofern auch habe sparen können, wenn er ohnehin nur Sachverhalte des Betriebsvermögens im Auge gehabt habe.
Allerdings ist darauf hinzuweisen, dass der EuGH an dieser Stelle seines Urteils *allgemeine* Aussagen zu beiden Grundfreiheiten traf und nicht explizit darauf einging, wann nach seiner Ansicht die portugiesische Regelung I unter die eine oder die andere Grundfreiheit fällt. Ob sich also der Tatsache, dass sich der EuGH pauschal auch mit der Arbeitnehmerfreizügigkeit beschäftigte, eine klare Aussage zur Gleichsetzung von Entstrickungen im Privat- und Betriebsvermögen entnehmen lässt, ist m.E. daher zweifelhaft, zumal das Urteil ohnehin keinen konkreten Sachverhalt zu beurteilen hatte (dann wäre im Zweifel deutlicher erkennbar gewesen, in welchem steuerlichen Vermögen sich die Anteile des Steuerpflichtigen befunden hätten), sondern das Verfahren durch die Kommission wegen eines mutmaßlichen Verstoßes Portugals gegen die Verpflichtung aus dem AEUV als Vertragsverletzungsverfahren initiiert wurde und der EuGH nur abstrakte Norminhalte zu überprüfen hatte.[1036]
Wird argumentiert, der EuGH habe in der Rn. 53 seines Urteils eindeutig gesagt, dass es keinen Unterschied mache, ob es sich um die Besteuerung von Wertzuwächsen innerhalb

[1033] *Englisch*, in: Schaumburg/Englisch, Europäisches Steuerrecht, Rn. 7.231; *Wacker*, IStR, 2017, 926 (928); *Musil*, EuZW 2017, 180 (187); *Mitschke*, IStR 2017, 69 (76f.); *Mitschke*, IStR 2018, 278 (280); *Hohenwarter-Mayr*, EWS 2019, 129 (131).
[1034] EuGH, Urt. v. 21.12.2016 – C-503/14 (Kommission/Portugal), ECLI:EU:C:2016:979, Rn. 45; Vgl. *Wacker*, IStR 2017,926 (928).
[1035] Siehe ausführlich unter E.II.1.b).
[1036] Siehe auch *Kraft*, in: Kraft, AStG, § 6 Rn. 152.

eines *Unternehmens* oder bei einer natürlichen Person handelt,[1037] ließe sich daraus zwar durchaus ein Hinweis darauf entnehmen, dass der EuGH auch Betriebs- und Privatvermögen einheitlich behandeln möchte. Ausdrücklich sagte er dies allerdings nicht. Denkbar ist in Bezug auf diese Aussage des Gerichtshofs nämlich auch, dass der EuGH bei seinem Vergleich das Betriebsvermögen einer natürlichen Person meint, das er mit dem (Betriebsvermögen) anderer Unternehmen[1038] gleichstellt. Der wiederholte Verweis[1039] auf die Rs. National Grid Indus macht dabei deutlich, dass sich der EuGH wohl gedanklich stets im Betriebsvermögen aufhält, ohne dabei zu sagen, ob er diese Kriterien auch auf das Privatvermögen übertragen möchte.

Die Gegenansicht, die weiterhin eine Differenzierung zwischen Betriebs- und Privatvermögen als zutreffend erachtet, stützt sich im Wesentlichen auf den Umgang des EuGH mit seiner eigenen Rechtsprechung. Da sich der EuGH nämlich gerade nicht eindeutig zu der Frage äußerte, ob sein eigenes Urteil in der Rs. Kommission/Portugal auch auf das Privatvermögen anzuwenden sei, wird gefolgert, dass auch keine Abkehr von der bisherigen Rechtsprechung (Trennung zwischen Betriebs- und Privatvermögen) durch den EuGH beabsichtigt war:[1040] Hätte der EuGH nicht zum Ausdruck gebracht, wenn er seine Rechtsprechung habe ändern und von der Unterscheidung zwischen Betriebs- und Privatvermögen abkehren wollen? Es stellt sich auch die Frage: Wieso hat der EuGH in seinen späteren Urteilen der zweiten Phase nicht ausdrücklich etwas zur Unterscheidung gesagt, zumal er an dieser Stelle, an der er bereits die Unterscheidung zwischen juristischen und natürlichen Personen aufgegeben hatte, ebenso die einmalige Chance gehabt hätte, auch die Unterscheidung zwischen Betriebs- und Privatvermögen aufzugeben. Daher wird auch dem „Schweigen des EuGH"[1041] zur Unterscheidung zwischen Betriebs- und Privatvermögen ein Argument dafür entnommen, dass eine solche nach wie vor angebracht sei. An anderer Stelle wird daran angelehnt argumentiert, dass der EuGH eine derart gravierende Änderung der Rechtsprechung und eine Abkehr von den Rs. Lasteyrie du Saillant und N wohl kaum einfach „im Vorbeigehen" vorgenommen hätte.[1042] Formulierungen wie „in Abkehr zur" oder „unter Aufgabe der" bisherigen Rechtsprechung lassen das Urteil in der Rs. Kommission/Portugal vermissen.

[1037] EuGH, Urt. v. 21.12.2016 – C-503/14 (Kommission/Portugal), ECLI:EU:C:2016:979, Rn. 53.

[1038] So z.B. in EuGH, Urt. v. 29.11.2011 – C-371/10 (National Grid Indus), ECLI:EU:C:2011:785, mit dem Vergleich zu dem Betriebsvermögen einer Kapitalgesellschaft.

[1039] Bspw. EuGH, Urt. v. 21.12.2016 – C-503/14 (Kommission/Portugal), ECLI:EU:C:2016:979, Rn. 52, 53, 57, 58; vgl. zur wiederholten Bezugnahme auf die Rs. National Grid Indus auch *Orthmann*, Entstrickungsbesteuerung und Niederlassungsfreiheit, S. 415, der darin ein Indiz für eine „gefestigte Rechtsprechung" sieht.

[1040] *Häck,* in: F/W/B/S, AStG, Stand: 07/2021, § 6 Rn. 156; *Lampert,* in: Musil/Weber-Grellet, Europäisches Steuerrecht, § 6 AStG, Rn. 46; *Jabrayilov*, SAM 2017, 83 (91).

[1041] *Häck,* in: F/W/B/S, AStG, Stand: 07/2021, § 6 Rn. 156: „stillschweigend".

[1042] *Lampert,* in: Musil/Weber-Grellet, Europäisches Steuerrecht, § 6 AStG, Rn. 46.

Ob der EuGH in seiner späteren Entscheidung in der Rs. Picart[1043] die Sichtweise einer unterschiedlichen Behandlung von Privat- und Betriebsvermögen hingegen sogar bestätigt hat,[1044] bleibt zweifelhaft. Die wesentliche Kernaussage des Urteils in der Rs. Picart ist, dass der französische Kläger, der aus privaten Gründen von Frankreich in die Schweiz zog, aufgrund seiner Tätigkeitssituation nicht als „Selbständiger" i.S.d. FZA[1045] gelte und sich somit auch nicht auf dieses Abkommen berufen könne.[1046]
Der als Argument für den Fortbestand der Rechtsprechung angeführte Verweis des EuGH auf das Urteil in der Rs. N[1047] bezog sich lediglich darauf, dass die im Urteil in der Rs. N aufgestellten Auslegungskriterien für die Anwendbarkeit der Niederlassungsfreiheit in Art. 49 AEUV nicht auch automatisch auf die Auslegung des im Urteil in der Rs. Picart zur Rede stehenden Freizügigkeitsabkommens anzuwenden seien. Auf die Aussagen des EuGH in der Rs. N zu den einzelnen Modalitäten der Stundung im Bereich der im Privatvermögen gehaltenen Anteile bezog sich der EuGH in der Rs. Picart hingegen nicht. Zudem scheint die Bezugnahme auf die Rs. N auch nicht derart „bemerkenswert"[1048] und bedeutend zu sein, da diese Bezugnahme bereits Bestandteil der Vorlagefrage durch das französische Gericht war und sich der EuGH schon aufgrund der Formulierung dieser Vorlagefrage[1049] mit dem Urteil auseinandersetzen musste.

Nichtsdestotrotz ist es in der Tat erstaunlich, dass sich der EuGH (i) weder in seiner angeblichen „Abkehrentscheidung" in der Rs. Kommission/Portugal (ii) noch in der späteren Rechtsprechung nach diesem Urteil deutlich von den Rs. Lasteyrie du Saillant und N abgrenzt.
Zwar sind das Verhalten des EuGH und der Umgang mit seiner eigenen Rechtsprechung weder ein eindeutiger Beweis für eine Rechtsprechungsänderung noch für das Gegenteil. Dennoch ist es zumindest „bemerkenswert", dass der EuGH weder in der Rs. Kommission/Portugal noch in seinen späteren Urteilen erwähnte, dass es in Bezug auf das Privatvermögen jemals eine Rechtsprechungsänderung gegeben habe und noch dazu im Urteil in der Rs. Picart (aus welchen Gründen auch immer) erneut ein Urteil zitiert wird, das – wäre eine Rechtsprechungsänderung in Bezug auf das Privatvermögen tatsächlich erfolgt – zwischenzeitlich als überholt angesehen werden müsste.

[1043] EuGH, Urt. v. 15.03.2018 – C-355/16 (Picart), ECLI:EU:C:2018:184.

[1044] So *Häck,* in: F/W/B/S, AStG, Stand: 07/2021, § 6 Rn. 156, wobei der dort *im Ergebnis* vertretenen Auffassung einer nach wie vor gebotenen Unterscheidung zwischen den beiden steuerlichen Sphären hier zugestimmt wird.

[1045] Abkommen zwischen der Europäischen Gemeinschaft und ihren Mitgliedstaaten einerseits und der Schweizerischen Eidgenossenschaft andererseits über die Freizügigkeit, unterzeichnet in Luxemburg am 21. Juni 1999 (ABl. 2002, L 114, S. 6, im Folgenden: „FZA").

[1046] EuGH, Urt. v. 15.03.2018 – C-355/16 (Picart), ECLI:EU:C:2018:184, Rn. 27-29.

[1047] EuGH, Urt. v. 07.09.2006 – C-470/04 (N), ECLI:EU:C:2006:525, dort noch für Anteile im Privatvermögen entscheidend, dass eine dauerhafte Stundung ohne Sicherheitsleistungen zu gewähren sei.

[1048] So *Mitschke,* IStR 2018, 278 (280).

[1049] EuGH, Urt. v. 15.03.2018 – C-355/16 (Picart), ECLI:EU:C:2018:184, Rn. 13.

Ob es eine Rechtsprechungsänderung nach der Entscheidung in der Rs. Kommission/Portugal gab und ob der EuGH Betriebs- und Privatvermögen generell gleichsetzt (was nach der hier vertretenen Meinung angezweifelt wird), kann nach der heutigen Sicht zumindest in Bezug auf die Beurteilung der Wegzugsbesteuerung des § 6 AStG dahinstehen, da die Norm in der Rs. Wächtler[1050] erneut auf dem Prüfstand war und darin explizit auf die im Privatvermögen eines Steuerpflichtigen gehaltenen Kapitalgesellschaftsanteile sowie auf die Frage eingegangen wird, wie eine Besteuerung der latenten Wertzuwächse beim Wegzug dieses Steuerpflichtigen aus Sicht des EuGH ausgestaltet sein muss.

dd) Stundungsmodalitäten

Unabhängig von der Fragestellung, ob die Unterscheidung zwischen Betriebs- und Privatvermögen nach dem Urteil in der Rs. Kommission/Portugal weiterhin in der EuGH-Rechtsprechung Bestand hat oder ob diese Unterscheidung aufgegeben wurde, lassen sich nur wenige Schlussfolgerungen aus dem Urteil in der Rs. Kommission/Portugal in Bezug auf die genauen Stundungsmodalitäten ziehen.

Selbst in der Debatte, in der es darum geht, ob Betriebs- und Privatvermögen gleichermaßen behandelt werden müssen und gleiche Maßstäbe an die unionsrechtliche Rechtfertigung von Beschränkungen der Grundfreiheiten anzulegen seien, scheint es eine Einigkeit darüber zu geben, dass zumindest die sofortige Besteuerung ohne jegliche Art von Zahlungsaufschüben der europäischen Rechtsprechung nicht genügt.[1051] Fraglich ist aber, wie der Aufschub gestaltet werden muss: dauerhaft oder ratierlich, mit oder ohne Sicherheiten und Zinsen. Die Aussagen des EuGH hierzu beschränken sich darauf, dass sowohl Zinsen als auch Sicherheitsleistungen während des Aufschubzeitraums verlangt werden dürfen.[1052] Auffallend an dem Urteil ist, dass hier trotz Verweis auf die frühere Rechtsprechung (vor allem auf die Rs. National Grid Indus) nicht ausdrücklich hervorgeht, *wie lange* die Dauer des Aufschubs nach Ansicht des EuGH sein muss. Während im Urteil in der Rs. National Grid Indus noch von einem Aufschub bis zur tatsächlichen Realisierung der Vermögenszuwächse die Rede war[1053] und später dann in den Urteilen in den Rs. DMC[1054] und Verder LabTec [1055] von einer Aufschubzeit von fünf Jahren gesprochen wird, enthält das Urteil in der Rs. Kommission/Portugal hierzu keine genaue Aussage, was wohl u.a. auch dem Umstand geschuldet sein wird, dass sich der EuGH hier mit abstrakten Fragen in Bezug auf das portugiesische Recht auseinandersetzen musste anstatt mit einem konkreten Sachverhalt. In den entscheidenden Randziffern des Urteils, in denen die Angemessenheit einer sofortigen Steuererhebung diskutiert wird, heißt es lediglich, dass dem Steuerpflichtigen eine Wahl zwischen der sofortigen Zahlung der

---

[1050] EuGH, Urt. v. 26.02.2019 – C-581/17 (Wächtler), ECLI:EU:C:2019:138; siehe hierzu auch ausführlich unter E.III.7.

[1051] Stellvertretend *Wilke*, in: AStG – eKommentar, Stand: 03/2019, § 6 Rn. 25.

[1052] EuGH, Urt. v. 21.12.2016 – C-503/14 (Kommission/Portugal), ECLI:EU:C:2016:979, Rn. 59.

[1053] EuGH, Urt. v. 29.11.2011 – C-371/10 (National Grid Indus), ECLI:EU:C:2011:785, Rn. 67.

[1054] EuGH, Urt. v. 23.01.2014 – C-164/12 (DMC), ECLI:EU:C:2014:20, Rn. 62.

[1055] EuGH, Urt. v. 21.05.2015 – C-657/13 (Verder LabTec), ECLI:EU:C:2015:331, Rn. 52.

Steuer (gemeint ist die Schlussrechnungssteuer bzw. in unserem Sprachgebrauch die Wegzugsteuer) und „eine Aufschiebung der Zahlung dieser Steuer“[1056] bzw. „dieses Betrags“[1057] gelassen werden müsse. Eine eindeutige Aussage, wie lange dieser zur Wahl stehende Zahlungsaufschub ausgestaltet werden muss, enthält das Urteil hingegen nicht.

Wacker ist dennoch schon damals der Auffassung gewesen, aufgrund der – scheinbaren – Aufgabe der Unterscheidung zwischen Betriebs- und Privatvermögen, müsse angelehnt an die Rechtsprechung des EuGH die dauerhafte Stundung des § 6 Abs. 5 AStG wegfallen.[1058] Dies ist dem Urteil jedoch gerade nicht zu entnehmen. Vorzugswürdig ist daher die Ansicht, dass die Entscheidung in der Rs. Kommission/Portugal keineswegs einen „Freibrief für den Gesetzgeber [enthalte], die dauerhafte Stundung nach § 6 Abs. 5 AStG (a.F.) in eine gestreckte Zahlungsmethode über fünf Jahre umzuwandeln“.[1059] Denn selbst wenn eine Aufgabe der bisherigen Rechtsprechung in das Urteil hinein interpretiert werden könnte und sich eine Aufgabe der Unterscheidung zwischen Betriebs- und Privatvermögen dem Urteil entnehmen ließe, so würde dies für die Stundungs- bzw. Aufschubvoraussetzungen lediglich schließen lassen, dass es dem nationalen Gesetzgeber freistehe, Sicherheiten und Zinsen während des Aufschubzeitraums zu verlangen,[1060] um das Nichteinbringungsrisiko entsprechend zu kompensieren. Ob der Gesetzgeber im Privatvermögen hingegen – wie im Bereich des Betriebsvermögens bereits entschieden – allein auf eine ratierliche Zahlung der Wegzugsteuer und eine zeitlich befristete Stundung (etwa auf fünf Jahre) zurückgreifen darf, oder ob ein Aufschub der Zahlung bis zur tatsächlichen Veräußerung der Anteile und der Realisierung der Wertzuwächse erfolgen muss, ist dem Urteil in der Rs. Kommission/Portugal hingegen nicht abschließend zu entnehmen.[1061]

[1056] EuGH, Urt. v. 21.12.2016 – C-503/14 (Kommission/Portugal), ECLI:EU:C:2016:979, Rn. 59.
[1057] EuGH, Urt. v. 21.12.2016 – C-503/14 (Kommission/Portugal), ECLI:EU:C:2016:979, Rn. 60.
[1058] *Wacker*, IStR 2017, 926 (928).
[1059] *Häck,* in: F/W/B/S, AStG, Stand: 07/2021, § 6 Rn. 156.
[1060] Denn hierzu nimmt der EuGH explizit Stellung in Rn. 59.
[1061] Vgl. auch *Kraft*, in: Kraft, AStG, § 6 Rn. 160 mit der Aussage, dass die Bedeutung der Entscheidung in der Rs. Kommission/Portugal darin zu sehen sei, dass dem Steuerpflichtigen ein Wahlrecht zwischen Sofortbesteuerung und Besteuerungsaufschub zu gewähren sein soll. Eine Aussage bezüglich der erforderlichen (Mindest-) Dauer dieses Besteuerungsaufschubs (gemeint ist die Erhebung der Steuer) lässt sich dieser Ansicht nicht eindeutig entnehmen; zutreffend der Hinweis von *Häck*, dass der EuGH in der Rs. Kommission/Portugal auf die Formulierung seiner früheren Urteile zurückgreife, der Aufschub der Stundung sei für den Steuerpflichtigen „notwendigerweise mit Verwaltungsaufwand im Zuge der Nachverfolgung […] verbunden“ (EuGH, Urt. v. 29.11.2011 – C-371/10 (National Grid Indus), ECLI:EU:C:2011:785, Rn. 73). Ein solcher Verwaltungsaufwand mache sich aber erst bei einer dauerhaften Stundung bemerkbar, nicht hingegen bei einer bspw. nur über fünf Jahre zu stundenden Steuer, sodass anhand dieser „Selbstzitierung“ des EuGH darauf zu schließen sei, dass er auch in der Rs. Kommission/Portugal von einer notwendigen *dauerhaften* Stundung ausgehe, *Häck,* in: F/W/B/S, AStG, Stand: 07/2021, § 6 Rn. 156.

7. Rs. Wächtler

a) Einordung des Urteils

Rund zwei Jahre nach dem Urteil in der Rs. Kommission/Portugal befasste sich der EuGH in seinem Urteil vom 26.02.2019 in der Rs. Wächtler[1062] nunmehr explizit mit der deutschen Wegzugsbesteuerung des § 6 AStG a.F. War in dem vorgenannten Urteil in der Rs. Kommission/Portugal, wie bereits erläutert, nicht eindeutig herauszulesen, ob die Grundsätze dieses Urteils überhaupt auch für das Privatvermögen von natürlichen Personen gelten sollten,[1063] so ist das Vorliegen von steuerlichem Privatvermögen im Fall Wächtler umso eindeutiger. Die Entscheidung in der Rs. Wächtler ist deshalb überaus bedeutsam. Waren bis zur Entscheidung in der Rs. Kommission/Portugal die Kriterien für eine unionsrechtskonforme Ausgestaltung der Wegzugsteuer für Kapitalgesellschaftsanteile im Privatvermögen einer natürlichen Person bis dahin nahezu eindeutig darauf ausgelegt, dass eine dauerhafte Stundung der Zahlung (also bis zur tatsächlichen Veräußerung der Anteile) stattfinden sollte, für dessen Zeitraum auch keine Sicherheitsleistungen vorgesehen waren und nachträgliche Wertminderungen der Anteile nach Entstehen der Wegzugsteuer vom Wegzugsstaat berücksichtigt werden mussten (Rs. Lasteyrie du Saillant und N), so schien dies durch die Entscheidung in der Rs. Kommission/Portugal zumindest fraglich zu sein. Einigkeit bestand daher lediglich in der Aussage, dass nach ständiger Rechtsprechung des EuGH die Festsetzung einer Wegzugsbesteuerung im Wegzugszeitpunkt europarechtlich zulässig sei, die sofortige Einziehung der Steuer hingegen nicht.[1064] Bezüglich der Zahlungsmodalitäten ging es letztlich um die Frage, ob die notwendige Stundung der Wegzugsbesteuerung eine dauerhafte sein muss (also bis zur tatsächlichen Realisierung der stillen Reserven) oder eine Stundung über einige Jahre (Ratenzahlung) auch schon verhältnismäßig sein kann.[1065] Hierzu liefert das Urteil in der Rs. Wächtler für den Bereich des Privatvermögens eine klare Antwort. Zwar bezieht sich das Urteil auf einen Sachverhalt mit Drittlandsbezug (insofern abweichend zu den zuvor besprochenen Urteilen). Dennoch lassen sich diesem Urteil wesentliche Aussagen zur notwendigen Ausgestaltung der Wegzugsteuer am Beispiel des deutschen § 6 AStG entnehmen.

b) Sachverhalt

Im Fall Wächtler ging es um einen zunächst in Deutschland wohnhaften und ansässigen Steuerpflichtigen, der Geschäftsführer einer Gesellschaft Schweizer Rechts war, in diesem Rahmen Tätigkeiten im Bereich der IT-Beratung ausübte und 50 % der Gesellschaftsanteile hielt. Herr Wächtler verlegte seinen Wohnsitz in die Schweiz und wurde

---

[1062] EuGH, Urt. v. 26.02.2019 – C-581/17 (Wächtler), ECLI:EU:C:2019:138.
[1063] Vgl. hierzu unter E.III.6.d).
[1064] Anstatt vieler *Mechtler/Spieß*, ISR 2016, 430 (435) mit gleichzeitigem Verweis auf das Problem der überschießenden Tendenzen, siehe hierzu näher unter E.IV.1.
[1065] Vgl. *Häck*, ISR 2020, 17 (18).

dort ansässig, sodass das deutsche Finanzamt nach den damaligen Regeln über die Wegzugsteuer in § 6 AStG i.V.m. § 17 EStG die bis dahin entstandenen Wertzuwächse der Anteile besteuerte. Die damals gültige Fassung des § 6 AStG sah vor, dass im Falle eines Wegzugs in einen Drittstaat (wie die Schweiz) eine dauerhafte Stundung i.S.d § 6 Abs. 5 AStG a.F. nicht möglich war und der Steuerpflichtige lediglich das Wahlrecht hatte, gem. § 6 Abs. 4 AStG a.F. die Wegzugsteuer in fünf Jahresraten zu begleichen, sofern wiederum die sofortige (vollständige) Einziehung der Wegzugsteuer für den Steuerpflichtigen eine erhebliche Härte darstellen würde.[1066]
Der Steuerpflichtige wandte sich gegen die Festsetzung der Wegzugsteuer mit dem Argument, dass diese gegen das Freizügigkeitsabkommen mit der Schweiz[1067] („FZA“) verstoße.

c) Entscheidungsgründe

Da der Wegzug des Steuerpflichtigen im vorliegenden Fall nicht in einen EU-/EWR-Staat erfolgte, sondern in die Schweiz als Drittstaat, hatte sich der EuGH in seinen Entscheidungsgründen zunächst die Anwendbarkeit des FZA zu prüfen. Anders als im Fall Picart[1068] entschied der EuGH aufgrund der selbständigen Tätigkeit von Herrn Wächtler, dass seine „Situation“ unter den Anwendungsbereich von Art. 12 des Anhangs I des FZA falle,[1069] und er demnach auch berechtigt sei, gegenüber seinem eigenen Herkunftsstaat (Deutschland) den Grundsatz der Gleichbehandlung gem. Art. 15. Abs. 2 des Anhangs I des FZA geltend zu machen.[1070]

Bei der Prüfung, ob dieser Gleichbehandlungsgrundsatz durch die deutsche Wegzugsbesteuerung betroffen und gar verletzt sein könnte, schlug der EuGH zunächst eine Brücke zum Unionsrecht mit der Feststellung, dass der „Gleichbehandlungsgrundsatz“ ein Begriff des Unionsrechts sei, der bereits vor der Unterzeichnung des FZA bestanden hatte. Demnach seien auch die in der Rechtsprechung des EuGH zur Gleichbehandlung entwickelten Grundsätze zu berücksichtigen.[1071]

1066 Siehe hierzu ausführlich unter B.IV.4.a).

1067 Abkommen zwischen der Europäischen Gemeinschaft und ihren Mitgliedstaaten einerseits und der Schweizerischen Eidgenossenschaft andererseits über die Freizügigkeit, unterzeichnet in Luxemburg am 21. Juni 1999 (ABl. 2002, L 114, S. 6).

1068 EuGH, Urt. v. 15.03.2018 – C-355/16 (Picart), ECLI:EU:C:2018:184, Rn. 28.

1069 EuGH, Urt. v. 26.02.2019 – C-581/17 (Wächtler), ECLI:EU:C:2019:138, Rn. 49: Der EuGH grenzt hier die Tätigkeit des Herrn Wächtler von der eines Arbeitnehmers ab, die nach den Begriffsbestimmungen des Unionsrechts hier nicht vorläge, da Herr Wächtler 50 % der Anteile an der Kapitalgesellschaft halte, für die er als Geschäftsführer tätig ist und somit das für einen Arbeitnehmer erforderliche Merkmal des „Unterordnungsverhältnisses“ fehle (Rn. 45f.).

1070 EuGH, Urt. v. 26.02.2019 – C-581/17 (Wächtler), ECLI:EU:C:2019:138, Rn. 54.

1071 EuGH, Urt. v. 26.02.2019 – C-581/17 (Wächtler), ECLI:EU:C:2019:138, Rn. 55; dabei sieht Art. 16 Nr. 2 FZA auch ausdrücklich vor, dass für die Auslegung des Rechts auf Niederlassung auch die Rechtsprechung des Gerichtshofs vor der Unterzeichnung (21.06.1999) des Abkommens zu beachten ist.

Während das vorlegende Gericht (FG Baden-Württemberg) bei der Prüfung des Gleichbehandlungsgrundsatzes noch unterschieden hatte zwischen dem Fall, in dem ein Steuerpflichtiger in einen EU-/EWR Staat zieht und somit in den Genuss einer dauerhaften und zinslosen Stundung kam (§ 6 Abs. 5 AStG a.F.), und dem Fall eines Wegzugs in einen Drittstaat mit der Folge, dass dann nur eine ratierliche Zahlung der Wegzugsteuer verteilt auf fünf Jahre möglich war (§ 6 Abs. 4 AStG a.F.),[1072] stellte der EuGH hingegen eine andere Vergleichspaarung auf: Der Gerichtshof differenzierte nämlich nicht danach, wohin der Wegzug stattfindet und welche unterschiedlichen Konsequenzen dies für die Entrichtung der Steuer hat, sondern – wie auch in seinen vorigen Urteilen – lediglich zwischen dem Wegzugsfall und dem reinen Inlandsfall, bei dem der Steuerpflichtige in seinem Herkunftsstaat verbleibt. Er kam dabei zu dem Ergebnis, dass Herr Wächtler durch die Ausübung seines durch das FZA gewährten Niederlassungsrechts in Form des Wegzugs in die Schweiz anders behandelt werde als ein Steuerpflichtiger, der seinen Wohnsitz in Deutschland behalte. Letzterer würde nämlich erst dann eine Steuer auf die Wertzuwächse in seinen Kapitalgesellschaftsanteilen zahlen müssen, wenn diese sich – etwa durch Veräußerung – tatsächlich realisieren würden.[1073] Der Wegzügler in die Schweiz hingegen würde mit einer Steuer bereits zum Zeitpunkt des Wegzugs belastet; der dadurch entstehende Liquiditätsnachteil sei geeignet, den Steuerpflichtigen von der Ausübung seines Niederlassungsrechts abzuhalten.[1074]

Als in Betracht kommende Rechtfertigungsgründe für diese Ungleichbehandlung nannte der EuGH die Aufteilung der Besteuerungsbefugnis zwischen den Vertragsparteien des FZA, die Wirksamkeit der steuerlichen Kontrollen sowie die Vermeidung von Steuermindereinnahmen und stellte diese sodann gleich mit den im Unionsrecht allgemein anerkannten zwingenden Gründen des Allgemeininteresses.[1075]
Wie auch schon in seinen vorigen Urteilen, untersuchte der EuGH daraufhin die zur Frage stehende Norm im Rahmen der Verhältnismäßigkeit.
Auffallend ist, dass der EuGH dabei zunächst von einer Norm ausging, die eine Stundung der Wegzugsteuer offenbar gar nicht vorsieht: Zwar stelle die Entstehung der Wegzugsteuer zunächst im Hinblick auf das Ziel der Wahrung der Aufteilung der Besteuerungsbefugnisse eine geeignete Maßnahme dar, jedoch könne dieses Ziel nicht rechtfertigen, „dass eine Stundung dieser Steuer *unmöglich* ist".[1076] Auch bei der Frage, ob § 6 AStG a.F. in Bezug auf die Wirksamkeit steuerlicher Kontrollen verhältnismäßig sei, gelangte der EuGH zu dem Ergebnis, dass „die fehlende Möglichkeit einer Stundung […]

[1072] EuGH, Urt. v. 26.02.2019 – C-581/17 (Wächtler), ECLI:EU:C:2019:138, Rn. 29; so auch GA Wathelet, der ebenfalls in seinen Schlussanträgen zu dem Ergebnis kommt, dass Gegenstand des Verfahrens eigentlich allein die Ungleichbehandlung zwischen einem Wegzug in die Schweiz und einem Wegzug in einen EU-Mitgliedstaat sei, siehe GA Wathelet, Schlussanträge v. 27.09.2018 – C-581/17 (Wächtler), ECLI:EU:C:2018:779, Rn. 77.
[1073] EuGH, Urt. v. 26.02.2019 – C-581/17 (Wächtler), ECLI:EU:C:2019:138, Rn. 56.
[1074] EuGH, Urt. v. 26.02.2019 – C-581/17 (Wächtler), ECLI:EU:C:2019:138, Rn. 57.
[1075] EuGH, Urt. v. 26.02.2019 – C-581/17 (Wächtler), ECLI:EU:C:2019:138, Rn. 61f.
[1076] EuGH, Urt. v. 26.02.2019 – C-581/17 (Wächtler), ECLI:EU:C:2019:138, Rn. 64.

jedenfalls eine Maßnahme [sei], die über das hinausgeht, was zur Erreichung dieses Ziels erforderlich ist."[1077] Diesbezüglich stützte sich der EuGH auf die Möglichkeit eines Austauschs der Steuerinformationen (etwa über die für den Wegzugsstaat relevante tatsächliche Veräußerung der Anteile) zwischen Deutschland und der Schweiz, die durch das entsprechende DBA[1078] gewährleistet sei.[1079]
Auch was die Notwendigkeit betreffe, zur Vermeidung von Steuermindereinnahmen eine wirksame Steuererhebung zu gewährleisten, gelangte der EuGH bei der Angemessenheitsprüfung zu demselben Ergebnis: Eine Erhebung der Steuer ohne Stundungsmöglichkeit geht laut Gerichtshof über das hinaus, was für die Erreichung dieses Ziels erforderlich sei; ein Aufschub der Einziehung der Steuer sei zumindest ein milderes Mittel auch im Hinblick auf das Risiko der Nichteinbringung der Steuer, sofern „Mechanismen der gegenseitigen Unterstützung bei der Beitreibung von Steuerforderungen" existieren würden.[1080]
Der EuGH brachte zunächst lediglich zum Ausdruck, dass eine *sofortige* Erhebung der Wegzugsteuer über das hinausgehe, was zur Erreichung aller angesprochenen Ziele und aus zwingenden Gründen des Allgemeininteresses erforderlich und somit unverhältnismäßig sei, indem er von „dem Aufschub der Einziehung dieser Steuer" oder der „fehlende[n] Möglichkeit der Stundung" sprach.
Dem Umstand, dass die deutsche Regelung des § 6 AStG a. F. in seinen Absätzen 4 und 5 zweierlei unterschiedliche Regelungen zur zeitlichen und inhaltlichen Ausgestaltung eines Zahlungsaufschubs enthielt, widmete sich der EuGH erst nach der allgemeinen Aussage, dass das deutsche Steuersystem in § 6 AStG a.F. eine ungerechtfertigte Beschränkung des im FZA enthaltenen Niederlassungsrechts darstelle.[1081] Hierzu führte der EuGH aus, dass seine bisherigen Erkenntnisse (keine Zahlung ohne Aufschub) nicht dadurch anders zu beurteilen seien, dass das deutsche Recht für den Fall des Wegzugs in die Schweiz eine Zahlung der Steuer in Teilbeträgen (nämlich in maximal fünf Jahresraten) vorsah, sofern die sofortige Einziehung der Steuer mit einer erheblichen Härte für den Steuerpflichtigen verbunden sei.[1082] Eine solche Maßnahme in Form der Ratenzahlung hielt der EuGH für nicht geeignet, den Liquiditätsnachteil aufzuheben, der nämlich auch die Verpflichtung mit sich bringe, zum Zeitpunkt des Wegzugs auch nur *einen Teil* der Steuer zu zahlen. Es ist daher nur logisch, dass der EuGH daran anknüpfend schlussfolgerte, eine Stundung bis zur Veräußerung der Anteile (und somit eine „dauerhafte" Stundung) sei weniger kostspielig als eine Ratenzahlung, wie sie § 6 Abs. 4 AStG a.F. vorsah.[1083] Die Ungeeignetheit, den Liquiditätsnachteil aufzuheben, würde den Steuerpflichtigen sowohl im Fall einer erheblichen Härte als auch ohne eine solche treffen, sodass darin ein weiteres Argument dafür zu sehen ist, dass der EuGH die ratierliche Stundung

---

[1077] EuGH, Urt. v. 26.02.2019 – C-581/17 (Wächtler), ECLI:EU:C:2019:138, Rn. 65.
[1078] Art. 27 Abs. 1 DBA Schweiz.
[1079] EuGH, Urt. v. 26.02.2019 – C-581/17 (Wächtler), ECLI:EU:C:2019:138, Rn. 65.
[1080] EuGH, Urt. v. 26.02.2019 – C-581/17 (Wächtler), ECLI:EU:C:2019:138, Rn. 66.
[1081] EuGH, Urt. v. 26.02.2019 – C-581/17 (Wächtler), ECLI:EU:C:2019:138, Rn. 67.
[1082] EuGH, Urt. v. 26.02.2019 – C-581/17 (Wächtler), ECLI:EU:C:2019:138, Rn. 68.
[1083] EuGH, Urt. v. 26.02.2019 – C-581/17 (Wächtler), ECLI:EU:C:2019:138, Rn. 68.

unabhängig von dem Erfordernis der erheblichen Härte für unionsrechtlich unzulässig hält.

d) Übertragung auf EU-/EWR-Sachverhalte

Wenn es darum geht, ob die Maßstäbe dieses Urteils auch in der Beurteilung der Einschränkung und deren Rechtfertigung von *Grundfreiheiten des AEUV* anzuwenden sind, muss erneut der Vergleich herangezogen werden, den der EuGH in seinem Urteil in der Rs. Wächtler zieht.

Der EuGH stützte seine Argumentation auf die unterschiedliche Behandlung zwischen dem Wegzug ins Drittland und dem reinen Inlandsfall (wäre der Steuerpflichtige nicht weggezogen, wären die Wertzuwächse erst bei Realisierung besteuert worden).[1084] Diesen Vergleich stellte er ebenso in den vorigen Urteilen auf (also auch in der Rs. Kommission/Portugal, in der ein Teil der Literatur eine Abkehr des EuGH von der bisherigen „Privatvermögen-Rechtsprechung“ sieht). Die Aussage des EuGH zielte also nicht darauf, dass die alte Fassung des § 6 AStG zwischen Drittstaaten und EU-Mitgliedstaaten unterschied, sondern auf die reine Betrachtung des Falls eines Wegzugs in einen anderen Staat (hier ein Drittstaat) im Vergleich zum Verbleib im Inland. Weshalb der EuGH bei der Konstellation eines Wegzugs *in einen Mitgliedstaat* diese Prüfung anders angehen sollte, ist m.E. nicht ersichtlich. Im Gegenteil ist erst recht davon auszugehen, dass die Prüfung eines Wegzugsfalls in einen EU-/EWR-Staat zu demselben Ergebnis kommen würde, wenn sogar in einem Drittlandsfall solch strenge Anforderungen an die Ausgestaltung der Stundung der Wegzugsteuer gestellt wurden.

Oder anders formuliert: Warum sollte der EuGH bei der Prüfung von originären Beschränkungen der Grundfreiheiten des AEUV (etwa durch die Besteuerung der latenten Wertzuwächse im Zeitpunkt des Wegzugs und dem damit verbunden Liquiditätsnachteil) strengere Maßstäbe ansetzen als bei der Prüfung der Verletzung des FZA zwischen der Schweiz und der EU? Es ist im Gegenteil davon auszugehen, dass der Schutz von Sachverhalten mit Drittstaatsbezug unterhalb des binnenmarktlichen Schutzniveaus liegt.[1085]

Es ist daher anzunehmen, dass – sollte ein entsprechender Fall wie der in der Rs. Wächtler dem EuGH erneut vorgelegt werden, in dem ein Wegzug innerhalb des EU-/EWR-Raums erfolgt – der Gerichtshof dieselben Kriterien für einen erforderlichen Zahlungsaufschub der Wegzugsteuer aufstellen würde, wie er es im Fall Wächtler getan hat. Der EuGH stellte umgekehrt nämlich auch in der konkreten Rechtssache mit Drittstaatsbezug fest,

---

[1084] Dies wird von *Hummel* verständlicherweise sogar als Fehlinterpretation der Vorlagefrage verstanden, sodass der Vergleich des EuGH als unzutreffend angesehen wird, vgl. *Hummel*, ISR 2019, 436 (437f). Denn tatsächlich habe das vorlegende Gericht danach gefragt, ob ein Wegzug ins Drittland anders zu behandeln sei als ein Wegzug in den EU/EWR-Raum, siehe EuGH, Urt. v. 26.02.2019 – C-581/17 (Wächtler), ECLI:EU:C:2019:138, Rn. 29.

[1085] *Reimer*, in: Schaumburg/Englisch, Europäisches Steuerrecht, Rn. 7.107; *Schön*, in: FS Wassermeyer, 489 (505); *Schneider*, Die Kapitalverkehrsfreiheit im Verhältnis zu Drittstaaten und ihre Auswirkung auf die Anerkennung ausländischer Gesellschaften, 2018, S. 50 ff. und 55 ff.

dass „die in der Rechtsprechung des EuGH zur Gleichbehandlung entwickelten Grundsätze zu berücksichtigen [seien].“[1086]

Auch innerhalb der Literatur wird deshalb zu Recht vertreten, dass die Ausführungen des EuGH in der Rs. Wächtler uneingeschränkt auch auf EU-/EWR-Fälle übertragbar seien, und zwar bei der Überprüfung, ob eine Beschränkung der Grundfreiheiten in rechtfertigender Weise als zulässig betrachtet werden könne.[1087] Wenn auch mit guten Gründen innerhalb der Literatur im Hinblick und im Vergleich der Rs. Wächtler mit dem Urteil in der Rs. Picart[1088] darauf hingewiesen wird, dass nach Ansicht des EuGH die unionsrechtliche Niederlassungsfreiheit des Art. 49 AEUV und das Niederlassungsrecht des FZA aufgrund ihres unterschiedlichen Anwendungsbereichs keinen gleichwertigen Schutz gewähren,[1089] so ist doch m.E. gleichzeitig daraus zu folgern, dass der Schutzstandard innerhalb des europäischen Binnenmarkts ein anderer (und zwar höherer) ist als der Schutz im Vergleich zu Drittstaaten.[1090] Sofern bei einem Wegzug innerhalb des EU-/EWR-Raums der Anwendungsbereich der unionsrechtlichen Niederlassungsfreiheit nach Art. 49 AEUV eröffnet ist und eine Beschränkung aufgrund einer sofortigen Festsetzung der Wegzugsteuer erfolgt, so ist doch anzunehmen, dass der EuGH auf Rechtfertigungsebene keine milderen Maßstäbe anwenden würde als in Drittstaatssachverhalten, und demnach auch innerhalb des EU-/EWR-Raums keine mildere als die dauerhafte Stundung (wie im Fall Wächtler) als zulässig erachten würde.[1091]

8. Unterscheidung zwischen Betriebs- und Privatvermögen

Ob das EuGH-Urteil in der Rs. Kommission/Portugal das Urteil war, das den Richtungswechsel in der europäischen Rechtsprechung zur Entstrickung im Privatvermögen eingeleitet und eine Gleichstellung von Betriebs- und Privatvermögen zur Folge hatte, ist, wie bereits dargestellt, nach wie vor umstritten.[1092]

Mit dem Urteil im Fall Wächtler hingegen liegt nicht nur eine Entscheidung vor, die eindeutig auf Privatvermögen bezogen ist, sie beinhaltet sogar die hier zu untersuchende deutsche Regelung des § 6 AStG explizit (in der besonderen Variante, dass ein Wegzug ins Drittland stattfand und nicht in einen EU-/EWR-Staat).

Die Ansicht, die sich nach wie vor darauf beruft, dass der EuGH die Unterscheidung zwischen Betriebs- und Privatvermögen aufgehoben habe und für beide Bereiche explizit

---

[1086] EuGH, Urt. v. 26.02.2019 – C-581/17 (Wächtler), ECLI:EU:C:2019:138, Rn. 55.

[1087] Vgl. *Häck*, in: F/W/B/S, AStG, Stand: 07/2021, § 6 Rn. 156.1; *Hohenwarter-Mayr*, EWS 2019, 129 (137), *Jesic/Leucht*, DStR 2021, 1913 (1916), andeutungsweise auch *Häck/Kahlenberg*, IStR 2019, 253 (59); kritisch *Nürnberg*, ISR 2019, 159 (164).

[1088] EuGH, Urt. v. 15.03.2018 – C-355/16 (Picart), ECLI:EU:C:2018:184, dort wurde die Anwendbarkeit des Niederlassungsrechts des FZA verneint mangels selbständiger Tätigkeit des Steuerpflichtigen (Rn. 28).

[1089] So auch *Nürnberg*, ISR 2019, 159 (164).

[1090] *Schlücke*, ISR 2018, 321 (323).

[1091] Vgl. hierzu noch ausführlich unter E.IV.2.a)aa).

[1092] Siehe ausführlich unter E.III.6.d).

auch eine ratierliche Stundung über fünf Jahre zugelassen habe,[1093] muss der Tatsache entgegensehen, dass nun mit dem Urteil in der Rs. Wächtler ein Urteil des EuGH ergangen ist, das ausdrücklich eine „nur" ratierliche Stundung für die im Privatvermögen gehaltenen Gesellschaftsanteile abgelehnt hat. Neben der Diskussion über die Einordnung des Urteils in der Rs. Kommission/Portugal ließe sich dann darüber nachdenken, ob es nun zu einer Abkehr von der Abkehr gekommen ist oder der EuGH ohnehin stets die Differenzierung zwischen Betriebs- und Privatvermögen aufrechterhalten hat.[1094] Mit dem Urteil in der Rs. Wächtler liegt nunmehr eine eindeutige Entscheidung für den Bereich der im Privatvermögen gehaltenen Anteile vor.[1095]

Unabhängig von der Interpretation der europäischen Rechtsprechung und deren Entwicklung gibt es gute Gründe dafür, weshalb die Beurteilung von Betriebs- und Privatvermögen anhand unterschiedlicher Kriterien vorzunehmen ist.[1096]

a) Vermögenstransfer

Obwohl es nach der Entscheidung in der Rs. Kommission/Portugal danach aussah, dass der EuGH die gegenständliche und persönliche Entstrickung gleichstellt,[1097] so ist doch in Bezug auf die Leichtigkeit der „Transferhandlung" zwischen beiden Bereichen zu unterscheiden und es sind jeweils unterschiedliche Maßstäbe zu berücksichtigen. So wird es i.d.R. leichter sein, ein Wirtschaftsgut des Betriebsvermögens von einer inländischen in eine ausländische Betriebsstätte zu verbringen, als dass eine natürliche Person ihren Wohnsitz verlegt. Der Wegzug einer Person ins Ausland ist i.d.R. auch mit der Aufgabe bzw. Verlegung persönlicher Interessen, des Lebensmittelpunkts, wirtschaftlicher und sozialer Beziehungen etc. verknüpft. Bei Wirtschaftsgütern des Betriebsvermögens ist es dagegen anders: Der Unternehmer hat in vielen Zuordnungsfragen, etwa auch bei der Zuordnung eines Wirtschaftsguts zu einer ausländischen Betriebsstätte, einen weitreichenden Gestaltungsspielraum, insbesondere in Bezug auf Forderungen, Beteiligungsrechte und liquide Mittel, die häufig „zuordnungsneutral" sind und ihrer Art nach gleichermaßen dem Stammhaus und der (ausländischen) Betriebsstätte dienen können.[1098] In diesen Fällen obliegt es der Geschäftsleitung des Unternehmens, die betreffenden Wirtschaftsgüter gewissermaßen zu „widmen", wobei diese Entscheidung regelmäßig in der

---

[1093] Siehe *Hummel*, ISR 2019, 436 (437) mit Verweis u.a. auf die EuGH-Entscheidungen in den Rs. DMC und Verder LabTec.

[1094] Für Letzteres plädiert auch *Jesic/Leucht*, DStR 2021, 1913 (1916).

[1095] So auch *Oppel*, IWB 2021, 508 (518); Schiefer, ISR 2020, 84 (86); *Zimmermann*, IStR 2021, 352 (354); andeutungsweise so auch *Häck/Kahlenberg*, IStR 2019, 253 (259).

[1096] Siehe auch Entschließungsantrag der FDP, BT-Drucks. 19/29484, S. 60 mit dem Hinweis, dass der EuGH (wohl nach wie vor) zwischen Betriebsvermögen und Privatvermögen unterscheide und diese Differenzierung auch sachlich gerechtfertigt sei.

[1097] Siehe hierzu unter E.III.6.d)aa).

[1098] *Bärsch/Quilitzsch,* in: F/W/K, DBA Schweiz, Stand: 07/2023, Rn. 352 mit Verweis auf BFH, Urt. v. 01.04.1987 - II R 186/80, BStBl. II 1987, 551 (552).

Buchführung ihren Ausdruck finden wird.[1099] Es ist demnach also möglich, einen Vermögenstransfer im Rahmen der gegenständlichen Entstrickung sogar allein durch eine buchhalterische Entscheidung zu vollziehen, wohingegen die persönliche Entstrickung in Form eines Wegzugs oder des Wechsels der abkommensrechtlichen Ansässigkeit weitaus aufwendiger ist und mehr bedarf als die Entscheidung darüber.
Dieses Argument muss allerdings in Bezug auf § 6 AStG insoweit relativiert werden, dass es im Grunde nur den nämlichen Wohnsitzwechsel oder den Wechsel der abkommensrechtlichen Ansässigkeit einer natürlichen Person betrifft, nicht jedoch im gleichen Umfang die gleichgestellten Ereignisse wie bspw. die Überführung der Anteile in ein ausländisches Betriebsvermögen, das wiederum als gegenständliche Entstrickung (der Anteile) leichter zu vollziehen ist.

b) Nachverfolgbarkeit

Schon im Verfahren in der Rs. National Grid Indus (das als das erste Urteil der zweiten Phase gilt) wurden von den Verfahrensbeteiligten Gründe für die unterschiedliche Behandlung von Betriebs- und Privatvermögen genannt. Es lassen sich daher schon dieser früheren Rechtsprechung Annahmen und Argumente entnehmen, warum Betriebs- und Privatvermögen unterschiedlich behandelt werden dürfen und sollten: Während die Kläger und die Kommission – bezugnehmend auf das Urteil in der Rs. N – noch davon ausgingen, dass die Grundsätze des EuGH zum Wegzug einer natürlichen Person mit Anteilen im Privatvermögen auf die Übertragung von Betriebsvermögen gleichermaßen angewandt werden könnten,[1100] sahen dies sowohl GA Kokott als auch ein Teil der am Verfahren beteiligten Regierungen anders: Die Verlagerung des Gesellschaftssitzes einschließlich der Unternehmensaktiva ins Ausland verlange nämlich eine andere Beurteilung als der Wegzug einer natürlichen Person ins Ausland. So sei eine systematische Nachverfolgung des weiteren Schicksals der betreffenden Vermögensgegenstände des Betriebsvermögens, wenn nicht sogar unmöglich, so doch jedenfalls mit erheblichem, wirtschaftlich nicht tragbarem Aufwand verbunden, und zwar sowohl für das Unternehmen als auch für die Steuerverwaltung.[1101] Ein Hinausschieben der Einziehung der Steuer wird demnach im Bereich des Betriebsvermögens aufgrund der oftmals „vielfältigen Art und Anzahl der Vermögenswerte und -gegenstände im Betriebsvermögen“ und insbesondere bei Kapitalgesellschaften mit unverhältnismäßig hohem Aufwand verbunden sein.[1102] Dem liegt der Gedanke zugrunde, dass Unternehmensvermögen oftmals aus einer Vielzahl von Einzelwirtschaftsgütern bzw. Vermögensgegenständen besteht, es sich hingegen bei der Wegzugsteuer natürlicher Personen zumindest im Bereich des § 6 AStG

[1099] *Bärsch/Quilitzsch,* in: F/W/K, DBA Schweiz, Stand: 07/2023, Rn. 352.
[1100] GA Kokott, Schlussanträge v. 08.09.2011 – C-371/10 (National Grid Indus), ECLI:EU:C:2011:563, Rn. 59.
[1101] GA Kokott, Schlussanträge v. 08.09.2011 – C-371/10 (National Grid Indus), ECLI:EU:C:2011:563, Rn. 60.
[1102] GA Kokott, Schlussanträge v. 08.09.2011 – C-371/10 (National Grid Indus), ECLI:EU:C:2011:563, Rn. 63; vgl. auch *Mechtler/Spies*, ISR 2016, 430, 431.

„nur“ um Anteile an Kapitalgesellschaften handelt, deren Inhaberschaft in vielen Staaten sogar – sofern es sich in Deutschland bspw. um GmbH-Geschäftsanteile handelt – in einem öffentlich einsehbaren Register wie dem Handelsregister ermittelt werden kann.[1103]

Im Ergebnis stimmte dem auch der Gerichtshof zu, auch wenn der EuGH schlussendlich in dem erhöhten Aufwand kein Hindernis sah, dem Steuerpflichtigen ein Wahlrecht zu lassen. Die Entscheidung, ob ein solcher erhöhter Aufwand am Ende die größere Belastung und die größere Beschränkung der Niederlassungsfreiheit für den Steuerpflichtigen darstelle als die sofortige Entrichtung der Steuer ohne Aufschub, legte der EuGH in die Entscheidungskompetenz des Steuerpflichtigen selbst, womit er das Wahlrecht des Steuerpflichtigen anordnete.[1104] Was bleibt, ist allerdings eine klare Unterscheidung zwischen der Nachverfolgbarkeit von Transfers im Betriebs- und Privatvermögen bei der Feststellung des „erhöhten Aufwands“.
Die finnische Regierung weist zudem in der Rs. National Grid Indus darauf hin, juristische Personen seien anders als natürliche Personen in ihrer Identität weniger konstant und durch Fusionen, Aufspaltungen, Änderungen der Rechtsform, Gründung von Tochtergesellschaften und Übertragung von Tätigkeitsbereichen auf andere Gesellschaften etc. könne eine kontinuierliche Steueraufsicht durch den Wegzugsstaat erheblich erschwert werden.[1105] Dieser Gedanke ist im Grunde auf alle Unternehmensformen (nicht nur auf juristische Personen) und somit auf Betriebsvermögen im Allgemeinen übertragbar. GA Kokott hält hierzu fest, dass Unternehmen (und dabei in der Tat insbesondere Gesellschaften) regelmäßig eine sehr komplexe Vermögenssituation aufweisen würden.[1106] Hierzu muss jedoch auch gleichzeitig angemerkt werden, dass auch Anteile im Privatvermögen einer natürlichen Person jederzeit durch Gestaltungsmaßnahmen aus der steuerlichen Privatsphäre herausgenommen werden können.[1107]

Die Argumentation für eine unterschiedliche Behandlung unter dem Gesichtspunkt der Nachverfolgbarkeit der Entstrickungsgegenstände lässt sich wie folgt zusammenfassen: Bei einer typisierenden Betrachtung ist Privatvermögen (das sich bei der Diskussion um § 6 AStG auf Anteile an Kapitalgesellschaften beschränkt) im Ausland leichter nachverfolgbar als Betriebsvermögen.[1108] Dieser Umstand macht es notwendig, auch im Hinblick auf den Zeitpunkt der Erhebung der Steuer und dem mit einer Aufschiebung dieser

---

[1103] So kann man bspw. auch Gesellschafterlisten österreichischer Kapitalgesellschaften aus dem dortigen „Firmenbuch“ abfragen. Außerdem existiert für EU/EWR-Staaten ein in Einklang mit der Richtlinie 2012/17/EU und der Durchführungsverordnung (EU) 2015/884 der Kommission eingerichtetes System zur Verknüpfung von Unternehmensregistern („Business Registers Interconnection System“ – BRIS).

[1104] EuGH, Urt. v. 29.11.2011 – C-371/10 (National Grid Indus), ECLI:EU:C:2011:785, Rn. 73.

[1105] GA Kokott, Schlussanträge v. 08.09.2011 – C-371/10 (National Grid Indus), E-CLI:EU:C:2011:563, Rn. 65.

[1106] GA Kokott, Schlussanträge v. 08.09.2011 – C-371/10 (National Grid Indus), E-CLI:EU:C:2011:563, Rn. 66.

[1107] Siehe zu Gestaltungen ausführlich unter G.

[1108] So auch *Oppel*, IWB 2021, 508 (519).

Erhebung (sei es über einen beschränkten Zeitraum oder bis zur tatsächlichen Realisierung) verbundenen Vollziehungsaufwand und -risiko, unterschiedliche Bewertungen innerhalb des Rechtfertigungsgrunds der Sicherstellung wirksamer steuerlicher Kontrollen und der Vermeidung von Steuermindereinnahmen anzustellen. Dies bedeutet gleichzeitig, dass auch unterschiedliche Kriterien für einen Aufschub und dessen Modalitäten aufzustellen sind.[1109] Oder anders formuliert: In der Nachverfolgbarkeit der Vermögenspositionen, um die es bei der Wegzugsteuer geht, liegen Gründe dafür, die Länge des Zahlungsaufschubs (bis hin zur unbefristeten Stundung) in den Bereichen Betriebs- und Privatvermögen unterschiedlich zu handhaben.

c) Unterschiedliches Steuersystem

An dieser Stelle bietet sich ein Blick in die Systematik und die Grundsätze des deutschen Steuerrechts an: Die Besteuerung von Gewinnen aus der Veräußerung von Vermögensgegenständen des Privatvermögens ist im deutschen dualen Steuersystem ohnehin an höhere Anforderungen geknüpft als die Besteuerung von Betriebsvermögen und deren Wertzuwächse. Die Besteuerung von stillen Reserven von Vermögensgegenständen des Privatvermögens stellt nämlich im Gegensatz zu solchen des Betriebsvermögens eine Ausnahme dar. Lediglich in den §§ 17, 20 Abs. 2 und 23 EStG ist es überhaupt erst ermöglicht, die Quelle der Einkünfte selbst zu versteuern. Da diese Normen ebenso wie § 6 AStG, der an § 17 EStG anknüpft, Ausnahmeregelungen darstellen, sind daher auch unter diesem Aspekt höhere Anforderungen zu stellen, wodurch es gerechtfertigt erscheint, die Zahlungsmodalität einer Steuer, die auf *privaten* Wertzuwächsen beruht, auch milder zu gestalten als für diejenige des Betriebsvermögens. Auch die italienische Regierung stellte sich in der Rs. National Grid Indus auf den Standpunkt, dass Unternehmen grundlegend verschiedenen Steuerregelungen unterlägen, bei denen anders als bei Privatpersonen nicht nur das tatsächliche Einkommen (aus der Quelle heraus) besteuert würde, sondern grds. auch Wertzuwächse in Vermögensbestandteilen als solche einer Besteuerung unterlägen.[1110]

Dieses duale System spiegelt sich in dem weiteren Umstand wider, dass einer Besteuerung tatsächlich nicht realisierter Wertsteigerungen in Kapitalgesellschaftsbeteiligungen im Privatvermögen – anders als bei den meisten Wirtschaftsgütern im Betriebsvermögen – kein gegenläufiger Effekt von Abschreibungen im Zuzugsstaat entgegensteht.[1111]

d) Zwischenfazit

Nach der hier vertretenen Auffassung sprechen daher die besseren Gründe dafür, die Frage nach einer Stundungsmodalität der Entstrickungssteuer im Privat- und

---

[1109] Vgl. auch *Zimmermann*, IStR 2021, 352 (358).

[1110] Vgl. GA Kokott, Schlussanträge v. 08.09.2011 – C-371/10 (National Grid Indus), ECLI:EU:C:2011:563, Rn. 64.

[1111] *Oppel*, IBW 2021, 508 (518).

Betriebsvermögen unterschiedlich zu beantworten. Die zuvor dargelegten erkennbaren Unterschiede gebieten es, die Erhebung der Steuer auf Entstrickungen im Privatvermögen dabei milder zu gestalten als die im Betriebsvermögen. Die Rechtsprechung des EuGH bietet dabei hinreichende Grundlagen für diese Annahme.

IV. Unionsrechtliche Bewertung des § 6 AStG

Nach der Analyse des EuGH-Urteils in der Rs. Wächtler soll im nachfolgenden Abschnitt aufgezeigt werden, welche Merkmale und Voraussetzungen eine unionsrechtlich zulässige Wegzugsbesteuerung unter Berücksichtigung auch der übrigen bislang ergangenen europäischen Rechtsprechung erfüllen muss. Anhand der nachfolgend (ausgewählten) unionsrechtlichen „Problemfelder" soll der Frage nachgegangen werden: „Was geht, was geht nicht?"

1. Überschießende Tendenzen

Zu den überschießenden Tendenzen[1112] im konkreten Falle des § 6 AStG hat der EuGH explizit noch keine Aussage getroffen,[1113] da ihm diese Frage bislang noch nicht gestellt wurde. Die deutsche Rechtsprechung hat keine verfassungs- und unionsrechtlichen Bedenken gegen die überschießenden Tendenzen, bei denen eine Wegzugsbesteuerung vorgenommen wird, ohne dass das deutsche Besteuerungsrecht eingeschränkt oder ausgeschlossen wird; eine Vorlage vor dem EuGH fand wohl u.a. aus diesen Gründen noch nicht statt.

In seiner jüngeren Rechtsprechung hat der BFH hierzu in seinem Urteil vom 08.12.2021[1114] Stellung genommen. Darin stellte der BFH fest, dass „jedenfalls im Streitfall" eine einschränkende Auslegung des § 6 Abs. 1 AStG a.F. unionsrechtlich nicht geboten sei. Dies ist jedoch nur darauf zurückzuführen, dass sich der Kläger in dem dortigen konkreten Einzelfall (unentgeltliche Übertragung von Anteilen) aufgrund der sog. Stand-Still-Klausel des Art. 64 Abs. 1 AEUV nicht auf die Kapitalverkehrsfreiheit berufen konnte.[1115] Die Entscheidung des BFH ist dahingehend zu verstehen, dass der Senat (nur) aus diesem Grund eine nähere Auseinandersetzung und eine Beantwortung der Frage „nach der Rechtfertigung der sofortigen Entstrickungsbesteuerung in § 6 AStG in Fällen, in denen das deutsche Besteuerungsrecht weder ausgeschlossen noch beschränkt wird, nach Maßgabe der Grundsätze des Urteils [...] de Lasteyrie du Saillant [...], die der EuGH in der Rechtssache Wächtler [...] wieder aufgegriffen hat",[1116] nicht vornahm. In anderen Fällen, in denen die Anwendbarkeit einer der europäischen Grundfreiheiten hingegen bejaht werden muss, sieht also wohl auch der BFH ein Bedürfnis, zur Rechtfertigung dieser überschießenden Tendenzen Stellung zu nehmen.

[1112] Siehe hierzu bereits ausführlich unter B.III.6.

[1113] Vgl. auch *Kahlenberg,* FR 2019, 820 (823).

[1114] BFH, Urt. v. 08.12.2021 – I R 30/19, BStBl II 2022, 763.

[1115] BFH, Urt. v. 08.12.2021 – I R 30/19, BStBl II 2022, 763, Rn. 21.

[1116] BFH, Urt. v. 08.12.2021 – I R 30/19, BStBl II 2022, 763, Rn. 21.

In der Rs. Wächtler griff der EuGH wiederholt die Aufteilung der Besteuerungsbefugnisse als zwingenden Grund des Allgemeininteresses auf.[1117] Seit dem Urteil in der Rs. Lasteyrie du Saillant, auf dessen Grundsätze der BFH in seinem soeben zitierten Urteil einging, hat der EuGH hierzu ebenfalls wiederholt entschieden, dass ein Mitgliedstaat entsprechend dem Territorialitätsprinzip eine Steuer auf Wertzuwächse bei Verlust des Besteuerungsrechts festsetzen und unter Umständen auch vor Realisierung erheben darf.[1118] In Bezug auf die Rs. DMC konkretisierte der EuGH dies mit der Aussage, dass „das Ziel der Wahrung der Aufteilung der Besteuerungsbefugnis zwischen den Mitgliedstaaten eine Regelung wie die im Ausgangsverfahren streitige insbesondere nur dann rechtfertigen [könne], wenn der Mitgliedstaat, in dessen Hoheitsgebiet die Einkünfte entstanden sind, *tatsächlich* an der Ausübung seiner Steuerhoheit über die Einkünfte gehindert ist.“[1119] Nun könnte man hiergegen argumentieren, dass das Urteil in der Rs. DMC schließlich im Bereich des Betriebsvermögens ergangen ist, sodass die Grundsätze dieses Urteils nach der hier vertretenen Ansicht nicht ohne Weiteres auf die Entstrickung von Privatvermögen übertragen werden können. Allerdings handelt es sich hier um eine Aussage auf der Prüfungsebene, welcher Grund des zwingenden Allgemeininteresses bzw. welches Ziel des nationalen Gesetzgebers eine Grundfreiheit-Beschränkung generell rechtfertigen kann und wann ein solches Interesse gerade nicht vorliegt. Es geht hingegen nicht um Feststellungen auf der Ebene, wie genau die *Modalitäten* einer Entstrickungsbesteuerung aussehen müssen, um dem Verhältnismäßigkeitsgrundsatz zu genügen, wo auch nach der hier vertretenen Auffassung zwischen Privat- und Betriebsvermögen in der Tat zu differenzieren ist. Deshalb ist an dieser konkreten Stelle ein Bezug auf die Rs. DMC trotz dortiger Befassung mit Betriebsvermögen sachdienlich. Denn das Ziel der Wahrung der Aufteilung der Besteuerungsbefugnisse nennt der EuGH auch in den eindeutig zum Privatvermögen ergangenen Urteilen.[1120]

Zu Recht wird daher innerhalb der Literatur darauf hingewiesen, dass nach der Rechtsprechung des EuGH bereits die Festsetzung einer Wegzugsteuer (und nicht nur deren sofortige Einziehung) gegen die Grundfreiheiten verstoße, wenn der Mitgliedstaat auf Basis seines nationalen Rechts und des einschlägigen DBA-Rechts weiterhin die Möglichkeit hat, die unter seiner Steuerhoheit entstandenen stillen Reserven zu besteuern.[1121] Damit sind eben diese Fälle gemeint, die hier unter dem Stichwort „überschießende

---

[1117] EuGH, Urt. v. 26.02.2019 – C-581/17 (Wächtler), ECLI:EU:C:2019:138, Rn. 61.

[1118] Grundlegend EuGH, Urt. v. 11.03.2004 – C-9/02 (de Lasteyrie du Saillant), ECLI:EU:C:2004:138; EuGH, Urt. v. 07.09.2006 – C-470/04 (N), ECLI:EU:C:2006:525; darauf aufbauend EuGH, Urt. v. 29.11.2011 – C-371/10 (National Grid Indus), ECLI:EU:C:2011:785; siehe auch *Mechtler/Spies*, ISR 2016, 430 (433).

[1119] EuGH, Urt. v. 23.01.2014 – C-164/12 (DMC), ECLI:EU:C:2014:20, Rn. 56 (Hervorhebungen nicht im Original).

[1120] EuGH, Urt. v. 11.03.2004 – C-9/02 (de Lasteyrie du Saillant), ECLI:EU:C:2004:138, Rn. 68; EuGH, Urt. v. 07.09.2006 – C-470/04 (N), ECLI:EU:C:2006:525, Rn 41; EuGH, Urt. v. 26.02.2019 – C-581/17 (Wächtler), ECLI:EU:C:2019:138, Rn. 61.

[1121] *Mechtler/Spies*, ISR 2016, 430 (433f.); *Häck,* in: F/W/B/S, AStG, Stand: 07/2021, § 6 Rn. 158; *Englisch,* in: Schaumburg/Englisch, Europäisches Steuerrecht, Rz. 7.229.

Tendenz“ beschrieben werden, also Fälle, in denen es tatbestandlich (sowohl im alten als auch im neuen Recht) zum Auslösen der Wegzugsteuer kommt, ohne dass tatsächlich das deutsche Besteuerungsrecht eingeschränkt oder ausgeschlossen wird.[1122] Daraus ergibt sich der zustimmungswürdige Ansatz, dass der Zugriff auf die nicht realisierten stillen Reserven im Rahmen der Wegzugsbesteuerung aus unionsrechtlicher Sicht als Ultima Ratio auch nur bei tatsächlichem Verlust des Besteuerungsrechts erfolgen darf.[1123]
Ob es zu der Streitfrage über die überschießenden Tendenzen künftig eindeutige Aussagen des EuGH geben wird, bleibt fraglich. Auch wenn der EuGH dem Grunde nach ein tatsächliches Hindernis des Mitgliedstaats bei der Ausübung seiner Steuerhoheit voraussetzt,[1124] so ist die konkrete Fallentscheidung, ob und wann nun ein derartiger Verlust bzw. die Beschränkung des nationalen Besteuerungsrechts eintritt, aufgrund der Abhängigkeit von der Auslegung des nationalen Rechts und des ggf. jeweils einschlägigen DBA nicht immer einfach zu beantworten.[1125] Darüber hinaus betrifft die Ausübung der nationalen Steuerhoheit nicht die Auslegung von Unionsrecht, sondern die des nationalen Rechts, für die sich der EuGH nicht zuständig sieht.[1126]
Der EuGH hinterfragte daher in der Mehrheit der Entscheidungen nicht, ob es in den strittigen Konstellationen zu einem Verlust des nationalen Besteuerungsrechts kam; vielmehr scheint er die Analysen der vorlegenden nationalen Gerichte in diesem Zusammenhang als gegeben zu akzeptieren.[1127]

2. Stundungsmodalitäten

a) Dauer der Stundung

Eigentlich wäre nach dem Urteil in der Rs. Wächtler zu erwarten gewesen, dass sich der Gesetzgeber, ähnlich wie bereits zuvor nach der Entscheidung in der Rs. Lasteyrie du Saillant, unter dem Zugzwang gesehen hätte, auch bezüglich des Wegzugs in *Drittstaaten* eine unionsrechtskonforme Lösung herbeizuführen, etwa in der Erweiterung des Anwendungsbereichs der dauerhaften Stundung in § 6 Abs. 5 AStG a.F., ggf. gegen Leistung von Sicherheiten, sofern der Steueranspruch mangels geeigneter „Mechanismen der Beitreibungshilfe“ als gefährdet erscheint (was der EuGH im Urteil in der Rs. Wächtler ausdrücklich zugelassen hat[1128]). Es ist daher umso erstaunlicher, dass er die als Reaktion auf

[1122] Siehe hierzu ausführlich unter B.III.6.
[1123] *Ismer/Reimer/Rust,* EWS 2004, 207 (216).
[1124] Siehe Fußnote 1119.
[1125] *Mechtler/Spies*, ISR 2016, 430 (434.).
[1126] Vgl. z.B. EuGH v. 2.6.2005 – C-136/03 (Dörr und Ünal), ECLI:EU:C:2005:340, Rn. 46 mit Verweis auf EuGH, Urt. v. 03.10.2000 – C-58/98 (Corsten), ECLI:EU:C:2000:527, Rn. 24; wohingegen bspw. *Marchgraber* es allerdings offenbar als zulässig oder notwendig erachtet, dass sich der EuGH mit der Auslegung des Abkommensrechts beschäftigt, *Marchgraber*, SWI 2012, 361 (369).
[1127] *Mechtler/Spies*, ISR 2016, 430 (434); so. z.B. EuGH, Urt. v. 23.01.2014 – C-164/12 (DMC), ECLI:EU:C:2014:20, Rn. 57.
[1128] EuGH, Urt. v. 26.02.2019 – C-581/17 (Wächtler), ECLI:EU:C:2019:138, Rn. 66.

die Rs. Lasteyrie du Saillant eingeführte dauerhafte Stundung für EU-/EWR-Sachverhalte nicht ausweitet, sondern im Gegenteil gänzlich streicht und fortan nur noch eine ratierliche Stundung über bis zu sieben Jahren vorsieht (§ 6 Abs. 4 AStG n.F.). Mit dem Urteil in der Rs. Wächtler hat der EuGH, ebenso wie damals in der Rs. Lasteyrie du Saillant, der ratierlichen Stundung (und in der Rs. Wächtler *sogar* für Drittlandsfälle) eine Absage erteilt.[1129]

aa) Interpretation des Wächtler-Urteils

Wenn es darum geht, ob der EuGH eine dauerhafte Stundung der Wegzugsteuer verlangt oder nicht, und um das Urteil des EuGH an diesem Punkt zutreffend interpretieren zu können, ist auf den genauen Wortlaut der Entscheidungsgründe abzustellen: Der EuGH formulierte: „Abgesehen davon, dass“ die Stundung nur in diesem Fall (gemeint ist die erhebliche Härte) möglich ist, ist sie nicht geeignet, den Liquiditätsnachteil aufzuheben, auch nur einen Teil der Steuer für latente Wertzuwächse begleichen zu müssen.[1130] Daran lässt sich erkennen, dass der EuGH nicht nur das Erfordernis der erheblichen Härte kritisierte („abgesehen davon“), sondern *auch* die Stundung lediglich in Teilbeträgen für unzureichend hält, eine Beschränkung des Niederlassungsrechts zu rechtfertigen. Es geht m.E. eindeutig aus diesem Wortlaut hervor, dass schon die Stundung in Teilbeträgen als solche nicht den Anforderungen des EuGH an eine verhältnismäßige Wegzugsteuer bzw. an einen verhältnismäßigen Zahlungsaufschub entspricht. Dass diese dann auch noch von dem Vorliegen einer erheblichen Härte abhängig gemacht wird, stellt (ebenfalls) einen Verstoß gegen Unionsrecht dar. Nur so ist die Formulierung „abgesehen davon, dass diese Maßnahme der Ratenzahlung nur in diesem speziellen Fall möglich ist“ zu verstehen. Dies wird auch dadurch verdeutlicht, dass der EuGH dann auch noch den Vergleich aufstellte, dass eine Ratenzahlung „kostspieliger“ sei als eine Stundung „bis zur Veräußerung der Gesellschaftsanteile“.[1131] Mit kostspieliger ist wohl zu verstehen, dass der EuGH die ratierliche Stundung nicht als das mildeste in Frage kommende Mittel ansah und im Zusammenspiel mit der allgemeinen Aussage zur Notwendigkeit einer Stundung dadurch zu dem Ergebnis kam, dass eine (nur) ratierliche Zahlung über das hinausgeht, was zur Erreichung legitimer Ziele[1132] erforderlich ist.[1133]

[1129] Vgl. auch *Hörnicke/Quilitzsch,* ISR 2020, 152 (158); zögerlicher dagegen *Hagemann/Kahlenberg/Höppner/Schuh,* FR 2019, 427 (435) mit dem Hinweis, dass nicht gänzlich ausgeschlossen werden könne, dass auch eine ratierliche Stundung einer europarechtskonformen Ausgestaltung des § 6 AStG entspricht.

[1130] EuGH, Urt. v. 26.02.2019 – C-581/17 (Wächtler), ECLI:EU:C:2019:138, Rn. 68.

[1131] EuGH, Urt. v. 26.02.2019 – C-581/17 (Wächtler), ECLI:EU:C:2019:138, Rn. 68.

[1132] Siehe hierzu unter E.III.7.c).

[1133] So auch *Häck,* in: F/W/B/S, AStG, Stand: 07/2021, § 6 Rn. 156.1; *Häck*, ISR 2020, 17 (18); *Schiefer,* ISR 2020, 84 (88); *Zimmermann,* IStR 2021, 352 (354); *Schönfeld*, in: FS Lüdicke, S. 567 (569); *Schönfeld/Ellenberger*, StuW 2019, 253 (265); *Hohenwarter-Mayr*, EWS 2019, 129 (136); *Häck/Kahlenberg*, IStR 2019, 253 (259 f.); *Schlücke*, IStR 2019, 260 (264); *Jesic/Leucht*, DStR 2021, 1913 (1915); *Höppner/Schuh*, PIStB 2019, 345 (350); *Weiss*, EStB

bb) Reaktion des BMF und der Literatur

Das BMF reagiert auf dieses Urteil mit dem Schreiben vom 13.11.2019, in dem es anordnete, dass fortan abweichend von § 6 Abs. 4 Satz 1 AStG eine Stundung auf Antrag des Steuerpflichtigen in fünf gleichen Jahresraten vorzunehmen sei, ohne dass es auf eine erhebliche Härte bei alsbaldiger Einziehung ankomme und ohne dass Sicherheitsleistungen erbracht werden müssten, es sei denn, der Steueranspruch erscheine - z.B. mangels Beitreibungshilfe - gefährdet.[1134]

Das BMF sieht also die ratierliche Stundung weiterhin als ausreichend an, verzichtet jedoch lediglich auf das Merkmal der erheblichen Härte.
Diese Interpretation des BMF ist m.E. unzutreffend. Nur weil der EuGH auch zu dem Thema der erheblichen Härte Stellung nahm (da die damalige Fassung des § 6 Abs. 4 AStG a.F. eine solche erhebliche Härte forderte), kann die klare Aussage des EuGH, eine ratierliche Stundung beseitige nicht den Liquiditätsnachteil in einer die Beschränkung rechtfertigende Weise, nicht nur darauf bezogen werden, dass eine erhebliche Härte für eine ratierliche Stundung nicht verlangt werden dürfe, ansonsten jedoch eine ratierliche Zahlung angemessen sei. Im Gegenteil ist es m.E. offensichtlich, dass der EuGH eine ratierliche Stundung auch dann als ungenügend bewertet hätte, wenn die zur Überprüfung stehende Norm das Erfordernis der erheblichen Härte erst gar nicht vorsehen würde.

Hummel, der sich der Interpretation des BMF anschließt, sieht einen scheinbaren Widerspruch in der Aussage des EuGH, dass eine ratierliche Stundung nicht für die Beseitigung des Liquiditätsnachteils ausreiche, und verweist dabei auf die Rn. 64 des Urteils.[1135] Hier stellte der EuGH jedoch lediglich vorab fest, dass eine Festsetzung der Wegzugsteuer ganz ohne Stundung aus unionsrechtlicher Sicht nicht in Betracht komme.[1136] Damit ist aber noch nicht die entscheidende Frage beantwortet, wie genau die Stundung auszusehen hat. Ein Widerspruch zu den Ausführungen in der entscheidenden Rn. 68 des Urteils ist darin nicht zu erkennen. Später gelangte der Gerichtshof in Rn. 68 nämlich zu der Aussage, dass in Bezug auf die genaue Ausgestaltung der Stundung eine (nur) ratierliche Stundung über fünf Jahre nicht ausreiche. Darin besteht kein Widerspruch, sondern eine Konkretisierung des EuGH, welche Art von Stundung (dauerhaft oder ratierlich) er für unionsrechtlich geboten hält und welche – Zitat aus Rn. 68 – „nicht geeignet ist, den Liquiditätsnachteil aufzuheben.“
Ebenso ist nicht einleuchtend, warum der EuGH mit seinem Urteil in der Rs. Wächtler scheinbar „ohne ein Wort eine mittlerweile gefestigte Rechtsprechung“[1137] aufgegeben

2019, 117 (118); *Layer,* FuS 2019, 100 (101); zurückhaltender *Hagemann/Kahlenberg/Höppner/Schuh*, FR 2019, 427 (435); a.A. *Deutschländer*, IWB.2021, 56 (67).

1134 BMF, Schreiben v. 13.11.2019 IV B 5 -S 1325/18/10001 :001, BStBl 2019 I, 1212.

1135 *Hummel,* ISR 2019, 436 (438).

1136 EuGH, Urt. v. 26.02.2019 – C-581/17 (Wächtler), ECLI:EU:C:2019:138, Rn. 64, insoweit auch *Hummel,* ISR 2019, 436 (438).

1137 *Hummel,* ISR 2019, 436 (438).

haben soll.[1138] Mittlerweile gefestigt wäre die Rechtsprechung des EuGH nämlich ohnehin nur dann, wenn die Rs. Kommission/Portugal als Bruch zu der vorigen Rechtsprechung angesehen wird. Wenn man aber (so *Hummel*) dem EuGH nicht zutraut, seine eigene Rechtsprechung ohne ein Wort hierüber zu ändern, dann darf man auch in der Entscheidung in der Rs. Kommission/Portugal nicht eine „eindeutige" Rechtsprechungsänderung sehen.[1139] In der dortigen Diskussion über die Bedeutung des Urteils wird nämlich ebenfalls vertreten, dass der EuGH von seinen Urteilen in den Rs. N und Lasteyrie du Saillant Abstand nehme, ohne dies auch nur einmal ausdrücklich so zu benennen. Vereinfacht gesagt: Was damals angeblich in Ordnung war, darf hier nicht kritisiert werden (sofern die Rs. Wächtler denn überhaupt eine Änderung der Rechtsprechung darstellt).

Wenn diese Ansicht sodann weiter ausführt, die (entscheidende) Aussage des Gerichtshofs in Rn. 68 sei immerhin nicht in den Tenor des Urteils aufgenommen worden,[1140] ist dem entgegenzuhalten, dass man bei der Bewertung der Norm dennoch nicht die Augen vor den Aussagen des EuGH in seinen Entscheidungsgründen verschließen darf. Diese geben nämlich berechtigten Anlass zur Vermutung, dass der EuGH ähnlich wie im Falle Wächtler argumentieren würde, sollte dem Gerichtshof die konkrete Frage nach der Verhältnismäßigkeit einer Norm wie § 6 AStG *neue Fassung* vorgelegt werden, auch wenn die entscheidende Passage über die ungenügende Ratenzahlung in der Rs. Wächtler keinen Einzug in den Tenor des Urteils gefunden hat.
Auch wird der Umstand, dass der EuGH in Rn. 68 Ausführungen zu der ratierlichen Stundung machte, nach der hier vertretenen Auffassung nicht für „unnötig"[1141] erachtet. Im Gegenteil hielt der EuGH diesen Aspekt doch wohl für so wichtig und entscheidend, dass er unabhängig von der konkret gestellten Frage des vorlegenden Gerichts auch hierzu Stellung nahm, da die deutsche Regelung nun einmal für Wegzüge in Drittstaaten *nur* eine ratierliche Stundung vorsah.[1142] Das Ignorieren dieser Aussage und das bloße Abstellen auf den reinen Inhalt des Tenors des Urteils ist m.E. nicht zielführend, dafür ist die Formulierung des EuGH in Rn. 68 bezüglich der ratierlichen Stundung zu eindeutig gewählt. Wenn es rein nach dem Tenor ginge, wäre diesem nämlich umgekehrt auch nicht zu entnehmen, dass eine ratierliche Stundung der Steuer als ausreichend angesehen würde.[1143] Im Übrigen ist dem Tenor anderer Entscheidungen des EuGH ebenfalls lediglich die Aussage zu entnehmen, dass das europäische Recht einer (abstrakten) nationalen Norm entgegenstehe, ohne darin schon die Gründe zu nennen, weshalb der Gerichtshof zu der Entscheidung gekommen ist; trotzdem werden dem jeweiligen Urteil Grundsätze

---

[1138] Vgl. hierzu auch *Eisendel/Henze*, ISR 2020, 23 (27).

[1139] Dazu, dass nach der hier vertretenen Auffassung das Gegenteil der Fall ist, siehe unter E.III.6.d)cc).

[1140] *Eisendel/Henze*, ISR 2020, 23 (27); *Hummel*, ISR2019, 436 (438).

[1141] So aber *Hummel*, ISR 2019, 436 (438).

[1142] So auch *Häck*, ISR 2020, 17 (18).

[1143] Der Tenor des Urteils beschränkt sich lediglich auf die Aussage, dass das FZA einem Steuersystem entgegenstehe, das eine Erhebung der Wegzugsteuer im Zeitpunkt des Wegzugs vorsieht.

und Maßstäbe entnommen, wie nach Ansicht des EuGH eine Wegzugs- bzw. Entstrickungsbesteuerung im Detail auszusehen hat.[1144] Es ist eher die Frage zu stellen, wie der Gerichtshof den Fall entscheiden würde, sollte denn einmal die explizite Frage aufgeworfen werden, ob eine ratierliche Stundung bei Wegzügen innerhalb des EU-/EWR-Raums oder auch in ein Drittland ausreicht oder nicht. Hierzu nimmt der EuGH m.E. eindeutig Stellung.[1145]

cc) Reaktion der nationalen Rechtsprechung

Das vorlegende FG Baden-Württemberg beschäftigte sich nach der Entscheidung des EuGH weiter mit dem Fall Wächtler. In seinem Urteil vom 31.08.2020[1146] differenzierte das FG auch nicht danach, ob die wesentlichen Aussagen und Erkenntnisse des EuGH nun im Tenor oder in den Entscheidungsgründen zu finden waren; Beurteilungsgegenstand des EuGH sei demnach das „Steuersystem" als solches gewesen, zu dem auch die Stundungsmodalitäten gehören.[1147]
Und eben dieses System wird auch nach Ansicht des FG den Vorgaben des EuGH nicht gerecht. Das System der Wegzugsbesteuerung, das der EuGH in seiner Entscheidung „als mit den Bestimmungen des FZA konform" beschrieb, lasse zwar im Ergebnis die Feststellung der Höhe der Steuer im Wegzugszeitpunkt zu, verlange aber zugleich eine dauerhafte Stundung der festgesetzten Steuer ohne Liquiditätsnachteil für den Wegziehenden bis zur tatsächlichen Realisation des Wertzuwachses der Gesellschaftsanteile, wobei die Stundung von einer Sicherheitsleistung abhängig gemacht werden könne.[1148]

Erwartungsgemäß legte die Finanzverwaltung gegen das Urteil des FG Baden-Württemberg Revision ein, sodass sich auch der BFH dem Fall Wächtler annahm. Das Urteil des BFH[1149] mag auf den ersten Blick überraschen, da der BFH der Revision stattgegeben, das Urteil des FG aufgehoben und die Klage von Herrn Wächtler abgewiesen hat. Dennoch ist dem Urteil eine eindeutige und klare Interpretation des Urteils in der Rs. Wächtler zu entnehmen. Der BFH ging in seinem Urteil noch einmal auf die wesentlichen Punkte der EuGH-Entscheidung ein. Es bestehe „kein Zweifel" daran, dass der EuGH in der Rs. Wächtler eine dauerhafte und zinslose Stundung des gesamten Betrags der Wegzugsteuer für geboten halte.[1150] Der Senat erachtete die Aussagen des EuGH hierzu als

---

[1144] So auch im Urteil in der Rs. Kommission/Portugal, aus dessen Tenor sich ebenfalls nicht entnehmen lässt, dass damit auch das Privatvermögen natürlicher Personen umfasst sein soll; dennoch wird dies u.a. auch von *Hummel* als Anlass genommen, Betriebsvermögen und Privatvermögen gleichzustellen.

[1145] So auch *Häck,* in: F/W/B/S, AStG, Stand: 07/2021, § 6 Rn. 157; *Häck,* in: Hummel/Kaminski, Neue Herausforderungen im internationalen Steuerrecht, S. 14; *Weiss*, EStB 2019, 117 (118).

[1146] FG Baden-Württemberg, Urt. v. 31.08.2020 – 2 K 835/19, EFG 2021, 20.

[1147] FG Baden-Württemberg, Urt. v. 31.08.2020 – 2 K 835/19, EFG 2021, 20, Rn. 67f.

[1148] FG Baden-Württemberg, Urt. v. 31.08.2020 – 2 K 835/19, EFG 2021, 20, Rn. 69.

[1149] BFH, Urt. v. 06.09.2023 – I R 35/20, BFHE 282, 252.

[1150] BFH, Urt. v. 06.09.2023 – I R 35/20, BFHE 282, 252, Rn. 19.

„klar und eindeutig“[1151], nämlich dass die alsbaldige Einziehung sowie aber auch die „nur“ ratierliche Stundung der Wegzugsteuer unverhältnismäßig sei, u.a. wegen des schon vom EuGH festgestellten Informationsaustauschs zwischen Wegzugsstaat und Zuzugsstaat.[1152]
Wieso also kommt der BFH zu dem Ergebnis, trotz dieser bemerkenswert klaren Positionierung zur Auslegung des EuGH-Urteils, die der des BMF[1153] entgegensteht, die Klage im Ergebnis abzuweisen? Wie auch schon das FG Baden-Württemberg in der Vorinstanz beschäftigte sich der BFH mit dem vom EuGH verwendeten Begriff des „Steuersystems“. Während das FG die fehlende dauerhafte und zinslose Stundung schon als „systemschädlich“ betrachtet hat, differenzierte der BFH deutlicher zwischen der Festsetzung der Wegzugsteuer und deren Erhebung. Die vom EuGH festgestellte Unionsrechtswidrigkeit einer Vorschrift wie des – alten – § 6 AStG führte nach Ansicht des BFH daher nicht zur vollständigen Nichtanwendbarkeit. Das bedeutet, dass nur der Teil der Norm, der die Erhebung der Steuer regelt, nicht jedoch die Festsetzung als solche, gegen Unionsrecht verstoße, sodass es in Anlehnung an die frühere Rechtsprechung des BFH geboten sei, nur das „europarechtswidrige Tatbestandsmerkmal nicht zu beachten.“[1154]

Da sich der Kläger in dem Verfahren gegen die Festsetzung als solche gewandt hat und nicht etwa gegen die verwehrte dauerhafte Stundung, wies der BFH schlussendlich die Klage ab, da er mit überzeugender Argumentation diese angegriffene Festsetzung als solche nicht für unionsrechtswidrig hielt. Dabei hätte es der BFH auch in seinen Entscheidungsgründen belassen können; umso bemerkenswerter ist daher, dass sich der BFH dennoch auch inhaltlich mit der eigentlich bedeutenden Frage, nämlich dem Fehlen einer dauerhaften und zinslosen Stundung für Wegzüge in die Schweiz als Drittstaat, nicht nur sprachlich, sondern auch inhaltlich deutlich positionierte und der Auffassung des BMF und des Revisionsführers und deren Interpretation des Wächtler-Urteils eine klare Absage erteilt hat. Denn das Urteil enthält auch die Aussage bzw. „Anweisung“, den vom EuGH verbindlich formulierten Vorgaben für den Erhebungsteil der Norm insoweit Rechnung zu tragen, dass eine dauerhafte und zinslose Stundung von Amts wegen zu gewähren sei.[1155]

[1151] BFH, Urt. v. 06.09.2023 – I R 35/20, BFHE 282, 252, Rn. 24.
[1152] BFH, Urt. v. 06.09.2023 – I R 35/20, BFHE 282, 252, Rn. 23.
[1153] Siehe hierzu unter E.IV.2.a)bb).
[1154] BFH, Urt. v. 06.09.2023 – I R 35/20, BFHE 282, 252, Rn. 27 mit Verweis auf die frühere Rechtsprechung des BFH in den Urt. v. 17.07.2008 – X R 62/04, BStBl II 2008, 976 und v. 21.10.2008 – X R 15/08, BFH/NV 2009, 559.
[1155] BFH, Urt. v. 06.09.2023 – I R 35/20, BFHE 282, 252, Rn. 28; gleichzeitig verweist der BFH in Rn. 31 des Urteils darauf, dass über den Stundungsanspruch von Herrn Wächtler im Rahmen des Erhebungsverfahrens zu entscheiden sei.

dd) Neufassung des § 6 AStG

Das m.E. unzutreffende Verständnis des BMF[1156] in Bezug auf die Rs Wächtler spiegelt sich in der gesetzgeberischen Entscheidung der gänzlichen Abschaffung der dauerhaften Stundung durch das ATAD-UmsG wider.[1157] Schon im Referentenentwurf wird der Schein eines Widerspruchs der neuen Stundungsvorschrift zum Wächtler-Urteil zumindest gesehen, allerdings – unzutreffend – nur als lediglich „scheinbarer" Widerspruch wieder verworfen.[1158] Vielmehr bezieht sich der Referentenentwurf auf diejenige Rechtsprechung des EuGH, die für den Bereich des Betriebsvermögens eine ratierliche Stundung für ausreichend und verhältnismäßig erachtet hat. Es wird nochmals betont, dass keine Gründe für eine differenzierte Verhältnismäßigkeitsprüfung bzw. eine differenzierte Handhabung von Betriebs- und Privatvermögen ersichtlich seien.[1159] Dass eine solche Unterscheidung sehr wohl von Bedeutung ist, hat nicht nur der Fall Wächtler verdeutlicht, sondern ist nach der hier vertretenen Auffassung auch im Übrigen zu erkennen.[1160] Es ist an dieser Stelle schon erstaunlich, dass sich der Gesetzgeber auf ein Urteil im Bereich des Betriebsvermögens bezieht, anstatt genauer auf das wesentlich näherliegende Urteil in der Rs. Wächtler abzustellen, das explizit im Bereich des Privatvermögens und noch dazu im Hinblick auf die alte Fassung des § 6 AStG selbst ergangen ist.

In der Gesetzesbegründung der Bundesregierung wird in Bezug auf die europäische Rechtsprechung noch ein weiterer Aspekt durchleuchtet: Es wird erkannt, dass eine andere Möglichkeit zur Gleichbehandlung aller Wegzugsfälle wäre, die erweiterte Stundung auch in Bezug auf die Schweiz und folglich auch auf alle anderen Drittstaaten anzuwenden; zumindest in Bezug auf die Schweiz sende dies allerdings „steuerpolitisch [...] ein falsches Signal".[1161] Dieser nach der hier vertretenen Auffassung nicht ganz nachvollziehbare Gedanke (bei einer dauerhaften Stundung in *allen* Drittstaatsfällen würde eine befürchtete Privilegierung der Schweiz ebenfalls nicht eintreten) wird aus offensichtlich rein fiskalischen Gründen weitergeführt und das EuGH-Urteil in der Rs. Wächtler dahingegen interpretiert, dass sich Deutschland nur dann nicht auf die (nur) ratierliche Stundung als verhältnismäßiges Mittel berufen könne, wenn es „parallel eine unbegrenzte Stundung [gemeint ist wohl *nur bei manchen Staaten*] praktiziert."[1162] Nach dieser Logik müsste also im Umkehrschluss eine ratierliche Stundung dann wiederum verhältnismäßig sein, wenn in Bezug auf *gar keinen* Staat eine dauerhafte Stundung gewährt werden würde. Dies berücksichtigt die inhaltliche Auseinandersetzung des EuGH mit der Wirkung der nur ratierlichen Erhebung der Steuer und dem damit verbundenen Liquiditätsnachteil für den Steuerpflichtigen m.E. in keinster Weise.

[1156] BMF, Schreiben v. 13.11.2019 – IV B 5 -S 1325/18/10001 :001, BStBl I 2019, 1212.
[1157] So auch *Häck,* in: F/W/B/S, AStG, Stand: 07/2021, § 6 Rn. 156.1 und 168.
[1158] RefE ATAD, S. 81.
[1159] RefE ATAD, S. 81f.
[1160] Siehe hierzu bereits ausführlich unter E.III.8.
[1161] RegE ATAD, BT-Drucks. 19/28652, S. 47.
[1162] RegE ATAD, BT-Drucks. 19/28652, S. 48.

Der Entwurf des neuen § 6 AStG und insbesondere der gänzliche Wegfall der dauerhaften Stundung stießen bereits innerhalb des Gesetzgebungsverfahrens auf starke Kritik und wurden kontrovers diskutiert. Bei der Anhörung des Finanzausschusses vom 03.05.2021 wurden Experten aus der Beratung und Lehre zur geplanten Neufassung des § 6 AStG befragt.
Das *Netzwerk Steuergerechtigkeit Deutschland e. V.* begrüßte in seiner Stellungnahme die Verschärfung des § 6 AStG mit dem Argument, die im Einklang mit dem Wegzug in Drittstaaten vorgeschlagene Stundungsmöglichkeit über sieben Jahre und die Möglichkeit der steuerfreien Rückkehr innerhalb von sieben bzw. zwölf Jahren trage den Mobilitätsbedürfnissen ausreichend Rechnung.[1163]
Der *Bundesverband der Deutschen Industrie e. V.* verlangte hingegen eine ratierliche Zahlung über mindestens zehn Jahre[1164], lässt aber offenbar auch eine ratierliche Stundung ausreichen.
Zuzustimmen ist hingegen den Stellungnahmen von *Ditz* und *Schnitger*, dass das Urteil in der Rs. Wächtler eindeutig zu erkennen gebe, dass der Wegfall der dauerhaften Stundung gegen Unionsrecht verstoße. Während *Schnitger* die Ansicht vertrat, die dauerhafte Stundung in EU-/EWR-Fällen hätte beibehalten werden sollen,[1165] plädierte *Ditz* sogar dafür, die bislang in der alten Fassung vorgesehene Stundung des § 6 Abs. 5 AStG a.F. auch auf Drittstaaten auszuweiten (dies aber unter der Prämisse, dass mit dem betreffenden Zuzugsstaat ein steuerlicher Informationsaustausch sichergestellt sei).[1166]

ee) Zwischenfazit

Nach der hier vertretenen Auffassung ist die dauerhafte Stundung dem Grunde nach sowohl in Wegzugsfällen in den EU-/EWR-Raum als auch in Drittlands-sachverhalten zu gewähren. Dass mit anderen Staaten unterschiedliche Amtshilfe- und Beitreibungsvereinbarungen bestehen, ist ein Umstand, der nicht die dauerhafte Stundung als solche betrifft, sondern das Erfordernis, während des Aufschubzeitraums Sicherheiten verlangen zu können oder nicht.
Dies hat der BFH in seinem jüngsten Urteil[1167] zur Wegzugsbesteuerung bestätigt. Auch wenn diese Entscheidung noch das alte Recht betraf, ist in der eindeutigen Positionierung des BFH m.E. doch deutlich zu erkennen, wie er die neue Fassung, die sogar für den EU-/EWR-Raum eine dauerhafte und zinslose Stundung ausschließt, beurteilt bzw. beurteilen würde.

[1163] Stellungnahme Finanzausschuss Öffentliche Anhörung Protokoll-Nr. 19/137 zu DT-Druck 19/28652, Anlage 4, S. 2.
[1164] Stellungnahme Finanzausschuss Öffentliche Anhörung Protokoll-Nr. 19/137 zu DT-Druck 19/28652, Anlage 1, S. 2.
[1165] Stellungnahme Finanzausschuss Öffentliche Anhörung Protokoll-Nr. 19/137 zu DT-Druck 19/28652, Anlage 5, S. 14.
[1166] Stellungnahme Finanzausschuss Öffentliche Anhörung Protokoll-Nr. 19/137 zu DT-Druck 19/28652, Anlage 2, S. 12.
[1167] BFH, Urt. v. 06.09.2023 – I R 35/20, BFHE 282, 252.

b) Sicherheitsleistungen

Bezüglich der Möglichkeit des nationalen Gesetzgebers, Sicherheiten für den Zeitraum der Stundung bzw. des Zahlungsaufschubs verlangen zu können, hatte sich der EuGH schon mehrfach geäußert. Bereits in den Urteilen in den Rs. National Grid Indus[1168] und DMC[1169] hat der EuGH bestätigt, dass der nationale Gesetzgeber dem Nichteinbringungsrisiko einer gestundeten Wegzugsteuer damit begegnen könnte, indem er geeignete Sicherheiten verlangt. Auch wenn sich der EuGH dabei i.d.R. auf die Nennung einer Banksicherheit beschränkte, so darf dies nicht als abschließende Aufzählung verstanden werden; auch andere Sicherheitsleistungen sollten mit der europäischen Rechtsprechung in Einklang gebracht werden können.[1170] Selbst wenn man sich an dieser Stelle aus gutem Grund auf den Standpunkt stellt, dass diese Urteile im Bereich des Betriebsvermögens ergangen seien, und nach der Entscheidung in der Rs. Wächtler erkennbar sei, dass der EuGH nach wie vor eine Differenzierung zwischen Privat- und Betriebsvermögen vornimmt, so hat die Entscheidung in der Rs. Wächtler jedoch auch selbst die Möglichkeit für den nationalen Gesetzgeber eröffnet, eine Sicherheit während des Stundungszeitraums zu verlangen.[1171] Dabei ist jedoch zunächst zu berücksichtigen, dass – wie auch vom EuGH bestätigt – die Leistung von Sicherheiten selbst wiederum für den Steuerpflichtigen eine beschränkende Wirkung entfaltet.[1172] Je nach Ausgestaltung der Sicherheit kann dies mit Kosten[1173] für den Steuerpflichtigen oder auch gesellschaftsrechtlichen Restriktionen (etwa im Falle der Verpfändung und bei der Frage nach der späteren Verwertbarkeit der Anteile) verbunden sein.[1174] Zudem hat auch der EuGH hierzu ausgeführt, dass eine beschränkende Wirkung bereits dann auftrete, wenn sie den Steuerpflichtigen an der Nutzung der als Sicherheit geleisteten Vermögenswerte – welche auch immer es sein mögen – hindern.[1175]

Aufgrund dieser beschränkenden Wirkung von Sicherheiten verlangte der EuGH in seiner Entscheidung in der Rs. DMC, dass eine solche nicht ohne vorige Bewertung des

[1168] EuGH, Urt. v. 29.11.2011 – C-371/10 (National Grid Indus), ECLI:EU:C:2011:785, Rn. 74.

[1169] EuGH, Urt. v. 23.01.2014 – C-164/12 (DMC), ECLI:EU:C:2014:20, Rn. 65.

[1170] *Mitschke*, IStR 2014, 106 (133).

[1171] EuGH, Urt. v. 26.02.2019 – C-581/17 (Wächtler), ECLI:EU:C:2019:138, Rn. 66, dort auch Verweis auf die Urteile in den Rs. National Grid Indus und DMC.

[1172] So schon EuGH, Urt. v. 11.03.2004 – C-9/02 (de Lasteyrie du Saillant), ECLI:EU:C:2004:138, Rn. 47; EuGH, Urt. v. 07.09.2006 – C-470/04 (N), ECLI:EU:C:2006:525, Rn. 36; EuGH, Urt. v. 23.01.2014 – C-164/12 (DMC), ECLI:EU:C:2014:20, Rn. 66.

[1173] Bei einer Bankgarantie besteht ggf. das Erfordernis, der Bank hierfür wiederum Sicherheit zu leisten, jedenfalls aber eine Belastung der Aval- oder Barkreditlinie hinzunehmen und die Avalprovision (in Prozentpunkten der Garantiesumme jährlich) zu zahlen, bis die Garantie gegenstandslos wird (*Cranshaw,* jurisPR-IWR 3/2019 Anm. 1 unter C.IV.).

[1174] Vgl. *Häck,* in: F/W/B/S, AStG, Stand: 07/2021, § 6 Rn. 169, siehe auch *Cranshaw*, jurisPR-IWR 3/2019 Anm. 1 unter C.I.2. mit der Anmerkung, dass die Sicherheitsleistung, z.B. durch Barhinterlegung oder Bankaval, wenn sie effizient sein soll, den Steuerpflichtigen bzw. dessen Liquidität faktisch kaum weniger belasten würden als die Sofortzahlung der Steuer.

[1175] Siehe Fußnote 1172.

Nichteinbringungsrisikos, das es zu minimieren gilt, aufgestellt wird.[1176] Dies lässt auch in der Literatur die Meinung aufkommen, dass die Gestellung von Sicherheitsleistungen im konkreten Einzelfall dem Verhältnismäßigkeitsgrundsatz entsprechen muss[1177] und nicht bereits das Vorliegen eines allgemeinen Nichteinbringungsrisikos genügt. Vielmehr müsse ein konkretes Nichteinbringungsrisiko gegeben[1178] und die Zulässigkeit einer Sicherheitsleistung auf Fälle begrenzt sein, in denen sich eine konkrete Gefährdung des Steueranspruchs abzeichnet.[1179] Dabei muss m.E. u.a. berücksichtigt werden, in welcher Qualität und Intensität die jeweilige Amts- und Beitreibungshilfe zwischen den einzelnen Staaten (also Wegzugs- und Zuzugsstaat) ausgestaltet ist.

aa) Richtlinien der EU zur Amts- und Beitreibungshilfe

Innerhalb der Literatur wird diesbezüglich kontrovers diskutiert. Im Kern steht die Frage, ob zumindest bei Wegzügen eines Steuerpflichtigen in einen Staat, für den die Amtshilfe[1180] sowie die Beitreibungsrichtlinie[1181] der EU (nachfolgend „Richtlinien zur Amts- und Beitreibungshilfe“) gelten, das Nichteinbringungsrisiko durch die dort vorgesehenen vertraglichen Hilfeleistungen derart gering eingestuft werden muss, dass das Verlangen von Sicherheitsleistungen als unionsrechtlich unverhältnismäßig anzusehen ist.
Einzelne Anhaltspunkte hierfür werden dem Urteil in der Rs. National Grid Indus entnommen. Der EuGH nannte dort die Banksicherheit in Rn. 74 als (eine) Möglichkeit des Wegzugsstaats, dem Risiko der Nichteinziehung der Steuer, die sich mit der Zeit erhöht, durch Maßnahmen wie etwa einer Bankgarantie zu begegnen.[1182] Wo es im selben Urteil unmittelbar anschließend an diese Feststellung darum geht, ob das Aufschieben der Steuer einen unverhältnismäßigen Aufwand für die Steuerbehörden im Zusammenhang mit der Nachverfolgung der Vermögensgegenstände darstellt, brachte der EuGH die Richtlinien zur Amts- und Beitreibungshilfe ins Spiel.[1183] Diese betreffen die Mechanismen zur gegenseitigen Unterstützung der Mitgliedstaaten bei der Einziehung der festgesetzten und aufgeschobenen Steuer. Der EuGH stellte dabei fest, dass die Richtlinien sowohl den Informationsaustausch zwischen den Mitgliedstaaten ermöglichen (etwa über eine tatsächliche Realisierung von stillen Reserven) als aber auch darüber hinaus (insbesondere in Art. 5 bis 9) „den Behörden des Herkunftsmitgliedstaats einen Rahmen der

[1176] EuGH, Urt. v. 23.01.2014 – C-164/12 (DMC), ECLI:EU:C:2014:20, Rn. 67.
[1177] *Häck*, in: F/W/B/S, AStG, Stand: 07/2021, § 6 Rn. 157; *Blumenberg/Lechner*, in: FS Haarmann, 353 (381).
[1178] *Hagemann/Kahlenberg/Höppner/Schuh,* FR 2019, 427 (429).
[1179] *Thömmes/Linn*, IStR 2012, 282 (288).
[1180] Richtlinie 2011/16/EU des Rates vom 15.02.2011 über die Zusammenarbeit der Verwaltungsbehörden im Bereich der Besteuerung.
[1181] Richtlinie 2010/24/EU des Rates vom 16. März 2010 über die Amtshilfe bei der Beitreibung von Forderungen in Bezug auf bestimmte Steuern, Abgaben und sonstige Maßnahmen (vormals 2008/55/EG, davor 76/308/EWG).
[1182] EuGH, Urt. v. 29.11.2011 – C-371/10 (National Grid Indus), ECLI:EU:C:2011:785, Rn. 77 ff.
[1183] EuGH, Urt. v. 29.11.2011 – C-371/10 (National Grid Indus), ECLI:EU:C:2011:785, Rn. 78.

Zusammenarbeit und Unterstützung [bieten], der ihnen die tatsächliche Einziehung der Steuerschuld im Aufnahmestaat ermöglicht."[1184]
Zwar deutet dies zunächst darauf hin, dass aus Sicht des EuGH durch die in den Richtlinien vorgesehenen Unterstützungsmöglichen das Nichteinbringungsrisiko in allen EU-Fällen derart reduziert ist, dass sie im Grunde gegen das Erfordernis von Sicherheitsleistungen sprechen.[1185] Dennoch wird in den Entscheidungsgründen dieses Urteils gerade der Beleg dafür gesehen, dass der EuGH die Möglichkeit, Sicherheiten einzufordern, auch im Anwendungsbereich der Richtlinien zur Amts- und Beitreibungshilfe anerkannt habe,[1186] und allein die Existenz der Beitreibungsrichtlinie als Sicherheit nicht ausreichend sei.[1187]
Insoweit lässt sich mit überzeugendem Argument vertreten, der EuGH habe im Urteil in der Rs. National Grid Indus, einem Fall, der im Anwendungsbereich der Richtlinien zur Amts- und Beitreibungshilfe spielt, allein mit der Nennung von Sicherheiten trotz Bestehen dieser Richtlinien eine Entscheidung zugunsten der Möglichkeit getroffen, Sicherheitsleistungen zu verlangen.

Gleichzeitig attestierte der EuGH den Richtlinien zur Amts- und Beitreibungshilfe die Wirkung, „die tatsächliche Einziehung der Steuerschuld im Aufnahmestaat [zu] ermöglich[en]."[1188] Die Gegenansicht folgert aus dieser Aussage des EuGH, dass Sicherheitsleistungen nicht gefordert werden dürfen, wenn mit Hilfe der Beitreibungsrichtlinie eine Durchsetzung der Steuerforderung möglich ist, da insoweit die Voraussetzung, dass sich das „Risiko der Nichteinziehung der Steuer [...] mit der Zeit erhöht"[1189], nicht erfüllt sei,[1190] sondern die in den Richtlinien vorgesehenen Verfahren zur gegenseitigen Unterstützung hinreichend seien, um die Einziehung der Steuerschuld in einem anderen Mitgliedstaat sicherzustellen.[1191]

[1184] EuGH, Urt. v. 29.11.2011 – C-371/10 (National Grid Indus), ECLI:EU:C:2011:785, Rn. 78.

[1185] Vgl. auch *Hörnicke/Quilitzsch*, ISR 2020, 152(159); andeutungsweise auch EuGH, Urt. v. 26.02.2019 – C-581/17 (Wächtler), ECLI:EU:C:2019:138, Rn. 65.

[1186] *Hagemann/Kahlenberg/Höppner/Schuh,* FR 2019, 427 (429) mit der Begründung, die Mechanismen der EU-Richtlinien genügen lediglich zur Kontrolle der Angaben des Steuerpflichtigen sowie zur Unterstützung bei der Einziehung der Steuer, seien allein aber nicht ausreichend, um die Nachverfolgung über den Verbleib der Wirtschaftsgüter sicherzustellen.

[1187] *Hagemann/Kahlenberg,* Anti Tax Avoidance Directive (ATAD), Art. 5 Rn. 207; *Kudert/Hagemann/Kahlenberg*, Die Internationalisierung der Unternehmerfamilie – Reformvorschläge für die Wegzugsbesteuerung, S. 60; *Thömmes/Linn*, IStR 2012, 282 (288); siehe auch *Beutel/Rehberg*, IStR 2012, 94 (96).

[1188] EuGH, Urt. v. 29.11.2011 – C-371/10 (National Grid Indus), ECLI:EU:C:2011:785, Rn. 78.

[1189] EuGH, Urt. v. 29.11.2011 – C-371/10 (National Grid Indus), ECLI:EU:C:2011:785, Rn. 74.

[1190] *Thömmes/Linn*, IStR 2012, 282 (287).

[1191] *Englisch*, in: Schaumburg/Englisch, Europäisches Steuerrecht, Rn. 7.298; *Kraft*, in: Kraft, AStG, § 6 Rn. 493; *Häck,* in: F/W/B/S, AStG, Stand: 07/2021, § 6 Rn. 548; *Vogt,* in: Ettinger, Wegzugsbesteuerung, S. 26; andeutungsweise auch *Orthmann*, Entstrickungsbesteuerung und Niederlassungsfreiheit, S. 459.

Es stellt sich aus dieser Kontroverse heraus die Frage, ob auch im Anwendungsbereich der Richtlinien zur Amts- und Beitreibungshilfe eine konkrete Überprüfung des Nichteinbringungsrisikos erfolgen darf und muss mit der Konsequenz, dass die für die Wegzugsbesteuerung zuständige Behörde in ihrem Ermessen eine Sicherheit verlangen kann oder ob Sicherheiten in diesen Fällen per se als unverhältnismäßig anzusehen sind. Folgt man der hier vertretenen Auffassung, sind die vom EuGH aufgestellten Kriterien zur Entstrickung im Betriebsvermögen nicht ohne Weiteres eins zu eins auf Entstrickungen im Privatvermögen zu übertragen (zumal in Bezug speziell auf die Einschätzung des erhöhten Nichteinbringungsrisikos im Bereich des Betriebsvermögens[1192] schärfere Maßnahmen zur Sicherstellung des Steueranspruchs angemessen sein dürften). Aus diesem Grund bietet sich erneut ein Blick auf die Aussagen des EuGH im Fall Wächtler an. Mit überzeugenden Gründen wird hierzu vertreten, dass die Entscheidung in der Rs. Wächtler weitestgehend für die Unzulässigkeit des Forderns von Sicherheiten bei bestehender Beitreibungsverpflichtung aufgrund der EU-Richtlinien spricht.[1193]
Zwar hat der EuGH im Falle Wächtler das Verlangen von Sicherheiten wohl als verhältnismäßig eingestuft.[1194] Jedoch ergingen diese konkreten Ausführungen für den Fall des Wegzugs in die Schweiz, für die die Richtlinien zur Amts- und Beitreibungshilfe nicht anwendbar sind. „Insbesondere wegen des Fehlens von Mechanismen der gegenseitigen Unterstützung bei der Beitreibung" sah der Gerichtshof ein gewisses Risiko der Nichteinziehung als gegeben an, welches das Verlangen von Sicherheiten rechtfertigt.[1195] Daraus könnte im Umkehrschluss gefolgert werden, dass der EuGH Sicherheitsleistungen im umgekehrten Fall, nämlich beim Vorliegen solcher Mechanismen (wie sie die Richtlinien zur Amts- und Beitreibungshilfe bspw. vorsehen) und bei der Entstrickung von – leichter nachverfolgbaren – Privatvermögen als unverhältnismäßig einstufen würde.[1196] Hierfür spricht – bleibt man im Bereich des Privatvermögens – dass der EuGH in seinem Urteil in der Rs. N (zeitlich also sowohl vor der Rs. Wächtler als auch vor der Rs. National Grid Indus) noch die Ansicht vertreten hat, dass die Forderung von Sicherheiten gerade im Hinblick auf die Richtlinien zur Amts- und Beitreibungshilfe über das hinausgeht, was

[1192] Siehe hierzu bereits unter E.III.8.a) und b).
[1193] *Zimmermann*, IStR 2021, 352 (355).
[1194] So *Häck/Kahlenberg*, IStR 2019, 253 (253); der EuGH erwähnt in Rn. 65 in Bezug auf die Schweiz lediglich die Möglichkeit des Austauschs von Steuerinformationen, welche sich aus dem DBA Schweiz ergibt, sodass im Hinblick auf das Ziel der Wirksamkeit der steuerlichen Kontrolle eine gänzlich fehlende Stundungsmöglichkeit unverhältnismäßig sei.
[1195] EuGH, Urt. v. 26.02.2019 – C-581/17 (Wächtler), ECLI:EU:C:2019:138, Rn. 66.
[1196] In der Tat bleiben allerdings Restzweifel vorhanden, da EuGH, Urt. v. 26.02.2019 – C-581/17 (Wächtler), ECLI:EU:C:2019:138, Rn. 66 auf EuGH, Urt. v. 29.11.2011 – C-371/10 (National Grid Indus), ECLI:EU:C:2011:785 und EuGH, Urt. v. 23.01.2014 – C-164/12 (DMC), ECLI:EU:C:2014:20 verweist, bei deren Sachverhalten die Richtlinien zur Amts- und Beitreibungshilfe anwendbar waren und dennoch die Möglichkeit, im konkreten Falle eine Sicherheitsleistung fordern zu dürfen, als zulässig erachtet wurde. Dies könnte nur damit relativiert werden, dass die Entscheidungen im Bereich des Betriebsvermögens getroffen wurde; differenziert insoweit auch *Zimmermann,* IStR 2021, 352 (355).

unbedingt erforderlich ist, um die Funktionstüchtigkeit und die Wirksamkeit eines auf steuerliche Territorialität gestützten Besteuerungssystem zu gewährleisten.[1197]

Es ist der Ansicht zuzustimmen, wonach das Erfordernis einer Sicherheitsleistung auf Ausnahmefälle reduziert bleiben muss, soll das vom EuGH in den Vordergrund gestellte Wahlrecht zwischen Sofortbesteuerung und Steueraufschub nicht ad absurdum geführt werden.[1198] Aufgrund der Anerkennung des EuGH in Bezug auf die Qualität und die hinreichenden Möglichkeiten der Richtlinien zur Amts- und Beitreibungshilfe sollten diese *Ausnahmefälle* dann aber (nur) in dem Bereich zu finden sein, in denen eine entsprechende Beitreibungshilfe, wie die der Richtlinien zur Amts- und Beitreibungshilfe, erst gar nicht besteht. Denn auch die Ansicht innerhalb der Literatur, die in den Fällen der Anwendbarkeit der Richtlinien zur Amts- und Beitreibungshilfe eine Bestimmung eines Nichteinziehungsrisikos in *jedem* Fall (also auch dann, wenn die Richtlinien zur Amts- und Beitreibungshilfe anwendbar sind) eine Einzelprüfung des konkreten Sachverhalts als erforderlich betrachtet, erkennt an, dass nach der Rechtsprechung des Gerichtshofs das EU-Sekundärrecht die spätere Erhebung einer Wegzugsteuer weitgehend absichert.[1199]

bb) Zwischenfazit

In der Praxis wurde die dauerhafte und zinslose Stundung bislang in der bis zum 31.12.2021 geltenden Fassung des § 6 AStG grundsätzlich ohne eine Sicherheitsleistung gewährt, wenn der Wegzug in einen EU-/EWR-Staat erfolgte; die zusätzliche Voraussetzung des § 6 Abs. 5 Satz 2 AStG a.F. der Gewährleistung der Amtshilfe und der Unterstützung bei der Beitreibung war bei Wegzügen innerhalb der EU eher theoretischer Natur,[1200] da diese auch nach Ansicht des Gesetzgebers im Verhältnis zu EU-Mitgliedstaaten aufgrund der Richtlinien zur Amts- und Beitreibungshilfe anzunehmen ist.[1201] Aber auch in Bezug auf die in § 6 Abs. 5 Satz 1 AStG a.F. genannten EWR-Staaten Liechtenstein, Norwegen und Island ist eine ausreichende Amts- und Beitreibungshilfe anzunehmen.[1202]

[1197] EuGH, Urt. v. 07.09.2006 – C-470/04 (N), ECLI:EU:C:2006:525, Rn. 51.

[1198] *Linn/Tömmes*, IStR 2012, 282 (288).

[1199] *Hagemann/Kahlenberg,* Anti Tax Avoidance Directive (ATAD), Art. 5 Rn. 207 mit Verweis auf EuGH, Urt. v. 12.07. 2012 – Rs. C-269/09 (Kommission/Spanien), ECLI:EU:2012:439, Rn. 70 ff.; vgl. *Schnitger,* Stellungnahme Finanzausschuss Öffentliche Anhörung Protokoll-Nr. 19/137 zu DT-Druck 19/28652, Anlage 5, S. 13 mit der Aussage, ein konkretes Nichteinbringungsrisiko scheide in EU/EWR-Fällen jedoch vor dem Hintergrund der EU-BeitrRL (RL 2010/24/EU) praktisch aus.

[1200] So *Häck,* in: F/W/B/S, AStG, Stand: 07/2021, § 6 Rn. 548 mit dem zusätzlichen Hinweis, dass es aufgrund der Formulierung „zu diesem Staat" nur auf den Zuzugsstaat ankommen könne, egal in welchen und wie vielen anderen Staaten der Steuerpflichtige darüber hinaus einen Wohnsitz habe und ansässig sei.

[1201] BR-Drucks. 542/06, S. 87; vgl, auch *Kraft*, in: Kraft, AStG, § 6 Rn. 493.

[1202] Norwegen: Art. 26 und 27 DBA, siehe hierzu auch *Strunk/Kaminski*, in: S/K/K, AStG, Stand: 01/2020, § 6 Rn. 255.1; Island: OFD Münster vom 31.10.2008 - Kurzinfo Int. St. 4/2008. NWB AAAAC-95806 unter 1.; Liechtenstein: *Hardt*, in: Wassermeyer, Doppelbesteuerung, DBA

So könnte aus gutem Grund das Urteil in der Rs. Wächtler dahingehend interpretiert werden, dass der EuGH – in Fortsetzung seiner Rechtsprechung im Fall N[1203] – weitestgehend eine Unzulässigkeit des Forderns von Sicherheiten bei bestehender Beitreibungsverpflichtung – wie sie durch die Richtlinien zur Amts- und Beitreibungshilfe innerhalb der EU-Staaten ausgestaltet ist – sieht.[1204] Hingegen wird die Forderung von Sicherheiten bei Wegzügen in EWR- bzw. Drittstaaten unionsrechtskonform sein, sofern es gänzlich an einer bilateralen Vereinbarung zur Beitreibung von Steuern fehlt und die Einziehung der Steuerforderung ernsthaft gefährdet ist[1205] (in Bezug auf die drei EWR-Staaten, die nicht auch EU-Mitgliedstaaten sind, ist dies nach dem aktuellen Stand der zwischenstaatlichen Abkommen und Verträge zu Deutschland allerdings nicht zu befürchten[1206]).
Aber auch in den Sachverhalten mit Drittstaatsbezug wird man die Stellung von Sicherheiten nur in engen Grenzen verlangen können, sodass in die Abwägung im Einzelfall und bei der Beurteilung des Nichteinbringungsrisikos mit einzubeziehen ist, ob und inwieweit zwischen Wegzugsstaat und Zuzugsstaat Beitreibungsvereinbarungen bestehen.[1207] Dies ermöglicht den Finanzbehörden eine flexible Berücksichtigung der Verhältnisse, was auch die Möglichkeit einschließt, unter Umständen gänzlich von einer Sicherheit abzusehen.[1208] Ein solches Ermessen der Finanzbehörde ist auch in den Fällen „regulärer" Stundungen von Ansprüchen aus dem Steuerschuldverhältnis gem. § 222 AO vorgesehen, sodass auf die Erfahrungswerte und Kriterien hieraus zurückgegriffen werden kann. Wie die Art und Weise von Sicherheitsleistungen im konkreten Einzelfall auszugestalten ist, kann sich dabei nach den §§ 241 und 245 AO richten.
Zu berücksichtigen wird dabei auch sein, ob und wenn ja, in welchem Umfang inländisches Vermögen auch nach dem Wegzug des Steuerpflichtigen weiterhin dem deutschen Fiskus zur Vollstreckung zur Verfügung steht.[1209] Auch in Fällen, in denen der Steuerpflichtige auch nach dem Auslösen der Wegzugsteuer z.B. weiterhin einen Wohnsitz in Deutschland hat, wird die Zugriffsmöglichkeit des Finanzamts in Bezug auf

Liechtenstein, Stand: 07/2023, Art. 26 Rn. 20, anders noch FG Düsseldorf, Urt. v. 22.01.2015 – 16 K 2858/13 F, EFG 2015, 629, Rn. 24; vgl. auch *Häck,* in: F/W/B/S, AStG, Stand: 07/2021, § 6 Rn. 548; *Strunk/Kaminski*, in: S/K/K, AStG, Stand: 01/2020, § 6 Rn. 255-255.2.

1203 EuGH, Urt. v. 07.09.2006 – C-470/04 (N), ECLI:EU:C:2006:525, Rn. 52.

1204 Vgl. *Zimmermann,* IStR 2021, 352 (355).

1205 Siehe auch *Schiefer*, ISR 2020, 84 (88); Entschließungsantrag der FDP, BT-Drucks, 19/29848, S. 61.

1206 Siehe Fußnote 1202.

1207 Wie z.B. die OECD-Amtshilfevereinbarung „Übereinkommen über die gegenseitige Amtshilfe in Steuersachen" vom 25.01.1988 oder einzelne Amtshilfe- und Beitreibungsklauseln wie z.B. Art. 26 und 27 OECD-MA.

1208 Vgl. *Mitschke,* IStR 2014, 106 (113); *Hagemann/Kahlenberg/Höppner/Schuh*, FR 2019, 427, (429) mit dem Hinweis, dass Sicherheitsleistungen nicht *grundsätzlich*, sondern nur in engen Grenzen gefordert werden dürfen.

1209 Vgl. *Thömmes/Linn*, IStR 2012, 282 (288) mit der Ansicht, dass sich sogar pauschal betrachtet in all den Fällen, in denen inländisches Vermögen des Steuerpflichtigen vorhanden ist, das Verlangen nach einer Sicherheitsleistung verbieten soll; vgl. auch *Beutel/Rehberg*, IStR 2012, 94 (96).

Informationsgewinnung und Vollstreckungsmöglichkeiten zugunsten des Steuerpflichtigen in der jeweiligen Einzelfallentscheidung zu berücksichtigen sein.

c) Zinsen

Bezüglich der Möglichkeit der nationalen Gesetzgeber, während des Stundungszeitraums Zinsen verlangen zu können, zeigte sich der EuGH hingegen restriktiver als noch bei der Frage nach den Sicherheiten. Lediglich in seinem Urteil in der Rs. National Grid Indus erwähnte der EuGH in einem Nebensatz., dass die Aufschiebung der Zahlung der Wegzugsteuer „gegebenenfalls zuzüglich Zinsen" ausgestaltet werden könne.[1210] Hierzu ist anzumerken, dass dieses Urteil für den Bereich des Betriebsvermögens erging und eine Wiederholung bzw. Bestätigung der dort getroffenen Aussagen weder in den nachfolgenden Urteilen im Bereich des Betriebsvermögens noch in dem relevanteren Urteil in der Rs. Wächtler erfolgte.

Im Ergebnis ist der herrschenden Meinung innerhalb der Literatur zuzustimmen, die eine Verzinsung der aufgeschobenen Wegzugsteuer für nicht verhältnismäßig und demnach für unionsrechtswidrig hält.[1211] Wie der EuGH mehrfach festgestellt hat, soll der Aufschub der Zahlung der Steuer einen Liquiditätsnachteil des Steuerpflichtigen verhindern, der nur dadurch entstünde, dass er seinen Wohnsitz verlagere.[1212] Der zu vermeidende Liquiditätsnachteil wird durch Zinsen wieder hergestellt, sodass erneut eine Maßnahme vorliegen würde, die geeignet ist, den Steuerpflichtigen davon abzuhalten, von seinen Grundfreiheiten Gebrauch zu machen.[1213]

Teilweise wird sogar vertreten, dass die Pflicht zur Zinszahlung wirtschaftlich der sofortigen Zahlung der Steuerschuld entspräche (etwa, wenn bspw. der Steuerpflichtige zur Begleichung der Steuerschuld ein Bankdarlehen aufnehmen würde und hierfür ebenfalls marktüblich Zinsen zu zahlen hätte).[1214]

Dem Verlangen nach Zinsen liegt der fiskalische Gedanke zugrunde, einen Ausgleich dafür zu schaffen, dass dem Staat ein sofortiger Geldfluss entgeht.[1215] Angesichts einer Besteuerung ohne tatsächliche Realisierung, d.h. einer noch nicht verwirklichten Leistungsfähigkeit, ist eine Verzinsung eines solchen Steueranspruchs jedoch nur schwer

---

1210 EuGH, Urt. v. 29.11.2011 – C-371/10 (National Grid Indus), ECLI:EU:C:2011:785, Rn. 73.

1211 Vgl. *Englisch*, in: Schaumburg/Englisch, Europäisches Steuerrecht, Rn. 7.232; *Blumenberg/Lechner*, in: FS Haarmann, 353 (381); *Weiss*, StuB 2019, 392 (394); *Wassermeyer,* EuZW 2012, 921 (922); *Prinz*, GmbHR 2012, 195 (198); s. aber *Wacker*, IStR 2017, 926 (928): „diskussionswürdig".

1212 Stellvertretend EuGH, Urt. v. 29.11.2011 – C-371/10 (National Grid Indus), ECLI:EU:C:2011:785, Rn. 68.

1213 Vgl. *Hagemann/Kahlenberg/Höppner/Schuh*, FR 2019, 427, 430; *Häck,* in: F/W/B/S, AStG, Stand: 07/2021, § 6 Rn. 157.

1214 *Hagemann/Kahlenberg/Höppner/Schuh*, FR 2019, 427, 430; *Häck,* in: F/W/B/S, AStG, Stand: 07/2021, § 6 Rn. 157; *Thömmes/Linn*, IStR 2012, 282 (287).

1215 Vgl. z.B. *Koenig*, in: Koenig, AO, § 233 Rn. 5; *Oosterkamp*, in: BeckOK AO, § 233, Rn. 1.

vertretbar.[1216] Bei der Besteuerung von unrealisierten Vermögenszuwächsen handelt es sich – folgt man der Ansicht des BFH[1217] – um eine vorverlagerte Besteuerung der stillen Reserven, die bei einer tatsächlichen Realisierung erfolgen würde. Selbst wenn man nicht von einer Vorverlagerung der Steuer ausgehen mag,[1218] sondern allein die Sicherung des Besteuerungsrechts auf die unter der deutschen Ansässigkeitszeit entstandenen stillen Reserven betrachtet, so ist doch unter beiden Betrachtungsweisen klarzustellen, dass dem Staat selbst bei einer dauerhaften Stundung kein Zinsschaden entsteht bzw. kein Geldfluss entgeht, wenn er ohnehin (wie in reinen Inlandsfällen) erst bei der tatsächlichen Realisierung der Wertzuwächse zu einem Geldzufluss gelangt wäre. Denn die Festsetzung der Wegzugsteuer basiert auf der Grundlage einer Veräußerungs*fiktion*, wodurch dem Steuerpflichtigen auch kein Liquiditätsvorteil durch eine spätere Zahlung der Steuer entstehen kann, den es von Gesetzes wegen auszugleichen gilt.[1219]

d) Erfordernis einer der deutschen Einkommensteuer vergleichbaren Steuerpflicht

Zu Recht wird innerhalb der Literatur angemerkt, dass sich Sinn und Zweck dieser Voraussetzung im Zusammenhang mit der Gewährung der Stundung nicht erschließen und sich somit auch kein sachlicher Grund finden lässt, um eine solches, die Grundfreiheiten einschränkendes Erfordernis aufrecht zu halten.[1220] Auch die Gesetzesbegründung schweigt hierzu.[1221] Weder gibt es einen Grund dafür, noch ist der europäischen Rechtsprechung zu entnehmen, dass die Geltung von Grundfreiheiten von einer Steuerpflicht abhängig gemacht werden kann, der ein Wegziehender im Zuzugsstaat unterliegt. Verlangt man jedoch eine der deutschen Einkommensteuer vergleichbare Steuer und liegt eine solche im konkreten Fall nicht vor, wird auf nicht gerechtfertigte Weise in die Grundfreiheiten eingegriffen.[1222] Dass das Verlangen der vergleichbaren Steuerpflicht zudem auch überflüssig und gar sinnlos sein kann, soll anhand des folgenden Beispiels verdeutlicht werden: Zieht der Steuerpflichtige in einen anderen Staat, in dem er zwar einer vergleichbaren Einkommensteuer unterliegt (und demnach auch das Welteinkommensprinzip gilt[1223]), dort aber keine Einkünfte zu versteuern hat (insbesondere auch nicht aus der tatsächlichen Veräußerung der Anteile), weil er bspw. im Verhältnis zum Zuzugsstaat als

[1216] *Häck,* in: F/W/B/S, AStG, Stand: 07/2021, § 6 Rn. 157; *Hagemann/Kahlenberg/Höppner/Schuh*, FR 2019, 427 (430).
[1217] BFH, Urt. v. 08.12.2021 – I R 30/19, BStBl II 2022, 763, Rn. 18.
[1218] Siehe hierzu kritisch unter C.I.1.
[1219] *Hagemann/Kahlenberg/Höppner/Schuh*, FR 2019, 427 (430); *Thömmes/Linn*, IStR 2012, 282 (286 f.).
[1220] *Häck,* in: F/W/B/S, AStG, Stand: 07/2021, § 6 Rn. 158, 543; *Kraft*, in: Kraft, AStG, § 6 Rn. 492.
[1221] Siehe *Lausterer*, BB 2006, Special 8, 80 (83); *Ettinger/Hergeth/Psaier*, IWB 2018, 47 (55); *Kraft*, in: Kraft, AStG, § 6 Rn. 492.
[1222] Im Ergebnis so auch *Häck,* in: F/W/B/S, AStG, Stand: 07/2021, § 6 Rn. 543.
[1223] Dem wird teils eine besondere Bedeutung in diesem Zusammenhang zugesprochen, vgl. *Ettinger/Herget/Psaier,* IWB 2017, 47 (55).

in einem anderen Staat als abkommensrechtlich ansässig gilt, würde die Voraussetzung der vergleichbaren Steuerpflicht zwar erfüllt werden, die Anteilsveräußerung als solche jedoch gar nicht der dortigen Besteuerung unterliegen, sodass die vergleichbare Steuerpflicht insoweit irrelevant ist.[1224] Weshalb dies überhaupt für die *Gewährung der Stundung* relevant sein soll, erschließt sich ebenfalls nicht, da es bei der Gewährung der Stundung lediglich darum geht, einerseits den Liquiditätsnachteil einer sofortigen Steuererhebung zu kompensieren und andererseits sicherzustellen, dass die festgesetzte deutsche Wegzugsteuer auch später tatsächlich eingetrieben werden kann. Dafür muss der Wegziehende im Zuzugsstaat aber nicht zwingend einer der deutschen Einkommensteuer vergleichbaren Steuerpflicht unterliegen.
Aus unionsrechtlicher Sicht ist daher auf dieses Merkmal zu verzichten, denn insbesondere in den Fällen, in denen bestimmte Aufenthaltskonstellationen in den Mitgliedstaaten zu keiner vergleichbaren Steuerpflicht führen, liegt eine Verletzung der Niederlassungsfreiheit durch die Stundungsverweigerung vor.[1225]

3. Nachträgliche Wertminderung

Sofern man – wie hier – der Meinung folgt, dass durch das Urteil in der Rs. Wächtler die Ansicht widerlegt ist, der EuGH habe seine Rechtsprechung zur Entstrickung im Privatvermögen durch das Urteil in der Rs. Kommission/Portugal aufgegeben, so ist es m.E. sehr gut vertretbar, auch in Bezug auf die nachträglichen Wertminderungen wieder die Grundsätze der Urteile in den Rs. Lasteyrie du Saillant und N anzuwenden, in der eine Berücksichtigung dieser Wertminderungen noch vom EuGH vorgeschrieben wurde. In der Rs. N hatte der EuGH nämlich an die verhältnismäßige Ausgestaltung einer Wegzugsteuer die Anforderung gestellt, dass Wertminderungen nach dem Wegzug zu berücksichtigen sind, soweit sie nicht vom Zuzugsstaat bereits berücksichtigt werden.[1226]
Die fehlende Berücksichtigung von nachträglichen Wertminderungen in der neuen Fassung des § 6 AStG steht somit ausdrücklich im Gegensatz zum EuGH-Urteil in der Rs. N.[1227] In der Gesetzesbegründung wird dies unter Verweis auf die Urteile in den Rs. National Grid Indus und Kommission/Portugal damit begründet, dass der EuGH seine diesbezügliche Rechtsprechung geändert habe und die Berücksichtigung von nachträglichen Wertminderungen unionsrechtlich nicht mehr gefordert sei.[1228]
Dem schließen sich auch Teile des Schrifttums an, die eine Unterscheidung zwischen Privat- und Betriebsvermögen nicht mehr vornehmen möchten, und deshalb darauf

---

[1224] Vgl. *Häck,* in: F/W/B/S, AStG, Stand: 07/2021, § 6 Rn. 543.
[1225] *Micker/Schwarz*, IWB 2017, 344 (350).
[1226] EuGH, Urt. v. 07.09.2006 – C-470/04 (N), ECLI:EU:C:2006:525, Rn. 54; vgl. *Oppel,* IWB 2021, 508 (519).
[1227] Vgl. *Schiefer,* ISR 2020, 84 (89); *Kraft*, IStR 2018, 289 (295).
[1228] RegE ATAD, BT-Drucks. 19/28652, S. 47; vgl. in diesem Sinne auch EuGH, Urt. v. 14.09.2017 – C-646/15 (Trustees of the P Panayi Accumulation & Maintenance Settlements), ECLI:EU:C:2017:682, Rn. 58; *Jochum*, ISR 2017, 444 (446).

verweisen, dass der EuGH[1229] – zumindest im Bereich des Betriebsvermögens – eine nachträgliche Wertminderung durch den Wegzugsstaat nicht mehr verlangt.[1230] Da nachträgliche Wertänderungen dem Besteuerungszugriff des Herkunftsmitgliedstaats grds. entzogen seien, würde der Wegzugsstaat auch keiner EU-rechtlichen Verpflichtung unterliegen, das jeweilige nationale Recht an dem Recht eines anderen Mitgliedstaats auszurichten.[1231] Im Gegenteil sei aufgrund der teils bezeichneten „Symmetriethese", die das Recht zur Besteuerung der Gewinne (stets) auch in Zusammenhang mit der Gewährung der Abzugsfähigkeit von Verlusten bringt, hingegen der *Zuzugsstaat* verantwortlich für die Berücksichtigung der Wertveränderungen der Vermögenswerte.[1232]

Dass eine Änderung der Rechtsprechung in Bezug auf die Unterscheidung zwischen Betriebs- und Privatvermögen tatsächlich erfolgt sein soll, wird sowohl innerhalb der Literatur als auch nach der hier vertretenen Auffassung bezweifelt.[1233] Die Entscheidung in der Rs. National Grid Indus muss daher ebenso wie die Aussagen des EuGH zur Dauer und Ausgestaltung der Steuerstundung vor dem Hintergrund der konkreten Umstände bei einer Veräußerung von Vermögensgegenständen im *Betriebsvermögen* gesehen werden. Dass eine unterschiedliche Behandlung von Betriebsvermögen im Vergleich zu Privatvermögen tatsächlich angebracht ist, zeigt sich auch im Bereich der nachträglichen Wertminderungen.[1234] Vermögenswerte des Betriebsvermögens sind unmittelbar wirtschaftlichen Tätigkeiten zugewiesen; u.a. aufgrund laufender Abschreibungen oder auch aufgrund einer außerplanmäßigen Abschreibung wegen dauerhafter Wertminderung wird dabei bereits die Höhe des steuerpflichtigen Gewinns einer Gesellschaft nach der Entstrickung – und somit im Zuzugsstaat – beeinflusst, auch außerhalb und unabhängig von einer Besteuerung der Veräußerungsgewinne.[1235] Eine derartige Berücksichtigung des Wertverzehrs ist jedoch bei Anteilen im Privatvermögen gerade nicht gegeben; jene Wertminderungen finden im Bereich des Privatvermögens nämlich erst bei tatsächlicher

[1229] Vgl. EuGH, Urt. v. 29.11.2011 – C-371/10 (National Grid Indus), ECLI:EU:C:2011:785 Rn. 73 f.

[1230] So z.B. *Rautenstrauch/Seitz*, Ubg 2012, 14 unter Ziffer 2.1; *Henze,* ISR 2017, 401 (403); im Ergebnis so auch *Desens*, DStR 2022, 1588 (1598) sowie *Orthmann*, Entstrickungsbesteuerung und Niederlassungsfreiheit, S. 393 f.

[1231] So *Kahlenberg*, IStR 2020, 378 (387) mit dem Hinweis, dass eine Berücksichtigung nachträglicher Wertminderungen dann gerechtfertigt sei, wenn das nationale Steuersystem - entgegen dem Deutschen - nicht dem Festsetzungskonzept (so aber § 6 AStG) folgt, sondern als *Besteuerungsaufschub* konzipiert ist, der Wegzugsstaat also auch die Festsetzung der Steuer (und nicht nur dessen Erhebung) zeitlich nach hinten auf den Zeitpunkt der Veräußerung verlegt.

[1232] *Hagemann/Kahlenberg/Höppner/Schuh,* FR 2019, 427, (430); *Kudert/Hagemann/Kahlenberg*, Die Internationalisierung der Unternehmerfamilie – Reformvorschläge für die Wegzugsbesteuerung S. 54f; differenziert: *Jabrayilov,* SAM 2017, 83 (90); *Mechtler/Spies*, ISR 2017, 9 (10 f.).

[1233] Siehe hierzu bereits unter E.III.6.d)cc).

[1234] Vgl. *Kraft,* IStR 2018, 289 (295).

[1235] Vgl. EuGH, Urt. v. 29.11.2011 – C-371/10 (National Grid Indus), ECLI:EU:C:2011:785, Rn. 57 ff; *Schiefer*, ISR 2020, 84 (90); *Kraft,* IStR 2018, 289 (296).

Realisierung Berücksichtigung,[1236] sodass bereits aus diesem Grund die Berücksichtigung von nachträglichen Wertminderungen bei Anteilen im Privatvermögen anders beurteilt werden muss als solche im Betriebsvermögen.[1237] In Anlehnung an die Rechtsprechung in den Rs. N und Wächtler dürfte demnach auch die fehlende Möglichkeit der Berücksichtigung nachträglicher Wertminderungen unionsrechtswidrig sein.[1238] Gleichzeitig bedeutet die Bezugnahme auf die Entscheidungsgründe in der Rs. N aber auch, dass eine solche Berücksichtigung nachträglicher Wertminderungen unter die Bedingung gestellt werden kann, dass sie nicht bereits im Zuzugs- bzw. Aufnahmestaat berücksichtigt worden sind.[1239]

Ein weiteres Argument dafür, dass ein Bezug auf das Urteil in der Rs. National Grid Indus für die Beurteilung von nachträglichen Wertminderungen im Privatvermögen als überholt angesehen werden kann, lieferte der EuGH selbst: In seinem Urteil vom 22.03.2018 in der Rs. Jacob und Lassus[1240] – also zeitlich nach der Entscheidung in der Rs. National Grid Indus – folgte er den Schlussanträgen des GA Wathelet, wonach der Wegzugsstaat (dort „Ursprungsstaat" genannt) nach dem Wegzug zur Berücksichtigung von Wertveränderungen der Beteiligungen bis zum Veräußerungszeitpunkt verpflichtet sei.[1241] In Verbindung mit dem Urteil in der Rs. Wächtler, das deutlich machte, dass Anteile im Privatvermögen sehr wohl anders behandelt werden müssen als Wirtschaftsgüter des Betriebsvermögens, ist davon auszugehen, dass die Berücksichtigung nachträglicher Wertminderungen durch den Wegzugsstaat und die entsprechende Korrektur der Wegzugsteuer zum Zeitpunkt der tatsächlichen Veräußerung unionsrechtlich geboten ist.

Sollte der europäischen Rechtsprechung denn tatsächlich zu entnehmen sein, es bestehe keine Verpflichtung des Wegzugsstaats, sich anderen Mitgliedstaaten und deren nationalem Recht anzupassen, ist dies m.E. wohl nur in Bezug auf eine ggf. entstehende Doppelbesteuerung derselben stillen Reserven zu verstehen; (nur) diesbezüglich besteht die Verpflichtung des Zuzugsstaats und nicht des Wegzugstaats, eine solche Doppelbesteuerung zu vermeiden.[1242] Dies ist jedoch anders, wenn sich im Nachhinein herausstellt, dass ein Teil der in der Wegzugsteuer besteuerten stillen Reserven im Ergebnis gar nicht tatsächlich realisiert werden konnte, wodurch diese allgemeine Aussage zur Frage, wie eine Doppelbesteuerung vermieden werden soll (nämlich vorzugswürdig durch den Zuzugsstaat), zu relativieren ist und nicht uneingeschränkt auch als Argument benutzt

---

1236 So auch *Hagemann/Kahlenberg/Höppner/Schuh*, FR 2019, 427, (430); ähnlich *Dobratz*, ISR 2014, 198 (199 f.); *Mechtler/Spies,* ISR 2017, 9 (11).

1237 *Schiefer* ISR 2020, 84 (90); so auch *Zimmermann*, IStR 2021, 352 (355).

1238 Vgl. auch *Häck*, ISR 2018, 189 (194 f.).

1239 EuGH, Urt. v. 07.09.2006 – C-470/04 (N), ECLI:EU:C:2006:525, Rn. 54.

1240 EuGH, Urt. v. 22.03.2018 – C-327/16 (Jacob und Lassus), ECLI:EU:C:2018:210.

1241 GA Wathelet, Schlussanträge v. 15.11.2017 – C-327/16 (Jacob und Lassus), E-CLI:EU:C:2017:865, Rn. 94-95; EuGH, Urt. v. 22.03.2018 – C-327/16 (Jacob und Lassus), ECLI:EU:C:2018:210, Rn. 84; vgl. auch *Kraft*, IStR 2018, 289 (296); *Kraft*, in: Kraft, AStG, § 6 Rn. 165f.

1242 So z.B. in BFH, Beschl. v. 23.09.2008 – I B 92/08, BStBl II 2009, 524, Rn. 17.

werden kann, dass eine Berücksichtigung von (nachträglichen) Wertminderungen durch den Wegzugsstaat nicht geboten sei.

Praktische Bedeutung hat dieser Streit i.d.R. nur dann, wenn der Zuzugsstaat nicht ohnehin eine nachträgliche Wertminderung entsprechend berücksichtigt. Viele DBA oder auch nationale Regelungen sehen jedoch bereits einen Step-up der Anschaffungskosten vor, meist unter der Bedingung, dass im Wegzugsstaat auch tatsächlich eine Wegzugsbesteuerung vorgenommen wurde.[1243] Nach der wohl herrschenden Ansicht innerhalb der Literatur sowie auch des Gesetzgebers[1244] ist dies auch bereits für die Annahme ausreichend, dass der Zuzugsstaat die nachträglichen Wertminderungen berücksichtigt, sodass dann für die Anwendung einer dem § 6 Abs. 6 AStG a.F. vergleichbaren Regelung ohnehin kein Platz mehr ist.

4. Wertzuwächse aus der Zeit *vor* der Begründung der unbeschränkten Steuerpflicht

Wie bereits erläutert, sieht § 17 Abs. 2 Satz 3 EStG in Zuzugsfällen einen Step-up der Anschaffungskosten nur dann vor, wenn es beim Wegzug des Steuerpflichtigen aus dem Ausland nach Deutschland in seinem Herkunftsstaat zu einer vergleichbaren Wegzugsbesteuerung gekommen ist und der Steuerpflichtige hierüber einen entsprechenden Nachweis erbringt.[1245] Damit wird – sofern der Tatbestand auch tatsächlich erfüllt ist – verhindert, dass die im Ausland zuvor versteuerten stillen Reserven bei der tatsächlichen Veräußerung oder bei einer Wegzugsbesteuerung bei einem weiteren Wegzug aus Deutschland ein zweites Mal erfasst werden.

Im Ergebnis hat der deutsche Gesetzgeber damit zwar eine Korrekturnorm zur Vermeidung einer tatsächlichen Doppelbesteuerung identischer stiller Reserven geschaffen.[1246] Gleichzeitig führt sie jedoch nicht dazu, die Besteuerung in Fällen ohne eine ausländische Wegzugsbesteuerung auf lediglich die in Deutschland entstandenen stillen Reserven zu beschränken. Somit nimmt sich Deutschland das Recht, auch eine „verpasste Besteuerung" im Ausland (bezogen auf diejenigen stillen Reserven, die vor der unbeschränkten Steuerpflicht gebildet wurden) nachzuholen, sodass sämtliche stille Reserven also *zumindest einmal* der Besteuerung unterliegen (auch wenn sie ggf. nicht alle auf der Zeit der unbeschränkten Steuerpflicht in Deutschland beruhen).[1247]
Es kann hier durchaus die Auffassung vertreten werden, dass dadurch die schon beschriebene Problematik der überschießenden Tendenz sogar noch um solche Fälle erweitert

---

[1243] Siehe bspw. Art. 13 Abs. 6 Satz 2 DE-VG, Art. 7 Abs. 6 Satz 2 DBA Frankreich oder auch die österreichische Regelung § 27 Abs. 6 Z1 lit e EStG Österreich, so auch § 17 Abs. 2 Satz 3 EStG.
[1244] Siehe Fußnote 501.
[1245] Siehe hier ausführlich unter B.IV.2.a).
[1246] Vgl. *Strunk/Kaminski*, in: S/K/K, AStG, Stand: 01/2020, § 6 Rn. 125.
[1247] *Strunk/Kaminski*, in: S/K/K, AStG, Stand: 01/2020, § 6 Rn. 126.

werde, in denen Deutschland eine Besteuerung von stillen Reserven vornimmt, die vor Beginn des deutschen Besteuerungsrechts entstehen.[1248] Während bei den bislang betrachteten Fällen der überschießenden Tendenz Deutschland eine Wegzugsbesteuerung vornimmt, obwohl ihm das Besteuerungsrecht aus den Veräußerungsgewinnen durch das jeweilige „Wegzugsteuer-Ereignis“ nicht verloren geht, nicht eingeschränkt wird oder erst gar nicht zustand,[1249] kann durch die verschärfte Regelung des § 17 Abs. 2 Satz 3 EStG das Besteuerungsrecht Deutschlands u.U. auch auf einen Zeitraum ausgeweitet werden, in dem es (noch) kein Besteuerungsrecht hatte. Aus diesem Grund wird innerhalb der Literatur Kritik an der aktuellen Fassung des § 17 Abs. 2 Satz 3 EStG geübt.[1250]

Wie ist dieses Phänomen also aus den bislang gewonnenen Erkenntnissen zu beurteilen? Die vom EuGH anerkannte Aufteilung der Besteuerungsbefugnisse nach territorialen Gesichtspunkten erlaubt es einem Staat, die im Inland entstandenen stillen Reserven der Besteuerung zu unterwerfen – unabhängig davon, ob der Zuzugsstaat über die zeitliche Zugehörigkeit des Zugezogenen hinaus auch auf den Wertzuwachs im Wegzugsstaat zugreift.[1251] Dem Unionsrecht ist also keine Verpflichtung zu entnehmen, nach der der *Wegzugsstaat* auf die Ausgestaltung der ausländischen Steuerrechtsordnung Rücksicht nehmen müsste, obwohl der EuGH hier bereits die Fälle vor Augen gehabt haben muss, in denen der spätere Ansässigkeitsstaat eine erneute Besteuerung derselben stillen Reserven vornimmt. In die Zukunft blickend nimmt der EuGH bei der Bewertung einer Wegzugsbesteuerung damit auch Fälle der Doppelbesteuerung in Kauf.[1252] Und auch der BFH stellt sich auf den Standpunkt, dass es letzten Endes Sache des *Zuzugs*staats sei, eine drohende Doppelbesteuerung zu vermeiden.[1253] In den Fällen des § 17 Abs. 2 Satz 3 EStG ist Deutschland eben dieser Zuzugsstaat, der wohl nach europäischer Rechtsprechung und ausdrücklich nach der BFH-Rechtsprechung zu einer Vermeidung der Doppelbesteuerung verpflichtet ist. Allerdings stellt sich bei der Beurteilung des § 17 Abs. 2 Satz 3 EStG im Grunde nicht einmal das Problem der Doppelbesteuerung,[1254] da bei einer tatsächlichen Wegzugsbesteuerung im Ausland der Step-up des § 17 Abs. 2 Satz 3 EStG unter

---

[1248] Vgl. *Häck,* in: F/W/B/S, AStG, Stand: 07/2021, § 6 Rn. 159.

[1249] Siehe zum letztgenannten Fall unter B.III.6.c)aa).

[1250] *Häck,* in: F/W/B/S, AStG, Stand: 07/2021, § 6 Rn. 159; vgl. auch Beispiel in *Strunk/Kaminski*, in: S/K/K, AStG, Stand: 01/2020, § 6 Rn 53-55; *Hecht,* in: Fuhrmann, AStG, § 6 Rn. 11; Kritik auch von *Kraft*, in: Kraft, AStG, § 6 Rn. 302 mit der Auffassung, dass Vermögensmehrungen vor dem Zeitpunkt der Begründung der unbeschränkten Steuerpflicht „unter keinen denkbaren Rechtfertigungsgründen […] einzubeziehen [sind].“

[1251] Stellvertretend EuGH, Urt. v. 07.09.2006 – C-470/04 (N), ECLI:EU:C:2006:525, Rn. 44 und 46 m.w.N.; so auch BFH, Beschl. v. 23.09.2008 – I B 92/08, BStBl II 2009, 524, Rn. 14 f. und 17.

[1252] Zumal der EuGH in einer Doppelbesteuerung per se grds. keine Verletzung der Grundfreiheiten sieht, stellvertretend EuGH, Urt. v. 26.05.2016 – C-48/15 (L), ECLI:EU:C:2016:356, Rn. 47 m.w.N.

[1253] BFH, Beschl. v. 23.09.2008 – I B 92/08, BStBl II 2009, 524, Rn. 17.

[1254] Siehe hierzu auch unter D.II.2.a).

den übrigen Voraussetzungen gewährt wird.[1255] Den Aussagen der Gerichte zur Aufteilung der Besteuerungsbefugnisse ist daher m.E. nicht zu entnehmen, ob Deutschland als Zuzugsstaat – hier nun in die Vergangenheit blickend – nicht auch die stillen Reserven besteuern darf, die im Wegzugsstaat *unversteuert* geblieben sind.

Dem Argument, Deutschland könne solche stillen Reserven, die nicht während seiner Steuerhoheit *entstanden* sind, nicht versteuern, ist m.E. entgegenzuhalten, dass sich die gesamten stillen Reserven – sofern sie sich auch noch bis zum Zeitpunkt der Veräußerung aufrechterhalten haben – während der Zeit der deutschen Steuerhoheit zumindest gefestigt und bestätigt haben. Unter diesem Gesichtspunkt dürfte dann nicht nur darauf abgestellt werden, dass diese aber schon vor dieser Zeit *entstanden* sind.[1256] Gründet ein im Ausland ansässiger Steuerpflichtiger bspw. eine Kapitalgesellschaft und wächst diese schnell in ihrem Wert (und somit zugleich der Wert der Anteile an ihr) und erfolgt sodann frühzeitig der Zuzug nach Deutschland, so wäre es doch ungewöhnlich – sollte der Steuerpflichtige Jahre später die werthaltigen Anteile veräußern –, dass bezüglich dieser anfänglichen starken Wertzuwächse allein der ursprüngliche Herkunftsstaat das Besteuerungsrecht haben solle, wenn sich der Wert der Anteile während der deutschen Steuerhoheit manifestiert hat.[1257] Die Höhe des (gesamten) steuerpflichtigen Veräußerungsgewinns (bei einer späteren tatsächlichen Veräußerung) würde nämlich dann auch vom Zufall abhängen, ob der Steuerpflichtige aus einem Staat nach Deutschland zieht, in dem eine Wegzugsbesteuerung vorgenommen wird oder nicht.
Sollte der ursprüngliche Herkunftsstaat von seinem Besteuerungsrecht der bis zum Wegzug entstandenen stillen Reserven Gebrauch machen, sieht § 17 Abs. 2 Satz 3 EStG folgerichtig auch vor, dass Deutschland (um eine tatsächliche Doppelbesteuerung zu vermeiden) einen Step-up der Anschaffungskosten vorzunehmen hat. Nach der hier vertretenen Auffassung ist damit § 17 Abs. 2 Satz 3 EStG unionsrechtlich nicht zu beanstanden. Diese Ansicht deckt sich m.E. mit dem Verständnis des EuGH, dass sich der nationale Gesetzgeber mit einer Vorschrift wie § 17 Abs. 2 Satz 3 EStG gerade nicht der Verpflichtung als Zuzugsstaat entzieht, eine Doppelbesteuerung zu verhindern, da es zu einer solchen gar nicht kommt.[1258]

[1255] Mit Ausnahme des Falles, in dem eine Wegzugsbesteuerung im Ausland tatsächlich erfolgt ist, dem Steuerpflichtigen nur der Nachweis einer solchen nicht gelingen mag.

[1256] Anders wird dies (m.E. bewusst) im Falle des Betriebsvermögens zu beurteilen sein, bei dem bspw. durch Art. 7 Abs. 1 OECD-MA deutlicher festgestellt und abgegrenzt wird, dass Gewinne nur dort besteuert werden dürfen, wo sie auch der Geschäfts*tätigkeit* einer Betriebsstätte in einem Vertragsstaat zugerechnet werden. Wertrealisierungen durch das bloße Halten von Beteiligungen können und dürfen daher m.E. an dieser Stelle anders beurteilt werden.

[1257] Insoweit ließe sich auch der „Bezug zum Inland" herleiten, den bspw. *Hecht* gerade vermisst und deshalb einen nur *bedingten* Step-up der Anschaffungskosten ablehnt, siehe *Hecht,* in: Fuhrmann, AStG, § 6 Rn. 11.

[1258] Dem Argument von *Strunk/Kaminski* (siehe *Strunk/Kaminski*, in: S/K/K, AStG, Stand: 01/2020, § 6 Rn. 126), bei der tatsächlichen Veräußerung in dem anderen Staat könnten Doppelbesteuerungseffekte auftreten, wenn dieser andere Staat dann wiederum keine erhöhten Anschaffungskosten anerkennt, ergibt sich m.E. aber ohnehin, unabhängig von der Höhe des Ansatzes der

Dass dies letztendlich ein angemessenes Ergebnis darstellt, zeigt sich auch bei einer Gegenüberstellung dieser Norm mit der zuvor erläuterten Verpflichtung Deutschlands, auch nachträgliche Wertminderungen durch eine dem § 6 Abs. 6 AStG a.F. entsprechende Regel zu berücksichtigen.
Es ist m.E. nicht zielführend, sich bei diesen beiden Abgrenzungsfragen alleine an einer starren Betrachtung der *zeitlichen Aufteilung* der Besteuerungsrechte zu orientieren (i) mit dem Hinweis, spätere Wertminderungen hätten sich ja auch außerhalb der deutschen Steuerhoheit ereignet, sowie (ii) mit der Behauptung, Deutschland dürfe im Falle des Zuzugs ins Inland nicht auch solche *unversteuerten* stillen Reserven besteuern, die im Ausland zuvor gebildet wurden.
Für ersteren Fall der Berücksichtigung nachträglicher Wertminderungen sieht die europäische Rechtsprechung m.E. deutlich eine Verpflichtung vor, für letzteren Fall ist dem europäischen Recht zumindest kein Verbot zu entnehmen.
Damit wäre zugunsten des Steuerpflichtigen sichergestellt, dass durch den Zuzug nach Deutschland keine Doppelbesteuerung (sollte der Wegzugsstaat bereits von seinem Besteuerungsrecht Gebrauch machen) und ebenso wenig eine Besteuerung von tatsächlich nie erzielten Wertzuwächsen beim Wegzug aus Deutschland erfolgt, sofern der andere Staat nachträgliche Wertminderungen nicht selbst schon berücksichtigt.

5. Zwischenfazit

Die Rechtsprechung im Falle Wächtler hat nach der hier vertretenen Aufassung deutlich gezeigt, welche Anforderungen der EuGH an eine unionsrechtskonforme Ausgestaltung der Wegzugsbesteuerung im Privatvermögen hat, die hier noch einmal zusammengefasst werden:

(i) Beschränkung der tatbestandlichen Fälle auf diejenigen, in denen es tatsächlich zu einem Ausschluss oder einer Beschränkung des deutschen Besteuerungsrechts kommt;
(ii) Dauerhafte Stundung sowohl in EU-/EWR-Staaten als auch mit Drittstaatsbezug;
(iii) keine Verzinsung während des Steueraufschubs;
(iv) Sicherheitsleistungen nur für den Fall, dass eine hinreichende Sicherstellung der Eintreibung des Steueranspruchs durch entsprechende Amts- und Beitreibungshilfen zwischen den Staaten nicht gewährleistet werden kann;
(v) Wegfall der Stundungsvoraussetzung, dass der Steuerpflichtige im Zuzugsstaat einer der deutschen Einkommensteuer vergleichbaren Steuer unterliegen muss;
(vi) Pflicht zur Berücksichtigung nachträglicher Wertminderungen (nicht jedoch über die Herabsetzung der Wegzugsteuer auf null hinaus);

Anschaffungskosten bei der deutschen Wegzugsteuer. Auch hier dürfte es mit der Ansicht des EuGH vereinbar sein, dass dieses Doppelbesteuerungsproblem dann wieder Sache des Zuzugsstaats nach dem Wegzug aus Deutschland ist.

(vii) gleichzeitig Pflicht zur Gewährung eines Step-up der Anschaffungskosten beim Zuzug nach Deutschland, wenn eine Wegzugsbesteuerung im Wegzugstaat vorgenommen wurde.[1259]

Gleichzeitig zeigt die Entscheidung in der Rs. Wächtler auch, dass der EuGH eine Unterscheidung zwischen Privat- und Betriebsvermögen aufrechterhalten hat. Es ist erstaunlich, dass der Gesetzgeber nach dieser Entscheidung dennoch auf die – aus fiskalischer Sicht günstigeren – Entscheidungen des EuGH im Bereich der Entstrickung im Betriebsvermögen blickt bei faktisch vollständiger Ignoranz der Aussagen des EuGH zur Notwendigkeit einer dauerhaften Stundung und zu den Anforderungen an eine nationale Wegzugsbesteuerung, den Liquiditätsnachteil des Steuerpflichtigen beim Auslösen der Wegzugsteuer in unionsrechtskonformer Weise aufzuheben.
Während sich das BMF[1260] auf die kurzen Ausführungen des EuGH zum Erfordernis der erheblichen Härte stützt, so „versteckt" sich der Gesetzgeber beim Erlass der Neuregelung hinter der alten Rechtsprechung des EuGH, die entweder als überholt angesehen werden muss oder zumindest in Bezug auf den konkreten Fall des § 6 AStG von vornherein erst gar nicht geeignet ist, Standards und Maßstäbe für die Entstrickung im *Privatvermögen* zu etablieren.

[1259] Siehe auch zu weiteren Einzelheiten einer unionsrechtskonformen Ausgestaltung des § 6 AStG das hier vorgestellte Alternativkonzept unter H.

[1260] BMF, Schreiben v. 13.11.2019 – IV B 5 -S 1325/18/10001 :001, BStBl I 2019, 1212.

F. Andere Entstrickungsvorschriften

I. Übersicht

	Privatvermögen (Ebene des Anteilseigners)	**Betriebsvermögen** (Ebene des Unternehmens/der Kapitalgesellschaft)	
		Einzelwirtschaftsgüter	Gesamtheit
Maßnahme der nat. Person/ des Unternehmers	§ 6 AStG (i.V.m. § 17 Abs. 1 ESTG)	§ 4 Abs. 1 Satz 3 und 4 EStG	§ 16 Abs. 3a EStG Verlegung des gesamten Betriebs
Maßnahme der Kapitalgesellschaft	§ 17 Abs. 5 EStG (und § 17 Abs. 4 EStG)	§ 12 Abs. 1 KStG	§ 12 Abs. 3 KStG a.F. Sitzverlegung der Körperschaft

Abbildung 4: Vereinfachte Darstellung und Gliederung der Entstrickungsvorschriften

Die obige Darstellung soll in stark vereinfachter Form eine Übersicht darüber geben, welche Entstrickungsvorschriften welche steuerliche Ebene betreffen und durch welche Maßnahmen oder Handlungen oder sonstigen Ereignisse in wessen Verantwortungsbereich ausgelöst werden.

Auf Ebene des Anteilseigners, der seine Anteile im Privatvermögen hält, kann es neben der Wegzugsbesteuerung nach § 6 AStG ebenfalls zu einer Besteuerung der sich in den Anteilen befindlichen stillen Reserven kommen, wenn nämlich nicht die natürliche Person als solche, sondern stattdessen die Kapitalgesellschaft ihren Sitz ins Ausland verlegt (§ 17 Abs. 5 EStG).

Daneben gibt es eine Reihe von Entstrickungsvorschriften im Bereich des Betriebsvermögens. Hierbei ist zu unterscheiden zwischen der Entstrickung von Einzelwirtschaftsgütern (§ 4 Abs. 1 Satz 3 EStG für Einzelunternehmen und Personengesellschaften sowie § 12 Abs. 1 KStG für Kapitalgesellschaften) und der Entstrickung des gesamten Betriebs (§ 16 Abs. 3a EStG) bzw. der gesamten Kapitalgesellschaft durch Sitzverlegung ins Ausland (§ 12 Abs. 3 KStG a.F.)

Nachfolgend sollen diese einzelnen Entstrickungstatbestände, die neben § 6 AStG existieren, und deren Rechtsfolgen vorgestellt und in den Gesamtkontext der deutschen Entstrickungsregeln eingeordnet werden. Insbesondere, um im daran anschließenden Kapitel steuerliche Gestaltungsmöglichkeiten umfassend beurteilen zu können, ist zuvor ein Blick auf andere Entstrickungsvorschriften sinnvoll und notwendig.

II. § 17 Abs. 5 EStG

Neben der Anordnung der Besteuerung eines fiktiven Veräußerungsgewinns in Bezug auf die im Privatvermögen gehaltenen Kapitalgesellschaftsanteile in § 6 Abs. 1 AStG beinhaltet auch § 17 EStG in Abs. 5 eine Veräußerungsfiktion, die zur Besteuerung der in den Anteilen enthaltenen stillen Reserven führt.

1. Anwendungsbereich

Im Unterschied zu § 6 Abs. 1 AStG ist auslösendes Moment jedoch nicht der Wegzug des Anteilseigners (oder ein dem gleichgestelltes Ereignis), sondern die Beschränkung oder der Ausschluss des Besteuerungsrechts Deutschlands hinsichtlich des Gewinns aus der Veräußerung der Anteile durch den „Wegzug" der Kapitalgesellschaft durch Verlegung des Sitzes oder des Ortes der Geschäftsleitung ins Ausland, vgl. § 17 Abs. 5 Satz 1 EStG.[1261] Aus der Gesetzesbegründung geht hervor, dass „durch die Einfügung des Absatzes 5 […] in den Fällen der identitätswahrenden Sitzverlegung das Besteuerungsrecht der Bundesrepublik Deutschland sichergestellt [wird]".[1262] Hierfür ordnet das Gesetz auf Ebene des Anteilseigners die gleichen Rechtsfolgen an wie im Falle des § 6 Abs. 1 AStG, nämlich die Anwendung des § 17 Abs. 1 EStG mit der (gleichen) Besonderheit, dass anstelle des Veräußerungspreises i.S.d § 17 Abs. 2 EStG auch hier der gemeine Wert der Anteile zum Zeitpunkt des „Wegzugs" der Kapitalgesellschaft herangezogen wird.
Eine Einschränkung dieser Rechtsfolge (und somit ein Besteuerungsaufschub bis zum Zeitpunkt der tatsächlichen Veräußerung der Anteile[1263]) sieht § 17 Abs. 5 Satz 2 EStG in Fällen vor, in denen eine im Inland errichtete Societas Europaea (SE) oder auch jede andere Kapitalgesellschaft ihren Sitz in einen anderen Mitgliedstaat der EU[1264] verlegt.[1265] Bei ausschließlicher Verlegung des Orts der Geschäftsleitung erfolgt hingegen schon zu diesem Zeitpunkt eine Entstrickung gem. Abs. 1 Satz 1. Dies ist dadurch bedingt, dass Abs. 5 Satz 2 die Geschäftsleitungsverlegung für sich genommen nicht nennt.[1266]

[1261] Vgl. auch *Schmidt,* in: H/H/R, EStG, Stand: 08/2023, § 17 Rn. 350.
[1262] BT-Drucks. 16/2710, S. 29.
[1263] Im Unterschied zu § 6 Abs. 5 AStG a.F. handelt es sich nicht wie dort um einen Zahlungsaufschub, sondern um die gesetzliche Anordnung, dass in Abweichung zu § 17 Abs. 5 Satz 1 EStG unter den in Satz 2 genannten Voraussetzungen erst gar keine Entstrickungssteuer entsteht.
[1264] Teils wird auch hier die Gleichstellung von EU- und EWR-Staaten vorgenommen, vgl. z.B. *Schmidt,* in: H/H/R, EStG, Stand: 08/2023, § 17 Rn. 352, ohne dies jedoch zu kommentieren.
[1265] Dies beruht auf dem Verbot des Art. 10d Abs. 1 FRL (Richtlinie 2009/133/EG des Rates vom 19. Oktober 2009, „Fusionsrichtlinie"), wonach eine Besteuerung der Anteilseigner einer SE anlässlich deren Sitzverlegung nicht zulässig ist und Deutschland gem. Art. 10d Abs. 2 Fusionsrichtlinie den Veräußerungsgewinn ungeachtet der Bestimmungen eines Abkommens zur Vermeidung der Doppelbesteuerung so besteuern kann, als hätte die Sitzverlegung nicht stattgefunden, vgl. auch *Töben/Reckwardt*, FR 2007, 159 (166); *Häck,* in: F/W/B/S, AStG, Stand: 07/2021, § 6 Rn. 75.
[1266] *Schmidt,* in: H/H/R, EStG, Stand: 08/2023, § 17 Rn. 352.

Schon mit der Eingangsformulierung des § 17 Abs. 5 Satz 1 EStG, in der auf die Beschränkung oder den Ausschluss des deutschen Besteuerungsrechts als tatbestandsauslösendes Ereignis abgestellt wird, wird der Unterschied zu § 6 Abs. 1 AStG deutlich. Denn hier wird – ähnlich wie in anderen allgemeinen Entstrickungsklauseln – die Besteuerung fiktiver Wertzuwächse überhaupt erst unter die Bedingung gestellt, dass das deutsche Besteuerungsrecht ausgeschlossen oder beschränkt wird. Innerhalb des § 6 Abs. 1 AStG (sowohl in der alten als auch in der neuen Fassung) stellt dies nur den Auffangtatbestand dar, ist jedoch nicht gleichzeitig allgemeine Voraussetzung auch für die anderen Tatbestandsalternativen.[1267]
Da es demnach in § 17 Abs. 5 Satz 1 EStG i.d.R. nicht zu sog. überschießenden Tendenzen kommt,[1268] ist der Anwendungsbereich bereits begrenzt. Aus diesem Grund hat die Vorschrift bei unbeschränkt Steuerpflichtigen, die gleichzeitig auch in Deutschland als ansässig gelten, nur wenig praktische Bedeutung. Denn in den meisten Fällen wird – eine entsprechende Regelung wie Art. 13 Abs. 5 OECD-MA vorausgesetzt – Deutschland aufgrund der abkommensrechtlichen Regelung das Besteuerungsrecht hinsichtlich der Gewinne aus der Veräußerung der Anteile auch nach der Sitzverlegung behalten.[1269]
Hauptanwendungsfall dürfte daher sein, wenn (i) ein in Deutschland beschränkt Steuerpflichtiger aus einem Nicht-DBA-Staat[1270] Anteile an einer inländischen Kapitalgesellschaft hält, die dann ihren Sitz oder den Ort der Geschäftsleitung ins Ausland verlagert,[1271] oder (ii) eine inländische Kapitalgesellschaft in einen Nicht-DBA-Staat verzieht.[1272]

2. Verhältnis zu § 6 AStG

In Bezug auf das Konkurrenzverhältnis zwischen § 6 AStG und § 17 Abs. 5 EStG enthielt § 6 Abs. 1 Satz 3 AStG a.F. zwar lediglich die Aussage, § 17 Abs. 5 EStG „bleib[e] unberührt". Dennoch vertritt die wohl herrschende Ansicht innerhalb der Literatur, dass

---

[1267] Siehe hier ausführlich B.III.6.a).

[1268] Lediglich das in § 17 Abs. 5 Satz 3 EStG enthaltene Treaty Override weist überschießende Tendenzen auf, da ungeachtet der Bestimmungen eines DBA bei einer späteren Veräußerung der Anteile eine Besteuerung erfolgt, als hätte die vorherige Sitzverlegung nicht stattgefunden. In diesem Falle würden auch diejenigen stillen Reserven versteuert, die nach der Sitzverlegung entstanden sind, vgl. *Häck,* in: F/W/B/S, AStG, Stand: 07/2021, § 6 Rn. 77; *Heckerodt/Schulz*, ISR 2018, 229 (234).

[1269] Vgl. *Schmidt,* in: H/H/R, EStG, Stand: 08/2023, § 17 Rn. 350.

[1270] Dann kann kein DBA die Besteuerung inländischer Einkünfte bei der Veräußerung der Anteile i.S.d. § 49 Abs. 1 Nr. 2 Buchst. e) EStG ausschließen oder beschränken, sodass zunächst – vor der Sitzverlegung – ein deutsches Besteuerungsrecht im Rahmen der beschränkten Einkommensteuerpflicht bestand.

[1271] *Völkel,* SteuerStud 2019, 249 (251); *Schmidt,* in: H/H/R, EStG, Stand: 08/2023, § 17 Rn. 350; *Häck,* in: F/W/B/S, AStG, Stand: 07/2021, § 6 Rn. 74; *Karrenbock*, in: Littmann/Bitz/Pust, EStG, Stand: 01/2024, § 17 Rn. 402.

[1272] *Karrenbock*, in: Littmann/Bitz/Pust, EStG, Stand: 01/2024, § 17 Rn. 401; dies führt i.d.R. zur Beschränkung des deutschen Besteuerungsrechts, da nun § 34c Abs. 1 EStG die Anrechnung ausländischer Steuer auf den Veräußerungsgewinn vorsieht.

eine Anwendung der Wegzugsbesteuerung i.S.d. § 6 AStG ausscheide, soweit § 17 Abs. 5 EStG als lex specialis einschlägig ist und speziellere Rechtsfolgen anordnet.[1273]
In der neuen Fassung des § 6 AStG wird dies mit der Eingangsformulierung des § 6 Abs. 1 Satz 1 AStG n.F. „Vorbehaltlich der Vorschriften des Einkommensteuergesetzes [...]" sogar noch deutlicher. Hierdurch wird erkennbar, dass damit dem § 17 Abs. 5 EStG der Vorrang eingeräumt wird.

Dies ist u.a. dann problematisch, wenn ein (gegenüber § 6 AStG vorrangiger) Fall des § 17 Abs. 5 mit EU-/EWR-Bezug gegeben ist, aber kein Aufschub der Steuer nach § 17 Abs. 5 Satz 2 EStG in Frage kommt. Verlegt etwa eine in Deutschland ansässige Kapitalgesellschaft, deren alleiniger Anteilseigner in Deutschland unbeschränkt steuerpflichtig ist, lediglich ihren Ort der Geschäftsleitung in die Slowakei (nicht jedoch ihren Sitz), würde ein Fall des § 17 Abs. 5 Satz 1 EStG vorliegen. Vor der Verlegung des Ortes der Geschäftsleitung hatte Deutschland das uneingeschränkte Besteuerungsrecht bezüglich der Gewinne aus der Anteilsveräußerung. Durch die Verlegung des Ortes der Geschäftsleitung in die Slowakei ist die Gesellschaft gem. Art. 4 Abs. 3 DBA Slowakei[1274] dort abkommensrechtlich ansässig geworden. Dies hat wiederum zur Folge, dass gem. Art. 13 Abs. 3 DBA Slowakei die Slowakei ein Besteuerungsrecht bezüglich der Veräußerungsgewinne erhält (da dieses DBA anders als das OECD-MA ausnahmsweise an die Ansässigkeit der *Gesellschaft* knüpft). Da der Anteilseigner weiterhin in Deutschland ansässig ist, kommt bei der Veräußerung der Anteile Art. 23 Abs. 1 Buchst. b) Nr. 3 DBA Slowakei zur Anwendung, wonach Deutschland nunmehr zur (potenziellen) Anrechnung der slowakischen Steuer (die auf die Veräußerungsgewinne entfällt) verpflichtet ist. Damit wird das deutsche Besteuerungsrecht eingeschränkt.
Da nur der Ort der Geschäftsleitung verlegt wird, nicht aber der Sitz der Gesellschaft, kommt ein Besteuerungsaufschub gem. § 17 Abs. 5 Satz 2 EStG nicht in Betracht; wäre hingegen § 6 Abs. 1 Satz 2 Nr. 4 AStG a.F. anwendbar, würde nach der alten Rechtslage aufgrund des EU-/EWR-Bezugs eine dauerhafte Stundung gewährt werden.
Aus diesem Grund sind unionsrechtliche Zweifel an der Norm berechtigt.[1275]

[1273] *Häck,* in: F/W/B/S, AStG, Stand: 07/2021, § 6 Rn. 75; *Strunk/Kaminski*, in: S/K/K, AStG, Stand: 01/2020, § 6 Rn. 117, 121; *Kraft,* in: Kraft, § 6 AStG Rn. 260; *Heckerodt/Schulz*, ISR 2018, 229 (235).

[1274] Für die Slowakei gilt das DBA mit der Tschechoslowakei fort (vgl. BMF, Schreiben v. 17.01.19, IV B 2 - S 1301/07/10017-10, BStBl I 2019, 31).

[1275] Siehe auch *Häck,* in: F/W/B/S, AStG, Stand: 07/2021, § 6 Rn. 76; *Töben/Reckwardt*, FR 2007, 159 (166); *Schmidt,* in: H/H/R, EStG, Stand: 08/2023, § 17 Rn. 352; *Gosch,* in: Kirchhof/Seer, EStG, § 17 Rn. 143; *Strahl/Winkler* in: Korn/Carlé/Stahl, EStG, Stand: 08/2023, § 17 Rn. 314.

III. § 4 Abs. 1 Satz 3 EStG

1. Historie

Mit dem SEStEG wurde in § 4 Abs. 1 Satz 3 EStG ein allgemeiner Entstrickungstatbestand für den Bereich der Einzelentstrickung im Betriebsvermögen eingeführt. Sachverhalte, bei denen das Besteuerungsrecht Deutschlands hinsichtlich des Gewinns aus der Veräußerung oder aus der Nutzung eines Wirtschaftsguts ausgeschlossen oder beschränkt wird, führen zu einer (fiktiven) Entnahme des Wirtschaftsguts aus dem Betriebsvermögen für betriebsfremde Zwecke. Anders als in den Entstrickungsfällen des § 6 Abs. 1 AStG und § 17 Abs. 5 EStG wird gesetzestechnisch nicht eine Veräußerung des Gegenstands, sondern stattdessen eine Entnahme fingiert, die mit dem gemeinen Wert[1276] i.S.d. § 9 Abs. 2 BewG zu bewerten ist (§ 6 Abs. 1 Nr. 4 Satz 1 2. HS EStG). Im Ergebnis führt jedoch auch § 4 Abs. 1 Satz 3 EStG zu einer Aufdeckung und sofortigen Besteuerung der stillen Reserven, obgleich diese noch gar nicht realisiert sind.[1277]

Im Zuge des JStG 2010[1278] hat der Gesetzgeber mit § 4 Abs. 1 Satz 4 EStG ein „klarstellendes Regelbeispiel“[1279] eingefügt, wonach der Ausschluss oder die Beschränkung des deutschen Besteuerungsrechts hinsichtlich des Veräußerungsgewinns des Wirtschaftsguts insbesondere dann eintreten soll, wenn ein bisher einer inländischen Betriebsstätte des Steuerpflichtigen zuzuordnendes Wirtschaftsgut einer ausländischen Betriebsstätte (künftig) zuzuordnen ist. Dies ist zurückzuführen auf die Entscheidung des BFH zur Aufgabe der sog. Theorie der finalen Entnahme.[1280] In seiner früheren Rechtsprechung hat der BFH in der Überführung von Einzelwirtschaftsgütern aus einem inländischen Stammhaus in eine ausländische Betriebsstätte stets eine gewinnverwirklichende Entnahme i.S.v. § 4 Abs. 1 Satz 2 EStG gesehen, wenn die ausländischen Betriebsstättengewinne aufgrund eines DBA von der Besteuerung im Inland freigestellt sind (sog. Theorie der finalen Entnahme).[1281] An dieser Rechtsprechung hält der BFH nicht mehr fest. Als Hauptargument führt der BFH an, eine Gewinnrealisation durch Entnahme setze nach der Legaldefinition in § 4 Abs. 1 Satz 2 EStG voraus, dass der Steuerpflichtige das Entnahmeobjekt für private Interessen („seinen Haushalt“) oder für andere betriebsfremde Interessen entnimmt. Die Überführung eines Wirtschaftsguts in eine ausländische Betriebsstätte des gleichen Unternehmers führe jedoch nicht zur Lösung des bisherigen

---

[1276] § 6 Abs. 1 Nr. 4 Satz 1 *2. HS* EStG enthält hierzu eine Sonderregelung für die Fälle des § 4 Abs. 1 Satz 3 EStG, da ansonsten Entnahmen grds. mit dem Teilwert anzusetzen sind.

[1277] Vgl. auch *Kahle/Eichholz,* StuB 2014, 867; *Völkel*, SteuerStud 2019, 249 (251f); *Reddig,* in: H/H/R, EStG, Stand: 08/2023, § 4 Rn. 209.

[1278] Jahressteuergesetz 2010 v. 08.12.2010, BGBl. I 2010, 1768.

[1279] BT-Drucks. 17/3549 S. 19.

[1280] BFH, Urt. v. 17.07.2008 – I R 77/06, BStBl II 2009, 464.

[1281] BFH, Urt. v. 17.07.2008 – I R 77/06, BStBl II 2009, 464, Rn. 42 mit Verweis auf die Rechtsprechung des BFH, bspw. BFH, Urt. v. 16.07.1969 – I 266/65, BStBl II 1970, 175; BFH, Urt. v. 28.04.1971 – I R 55/66, BStBl II 1971, 630; BFH, Urt. v. 24.11.1982 – I R 123/78, BStBl II 1983, 113.

betrieblichen Funktionszusammenhangs und könne deshalb mangels Außenumsatzes nicht als Realisationstatbestand angesehen werden.[1282]

Obwohl der BFH in seinen Entscheidungsgründen zu erkennen gab, dass er einen unter die Theorie der finalen Entnahme fallenden Sachverhalt schon der Definition her nicht als „Entnahme" i.S.d. EStG ansieht und auch rein systematisch kein Realisationstatbestand vorliegt, der die Besteuerung der stillen Reserven rechtfertigen würde, reagierte der Gesetzgeber auf diese neue Rechtsprechung mit der Einführung des Regelbeispiels des § 4 Abs. 1 Satz 4 EStG. Damit versuchte der Gesetzgeber, den Bedenken des BFH entgegenzuwirken, dass die bislang vertretene Theorie der finalen Entnahme keine hinreichende Grundlage im Gesetz finde.[1283] Die Bedenken des BFH und auch die Kritik innerhalb der Literatur waren damit aber nicht gänzlich ausgeräumt.[1284]

2. Ziel und Inhalt der Vorschrift

Ziel der Regelung ist es, diejenigen Fälle zu erfassen, bei denen die „DBA-technische Zuordnung"[1285] des Wirtschaftsguts und demnach das Besteuerungsrecht an den stillen Reserven daraus von einer inländischen auf eine ausländische Betriebsstätte übergeht.[1286] Ebenso wie in § 17 Abs. 5 EStG werden auch in dieser Vorschrift der Ausschluss und die Beschränkung des deutschen Besteuerungsrechts *alternativ* als tatbestandsauslösendes Moment angesehen.

a) Gefährdungsvorschrift mit überschießender Tendenz

Zeitlich stellt der Gesetzgeber bei der Beurteilung der Beschränkung oder des Ausschlusses des deutschen Besteuerungsrechts auf den Zeitpunkt der grenzüberschreitenden Überführung ab.[1287] Da zu diesem Zeitpunkt aber nicht abschließend beurteilt werden kann, ob es auch tatsächlich zu einem Ausschluss oder zu einer Beschränkung des deutschen Besteuerungsrechts zumindest hinsichtlich der Veräußerung[1288] des überführten Wirtschaftsgutes kommen wird, weil sich dies endgültig erst im tatsächlichen Veräußerungszeitpunkt herausstellt, ist die Vorschrift also im Sinne einer Gefährdungsnorm zu

---

[1282] BFH, Urt. v. 17.07.2008 – I R 77/06, BStBl II 2009, 464, Rn. 44.

[1283] BFH, Urt. v. 17.07.2008 – I R 77/06, BStBl II 2009, 464, Rn. 43.

[1284] *Kahle/Eichholz*, StuB 2014, 867 (872); *Ritzer,* in: Rödder/Herlinghaus/van Lishaut, UmwStG, Anh. 7 Rn. 33 ff. mit dem Hinweis, der Tatbestand sei als *Fiktion* auszugestalten gewesen und nicht als Regelbeispiel; siehe auch *Oppel,* ISR 2016, 298 (302); *Drüen,* in: Brandis/Heuermann, EStG, Stand: 08/2023, § 4 Rn. 487; siehe allgemein zur Kritik zusammenfassend auch *Orthmann*, Entstrickungsbesteuerung und Niederlassungsfreiheit, S. 68 f.

[1285] Vgl. *Lampert*, in: Gosch, KStG, § 12 Rn. 114, dort als *„abkommensrechtliche"* Zuordnung bezeichnet.

[1286] *Heckerodt/Schulz*, ISR 2018, 229 (232).

[1287] *Reddig*, in: H/H/R, EStG, Stand: 08/2023, § 4 Rn. 211.

[1288] Wobei jedoch nicht nur das Besteuerungsrecht hinsichtlich der Veräußerung, sondern auch ausdrücklich hinsichtlich der *Nutzung* des Wirtschaftsgutes tatbestandlich umfasst wird.

verstehen, wobei eine abstrakte Gefährdung des deutschen Besteuerungsrechts nach Ansicht der Literatur und wohl auch nach Ansicht des Gesetzgebers für die Erfüllung des Tatbestands ausreichend ist.[1289] Das Gefährdungsmerkmal ist an dieser Stelle also aufgrund der Zukunftsbetrachtung ausgeprägt.

Dass es sich teils um eine „reine" Gefährdungsvorschrift handelt, soll folgendes Beispiel verdeutlichen: Wird ein Wirtschaftsgut aus einem inländischen Stammhaus in die Betriebsstätte eines Staats überführt, mit dem für Betriebsstätteneinkünfte die Freistellungsmethode vereinbart wurde, gehen der Gesetzgeber und auch die Finanzverwaltung[1290] offensichtlich davon aus, dass infolge dieser Freistellung das deutsche Besteuerungsrecht ausgeschlossen wird.

Innerhalb der Literatur wird dies von einem Großteil anders gesehen: Denn nach heutigem Verständnis der abkommensrechtlichen Freistellung stehe es dem Quellenstaat weiterhin frei, im Veräußerungsfall diejenigen stillen Reserven zu besteuern, die auf seinem Hoheitsgebiet angefallen und angesammelt wurden (auch wenn sich das Wirtschaftsgut bis zur Veräußerung in einer ausländischen Betriebsstätte befunden hat), sodass also bezüglich der bis zum Zeitpunkt der Übertragung ins Ausland entstandenen stillen Reserven (auf die es bei der Entstrickungsvorschrift ankommt) kein tatsächlicher Ausschluss des deutschen Besteuerungsrechts zu verzeichnen ist.[1291] Dieser Auffassung hat sich der BFH in seinem Urteil über die Aufgabe der Theorie der finalen Entnahme angeschlossen und führte hierzu aus, dass „abkommensrechtlich [...] nach heutiger Erkenntnis die (spätere) Besteuerung im Inland entstandener stiller Reserven durch eine Freistellung der ausländischen Betriebsstättengewinne nicht beeinträchtigt [wird]".[1292]

Dass die „Gefahr" des Ausschlusses dann nur noch darin bestünde, eventuellen Vollzugsdefiziten ausgesetzt zu sein, da sich das Wirtschaftsgut nicht mehr im Inland befindet, wird von Teilen der Literatur als nicht ausreichend angesehen, um den Entstrickungstatbestand zu rechtfertigen.[1293] Dennoch ist der Fall vom Tatbestand des § 4 Abs. 1 Satz 3 EStG umfasst, da der Gesetzgeber die Überführung von Wirtschaftsgütern in eine ausländische Betriebsstätte ausdrücklich im Regelbeispiel des § 4 Abs. 1 Satz 4 EStG genannt hat.[1294] Sofern es hier also tatsächlich nicht zu einem Ausschluss oder einer Beschränkung

---

1289 *Reddig*, in: H/H/R, EStG, Stand: 08/2023, § 4 Rn. 211; ebenso *Loschelder,* in: *Schmidt*, EStG, § 4 Rn. 244; *Drüen,* in: Brandis/Heuermann, EStG, Stand: 08/2023, § 4 Rn. 486c; *Wassermeyer*, DB 2006, 1176 (1776); kontrovers *Völkel,* SteuerStud 2019, 249 (253); *Korn u.a.,* in: Korn/Carlé/Stahl, EStG, Stand: 08/2023, § 4 Rn. 297.6; *Engesser*, Entstrickungsbesteuerung bei Umwandlungen, S. 83; a.A. *Stadler/Elser*, BB 2006, Special 8, 18 (20).

1290 BMF, Schreiben v. 20.5.2009 - IV C 6 - S 2134/07/10005, BStBl I 2009, 671.

1291 Vgl. *Rödder/Schumacher*, DStR 2006, 1481 (1484); *Wassermeyer*, DB 2006, 1176 (1177 f.); *Prinz*, DB 2009, 807 (809); *Reddig,* in: H/H/R, EStG, Stand: 08/2023, § 4 Rn. 212; *Ritzer,* in: Rödder/Herlinghaus/van Lishaut, UmwStG, Anh. 7 Rn. 29; *Engesser*, Entstrickungsbesteuerung bei Umwandlungen, S. 65.

1292 BFH, Urt. v. 17.07.2008 – I R 77/06, BStBl II 2009, 464, Rn. 45.

1293 Vgl. *Reddig,* in: H/H/R, EStG, Stand: 08/2023, § 4 Rn. 211, Rn. 212.

1294 Vgl. *Reddig,* in: H/H/R, EStG, Stand: 08/2023, § 4 Rn. 211, Rn. 212, ebenso *Henrichs,* in: *Tipke/Lang*,Steuerrecht, Rn. 9.472; *Ditz,* in: *Wassermeyer/Andresen/Ditz*, Betriebsstätten-Handbuch, Rn. 6.58; anders aber weiterhin Teile der Literatur: *Kessler/Philipp*, DStR 2012, 267 (270); *Schnitger*, Die Entstrickung im Steuerrecht, S. 25.

des deutschen Besteuerungsrechts kommt, läge insofern ein Tatbestand mit überschießender Tendenz vor.

Nicht nur die Überführung eines Wirtschaftsguts aus dem Inland heraus, sondern auch die Überführung eines sich bereits im Ausland befindlichen Wirtschaftsguts von einer Anrechnungs- in eine Freistellungsbetriebsstätte kann den Tatbestand des § 4 Abs. 1 Satz 3 EStG auslösen, wenn sich dadurch die Situation aus Sicht des deutschen Fiskus partiell verschlechtert.[1295]

b) Überführung in eine ausländische Betriebsstätte

Hauptanwendungsfall der Entstrickung nach § 4 Abs. 1 Satz 3 EStG wird der Fall sein, in dem ein Wirtschaftsgut in eine ausländische Betriebsstätte überführt wird, so wie es auch im Regelbeispiel des Satzes 4 angeordnet wird. Sofern das Wirtschaftsgut in eine ausländische Betriebsstätte des Steuerpflichtigen überführt wird und der (hypothetische) Gewinn dieser ausländischen Betriebsstätte durch ein DBA nach der Freistellungsmethode in Deutschland nicht besteuert werden kann, liegt ein tatbestandlicher *Ausschluss* des deutschen Besteuerungsrechts vor; eine *Beschränkung* des Besteuerungsrechts ist dagegen anzunehmen, wenn ein Wirtschaftsgut in eine ausländische Betriebsstätte überführt wird und die ausländische Steuer auf den Gewinn dieser ausländischen Betriebsstätte aufgrund eines DBA im Inland anzurechnen ist oder mangels DBA eine Anrechnung der ausländischen Steuer gem. § 34c EStG in Betracht kommt.[1296]

c) Wegzug des Anteilseigners

Daneben kann allerdings auch der Wegzug einer natürlichen Person den Tatbestand des § 4 Abs. 1 Satz 3 EStG auslösen.[1297] In Abgrenzung zu § 6 AStG (siehe hierzu auch unter 3.) müssten sich die Anteile hierzu im (Sonder-)Betriebsvermögen des Wegziehenden zum Zeitpunkt des Wegzugs befunden haben.
Unabhängig vom Sitz der Kapitalgesellschaft kann bei einem Wegzug eines Mitunternehmers mit Kapitalgesellschaftsanteilen im (Sonder-)Betriebsvermögen in einen DBA-Staat ein Ausschluss des deutschen Besteuerungsrechts eintreten. Dies ist dann der Fall, wenn die Zuordnung der Kapitalgesellschaftsanteile zu einer deutschen Betriebsstätte

---

1295 Vgl. *Reddig,* in: H/H/R, EStG, Stand: 08/2023, § 4 Rn. 211, Rn. 214; *Drüen,* in: Brandis/Heuermann, EStG, Stand: 08/2023, § 4 Rn. 486c; *Völkel,* SteuerStud 2019, 249 (252); *Korn u.a.,* in: Korn/Carlé/Stahl, EStG, Stand: 08/2023, § 4 Rn. 297.9; *Stadler/Elser*, BB 2006, Special 8, 18 (20) mit dem zusätzlichen Hinweis, dass eine (fiktive) Entnahme dann jedoch nicht vorliegen soll, wenn die Berücksichtigung beim Progressionsvorbehalt bei einem Freistellungs-DBA wegfällt, da in diesem Falle schon zuvor (also mit Progressionsvorbehalt) das deutsche Besteuerungsrecht bereits ausgeschlossen gewesen sei.

1296 *Reddig*, in: H/H/R, EStG, Stand: 08/2023, § 4 Rn. 213; *Werra/Teiche*, DB 2006, 1455; *Völkel,* SteuerStud 2019, 249 (252); *Bode*, in: Kirchhof/Seer, EStG, § 4 Rn. 107; *Korn u.a.,* in: Korn/Carlé/Stahl, EStG, Stand: 08/2023, § 4 Rn. 297.11.

1297 Vgl. *Häck,* in: F/W/B/S, AStG, Stand: 07/2021, § 6 Rn. 56 ff.

nicht gelingen mag,[1298] und somit „der Weg frei ist" für Regelungen wie Art. 13 Abs. 5 OECD-MA, durch die das deutsche Besteuerungsrecht wegen der ausländischen Ansässigkeit des Anteilseigners ausgeschlossen wird.[1299]
Der Tatbestand des § 4 Abs. 1 Satz 3 EStG kann ebenso erfüllt werden, wenn bspw. ein Steuerpflichtiger mit Anteilen an einer *ausländischen* Kapitalgesellschaft in seinem (Sonder-)Betriebsvermögen ins Ausland zieht. Selbst wenn es trotz des Sitzes der Kapitalgesellschaft im Ausland gelingen sollte, dass künftige Veräußerungsgewinne oder Dividendenausschüttungen einer deutschen Betriebsstätte zugeordnet werden,[1300] so kann dennoch die abstrakte Gefahr einer Anrechnungsverpflichtung ausländischer Steuern für den deutschen Fiskus entstehen,[1301] was nach herrschender Meinung für eine tatbestandliche Beschränkung des deutschen Steuerrechts i.S.d § 4 Abs. 1 Satz 3 EStG ausreicht.[1302]

3. Verhältnis zu § 6 AStG

Während sich § 6 AStG ausschließlich auf im Privatvermögen gehaltene Kapitalgesellschaftsanteile beschränkt, beinhaltet § 4 Abs. 1 Satz 3 EStG die sog. objektbezogenen Entstrickungen, die sich auf die Sicherung der stillen Reserven einzelner Wirtschaftsgüter beziehen und nicht wie § 6 AStG auf den dahinter stehenden Rechtsträger.[1303] Da § 4 Abs. 1 Satz 3 EStG zudem auch nur die im Betriebsvermögen befindlichen Wirtschaftsgüter betrifft, gibt es kein spezielles Konkurrenzverhältnis zu § 6 AStG, da sich die beiden Regelungen tatbestandlich gegenseitig ausschließen.[1304] Daher gibt es auch keinen überschneidenden Anwendungsbereich der beiden Normen bei der Einlage von Kapitalgesellschaftsanteilen in eine ausländische Betriebsstätte. Zwar wird dieser Fall unter der alten Rechtslage vor dem ATAD-UmsG auch von § 6 Abs. 1 Satz 2 Nr. 3 AStG a.F. erfasst, hierfür müssten sich die Anteile vor der Einlage jedoch im steuerlichen Privatvermögen des Anteilseigners befunden haben. § 4 Abs. 1 Satz 3 EStG ist hingegen nur dann einschlägig, wenn sich die Anteile zuvor im (Sonder-)Betriebsvermögen des Steuerpflichtigen befunden haben, nicht jedoch bei Anteilen im Privatvermögen.

[1298] Sei es, weil die deutsche Personengesellschaft schon keine abkommensrechtliche Betriebsstätte besitzt oder eine funktionale Zuordnung der Anteile zu einer inländischen Betriebsstätte nicht gegeben ist, siehe hierzu auch noch ausführlich unter G.I.1.a)aa).

[1299] Vgl. bspw. *Häck,* in: F/W/B/S, AStG, Stand: 07/2021, § 6 Rn. 57, 192.

[1300] Ansonsten würde der Wegzug bereits einen *tatsächlichen* Ausschluss des deutschen Besteuerungsrechts verursachen, da eine beschränkte Steuerpflicht gem. § 49 Abs. 1 Nr. 2 Bucht a) EStG nicht vorliegt.

[1301] Nämlich dann, wenn (i) ein DBA eine Anrechnung ausländischer Steuer auf Dividenden und/oder Veräußerungsgewinne vorsieht oder (ii) § 50 Abs. 3 i.V.m. § 34c Abs. 1 bis 3 EStG anstelle des DBA die Anrechnung einer potenziellen ausländischen Steuer vorschreibt, vgl. bspw. *Häck,* in: F/W/B/S, AStG, Stand: 07/2021, § 6 Rn. 56.

[1302] Siehe oben und *Häck,* in: F/W/B/S, AStG, Stand: 07/2021, § 6 Rn. 56; stellvertretend *Reddig,* in: H/H/R, EStG, Stand: 08/2023, § 4 Rn. 211, ebenso *Loschelder,* in: Schmidt, EStG, § 4 Rn. 244; *Drüen,* in: Brandis/Heuermann, EStG, Stand: 08/2023, § 4 Rn. 486c; kritisch *Wassermeyer*, DB 2006, 1176.

[1303] *Heckerodt/Schulz*, ISR 2018, 229 (233).

[1304] *Heckerodt /Schulz*, ISR 2018, 229 (233).

4. Ausgleichsposten gem. § 4g EStG

Ebenso wie § 6 AStG muss sich auch die Entstrickungsnorm des § 4 Abs. 1 Satz 3 und 4 EStG an den europäischen Grundfreiheiten und insbesondere an der Niederlassungsfreiheit messen lassen.[1305]

Bereits in der Rs. National Grid Indus[1306] hatte der EuGH entschieden, dass zwar eine die Grundfreiheiten beeinträchtigende Besteuerung von latenten Wertzuwächsen aus zwingenden Gründen des Allgemeininteresses gerechtfertigt sein könne.[1307] Die Liquiditätsnachteile, die der Steuerpflichtige durch die angeordnete Entnahmebesteuerung erleidet, sind aber nach Ansicht des Gerichtshofs nur dann verhältnismäßig, wenn diese Liquiditätsnachteile durch ein Wahlrecht des Steuerpflichtigen zwischen der Sofortzahlung und der Steuerstundung bis zum Zeitpunkt der Wertrealisierung entschärft würden.[1308]

Um die Entstrickungsvorschrift des § 4 Abs. 1 Satz 3 EStG europarechtskonform auszugestalten, entwickelte der Gesetzgeber mit § 4g EStG ein Konzept, das einen Zahlungsaufschub der Entnahmebesteuerung sicherstellen sollte.[1309] In der Fassung vor dem ATAD-UmsG konnte der Steuerpflichtige nach § 4g EStG (a.F.) einen sog. Ausgleichsposten beantragen, wenn die Überführung eines Wirtschaftsguts in einen anderen EU-Mitgliedstaat erfolgte. Steuerlich bewirkte dieser Ausgleichsposten zunächst, dass die Entnahme zum gemeinen Wert gewissermaßen neutralisiert wurde. Gleichzeitig sah § 4g Abs. 2 Satz 1 EStG a.F. vor, dass dieser Ausgleichsposten im Wirtschaftsjahr der Bildung und in den vier folgenden Wirtschaftsjahren zu jeweils einem Fünftel gewinnerhöhend aufzulösen ist. Damit wird im Ergebnis eine Art „Stundung über fünf Jahre" erreicht.[1310] Zwar entsprach dies nicht einem (optionalen) Zahlungsaufschub bis zur tatsächlichen Veräußerung des Wirtschaftsguts, wie es der EuGH noch in der Rs. National Grid Indus forderte. Jedoch sah der EuGH im weiteren Verlauf seiner Rechtsprechung im Bereich des Betriebsvermögens auch eine ratierliche Stundung über einen Zeitraum von fünf Jahren (bspw. in der Entscheidung in der Rs. DMC) als ausreichend an, um die Beschränkung der Grundfreiheiten in verhältnismäßiger und damit rechtfertigungsfähiger Weise entgegenzutreten.[1311] Schließlich ging es sodann in der Rs. Verder LabTec[1312] explizit um die deutsche Vorschrift des § 4 Abs. 1 Satz 3 EStG, in der der Gerichtshof die

---

[1305] Vgl. *Kahle/Eichholz*, StuB 2014, 867 (870).

[1306] EuGH, Urt. v. 29.11.2011 – C-371/10 (National Grid Indus), ECLI:EU:C:2011:785; siehe hier unter E.III.3.

[1307] EuGH, Urt. v. 29.11.2011 – C-371/10 (National Grid Indus), ECLI:EU:C:2011:785, Rn. 42.

[1308] EuGH, Urt. v. 29.11.2011 – C-371/10 (National Grid Indus), ECLI:EU:C:2011:785, Rn. 73.

[1309] Vgl. BT-Drucks. 16/2710 S. 28.

[1310] Rein technisch liegt keine Stundung einer bereits festgesetzten Steuer vor, sondern eine Korrekturmaßnahme innerhalb der Gewinnermittlung, sodass im Unterschied zu einer Stundung bei dieser Variante die unterschiedlichen Progressionsstufen der einzelnen fünf Veranlagungszeiträume der Auflösung zu unterschiedlichen steuerlichen Auswirkungen führen können, als wenn eine bereits festgesetzte Steuer lediglich ratierlich bezahlt werden müsste.

[1311] EuGH, Urt. v. 23.01.2014 – C-164/12 (DMC), ECLI:EU:C:2014:20, Rn. 62.

[1312] EuGH, Urt. v. 21.05.2015 – C-657/13 (Verder LabTec), ECLI:EU:C:2015:331, siehe hierzu ausführlich unter E.III.5.

Europarechtskonformität der Vorschrift bejaht hat, sodass (zumindest) das Grundkonzept des § 4g EStG einer „Aufteilung der Steuerzahlung“ bzw. einer Gewinnverteilung über einen Zeitraum von fünf Jahren mittlerweile als unionsrechtskonform angesehen werden kann.[1313]

Der Umstand, dass die Fassung vor dem ATAD-UmsG lediglich unbeschränkt Steuerpflichtige betraf und die Bildung des Ausgleichspostens nur in den Fällen der Überführung der Wirtschaftsgüter in einen anderen *EU*-Staat zulässig war, wurde mittlerweile im Sinne des Unionsrechts beseitigt. In § 4g Abs. 1 Satz 1 EStG n.F. wird nun nicht mehr nur der unbeschränkt Steuerpflichtige genannt und durch den Verweis auf § 36 Abs. 5 Satz 1 EStG sind auch Überführungen in einen *EWR*-Staat von dem Wahlrecht umfasst.[1314]

Teilweise Bedenken bleiben dennoch,[1315] etwa für den soeben beschriebenen Fall des Wegzugs einer natürlichen Person mit Kapitalgesellschaftsanteilen im Betriebsvermögen. Für den Fall des Wegzugs mit Anteilen im Privatvermögen würde man nach der hier vertretenen Auffassung zu dem eindeutigen Ergebnis gelangen, dass ein Wahlrecht zu einer *dauerhaften* Stundung (unter den erläuterten Voraussetzungen)[1316] unionsrechtlich erforderlich ist. Der Wegzug einer natürlichen Person mit Anteilen im Betriebsvermögen unterliegt durch die Anwendung des § 4 Abs. 1 Satz 3 i.V.m. § 4g EStG anderen Spielregeln. Zwar wird an der Aussage festgehalten, die Unterscheidung von Betriebs- und Privatvermögen sei aus guten Gründen weiterhin aufrechtzuhalten, jedoch steht der Fall eines Wegzugs einer natürlichen Person mit Anteilen im Betriebsvermögen gewissermaßen „zwischen den Stühlen“, da auch hier der Wegzug der natürlichen Person ebenso aus privaten Gründen veranlasst sein kann[1317] und die Möglichkeit und die erforderlichen Bemühungen des Fiskus bei der Nachverfolgung dieser Person gleichermaßen zu beurteilen ist, egal ob sie Anteile im Privat- oder im Betriebsvermögen hält.[1318]

IV. § 12 Abs. 1 KStG

§ 12 Abs. 1 KStG beinhaltet die körperschaftsteuerliche Einzelentstrickung von Wirtschaftsgütern im Betriebsvermögen der Körperschaft und ist als steuersystematisches

[1313] So auch im Ergebnis *Schwenke*, DStZ 2007, 235 (247); *Mitschke*, Ubg 2011, 328 (334 f.); ders., IStR 2010, 211 (213); *Musil*, FR 2011, 545 (548 f.); kritisch *Häck*, in: F/W/B/S, AStG, Stand: 07/2021, § 6 Rn. 58 sowie *Kahle/Eichholz*, StuB 2014, 867 (871) und *Kessler/Philipp*, DStR 2012, 267 (272); a.A. *Körner*, IStR 2012, 1 (5).

[1314] Vgl. auch *Ditz*, Stellungnahme Finanzausschuss Öffentliche Anhörung Protokoll-Nr. 19/137zu DT-Druck 19/28652, Anlage 2, S. 3.

[1315] Vgl. bspw. *Kahle/Eichholz*, FR 2015, 7 (18); *Kahle/Beinert*, FR 2015, 585 (590, 592).

[1316] Siehe unter E.IV.2.

[1317] Vgl. zu den Motiven des Wegzugs auch bereits unter E.III.1.b)bb)(2)(a) sowie zur Abgrenzung „Wegzug einer Kapitalgesellschaft oder einer natürlichen Person“ unter E.III.6.d)bb).

[1318] Vgl. hierzu insgesamt auch Beispiel von *Häck*, in: F/W/B/S, AStG, Stand: 07/2021, § 6 Rn. 58 mit dem berechtigten Hinweis, dass es schwer vorstellbar sei, dass der EuGH diese Sonderkonstellation aus der rein grundfreiheitlich ausgerichteten Perspektive anders beurteilen würde, als den Wegzug einer natürlichen Person mit Anteilen im Privatvermögen.

Pendant zur einkommensteuerlichen Entstrickungsnorm des § 4 Abs. 1 Satz 3 EStG zu sehen.[1319] Ebenso wie seine einkommensteuerliche Schwester-Vorschrift sieht auch § 12 Abs. 1 KStG eine Aufdeckung von stillen Reserven von Wirtschaftsgütern vor, wenn diesbezüglich die Besteuerung der Nutzung oder der Veräußerung eingeschränkt oder ausgeschlossen wird. Anders als im Fall des § 4 Abs. 1 Satz 3 EStG wird hier jedoch keine Entnahmebesteuerung angeordnet, sondern – vergleichbar mit § 6 Abs. 1 AStG – eine Veräußerung oder eine Überlassung des besagten Wirtschaftsguts fingiert. Dabei geht § 12 Abs. 1 KStG als körperschaftsteuerlicher Spezialtatbestand der Regelung des § 4 Abs. 1 Sätze 3 und 4 EStG vor.[1320] Dies ergibt sich schon aus dem Grundsatz, dass Kapitalgesellschaften keine außerbetriebliche Sphäre haben[1321] und daher eine Entnahme nicht denkbar ist.[1322]

§ 12 Abs. 1 KStG betrifft alle Körperschaften, Vermögensmassen und Personenvereinigungen i.S.d. § 1 Abs. 1 KStG, *unabhängig* davon, ob sie unbeschränkt oder nur beschränkt steuerpflichtig sind.[1323]

Ebenso wie § 4 Abs. 1 Satz 4 EStG enthält § 12 Abs. 1 Satz 2 KStG eine klarstellende Aussage dazu, dass ein Ausschluss oder eine Beschränkung des deutschen Besteuerungsrechts insbesondere dann vorliegt, wenn ein bisher einer inländischen Betriebsstätte zugeordnetes Wirtschaftsgut einer ausländischen Betriebsstätte zuzuordnen ist. Bezüglich der unionsrechtlichen gebotenen steuerlichen Abmilderungsmöglichkeit durch Bildung eines Ausgleichspostens bedient sich die Vorschrift eines Verweises auf § 4g EStG, der damit auch entsprechend für die Entstrickungsbesteuerung des § 12 Abs. 1 KStG gilt.

In der alten Fassung vor der Einführung des KöMoG[1324] enthielt § 12 Abs. 2 KStG (a.F.) eine Ausnahmemöglichkeit speziell für den Fall von Drittstaatverschmelzungen. Die Verschmelzung einer beschränkt körperschaftsteuerpflichtigen Kapitalgesellschaft war demnach steuerneutral zu Buchwerten möglich (ohne dass dadurch stille Reserven hätten aufgedeckt werden müssen), wenn die Verschmelzung auf eine Kapitalgesellschaft desselben Staats erfolgte und kein Entzug bzw. keine Einschränkung des deutschen Besteuerungsrechts drohte.[1325] Durch das KöMoG wurde die Vorschrift des § 12 Abs. 2 KStG gestrichen. Dies hat jedoch nicht zur Folge, dass eine solche Verschmelzung nicht

---

[1319] *Heckerodt/Schulz*, ISR 2018, 229 (233); *Engesser*, Entstrickungsbesteuerung bei Umwandlungen, S. 129.

[1320] so auch *Hackemann,* in: Bott/Walter, KStG, Stand: 07/2023, § 12 Rn. 6; *Mückl*, in: Streck, KStG, § 12 Rn. 1; *Benecke/Staats,* in: D/P/M, KStG, Stand: 09/2023, § 12 Rn. 67; *Mundfortz,* in: Frotscher/Drüen, KStG, Stand: 09/2023, § 12 Rn. 13; *Kessens,* Die Besteuerung der grenzüberschreitenden Überführung von Wirtschaftsgütern, S. 69.

[1321] Ständige Rechtsprechung des BFH, vgl. bspw. BFH, Urt. v. 04.12.1996 – I R 54/95, BFHE 182, 123; Urt. v. 28.11.1991 – IV R 122/90, BStBl II 1992, 342 sowie Urt. v. 22.08.2007 – I R 32/06, BStBl II 2007, 961.

[1322] *Kolbe,* in: H/H/R, KStG, Stand: 08/2023, § 12 Rn. 18.

[1323] *Kolbe,* in: H/H/R, KStG, Stand: 08/2023, § 12 Rn. 28.

[1324] Gesetz zur Modernisierung des Körperschaftssteuerrechts vom 25.06.2021, BGBl I 2021, S. 2050.

[1325] Vgl. auch *Heckerodt/Schulz*, ISR 2018, 229 (233); *Lampert,* in: Gosch, KStG, § 12 Rn. 124.

mehr steuerneutral zu Buchwerten erfolgen kann. Denn im Zuge der (Teil-)Globalisierung der für die Umwandlung von Körperschaften maßgeblichen Teile des Umwandlungssteuergesetzes vollzog der Gesetzgeber eine Erweiterung des persönlichen Anwendungsbereichs für Umwandlungen im Sinne des Umwandlungssteuergesetzes.[1326] Bislang waren vom UmwStG grundsätzlich nur Inlandsfälle und Gesellschaften im EU-/EWR-Raum erfasst. Daneben trat die Vorschrift des § 12 Abs. 2 KStG a.F. Durch die Neuerung des UmwStG sollen fortan Verschmelzungen sowie auch Spaltungen und Formwechsel von Körperschaften mit Bezug zu Drittstaaten steuerneutral möglich sein. Dazu wurde u.a. § 12 Abs. 2 KStG zwar aufgehoben, gleichzeitig aber in das Umwandlungssteuergesetz integriert,[1327] wodurch es keiner Spezialregelung mehr für die von § 12 Abs. 2 KStG a.F. umfassten Verschmelzungen bedurfte.[1328] Die Anforderung, dass die Verschmelzung zwischen Körperschaften desselben Drittstaats stattfinden muss, entfällt zudem unter der neuen Gesetzessystematik.[1329]

V. § 16 Abs. 3a EStG

Gem. § 16 Abs. 3a EStG steht der Aufgabe des Gewerbebetriebs der Ausschluss oder die Beschränkung des deutschen Besteuerungsrechts hinsichtlich des Gewinns aus der Veräußerung sämtlicher Wirtschaftsgüter des Betriebs oder eines Teilbetriebs gleich.

Die Vorschrift hat ihren Ursprung im JStG 2010[1330] und ist dem Umstand geschuldet, dass der BFH nicht nur die Theorie der finalen Entnahme aufgegeben hat,[1331] sondern in seinem Urteil vom 28.10.2009[1332] zudem auch – und konsequenterweise – in Abkehr zu seiner bisherigen Rechtsprechung die Theorie der finalen *Betriebsaufgabe* nicht länger vertrat.
Vor Aufgabe des finalen Betriebsaufgabebegriffs wurde in der Betriebsverlegung in einen ausländischen Staat, mit dem ein DBA mit Freistellungsmethode besteht, ein Ausschluss des deutschen Besteuerungsrechts gesehen; eine Beschränkung des deutschen Besteuerungsrechts lag bei einer Betriebsverlegung in einen Staat vor, mit dem ein DBA mit Anrechnungsmethode oder gar kein DBA besteht.[1333] Entgegen seiner bisherigen Rechtsprechung vertritt der BFH nunmehr die Auffassung, dass die Verlegung eines Betriebs ins Ausland auch dann nicht zur Annahme einer (fiktiven) Betriebsaufgabe führt, wenn

---

[1326] Vgl. *Desens,* DStR 2022, 1588 (1593).
[1327] Gesetzentwurf der Bundesregierung zur Modernisierung des Körperschaftsteuerrechts vom 17.03.2021, S.26 (nachfolgend RegE KöMoG, abrufbar unter https://www.bundesfinanzministerium.de/Content/DE/Gesetzestexte/Gesetze_Gesetzesvorhaben/Abteilungen/Abteilung_IV/19_Legislaturperiode/Gesetze_Verordnungen/2021-06-30-KoeMoG/1-Referentenentwurf.pdf?__blob=publicationFile&v=3).
[1328] *Pfirrmann,* in: Brandis/Heuermann, KStG, Stand: 08/2023, § 12 Rn. 10b.
[1329] Vgl. *Desens,* DStR 2022, 1588 (1593).
[1330] Jahressteuergesetz 2010, vom 08.12.2010, BGBl. I 2010, 1768.
[1331] BFH, Urt. v. 17.07.2008 – I R 77/06, BStBl II 2009, 464, Rn. 42.
[1332] BFH, Urt. v. 28.10.2009 – I R 99/08, BStBl II 2011, 1019.
[1333] *Geissler/Kobor/Kulosa/Patt,* in: H/H/R, EStG, Stand: 08/2023, § 16 Rn. 625.

die künftigen Gewinne der ausländischen festen Einrichtung (Betriebsstätte) im Inland nicht steuerbar oder aufgrund eines DBA von der Besteuerung im Inland freigestellt sind.[1334]
Diese Rechtsprechungsänderung hat den Gesetzgeber dazu veranlasst, die Theorie der finalen Betriebsaufgabe in einem neuen § 16 Abs. 3a EStG im Rahmen des JStG 2010 zu kodifizieren.[1335] Bei einem Ausschluss oder einer Beschränkung des deutschen Besteuerungsrechts hinsichtlich des Gewinns aus der Veräußerung *sämtlicher* Wirtschaftsgüter des Betriebs oder eines Teilbetriebs wird nun die Betriebsaufgabe gesetzlich fingiert. § 4 Abs. 1 Satz 4 EStG findet im Fall der Betriebsverlegung analog Anwendung (§ 16 Abs. 3a 2. HS EStG). Bei der Ermittlung des Aufgabegewinns sind sämtliche Wirtschaftsgüter des Betriebs mit ihrem gemeinen Wert anzusetzen (§ 16 Abs. 3 Satz 7 EStG), wodurch es zu einer Aufdeckung der darin enthaltenen stillen Reserven kommt.

Hauptanwendungsfall bleibt auch nach dieser Kodifizierung die Betriebsverlegung aus dem Inland ins Ausland,[1336] zumal in § 16 Abs. 3a 2. HS EStG auf die Überführung von Vermögen ins Ausland i.S.d. § 4 Abs. 1 Satz 4 EStG verwiesen wird. Damit knüpft Abs. 3a auf der einen Seite, was die Ebene der Einzelunternehmen bzw. Personalgesellschaft betrifft, an § 4 Abs. 1 Satz 3 EStG an, der die Überführung lediglich einzelner Wirtschaftsgüter umfasst, und stellt auf der anderen Seite ein Pendant zur Sitzverlegung einer Körperschaft dar, bei der gem. § 12 Abs. 3 KStG a.F. durch die Fiktion einer Auflösung der Gesellschaft ebenfalls die stillen Reserven sämtlicher zum Betriebsvermögen gehörender Wirtschaftsgüter auf einmal aufgedeckt werden.[1337]

Beim näheren Blick auf die Entscheidung des BFH zur Aufgabe der Theorie der finalen Betriebsaufgabe fällt auf, dass sich der Senat bezüglich des Bedürfnisses einer Entstrickungsvorschrift (hier im Falle der Betriebsverlegung ins Ausland) ähnlich äußerte wie schon in seinem Urteil zur Aufgabe der Theorie der finalen Entnahme[1338]: Denn auch darin stellte der BFH fest, soweit der spätere Veräußerungsgewinn auf der Realisierung der *vormals* im Inland erwirtschafteten stillen Reserven beruht, handele es sich „um der

---

1334 BFH, Urt. v. 28.10.2009 – I R 99/08, BStBl II 2011, 1019, Leitsatz, sowie Rn. 19 mit der Feststellung, dass es für die Annahme eines Realisationstatbestands bei Verlegung eines Betriebs ins Ausland sowohl an einer gesetzlichen Grundlage als auch an einem Bedürfnis hierfür fehle. Die der früheren Rechtsprechung zugrunde liegende Erwägung, dass die in den Wirtschaftsgütern des Betriebsvermögens ruhenden stillen Reserven nicht endgültig der Besteuerung entgehen dürften (BFH, Urt. v. 28.04.1971 – I R 55/66, BStBl II 1971, 630), gebiete keine sofortige Besteuerung eines fiktiven Aufgabegewinns zum Zeitpunkt der Betriebsverlegung.

1335 *Kahle/Eichholz*, StuB 2014, 867 (868); *Heckerdoft/Schulz*, ISR 2018, 229 (233); vgl. *Wacker*, in: Schmidt, EStG, § 16 Rn. 197; *Geissler/Kobor/Kulosa/Patt*, in: H/H/R, EStG, Stand: 08/2023, § 16 Rn. 620; *Kahle/Beinert*, FR 2015, 585 (587); *Rode*, in: BeckOK EStG, § 16 Rn. 1107.

1336 *Völkel*, SteuerStud 2019, 249 (253).

1337 Siehe hierzu noch unter F.VI.

1338 BFH, Urt. v. 17.07.2008 – I R 77/06, BStBl II 2009, 464.

inländischen Besteuerung unterliegende Einkünfte."[1339] Danach dürften die Fälle, in denen das deutsche Besteuerungsrecht ausgeschlossen oder beschränkt wird, eher selten sein, folgt man der Ansicht des BFH[1340], die DBA seien so auszulegen, dass sie dem Steuerzugriff des früheren Sitzstaats auf die *bis zur* Verlagerung des Betriebs ins Ausland entstandenen stillen Reserven nicht entgegenstehen.[1341] Die Finanzverwaltung hingegen wendet die Urteile des BFH allerdings nicht über die dort entschiedenen Einzelfälle hinaus an,[1342] sodass in der Praxis sehr wohl Fälle auftreten werden, in denen die Finanzverwaltung den Ausschluss oder die Beschränkung des deutschen Besteuerungsrechts annehmen und somit zu einem Fall des § 16 Abs. 3a EStG gelangen wird.

Im Gesetzgebungsverfahren wurde die Einführung des § 16 Abs. 3a EStG damit begründet, „dass es für die deutsche Finanzverwaltung oftmals schwierig bis unmöglich [sei], das weitere Schicksal des ins Ausland überführten Betriebsvermögens zu überwachen und damit den tatsächlichen Realisationsakt im Ausland zu erkennen und zu erfassen."[1343] Außerdem diene die Vorschrift der Steuervereinfachung, indem schwierige Folgefragen insbesondere bei der Aufteilung der später realisierten stillen Reserven auf den Zeitraum der inländischen bzw. ausländischen Zuordnung des Wirtschaftsguts entfielen.[1344] Ebenso wie bei einer tatsächlichen Betriebsveräußerung oder Betriebsaufgabe nach Abs. 1 und 3 wird die Rechtsfolge des Abs. 3a ebenfalls abgemildert durch die Gewährung des Freibetrags i.S.d § 16 Abs. 4 EStG, die Anordnung der Tarifbegünstigung des § 34 Abs. 1 EStG[1345] sowie die Gewerbesteuerbefreiung für den fiktiven Aufgabegewinn (§ 7 Satz 2 Nr. 1 GewStG i.U.).[1346]

Für Fälle der Betriebsverlegung in einen anderen EU-/EWR-Staat erlaubt § 36 Abs. 5 EStG explizit für den Fall des § 16 Abs. 3a EStG, die festgesetzte Steuer auf den (fiktiven) Aufgabegewinn auf Antrag des Steuerpflichtigen in fünf gleichen Jahresraten zinslos zu entrichten.[1347] Damit kommt bei der fiktiven Betriebsaufgabe eine *ratierliche Stundung* der Entstrickungssteuer für den Steuerpflichtigen in Betracht, wie es sonst unter den hier besprochenen Normen nur in § 6 Abs. 4 AStG n.F. (dort mit einem siebenjährigen Stundungszeitraum) der Fall ist. Die Uneinheitlichkeit der Abmilderungsmaßnahmen der deutschen Entstrickungsnormen zeigt sich hierin erneut. Es wird im Gegensatz zur

[1339] BFH, Urt. v. 28.10.2009 – I R 99/08, BStBl II 2011, 1019, Rn. 20.
[1340] Kritisch zur Auffassung des BFH, Urt. v. 17.07.2008 – I R 77/06 sowie BFH, Urt. v. 28.10.2009 – I R 99/08: *Mitschke*, FR 2010, 183 (187 ff.); *Musil,* FR 2011, 545 (549).
[1341] *Geissler/Kobor/Kulosa/Patt,* in: H/H/R, EStG, Stand: 08/2023, § 16 Rn. 625 und Rn. 551a.
[1342] BMF, Schreiben v. 20.05.2009 – IV C 6 – S2134/07/10005, BStBl I 2009, 671.
[1343] BT-Drucks. 17/3549, S. 17, vgl. auch *Rode,* in: BeckOK EStG, § 16 Rn. 1109.
[1344] *Geissler/Kobor/Kulosa/Patt,* in: H/H/R, EStG, Stand: 08/2023, § 16 Rn. 630.
[1345] In § 34 Abs. 2 Nr. 1 EStG werden „Veräußerungsgewinne i.S.d. […] § 16" als solche genannt, wozu auch diejenigen „fiktiven" Veräußerungsgewinne des § 16 Abs. 3a EStG gehören.
[1346] Vgl. auch *Völkel*, SteuerStud 2019, 249 (253).
[1347] Vgl. auch *Loschelder,* in: Schmidt, EStG, § 36 Rn. 28.

Einzelentstrickungsnorm des § 4 Abs. 1 Satz 3 EStG kein Ausgleichsposten gebildet,[1348] sondern eine tatsächliche Stundung der Steuer ermöglicht. Dafür wird hier als zusätzliche Voraussetzung gefordert, dass der Staat, dem die gesamten Wirtschaftsgüter des Betriebsvermögens nach der Sitzverlegung zuzuordnen sind, dem Herkunftsstaat gegenseitige Amts- und Beitreibungshilfe leistet, was nach der hier vertretenen Auffassung im EU-/EWR-Raum ohnehin der Fall ist.[1349]

Im Gegensatz zu § 4g EStG stand der Antrag nach § 36 Abs. 5 EStG auch vor dem ATAD-UmsG schon beschränkt Steuerpflichtigen offen und war auch dann möglich, wenn die Überführung in einen EWR-Staat erfolgte.[1350]

In seinem Urteil in der Rs. DMC hat der EuGH bereits im Hinblick auf umwandlungssteuerliche Vorschriften entschieden, dass eine sofortige Besteuerung von latenten Wertzuwächsen und der damit verbundene Liquiditätsnachteil für den Steuerpflichtigen dann in verhältnismäßiger Art und Weise unionsrechtskonform abgemildert wird, wenn die Zahlung der geschuldeten Steuer auf fünf Jahresraten zinsfrei gestaffelt werden kann.[1351] § 36 Abs. 5 EStG ist mit der dortigen im Urteilsfall zu betrachtenden Vorschrift des damaligen UmwStG[1352] vergleichbar, sodass den Aussagen des EuGH zu entnehmen ist, dass § 16 Abs. 3a EStG zumindest in Bezug auf die Möglichkeit der ratierlichen Stundung über fünf Jahre unionsrechtskonform ist.[1353]

VI. § 12 Abs. 3 KStG a.F.

Vor dessen Aufhebung durch das KöMoG waren in § 12 Abs. 3 KStG die Folgen einer Sitzverlegung einer Körperschaft ins Ausland geregelt. Auf der einen Seite kann § 12 Abs. 3 KStG a.F. durch den Anknüpfungspunkt der Sitzverlegung bzw. der Verlegung der Geschäftsleitung als Pendant zur Wegzugsbesteuerung bei natürlichen Personen gesehen werden, die ebenfalls (u.a.) auf den Wegfall einer zuvor unbeschränkten Steuerpflicht Bezug nimmt.[1354] Auf der anderen Seite, da sich diese Entstrickung auf Betriebsvermögen bezieht, ist die Norm eine vergleichbare Vorschrift zu § 16 Abs. 3a EStG, der die Betriebsverlegung eines Einzelunternehmens bzw. einer Personengesellschaft regelt. Ähnlich wie auch in § 6 Abs. 1 AStG (sowohl in der alten als auch in der neuen Fassung) setzt die Norm nicht voraus, dass ein tatsächlicher Verlust des deutschen Besteuerungsrechts eintritt, und unterscheidet sich somit auf Tatbestandsebene von den Vorschriften

---

[1348] Was auch dem Umstand geschuldet ist, dass es ggf. nach der Verlegung des Sitzes des Unternehmens in Deutschland keine bilanzielle Erfassung mehr gibt, in der sich der Ausgleichsposten ratierlich auflösen könnte.

[1349] Vgl. hierzu bereits unter E.IV.2.b)bb).

[1350] Vgl. *Gosch,* in: Kirchhof, EStG, § 36 Rn. 28; *Kahle/Beinert,* FR 2015, 585 (587).

[1351] EuGH, Urt. v. 23.01.2014 – C-164/12 (DMC), ECLI:EU:C:2014:20, Rn. 62; siehe hierzu ausführlich unter E.III.4.b).

[1352] §§ 20 Abs. 6 i.V.m. 21 Abs. 2 Sätze 3-6 UmwStG 1995.

[1353] *Geissler/Kobor/Kulosa/Patt* in: H/H/R, EStG, Stand: 08/2023, § 16 Rn. 630.

[1354] *Heckerodt/Schulz,* ISR 2018, 229 (234).

des § 12 Abs. 1 KStG sowie § 4 Abs. 1 Satz 3 EStG. Voraussetzung war, dass die Körperschaft mit der Sitzverlegung aus der unbeschränkten Steuerpflicht eines EU-/EWR-Staats ausschied (Sitzverlegung in eine Drittstaat).

Die Schlussbesteuerung in dieser Vorschrift wird technisch dadurch verwirklicht, dass die Norm eine Auflösung der Körperschaft fingiert und § 11 KStG für entsprechend anwendbar erklärt. Gem. § 12 Abs. 3 Satz 3 KStG a.F. tritt dann der gemeine Wert des vorhandenen Vermögens an die Stelle des zur Verteilung kommenden Vermögens, wodurch die Aufdeckung der sich in diesem Vermögen befindlichen stillen Reserven erfolgt.
Wegen der Loslösung des Tatbestands von dem tatsächlichen Verlust bzw. der Beschränkung des deutschen Besteuerungsrechts stieß die Norm auf erhebliche Kritik innerhalb der Literatur, in der aus rechtssystematischer und verfassungsrechtlicher Sicht große Bedenken geäußert wurden.[1355] Hauptkritikpunkt bildete dabei wieder der Umstand, dass trotz der Sitzverlegung der Körperschaft nicht zwangsweise auch das Besteuerungsrecht Deutschlands für die Zukunft ausgeschlossen wird, etwa wenn das einer inländischen Betriebsstätte zuzuordnende Wirtschaftsgut auch nach dem Wechsel der Ansässigkeit in Deutschland steuerverhaftet bleibt.[1356] Diese überschießende Tendenz, wie sie auch innerhalb des § 6 Abs. 1 AStG auftaucht, wird umso mehr verschärft, als dass § 12 Abs. 3 KStG a.F. keinerlei Steueraufschub – weder in Form einer ratierlichen noch dauerhaften Stundung – vorsah. Der Liquiditätsnachteil bzw. die erheblichen Liquiditätseinbußen der betroffenen Körperschaft, die ihre Rechtfertigung weder im System der Entstrickungsbesteuerung noch in hinreichenden Gründen der Sicherung der Verwirklichung eines Steueranspruchs findet, wird demnach insoweit teilweise als verfassungswidriger Verstoß gegen Art. 3 Abs. 1 GG angesehen, soweit sich die Besteuerung auf Wirtschaftsgüter bezieht, die weiterhin der deutschen Besteuerungshoheit unterliegen.[1357] Aus denselben Gründen wird die Norm auch aus unionsrechtlicher Sicht kritisiert.[1358]

Infolge der Erweiterung des persönlichen Anwendungsbereichs des Umwandlungssteuerrechts auf Körperschaften aus Staaten außerhalb des Europäischen Wirtschaftsraums besteht auch keine Notwendigkeit mehr, „Wegzüge“ von Körperschaften in Drittstaaten anders zu behandeln als Wegzüge in EU-/EWR-Staaten. [1359] § 12 Abs. 3 KStG wurde daher im Zuge des KöMoGs ebenso wie § 12 Abs. 2 KStG aufgehoben. Wenn eine Verschmelzung auf eine Körperschaft in einem Drittstaat nach dem neuen UmwStG zulässig ist, wieso sollte dann die *Sitzverlegung* in einen Drittstaat anders behandelt werden?

[1355] Vgl. *Heckerodt/Schulz,* ISR 2018, 229 (234); Schnitger, Die Entstrickung im Steuerrecht, S. 47; *Lampert*, in: Gosch, KStG, § 12 Rn. 155; *Haase*, BB 2009, 1448 (1451).
[1356] Vgl. *Lampert*, in: Gosch, KStG, § 12 Rn. 155, 155a.
[1357] So *Lampert,* in: Gosch, KStG, § 12 Rn. 155, 155a; *Hackemann,* in: Bott/Walter, KStG, Stand: 07/2023, § 12 Rn. 74; für eine teleologische Reduktion siehe bspw. *Eickmann/Stein*, DStZ 2007, 723, (725); a.A: *Benecke/Staats*, in: D/P/M, KStG, Stand: 09/2023, § 12 Rn. 501.
[1358] Vgl. *Hackemann,* in: Bott/Walter, KStG, Stand: 07/2023, § 12 Rn. 74.
[1359] RegE KöMoG, S. 26.

Durch den Wegfall der Norm und demnach auch den Wegfall der Fiktion einer Liquidation ist auch § 17 Abs. 4 EStG nicht mehr anwendbar, sodass der Vorrang gegenüber § 17 Abs. 5 EStG nicht mehr besteht und damit die Sitzverlegung – sofern die übrigen Voraussetzungen des § 17 Abs. 5 EStG erfüllt sind – in Bezug auf die steuerlichen Folgen auf Anteilseignerebene nunmehr unter § 17 Abs. 5 EStG zu prüfen sind.

G. Gestaltung

Das deutsche Wegzugsteuersystem sieht eine Wegzugsteuer bzw. eine Entstrickungssteuer nicht generell vor, sondern nur in den ausdrücklich normierten Fällen. Ob und in welcher Höhe der Wegzug eines Steuerpflichtigen aus Deutschland eine Besteuerung auslöst, hängt demnach auch von der Art und Gestaltung des Vermögens des Wegziehenden ab, sodass sich durch entsprechende Vermögensstrukturierungen eine Wegzugsteuer vermeiden oder zumindest reduzieren lässt.[1360] Insbesondere durch die Verschärfung des Gesetzes in Bezug auf die Stundungsmöglichkeiten einer Wegzugsteuer hat das Thema der Vermögensstrukturierung durch steueroptimierte Gestaltung erneut an praktischer Bedeutung gewonnen. Im Folgenden soll auf ausgewählte Strukturierungsmöglichkeiten und Optimierungsprozesse eingegangen werden.

I. Verdeckte Einlage in ein deutsches Betriebsvermögen

Durch die Einlage von Kapitalgesellschaftsanteilen in ein Betriebsvermögen kann die Anwendung des § 6 AStG ausgeschlossen werden. Dabei ist die Einlage der zuvor im Privatvermögen des Steuerpflichtigen gehaltenen Kapitalgesellschaftsanteile in ein Betriebsvermögen zunächst steuerneutral möglich. § 6 Abs. 1 Nr. 5 Satz 1 2. HS Buchst. b) EStG ermöglicht dies unabhängig davon, ob die Einlage in ein Einzelunternehmen des Steuerpflichtigen oder in das Betriebsvermögen einer Personalgesellschaft erfolgt, an der der Anteilseigner beteiligt ist. Entscheidend ist dabei, dass diese Übertragung *unentgeltlich* erfolgt.[1361] Bei einer Einlage in das Gesamthandsvermögen[1362] einer Personengesellschaft ist dabei ausschlaggebend, dass hierfür keine Gegenleistung an den Mitunternehmer, auch nicht in Form der Gewährung von Gesellschaftsrechten, erfolgt. Andernfalls würde nämlich ein entgeltliches Tauschgeschäft oder „tauschähnliches" Veräußerungsgeschäft vorliegen, bei dem Anschaffungsaufwand und zugleich Erlös der gemeine Wert der hingegebenen Sachleistung sind, sodass es zur Realisierung stiller Reserven in den hingegebenen Kapitalgesellschaftsanteilen kommt, wenn deren aktueller Bilanzwert (Buchwert) nicht dem gemeinen Wert entspricht.[1363]
Das BMF vertritt hierzu die Auffassung, dass eine solche *unentgeltliche* Einlage in das Gesamthandsvermögen einer Personengesellschaft dann vorliegt, wenn die Verbuchung

---

[1360] *Vogt,* in: Ettinger, Wegzugsbesteuerung, S. 45; vgl. auch *Ettinger/Eberl*, GmbHR 2005, 152 (152 ff.).

[1361] Bspw. *Korn/Strahl*, in: Korn/Carlé/Stahl, EStG, Stand: 08/2023, § 6 Rn. 412.1.

[1362] Anmerkung: Die hier dargestellte Erläuterung von Gestaltungsmöglichkeiten beinhaltet die zum Zeitpunkt der Einbringung maßgebliche rechtliche Einordnung von Gesamthandsvermögen einer Personengesellschaft. Änderungen, die in dieser Hinsicht durch das Inkrafttreten des Gesetzes zur Modernisierung des Personengesellschaftsrechts (MoPeG) zum 01.01.2024 im Blick auf das (steuerliche) Gesamthandsvermögen künftig eintreten werden, sind dabei nicht berücksichtigt.

[1363] Vgl. *Korn/Strahl*, in: Korn/Carlé/Stahl, EStG, Stand: 08/2023, § 6 Rn. 515.

der hingegebenen Kapitalgesellschaftsanteile ausschließlich auf dem sog. gesamthänderisch gebundenen Rücklagenkonto erfolgt.[1364]
Bezüglich des Ausschlusses der Anwendbarkeit des § 6 AStG bei einem Wegzug *nach* der Einlage ist es an dieser Stelle noch unbedeutend, ob die Einlage in eine originär gewerblich tätige Personengesellschaft erfolgt oder in eine „nur“ gewerblich geprägte Personengesellschaft, deren Tätigkeit lediglich aufgrund der Fiktion des § 15 Abs. 3 Nr. 2 EStG als Gewerbetrieb gilt. Beide Gesellschaften halten nach den nationalen steuerlichen Regeln Betriebsvermögen.[1365] Befinden sich die Anteile des Steuerpflichtigen daher nach der Einlage nicht mehr in seinem Privatvermögen, sondern in dem Betriebsvermögen der Personalgesellschaft, an der er beteiligt ist, ist § 6 Abs. 1 AStG (sowohl in der alten als auch in der neuen Fassung) tatbestandlich bereits dadurch ausgeschlossen.
Wie bereits erläutert, kann eine Entstrickungsbesteuerung jedoch auch außerhalb des § 6 AStG beim Wegzug einer natürlichen Person erfolgen, nämlich insbesondere, wenn der Tatbestand des § 4 Abs. 1 Satz 3 EStG durch den Umzug der natürlichen Person, die nun gleichzeitig auch Mitunternehmer der Personengesellschaft ist, erfüllt wird.[1366] An dieser Stelle ist dann allerdings sehr wohl relevant und entscheidend, ob die (unentgeltliche) Einlage der Kapitalgesellschaftsanteile in eine rein gewerblich geprägte Personengesellschaft erfolgt oder in eine solche, die auch originär eine gewerbliche Tätigkeit i.S.d. § 15 Abs. 2 EStG ausübt.

1. Rein gewerblich geprägte Personengesellschaft

Zunächst sollen hier die Auswirkungen erläutert werden, wenn die Einlage in eine nicht gewerblich tätige, aber gewerblich geprägte Personengesellschaft i.S.d. § 15 Abs. 3 Nr. 2 EStG erfolgt. Eine solche liegt vor, wenn ausschließlich eine (oder mehrere) *Kapitalgesellschaft* unbeschränkt haftende Gesellschafterin (Komplementärin) wird; daneben kann eine natürliche Person beschränkt haftender Kommanditist mit bis zu 100 %igen Vermögensanteil an der Personengesellschaft werden. Möglich ist dabei sogar, eine sog. Ein-Mann GmbH & Co. KG zu gründen, bei der die natürliche Person gleichzeitig auch noch Alleingesellschafter der Komplementär-GmbH ist.[1367] Aufgrund der gewerblichen Fiktion nach § 15 Abs. 3 Nr. 2 EStG ist auch das reine Halten von Kapitalgesellschaftsanteilen in Form einer vermögensverwaltenden Tätigkeit dabei dann schon ausreichend, um die einzulegenden Kapitalgesellschaftsanteile (um die es im Kern der Gestaltung geht) in ein Betriebsvermögen zu überführen.

[1364] BMF, Schreiben v. 11.07.2011 – IV C 6-S 2178/09/10001 unter II.2.b), BStBl I 2011, 713; seit BMF, Schreiben v. 26.07.2016 – IV C 6-S 2178/09/10001, BStBl I 2016, 684 wird auch die Verbuchung ausschließlich auf dem variablen Kapitalkonto II als entgeltlicher Vorgang und nicht als unentgeltliche Einlage gesehen.
[1365] Vgl. bspw. *Bode,* in: Brandis/Heuermann, EStG, Stand: 08/2023, § 15 Rn. 278 mit Verweis auf BFH, Urt. v. 22.01.1992 – I R 61/90 BStBl II 1992, 628.
[1366] Siehe hierzu F.III.2.c).
[1367] Vgl. *Grunewald*, in: MüKoHGB, § 161 Rn. 96.

Zieht der Mitunternehmer nun ins Ausland, ist § 6 Abs. 1 Satz 1 Nr. 1 AStG n.F. (bzw. § 6 Abs. 1 Satz 1 AStG a.F.) nicht anwendbar, da der Wegziehende die zu betrachtenden Anteile an der Kapitalgesellschaft (die er zuvor in die KG eingelegt hat) nicht mehr in seinem Privatvermögen hält.[1368] Gleichzeitig kommt aber eine Entstrickungsbesteuerung nach § 4 Abs. 1 Satz 3 EStG in Betracht, wenn durch den Wegzug des Mitunternehmers das Besteuerungsrecht Deutschlands hinsichtlich des Gewinns aus Veräußerung der (im Gesamthandsvermögen befindlichen) Kapitalgesellschaftsanteile oder in Hinblick auf deren Nutzung ausgeschlossen oder beschränkt wird.[1369] Ob dies der Fall ist, hängt dabei zunächst davon ab, ob der Wegzug des Mitunternehmers in einen DBA-Staat oder in einen Nicht-DBA-Staat erfolgt.

a) Wegzug in einen DBA-Staat

aa) Inländische Kapitalgesellschaft

Handelt es sich bei den zuvor eingelegten Kapitalgesellschaftsanteilen um solche an einer inländischen Kapitalgesellschaft, so würde bezüglich der Einkünfte aus den Anteilen in jedem Falle[1370] weiterhin eine beschränkte Steuerpflicht vorliegen,[1371] wenn die nämliche Kapitalgesellschaft selbst ihren Sitz (und/oder die Geschäftsleitung) im Inland hat.
Fraglich ist an dieser Stelle dann aber, ob das DBA, das mit dem Zuzugsstaat besteht, trotz Bestehens dieser beschränkten Steuerpflicht einen Ausschluss oder eine Beschränkung des deutschen Besteuerungsrechts anordnet.
Dies hat die Finanzverwaltung ursprünglich wie folgt beurteilt: Unterhielt die gewerblich geprägte Personengesellschaft im Inland eine Betriebsstätte i.S.d. § 12 AO nach nationalem Recht, was nach wie vor auch ohne gewerbliche Betätigung möglich ist, wenn sich die „Stätte der Geschäftsleitung" der gewerblich geprägten Personengesellschaft im Inland befindet,[1372] schlug die gewerbliche Prägung der Personengesellschaft auf das Abkommensrecht durch.[1373] Mit anderen Worten: Auch für die Beurteilung der *abkommensrechtlichen* Betriebsstätte wurde auf die nationale Regelung des deutschen Gesetzes geschaut. Unterhielt also eine gewerblich geprägte Personengesellschaft eine unter § 12 AO fallende Betriebsstätte im Inland, so galt dies nach der Anordnung des BMF auch abkommensrechtlich mit der Folge, dass der in Art. 13 Abs. 2 OECD-MA verortete

[1368] Bezüglich der nun in seinem Privatvermögen gehaltenen Anteile an der Komplementär-GmbH (sofern es eine Ein-Mann-Gesellschaft ist) ist davon auszugehen, dass darin keine stillen Reserven enthalten sind, da diese GmbHs i.d.R. nicht *vermögensmäßig* an der Personengesellschaft beteiligt sind und daher innerhalb ihres Vermögens selbst auch keine Wertzuwächse generieren können.
[1369] Siehe hierzu auch unter F.III.2.c).
[1370] Also unabhängig davon, ob durch die Personengesellschaft im Inland auch eine inländische Betriebsstätte begründet wird.
[1371] § 49 Abs. 1 Nr. 2 Buchst. e) Doppelbuchst. aa) EStG bezüglich der Veräußerungsgewinne, § 49 Abs. 1 Nr. 5 Buchst. a) EStG bezüglich der Gewinnausschüttungen.
[1372] Vgl. BFH, Urt. v. 29.11.2017 – I R 58/15, BFHE 260, 209, Rn. 20, 23 m.w.N.
[1373] Vgl. *Häck,* in: F/W/B/S, AStG, Stand: 07/2021, § 6 Rn. 191.

Betriebsstättenvorbehalt auch für (rein) gewerblich geprägte Personengesellschaften galt. Beim Vorliegen einer solchen abkommensrechtlichen Betriebsstätte wäre der Fall des Wegziehenden dann dahingehend zu entscheiden, dass durch eine entsprechende Regelung wie Art. 13 Abs. 2 OECD-MA das Besteuerungsrecht Deutschlands bezüglich der inländischen Einkünfte i.S.d. § 49 EStG aus den Kapitalgesellschaftsanteilen weiterhin bestanden hätte, sodass § 4 Abs. 1 Satz 3 EStG tatbestandlich nicht erfüllt war.

Dieser Auffassung des BMF hat der BFH mittlerweile eine Absage erteilt. Der BFH sieht (mittlerweile in ständiger Rechtsprechung) in der „internrechtlich-fiktive[n] Umqualifikation" (gemeint ist § 15 Abs. 3 Nr. 2 EStG) nicht mehr ein zuvor angenommenes Durchschlagen auf die abkommensrechtliche Einkunftsqualifikation; abkommensrechtlich ausschlaggebend sei allein die tatsächlich verwirklichte Einkunftsart.[1374] Es sei daher unerheblich, dass nach dem nationalen Gesetz eine Fiktion eines Gewerbebetriebs vorgenommen werde, die der rein gewerblich geprägten, ansonsten jedoch vermögensverwaltenden Personalgesellschaft eine Betriebsstätte ermögliche; da sie tatsächlich keine *Unternehmensgewinne* erziele, läge abkommensrechtlich auch keine Betriebsstätte bei einer solchen Gesellschaft vor.[1375] Dieser Ansicht hat sich auch das BMF in Anschluss an die Rechtsprechung angeschlossen.[1376]
Für den hier besprochenen Beispielsfall bedeutet dies, dass mangels *abkommensrechtlicher* Betriebsstätte auch der Betriebsstättenvorbehalt des Art. 13 Abs. 2 OECD nicht mehr anwendbar ist. Vielmehr kommt es dann – eine entsprechende Regelung wie Art. 13 Abs. 5 OECD-MA vorausgesetzt – zu einem Ausschluss des deutschen Besteuerungsrechts hinsichtlich der Veräußerung der sich im Betriebsvermögen der Personengesellschaft befindlichen Kapitalgesellschaftsanteile, da das Besteuerungsrecht nunmehr an die Ansässigkeit der weggezogenen natürlichen Person (Mitunternehmer) geknüpft und dadurch das Besteuerungsrecht dem Zuzugsstaat zugewiesen wäre. § 4 Abs. 1 Satz 3 EStG ist in diesem Falle tatbestandlich erfüllt.

bb) Ausländische Kapitalgesellschaft

Im Ergebnis verhält es sich so auch in Fällen, in denen die Kapitalgesellschaft, an der die eingelegten Anteile bestehen, ihren Sitz im Ausland hat.
Im Unterschied zum ursprünglichen Beispielsfall kommt eine beschränkte Steuerpflicht dann allerdings nur unter den Voraussetzungen des § 49 Abs. 1 Nr. 2 Buchst. a) EStG in Betracht, wenn nämlich die Gewinne aus der späteren Veräußerung oder aus Gewinnausschüttungen einer inländischen Betriebsstätte zuzuordnen sind. Hier wird die

[1374] Siehe BFH, Urt. v. 24.08.2011 – I R 46/10, BStBl II 2014, 764, Rn. 16 mit Verweis auf BFH, Urt. v. 28.04.2010 – I R 81/09, BStBl II 2014, 754 und BFH, Urt. v. 09.12.2010 – I R 49/09, BStBl II 2011, 482.

[1375] *Häck,* in: F/W/B/S, AStG, Stand: 07/2021, § 6 Rn. 192; *Saliger/Schießl*, ISR 2015, 186 (189); *Frotscher*, Internationales Steuerecht, Rn. 548; *Kraft,* PIStB 2020, 83 (88); siehe hierzu auch unter G.I.2.a).

[1376] BMF, Schreiben v. 26.09.2014 – IV B 5-S 1300/09/10003, BStBl I 2014, 1258, Tz. 2.3.3.

unterschiedliche Betrachtung von nationalem und abkommensrechtlichem Betriebsstättenverständnis (nach der heutigen Auffassung von Finanzverwaltung und Rechtsprechung) besonders deutlich: Liegt bei der gewerblich geprägten Personengesellschaft nach nationalem Recht eine Betriebsstätte nach § 12 AO vor, unterhält sie mangels Unternehmenseinkünften jedoch aus abkommensrechtlicher Sicht keine inländische Betriebsstätte, so würde zwar eine beschränkte Steuerpflicht hinsichtlich der Veräußerungsgewinne und Gewinnausschüttungen bestehen,[1377] jedoch würde das (nur) durch diese Betriebsstätte bestehende Besteuerungsrecht Deutschlands nicht mehr vom Betriebsstättenvorbehalt des Art. 13 Abs. 2 OECD-MA geschützt sein, sondern im Gegenteil durch Art. 13 Abs. 5 OECD-MA ausgeschlossen werden.

b) Wegzug in einen Nicht-DBA-Staat

aa) Inländische Kapitalgesellschaft

Zieht der Mitunternehmer der gewerblich geprägten Personengesellschaft in einen Nicht-DBA-Staat, erfolgt die Prüfung der Entstrickungsbesteuerung nach § 4 Abs. 1 Satz 3 EStG wie folgt:

Zunächst ergeben sich im Hinblick auf die beschränkte Steuerpflicht der Einkünfte aus den Kapitalgesellschaftsanteilen keine Unterschiede zum Wegzug in einen DBA-Staat, denn inländische Einkünfte gem. § 49 Abs. 1 EStG liegen sowohl mit[1378] als auch ohne[1379] Zuordnung zu einer inländischen Betriebsstätte vor. Anders als im DBA-Fall kann jedoch ein Ausschluss oder eine Beschränkung des deutschen Besteuerungsrechts nicht mehr aus einer DBA-Vorschrift heraus erfolgen, da eine solche ja gerade mit dem Zuzugsstaat nicht besteht. Folglich kann auch ein einschlägiger oder nicht einschlägiger Betriebsstättenvorbehalt keine Auswirkung auf die Frage haben, ob tatbestandlich § 4 Abs. 1 Satz 3 EStG erfüllt ist.

Handelt es sich um eine inländische Kapitalgesellschaft, besteht darüber hinaus auch nicht einmal die abstrakte Gefahr, dass das deutsche Besteuerungsrecht aufgrund einer Anrechnungsverpflichtung beschränkt werden könnte: Eine solche Verpflichtung für den deutschen Fiskus ließe sich allenfalls § 50 Abs. 3 EStG i.V.m. § 34c Abs. 1–3 EStG entnehmen, der hier nicht einschlägig ist. § 50 Abs. 3 EStG erlaubt, abweichend von der Grundnorm des § 34c EStG, auch bei einer nur beschränkten Steuerpflicht (nach dem Wegzug des Mitunternehmers) eine Anrechnung ausländischer Steuern unter den dortigen Voraussetzungen. § 50 Abs. 3 i.V.m. § 34c Abs. 1–3 EStG zielt dabei auf die Anrechnung ausländischer Steuern auf ausländische Einkünfte aus *Drittstaaten.* Mit Drittstaat ist hier nicht ein Staat außerhalb des EU-/EWR-Raums gemeint, sondern in diesem Kontext ein „dritter Staat", sodass sich Wohnsitz des Steuerpflichtigen, Betriebsstätte und

[1377] Vorausgesetzt, auch die *Zurechnung* zu dieser Betriebsstätte (nationales Recht) gelingt, vgl. hierzu auch *Valta*, in: Schaumburg, Internationales Steuerrecht, Rn. 6.172.

[1378] Dann § 49 Abs. 1 Nr. 2 Buchst a) EStG.

[1379] Dann § 49 Abs. 1 Nr. 2 Buchst. e) Doppelbuchst. aa) EStG bezüglich der Veräußerungsgewinne, § 49 Abs. 1 Nr. 5 Buchst. a) EStG bezüglich der Gewinnausschüttungen.

Einkunftsquelle in unterschiedlichen Staaten befinden müssen.[1380] Bei Beteiligungen an inländischen Kapitalgesellschaften liegen keine entsprechenden Einkünfte aus einem „dritten Staat“ vor, da Betriebsstätte in Form der (deutschen) Mitunternehmerschaft und Einkunftsquelle (die Kapitalgesellschaft, an der die zu beurteilenden Anteile gehalten werden) im selben Staat liegen, nämlich in Deutschland; eine Anrechnungsverpflichtung des § 50 Abs. 3 EStG würde also nicht bestehen. Es ist daher zutreffend, dass in diesem Fall der Tatbestand des § 4 Abs. 1 Satz 3 EStG nicht erfüllt ist.[1381]

bb) Ausländische Kapitalgesellschaft

Anders sieht es aus, wenn im sonst gleichen Ausgangsfall (Wegzug des Mitunternehmers in einen Nicht-DBA-Staat) die Kapitalgesellschaftsanteile im Gesamthandsvermögen der Personengesellschaft nun aber an einer *ausländischen* Kapitalgesellschaft bestehen.
Mangels DBA ist auch hier kein Ausschluss des deutschen Besteuerungsrechts (innerhalb der beschränkten Steuerpflicht des weggezogenen Mitunternehmers) zu sehen. Eine zumindest abstrakte Anrechnungsgefahr kann nun jedoch dann entstehen, wenn der Mitunternehmer in einen anderen Staat als den Sitzstaat der Kapitalgesellschaft umgezogen ist. Denn dann liegt eine Konstellation vor, in der die Einkünfte aus der Kapitalgesellschaft (seien es Veräußerungsgewinne oder Gewinnausschüttungen) aus einem „Drittstaat“ kommen, also aus einem dritten Staat, der weder dem Wohnsitzstaat des Mitunternehmers noch dem Betriebsstättenstaat (in diesem Beispiel Deutschland) entspricht.[1382] Eine abstrakte Anrechnungsgefahr nach § 50 Abs. 3 i.V.m. § 34 c Abs. 1–3 EStG führt daher in dieser Konstellation zum Eingreifen des Tatbestands des § 4 Abs. 1 Satz 3 EStG, sodass eine solche Gestaltung ohne Entstehung einer Entstrickungssteuer nicht in Betracht kommt.[1383]
Einschränkend ist dabei jedoch anzumerken, dass bei der Prüfung des Tatbestands des § 4 Abs. 1 Satz 3 EStG dann noch der Vergleich aufgestellt werden muss, ob nicht auch schon vor dem Wegzug des Mitunternehmers (aber nach der Einlage in die Personengesellschaft) Deutschland bereits zur Anrechnung ausländischer Steuern in Bezug auf die

---

[1380] Vgl. hierzu auch *Reimer,* in: Brandis/Heuermann, EStG, Stand: 08/2023, § 50 Rn. 115 sowie *Wagner,* in: Brandis/Heuermann, EStG, Stand: 08/2023, § 34c Rn. 91; Grund für diese Differenzierung ist, dass es in einem bloßen „Zwei-Staaten-Verhältnis“ auch nach Ansicht des Gesetzgebers grds. die Aufgabe des (neuen) Wohnsitzstaats ist, für eine Vermeidung der Doppelbesteuerung zu sorgen (vgl. BT-Drucks. 8/3648, S. 22). Sofern es noch einen dritten Staat gibt (in dem die Kapitalgesellschaft ihren Sitz hat) und auch in diesem dritten Staat ein potenzielles Besteuerungsrecht besteht und ausgeübt wird, reicht es nicht aus (wie im Zwei-Staaten-Verhältnis), es dem Wohnsitzstaat aufzuerlegen, die Doppelbesteuerung zu verhindern. Deswegen ist (nur) in den Drei-Staaten-Verhältnissen die Anrechnung nach § 50 Abs. 3 i.V.m. § 34c EStG geboten.

[1381] Vgl, *Häck,* in: F/W/B/S, AStG, Stand: 07/2021, § 6 Rn. 194.

[1382] Vgl. auch *Häck,* in: F/W/B/S, AStG, Stand: 07/2021, § 6 Rn. 194, Fn. 6 mit dem Hinweis, dass eine Anrechnungsgefahr nicht bestünde, wenn der Mitunternehmer in den Staat zieht, in dem auch die (ausländische) Kapitalgesellschaft ihren Sitz hat, da dann wiederum keine Einkünfte aus einem „Drittstaat“ vorlägen, siehe oben unter Fn. 1380.

[1383] Vgl. stellvertretend *Drüen*, in: Brandis/Heuermann, EStG, Stand: 08/2023, § 4 Rn. 486c.

Einkünfte aus der Kapitalgesellschaft (Veräußerungsgewinne sowie Gewinnausschüttungen) verpflichtet gewesen wäre. Vor dem Wegzug war der Mitunternehmer noch unbeschränkt steuerpflichtig, sodass sich eine eventuelle Anrechnungsverpflichtung in Bezug auf die Steuer auf die ausländischen Einkünfte entweder direkt aus § 34c EStG ergab (Sitz der Kapitalgesellschaft in einem Nicht-Staat) oder aber aufgrund einer Anrechnungsklausel in einem DBA (Sitz der Kapitalgesellschaft in einem DBA-Staat) ergeben hätte.[1384] Sofern eine solche Anrechnungsverpflichtung schon vor dem Wegzug bestand, verschlechtert sich die Situation Deutschlands durch den Wegzug nämlich nicht.

c) Zwischenfazit

Teile der Literatur gehen davon aus, dass innerhalb der Kategorie der Einlage in eine vermögensverwaltende, gewerblich geprägte Personengesellschaft der einzig verbleibende Fall ohne eine Entstrickungsbesteuerung vorliegen kann, in dem der Steuerpflichtige (nach der Einlage) in einen Nicht-DBA-Staat zieht und keiner der zuvor dargestellten Fälle vorliegt, in denen der deutsche Fiskus zur Anrechnung der ausländischen Steuer gem. § 50 Abs. 3 i.V.m. § 34c EStG verpflichtet sein würde.[1385]

In allen anderen Fällen führt die Einlage in eine rein gewerblich geprägte Personengesellschaft vor dem Wegzug der natürlichen Person sogar zu einer Verschlechterung der steuerlichen Situation. In den Fällen nämlich, in denen der Tatbestand des § 4 Abs. 1 Satz 3 EStG und somit die Entstrickung im Betriebsvermögen ausgelöst wird, kann sich der Steuerpflichtige dann nicht mehr auf die (teils) günstigeren Gestaltungmöglichkeiten des § 6 AStG berufen. In der alten Rechtslage war es in Wegzugsfällen in einen EU-/EWR-Staat sogar möglich, in den Genuss einer dauerhaften Stundung der Wegzugsteuer zu kommen. Aber auch unter der neuen Fassung ist die ratierliche Stundung über einen Zeitraum von sieben Jahren zumindest in Bezug auf die Dauer der Zahlungsstaffelung für den Steuerpflichtigen günstiger als bei der Entnahmefiktion des § 4 Abs. 1 Satz 3 EStG. Auch besteht bei der Entnahmefiktion des § 4 Abs. 1 Satz 3 EStG keine vergleichbare Rückkehroption wie bei § 6 Abs. 3 AStG n.F.

1384 Vgl. *Häck,* in: F/W/B/S, AStG, Stand: 07/2021, § 6 Rn. 194.

1385 *Häck,* in: F/W/B/S, AStG, Stand: 07/2021, § 6 Rn. 192; *Bodden*, KÖSDI 2015, 19249 (19257); *Demuth*, KÖSDI 2014, 19017 (19021); a.A. *Feitsch/Linder*, ZStV 2018, 29 (31) mit dem Hinweis, dass nach der Rechtsprechungsänderung des BFH und der Bestätigung durch das BMF der Weg über die *gewerblich geprägte Personengesellschaft* aufgrund der Besteuerung nach § 4 Abs. 1 S. 3 und 4 EStG nunmehr versperrt sei (ohne dabei jedoch ausdrücklich auf die hier darstellte Fallkonstellation des Wegzugs in einen Nicht-DBA-Staat einzugehen); teilweise zu verallgemeinernd *Ettinger/Beuchert*, IWB 2014, 126 (130) mit der Aussage, dass allein der Wegzug in ein Nicht-DBA-Staat ausreiche, um die Entstrickungsbesteuerung zu vermeiden, ohne dabei auf die Gefahr der Anrechnungsverpflichtung hinzuweisen; insgesamt kritisch wenn auch zurückhaltender zur Gestaltungsmöglichkeit der Einbringung in eine gewerbliche geprägte Personengesellschaft *Jagusch,* Wegzugsbesteuerung ohne Wegzug, S. 120.

2. Einlage in originäres Betriebsvermögen

Zum Vergleich sollen nun die Möglichkeiten erläutert werden, die Kapitalgesellschaftsanteile in ein Einzelunternehmen des Anteilseigners oder in eine originär gewerblich tätige Personengesellschaft einzulegen.

Die Einlage in das Betriebsvermögen eines Einzelunternehmens oder einer originär gewerblich tätigen Personengesellschaft kann unter denselben Voraussetzungen wie auch bei einer Einlage in eine gewerblich geprägte Personengesellschaft steuerneutral gem. § 6 Abs. 1 Nr. 5 2. HS Buchst. b) EStG erfolgen, soweit Kapitalgesellschaftsanteile i.S.d. § 17 Abs. 1 EStG vorliegen.[1386] An dieser Stelle ist daher zweitrangig, ob und wann eine Personengesellschaft eine gewerbliche Tätigkeit i.S.d § 15 Abs. 2 EStG ausübt.
Die Tätigkeit einer Personengesellschaft wird jedoch in zweierlei Hinsicht relevant, wenn es nämlich aus nationaler wie auch aus abkommensrechtlicher Sicht um die Begriffsbestimmung der Betriebsstätte geht.
Bei dem Wegzug des (Mit-)Unternehmers ist dann zunächst erneut die Frage zu stellen, ob eine beschränkte Steuerpflicht dieser natürlichen Person weiterhin in Deutschland gegeben ist. Sofern nach nationaler Auslegung eine Betriebsstätte i.S.d. § 12 AO vorliegt (jede feste Geschäftseinrichtung oder Anlage, die der Tätigkeit eines Unternehmens dient[1387]), ergibt sich die beschränkte Steuerpflicht bezüglich der Einkünfte aus der Kapitalgesellschaft (Veräußerungsgewinne und Gewinnausschüttungen) nach § 49 Abs. 1 Nr. 2 Buchst. a) EStG.[1388] Sofern also aus nationaler Sicht eine Betriebsstätte vorliegt, ist es für die Anwendung des § 49 EStG irrelevant, ob es sich um Anteile an einer inländischen oder einer ausländischen Kapitalgesellschaft handelt.

a) Wegzug in einen DBA-Staat

Erfolgt der Wegzug des Mitunternehmers in einen DBA-Staat, kommt es bezüglich der Zuteilung des Besteuerungsrechts entscheidend auf den abkommensrechtlichen Betriebsstättenbegriff an. Durch den Betriebsstättenvorbehalt des Art. 13 Abs. 2 OECD-MA wird erkennbar, dass das OECD-MA wertungsmäßig das Recht zur Besteuerung des Veräußerungsgewinns dem Staat zuweist, der auch berechtigt ist, sowohl den Vermögenswert als auch die Einkünfte daraus zu besteuern.[1389] Die DBA verstehen unter einer Betriebsstätte

[1386] Siehe oben unter G.I.
[1387] Vgl. ausführlich zum Begriff der Betriebsstätte *Puls* in: Wassermeyer/Andresen/Ditz, Betriebsstätten Handbuch, Rn. 2.5 ff.
[1388] Anmerkung: Dies wäre auch noch bei einer gewerblich geprägten Personengesellschaft soweit der Fall gewesen, sofern diese nach nationaler Auslegung eine Betriebsstätte (auch ohne feste Einrichtung) unterhält und die Anteile dieser Betriebsstätte zuzuordnen sind, vgl. auch Fußnote 1372 unter G.I.1.a)aa).
[1389] *Häck*, in: Schaumburg, Internationales Steuerrecht, Rn. 19.390 mit Verweis auf BFH, Urt. v. 13.02.2008 – I R 63/06, BStBl II 2009, 414, der diesen Zusammenhang für nicht relevant hält (dort Rn. 21).

eine feste Geschäftseinrichtung, durch die die Tätigkeit eines Unternehmens ganz oder teilweise ausgeübt wird (bspw. Art. 5 Abs. 1 OECD-MA).[1390]
Tatbestandsmäßig knüpft Art. 5 OECD-MA an das Vorhandensein eines „Unternehmens" an, sodass die feste Geschäftseinrichtung nur dann zur Betriebsstätte im abkommensrechtlichen Sinne wird, wenn sie eine solche des Unternehmens ist.[1391] Gemäß Art. 3 Abs. 1 Buchst. c) OECD-MA bezieht sich der Ausdruck „Unternehmen" wiederum auf die Ausübung einer Geschäftstätigkeit, wobei der Ausdruck „Geschäftstätigkeit" auch die Ausübung einer freiberuflichen oder sonstigen selbständigen Tätigkeit einschließt (Art. 3 Abs. 1 Buchst. h) OECD-MA).[1392]
Es ist damit entscheidend, ob die maßgebliche Tätigkeit selbständig, nachhaltig und mit der Absicht, Gewinn zu erzielen, unternommen wird, sich als Beteiligung am allgemeinen wirtschaftlichen Verkehr darstellt und dabei über eine private Vermögensverwaltung hinausgeht.[1393] Da zwischen dem Gewerbebetrieb i.S.d. § 15 Abs. 2 EStG und dem Unternehmen i.S.d. Art. 7 OECD-MA eine wesentliche Übereinstimmung besteht, wird man beim Vorliegen einer gewerblichen Tätigkeit i.S.d. § 15 Abs. 2 EStG i.d.R. auch das Bestehen eines Unternehmens i.S.d. Art. 7 OECD-MA bejahen können.[1394] Wie bereits gezeigt, reicht die Tätigkeit einer gewerblich geprägten Personengesellschaft, die sich auf die reine Vermögensverwaltung beschränkt, für den Betriebsstättenvorbehalt also nicht aus.[1395]

Als zusätzliches Kriterium sieht der Betriebsstättenvorbehalt vor, dass das betreffende Wirtschaftsgut (hier die Anteile an der Kapitalgesellschaft) abkommensrechtlich auch der Betriebsstätte *zuzurechnen* ist; dies ergibt sich aus der Formulierung „Betriebsvermögen *einer* Betriebsstätte".[1396] Zu der Frage, nach welchen Kriterien diese Zuordnung von (Kapitalgesellschafts-)Anteilen zur Betriebsstätte erfolgen muss, hat sich das BMF in seinem Schreiben vom 26.09.2014 dahingehend geäußert, dass „Wirtschaftsgüter einer Personengesellschaft [...] Betriebsvermögen der im anderen Staat gelegenen Betriebsstätte der Personengesellschaft [sind] bzw. [...] tatsächlich zu der Betriebsstätte [gehören], wenn sie nach § 1 Abs. 5 AStG der Betriebsstätte zuzuordnen sind."[1397] Negativ abgrenzend hat

---

1390 *Häck*, in: Schaumburg, Internationales Steuerrecht, Rn. 19.242.

1391 *Hruschka,* in: Schönfeld/Ditz, DBA, Art. 5 Rn. 45.

1392 *Pohl,* in: Schönfeld/Ditz, DBA, Art. 3 Rn. 59.

1393 *Hruschka,* in: Schönfeld/Ditz, DBA, Art. 5 Rn. 45.

1394 *Bilitewski/Schifferdecker*, Ubg 2013, 559, Ziffer 3.1; vgl. auch BFH, Urt. v. 28.04.2010 – I R 81/09, BStBl II 2014, 754; BFH, Urt. v. 24.08.2011 – I R 46/10, BStBl II 2014, 764.

1395 *Bilitewski/Schifferdecker*, Ubg 2013, 559, Ziffer 3; *Frotscher*, Internationales Steuerrecht, Rn. 548; *Saliger/Schießl*, ISR 2015, 186 (189); somit anders als bei dem Betriebsstättenbegriff des nationalen Rechts, wonach auch eine rein gewerblich geprägte Personengesellschaft eine Betriebsstätte sein kann (siehe oben unter G.I.1.a)aa).

1396 Vgl. *Häck,* in: F/W/B/S, AStG, Stand: 07/2021, § 6 Rn. 187; an anderer Stelle wird ein solches Zuordnungskriterium auch so formuliert, dass die Beteiligung *„tatsächlich zu dieser Betriebsstätte gehört"*, vgl. Art. 10 Abs. 4 OECD-MA.

1397 BMF, Schreiben v. 26.09.2014 – IV B 5-S 1300/09/10003, BStBl I 2014, 1258, Tz. 2.2.4.1; § 1 Abs. 5 Satz 3 Nr. 2 AStG ist dabei lediglich die Aussage zu entnehmen, dass einer Betriebsstätte solche Vermögenswerte des Unternehmens zuzuordnen sind, „die sie zur Ausübung der

der BFH in seinem Beschluss vom 19.12.2007 festgehalten, dass Beteiligungen dann abkommensrechtlich nicht zur Betriebsstätte gehören, wenn sie in keinem funktionalen Zusammenhang mit der in der Betriebsstätte ausgeübten unternehmerischen Tätigkeit stehen.[1398] Dies entspricht auch dem Verständnis in der Literatur, dass es keine sog. Attraktivkraft der Betriebsstätte gibt, die Zuordnung eines Wirtschaftsguts zu einer Betriebsstätte also keinen Automatismus darstellt, sondern tatsächlich zur Betriebsstätte gehören, d.h. in der Betriebsstätte eine betriebliche Funktion haben muss.[1399]

Wenn das jeweilige DBA also eine Art. 13 Abs. 2 OECD-MA entsprechende Klausel besitzt und die Voraussetzungen erfüllt sind, so ist das deutsche Besteuerungsrecht abkommensrechtlich sichergestellt. § 4 Abs. 1 Satz 3 EStG käme dann nicht zur Anwendung. Es sind jedoch stets abkommensspezifische Sonderregelungen zu beachten, die im Einzelfall vom OECD-MA abweichen können.

b) Wegzug in einen Nicht-DBA-Staat

Bezüglich der beschränkten Steuerpflicht des Mitunternehmers mit den ihm transparent zuzurechnenden Einkünften aus der Kapitalgesellschaft ergeben sich insoweit keine Unterschiede.
Mangels Vorliegens eines DBA kann es auf die abkommensrechtliche Einordnung der Betriebstätte und die Zuordnung der Kapitalgesellschaftsanteile zu dieser in dieser Fallvariante nicht ankommen. Das hat zur Folge, dass zwar ein Betriebsstättenvorbehalt i.S.d. Art. 13 Abs. 2 OECD-MA das deutsche Besteuerungsrecht nicht sicherstellen kann. Gleichzeitig kann aber auch abkommensrechtlich das deutsche Besteuerungsrecht nicht aufgrund anders ausgestalteter Klauseln eingeschränkt oder ausgeschlossen werden, sodass sich der Ausschluss oder die Beschränkung i.S.d. § 4 Abs. 1 Satz 3 EStG ausschließlich nach nationalem Recht bemisst.
Eine abstrakte Anrechnungsgefahr und somit eine abstrakte Beschränkung des deutschen Besteuerungsrechts können dabei auch in dieser Fallvariante auftreten, wenn die Kapitalgesellschaft ihren Sitz in einem „Drittstaat" hat (also weder einen inländischen Sitz noch einen Sitz im Zuzugsstaat des Mitunternehmers hat) und in diesem Fall aufgrund von Einkünften aus einem „Drittstaat" unter den weiteren Voraussetzungen des § 50 Abs. 3 i.V.m. § 34c EStG die Anrechnung einer potenziellen ausländischen Steuer zu erfolgen hat.[1400]

---

ihr zugeordneten Funktionen benötigt". Da hierin wiederum keine eindeutigen Zuordnungskriterien wiederzufinden sind, ist für Zwecke der Zuordnung von Beteiligung zudem § 7 BsGaV (Betriebsstättengewinnaufteilungsverordnung v. 13.10.2014) heranzuziehen. Danach ist auf die Nutzung der Beteiligung abzustellen, welche sich ergibt aus dem funktionalen Zusammenhang zur Geschäftstätigkeit der Betriebsstätte (§ 7 Abs. 1 Säte 1 und 2 BsGaV).

[1398] BFH, Beschl. v. 19.12.2007 – I R 66/06, Rn. 17, BStBl II 2008, 510; siehe auch *Lieber,* in: Schönfeld/Ditz, DBA, Art. 13 Rn. 53.

[1399] Vgl. *Lieber,* in: Schönfeld/Ditz, DBA, Art. 13 Rn. 51.

[1400] Siehe unter G.I.1.b)bb).

3. Zwischenfazit

Die Einlage der Kapitalgesellschaftsanteile in eine gewerblich tätige Personengesellschaft, die im Inland eine abkommensrechtliche Betriebsstätte unterhält, bzw. in ein inländisches Einzelunternehmen, das ebenfalls tatbestandlich den abkommensrechtlichen Betriebsstättenbegriff erfüllt, kann den Wegziehenden vor der Entstrickungsbesteuerung (hier § 4 Abs. 1 Satz 3 EStG) schützen. Bei der Einlage in eine rein gewerblich geprägte und vermögensverwaltende Personengesellschaft ist dies nur in Sonderkonstellationen[1401] möglich, was zudem innerhalb der Literatur auch noch umstritten ist. Praxisschwierigkeiten treten jedoch auch im erstgenannten Fall auf, vor allem bei der Zuordnung der Anteile zu einer Betriebsstätte und bei der entsprechenden Argumentation gegenüber der Finanzverwaltung. Hier bietet sich eine vorige Abstimmung mit dem zuständigen Finanzamt etwa im Rahmen eines Antrags auf verbindliche Auskunft i.S.d. § 89 Abs. 2 AO an.

4. Formwechsel in eine Personengesellschaft

Unter dem Stichwort „Flucht in das Betriebsvermögen" ist nicht nur die Einlage der im Privatvermögen gehaltenen Kapitalgesellschaftsanteile in ein Betriebsvermögen zu betrachten, sondern gleichzeitig auch der Formwechsel der Kapitalgesellschaft, an der die zu betrachtenden Anteile gehalten werden, in eine Personengesellschaft und im speziellen in eine Mitunternehmerschaft. Auch hierdurch kann erreicht werden, dass § 6 Abs. 1 AStG tatbestandlich ausgeschlossen wird, da die natürliche Person nach der Umwandlung keine Anteile mehr an einer Kapitalgesellschaft hält, sondern fortan Mitunternehmer einer Mitunternehmerschaft ist.[1402] Dass es sich nach dem (unter den Voraussetzungen des § 9 i.V.m §§ 3–8 UmwStG steuerneutral möglichen) Formwechsel um eine Mitunternehmerschaft i.S.d. § 15 Abs. 1 Satz 1 Nr. 2 EStG handelt, ist deshalb von Bedeutung, da es – damit der Wegzug der natürlichen Person ins Ausland auch keine Entstrickungsbesteuerung nach § 4 Abs. 1 Satz 3 EStG auslöst – wiederum einer abkommensrechtlichen Betriebsstätte im Inland bedarf (unter den zuvor genannten Kriterien). Eine Mitunternehmerschaft in Form einer gewerblich geprägten Personengesellschaft scheidet dabei jedoch wieder aus; die rein vermögensverwaltende Tätigkeit kann nämlich dem Betriebsstättenvorbehalt des Art. 13 Abs. 2 OECD-MA nicht genügen, den es im Ergebnis jedoch i.d.R. bedarf, um das deutsche Besteuerungsrecht bezüglich der Veräußerungsgewinne weiterhin sicherzustellen.[1403] Diese Gestaltungsmaßnahme kommt daher vorwiegend ohnehin nur in Betracht, wenn die Kapitalgesellschaft auch eine originär gewerbliche Tätigkeit ausübt und nicht nur rein vermögensverwaltend tätig ist.

Daneben sind bei diesem Gestaltungsvorschlag allerdings auch folgende Punkte zu beachten: Zum einen bedarf eine solche Umwandlungsmaßnahme einer ggf. (qualifizierten) Stimmmehrheit innerhalb der Kapitalgesellschaft, sodass die meisten

[1401] Siehe zu der letztverbleibenden Möglichkeit unter G.I.1.b)aa) und c).
[1402] Vgl. auch *Strunk/Kaminski*, in: S/K/K, AStG, Stand: 01/2020, § 6 Rn. 157.1.
[1403] Siehe hierzu ausführlich unter G.I.1.

Anwendungsfälle wohl solche sind, in denen es einen Alleingesellschafter oder zumindest einen Mehrheitsgesellschafter gibt.[1404] Zum anderen führt der Formwechsel einer Kapitalgesellschaft in eine Personalgesellschaft gem. § 7 UmwStG zu einer sog. fiktiven „Vollausschüttung"[1405] der offenen Rücklagen der Kapitalgesellschaft, was wiederum – abhängig von der Höhe dieser Rücklagen – einen Liquiditätsnachteil bedeutet, den es ja gerade im Hinblick auf eine drohende Wegzugsbesteuerung zu verhindern gilt. Auch ist darauf zu achten, dass gem. § 4 Abs. 4 UmwStG ein sog. Übernahmegewinn auf Ebene der Gesellschaft entstehen kann.[1406] Ebenso ist die Sperrfrist in Bezug auf die Gewerbesteuer gem. § 18 Abs. 3 UmwStG zu beachten.

II. Sonstige Gestaltungsmöglichkeiten

1. Übertragung der Beteiligung

a) Übertragung im Wege der vorweggenommenen Erbfolge

Interessant könnte für einen Wegziehenden die Überlegung sein, die Anteile vor dem Wegzug auf andere Personen zu übertragen und dabei zugleich die vorweggenommene Erbfolge zu berücksichtigen. Will der Anteilseigner ins Ausland verziehen und planen seine künftigen Erben hingegen, in Deutschland zu bleiben bzw. zu leben, so bietet es sich an, sofern die Anteile kurz- oder mittelfristig ohnehin auf die Nachfolger übertragen werden sollen, sie bereits vor dem Wegzug im Rahmen der vorweggenommenen Erbfolge an die Nachkommen unentgeltlich zu übertragen.[1407] Eine Übertragung der Anteile im Wege der vorweggenommenen Erbfolge eröffnet die Möglichkeit der mehrfachen Nutzung von Erbschafts- und Schenkungsteuerfreibeträgen. Diese werden alle zehn Jahre faktisch neu gewährt.[1408]

Ist der Schenker zwar grds. bereit, die Anteile schon vor dem Wegzug unentgeltlich zu übertragen, will er sich dabei dennoch die Früchte aus den Beteiligungen weiterhin sichern, ist es denkbar, die Anteilsübertragung unter einem Vorbehaltsnießbrauch zu vollziehen; wobei die Nießbrauchsrechte derart gestaltet werden müssten, dass es dennoch zum erforderlichen Übergang (auch) des wirtschaftlichen Eigentums an den Anteilen kommt, da ansonsten die Anteile weiterhin dem Schenker (Vorbehaltsnießbraucher) zuzurechnen und beim Wegzug von § 6 AStG umfasst wären.[1409]

[1404] Vgl. zu diesem praktischen Problem der Umsetzung auch *Oppel,* IWB 2021, 508 (519).

[1405] Vgl. *Cordes/Dremel/Carstens*, in: FGS/BDI, UmwSt-Erlass 2011, S. 218.

[1406] Vgl. zu dieser „Gestaltungseinschränkung" auch *Ettinger/Eberl*, GmbHR 2005, 152 (156) sowie *Jagusch*, Wegzugsbesteuerung ohne Wegzug, S. 115.

[1407] Vgl. auch *Strunk/Kaminski*, in: S/K/K, AStG, Stand: 01/2020, § 6 Rn. 157.4.

[1408] Dies ergibt sich aus der Regelung des § 14 Abs. 1 Satz 1 ErbStG, wonach mehrere innerhalb von zehn Jahren von derselben Person anfallende Vermögensvorteile zusammengerechnet werden.

[1409] *Häck,* in: F/W/B/S, AStG, Stand: 07/2021, § 6 Rn. 175; *Strunk/Kaminski*, in: S/K/K, AStG, Stand: 01/2020, § 6 Rn. 157.4; zu den Kriterien einer derartigen Nießbrauchausgestaltung siehe

Vorsicht ist jedoch in den Fällen geboten, in denen der Schenker gar keinen Wegzug plant, der Beschenkte jedoch im Ausland ansässig ist.
Zwar war in der alten Rechtslage hier sogar eine steuergünstige Schenkung unter der Ausnutzung einer bestehenden Gesetzeslücke denkbar: § 6 Abs. 1 Satz 2 Nr. 1 AStG a.F. (sowie auch § 6 Abs. 1 Satz 1 Nr. 2 AStG n.F.) sah bei der unentgeltlichen Übertragung eine Wegzugsbesteuerung vor, wenn der Beschenkte nicht in Deutschland unbeschränkt steuerpflichtig war. Auch wenn sich der Lebensmittelpunkt des Beschenkten im Ausland befand, so konnte eine Wegzugsbesteuerung für den Übertragungsfall dadurch verhindert werden, dass der Beschenkte (vor der Übertragung) bspw. einen festen Nebenwohnsitz in Deutschland anmeldete und er demnach (auch) in Deutschland unbeschränkt steuerpflichtig gewesen wäre, mit der Folge, dass § 6 Abs. 1 Satz 2 Nr. 1 AStG a.F. bzw. § 6 Abs. 1 Satz 1 Nr. 2 AStG n.F. tatbestandlich nicht erfüllt war.[1410] Hierbei ist jedoch folgende wesentliche Einschränkung zu beachten: War nach der hier vertretenen Auffassung unter der alten Gesetzesfassung in dieser Konstellation auch kein Fall des § 6 Abs. 1 Satz 2 Nr. 4 AStG ***a.F.*** einschlägig, da ein etwaiger tatsächlicher Ausschluss oder eine Beschränkung des deutschen Besteuerungsrechts durch die Übertragung nicht „ auf Grund *anderer* als der […] Nr. 1–3 genannten Ereignisse“ erfolgt ist,[1411] so wird dies nach der hier vertretenen Auffassung in der neuen Fassung des § 6 Abs. 1 Satz 1 Nr. 3 AStG n.F. anders zu beurteilen sein. Da der Auffangtatbestand des § 6 Abs. 1 Satz 1 Nr. 3 AStG n.F. auf die Formulierung „auf Grund anderer Ereignisse“ verzichtet und nur noch „vorbehaltlich der Nr. 1 und 2“ in Absatz 1 AStG n.F. anzuwenden ist, kann unter der neuen Gesetzesfassung der Auffangtatbestand erfüllt sein, sofern wie hier die Alternative der unentgeltlichen Übertragung daran scheitert, dass der Beschenkte in Deutschland unbeschränkt steuerpflichtig ist.[1412] Denkbar ist dies etwa in dem Fall, in dem trotz des Nebenwohnsitzes und der unbeschränkten Steuerpflicht in Deutschland aufgrund einer Art. 13 Abs. 5 OECD-MA entsprechenden Klausel allein dem Ansässigkeitsstaat das Besteuerungsrecht hinsichtlich der Veräußerung der (verschenkten) Kapitalgesellschaftsanteile zugesprochen wird.
Als Gestaltungsmöglichkeit ist die Schenkung an einen im Ausland lebenden Beschenkten in der neuen Fassung nur dann sinnvoll, wenn der Beschenkte vorhat, innerhalb der Frist nach § 6 Abs. 3 Satz 1 AStG n.F. (Zeitraum der vorübergehenden Abwesenheit) nach Deutschland zurückzukehren und dort unbeschränkt steuerpflichtig zu werden.[1413]

BFH, Urt. v. 24.01.2012 – IX R 51/10, BStBl II 2012, 308; vgl. auch *Häck,* in: F/W/B/S, AStG, Stand: 07/2021, § 6 Rn. 175.

[1410] Sowohl in der alten als auch in der neuen Fassung des § 6 Abs. 1 AStG wird tatbestandlich die Übertragung auf einen nicht unbeschränkt Steuerpflichtigen verlangt, vgl. insgesamt auch Bsp. von *Häck,* in: F/W/B/S, AStG, Stand: 07/2021, § 6 Rn. 213.

[1411] Siehe hierzu ausführlich unter B.III.5.b)aa).

[1412] Siehe hierzu ausführlich unter B.III.5.c).

[1413] Ob dies auch im Falle der doppelten Ansässigkeit des Beschenkten so gesehen werden kann, ist m.E. nicht klar. In diesem Fall würde bei einem Ausschluss oder einer Beschränkung des deutschen Besteuerungsrechts die Wegzugsteuer gem. § 6 Abs. 1 Satz 1 *Nr. 3* AStG n.F. entstehen. § 6 Abs. 3 *Satz 4* AStG n.F. sieht für diese Fälle (nur) dann einen Entfall der Steuer vor, wenn der *Steuerpflichtige* innerhalb der Frist zurückkehrt. Von einem Rechtsnachfolger ist dort

Denn im Gegensatz zur alten Fassung kann die Begünstigung für „Rückkehrer“ gem. § 6 Abs. 3 Satz 5 AStG n.F. auch bei einer vorigen Schenkung unter Lebenden genutzt werden.[1414]
Ansonsten ist die Schenkung an eine im Ausland lebende Person mit Vorsicht zu genießen, da es hier sogar zu einem Zusammenfall von Wegzugsteuer und Schenkungsteuer kommen kann, zumal im Schenkungsfall (im Gegensatz zum Erwerb von Todes wegen) die Schenkungsteuer nicht gem. § 10 Abs. 5 Nr. 1 ErbStG als Nachlassverbindlichkeit abziehbar wäre und auch die Steuerermäßigung nach § 35b EStG im Falle der Schenkung keine Anwendung findet.[1415]

b) Übertragung auf eine Stiftung

Anstelle der Übertragung an Familienangehörige im Wege der vorweggenommenen Erbfolge kommt auch eine Übertragung auf eine inländische Familienstiftung in Betracht. Der Stifter (d.h. der ursprüngliche Anteilseigner) selbst kann nach der Übertragung auf die Stiftung ohne Wegzugsteuer ins Ausland verziehen, da sich die Kapitalgesellschaftsanteile nach der Übertragung auf die Stiftung nicht mehr in seinem (zivilrechtlichen) Vermögen befinden. Selbst wenn er zugleich auch einer der Begünstigten der Stiftung ist, vermittelt eine Stiftung den Begünstigten gegenüber keine Anteils-, sondern sog. Destinatärsrechte. Folglich hält der Begünstigte (oder Destinatär) keine Anteile an einer Kapitalgesellschaft, sodass der sachliche Anwendungsbereich des § 6 AStG beim Wegzug eines Destinatärs schon nicht erfüllt ist. Gleichzeitig handelt es sich beim Destinatärsrecht auch nicht um Betriebsvermögen i.S.d. § 4 Abs. 1 Satz 3 EStG, sodass der Wegzug eines Destinatärs dann auch keine Entstrickungsbesteuerung nach dieser Vorschrift auslösen kann.[1416] Es kommt vielmehr zu einer dauerhaften Verstrickung der auf die Stiftung übertragenen Kapitalgesellschaftsanteile in Deutschland und gleichzeitig sind die Destinatäre „frei“, innerhalb der EU bzw. auch in Drittstaaten umzuziehen und hin- und herzuziehen.[1417]
Die unentgeltliche Übertragung auf eine Stiftung erfüllt den Tatbestand einer freigebigen Zuwendung i.S.d. § 7 Abs. 1 Nr. 8 ErbStG. Ist der Stifter zum Zeitpunkt der Übertragung zu mehr als 25 % an der Kapitalgesellschaft beteiligt, kann der Anteil unter den weiteren Voraussetzungen des § 13b Abs. 1 Nr. 3 ErbStG begünstigungsfähiges Vermögen darstellen, sodass die Übertragung auf die Stiftung auch schenkungssteuerbegünstigt nach

---

nicht die Rede, sollte aber ebenfalls für den Fall anwendbar sein, wenn der zunächst doppelt ansässige Beschenkte innerhalb der Frist zurückkehrt und das Besteuerungsrecht Deutschlands somit wieder herstellt.

[1414] Siehe hierzu ausführlich unter B.IV.5.b).

[1415] Vgl. auch *Häck*, in: F/W/B/S, AStG, Stand: 07/2021, § 6 Rn. 139.

[1416] Vgl. *von Oertzen*, BB 2019, 2647 (2652).

[1417] *von Oertzen*, BB 2019, 2647 (2652).

den §§ 13a, 13b ErbStG[1418] erfolgen kann, wenn die dortigen Voraussetzungen erfüllt sind.[1419]

c) Tatsächliche Realisierung von Wertminderungen

Eine Übertragung der Anteile kann auch dazu genutzt werden, um Wertminderungen, die sich im Vergleich zu den Anschaffungskosten ergeben haben, tatsächlich zu realisieren und unter den weiteren Voraussetzungen des § 17 Abs. 2 Satz 6 EStG steuerlich zu nutzen. Dies erscheint besonders dann sinnvoll, wenn vor einem geplanten Wegzug feststeht, dass der Wert der Anteile unter die Anschaffungskosten gesunken ist. Im Vergleich dazu würde bei einem Wegzug ohne solche vorige Realisierungsmaßnahmen ein Wertverlust im Zeitpunkt des Wegzugs nicht berücksichtigt werden können.[1420]

Auch ohne den Verkauf der Anteile kann das gewünschte Ergebnis einer tatsächlichen Verlustrealisierung durch eine der Veräußerung gleichgestellte Maßnahme erzielt werden, die im Ergebnis die gleiche Wirkung entfaltet wie die Veräußerung an Dritte, nämlich die Aufdeckung von stillen Reserven bzw. in diesem Falle die Aufdeckung stiller Lasten. Will der Steuerpflichtige auch weiterhin die Kontrolle und den Nutzen (bspw. in Form künftiger Wertsteigerungen) seiner Kapitalgesellschaftsanteile beibehalten, kann er z.B. die Anteile in seine eigene (Holding-)Kapitalgesellschaft überführen, an der er sämtliche Geschäftsanteile hält.

Dies kann in Form der verdeckten Einlage in die (eigene) Holding-Kapitalgesellschaft geschehen. Eine verdeckte Einlage liegt vor, wenn der Gesellschafter der Gesellschaft einen einlagefähigen Vermögensvorteil zuwendet (hier in Form von Kapitalgesellschaftsanteilen, deren Wertverluste vor dem Wegzug realisiert werden sollen) und diese Zuwendung durch das Gesellschaftsverhältnis veranlasst ist, d.h., ein Nichtgesellschafter bei Anwendung der Sorgfalt eines gewissenhaften Kaufmanns der Gesellschaft diesen Vermögensvorteil nicht gewährt hätte.[1421]

§ 17 Abs. 1 Satz 2 EStG stellt eine solche verdeckte Einlage von Anteilen an einer Kapitalgesellschaft in eine Kapitalgesellschaft der Veräußerung der Anteile gleich; gem. § 17 Abs. 2 Satz 2 EStG tritt dabei mangels tatsächlichem Veräußerungspreis an dessen Stelle der gemeine Wert der Anteile. Unter der Annahme, dass dieser gemeine Wert gleich null ist, ergibt sich dadurch ein Veräußerungsverlust i.S.d § 17 Abs. 2 EStG in Höhe der Anschaffungskosten der Anteile.[1422] Unter den übrigen Voraussetzungen und

---

[1418] Wie für jede andere Schenkung unter Lebenden oder Zuwendung von Todes wegen gelten auch für die Übertragung auf eine Stiftung hier die Steuerbegünstigungen für eine Übertragung von Betriebsvermögen gem. den §§ 13a, 13b ErbStG, vgl. bspw. *Schienke-Ohletz/Mehren*, ZStV 2022, 1 (2).

[1419] Vgl. insgesamt hierzu *Vogt,* in: Ettinger, Wegzugsbesteuerung, S. 55.

[1420] Fiktive Verluste sind sowohl in der alten als auch in der neuen Fassung des § 6 AStG nicht von der Wegzugsbesteuerung umfasst, siehe hierzu unter B.IV.2.b).

[1421] R 8.9 Abs. 1 KStR 2022.

[1422] Gleichzeitig wird die verdeckte Einlage auf Ebene der Holding-Kapitalgesellschaft gem. R 8.9 Abs. 4 KStR 2022 mit dem Teilwert der eingelegten Anteile bemessen, der in diesem Fall ebenfalls mit null zu beziffern ist.

Beschränkungen des § 17 Abs. 2 Satz 6 EStG kann der Verlust dadurch steuerlich geltend gemacht werden.[1423]

Das gleiche Ergebnis kann dadurch erzielt werden, dass die zu betrachtenden Kapitalgesellschaftsanteile gegen Gewährung von Gesellschaftsanteilen im Zuge einer Kapitalerhöhung bei der Holding-Gesellschaft in diese eingebracht werden. Aus umwandlungssteuerlicher Sicht handelt es sich dabei um einen sog. Anteilstausch i.S.d. § 21 Abs. 1 Satz 1 UmwStG. Dabei ist gem. § 21 Abs. 2 Satz 1 UmwStG vorgesehen, dass der Wert, mit dem die übernehmende Holding-Kapitalgesellschaft die eingebrachten Anteile ansetzt, gleichzeitig auch für den Einbringenden (das ist hier die natürliche Person, die bislang die Kapitalgesellschaftsanteile in ihrem steuerlichen Privatvermögen hielt) als Veräußerungspreis gilt. Angenommen der gemeine Wert würde zum Zeitpunkt des Anteilstauschs null Euro betragen, würde ein für den Einbringen nach den o.g. Vorschriften anzusetzender Veräußerungspreis in Höhe von ebenfalls null Euro nach Abzug seiner Anschaffungskosten dann wieder zu einer Verlustrealisierung führen.[1424]

Die Übertragung der Anteile auf eine eigene Holding(kapital)gesellschaft hat den Vorteil, dass dem Anteilseigner die Anteile wirtschaftlich nach wie vor zugerechnet werden und er hierüber weiterhin Verfügungsmacht besitzt (wenn auch unter Zwischenschaltung einer weiteren Kapitalgesellschaft). Zu beachten ist dabei jedoch, dass eine Ausschüttung bis hin zur Ebene der natürlichen Person als Anteilseigner dann aber eine weitere Besteuerungsebene durchlaufen muss. Je nach Höhe der Beteiligung an der in die Holding-Gesellschaft eingelegten bzw. eingebrachten Anteile kann jedoch eine Ausschüttung auf der unteren Ebene zwischen den beiden Kapitalgesellschaften unter § 8b KStG fallen, wonach Gewinnausschüttungen (ebenso wie Gewinne aus Anteilsveräußerungen) körperschaftsteuerfrei sind und lediglich 5 % der Gewinne bzw. Bezüge als nicht abzugsfähige Betriebsausgaben behandelt werden.
Auch wenn die Anteile nach dem späteren Wegzug höchstwahrscheinlich im Ausland ebenso einer Gewinnversteuerung im Veräußerungsfall unterliegen, so hat sich der zumindest zeitweise Wertverlust dennoch (ggf.) steuerlich ausgewirkt.

2. Senkung der Beteiligung auf unter 1 %

Eine weitere Möglichkeit, um schon auf Tatbestandsebene des § 6 Abs. 1 AStG (sowohl in der alten als auch in der neuen Fassung) das Auslösen der Wegzugsbesteuerung zu verhindern, ist neben der Übertragung der gesamten Anteile auch die Verringerung der Beteiligungsquote auf unter 1 %, sodass keine Anteile mehr i.S.d. § 17 Abs. 1 EStG vorliegen. Denkbar ist dabei sowohl eine Veräußerung an fremde Dritte als auch erneut eine – ggf. schenkungsweise – Übertragung innerhalb der Familie oder auf eine inländische rechtsfähige Stiftung; vorausgesetzt ist dabei in all diesen Fällen, dass (zumindest) das

---

[1423] Vgl. hierzu auch *Kraft/Gräfe*, IWB 2016, 384 (391).
[1424] Vgl. *Kraft/Gräfe*, IWB 2016, 384 (390).

wirtschaftliche Eigentum an diesen Anteilen tatsächlich übertragen wird und insoweit eine steuerliche Zuordnung der übertragenen Anteile beim bisherigen Eigentümer entfällt.[1425]

Wegen des Fünf-Jahres-Betrachtungszeitraums des § 17 Abs. 1 Satz 1 EStG genügt hier jedoch nicht, dass die 1 %-Schwelle zum Wegzugszeitpunkt unterschritten ist. Vielmehr muss diese Schwelle innerhalb von fünf Jahren vor dem Wegzug kontinuierlich unterschritten worden sein, sodass es sich um einen nur mittelfristig umsetzbaren Gestaltungsansatz handelt.[1426]

3. Wohnsitzmanagement

Eine weitere Möglichkeit, auf Tatbestandsebene die Entstehung der Wegzugsteuer zu verhindern, liegt in der Ausgestaltung des Wohnsitzes. Sofern ein Wegzug ins Ausland geplant ist, reicht es aus, um im ersten Schritt zumindest den Grundfall des § 6 Abs. 1 Satz 1 AStG a.F. bzw. § 6 Abs. 1 Satz 1 Nr. 1 AStG n.F. zu verhindern, wenn der Steuerpflichtige in Deutschland entweder einen Nebenwohnsitz (etwa in Form einer ihm dauerhaft zur Verfügung stehenden Wohnung) oder einen gewöhnlichen Aufenthalt (§ 9 AO) beibehält und somit in Deutschland unbeschränkt steuerpflichtig bleibt. Nach der hier vertretenen Auffassung ist beim Tatbestandsmerkmal der *Beendigung* der unbeschränkten Steuerpflicht jegliche unbeschränkte Steuerpflicht gemeint,[1427] sodass es auch dann nicht zu einer Wegzugsbesteuerung kommen würde, wäre der Steuerpflichtige nach dem Wegzug bspw. über § 1 Abs. 2 EStG oder als Grenzpendler gem. § 1 Abs. 3 EStG weiterhin unbeschränkt steuerpflichtig.[1428]

Je nachdem, in welches Land der Steuerpflichtige zieht und in welchem Staat die Kapitalgesellschaft ihren Sitz hat, ist dabei jedoch darauf zu achten, nicht stattdessen den Auffangtatbestand des § 6 Abs. 1 Satz 2 Nr. 4 AStG a.F. bzw. § 6 Abs. 1 Satz 1 Nr. 3 AStG n.F. zu verwirklichen. Dies kann insbesondere beim Wegzug in einen DBA-Staat passieren. Das Besteuerungsrecht Deutschlands kann dabei ausgeschlossen werden, wenn der Steuerpflichtige abkommensrechtlich im Zuzugsstaat als ansässig angesehen wird und eine Art. 13 Abs. 5 OECD-MA entsprechende Klausel das Besteuerungsrecht dem (ausländischen) Ansässigkeitsstaat zuweist.[1429] Wann ein Steuerpflichtiger in einem Vertragsstaat als abkommensrechtlich ansässig gilt, richtet sich nach der fünfstufigen

---

[1425] Vgl. *Strunk/Kaminski*, in: S/K/K, AStG, Stand: 01/2020, § 6 Rn. 157.7; *Levedag*, in: Schmidt, EStG, § 17 Rn. 55; Gosch, in: Kirchhof/Seer, EStG, § 17 Rn. 24 mit Verweis u.a. auf BFH, Urt. v. 10.03.1988 – IV R 226/85, BStBl II 1988, 832; zur alten Mindestbeteiligungsgrenze von 10 % schon *Vogt*, DStR 1999, 1596 (1600).

[1426] Vgl. Beispiel von *Vogt,* in: Ettinger, Wegzugsbesteuerung, S. 55; siehe stellvertretend auch *Levedag*, in: Schmidt, EStG, § 17 Rn. 85.

[1427] Vgl. hierzu unter B.III.1.a).

[1428] Vgl. *Häck,* in: F/W/B/S, AStG, Stand: 07/2021, § 6 Rn. 171, 262.

[1429] Unter der alten Rechtslage wäre die Begründung einer Ansässigkeit nach einem DBA im Ausland für sich schon geeignet, den Tatbestand des § 6 Abs. 1 Satz 2 *Nr. 2* AStG a.F. zu erfüllen, ohne dass es im konkreten Fall zudem zu einer tatsächlichen Beschränkung oder dem Ausschluss des deutschen Besteuerungsrechts kommen muss.

Kollisionsnorm des Art. 4 Abs. 2 OECD-MA. Da der Steuerpflichtige regelmäßig nicht nur (aus nationaler Sicht) einen Wohnsitz in beiden Staaten hat, sondern gleichzeitig auch eine ständige Wohnstätte (qualifizierter Wohnsitz i.S.d. Art. 4 Abs. 2 OECD-MA[1430]), entscheidet sich die Frage nach der abkommensrechtlichen Ansässigkeit meist anhand der engeren persönlichen und wirtschaftlichen Beziehungen zu dem einem oder dem anderen Vertragsstaat.[1431] Wo sich der Mittelpunkt der Lebensinteressen befindet, kann dabei in einem gewissen Rahmen gestaltbar sein, etwa durch persönliche Beziehungen, Vereinsmitgliedschaften, Aufenthalte im jeweiligen Land etc.[1432] Sofern die Kapitalgesellschaftsanteile des Steuerpflichtigen dabei einen Großteil seines Vermögens ausmachen (und er ggf. sogar noch weiteres inländischen Vermögen vorweisen kann), spricht bereits dieser Umstand dafür, dass zumindest die engeren *wirtschaftlichen* Beziehungen zu Deutschland bestehen, und zwar auch nach der Begründung eines weiteren Wohnsitzes im Ausland. Hier ist eine Gesamtwürdigung im konkreten Einzelfall vorzunehmen und entsprechend gegenüber der Finanzverwaltung zu argumentieren und zu kommunizieren. Gleichzeitig ist jedoch auch darauf hinzuweisen, dass eine „Fortführung" der unbeschränkten Steuerpflicht in Deutschland auch mit den entsprechenden steuerlichen Pflichten verbunden ist. So wird der Steuerpflichtige auch weiterhin jährlich eine unbeschränkte Steuererklärung abzugeben haben und die notwendigen Kosten hierfür tragen müssen.

Auch ohne die Verwirklichung des § 6 Abs. 1 AStG gänzlich zu verhindern, lassen sich – die Flexibilität des Steuerpflichtigen vorausgesetzt – auch hinsichtlich des Zeitpunkts des Wegzugs Gestaltungsmöglichkeiten umsetzen. Es bietet sich für den Steuerpflichtigen aus rein steuerlichen Gründen nämlich an, zu einem Zeitpunkt wegzuziehen, zu dem der Wert der Anteile möglichst gering oder gar auch null ist.[1433] Insbesondere bei börsennotierten Beteiligungen (sofern auch dort die 1 %-Schwelle erreicht ist) lässt sich ein solches Vorhaben anhand des aktuellen Kurses steuern. Entscheidend sind nämlich die Bewertung und die Feststellung des gemeinen Werts zum Zeitpunkt des Wegzugs.[1434]

Ein günstiges Wohnsitzmanagement kann sich auch auf Rechtsfolgenseite auswirken. Hierzu enthält § 6 AStG sowohl in der alten als auch in der neuen Fassung selbst ein Gestaltungselement in Abs. 3 mit der Möglichkeit, durch eine nur vorübergehende Abwesenheit in Deutschland eine Wegzugsteuer zu vermeiden.[1435]

[1430] *Pohl,* in: Schönfeld/Ditz, DBA, Art. 4 Rn. 65; vgl. auch BFH, Urt. v. 05.06.2007 – I R 22/06, BStBl II 2007, 812, Rn. 11.

[1431] Vgl. stellvertretend *Pohl,* in: Schönfeld/Ditz, DBA, Art 4. Rn. 76 ff.; siehe hierzu auch schon unter B.III.3.a)aa).

[1432] *Pohl,* in: Schönfeld/Ditz, DBA, Art. 4 Rn. 79 ff.

[1433] Vgl. *Strunk/Kaminski*, in: S/K/K, AStG, Stand: 01/2020, § 6 Rn. 157.3.

[1434] Ein Blick in die Vergangenheit kann jedoch im Rahmen des § 11 Abs. 2 Satz 2 1. HS BewG geboten sein, wenn bei nicht börsennotierten Anteilen Verkäufe innerhalb eines Jahres vor dem Bewertungsstichtag erfolgt sind. Solche Verkäufe, sollten sie zu niedrigeren Veräußerungspreisen erfolgen, könnte dann auch wiederum Anlass für eine bewusste Wahl des Zeitpunkts des Wegzugs bzw. allgemein für das Auslösen der Wegzugsteuer sein.

[1435] Vgl. auch *Strunk/Kaminski*, in: S/K/K, AStG, Stand: 01/2020, § 6 Rn. 157.6.

Zwar wird auch in solchen Fällen beim Auslösen des Tatbestands des § 6 AStG eine Wegzugsteuer festgesetzt. Zum einen entfällt diese jedoch wieder bei tatsächlicher Rückkehr innerhalb des gesetzlich vorgesehenen Zeitraums (durch Änderung des Steuerbescheids nach § 175 Abs. 1 Satz 1 Nr. 2 AO).[1436] Zum anderen kann der Steuerpflichtige aber auch schon beim Wegzug eine Stundung der Wegzugsteuer über den (voraussichtlichen) Abwesenheitszeitraum beantragen und gleichzeitig den Antrag stellen, dass während dieses Zeitraums auf Teilleistungen verzichtet wird (§ 6 Abs. 4 Satz 3 AStG a.F. bzw. § 6 Abs. 4 Satz 7 AStG n.F.). Dies erscheint dann sinnvoll, wenn der Steuerpflichtige weiß, dass er in jedem Falle nach Deutschland zurückkehren möchte.
Nach der hier vertretenen Ansicht, dass auch der Wegfall der ausländischen abkommensrechtlichen Ansässigkeit einen solchen Fall der „vorübergehenden Abwesenheit" darstellt,[1437] kann ein solcher Antrag auf Stundung ohne Ratenzahlung auch dann sinnvoll sein, wenn der Steuerpflichtige nachweisen kann, dass er innerhalb der gesetzlichen Frist den persönlichen Lebensmittelpunkt und/oder die wirtschaftlich engeren Beziehungen wieder zurück nach Deutschland verlegt. Hier ergibt sich Spielraum für Gestaltungen, die es dem Steuerpflichtigen ermöglichen, trotzdem weiterhin im Ausland leben zu können, jedoch nach einer gewissen Zeit den Schwerpunkt seiner persönlichen und wirtschaftlichen Beziehungen wieder nach Deutschland zu verlagern.
In der neuen Fassung des § 6 Abs. 3 AStG wird dieses Vorgehen sogar noch dadurch erleichtert, dass auf die Glaubhaftmachung der Rückkehrabsicht, was in der Vergangenheit zu erheblichen Problemen in der Praxis geführt hat,[1438] nunmehr verzichtet wird.[1439] Dabei ist jedoch gleichzeitig darauf hinzuweisen, dass auch die bereits festgesetzte und gestundete Steuer der Verzinsung unterliegen kann. Für den Fall, dass sich die Pläne des Steuerpflichtigen ändern und er tatsächlich länger im Ausland verbleibt, oder für den Fall, dass die Verlegung der abkommensrechtlichen Ansässigkeit zurück nach Deutschland nicht gelingen mag, ergibt sich im Vergleich zur Sofortzahlung ein gewisser Zinsschaden, wenn die Steuer mangels rechtzeitiger Rückkehr dann nämlich nicht mehr (inklusive etwaiger Zinsen) rückwirkend entfällt. Daher kann es im konkreten Einzelfall auch ratsam sein, die Steuer bereits im Entstehungszeitpunkt zu begleichen.[1440]

Eine Gestaltungsmöglichkeit hinsichtlich des Wohnsitzmanagements war unter der alten Rechtslage in Bezug auf die Erlangung einer dauerhaften Stundung möglich: Verlegte der Steuerpflichtige unter dem alten Recht seinen Wohnsitz unter Aufgabe der

---

[1436] Vgl. *Häck,* in: F/W/B/S, AStG, Stand: 07/2021, § 6 Rn. 527; siehe hierzu auch ausführlich unter B.IV.5.

[1437] Siehe unter B.IV.5.a)aa).

[1438] Siehe Fußnote 460.

[1439] Siehe unter B.IV.5.b).

[1440] Vgl. auch *Ettinger/Beuchert*, IWB 2014, 126 (131f.); wenn in diesem Falle dann aber doch die rechtzeitige Rückkehr gelingt und die bereits gezahlte Steuer erstattet wird, ist zu bedenken, dass dieser Zinslauf dann allerdings gem. § 233a Abs. 2a AO (zugunsten des Steuerpflichtigen) erst 15 Monate nach Ablauf des Kalenderjahres beginnt, in dem das rückwirkende Ereignis (hier: Rückzug des Steuerpflichtigen nach Deutschland) eingetreten ist.

unbeschränkten Steuerpflicht in Deutschland zunächst in einen EU-/EWR-Staat, so kam er (unter den übrigen Voraussetzungen) in den Genuss der dauerhaften und zinslosen Stundung des § 6 Abs. 5 AStG a.F. Begründete der Steuerpflichtige sodann einen weiteren Wohnsitz und – sofern geplant – auch eine abkommensrechtliche Ansässigkeit in einem Drittstaat unter gleichzeitiger Beibehaltung des Wohnsitzes im „ersten" Zuzugsstaat, so wäre nach dem alten Recht die dauerhafte Stundung aufrechtzuerhalten, da ein Widerrufsgrund i.S.d. § 6 Abs. 5 Satz 4 AStG a.F. nicht eintrat.[1441] Für die dauerhafte Stundung (und deren Beibehalt) ist es nämlich nicht erforderlich, dass der Steuerpflichtige seinen Lebensmittelpunkt in einem EU-/EWR-Staat hat, erforderlich ist nur, dass er in einem solchen einer der deutschen Einkommensteuer vergleichbaren Steuer unterliegt (§ 6 Abs. 5 Satz 1 AStG a.F.). Durch den Wohnsitz, den der Steuerpflichtige beim ursprünglichen Wegzug in einem EU-/EWR-Staat begründet und auch beibehalten hat, wird diese Voraussetzung i.d.R. erfüllt sein. Durch die Steuerpflicht im ursprünglichen Zuzugsstaat würde auch kein Fall des § 6 Abs. 5 Satz 4 Nr. 4 AStG a.F. vorliegen.[1442] Zum Vergleich: Wäre der Steuerpflichtige direkt (ggf. sogar unter Beibehaltung des Wohnsitzes in Deutschland) in einen (DBA-)*Dritt*staat[1443] gezogen und hätte dort eine abkommensrechtliche Ansässigkeit begründet, wäre die Wegzugsteuer ausgelöst worden, ohne die Möglichkeit, in den Genuss einer dauerhaften Stundung zu gelangen. Bei einer solchen Vorgehensweise zweier dicht aufeinander folgender Umzüge ist jedoch auch stets das Risiko eines Gestaltungsmissbrauchs i.S.d.§ 42 AO zu beachten.

Unter der neuen Gesetzeslage seit dem ATAD-UmsG kommt diese Gestaltungsvariante nicht mehr in Betracht, kann aber dennoch auch für Altfälle von Bedeutung sein, in denen noch eine dauerhafte Stundung nach dem alten Recht gewährt wurde und auf die gem. § 21 Abs. 3 Satz 1 AStG n.F. u.a. § 6 Abs. 5 AStG a.F. in der am 30.06.2021 geltenden Fassung nach wie vor Anwendung findet.[1444]

4. Zwischenfazit

Auch wenn § 6 AStG in der Vergangenheit sowie heute noch Anlass zu Gestaltungsüberlegungen gibt, zeigt der Vergleich zur Entstrickungsbesteuerung im Bereich des Betriebsvermögens, dass zumindest unter der alten Fassung des § 6 AStG teilweise sogar ein bewusstes *Hineingestalten*[1445] in bzw. ein bewusstes Inkaufnehmen der Wegzugsbesteuerung für den Steuerpflichtigen günstiger sein konnte als die Entstrickung im Betriebsvermögen. Insbesondere durch die Möglichkeit der Inanspruchnahme der dauerhaften Stundung bei Wegzügen in den EU-/EWR-Raum sowie durch den Entfall der Steuer bei nur vorübergehender Abwesenheit war die Entstrickung im Privatvermögen deutlich milder

[1441] Vgl. *Häck,* in: F/W/B/S, AStG, Stand: 07/2021, § 6 Rn. 204.
[1442] Vgl. *Wassermeyer*, in: GS Krüger, 287 (300); *Vogt,* in: Ettinger, Wegzugsbesteuerung, S. 55.
[1443] Siehe zur vermeintlichen Gesetzeslücke bei Begründung einer Doppelansässigkeit in einem Nicht-DBA-Staat bereits unter B.III.5.b)bb).
[1444] Vgl. *Vogt,* in: Ettinger, Wegzugsbesteuerung, S. 56.
[1445] Siehe hierzu ausführlich *Häck,* in: F/W/B/S, AStG, Stand: 07/2021, § 6 Rn. 216f.

ausgeprägt. Mit der Verschärfung des Gesetzes durch das ATAD-UmsG und vor allem durch den Wegfall der Möglichkeit einer dauerhaften Stundung gleicht sich die Entstrickung im Privat- und Betriebsvermögen wieder an.

Auch an anderer Stelle zeigt sich, dass die Wegzugsbesteuerung nicht grundsätzlich etwas Schädliches ist, dem durch Gestaltung entgegengewirkt werden sollte. Sofern bspw. ein Wegzug in ein Land erfolgen soll, das auf Anteilsveräußerungen eine niedrigere Steuer erhebt als Deutschland, kann ein frühes Auslösen der Wegzugsteuer zu einem Zeitpunkt eines ggf. noch „moderaten" Wertzuwachses der Anteile günstig sein.[1446] Es wird gewissermaßen eine Art „Zwischenabrechnung" durchgeführt; spätere Wertsteigerungen sind dann vom (günstigeren) Besteuerungsrecht des anderen Staats umfasst.

1446 Vorausgesetzt der Zuzugsstaat gewährt einen Step-up der Anschaffungskosten aufgrund der in Deutschland vorgenommenen Wegzugsbesteuerung, sodass nicht eine doppelte Besteuerung von stillen Reserven eintritt.

H. Alternativkonzept

I. Formulierungsvorschlag

§ 6 AStG nach dem ATAD- Umsetzungsgesetz	Eigenes Alternativkonzept
„§ 6 Besteuerung des Vermögenszuwachses (1) [1]Vorbehaltlich der Vorschriften des Einkommensteuergesetzes, Körperschaftsteuergesetzes und Umwandlungssteuergesetzes stehen bei unbeschränkt Steuerpflichtigen der Veräußerung von Anteilen im Sinne des § 17 Absatz 1 Satz 1 des Einkommensteuergesetzes zum gemeinen Wert gleich 1. die Beendigung der unbeschränkten Steuerpflicht infolge der Aufgabe des Wohnsitzes oder des gewöhnlichen Aufenthalts, 2. die unentgeltliche Übertragung auf eine nicht unbeschränkt steuerpflichtige Person sowie, 3. Vorbehaltlich der Nummern 1 und 2, der Ausschluss oder die Beschränkung des Besteuerungsrechts der Bundesrepublik Deutschland hinsichtlich des Gewinns aus der Veräußerung der Anteile. [2]Die Veräußerung im Sinne des Satzes 1 erfolgt im Fall des 1. Satzes 1 Nummer 1 im Zeitpunkt der Beendigung der unbeschränkten Steuerpflicht, 2. Satzes 1 Nummer 2 im Zeitpunkt der Übertragung,	„§ 6 Besteuerung des Vermögenszuwachses (1) [1]Vorbehaltlich der Vorschriften des Einkommensteuergesetzes, Körperschaftsteuergesetzes und Umwandlungssteuergesetzes stehen bei unbeschränkt Steuerpflichtigen der Veräußerung von Anteilen im Sinne des § 17 Absatz 1 Satz 1 des Einkommensteuergesetzes zum gemeinen Wert solche Maßnahmen des Steuerpflichtigen gleich, durch die das Besteuerungsrecht der Bundesrepublik Deutschland hinsichtlich des Gewinns aus der Veräußerung der Anteile ausgeschlossen oder beschränkt wird. [2]Eine Maßnahme des Steuerpflichtigen i.S.d. Satzes 1 liegt insbesondere vor, 1. durch die Beendigung der unbeschränkten Steuerpflicht infolge der Aufgabe des Wohnsitzes oder des gewöhnlichen Aufenthalts, 2. durch die unentgeltliche Übertragung auf eine nicht unbeschränkt steuerpflichtige Person. [3]Im Falle des Satzes 1 gelten die Anteile vom Steuerpflichtigen oder bei einer unentgeltlichen Übertragung von dessen Rechtsnachfolger als zum gemeinen Wert erworben, soweit die auf den fiktiven Veräußerungsgewinn nach Satz 1 entfallende Steuer entrichtet worden ist, andernfalls gelten diese weiterhin als zu den

3. Satzes 1 Nummer 3 unmittelbar vor dem Zeitpunkt, zu dem der Ausschluss oder die Beschränkung des Besteuerungsrechts eintritt. [3]Im Fall des Satzes 1 gelten die Anteile vom Steuerpflichtigen oder, bei unentgeltlicher Übertragung, von dessen Rechtsnachfolger als zum gemeinen Wert erworben, soweit die auf den Veräußerungsgewinn entfallende Steuer entrichtet worden ist; andernfalls gelten diese weiterhin als zu den ursprünglichen Anschaffungskosten erworben.	Anschaffungskosten erworben. [4]§ 17 Absatz 2 Satz 3 des Einkommensteuergesetzes ist entsprechend anzuwenden.
(2) [1]Unbeschränkt Steuerpflichtige im Sinne des Absatzes 1 sind natürliche Personen, die innerhalb der letzten zwölf Jahre vor den in Absatz 1 Satz 1 Nummer 1 bis 3 genannten Tatbeständen insgesamt mindestens sieben Jahre unbeschränkt steuerpflichtig im Sinne des § 1 Absatz 1 des Einkommensteuergesetzes gewesen sind. [2]Bei unentgeltlichem Erwerb von Anteilen ist für die Berechnung der nach Satz 1 maßgebenden Dauer der Steuerpflicht auch die unbeschränkte Steuerpflicht des Rechtsvorgängers oder, sofern der betreffende Anteil nacheinander unentgeltlich übertragen wurde, auch die unbeschränkte Steuerpflicht des jeweiligen Rechtsvorgängers einzubeziehen. [3]Zeiträume, in denen die natürliche Person und der oder die Rechtsvorgänger gleichzeitig unbeschränkt steuerpflichtig waren, werden dabei nur einmal angesetzt. [4]Entfällt der Steueranspruch nach Absatz 3 in der jeweils geltenden Fassung oder einer bis zum 30. Juni 2021 geltenden Fassung, gelten der Steuerpflichtige sowie dessen unmittelbarer oder mittelbarer Rechtsnachfolger abweichend von den Sätzen 1 bis 3 als unbeschränkt Steuerpflichtige im Sinne des Absatzes 1.	(2) [1]Unbeschränkt Steuerpflichtige im Sinne des Absatzes 1 sind natürliche Personen, die innerhalb der letzten zwölf Jahre vor den in Absatz 1 Satz 1 Nummer 1 bis 3 genannten Tatbeständen insgesamt mindestens sieben Jahre unbeschränkt steuerpflichtig im Sinne des § 1 Absatz 1 des Einkommensteuergesetzes gewesen sind. [2]Bei unentgeltlichem Erwerb von Anteilen ist für die Berechnung der nach Satz 1 maßgebenden Dauer der Steuerpflicht auch die unbeschränkte Steuerpflicht des Rechtsvorgängers oder, sofern der betreffende Anteil nacheinander unentgeltlich übertragen wurde, auch die unbeschränkte Steuerpflicht des jeweiligen Rechtsvorgängers einzubeziehen. [3]Zeiträume, in denen die natürliche Person und der oder die Rechtsvorgänger gleichzeitig unbeschränkt steuerpflichtig waren, werden dabei nur einmal angesetzt. [4]Entfällt der Steueranspruch nach Absatz 3 in der jeweils geltenden Fassung oder einer bis zum 30. Juni 2021 geltenden Fassung, gelten der Steuerpflichtige sowie dessen unmittelbarer oder mittelbarer Rechtsnachfolger abweichend von den Sätzen 1 bis 3 als unbeschränkt Steuerpflichtige im Sinne des Absatzes 1.

(3) [1]Beruht die Beendigung der unbeschränkten Steuerpflicht im Sinne des Absatzes 1 Satz 1 Nummer 1 auf einer nur vorübergehenden Abwesenheit des Steuerpflichtigen und wird der Steuerpflichtige innerhalb von sieben Jahren seit Beendigung der unbeschränkten Steuerpflicht wieder unbeschränkt steuerpflichtig, entfällt der Steueranspruch nach Absatz 1, soweit 1. die Anteile in der Zwischenzeit weder veräußert, übertragen noch in ein Betriebsvermögen eingelegt wurden, 2. keine Gewinnausschüttungen oder keine Einlagenrückgewähr erfolgt sind, deren gemeiner Wert insgesamt mehr als ein Viertel des Werts im Sinne des Absatzes 1 beträgt, und 3. das Besteuerungsrecht der Bundesrepublik Deutschland hinsichtlich des Gewinns aus der Veräußerung der Anteile mindestens in dem Umfang wieder begründet wird, wie es im Zeitpunkt der Beendigung der Steuerpflicht bestand. [2]Abweichend von Satz 1 Nummer 1 ist eine unentgeltliche Übertragung durch den Steuerpflichtigen auf eine natürliche Person von Todes wegen unbeachtlich, wenn die Voraussetzungen des Satzes 1 durch die betreffende Person oder, infolge aufeinanderfolgender unentgeltlicher Weiterübertragung zwischen natürlichen Personen von Todes wegen, durch deren unmittelbaren oder mittelbaren Rechtsnachfolger erfüllt werden. [3]Das Finanzamt, das im Zeitpunkt der Beendigung der unbeschränkten Steuerpflicht nach § 19 der Abgabenordnung zuständig ist, kann die Frist auf Antrag des Steuerpflichtigen oder im Fall des Satzes 2 dessen Rechtsnachfolgers insgesamt um höchstens fünf Jahre verlängern, wenn die Absicht zur Rückkehr unverändert fortbesteht. [4]Beruht ein Ausschluss des	(3) [1]Soweit das Besteuerungsrecht der Bundesrepublik Deutschland hinsichtlich des Gewinns aus der Veräußerung der Anteile mindestens in dem Umfang wieder begründet wird, wie es im Zeitpunkt der Beendigung der Steuerpflicht oder im Zeitpunkt der unentgeltlichen Übertragung i.S.d. Absatzes 1 Satz 2 Nummer 2 oder zum Zeitpunkt der sonstigen Maßnahme, die zur Beschränkung oder dem Ausschluss des deutschen Besteuerungsrechts geführt hat, bestand, entfällt der Steueranspruch nach Absatz 1. [2]Führt Satz 1 zur Anwendung des § 17 Absatz 2 Satz 4 des Einkommensteuergesetzes und weist der Steuerpflichtige nach, dass er in einem anderen Staat bezüglich der von ihm gehaltenen Anteile im Sinne des Absatzes 1 einer nach § 6 des Außensteuergesetzes vergleichbaren Steuer unterlegen hat, so ist die dort gezahlte Steuer im Falle einer tatsächlichen Veräußerung oder eines in § 17 Absatz 1 Satz 2 und Absatz 4 und 5 gleichgestellten Realisationstatbestands auf die nach § 17 Einkommensteuergesetz entstehende Steuer insoweit anzurechnen.

Besteuerungsrechts im Sinne des Absatzes 1 Satz 1 Nummer 3 auf einer nur vorübergehenden Abwesenheit des Steuerpflichtigen, gelten die Sätze 1 bis 3 entsprechend. [5]Wird im Fall der unentgeltlichen Übertragung im Sinne des Absatzes 1 Satz 1 Nummer 2 auf eine natürliche Person die betreffende Person innerhalb von sieben Jahren seit der Übertragung unbeschränkt steuerpflichtig, gelten die Sätze 1 bis 3 entsprechend.	
(4) [1]Die festgesetzte Steuer, die auf die nach Absatz 1 realisierten Einkünfte entfällt, kann auf Antrag des Steuerpflichtigen in sieben gleichen Jahresraten entrichtet werden. [2]Dem Antrag ist in der Regel nur gegen Sicherheitsleistung stattzugeben. [3]Die erste Jahresrate ist innerhalb eines Monats nach Bekanntgabe des Steuerbescheids zu entrichten; die übrigen Jahresraten sind jeweils am 31. Juli der Folgejahre fällig. [4]Die Jahresraten sind nicht zu verzinsen. [5]Die noch nicht entrichtete Steuer ist innerhalb eines Monats nach Eintritt der nachfolgenden Ereignisse fällig, 1. wenn die Jahresrate nicht fristgemäß entrichtet wird, 2. wenn der Steuerpflichtige seine Mitwirkungspflichten nach Absatz 5 nicht erfüllt, 3. wenn der Steuerpflichtige Insolvenz anmeldet, 4. soweit die Anteile veräußert oder übertragen werden oder 5. soweit Gewinnausschüttungen oder eine Einlagenrückgewähr erfolgen und soweit deren gemeiner Wert insgesamt mehr als ein Viertel des Werts im Sinne des Absatzes 1 beträgt.	(4) [1]Ist der Steuerpflichtige im Fall des Absatzes 1 Satz 1 Staatsangehöriger eines Mitgliedstaats der Europäischen Union oder eines anderen Staats, auf den das Abkommen über den Europäischen Wirtschaftsraum vom 3. Januar 1994 (ABl. EG Nr. L 1 S. 3), zuletzt geändert durch den Beschluss des Gemeinsamen EWR-Ausschusses Nr. 91/2007 vom 6. Juli 2007 (ABl. EU Nr. L 328 S. 40), in der jeweils geltenden Fassung anwendbar ist (Vertragsstaat des EWR-Abkommens), so ist die nach Absatz 1 geschuldete Steuer auf Antrag zinslos und ohne Sicherheitsleistung zu stunden. [2]Abweichend von Satz 1 kann die zinslose Stundung von der Stellung geeigneter Sicherheitsleistungen abhängig gemacht werden, sofern 1. nach dem Zeitpunkt der fiktiven Veräußerung i.S.d. Absatzes 1 die Amtshilfe und Beitreibungsrichtlinie (Richtlinie 2011/16/EU des Rates vom 15. Februar 2011 über die Zusammenarbeit der Verwaltungsbehörden im Bereich der Besteuerung und Richtlinie 2010/24/EU des Rates vom 16. März 2010 über die Amtshilfe bei der Beitreibung von Forderungen in Bezug auf bestimmte Steuern, Abgaben und sonstige Maßnahmen) für den Fall einer Veräußerung der Anteile keine Anwendung findet und 2. eine vergleichbare Amtshilfe und Unterstützung bei der Beitreibung der nach

[6]Abweichend von Satz 5 Nummer 4 ist eine unentgeltliche Übertragung durch den Steuerpflichtigen auf eine natürliche Person von Todes wegen unbeachtlich; insofern ist für Zwecke des Satzes 5 auf die betreffende Person oder, infolge aufeinanderfolgender unentgeltlicher Weiterübertragung zwischen natürlichen Personen von Todes wegen, auf deren unmittelbaren oder mittelbaren Rechtsnachfolger abzustellen. [7]In den Fällen des Absatzes 3 gelten die vorstehenden Sätze entsprechend; der Stundungszeitraum richtet sich nach der vom Finanzamt eingeräumten Frist; die Erhebung von Jahresraten entfällt auf Antrag des Steuerpflichtigen; über Satz 5 hinaus wird die noch nicht entrichtete Steuer auch innerhalb eines Monats nach Eintritt des Ereignisses fällig, wonach der Steueranspruch nicht mehr nach Absatz 3 entfallen kann oder der Wegfall der Rückkehrabsicht gegenüber dem Finanzamt mitgeteilt wird. [8]Soweit die Steuer nicht nach Absatz 3 entfällt und der Steuerpflichtige auf die Leistung von Jahresraten verzichtet hat, sind für die Dauer des gewährten Zahlungsaufschubs Zinsen in entsprechender Anwendung des § 234 der Abgabenordnung zu erheben.	Absatz 1 geschuldeten Steuer gegenüber der Bundesrepublik Deutschland nicht besteht. [3]Eine bereits laufende Stundung nach Satz 1 kann auch nachträglich von der Stellung von geeigneten Sicherheitsleistungen abhängig gemacht werden, wenn die Voraussetzungen des Satzes 2 nachträglich eintreten. [4]Die Stundung ist zu widerrufen, 1. soweit der Steuerpflichtige oder sein Rechtsnachfolger Anteile im Sinne des Absatzes 1 Satz 1 veräußern oder verdeckt in eine Gesellschaft im Sinne des § 17 Absatz 1 Satz 2 des Einkommensteuergesetzes einlegt oder einer der Tatbestände des § 17 Absatz 4 des Einkommensteuergesetzes erfüllt wird oder 2. im Falle des Satzes 3, wenn der Steuerpflichtige innerhalb einer von der Finanzbehörde zu setzenden angemessenen Frist keine geeigneten Sicherheitsleistungen erbringt. [5]Ein Umwandlungsvorgang, auf den die §§ 11, 15 oder 21 des Umwandlungssteuergesetzes vom 07. Dezember 2006 (BGBl. I S. 2782, 2791) in der jeweils geltenden Fassung anzuwenden sind, gilt auf Antrag nicht als Veräußerung im Sinne des Satzes 4 Nummer 1, wenn die erhaltenen Anteile bei einem unbeschränkt steuerpflichtigen Anteilseigner, der die Anteile nicht in einem Betriebsvermögen hält, nach § 13 Absatz 2, § 21 Absatz 2 des Umwandlungssteuergesetzes mit den Anschaffungskosten der bisherigen Anteile angesetzt werden könnten; für Zwecke der Anwendung des Satzes 4 und der Absätze 3, 5 und 6 treten insoweit die erhaltenen Anteile an die Stelle der Anteile im Sinne des Absatzes 1. [6]Ist im Fall des Satzes 1 der Gesamtbetrag der Einkünfte ohne Einbeziehung des

	Vermögenszuwachses nach Absatz 1 negativ, ist dieser Vermögenszuwachs bei Anwendung des § 10d des Einkommensteuergesetzes nicht zu berücksichtigen. [7]Soweit ein Ereignis im Sinne des Satzes 4 eintritt, ist der Vermögenszuwachs rückwirkend bei der Anwendung des § 10d des Einkommensteuergesetzes zu berücksichtigen und in Anwendung des Satzes 6 ergangene oder geänderte Feststellungsbescheide oder Steuerbescheide sind aufzuheben oder zu ändern; § 175 Absatz 1 Satz 2 der Abgabenordnung gilt entsprechend.
	(5) [1]Ist im Fall des Absatzes 4 Satz 4 Nummer 1 der Veräußerungsgewinn im Sinne des § 17 Absatz 2 des Einkommensteuergesetzes im Zeitpunkt der Beendigung der Stundung niedriger als der Vermögenszuwachs nach Absatz 1 und wird die Wertminderung bei der Einkommensbesteuerung durch den Zuzugsstaat nicht berücksichtigt, so ist der Steuerbescheid insoweit aufzuheben oder zu ändern; § 175 Absatz 1 Satz 2 der Abgabenordnung gilt entsprechend. [2]Die Wertminderung ist höchstens im Umfang des Vermögenszuwachses nach Absatz 1 zu berücksichtigen. [3]Beruht die Wertminderung auf einer gesellschaftsrechtlichen Maßnahme, insbesondere auf einer Gewinnausschüttung, so ist diese nicht zu berücksichtigen, wenn die gesellschaftsrechtliche Maßnahme innerhalb eines Jahres vor der tatsächlichen Veräußerung oder dem in Absatz 4 Satz 4 Nummer 1 gleichgestellten Ereignis erfolgt. [4]Wird die Wertminderung nach Satz 3 bei der Einkommensbesteuerung nicht berücksichtigt, ist die auf diese Gewinnausschüttungen erhobene und keinem Ermäßigungsanspruch mehr unterliegende inländische Kapitalertragsteuer auf die nach Absatz 1 geschuldete Steuer anzurechnen.

(5) [1]Der Steuerpflichtige oder sein Gesamtrechtsnachfolger hat dem Finanzamt, das in den in Absatz 1 genannten Zeitpunkten nach § 19 der Abgabenordnung zuständig ist, nach amtlich vorgeschriebenem Datensatz über die amtlich bestimmte Schnittstelle elektronisch die Verwirklichung eines der Tatbestände des Absatzes 4 Satz 5 oder 7 mitzuteilen. [2]Die Mitteilung ist innerhalb eines Monats nach dem meldepflichtigen Ereignis zu erstatten. [3]Der Steuerpflichtige oder sein Gesamtrechtsnachfolger hat dem nach Satz 1 zuständigen Finanzamt jährlich bis zum 31. Juli nach amtlich vorgeschriebenem Datensatz über die amtlich bestimmte Schnittstelle elektronisch seine aktuelle Anschrift mitzuteilen und zu bestätigen, dass die Anteile ihm oder im Fall des Absatzes 1 Satz 1 Nummer 2 seinem Rechtsnachfolger weiterhin zuzurechnen sind. [4]Auf Antrag kann die Finanzbehörde zur Vermeidung unbilliger Härten auf eine elektronische Übermittlung verzichten; in diesem Fall ist die Mitteilung nach amtlich vorgeschriebenem Vordruck abzugeben und vom Steuerpflichtigen eigenhändig zu unterschreiben.“	(6) [1]Der Steuerpflichtige oder sein Rechtsnachfolger hat dem Finanzamt, das in den in Absatz 1 genannten Zeitpunkten nach § 19 der Abgabenordnung zuständig ist, nach amtlich vorgeschriebenem Datensatz über die amtlich bestimmte Schnittstelle elektronisch die Verwirklichung eines der Tatbestände des Absatzes 4 Satz 5 oder 7 mitzuteilen. [2]Die Mitteilung ist innerhalb eines Monats nach dem meldepflichtigen Ereignis zu erstatten. [3]Der Steuerpflichtige oder sein Rechtsnachfolger hat dem nach Satz 1 zuständigen Finanzamt jährlich bis zum 31. Juli nach amtlich vorgeschriebenem Datensatz über die amtlich bestimmte Schnittstelle elektronisch seine aktuelle Anschrift mitzuteilen und zu bestätigen, dass die Anteile ihm oder im Fall des Absatzes 1 Satz 1 Nummer 2 seinem Rechtsnachfolger weiterhin zuzurechnen sind. [4]Auf Antrag kann die Finanzbehörde zur Vermeidung unbilliger Härten auf eine elektronische Übermittlung verzichten; in diesem Fall ist die Mitteilung nach amtlich vorgeschriebenem Vordruck abzugeben und vom Steuerpflichtigen eigenhändig zu unterschreiben. [5]Die Stundung nach Absatz 4 kann widerrufen werden, wenn der Steuerpflichtige seine Mitwirkungspflichten nach Satz 3 nicht erfüllt.“

II. Erläuterung des Alternativkonzepts

Überschrift

Auch im Alternativkonzept wird bewusst die Überschrift „Besteuerung der Vermögens*zuwächse*“ gewählt. Nach der hier vertretenen Auffassung gibt es keine verfassungs- oder unionsrechtliche Verpflichtung des deutschen Staats, auch fiktive Veräußerungsverluste, die sich im Zeitpunkt des Wegzugs oder des gleichgestellten Ereignisses darstellen, innerhalb der Wegzugsbesteuerung zu berücksichtigen.[1447]

[1447] Siehe hierzu ausführlich unter B.IV.2.b).

§ 6 Abs. 1 AStG-A

Im Gegensatz zu allen bisherigen Fassungen des § 6 Abs. 1 AStG wird hier – ähnlich wie in anderen Entstrickungsklauseln im Betriebsvermögensbereich[1448] – in Satz 1 erstmals das Konzept einer allgemeinen Entstrickungsnorm gewählt. Bereits im Gesetzesentwurf der Bundesregierung vom 25.09.2006 zum SEStEG war die Norm als allgemeine Entstrickungsklausel ausgestaltet.[1449] Begründet wurde dies damit, dass mit der Formulierung anlehnend an § 4 Abs. 1 Satz 3 EStG „der allgemeine Entstrickungstatbestand in § 4 Abs. 1 Satz 3 EStG und die entsprechende Neufassung des § 6 AStG [...] in abstrakter Umschreibung alle Fälle [umfassen], in denen das Besteuerungsrecht der Bundesrepublik Deutschland ausgeschlossen oder eingeschränkt wird."[1450] Bekanntlich hat dieser allgemeine Entstrickungstatbestand nie Einzug ins Gesetz gefunden.

Im Bericht des Finanzausschusses vom 09.11.2006 zum Entwurf der Bundesregierung wird auf den allgemeinen Entstrickungstatbestand Bezug genommen und festgestellt, dass nach einigen DBA das deutsche Besteuerungsrecht über den Zeitpunkt der Beendigung der unbeschränkten Steuerpflicht hinaus bestünde und diese Fälle gerade nicht von einem allgemeinen Entstrickungstatbestand abgedeckt seien.[1451] Damit wird deutlich, dass es dem Gesetzgeber ausdrücklich darauf ankommt, auch diejenigen Fälle unter die Wegzugsbesteuerung zu fassen, in denen ein Ausschluss oder eine Beschränkung des deutschen Besteuerungsrechts erst gar nicht eintritt (hier bezeichnet als die Fälle mit „überschießender Tendenz").[1452] Wie bereits gezeigt, wird daran zu Recht scharfe Kritik geübt, da Sinn und Zweck der Wegzugsbesteuerung in der Sicherstellung des deutschen Besteuerungsrechts liegen und die überschießenden Tendenzen mit diesem Zweck nicht vereinbar sind.[1453] Auch aus europäischer Sicht stellen sich diese überschießenden Tendenzen nach der hier vertretenen Auffassung als unionsrechtswidrig dar, sodass im Alternativkonzept nunmehr der allgemeine Entstrickungstatbestand gewählt wird, um all jene Fälle zu vermeiden, in denen eine Besteuerung trotz uneingeschränkten Fortbestands des deutschen Besteuerungsrechts bislang erfolgt ist. Die Beschränkung oder der Ausschluss des deutschen Besteuerungsrechts (in welcher Form dies auch immer im Einzelfall vorliegen mag) wird somit für *alle* in Betracht kommenden Fälle zur allgemeinen Tatbestandsvoraussetzung.

Dieser allgemeine Entstrickungstatbestand wird im Alternativkonzept mit dem Zusatz versehen, dass es sich um eine Maßnahme des Steuerpflichtigen, also den Anteilsgegner, handeln muss, die zur Beschränkung oder dem Ausschluss des Besteuerungsrechts führt. Damit wird sichergestellt, dass Fälle der sog. passiven Entstrickung, also Fälle, in denen

[1448] Wie bspw. § 4 Abs. 1 Satz 3 EStG.

[1449] BT-Drucks, 16/2710, S. 21.

[1450] BT-Drucks, 16/2710, S. 52.

[1451] BT-Drucks, 16/ 3369, S. 14.

[1452] Siehe hierzu ausführlich unter B.III.6.a).

[1453] Stellvertretend zur Kritik *Häck,* in: F/W/B/S, AStG, Stand: 07/2021, § 6 Rn. 24, 145.

die Beschränkung oder der Ausschluss ohne ein Zutun des Steuerpflichtigen eintritt,[1454] nicht länger vom Tatbestand der Wegzugsbesteuerung umfasst sind.

In § 6 Abs. 1 Satz 2 AStG-A wird beispielhaft aber nicht abschließend klargestellt, welche Maßnahmen des Steuerpflichtigen dabei insbesondere von der Wegzugsbesteuerung umfasst werden. Mit der Nennung des physischen Wegzugs wird verdeutlicht, dass es sich auch dem Wortlaut nach um eine „*Wegzugs*besteuerung" handelt, ohne dabei gleichzeitig andere Fälle, die dort nicht explizit aufgelistet sind, von der Besteuerung auszuschließen („insbesondere"). Da die „Maßnahme des Steuerpflichtigen" nach Satz 1 auch zur Beschränkung oder zum Ausschluss des deutschen Besteuerungsrechts führen muss, ist gewährleistet, dass die Beschränkung oder der Ausschluss allgemeines Tatbestandsmerkmal für das Auslösen der Wegzugsbesteuerung ist.

Satz 2 Nr. 2 stellt klar, dass unentgeltliche Übertragungen unter Lebenden und solche von Todes wegen gleichgestellt sind. Da es sich um „Verhaltensmaßnahmen *des Steuerpflichtigen*" handelt, wird zudem klargestellt, dass in diesem Fall der Schenker bzw. Erblasser Schuldner der Wegzugsteuer ist.

Gleichzeitig wird diejenige Gesetzeslücke in der alten Fassung vor dem ATAD-UmsG geschlossen, die die unentgeltliche Übertragung an eine doppelansässige Person betraf.[1455] Auch wenn dies nach der hier vertretenen Ansicht bereits in der neuen Fassung des § 6 Abs. 1 AStG umgesetzt ist, wird dies im Alternativkonzept nochmals deutlicher als in der aktuellen Gesetzesfassung, da der Ausschluss oder die Beschränkung des deutschen Besteuerungsrechts nun den allgemeinen Tatbestand und nicht lediglich einen Auffangtatbestand darstellt.

Die aktuelle Fassung des § 6 AStG enthält in Abs. 1 Satz 2 Nr. 3 die Klarstellung bzw. die ausdrückliche Regelung, dass bei einem Ausschluss oder einer Beschränkung des deutschen Besteuerungsrechts der (fiktive) Veräußerungszeitpunkt derjenige ist, der unmittelbar vor dem Zeitpunkt des Eintritts des Ausschlusses oder der Beschränkung liegt. Aus der Gesetzesbegründung des Referentenentwurfs geht hervor, dass der Gesetzgeber damit u.a. die dort beispielhaft genannten Fälle der erstmaligen Anwendbarkeit eines abgeschlossen oder geänderten DBA zur Beschränkung oder dem Ausschluss führt.[1456] Da es nach dem hier vorgeschlagenen Konzept ohnehin einer Maßnahme des Steuerpflichtigen bedarf (siehe Satz 1), sind die Fälle der sog. passiven Entstrickung nicht mehr vom Tatbestand des Abs. 1 umfasst, sodass es insoweit auch keiner Klarstellung oder Anordnungen eines Zeitpunkts bedarf, wie ihn § 6 Abs. 1 Satz 2 Nr. 3 AStG n.F. vorsieht. Es gilt wie in der Fassung vor dem ATAD-UmsG, dass die Rechtsfolgen des § 6 AStG

[1454] Bspw. durch den Neuabschluss oder die Änderung eines DBA, siehe unter B.III.5.a)bb).
[1455] Siehe hierzu unter B.III.5.b)aa).
[1456] RefE ATAD, S. 82, so auch dann RegE ATAD, BT-Drucks. 19/28652, S. 48.

gleichzeitig mit der Verwirklichung des auslösenden Ereignisses eine Veräußerung der Anteile eintreten.[1457]

§ 6 Abs. 1 Satz 3 AStG-A und der darin vorgesehene Step-up der Anschaffungskosten sind für den Fall relevant, in dem es zu einem späteren Zeitpunkt, nachdem eine deutsche Wegzugsbesteuerung bereits ausgelöst wurde, entweder zur tatsächlichen Veräußerung kommt oder erneut ein die Wegzugsteuer auslösender Tatbestand eintritt (Pendant zu § 17 Abs. 2 Satz 3 EStG, der eine *ausländische* Wegzugsteuer betrifft).
Dass die tatsächliche Veräußerung der Anteile nach einer bereits ausgelösten Wegzugsteuer auf diese Anteile überhaupt in Deutschland der Besteuerung unterliegt, ist nur denkbar, wenn entweder (i) das Besteuerungsrecht gar nicht erst (gänzlich) verloren gegangen ist und später dadurch ein Gewinn nach § 17 EStG besteuert werden konnte, oder (ii) der Steuerpflichtige wieder unbeschränkt steuerpflichtig wurde und das deutsche Besteuerungsrecht demnach wieder auflebte.

§ 6 Abs. 1 Satz 4 AStG-A stellt nochmal klar, dass auch für die Berechnung der Wegzugsteuer (und nicht nur für einen tatsächlichen Veräußerungsgewinn) der Step-up der Anschaffungskosten nach § 17 Abs. 2 Satz 3 EStG unter den dort genannten Voraussetzungen vorzunehmen ist. In der alten Fassung des § 6 Abs. 1 Satz 1 AStG vor dem ATAD-UmsG wurde dies dadurch gewährleistet, dass die Norm die Anwendung des § 17 EStG ohne tatsächliche Veräußerung vorschrieb (umfassender Rechtsgrund- und Rechtsfolgenverweis[1458]). In der neuen Fassung wird dies wohl in die Formulierung des Abs. 1 Satz 1 „Vorbehaltlich der Vorschriften des Einkommensteuergesetzes (...)“ hineinlesbar sein. Dies wird durch Satz 4 des Alternativvorschlags deutlicher gemacht.
Während § 6 Abs. 1 Satz 3 AStG-A eine inländische Wegzugsteuer betrifft, wird durch § 6 Abs. 1 Satz 4 AStG-A eine ausländische Wegzugsteuer berücksichtigt.

§ 6 Abs. 2 AStG-A

§ 6 Abs. 2 AStG-A entspricht der derzeitigen Regelung des § 6 Abs. 2 AStG n.F. Die Neuregelung des ATAD-UmsG bezüglich der Zeit der unbeschränkten Steuerpflicht in Deutschland ist nach der hier vertretenen Auffassung nicht zu beanstanden.

§ 6 Abs. 3 AStG-A

Das Alternativkonzept sieht eine „nur“ ratierliche Stundung nicht mehr vor. Aus diesem Grund ist eine Regelung zur „vorübergehenden“ Abwesenheit auch sinnwidrig, da die Steuer zeitlich unbegrenzt gestundet wird. Schon in der alten Fassung des Gesetzes sah § 6 Abs. 3 Satz 4 AStG a.F. für den Fall einer dauerhaften Stundung (die im Alternativkonzept zum alternativlosen Grundfall wird) vor, dass eine Rückkehr des Steuerpflichtigen unter den dort genannten Voraussetzungen *zeitlich unbefristet* erfolgen konnte, damit der Steueranspruch rückwirkend wieder entfiel. Dies ist auch einleuchtend, da bei einer

[1457] Siehe unter B.IV.3.a).
[1458] Vgl. hierzu unter B.IV.1.

Rückkehr des Steuerpflichtigen (bzw. seines Rechtsnachfolgers) der Zustand wieder hergestellt wird, der vor dem Auslösen der Wegzugsbesteuerung bestanden hat, sodass es für die Steuer keine Notwendigkeit mehr gibt.[1459]
Das Abstellen auf (mindestens[1460]) den Zustand des deutschen Besteuerungsrechts vor der Auslösung der Wegzugsteuer führt dazu, dass (i) nun auch Fälle umfasst sind, in der das deutsche Besteuerungsrecht nur beschränkt wurde, und diese Beschränkung wieder entfällt, und (ii) dass dies auch durch den Rechtsnachfolger des Steuerpflichtigen erfolgen kann.[1461]

Die Anrechnung einer ausländischen Steuer bei der Rückkehr nach Deutschland in Abs. 3 Satz 2 ist dem Umstand geschuldet, dass die derzeitige Fassung des § 17 Abs. 2 Satz 4 EStG den Step-up der Anschaffungskosten i.S.d. § 17 Abs. 2 Satz 3 EStG ausschließt, sofern ein Fall des § 6 Abs. 3 AStG vorliegt. Die Anrechnung der ausländischen Steuer soll der drohenden Doppelerfassung von Wertzuwächsen[1462] entgegenwirken.[1463]

§ 6 Abs. 4 AStG-A
In diesem Absatz ist die zentrale und einzige Stundungsvorschrift enthalten. Eine Unterscheidung zwischen Wegzügen in EU-/EWR-Staaten und in Drittstaaten wird nicht mehr vorgenommen und entspricht demnach der neueren Rechtsprechung des EuGH.[1464]

Im Unterschied zur ehemaligen Regelung zur dauerhaften Stundung in § 6 Abs. 5 AStG a.F. ist im Alternativkonzept ein Wahlrecht des Steuerpflichtigen enthalten, sodass ihm eine dauerhafte Stundung nicht aufgezwungen werden kann. Der EuGH hat, wenn auch in Bezug auf die Entstrickung im Betriebsvermögen, mehrfach angedeutet, dass dem Steuerpflichtigen, insbesondere in Bezug auf die Restriktionen und Anforderungen, die eine Stundung mit sich bringt, die Wahl haben soll zwischen einer Sofortbesteuerung unter Inkaufnahme des Liquiditätsnachteils oder aber der (dauerhaften) Stundung und der

---

[1459] Vgl. hierzu auch *Werner*, Systemgerechte Entstrickung im Steuerrecht, S. 236.

[1460] Denkbar wäre auch der Fall, bei dem die Wegzugsteuer deshalb ausgelöst wird, weil ein zuvor beschränktes Besteuerungsrecht durch eine Maßnahme des Anteilseigners oder aus anderem Grund gänzlich ausgeschlossen wird. Diese „Verschlechterung" des deutschen Besteuerungsrechts soll ebenfalls eine Wegzugsteuer auslösen (vgl. *Häck,* in: F/W/B/S, AStG, Stand: 07/2021, § 6 Rn. 353). Sofern das deutsche Besteuerungsrecht danach nicht nur in den alten Zustand (beschränktes Besteuerungsrecht) zurückgeführt wird, sondern sogar darüber hinaus (unbeschränktes Besteuerungsrecht), so soll die Vergünstigung der Rückkehrregelung selbstverständlich auch greifen.

[1461] Siehe in diesem Zusammenhang die Kritik an der derzeitigen Fassung des § 6 Abs. 3 AStG unter B.IV.5.b).

[1462] Siehe hierzu ausführlich unter B.IV.5.c).

[1463] Vgl. *Werner*, Systemgerechte Entstrickung im Steuerrecht, S. 236.

[1464] Vgl. EuGH, Urt. v. 26.02.2019 – C-581/17 (Wächtler), ECLI:EU:C:2019:138, Rn. 68; siehe hierzu ausführlich auch unter E.IV.2.b)bb).

Übernahme insbesondere der Nachweis- und Erklärungspflichten,[1465] die im Alternativkonzept in Abs. 6 geregelt sind. Welcher Aufwand bzw. welche Beschränkung den Steuerpflichtigen im konkreten Einzelfall mehr treffen, obliegt dann der Entscheidungsgewalt des Steuerpflichtigen.[1466]
Sollten die Voraussetzungen des Abs. 4 vorliegen, besteht nach Antragstellung ein Rechtsanspruch des Steuerpflichtigen; ein Ermessen bezüglich des „Ob" der Stundung wird der Finanzbehörde dabei nach Ausübung des Wahlrechts nicht eingeräumt („*ist* zu stunden").

Bei der Frage, ob eine dauerhafte und zinslose Stundung auf Antrag gewährt werden kann, wird im Alternativkonzept nicht mehr unterschieden zwischen Wegzügen (oder gleichgestellten Ereignisses) in einen EU-/EWR-Staat und in einen Drittstaat, so wie es § 6 AStG a.F. vorgesehen hat.
Die Stundung ist in allen Fällen zu gewähren. Die relevante Unterscheidung liegt in dem hier vorgestellten Konzept allerdings darin, ob diese Stundung von einer Sicherheitsleistung abhängig gemacht werden kann oder nicht. Dabei gilt der Grundsatz, dass die Stundung ohne Sicherheitsleistungen durch den Steuerpflichtigen gewährt wird. Nur unter den Voraussetzungen des § 6 Abs. 4 Satz 2 AStG-A kann die Finanzbehörde (insoweit Ermessen) Sicherheiten verlangen, sofern eine Amts- und Beitreibungshilfe nicht in dem hinreichenden Maße gewährleistet werden kann, dass die Erhebung der deutschen Wegzugsbesteuerung in Zukunft sichergestellt ist. Dies wird davon abhängig gemacht, ob vergleichbare Kriterien erfüllt sind wie in der Richtlinie zur Amts- und Beitreibungshilfe, deren Inhalt nach der hier vertretenen Auffassung als ausreichend angesehen wird, um die Erhebung der festgesetzten und gestundeten Wegzugsteuer später zu gewährleisten.[1467] Sofern diese Richtlinie nicht gilt (und dies betrifft diejenigen Staaten, die nicht EU-Mitgliedstaaten sind), so ist ein qualitativer Vergleich aufzustellen zu derjenigen vertraglichen bzw. völkerrechtlichen Amtshilfe- und oder Beitreibungshilfe, die mit dem jeweils anderen Staat vereinbart ist. Mit der Formulierung „vergleichbar" in Satz 2 Nr. 2 liegt ein unbestimmter Rechtsbegriff vor, der für die Auslegung durch die Finanzbehörde und ggf. durch die Finanzgerichtsbarkeit offen ist. Das Vorliegen dieses Tatbestandsmerkmals (keine *vergleichbare* Amts- und Beitreibungshilfe) ist Voraussetzung dafür, dass das Ermessen des Finanzamts, ob eine Sicherheit verlangt werden kann oder nicht, überhaupt erst eröffnet wird.
Zu berücksichtigen wird dabei bspw. sein, dass die OECD-Staaten mit den Mitgliedern des Europäischen Rates ein Übereinkommen über die gegenseitige Amtshilfe in

[1465] EuGH, Urt. v. 29.11.2011 – C-371/10 (National Grid Indus), ECLI:EU:C:2011:785, Rn. 73; EuGH, Urt. v. 23.01.2014 – C-164/12 (DMC), ECLI:EU:C:2014:20, Rn. 61; EuGH, Urt. v. 21.12.2016 – C-503/14 (Kommission/Portugal), ECLI:EU:C:2016:979, Rn. 60.

[1466] Siehe auch *Englisch,* in: Schaumburg/Englisch, Europäisches Steuerrecht Rn. 7.231 mit dem Hinweis, dass dem Steuerpflichtigen jedenfalls eine Option zur Sofortbesteuerung einzuräumen sein solle, um die mit einer Steuerstundung ggf. verbundenen administrativen und finanziellen Belastungen vermeiden zu können.

[1467] Siehe hierzu unter E.IV.2.b)aa).

Steuersachen abgeschlossen haben, das sowohl den Informationsaustausch einschließlich gleichzeitiger Steuerprüfungen als auch die Amtshilfe bei der Beitreibung einschließlich von Sicherungsmaßnahmen umfasst.[1468] Darüber hinaus spielen bei der Beurteilung über eine vergleichbare Amts- und Beitreibungsrichtlinie auch solche Klauseln eine Rolle, die den Art. 26 und 27 OECD-MA entsprechen, die ebenfalls sowohl den Informationsaustausch (Art. 26) als auch die Amtshilfe bei der Erhebung von Steuern (Art. 27) zwischen den einzelnen Vertragsparteien gewährleisten.[1469]
Es wäre zu empfehlen, dass das BMF hier eine vereinheitlichende Verwaltungsanweisung mit Kriterien zusammenstellt, um eine bundesweit einheitliche Handhabe in Bezug auf die Forderung von Sicherheitsleistungen zu ermöglichen.

Das Alternativkonzept zeigt, dass dem Merkmal der Amts- und Beitreibungshilfe ein besonderer Stellenwert zugesprochen wird, da sich danach entscheidet, ob während des Stundungszeitraums Sicherheiten geleistet werden müssen oder nicht, die – wie vom EuGH festgestellt – eine nicht unerhebliche Beeinträchtigung des Steuerpflichtigen darstellen können.[1470] Dies ist jedoch auch folgerichtig, weil es schlussendlich darum geht, ob und unter welchem Aufwand der deutsche Staat im Falle des Widerrufs der Stundung die Erhebung seiner Wegzugsteuer sicherstellen und durchführen kann. Dieser Aspekt deutet m.E. ebenfalls darauf hin, dass eine ratierliche Stundung unter Abwägung der Interessen des Steuerpflichtigen und denen des Staats nicht angemessen ist. Auch die aktuelle Gesetzesfassung sieht in § 6 Abs. 4 Satz 2 AStG n.F. vor, dass die ratierliche Stundung ebenfalls i.d.R. nur gegen Sicherheitsleistungen zu gewähren ist. Der Gesetzgeber sieht also offenbar auch in Bezug auf die sieben Jahresraten die Gefahr eines Vollzugsdefizits, sodass der Steuerpflichtige auch bei dieser zeitlich begrenzten Stundung i.d.R. Sicherheitsleistungen zu erbringen hat. Ebenso wie bei der dauerhaften Stundung geht es auch bei der ratierlichen Stundung darum, dass der Steuerpflichtige die festgesetzte Wegzugsteuer nicht sofort zahlt und dass spätere Zahlungen aus Sicht des deutschen Fiskus ggf. gefährdet sein können, wenn der Zugriff auf den Steuerpflichtigen und sein Vermögen erschwert ist.
Wenn es also darum geht, auf den Zeitraum nach dem Wegzug des Steuerpflichtigen zu schauen, und um zu ermitteln, wie hoch das Steuerausfallrisiko durch die Entflechtung mit dem deutschen Staat einzustufen ist, kann die Antwort darin nur in der konkret bestehenden Amts- und Beitreibungshilfesituation gefunden werden. Diese Kriterien sind m.E.

[1468] In Deutschland kodifiziert mit dem Gesetz zu dem Übereinkommen vom 25. Januar 1988 über die gegenseitige Amtshilfe in Steuersachen und zu dem Protokoll vom 27. Mai 2010 zur Änderung des Übereinkommens über die gegenseitige Amtshilfe in Steuersachen, vom 16.07.2015, BGBl II 2015, 966.

[1469] Siehe hierzu auch *Hoyer,* Unternehmensnachfolge und Wegzugsbesteuerung, S. 107, der die Regelungen des OECD-MA ebenfalls als Maßstab dafür ansieht, ob zwischen den Vertragsparteien eine (hinreichende) Vereinbarung zur Amts- und Beitreibungshilfe besteht, durch die eine Sofortbesteuerung ohne zinslose Stundung im Ergebnis als unionsrechtlich unverhältnismäßig zu bewerten sei.

[1470] Bspw. EuGH, Urt. v. 07.09.2006 – C-470/04 (N), ECLI:EU:C:2006:525, Rn. 51.

entscheidender als der bloße Zeitraum, nach dem die Wegzugsteuer tatsächlich zu zahlen ist – aufgeteilt auf sieben Jahre oder noch weiter in der Zukunft liegend etwa bei der tatsächlichen Veräußerung der Anteile. Ein zusätzlicher Sicherheitsmechanismus enthält das Alternativkonzept dadurch, dass die dauerhafte Stundung zudem davon abhängig gemacht wird, dass der Steuerpflichtige seine jährlichen Nachweispflichten gem. § 6 Abs. 6 Satz 3 AStG-A erfüllt.
Sofern sich die Beitreibungssituation aus Sicht des deutschen Fiskus verschlechtert (bspw. dadurch, dass der Steuerpflichtige aus einem EU-Mitgliedstaat in einen Staat zieht, mit dem keine Amts- und Beitreibungshilfen vereinbart sind) kann auch nachträglich auf geeignete Sicherheiten zurückgegriffen werden, um die Erhebung der Steuer zu schützen. Kann oder will der Steuerpflichtige diese nicht leisten, ist die Stundung zu widerrufen und die Steuer wäre sofort in voller Höhe zur Zahlung fällig.

Weiterhin wird für die Gewährung der dauerhaften Stundung vorausgesetzt, dass es sich bei dem Steuerpflichtigen um einen Staatsangehörigen eines EU-/EWR-Staats handelt. Dies ist angelehnt an die ursprüngliche Regelung zur dauerhaften Stundung in § 6 Abs. 5 AStG a.F. und ist dem Umstand geschuldet, dass die vorrangig betroffenen Grundfreiheiten der Niederlassungsfreiheit und der Arbeitnehmerfreizügigkeit (die im Wesentlichen zur Verankerung der dauerhaften und zinslosen Stundung im Alternativkonzept beigetragen haben) auch nur Unionsbürger oder Staatsangehörige eines EWR-Staats[1471] betreffen.[1472]
Sofern allerdings das jeweilige DBA mit Deutschland eine Art. 24 Abs. 1 OECD-MA vergleichbare Regelung enthält, wonach Deutschland Staatsangehörige eines Vertragsstaats keiner Besteuerung oder damit zusammenhängenden Verpflichtung unterwerfen darf, die anders oder belastender ist als die Besteuerung, der deutsche Staatsangehörige unter gleichen Verhältnissen unterworfen sind oder unterworfen werden können, ist § 6 Abs. 4 AStG-A auch bei anderen Staatsangehörigen anwendbar, sofern der Schutzbereich des jeweiligen DBA eröffnet ist. Dies widerspricht nicht dem Erfordernis der EU-/EWR-Staatsangehörigkeit. Wenn das Doppelbesteuerungsrecht eine Gleichstellung zur deutschen Staatsangehörigkeit anordnet, dann wird der betreffende Steuerpflichtige in Bezug auf die dauerhafte Stundung so behandelt, als wäre er ein deutscher Staatsbürger, der wiederum in den (persönlichen) Anwendungsbereich des § 6 Abs. 4 Satz 1 AStG-A fällt.

Der Widerruf der Stundung in § 6 Abs. 4 Satz 4 AStG-A beschränkt sich auf die Fälle, in denen die Anteile veräußert werden bzw. auf Ereignisse, die das Gesetz der Veräußerung gleichstellt. Dies entspricht dem Grundgedanken der dauerhaften Stundung, dass die Wegzugsteuer auf den fiktiven Veräußerungsgewinn nur dann auch zu entrichten ist, wenn es zu einer Veräußerung (oder einem gleichgestellten Ereignis) kommt und dabei

[1471] *Frotscher*, Internationales Steuerecht, Rn. 90; siehe auch Art. 31 Abs. 1 und Art. 28 Abs. 2 des EWR-Abkommens.
[1472] Stellvertretend *Musil*, in: Musil/Weber-Grellet, Europäisches Steuerrecht, Einführung, Rn. 85; vgl. auch *Keller*, Die Fortentwicklung der Wegzugsbesteuerung nach § 6 AStG, S. 125.

i.d.R. (zumindest für den Fall der Veräußerung) der Liquiditätsnachteil durch den Zufluss eines Veräußerungspreises aufgehoben bzw. abgemildert wird. Sachverhaltsveränderungen in Bezug auf Drittstaaten (wie etwa in § 6 Abs. 5 Satz 4 Nr. 2 bis 4 AStG a.F.) haben unter dem Alternativkonzept keine Auswirkungen mehr auf die Stundung als solche, sondern nur darauf, ob die Finanzbehörde gem. § 6 Abs. 4 Satz 3 AStG-A auch nachträglich Sicherheiten verlangen kann, etwa für den Fall, in dem der Steuerpflichtige in einen Staat zieht, mit dem gerade keine vergleichbare Amts- und Beitreibungshilfe i.S.d. Satzes 2 Nr. 2 besteht, oder er die Anteile unentgeltlich auf eine Person überträgt, die in einem solchen Staat ansässig ist. Für den Fall, dass der Steuerpflichtige dann keine Sicherheiten zu leisten vermag, ist der zweite Widerrufsgrund von Satz 4 Nr. 2 erfüllt (ohne Sicherheitsleistungen wäre in diesem Falle auch zu Beginn keine dauerhafte Stundung gewährt worden, sofern dies die Finanzbehörde für erforderlich erachtet hätte).

§ 6 Abs. 4 Sätze 5–7 AStG-A entsprechen der alten Fassung des Gesetzes mit den erforderlichen redaktionellen Anpassungen.

§ 6 Abs. 5 AStG-A

Wie auch in § 6 Abs. 6 AStG a.F. sind weiterhin eine Reduzierung und nachträgliche Korrektur der einst festgesetzten und dauerhaft gestundeten Wegzugsteuer für den Fall vorgesehen, dass der tatsächliche Veräußerungsgewinn zum Zeitpunkt der Veräußerung geringer ist als der Vermögenszuwachs, der der Wegzugsbesteuerung unterlegen hat. Zwar wird nach wie vor der Widerruf der dauerhaften Stundung wegen der Veräußerung der Anteile bzw. eines der Veräußerung gleichgestellten Ereignisses verlangt. Da diese dauerhafte Stundung nach dem Alternativkonzept jedoch grundsätzlich für alle Wegzüge gilt, unabhängig davon, ob sie in einen EU-/EWR-Staat oder in einen Drittstaat erfolgen, ist die Berücksichtigung von nachträglichen Wertminderungen bei Veräußerungen[1473] dadurch auch nicht mehr auf EU-/EWR-Sachverhalte beschränkt, was das Instrument der „nachträglichen Kaufpreisanpassung“[1474] in deutlich weniger Fällen erforderlich erscheinen lässt.

Nach wie vor wird die Minderung höchstens im Umfang des Vermögenszuwachses berücksichtigt, sodass nicht nachträglich ein fiktiver Veräußerungsverlust der Wegzugsbesteuerung unterläge.[1475]

Entgegen der Fassung vor dem ATAD-UmsG, die in § 6 Abs. 6 Satz 2 AStG a.F. noch eine Nachweispflicht über die betriebliche Veranlassung und darüber, dass die Wertminderung nicht auf gesellschaftsrechtlichen Maßnahmen beruht, vorsah, wird im

[1473] Eine solche (oder ein gleichgestelltes Ereignis) wird nach wie vor verlangt, da erst dann eine nachträgliche Wertminderung „endgültig ist“, siehe hierzu unter B.IV.6.a)aa).
[1474] Siehe hierzu ausführlich unter C.I.4.
[1475] Siehe hierzu unter B.IV.6.a)bb).

Alternativkonzept auf einen solchen Nachweis verzichtet. Dies ist dem Umstand geschuldet, dass der Nachweis für den Steuerpflichtigen in der Vergangenheit mit erheblichen praktischen Problemen verbunden war und teils erst gar nicht erbracht werden konnte.[1476] Dennoch soll der Besonderheit der gesellschaftsrechtlich veranlassten Wertminderungen auch im Alternativkonzept Rechnung getragen werden. Dass Wertminderungen nicht berücksichtigt werden sollen, wenn diese auf gesellschaftsrechtliche Maßnahmen zurückzuführen waren, insbesondere auf Gewinnausschüttungen, war vor allem als Missbrauchsbekämpfungsvorschrift angedacht. Es sollte verhindert werden, dass der Anteilseigner (sofern er hierfür die erforderlichen Befugnisse und Handlungsmacht besaß) selbst eine Wertminderung herbeiführen konnte, um die Wegzugsbesteuerung im Ergebnis (teilweise) rückgängig zu machen.[1477]

Wie schon dem Urteil in der Rs. Lasteyrie du Saillant[1478] und den Schlussanträgen des GA Mischo[1479] zu entnehmen ist, kann nicht ohne Weiteres jedem Steuerpflichtigen generalisierend der Missbrauch der Vorschrift vorgeworfen werden. Daher werden gesellschaftsrechtliche Maßnahmen im Alternativkonzept allein unter dem Aspekt der Missbrauchsverhinderung gewürdigt. Nur wenn solche Maßnahmen in einem kurzen Zeitraum (der hier auf ein Jahr festgesetzt wird) vor der tatsächlichen Veräußerung erfolgen, sollen diese Wertminderungen bei der „Neuberechnung" der Wegzugsteuer nicht berücksichtigt werden dürfen. Denn hier kann dann ein Indiz dafür gesehen werden, dass die gesellschaftsrechtliche Maßnahme wie bspw. die Gewinnausschüttung allein aus dem Grunde vorgenommen wurde, um in den Genuss der rückwirkenden Herabsetzung der Wegzugsteuer zu kommen.

Im Falle der Gewinnausschüttungen kurz vor der Veräußerung ist die Nichtberücksichtigung zudem dadurch zu rechtfertigen, dass sich insoweit auch die Leistungsfähigkeit des Steuerpflichtigen erhöht, während der Wert der Anteile sinkt.[1480]

Dies grenzt sich von § 6 Abs. 6 Satz 2 AStG a.F. und der dort vorgesehenen allgemeinen Nachweispflicht deutlich ab.

§ 6 Abs. 6 AStG-A

Dieser Absatz entspricht – unter redaktionellen Anpassungen – dem aktuellen § 6 Abs. 5 AStG n.F. Zu den Mitteilungs- und Erklärungspflichten des Steuerpflichtigen während der Zeit der dauerhaften Stundung gehören nach dem Alternativkonzept (i) die Mitteilung, ob und wann ein Ereignis eingetreten ist, das zum Widerruf der dauerhaften Stundung führen würde (also insbesondere die Veräußerung der Anteile oder ein gleichgestelltes Ereignis oder Änderungen in Bezug auf die geltende Amts- und Beitreibungshilfe), und (ii) der jährliche Nachweis über den Wohnsitz des Anteilseigners sowie

[1476] Siehe hierzu unter B.IV.6.a)aa); stellvertretend an dieser Stelle *Strunk/Kaminski*, in: S/K/K, AStG, Stand: 01/2020, § 6 Rn. 307.

[1477] Siehe *Wilke*, in: AStG – eKommentar, Stand: 03/2019, § 6 Rn. 103.

[1478] EuGH, Urt. v. 11.03.2004 – C-9/02 (de Lasteyrie du Saillant), ECLI:EU:C:2004:138, Rn. 51.

[1479] GA Mischo, Schlussanträge v. 13.03.2003 – C-9/02 (de Lasteyrie du Saillant), E-CLI:EU:C:2003:159, Rn. 62 ff.

[1480] Vgl. *Hecht,* in: Fuhrmann, AStG, § 6 Rn. 71.

darüber, dass ihm die Anteile bzw. seinem Rechtsnachfolger nach wie vor zuzurechnen sind. Gerade im Hinblick darauf, dass die dauerhafte Stundung zeitlich unbegrenzt ist, kommt diesen Mitwirkungspflichten noch bedeutendere Wirkung und Gewichtung zu, da hiervon die Handlungsmöglichkeit des Staats in Bezug auf die Sicherstellung der Steuerhebung abhängig ist. Aus diesem Grund sieht § 6 Abs. 6 Satz 5 AStG-A die im Ermessen der Behörde liegende Entscheidungsbefugnis vor, bei Verletzung der Mitteilungs- und Erklärungspflichten die dauerhafte Stundung zu widerrufen.[1481]

[1481] So in der aktuellen Fassung auch unter § 6 Abs. 4 Satz 5 Nr. 2 AStG n.F. vorgesehen.

I. Fazit und Ausblick

§ 6 AStG in der Fassung des ATAD-UmsG stellt nach der hier vertretenen Auffassung eine Rückentwicklung der Gesetzeslage dar, nämlich in die Zeit vor dem Inkrafttreten des SEStEG. Damals hatte der Gesetzgeber – im Gegensatz zur jetzigen Änderung – zutreffend auf die europäische Rechtsprechung reagiert, nun besteht jedoch (erneut) die Gefahr, dass der Gesetzgeber in absehbarer Zeit zu einer Nachbesserung verpflichtet sein wird. Es ist ebenso davon auszugehen, dass ein Wegzugsfall, der nach dem Inkrafttreten des § 6 AStG n.F. verwirklicht wurde und auf den das neue Recht Anwendung findet, in absehbarer Zeit dem EuGH vorgelegt werden wird. Dieser wird dann die Möglichkeiten haben, auch die *neue* Fassung des § 6 AStG unter die Lupe zu nehmen, nun jedoch zeitlich nach der Entscheidung in der Rs. Wächtler, die zumindest bei einem Großteil des Schrifttums die Hoffnung hat aufkommen lassen, der Gesetzgeber würde gerade wegen dieser deutlichen Entscheidung eine tatsächlich unionsrechtskonforme Regelung schaffen, die auch über die Grenzen des EU-/EWR-Raums zu einer Einheitlichkeit und Erleichterung für den Steuerpflichtigen führt, ohne dass dem Staat Steuersubstrat endgültig verloren ginge. Zwar hat der Gesetzgeber gewissermaßen eine Einheitlichkeit der Wegzugsfälle geschaffen, wendet er in der aktuellen Gesetzeslage den Stundungstatbestand immerhin für alle Wegzugsfälle gleichermaßen liquiditätsbelastend an, bewegt sich dabei allerdings zurück in die Zeit vor 2006, also in eine Zeit vor Geltung des SEStEG und damit m.E. in die falsche Richtung. Der Gesetzgeber mag aus fiskalischer und wirtschaftlicher Sicht den Gedanken an eine Gesetzeslage mit *genereller* dauerhafter und zinsloser Stundung der Wegzugsteuer scheuen, wäre diese in der Tat mit einer Verzögerung der Steuereinnahmen verbunden, nämlich bis zu dem teilweise erst viel späteren Zeitpunkt der tatsächlichen Veräußerung der Kapitalgesellschaftsanteile. Jedoch ist dies aber genau das, was eine Wegzugsteuer bezwecken soll: Die Sicherstellung der stillen Reserven, die unter der deutschen Steuerhoheit (und ggf. noch davor[1482]) entstanden sind, nicht jedoch zwangsweise auch die sofortige Einziehung der Steuer auf diese stillen Reserven.

Unter diesem Sicherstellungsgedanken wird auch die Frage zu stellen sein, wie lange das deutsche Recht noch eine Steuer überhaupt erst entstehen lassen will, die es ohne Einschränkung auch noch zu einem späteren Zeitpunkt hätte festsetzen können (Stichwort „überschießende Tendenz“). Ein im Juli 2024 veröffentlichter Abschlussbericht der vom BMF eingesetzten Expertenkommission „Vereinfachte Unternehmensteuer“ schlägt als eine mögliche Reaktion des deutschen Gesetzgebers vor, künftig gänzlich auf eine Norm wie § 6 AStG zu verzichten.[1483] Alternativ zu § 6 AStG empfiehlt die Kommission, eine fortdauernde Veräußerungsgewinnbesteuerung durch Ausweitung der

[1482] Vgl. hierzu unter E.IV.4.

[1483] Abschlussbericht der Expertenkommission „Vereinfachte Unternehmensteuer“ unter dem Titel „Besteuerung der Unternehmen – Einfacher und Effizienter“ aus Juli 2024 (nachfolgend „Abschlussbericht“), S. 147.

Nachlaufklauseln[1484] in den deutschen DBA sicherzustellen oder auch den vermehrten Einsatz von Sitzstaatsklauseln[1485] für die Sicherstellung der Besteuerungsrechte an inländischen Kapitalgesellschaftsanteilen.[1486] Wenn man jedoch, wie nach der hier vertretenen Auffassung, die Lösung des Problems drohender Verluste von Besteuerungsrechten nicht alleine den DBA überlassen möchte, sondern aus guten Gründen eine nationale Regelung wie § 6 AStG dem Grunde nach für sinnvoll hält, so sieht auch die Kommission die Verpflichtung des deutschen Gesetzgebers, die dauerhafte und zinslose Stundung auch in Bezug auf Drittstaaten auszuweiten und die Stundung grds. auch ohne Sicherheitsleistungen vorzusehen.[1487]
Sowohl bei der Entstehung als auch bei der Erhebung der Wegzugsteuer wird zu beobachten sein, wie sich die technischen und rechtlichen Rahmenbedingungen der Zusammenarbeit der Staaten auf dem Gebiet der gegenseitigen Unterstützung und Amtshilfe in Steuersachen entwickeln und welche Auswirkungen diese Entwicklungen auf die (scheinbare) Notwendigkeit haben werden, Nichteinbringungsrisiken entgegenzuwirken.

Zwar mag es sein, dass es Steueroasen nur geben kann, wo es auch Steuerwüsten gibt. Bei der Frage, wie weit und beschwerlich der Weg durch die Wüste ist und sein darf, sind dem Gesetzgeber allerdings Grenzen gesetzt.

[1484] Siehe hierzu bereits unter D.II.1.
[1485] Siehe hierzu bereits unter B.III.6.c)aa) und Fußnote 213.
[1486] Abschlussbericht S. 148, auch wenn die Kommission selbst einen enormen Aufwand und Zeitbedarf für die Änderungen der zahlreichen DBA feststellt.
[1487] Abschlussbericht S. 149.

Anhang

I. Abbildung 1 zu § 17 Abs. 2 Satz 4 EStG

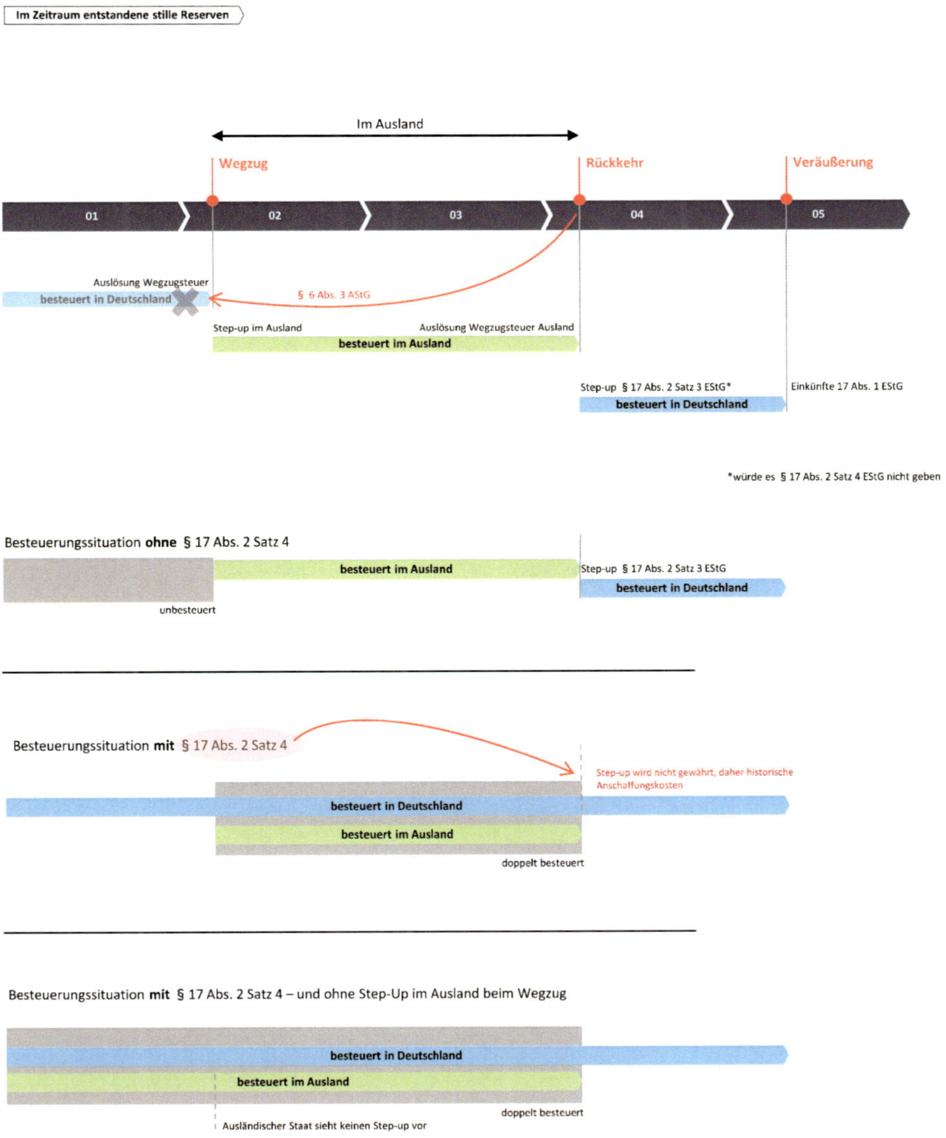

II. Abbildung 2 zu § 6 Abs. 6 AStG a.F.

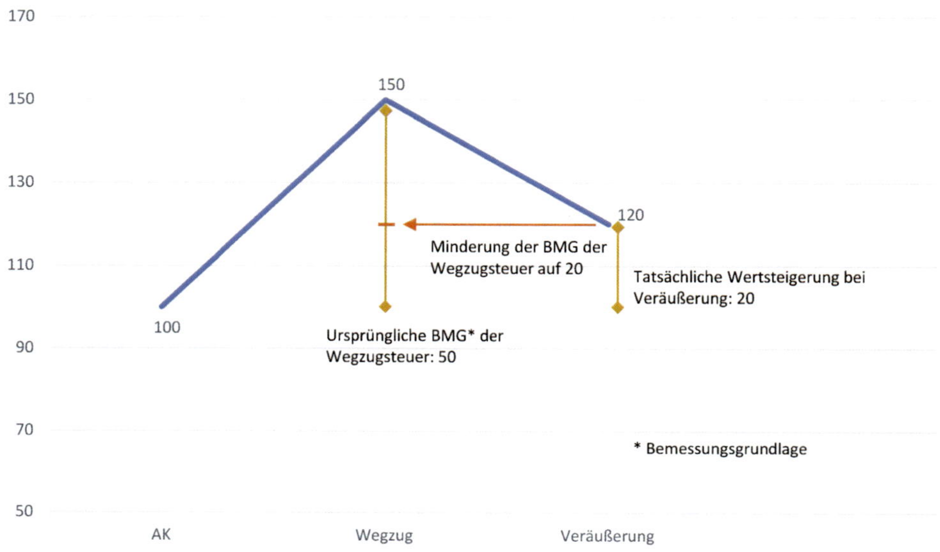

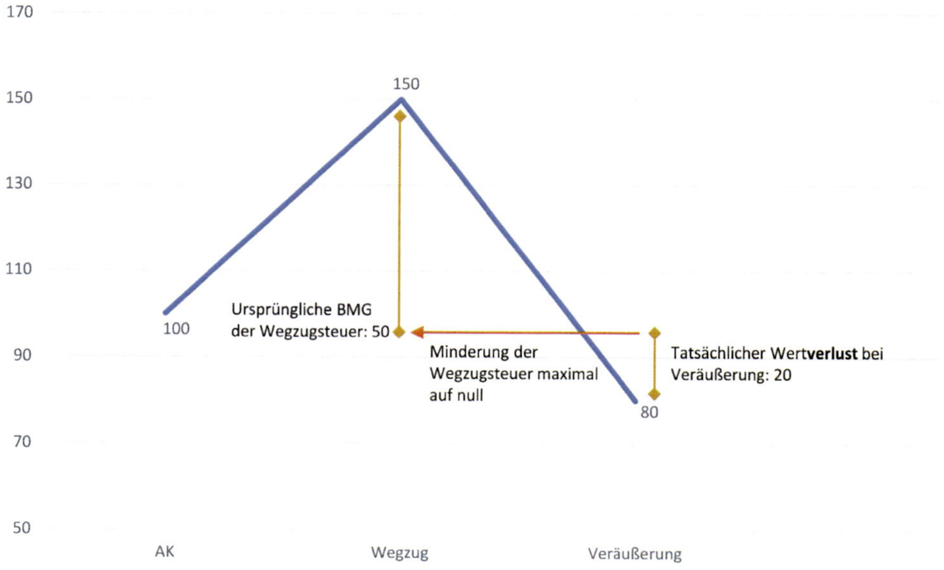

III. Abbildung 3 zu § 6 Abs. 1 Satz 5 AStG a.F.

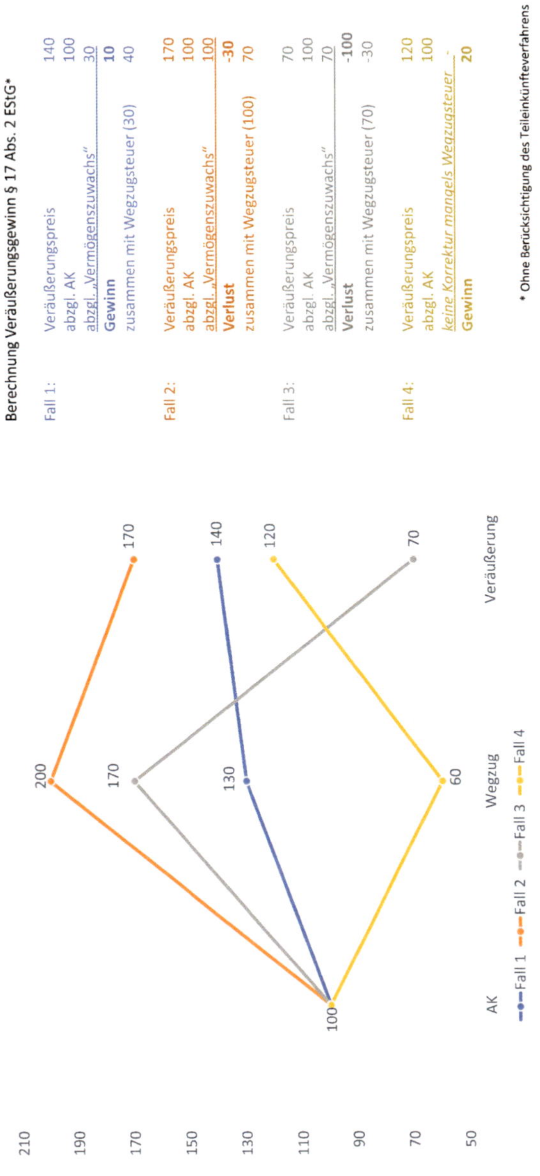

Literaturverzeichnis

Baßler, Johannes — Die Bedeutung des § 6 AStG bei der Planung der Unternehmensnachfolge (§ 6 AStG)
FR 2008, 851

-: — Wer ist Steuerpflichtiger in § 6 Abs. 1 Satz 2 Nr. 1 AStG? Anmerkung zu Wassermeyer, Der Meinungsstreit um die Wegzugsbesteuerung i. S. des § 6 AStG, in diesem Heft S. 1
IStR 2013, 22

Behrens, Peter — Die Konvergenz der wirtschaftlichen Freiheit im europäischen Gemeinschaftsrecht
EuR 1992, 145

Beutel, David / Rehberg, Martin — National Grid Indus – Schlusspunkt der Diskussion oder Quell neuer Kontroverse zur Entstrickungsbesteuerung?
IStR 2012, 94

Bilitewski, Andrea / Schifferdecker, Marc — Aktuelle Entwicklungen im Bereich der Wegzugsbesteuerung natürlicher Personen in Drittstaaten
Ubg 2013, 559

Binnewies, Burkhard / Wollweber, Markus — Private Feriendomizile in der Steuerfalle? – Zu den ertragsteuerlichen Fallstricken selbst genutzter Auslandsimmobilien
DStR 2014, 628

Blumenberg, Jens / Lechner, Florian — Die Zukunft der Entstrickungs- und Wegzugsbesteuerung, in: Blumenberg, Jens/ Crezelius, Georg/ Gosch, Dietmar/ Schüppen, Matthias (Hrsg.), Festschrift für Wilhelm Haarmann, Düsseldorf 2015, S. 353 ff.

Bodden, Guido — Familienpersonengesellschaften im Spannungsfeld zwischen § 50i EStG und § 4 Abs. 1 Satz 3 EStG - Steuergefahren beim Wegzug von Gesellschaftern
KÖSDI 2015, 19249

Bödefeld, Axel / Kuntschik, Nina
Schiedsverfahren nach DBA
IStR 2009, 449

Bott, Harald / Walter, Wolfgang [Hrsg.]
Körperschaftsteuergesetz, Kommentar
Loseblattsammlung, Frankfurt, Stand Juli 2023 (171. Lieferung)
(zitiert: *Bearbeiter,* in: Bott/Walter, KStG)

Brandis, Peter / Heuermann, Bernd [Hrsg.]
Ertragsteuerrecht, Band 1-3: §§ 1-8, §§ 9-25 und §§ 26-126 EStG
Loseblattsammlung, München, Stand August 2023 (168. Lieferung)
(zitiert: *Bearbeiter,* in: Brandis/Heuermann, EStG)

-:
Ertragsteuerrecht, Band 4: §§ 1-40 KStG u.a.
Loseblattsammlung, München, Stand August 2023 (168. Lieferung)
(zitiert: *Bearbeiter,* in: Brandis/Heuermann, KStG)

-:
Ertragsteuerrecht, Band 5: AStG u.a.
Loseblattsammlung, München, Stand August 2021 (158. Lieferung)
(zitiert: *Bearbeiter,* in: Brandis/Heuermann, AStG)

Braun, Leander
Besteuerung des Vermögenszuwachses wesentlicher Beteiligungen beim Wohnsitzwechsel ins Ausland, Beschränkung auf den Vermögenszuwachs, der auf die Zeit der inländischen Ansässigkeit entfällt
DB 1982, 2111

Bräutigam, Rainer / Häusler, Bernhard
Wegzugsbesteuerung nach § 6 AStG – Felix Austria?, Die Reform des § 6 AStG anhand eines deutsch-österreichischen Fallbeispiels
NWB-EV 2021, 302

Bron, Jan
Das van Hilten-Urteil des EuGH und die (Un-)Anwendbarkeit der Wegzugsbesteuerung im Verhältnis zu Drittstaaten
IStR 2006, 296

-.: Zum Risiko der Entstrickung durch den Abschluss bzw. die Revision von DBA, Überlegungen zu Outbound-Investitionen unter besonderer Berücksichtigung von Art. 13 Abs. 4 OECD-MA, § 6 AStG sowie von Umstrukturierungen
IStR 2012, 904

-.: Umwandlungssteuerliche sowie erbschaft- und schenkungsteuerliche Gefahren aufgrund der Wegzugsbesteuerung (§ 6 AStG) nach dem ATADUmsG-Referentenentwurf
IStR 2020, 361

Bundesministerium der Finanzen [Hrsg.] Bericht der Steuerreformkommission zum Außensteuerrecht,
Bonn 1970

Calliess, Christian / Ruffert, Matthias EUV/AEUV, Das Verfassungsrecht der Europäischen Union mit Europäischer Grundrechtecharta, Kommentar
6. Auflage, München 2022
(zitiert: *Bearbeiter,* in: Calliess/Ruffert, AEUV)

Carlé, Thomas Themen - Entstrickung im Ertragsteuerrecht
KÖSDI 2007, 15401

Cordewener, Axel Free Movement of Capital between EU Member States and Third Countries: How Far Has the Door Been Closed?
EC Tax Review 2009, 260

Cranshaw, Friedrich Stundung der Steuer auf latente Wertzuwächse von Gesellschaftsanteilen auch bei Wegzug in die Schweiz
jurisPR-IWR 3/2019 Anm. 1

Dautzenberg, Norbert Die Wegzugssteuer des § 6 AStG im Lichte des EG-Rechts (§ 6 AStG)
BB 1997, 180

Demuth, Ralf Themen - Gestaltungschancen zur Vermeidung der Wegzugsbesteuerung
KÖSDI 2014, 19017

Desens, Marc Paradigmenwechsel in der Entstrickungsbesteuerung?
DStR 2022, 1588

Deutschländer, André — Die Besteuerung des Vermögenszuwachses in Beteiligungen an Kapitalgesellschaften (§ 6 AStG)
IWB 2021, 56

Ditz, Xaver / Rupp, Thomas — Entstrickung und Verstrickung: Aktuelle Fragen und ATADUmsG
ISR 2021, 413

Dötsch, Ewald / Pung, Alexandra / Möhlenbrock, Rolf — Die Körperschaftsteuer
Loseblattsammlung, Mending/Stuttgart, Stand September 2023, (111. Lieferung)
(zitiert: *Bearbeiter*, in: D/P/M, KStG)

Drescher, Ingo / Fleischer, Holger / Schmidt, Karsten [Hrsg.] — Münchener Kommentar zum Handelsgesetzbuch
5. Auflage, München 2022
(zitiert: *Bearbeiter*, in: MüKoHGB)

Eberharting, Michael — Konvergenz und Neustrukturierung der Grundfreiheiten
EWS 1997, 43

Eickmann, Marco / Stein, Thomas — Die Wegzugsbesteuerung von Kapitalgesellschaften nach dem SEStEG
DStZ 2007, 723

Eidenmüller, Horst [Hrsg.] — Ausländische Kapitalgesellschaften im deutschen Recht
1. Auflage, München 2004
(zitiert: *Bearbeiter,* in: Eidenmüller, Ausl. Kapitalgesellschaften)

Eisendle, David / Henze, Thomas — Aktuelle Entwicklungen der EuGH-Rechtsprechung zu den direkten Steuern im Jahr 2019
ISR 2020, 23

Engesser, Joachim — Entstrickungsbesteuerung bei Umwandlungen
Berlin 2021 (zugl. Diss. Kassel 2020)

Epping, Volker / Hillgruber, Christian [Hrsg.] — Beck'scher Online-Kommentar Grundgesetz
56. Auflage, München 2023
(zitiert: *Bearbeiter,* in: BeckOK, GG)

Español, José Farré / Kamniski, Bert / Ramallo Pallast, Carlos — Steuerprobleme inländischer Gesellschafter von spanischen Immobilien-Kapitalgesellschaften
IStR 2016, 653

Ettinger, Jochen [Hrsg.] — Wegzugsbesteuerung, Steuerlich motivierter Wegzug natürlicher Personen, 4. Auflage, Herne 2012
(zitiert: *Bearbeiter,* in: Ettinger, Wegzugsbesteuerung)

Ettinger, Jochen / Beuchert, Tobias — Wegzugsbesteuerung, Gestaltungsüberlegungen im Hinblick auf § 6 AStG
IWB 2014, 126

Ettinger, Jochen / Eberl, Tobias — Die deutsche Wegzugsbesteuerung nach der EuGH-Rechtsprechung und wesentliche Gestaltungsüberlegungen im Zusammenhang mit einem Wegzug ins Ausland
GmbHR 2005, 152

Ettinger, Jochen / Hergeth, Armin / Psaier, Manfred — Die neue italienische Pauschalsteuer - Wirkung für Wegzügler aus Deutschland aus Sicht des deutschen Außensteuerrechts
IWB 2017, 47

Feitsch, Frank / Linder, Kerstin — Die inländische rechtsfähige Familienstiftung als Nachfolgerin in Gesellschaftsanteile: Gestaltungsüberlegungen in der anwaltlichen Praxis (Teil 1)
ZStV 2018, 29

Fischinger, Philipp — Der Grundrechtsverzicht
JuS 2007, 808

Flick Gocke Schaumburg / Bundesverband der Deutschen Industrie e.V. [Hrsg.] — Der Umwandlungssteuer-Erlass 2011
1. Auflage, Bonn 2012
(zitiert: *Bearbeiter,* in: FGS/BDI, UmwSt-Erlass 2011)

Flick, Hans / Wassermeyer, Franz / Baumhoff, Hubertus / Schönfeld, Jens — Außensteuerrecht, Kommentar, Band II
Loseblattsammlung, Köln, Stand Juli 2021 (98. Lieferung)
(zitiert: *Bearbeiter,* in: F/W/B/S, AStG)

Flick, Hans / Wassermeyer, Franz / Kempermann, Michael — Doppelbesteuerungsabkommen Deutschland-Schweiz Loseblattsammlung, Köln, Stand Juli 2023 (62. Lieferung)
(zitiert: *Bearbeiter*, in: F/W/K, DBA Schweiz)

Förster, Guido — Eine Neuordnung der Entstrickungsbesteuerung ist notwendig, in: Lüdicke, Jürgen/ Mellinghoff, Rudolf/ Rödder, Thomas (Hrsg.), Nationale und Internationale Unternehmensbesteuerung in der Rechtsordnung, Festschrift für Dietmar Gosch zum Ausscheiden aus dem Richteramt, München 2016, S. 83 ff.

Frotscher, Gerrit — Internationales Steuerrecht
5. Auflage, München 2020

Frotscher, Gerrit / Drüen, Klaus-Dieter — KStG/GewStG/UmwStG Kommentar
Loseblattsammlung, Freiburg, Stand September 2023 (170. Lieferung)
(zitiert: *Bearbeiter,* in: Frotscher/Drüen, KStG)

Fuhrmann, Sven / Guerts, Matthias / Nientimp, Axel / Wilmanns, Jobst [Hrsg.] — Außensteuergesetz, Kommentar [*zum alten Recht*]
3. Auflage, Herne 2017
(zitiert: *Bearbeiter,* in: Fuhrmann, AStG)

-: — Außensteuergesetz, Kommentar [*zum neuen Recht*]
4. Auflage, Herne 2023
(zitiert: *Bearbeiter,* in: Fuhrmann, AStG **n.F.**)

Geiger, Rudolf / Kahn, Daniel-Erasmus / Kotzur, Markus / Kirchmair, Lando — EUV, AEUV
Vertrag über die Europäische Union, Vertrag über die Arbeitsweise der Europäischen Union
7. Auflage, München 2023
(zitiert: *Bearbeiter,* in: Geiger/Kahn/Kotzur/Kirchmair, EUV/AEUV)

Gosch, Dietmar [Hrsg.] — Körperschaftsteuergesetz Kommentar
4. Auflage, München 2020
(zitiert: *Bearbeiter,* in: Gosch, KStG)

Gosch, Dietmar	Über das Treaty Overriding, Bestandsaufnahme – Verfassungsrecht – Europarecht IStR 2008, 413
Gosch, Dietmar / Hoyer, Andreas [Hrsg.] *Beermann, Albert [Begr.]*	Abgabenordnung, Finanzgerichtsordnung Loseblattsammlung, Bonn, Stand September 2023 (117. Lieferung) (zitiert: *Bearbeiter,* in: Gosch/Hoyer, AO/FGO)
Gosch, Dietmar / Kroppen, Heinz-Klaus / Grotherr, Siegfried / Kraft, Gerhardt	DBA-Kommentar Loseblattsammlung, Herne, Stand November 2023 (55. Lieferung) (zitiert: *Bearbeiter,* in: G/K/G/K, DBA-Kommentar)
Goßmann, Marc Christian	Die deutsche Entstrickungsbesteuerung im Anwendungsbereich der Anti-Tax Avoidance Directive (ATAD) (zugl. Diss. Köln 2021) URN: urn:nbn:de:hbz:38-300916
Grotherr, Siegfried	Neuerungen bei der Wegzugsbesteuerung (§ 6 AStG) durch das SEStEG IWB 2007, 65 (Fach 3, Gruppe 1, S. 2154)
Haase, Florian [Hrsg.]	Außensteuergesetz, Doppelbesteuerungsabkommen (Heidelberger Kommentar) 3. Auflage, Heidelberg 2016 (zitiert: *Bearbeiter,* in: Haase, AStG/DBA)
-:	Wegzugsbesteuerung 1. Auflage, München 2023 (zitiert: *Bearbeiter,* in: Haase, Wegzugsbesteuerung)
Haase, Florian	Über Sinn und Unsinn von § 12 Abs. 3 KStG BB 2009, 1448
Hachmeister, Dirk / Kahle, Holger / Mock, Sebastian / Schüppen, Matthias	Bilanzrecht Kommentar 4. Auflage, Köln 2024 (zitiert: *Bearbeiter,* in: Hachmeister/Kahle/Mock/Schüppen, Bilanzrecht)

Häck, Nils — Zur Anwendung des § 6 Abs. 1 AStG im Verhältnis zur Schweiz
IStR 2011, 521

-: — Besteuerung gemäß § 6 AStG trotz Fortbestand des deutschen Besteuerungsrechts? (Zugleich Anmerkung zu FG Köln, Urt. v. 28.3.2019 – 15 K 2159/15)
IStR 2019, 672

-: — Folgen des EuGH-Urteils v. 26.2.2019, Wächtler, C-81/17
ISR 2020, 17

-: — Ausschluss oder Beschränkung des nationalen Besteuerungsrechts ist kein ungeschriebenes Tatbestandsmerkmal des § 6 Abs. 1 S. 2 Nr. 1 AStG (Zugleich Anmerkung zu BFH, Urt. v. 08.12.2021 – I R 30-19)
IStR 2022, 460

-: — Änderungen bei der Wegzugsbesteuerung natürlicher Personen durch das JStG 2022
IStR 2023, 274

-: — Wegzugsbesteuerung und „lediglich vorübergehende Abwesenheit“
IStR 2023, 324

Häck, Nils / Kahlenberg, Christian — Neues zur Stundung der Wegzugsbesteuerung im Verhältnis zu Großbritannien und der Schweiz
IStR 2019, 253

Hagemann, Tobias / Kahlenberg, Christian — Anti Tax Avoidance Directive (ATAD) Kommentar
1. Auflage 2018

Hagemann, Tobias / Kahlenberg, Christian / Höppner, Dino / Schuh, Mathias — Die „Exit“-Besteuerung nach mehr als einer Dekade EuGH-Rechtsprechung – immer noch offene Fragen zur Wegzugsbesteuerung nach § 6 AStG
FR 2019, 427

Hahn, Hartmut — Von Spartanern und Athenern, zum Beschluss des BFH vom 17.12.1997 zur Vereinbarkeit des § 6 AStG mit dem EGV, zu seinen Kritikern und zugleich ein Beitrag zur Dogmatik der Grundfreiheiten des EGV
DStZ 2000, 14

Haslehner, Werner Christof — Das Konkurrenzverhältnis der Europäischen Grundfreiheiten in der Rechtsprechung des EuGH zu den direkten Steuern
IStR 2008, 565

Haun, Jürgen / Kahle, Holger / Goebel, Sören / Reiser, Hagen [Hrsg.] — Außensteuergesetz, Kommentar zum AStG sowie zu den Entstrickungs- und Verstrickungsvorschriften des EStG, KStG und UmwStG
Loseblattsammlung, Stuttgart, Stand Oktober 2019 (42. Lieferung)
(zitiert: *Bearbeiter,* in: H/K/G/R, AStG)

Heckerodt, David / Schulz, Samuel — Das Verhältnis von § 6 AStG zu den Entstrickungsregelungen des EStG und des KStG
ISR 2018, 229

Hellwig, Peter — Die Olympiapferde und die Hürden des Außensteuergesetzes – Einige Fragen zur Vermögenszuwachsbesteuerung
DStZ/A 1976, 4

Henze, Thomas — Die National-Grid-Indus-Rechtsprechung des EuGH zur Wegzugsbesteuerung gilt nicht nur für Unternehmen, sondern auch für natürliche Personen (d.h. Wahlrecht des Steuerpflichtigen zwischen Sofortbesteuerung oder Aufschub; Letzteres ggf. unter Verzinsung und Stellung von Sicherheiten)
ISR 2017, 47

-: — EuGH-Rechtsprechung: Aktuelle Entwicklungen zu den direkten Steuern im Jahr 2017
ISR 2017, 401

Herrmann, Carl / Heuer, Gerhard / Raupach, Arndt	Kommentar zum Einkommen- und Körperschaftsteuergesetz Loseblattsammlung, Köln, Stand August 2023 (318. Lieferung) (zitiert: *Bearbeiter,* in: H/H/R, EStG/KStG)
Heurung, Rainer / Ferdinand, Franziska / Kremer, Kai	Reform der Wegzugsbesteuerung – Die aktuelle Regelung des § 6 AStG im Vergleich zur geplanten Neufassung nach dem Referentenentwurf zum ATADUmsG IStR 2020, 90
Hohenwarter-Mayr, Daniela	Die EuGH-Rs. Wächtler: Neuerliche Wende bei der Wegzugsbesteuerung von natürlichen Personen? EWS 2019, 129
Höppner, Dino / Schuh, Mathis	Außensteuergesetz: Die Wegzugsbesteuerung im Lichte des Freizügigkeitsabkommens mit der Schweiz PIStB 2019, 345
Höppner, Horst Dieter / Piltz, Detlev / Wassermeyer, Franz	Die Besteuerung nach dem Wegzug ins Ausland Bonn 1997 (zitiert: *Bearbeiter,* in: H/P/W, Die Besteuerung nach dem Wegzug ins Ausland)
Hörnicke, Gabriel / Quilitzsch, Carsten /	Die Wegzugsbesteuerung i.d.F. des RefE-ATADUmsG im Lichte der jüngeren Rechtsprechung ISR 2020, 152
Hoyer, Stephan	Unternehmensnachfolge und Wegzugsbesteuerung Frankfurt am Main 2013 (zugl. Diss. Trier 2012)
Hummel, David	Auch im Verhältnis zur Schweiz gibt es keine Wegzugsbesteuerung ohne Stundungsmöglichkeit, wenn im Inland erst bei Realisierung der stillen Reserven besteuert wird ISR 2019, 436
Hummel, Lars / Kaminski, Bert [Hrsg.]	Neue Herausforderungen im internationalen Steuerrecht 1. Auflage, Köln 2022 (zitiert: *Bearbeiter,* in: Hummel/Kaminski, Neue Herausforderungen im internationalen Steuerrecht)

Ismer, Roland / Reimer, Ekkehart / Rust, Alexander — Ist § 6 AStG noch zu halten? – Die Wegzugsbesteuerung auf dem Prüfstand des Gemeinschaftsrechts nach der Entscheidung de Lasteyrie du Saillant
EWS 2004, 207

Jabrayilov, Elvin — Die europarechtliche Würdigung der Wegzugsbesteuerung nach § 6 AStG: Ist in naher Zukunft mit der Verschärfung des § 6 AStG zu rechnen? - Bestandsaufnahme de lege lata und Ausblick de lege ferenda
SAM 2017, 83

Jacobsen, Hendrik [Hrsg.] — AStG – eKommentar, Stand 29.03.2019, juris
(zitiert: *Bearbeiter,* in: AStG - eKommentar)

-: — AStG – eKommentar, Stand 09.01.2024, juris
(zitiert: *Bearbeiter,* in: AStG - eKommentar)

Jaeger, Gerold — Wegzugsbesteuerung vor dem Aus? - Anmerkung zu EuGH, Urteil vom 11.3.2004, RS C-9/02
GPR 2004, 279-280

Jagusch, Sebastian — Wegzugsbesteuerung ohne Wegzug, Die Veräußerungsfiktion des § 6 Abs. 1 Satz 2 Nr. 1 AStG als einkommensteuerliche Belastung des Erben, Eine kritische Betrachtung unter materiell-rechtlichen, europarechtlichen und verfassungsrechtlichen Gesichtspunkten
Hamburg 2019 (zugl. Diss. Bochum 2018)

Jarass, Hans / Piertoh, Bodo — Grundgesetz für die Bundesrepublik Deutschland, Kommentar
17. Auflage, München 2022
(zitiert: *Bearbeiter,* in: Jarass/Pieroth, GG)

Jesic, Adrijan / Leucht, Nils — Der § 6 AStG idF des ATAD-Umsetzungsgesetzes - Unionsrechtskonform trotz Wegfall des bisherigen § 6 Abs. 5 bzw. 6 AStG?
DStR 2021, 1913

Jochum, Heike
Niederlassungs- und Dienstleistungsfreiheit sind auch auf wirtschaftlich tätige Trusts anwendbar; die Besteuerung nicht realisierter Wertzuwächse beim Wegzug der Mitglieder des Trust setzt ein Wahlrecht zwischen sofortiger und aufgeschobener Einziehung geschuldeter Steuer voraus
ISR 2017, 444

Kahle, Holger / Beinert, Stefanie
Zur Diskussion um die Europarechtswidrigkeit der Entstrickungstatbestände nach Verder LabTec
FR 2015, 585

Kahle, Holger / Eichholz, Meik
Entstrickung nach § 4 Abs. 1 Satz 3 und 4 EStG - Ausgewählte Aspekte und Zweifelsfragen
StuB 2014, 867

-:
Ausgewählte Aspekte der Bildung und Auflösung eines Ausgleichspostens nach § 4g EStG
FR 2015, 7

Kahlenberg, Christian
Wegzugsbesteuerung auch ohne Ausschluss oder Beschränkung des deutschen Besteuerungsrechts (Zugleich Anm. zu FG Köln, Urt. v. 28.3.2019 – 15 K 2159/15)
FR 2019, 820

-:
Aktuelle Entwicklungen im Bereich der Wegzugsbesteuerung (§ 6 AStG) - Zugleich Anmerkungen zu dem Referentenentwurf eines ATADUmsG
IStR 2020, 378

Kaligin, Thomas / Hahn, Hartmut / Schulz, Alexander / Lademann, Fritz [Begr.]
Außensteuergesetz
2. Auflage, Boorberg 2015
(zitiert: *Bearbeiter,* in: Lademann, AStG)

Keller, Annekathrin
Die Fortentwicklung der Wegzugsbesteuerung nach § 6 AStG
Wiesbaden 2006 (zugl. Diss. Erlangen-Nürnberg 2006)

Kessens, Felix
Die Besteuerung der grenzüberschreitenden Überführung von Wirtschaftsgütern
Frankfurt am Main 2009 (zugl. Diss. Trier 2008)

Kessler, Wolfgang / Eickert, Klaus / Obser, Ralph	Die Gesellschafter-Fremdfinanzierung im Lichte der Kapitalverkehrsfreiheit IStR 2004, 325
Kessler, Wolfgang / Philipp, Moritz	Rechtssache National Grid Indus BV – Ende oder Bestätigung der Entstrickungsbesteuerung? DStR 2012, 267
Kessler, Wolfgang / Spychalski, Alexander	Die Tatbestandsvoraussetzungen einer passiven Entstrickung bei Änderung bilateraler Verträge – Kann rein staatliches Handeln die Aufdeckung stiller Reserven implizieren? IStR 2019, 193
Kingreen, Thorsten / Poscher, Ralf	Grundrechte, Staatsrecht II 39. Auflage, Heidelberg 2023 (zitiert: *Kingreen/Poscher*, Grundrechte)
Kirchhof, Paul / Mellinghoff, Rudolf / Kube, Hanno [Hrsg.] / Söhn, Hartmut [Begr.]	Einkommensteuergesetz, Kommentar, Loseblattsammlung, Heidelberg, Stand Februar 2024, (341. Lieferung) (zitiert: *Bearbeiter,* in: Kirchhof/Söhn/Mellinghoff, EStG)
Kirchhof, Gregor / Kulosa, Egmont / Ratschow, Eckart	Beck'scher Online-Kommentar EStG 16. Edition, Stand 01.07.2023 (zitiert: *Bearbeiter,* in: BeckOK EStG)
Kirchhof, Paul / Seer, Roman [Hrsg.]	Einkommensteuergesetz 22. Auflage, Köln 2023 (zitiert: *Bearbeiter,* in: Kirchhof/Seer, EStG)
Kleinert, Jens / Probst, Peter	Endgültiges Aus für steuerliche Wegzugsbeschränkungen bei natürlichen und juristischen Personen - Anmerkung zum EuGH-Urteil vom 11. 3. 2004 Rs. C-9/02, de Lasteyrie du Saillant DB 2004, 673
Koenig, Ulrich [Hrsg.]	Abgabenordnung, Kommentar 4. Auflage, München 2021 (zitiert: *Bearbeiter,* in: Koenig, AO)

Korn, Klaus / Carlé, Dieter / Stahl, Rudolf [Hrsg.] Einkommensteuergesetz, Kommentar
Loseblattsammlung, 1. Auflage, Siegburg 2000, Stand August 2023, (147. Lieferung)
(zitiert: *Bearbeiter,* in: Korn/Carlé/Stahl, EStG)

Körner, Andreas Europarechtliches Verbot der Sofortbesteuerung stiller Reserven beim Transfer ins EU-Ausland, Anmerkung zum Urteil des EuGH vom 29. 11. 2011, C-371/10
IStR 2012, 1

Kraft, Gerhard [Hrsg.] AStG, Außensteuergesetz, Kommentar
2. Auflage, München 2019
(zitiert: *Bearbeiter,* in: Kraft, AStG)

Kraft, Gerhard Anteilswertminderungen in Wegzugsfällen – eine steuersystematische und unionsrechtliche Würdigung im Lichte der EuGH-Entscheidung Jacob/Lassus (C-327/16 und C-421/16) vom 22.3.2018
IStR 2018, 289

-: Der steuerliche Wegzug: Die vermögensverwaltende, gewerblich geprägte Personengesellschaft mit gemischtem Vermögen
PIStB 2020, 83

Kraft, Gerhard Gräfe, Maren Rettung fiktiver Wertverluste in Kapitalgesellschaftsanteilen beim Wegzug natürlicher Personen
IWB 2016, 384

Krumm, Marcel Einkommensteuerrechtliche Wertzuwachsbesteuerung bei grenzüberschreitender Vererbung von Kapitalgesellschaftsanteilen des Privatvermögens (Teil I)
FR 2012, 509

-: Einkommensteuerrechtliche Wertzuwachsbesteuerung bei grenzüberschreitender Vererbung von Kapitalgesellschaftsanteilen des Privatvermögens (Teil II)
FR 2012, 624

Kudert, Stephan / Hagemann, Tobias / Kahlenberg, Christian Stiftungen Familienunternehmen, Die Internationalisierung der Unternehmerfamilie – Reformvorschläge für die Wegzugsbesteuerung
Stiftungen Familienunternehmen [Hrsg.], München 2017

Lang, Michael — Der Anwendungsbereich der Grundfreiheiten – Maßgeblichkeit des Sachverhalts oder der nationalen Rechtsvorschrift?, in: Lang, Michael/ Weinzierl, Christine (Hrsg.), Europäisches Steuerrecht, Festschrift für Friedrich Rödler zum 60. Geburtstag, Wien 2010, S. 521 ff.

Lang, Michael / Lüdicke, Jürgen / Reich, Markus — Beteiligungen im Privatvermögen: Die Besteuerung des Wegzugs aus Österreich und Deutschland in die Schweiz – Teil I
IStR 2008, 673

Lausterer, Martin — Die Wegzugsbesteuerung nach dem Regierungsentwurf des SEStEG
BB 2006, Special 8, 80

Layer, Bertram — Wegzugsbesteuerung – sofortige Fälligkeit bei Wegzug in die Schweiz unverhältnismäßig (Fall: Wächtler)
FuS 2019, 1001

Linn, Alexander — Das EuGH-Urteil in der Rs. DMC und der Vorlagebeschluss des FG -Düsseldorf – Ende der Diskussionen um die Wegzugssteuer?
IStR 2014, 136

Lippross, Otto-Gerd / Seibel, Wolfgang [Hrsg.] — Basiskommentar Steuerrecht
Loseblattsammlung, Köln, Stand August 2023 (139. Lieferung)
(zitiert: *Bearbeiter,* in: Lippross/Seibel, BK Steuerrecht)

Littmann, Eberhardt [Begr.] / Bitz, Horst / Puts, Hartmut [Hrsg.] — Das Einkommensteuerrecht
Loseblattsammlung, Stuttgart, Stand Januar 2024, (170. Lieferung)
(zitiert: *Bearbeiter,* in: Littmann/Bitz/Pust, EStG)

Marchgraber, Christoph — Übertragung stiller Reserven und Unionsrecht
SWI 2012, 361

Maunz, Theodor / Dürig, Günther [Begr.] — Grundgesetz, Kommentar, Band I, Texte – Art. 1-5
Loseblattsammlung, München, Stand Mai 2023 (101. Lieferung)
(zitiert: *Bearbeiter,* in: Maunz/Dürig, GG)

Mechtler, Lukas / Spies, Karoline — EuGH-Rechtsprechung: Anforderungen der Grundfreiheiten an die Entstrickungsbesteuerung (Teil 1)
ISR 2016, 430

Middendorf, Oliver / Eberhardt, David — Das ATAD-Umsetzungsgesetz – Was lange währt, wird endlich gut? - Ein Überblick aus Sicht der Praxis
StuB 2021, 693

Micker, Lars — Wegzugsbesteuerung und „lediglich vorübergehende Abwesenheit“
Ubg 2023, 325

Micker, Lars / Schwarz, Rabea — Europarechtskonforme Entstrickung von Privat- und Betriebsvermögen, EuGH, Urteil vom 21.12.2016 - Rs. C-503/14, Kommission gegen Portugal
IWB 2017, 344

Mitschke, Wolfgang — Entstrickung und Verstrickung – BFH I R 77/06 und § 4 Abs. 1 Satz 3 EStG
IStR 2010, 211

-: — Keine „finale Betriebsaufgabe” durch Betriebsverlegung ins Ausland
FR 2010, 183

-: — Konkretisierung der gesetzlichen Entstrickungsregelungen und Kodifizierung der finalen Betriebsaufgabetheorie durch das Jahressteuergesetz 2010
Ubg 2011, 328

-: — National Grid Indus – Ein Phyrrussieg für die Gegner der Sofortversteuerung?
IStR 2012, 6

-: — DMC: EuGH urteilt zu deutschen Entstrickungsregeln - DMC Beteiligungsgesellschaft mbH ./. FA Hamburg-Mitte (Vorabentscheidungsersuchen vom FG Hamburg)
IStR 2014, 106

-: — Besteuerung der Wertzuwächse aus einem Tausch von Gesellschaftsanteilen bei natürlichen Personen - Europäische Kommission/Portugiesische Republik
IStR 2017, 69

-: Besteuerung der nicht realisierten Wertsteigerungen im Zusammenhang mit Kapitalbeteiligungen an Gesellschaften mit Sitz im Herkunftsmitgliedstaat im Rahmen einer Verlegung des Wohnsitzes in die Schweiz - Christian Picart/Ministre des Finances et des Comptes publics
IStR 2018, 278

Müller, Stefan Noch einmal: EuGH v. 23.1.2014 in der Rs. DMC Beteiligungsgesellschaft mbH
ISR 2014, 136

Müller-Glöge, Rudi / Preis, Ulrich / Schmidt, Ingrid [Hrsg.] Erfurter Kommentar zum Arbeitsrecht
23. Auflage, München 2023
(zitiert: *Bearbeiter,* in: ErfK)

Musil, Andreas / Weber-Grellet, Heinrich [Hrsg.] Europäisches Steuerrecht, Kommentar
1. Auflage, München 2019
(zitiert: *Bearbeiter,* in: Musil/Weber-Grellet, Europäisches Steuerrecht)

Musil, Andreas Deutsches Treaty Overriding und seine Vereinbarkeit mit Europäischem Gemeinschaftsrecht
Schriften zum Europäischen Recht (EUR), Band 66, Berlin 2000

-: Rechtsprechungswende des EuGH bei den Ertragsteuern? - Eine Analyse aktueller Leitentscheidungen des EuGH
DB 2009, 1037

-: Die Ergänzung des Entstrickungstatbestands durch § 4 Abs. 1 Satz 4 EStG – Herrscht nun endlich Klarheit?
FR 2011, 545

-: Treaty Override als Dauerproblem des Internationalen Steuerrechts
IStR 2014, 192

Nagler, Jürgen / Kleinert, Jens Wegzugsteuer tot, BMF in Not!, Zum BMF-Schr. v. 8.6.2005 zur EG-rechtskonformen Anwendung von § 6 AStG
GmbHR 2005, R281

Niehaves, Dieter / Beil, Andreas — Das neue DBA Deutschland – Liechtenstein
DStR 2012, 209

Nürnberg, Philip — Einordnung der EuGH-Urteile Picart und Wächtler unter Konvergenzerwägungen
ISR 2019, 159

Von Oertzen, Christian — Aktuelle Stiftungsstrukturen
BB 2019, 2647

Oppel, Florian — Überblick über § 6 AStG n. F. – unionsrechtliche Einordnung und Vermeidungsstrategien, Ratenzahlung statt Ewigkeitsstundung
IWB 2021, 508

-: — Entstrickung: Offene nationalrechtliche Fragen zur Entstrickung nach § 4 Abs. 1 Satz 3, 4 EStG – der BFH ist gefragt
ISR 2016, 298

Orthmann, Jan — Entstrickungsbesteuerung und Niederlassungsfreiheit, Die Rechtsprechung des EuGH zur „Exit Tax" bei grenzüberschreitender Unternehmenstätigkeit
Baden-Baden 2015 (zugl. Diss. Saarbrücken 2015)

Paus, Bernhard — Wegzugsbesteuerung des § 6 AStG - dürfen Verluste außer Ansatz bleiben?
DStZ 2017, 893

Pfirrmann, Volker / Rosenke, Thorsten / Wagner, Klaus J. [Hrsg.] — Beck'scher Online-Kommentar AO
26. Edition, Stand 01.10.2023
(zitiert: *Bearbeiter,* in: BeckOK AO)

Pohl, Dirk — Zuzug und Wegzug - Aktuelle Rechtsentwicklungen im Ertragsteuerrecht
IStR 2001, 460

-: — Generalthema II: Die steuerliche Behandlung des Wohnsitzwechsels natürlicher Personen
IStR 2002, 541

Prinz, Ulrich — Gesetzgeberische Wirrungen um Grundsätze der Betriebsstättenbesteuerung
DB 2009, 807

-: — Steuerliches Entstrickungskonzept – gelungen oder reparaturbedürftig?
GmbHR 2012, 195

Rautenstrauch, Gabriele/ Seitz, Georg — National Grid Indus: Europarechtliche Implikationen für den Wegzug und die internationale Umwandlung von Gesellschaften
Ubg 2012, 14

Rehfeld, Lars — Die Vereinbarkeit des Außensteuergesetzes mit den Grundfreiheiten des EG-Vertrags
Frankfurt am Main 2008 (zugl. Diss. Bochum 2007)

Richter, Andreas / Escher, Jens — Deutsche Wegzugsbesteuerung bei natürlichen Personen nach dem SEStEG im Lichte der EuGH-Rechtsprechung
FR 2007, 674

Riedel, Lisa — (Keine) Verlustrealisierung beim Wegzug natürlicher Personen gem. § 6 AStG ? – Zugleich Besprechung des Urteils des FG München vom 23.5.2015 – 1 K 495/13 (§ 6 AStG)
ISR 2016, 193

-: — Umwandlungsbesteuerung - Rechtliche Grundlagen und Grundprinzipien sowie deren Umsetzung bei der Umstrukturierung von Kapital- und Personengesellschaften
StuW 2019, 225

Rödder, Thomas / Herlinghaus, Andreas / Neumann, Ralf [Hrsg.] — Körperschaftsteuergesetz, Kommentar
2. Auflage, Köln 2023
(zitiert: *Bearbeiter,* in: Rödder/Herlinghaus/Neumann, KStG)

Rödder, Thomas / Herlinghaus, Andreas / van Lishaut, Ralf [Hrsg.] — Umwandlungssteuergesetz, Kommentar
3. Auflage, Köln 2019
(zitiert: *Bearbeiter,* in: Rödder/Herlinghaus/van Lishaut UmwStG)

Rödder, Thomas / Schumacher, Andreas
Das kommende SEStEG - Teil I: Die geplanten Änderungen des EStG, KStG und AStG, Der Regierungsentwurf eines Gesetzes über steuerliche Begleitmaßnahmen zur Einführung der Europäischen Gesellschaft und zur Änderung weiterer steuerrechtlicher Vorschriften
DStR 2006, 1481

Saliger, Andreas / Schießl, Christoph
Wegzugsbesteuerung: Hybride Gestaltungen und Wegzugsbesteuerung
ISR 2015, 186

Salzmann, Stephan
Verschärfte Wegzugsbesteuerung nach § 6 AStG nF – Rückwirkung auf vor dem 1.1.2022 verwirklichte Sachverhalte?
IStR 2021, 759

Schaumburg, Harald [Hrsg.]
Internationales Steuerrecht, Außensteuerrecht Doppelbesteuerungsrecht, 5. Auflage, Köln 2023
(zitiert: *Bearbeiter,* in: Schaumburg, Internationales Steuerrecht)

Schaumburg, Harald
Das Leistungsfähigkeitsprinzip im internationalen Steuerrecht, in: Lang, Joachim (Hrsg.), Die Steuerrechtsordnung in der Diskussion, Festschrift für Klaus Tipke, Köln 1995, S. 125 ff.

Schaumburg, Harald / Schaumburg, Heide
Steuerliche Leistungsfähigkeit und europäische Grundfreiheiten im Internationalen Steuerrecht
StuW 2005, 306

Schaumburg, Harald / Englisch, Joachim [Hrsg.]
Europäisches Steuerrecht
2. Auflage, Köln 2020
(zitiert: *Bearbeiter,* in: Schaumburg/Englisch, Europäisches Steuerrecht)

Schiefer, Florian
Die geplante Neukonzeption der Wegzugsbesteuerung des § 6 AStG durch das ATADUmsG (§ 6 AStG)
ISR 2020, 84

Schienke-Ohletz, Tanja / Mehren, Judit
Die inländische Familienstiftung – ein Steuersparmodell?
ZStV 2022, 1

Schindler, Clemens Philipp — Hughes de Lasteyrie du Saillant als Ende der (deutschen) Wegzugsbesteuerung?
IStR 2004, 300

Schlotter, Carsten — Verfassungsrechtliche Grenzen bei der Ausgestaltung des Steuerbilanzrechts
FR 2007, 951

Schlücke, Katharina — Die Niederlassungsfreiheit des Freizügigkeitsabkommens mit der Schweiz steht den Regelungen zur französischen Wegzugsbesteuerung nicht entgegen
ISR 2018, 321

-: — Besteuerung der latenten Wertzuwächse von Gesellschaftsanteilen bei Verlegung des Wohnsitzes einer natürlichen Person von einem Mitgliedstaat in die Schweiz - Martin Wächtler/FA Konstanz
IStR 2019, 260

Schmidt, Ludwig [Begr.] / Weber-Grellet, Heinrich [Hrsg.] — Einkommensteuergesetz
42. Auflage, München 2023
(zitiert: *Bearbeiter,* in: Schmidt, EStG)

Schneider, Stefan — Die Kapitalverkehrsfreiheit im Verhältnis zu Drittstaaten und ihre Auswirkung auf die Anerkennung ausländischer Gesellschaften
1. Auflage, Baden-Baden 2018

Schnitger, Arne — Verstoß der Wegzugsbesteuerung (§ 6 AStG) und weiterer Entstrickungsnormen des deutschen Ertragsteuerrechts gegen die Grundfreiheiten des EG-Vertrags, Auswirkungen der Rs. Lasteyrie du Saillant auf den deutschen Rechtskreis
BB 2004, 804

-: — Geltung der Grundfreiheiten des EG-Vertrages im deutschen internationalen Erbschaftsteuerrecht
FR 2004, 185-198

-: — Die Entstrickung im Steuerrecht
IFSt Schrift Nr. 487, Berlin, 2013

Schön, Wolfgang — Europäische Kapitalverkehrsfreiheit und nationales Steuerrecht, in: Schön, Wolfgang (Hrsg.), Gedächtnisschrift für Brigitte Knobbe-Keuk, Köln 1997, S. 743 ff.

-: — Der Kapitalverkehr mit Drittstaaten und das internationale Steuerrecht, in: Körperschaftsteuer, Internationales Steuerrecht, Doppelbesteuerung, Festschrift für Franz Wassermeyer zum 65. Geburtstag, München 2005, S. 489 ff.

Schönfeld, Jens — Entstrickung über die Grenze aus Sicht des § 4 Abs. 1 Satz 3 EStG anhand von Fallbeispielen, Zugleich Besprechung der jüngsten BFH-Rechtsprechung zur Aufgabe der „Theorie der finalen Entnahme" sowie zur „finalen Betriebsaufgabe"
IStR 2010, 133

-: — Der Wegzug in die Schweiz, in: Gosch, Dietmar/ Schnitger, Arne/ Schön, Wolfgang (Hrsg.), Festschrift für Jürgen Lüdicke, München 2019, S. 567 ff.

Schönfeld, Jens / Ditz, Xaver [Hrsg.] — Doppelbesteuerungsabkommen, Kommentar
2. Auflage, Köln 2019
(zitiert: *Bearbeiter,* in: Schönfeld/Ditz, DBA)

Schönfeld, Jens / Ellenrieder, Benedikt — Das Verhältnis von Primär- und Sekundärrecht – oder: Gibt es „gegen Primärrecht immunisiertes Recht"?
StuW 2019, 253

Schönfeld, Jens / Häck, Nils — § 6 AStG und beschränkte Steuerpflicht
IStR 2012, 582

Schütz, Michael — Wegzugsbesteuerung bei natürlichen Personen – Steuerliche Gestaltungsmöglichkeiten
SteuK 2013, 331

Schwenke, Michael — Europarechtliche Vorgaben und deren Umsetzung durch das SEStEG
DStZ 2007, 235

-: — Treaty Override im Lichte des Demokratieprinzips, Offenes und verdecktes Treaty Override: Was ist geklärt, was offen?
DStR 2018, 2310

Stadler, Rainer / Elster, Thomas
Der Regierungsentwurf des SEStEG: Einführung des allgemeinen Entstrickungs- und Verstrickungstatbestandes und andere Änderungen des EStG
BB 2006, Special 8, 18

Streck, Michael / Bunnewies, Burkhard [Hrsg.]
Körperschaftsteuergesetz Kommentar
10. Auflage, München 2022
(zitiert: *Bearbeiter,* in: Streck, KStG)

Strunk, Günther / Kaminski, Helmut / Köhler, Stefan
Außensteuergesetz/ Doppelbesteuerungsabkommen, Kommentar
Loseblattsammlung, 1. Auflage, Bonn 2004, Stand Januar 2020 (58. Lieferung)
(zitiert: *Bearbeiter,* in: S/K/K, AStG)

Sydow, Sabine
Neues bei der Exit-Tax: EuGH erklärt Fünftelungsregelung zur Besteuerung stiller Reserven und Bankgarantien für unionsrechtskonform - Anmerkungen zum EuGH-Urteil vom 23. 1. 2013 – Rs. C-164/12, DMC, DB0647665
DB 2014, 265

Thömmes, Otmar / Linn, Alexander
Verzinsung und Sicherheitsleistung bei aufgeschobener Fälligkeit von Steuern im Wegzugsfall
IStR 2012, 282

Tipke, Klaus / Lang, Joachim [Begr.]
Steuerrecht
24. Auflage, Köln 2021
(zitiert: *Bearbeiter,* in: Tipke/Lang, Steuerrecht)

Tippelhofer, Martina / Lohmann, Adrian
Niederlassungsfreiheit vs. Kapitalverkehrsfreiheit: Analyse der jüngeren Rechtsprechung des EuGH zu den direkten Steuern, Zugleich Anmerkung zum EuGH-Urteil in der Rechtssache Burda (C-24/06)
IStR 2008, 857

Töben, Thomas / Reckwardt, Sören
Entstrickung und Verstrickung privater Anteile an Kapitalgesellschaften – Änderung durch das SEStEG
FR 2007, 159

Troll, Max [Begr.] / Gebel, Dieter / Jülicher, Marc / Gottschalk, Paul Richard
Erbschaftsteuer- und Schenkungsteuergesetz, mit Bewertungsrecht und Verfahrensrecht, Kommentar
Loseblattsammlung, München, Stand Juli 2023 (66. Lieferung)
(zitiert: *Bearbeiter,* in: Troll/Gebel/Jülicher/Gottschalk, ErbStG)

Vogel, Klaus [Begr.] / Lehner, Moris / Ismer, Roland [Hrsg.]
Doppelbesteuerungsabkommen der Bundesrepublik Deutschland auf dem Gebiet der Steuern vom Einkommen und Vermögen, Kommentar auf der Grundlage der Musterabkommen
7. Auflage, München 2021
(zitiert: *Bearbeiter,* in: Vogel/Lehner, DBA)

Vogt, Gabriele
Die Änderungen des § 17 EStG und ihre Auswirkungen auf Veräußerungen von Anteilen an Kapitalgesellschaften
DStR 1999, 1596

Völkel, Tobias
Entstrickungsbesteuerung bei grenzüberschreitenden Sachverhalten - Wichtige Tatbestände nach dem EStG und AStG im Überblick
SteuerStud 2019, 249

Wacker, Roland
Hat der EuGH seine Rechtsprechung zu den unionsrechtlichen Grenzen der Wegzugsbesteuerung geändert?
IStR, 2017, 926

Wassermeyer, Franz
25 Jahre Außensteuergesetz, in: Klein, Franz (Hrsg.), Unternehmen Steuern, Festschrift für Hans Flick, Köln 1997, S. 1057 ff.

-:
Steuerliche Konsequenzen aus dem EuGH-Urteil „Hughes de Lasteyrie du Saillant"
GmbHR 2004, 613

-:
Konzeptionelle Mängel des § 6 AStG, in: Strunk, Günther/ Wassermeyer, Franz/ Kaminski, Bert (Hrsg.), Unternehmenssteuerrecht und Internationales Steuerrecht, Gedächtnisschrift für Dirk Krüger, S. 287 ff.

-: Verliert Deutschland im Fall der Überführung von Wirtschaftsgütern in eine ausländische Betriebsstätte das Besteuerungsrecht?
DB 2006, 1176

-: Entstrickungsbesteuerung und EU-Recht
EuZW 2012, 921

-: Der Meinungsstreit um die Wegzugsbesteuerung i. S. d. § 6 AStG
IStR 2013, 1

Wassermayer, Franz / Andresen, Ulf / Ditz, Xaver [Hrsg.] Betriebsstätten Handbuch
2. Auflage, Köln 2018
(zitiert: *Bearbeiter,* in: Wassermeyer/Andresen/Ditz, Betriebsstätten Handbuch)

Wassermayer, Franz / Kaeser, Christian / Schwenke, Michael [Hrsg.] Doppelbesteuerung, Kommentar, Band I: OECD-MA
Loseblattsammlung, München, Stand Juli 2023 (162. Lieferung)
(zitiert: *Bearbeiter,* in: Wassermeyer, Doppelbesteuerung, OECD-MA)

-: Doppelbesteuerung, Kommentar, Band V
Loseblattsammlung, München, Stand Juli 2023 (162. Lieferung)
(zitiert: *Bearbeiter,* in: Wassermeyer, Doppelbesteuerung, DBA [Land])

Weiss, Martin Passive Entstrickung aufgrund erstmaliger Anwendung eines DBA
EStB 2018, 426

-: EuGH-Vorlage zu § 6 AStG im Verhältnis zur Schweiz
IWB 2018, 73

-: Zur Anwendung der Wegzugsbesteuerung des § 6 AStG im Verhältnis zur Schweiz - Anmerkungen zum Urteil des EuGH vom 26.2.2019 - C-581/17
StuB 2019, 392

-: EuGH: Sofortige Fälligkeit der Steuer nach § 6 AStG bei Wegzug in die Schweiz ist unverhältnismäßig
EStB 2019, 117

-: Die Absicht zur Rückkehr ins Inland, die für Zwecke des § 6 Abs. 3 AStG ein Entfallen des Steueranspruchs ermöglichen kann, muss bereits im Wegzugszeitpunkt bestehen
ISR 2020, 15

Werner, Jürgen Systemgerechte Entstrickung im Steuerrecht
Frankfurt am Main 2010 (zugl. Diss. Bonn 2009)

Werra, Matthias / Teiche, Andreas Das SEStBeglG aus der Sicht international tätiger Unternehmen
DB 2006, 1455

Wesselly, Maximilian Zur mangelhaften Stellung des Steuerpflichtigen im DBA-Verständigungsverfahren
IStR 2023, 198

Wicke, Hartmut / Bachmann, Gregor [Hrsg.] Münchener Handbuch des Gesellschaftsrechts, Band 3
Gesellschaft mit Beschränkter Haftung
6. Auflage, München 2023
(zitiert: *Bearbeiter,* in: Münchener Handbuch des Gesellschaftsrechts)

Wilke, Ulrich Entstrickungsbesteuerung nach der „ATAD"-Umsetzung
IStR 2020, 366

Zapf, Alexander Vollstreckung ausländischer Steuerforderungen im Inland nach dem EU-Beitreibungsgesetz - Zulässige Einwendungen und effektiver Rechtsschutz unter Berücksichtigung der aktuellen Rechtsprechung
NWB 2020, 2764

-: Urteil der Woche, Kein passiver Entstrickungsgewinn durch Einführung der Immobilienklausel im revidierten DBA Spanien 2011
NWB 2021, 3016

Zimmermann, Noah Das unionsrechtliche Stundungsgebot und seine Auswirkungen auf § 6 AStG
IStR 2021, 352

Zwirner, Torsten Deutsche Stundungsregeln unionsrechtskonform
ISR 2014, 96

Ruven Erchinger
Die Gleichstellung der mittelbaren mit der unmittelbaren Beteiligung im Ertragsteuerrecht
Die Thematik der Gleichstellung der mittelbaren mit der unmittelbaren Beteiligung im Ertragsteuerrecht betrifft eine äußerst praxisrelevante, aber bislang wenig erforschte Materie des Ertragsteuerrechts. Das Buch untersucht diese Thematik erstmals umfassend und gibt einen systematischen Überblick zur Gleichstellung der mittelbaren mit der unmittelbaren Beteiligung im Ertragsteuerrecht sowohl mit als auch ohne spezialgesetzliche Grundlage.
Bd. 33, 2020, 378 S., 69,90 €, br., ISBN 978-3-643-14816-2

Jan F. J. Lorenzen
Die Geltendmachung von Drittgläubigeransprüchen gegenüber Mitgesellschaftern in der Personengesellschaft
Die Diskussion um die Rechtsstellung des Personengesellschafters als Drittgläubiger seiner Gesellschaft hat nach einer Reihe jüngerer Entscheidungen des Bundesgerichtshofs neue Aktualität erlangt. Die Arbeit dient der Auflösung der Wertungswidersprüche, die dieser Doppelrolle des Gesellschafter-Drittgläubigers immanent sind. Hierbei widmet sich die Untersuchung insbesondere den Einschränkungen, denen der Gesellschafter-Drittgläubiger bei der Geltendmachung von Ansprüchen gegenüber seinen Mitgesellschaftern mit Blick auf die primäre Ausgestaltung der Haftung sowie die Höhe des Anspruchs unterliegt.
Bd. 32, 2019, 266 S., 24,90 €, br., ISBN 978-3-643-14388-4

Till Gröne
Korrespondierende Besteuerung gemäß §32a KStG
Verdeckte Gewinnausschüttungen und verdeckte Einlagen lösen steuerrechtliche Folgen sowohl bei der Körperschaft als auch beim Anteilseigner aus. Eine zutreffende Gesamtsteuerbelastung wird in der Zusammenschau beider Besteuerungsebenen nur erreicht, wenn die Steuer gleichermaßen gegenüber der Körperschaft und gegenüber dem Anteilseigner zutreffend festgesetzt wird. Um dies sicherzustellen, ermöglicht § 32a KStG punktuelle Durchbrechungen der Bestandkraft von Steuer- und Feststellungsbescheiden. Die vorliegende Arbeit unterzieht die Regelung des § 32a KStG einer detaillierten Analyse, mit dem Ziel, zur Beantwortung der zahlreichen durch die Vorschrift aufgeworfenen Auslegungsfragen beizutragen.
Bd. 31, 2017, 448 S., 69,90 €, br., ISBN 978-3-643-13820-0

Eva Juntermanns
Gesellschafterkonten im Handels- und Steuerrecht
Gesellschafterkonten dienen der Darstellung der kapitalmäßigen Stellung eines Gesellschafters innerhalb einer Personengesellschaft. Ihre Ausgestaltung kann abweichend von den gesetzlichen Vorgaben durch den Gesellschaftsvertrag festgelegt werden, womit sich ein hoher Gestaltungsspielraum für die Gesellschafter sowohl in gesellschaftsrechtlicher als auch in steuerrechtlicher Hinsicht eröffnet. Der Schwerpunkt dieser Arbeit liegt auf der Darstellung der Gesellschafterkonten eines Kommanditisten, unter besonderer Berücksichtigung seiner beschränkten Verlusttragung und Haftung sowie der steuerrechtlichen Implikationen der Gestaltungsentscheidungen.
Bd. 30, 2016, 214 S., 44,90 €, br., ISBN 978-3-643-13335-9

Iris Klein
Mitunternehmerbegriff
Bestandsaufnahme und Plädoyer für einen Verzicht auf die Mitunternehmerinitiative
Mitunternehmer ist nach ganz überwiegender Meinung, wer zumindest eine einem Gesellschafter wirtschaftlich vergleichbare Stellung hat, Mitunternehmerinitiative entfalten kann und Mitunternehmerrisiko trägt. Dieses Verständnis vom Mitunternehmerbegriff ist aber auch auf heftige Kritik gestoßen. Im Fokus der Kritik steht dabei insbesondere die Mitunternehmerinitiative. Die Autorin untersucht nach eingehender Analyse der BFH-Rechtsprechung und des Meinungsstands in der Literatur, ob die Mitunternehmerinitiative tatsächlich als Zurechnungskriterium für gewerbliche Einkünfte nach § 15 Abs. 1 Satz 1 Nr. 2 EStG erforderlich und geeignet ist.
Bd. 29, 2016, 250 S., 39,90 €, br., ISBN 978-3-643-13063-1

Georg Lauber
Das Verhältnis des Ausgleichs gemäß § 304 AktG zu den Abfindungen gemäß den §§ 305, 327 a AktG
Der Ausgleich und die Abfindung gemäß den §§ 304, 305 AktG sind trotz des identischen Ziels der wirtschaftlich vollen Entschädigung von Minderheitsaktionären weder rechtlich noch wirtschaftlich äquivalent. Bereits aus den §§ 304, 305 AktG ergeben sich zahlreiche Fragen im Hinblick auf das Verhältnis der Rechtsinstitute zueinander. Neue Rechtsentwicklungen, wie der Squeeze Out und die Abfindungsrelevanz von Börsenkursen, führen zu weiteren Fragestellungen. Die Arbeit beschäftigt sich mit grundsätzlichen Problemen bezüglich der Rechtsnatur, des Bewertungszwecks, des Bewertungsgegenstands und der Bewertungsmethodik von Ausgleich und Abfindung nach den §§ 304, 305, 327 a ff. AktG, ohne deren Klärung in sich konsistente Ergebnisse nicht erzielt werden können.
Bd. 27, 2014, 664 S., 69,90 €, br., ISBN 978-3-643-12722-8

Tobias Keller
Der Grundsatz wirtschaftlicher Vermögenszugehörigkeit im Bilanzrecht
Auslegung von § 246 Abs. 1 S. 2 HGB und Abgrenzung zu § 39 AO
Bd. 26, 2014, 184 S., 44,90 €, br., ISBN 978-3-643-12562-0

Sebastian Falk
Die bilanzielle und ertragsteuerliche Behandlung eigener Anteile nach dem BilMoG
Bd. 25, 2013, 296 S., 44,90 €, br., ISBN 978-3-643-12316-9

Andrius Bielinis
Die Besteuerung der KGaA
Bd. 24, 2013, 424 S., 49,90 €, br., ISBN 978-3-643-12280-3

Marcel Gast
Die steuerliche Berücksichtigung von Darlehensverlusten des Gesellschafters einer Kapitalgesellschaft
Eine kritische Würdigung der „Eigenkapitalersatz-Rechtsprechung“ des BFH im Lichte des MoMiG und der Abgeltungsteuer
Bd. 23, 2013, 224 S., 44,90 €, br., ISBN 978-3-643-12026-7

LIT Verlag Berlin – Münster – Wien – Zürich – London
Auslieferung Deutschland / Österreich / Schweiz: siehe Impressumsseite

Markus Ley
Latente Steuern im Einzelabschluss nach dem Bilanzrechtsmodernisierungsgesetz
Bd. 22, 2013, 416 S., 44,90 €, br., ISBN 978-3-643-11949-0

Tobias Schwan
Steuerliche Begrenzungsmöglichkeiten der Vergütung von Vorstand und Aufsichtsrat
Bd. 21, 2012, 320 S., 39,90 €, br., ISBN 978-3-643-11899-8

Philipp Diffring
Umwandlung von Forderungen zur Sanierung von Kapitalgesellschaften
Gestaltungen und Privilegierungen im Steuer- und Wirtschaftsrecht
Bd. 20, 2012, 304 S., 44,90 €, br., ISBN 978-3-643-11868-4

Christian Lenz
Mitgliedsbeiträge privatrechtlicher Vereinigungen im Umsatzsteuerrecht
Bd. 19, 2012, 264 S., 34,90 €, br., ISBN 978-3-643-11572-0

Martin Rücker
Die Vereinsklassenabgrenzung
Eine Standortbestimmung unter Berücksichtigung der Pfadabhängigkeit des (Gesellschafts-)Rechts
Bd. 18, 2012, 176 S., 24,90 €, br., ISBN 978-3-643-11541-6

Sylvia Krey
Besteuerung sonstiger Leistungen
Eine Untersuchung unter besonderer Berücksichtigung der Einkommensteuerpflicht von privaten Spielgewinnen
Bd. 17, 2011, 328 S., 49,90 €, br., ISBN 978-3-643-11378-8

Stefan Wolf
Besteuerung der Bodenschatzverwertung
Bd. 16, 2011, 368 S., 44,90 €, br., ISBN 978-3-643-11386-3

Andrea Zimmermann
Spenden als verdeckte Gewinnausschüttungen
Bd. 15, 2011, 248 S., 44,90 €, br., ISBN 978-3-643-11375-7

Michael Faber
Die Kommunen zwischen Finanzautonomie und staatlicher Aufsicht – Vorgaben zur Einnahmenoptimierung und Ausgabenkontrolle in der Haushaltssicherung
Eine Untersuchung vorrangig am Recht des Landes Nordrhein-Westfalen
Bd. 14, 2012, 248 S., 44,90 €, br., ISBN 978-3-643-11373-3

Julian Böhmer
Verdeckte Gewinnausschüttungen bei beherrschenden Gesellschaftern
Bd. 13, 2011, 408 S., 44,90 €, br., ISBN 978-3-643-11365-8

Tim Holthaus
Die Berücksichtigung von Bildungskosten im Einkommensteuerrecht
Eine einkommensteuersystematische und steuerverfassungsrechtliche Analyse unter besonderer Berücksichtigung des Bologna-Prozesses
Bd. 12, 2011, 368 S., 44,90 €, br., ISBN 978-3-643-11138-8

LIT Verlag Berlin – Münster – Wien – Zürich – London
Auslieferung Deutschland / Österreich / Schweiz: siehe Impressumsseite

Jörg Stalleiken
Drittmittelforschung im Einkommen- und Körperschaftsteuerrecht
Unter besonderer Beachtung der Abgrenzung steuerbarer wirtschaftlicher Tätigkeiten von steuerfreier hoheitlicher Betätigung staatlicher Hochschulen
Bd. 11, 2010, 256 S., 34,90 €, br., ISBN 978-3-643-10595-0

Jürgen Müller
Die Beteiligung der Gemeinden an den Gemeinschaftsteuern
Bestand und Reform
Bd. 10, 2010, 232 S., 34,90 €, br., ISBN 978-3-643-10542-4

Carl-Christian Knobbe
Der Grundsatz der subjektiven Richtigkeit im Handels- und Steuerbilanzrecht
Bd. 9, 2009, 192 S., 34,90 €, br., ISBN 978-3-643-10317-8

Larissa Thole
Die Stiftung in Gründung
Bd. 8, 2009, 216 S., 34,90 €, br., ISBN 978-3-643-10075-7

Nadine Hopf
Das Verbot der doppelten Besteuerung bei Alterseinkünften
Eine verfassungsrechtliche Analyse im Kontext des Beitrags- und Leistungsgeflechts der Gesetzlichen Rentenversicherung
Bd. 7, 2009, 256 S., 44,90 €, br., ISBN-DE 978-3-8258-1941-5, ISBN-CH 978-3-03735-877-1

Christian Kühner
Die Steuerbefreiung der Berufsverbände
Anforderungen an Geschäftsführung und Satzung und analoge Anwendung der Gemeinnützigkeitsregeln
Bd. 6, 2009, 376 S., 54,90 €, br., ISBN 978-3-8258-1832-6

Robert Hintze
Indizien in der Finanzrechtsprechung
Bd. 5, 2008, 320 S., 44,90 €, br., ISBN-DE 978-3-8258-1609-4, ISBN-CH 978-3-03735-890-0

Katja Bidmon
Die Reform des Spruchverfahrens durch das SpruchG
Bd. 4, 2007, 288 S., 44,90 €, br., ISBN 978-3-8258-0066-6

Thomas Otto
Die Besteuerung von gewinnausschüttenden Körperschaften und Anteilseignern nach dem Halbeinkünfteverfahren
Bd. 3, 2007, 672 S., 39,90 €, br., ISBN 978-3-8258-9991-2

Franziska Lasa
Der Gewinnanteil des stillen Gesellschafters
Bd. 2, 2006, 192 S., 34,90 €, br., ISBN 3-8258-9956-X

Rainer Hüttemann; Christian Waldhoff (Hrsg.)
Steuerrecht an der Universität Bonn
Bd. 1, 2008, 560 S., 54,90 €, br., ISBN 978-3-8258-1335-2

LIT Verlag Berlin – Münster – Wien – Zürich – London
Auslieferung Deutschland / Österreich / Schweiz: siehe Impressumsseite